广西高校人文社会科学重点研究基地——"南岭走廊族群文化研究基地"研究成果

南岭走廊
教育资料汇编
贺州、梧州分部

刘丽英 ◎ 主编

科学技术文献出版社
SCIENTIFIC AND TECHNICAL DOCUMENTATION PRESS
·北京·

图书在版编目（CIP）数据

南岭走廊教育资料汇编：贺州、梧州分部 / 刘丽英主编. —北京：科学技术文献出版社，2023.5

ISBN 978-7-5235-0275-4

Ⅰ.①南… Ⅱ.①刘… Ⅲ.①教育史—资料—汇编—贺州 ②教育史—资料—汇编—梧州 Ⅳ.① G529

中国国家版本馆 CIP 数据核字（2023）第 094710 号

南岭走廊教育资料汇编——贺州、梧州分部

策划编辑：梅　玲　　责任编辑：李　晴　　责任校对：张永霞　　责任出版：张志平

出　版　者	科学技术文献出版社
地　　　址	北京市复兴路15号　　邮编　100038
编　务　部	（010）58882938，58882087（传真）
发　行　部	（010）58882868，58882870（传真）
邮　购　部	（010）58882873
官方网址	www.stdp.com.cn
发　行　者	科学技术文献出版社发行　全国各地新华书店经销
印　刷　者	北京虎彩文化传播有限公司
版　　　次	2023年5月第1版　2023年5月第1次印刷
开　　　本	710×1000　1/16
字　　　数	663千
印　　　张	40.25
书　　　号	ISBN 978-7-5235-0275-4
定　　　价	136.00元

版权所有　违法必究

购买本社图书，凡字迹不清、缺页、倒页、脱页者，本社发行部负责调换

前 言 Foreword

《南岭走廊教育资料汇编——贺州、梧州分部》以时间脉络为经、以行政区域为纬，梳理南岭走廊的教育资料。时间脉络是指南岭走廊教育发展的历史，涵盖南岭走廊从秦汉时代经隋、唐、五代十国、宋、元、明、清、民国及新中国的整个历史，主体部分是1949年以后的新中国南岭走廊教育资料。行政区域是指南岭走廊在历史变迁中各个行政区域，其主体是新中国成立后南岭走廊的区域行政划分。教育资料是关于教育历史的固化成果，具有重要的史料价值。《南岭走廊教育资料汇编——贺州、梧州分部》主要聚焦广西壮族自治区14个地级市行政区域中的教育资料。本书以两个地级市的教育资料为容量，形成贺县、钟山县、昭平县、富川瑶族自治县、苍梧县、岑溪市、蒙山县、藤县8个资料汇编读本。本书包括两个部分：贺州篇和梧州篇。贺州篇包括贺县、钟山县、昭平县和富川瑶族自治县4个县的教育资料。梧州篇包括苍梧县、岑溪市、蒙山县、藤县4个县（市）的教育资料。贺州篇和梧州篇每个县的旧式教育资料大体涉及县学、社学、私塾、义塾、书院和学宫等。新中国成立后各个县的教育资料大体包括师资队伍、教学研究、教育类型（基础教育、普通教育、专业教育、业余教育、成人教育）、教育经费、设备和勤工俭学、教育管理和教育机构。

目录 Contents

贺州篇

第一部分 贺县教育 3

第1章 县学、社学、私塾、义塾、书院、学宫、科举 5
第一节 县学、社学 5
第二节 私塾、义塾 6
第三节 书院 6
第四节 学宫 7
第五节 科举 8

第2章 普通教育 13
第一节 幼儿教育 13
第二节 小学教育 15
第三节 中学教育 23

第3章 专业教育 33
第一节 师范教育 33
第二节 农业中学 34
第三节 职业中学 35
第四节 其他专业教育 35

第4章 成人教育 38
第一节 农民和城镇居民教育 38
第二节 干部职工教育 39

第5章 经费、设备、勤工俭学 ... 42
第一节 经费 ... 42
第二节 设备 ... 44
第三节 勤工俭学 ... 45

第6章 教工队伍及活动 ... 47
第一节 队伍 ... 47
第二节 活动 ... 50

第7章 机构 ... 52
第一节 行政机构 ... 52
第二节 业务机构 ... 52

第二部分 钟山县教育 ... 55

钟山县（1988年以前） ... 56
第8章 教育管理 ... 56
第一节 旧制教育 ... 57
第二节 教育行政 ... 57

第9章 基础教育 ... 59
第一节 学前教育 ... 59
第二节 小学教育 ... 60
第三节 中学教育 ... 66

第10章 职业专业教育 ... 73
第一节 职业教育 ... 73
第二节 专业教育 ... 74
第三节 成人业余教育 ... 76

第11章 教师和教学研究 ... 79
第一节 教师 ... 79

第二节　教学研究 82

第 12 章　经费、设备、勤工俭学 86
　　第一节　教育经费 86
　　第二节　勤工俭学 88
　　第三节　校舍与设备 89

钟山县（1988—2005 年） 91

第 13 章　管理 92
　　第一节　机构 92
　　第二节　体制改革 94
　　第三节　经费、设施 95
　　第四节　教师队伍 101

第 14 章　基础教育 108
　　第一节　学前教育 108
　　第二节　小学教育 112
　　第三节　初中教育 118
　　第四节　高中教育 126
　　第五节　特殊教育 131

第 15 章　职业教育、师范教育、成人教育 132
　　第一节　职业教育 132
　　第二节　师范教育 134
　　第三节　成人教育 136

第 16 章　社会力量办学 141
　　第一节　民办学校 141
　　第二节　希望工程 144

第 17 章　教学管理与专题研究 147
　　第一节　教学常规管理 147

  第二节 教学专题研究及成果 147
  第三节 中小学思想品德教育 149

第三部分 昭平县教育 151

昭平县（1990年前） 152
 第18章 县学、书院、私塾 152
 第19章 基础教育 154
  第一节 幼儿教育 154
  第二节 小学教育 155
  第三节 中学教育 159
 第20章 专业教育和业余教育 167
  第一节 专业教育 167
  第二节 业余教育 171
 第21章 教师队伍和教学研究 174
  第一节 教师队伍 174
  第二节 教学研究 177
 第22章 经费、设备、勤工俭学 179
  第一节 教育经费 179
  第二节 校舍、设备 180
  第三节 勤工俭学 182
 第23章 行政管理 183

昭平县（1990—2005年） 184
 第24章 教育管理 185
  第一节 机构 185
  第二节 教育体制 186
  第三节 教学教研 187

- 第四节 教育督导 ... 190
- 第五节 普及九年义务教育 ... 192

第25章 基础教育 ... 194
- 第一节 学前教育 ... 194
- 第二节 小学教育 ... 196
- 第三节 初中教育 ... 200
- 第四节 高中教育 ... 206
- 第五节 特殊教育 ... 214

第26章 职业教育、成人教育 ... 215
- 第一节 职业教育 ... 215
- 第二节 成人教育 ... 218

第27章 教育资源 ... 220
- 第一节 经费设施 ... 220
- 第二节 教师队伍 ... 227
- 第三节 生源 ... 231

第四部分 富川瑶族自治县教育 ... 233

富川瑶族自治县（1990年前）... 234
- 第28章 旧式教育 ... 236
- 第29章 普通教育 ... 243
  - 第一节 幼儿教育 ... 243
  - 第二节 小学教育 ... 244
  - 第三节 中学教育 ... 250
- 第30章 多样化教育 ... 257
  - 第一节 民族教育 ... 257
  - 第二节 师范教育 ... 260

| 第三节 职业教育 | 261 |
| 第四节 成人教育 | 263 |

第31章 师资队伍和教学研究 ... 267
- 第一节 教师队伍 ... 267
- 第二节 教研活动 ... 270

第32章 经费、设施和勤工俭学 ... 277
- 第一节 教育经费 ... 277
- 第二节 教育设施 ... 280
- 第三节 勤工俭学 ... 281

富川瑶族自治县（1990—2005年） ... 283

第33章 机构 ... 285
- 第一节 县教育局 ... 285
- 第二节 县教育和科技局 ... 285

第34章 基础教育 ... 287
- 第一节 学前教育 ... 287
- 第二节 九年义务教育 ... 290
- 第三节 高中教育 ... 305
- 第四节 中等职业教育 ... 309

第35章 多样化教育 ... 310
- 第一节 成人教育 ... 310
- 第二节 希望工程 ... 312

第36章 教师队伍 ... 314
- 第一节 教师结构 ... 314
- 第二节 教师培训 ... 315
- 第三节 教师待遇 ... 316

第 37 章　经费和设备 318
　　第一节　教育经费 318
　　第二节　校舍设施建设 320
　　第三节　教学设施 322

梧州篇

第五部分　苍梧县教育 325

第 38 章　官学、书院、私学 326
　　第一节　官学 326
　　第二节　书院 327
　　第三节　私学 327

第 39 章　普通教育 329
　　第一节　学前教育 329
　　第二节　小学教育 330
　　第三节　中学教育 337

第 40 章　专业教育 348
　　第一节　师范教育 348
　　第二节　职业和技术教育 349
　　第三节　自治区（省）、地区驻县专业学校 351

第 41 章　成人教育 353
　　第一节　农民教育 353
　　第二节　职工、居民业余教育 355
　　第三节　成人高等教育 356

第 42 章　教师 357
　　第一节　队伍 357
　　第二节　待遇 360

第43章　教学研究 365
第一节　教材教法研究 365
第二节　推广普通话教学 366
第三节　电化教学 367

第44章　教育管理 368
第一节　机构 368
第二节　经费 368
第三节　设施 371

第45章　勤工俭学 374

第六部分　岑溪市（县级）教育 377

第46章　学塾、书院 379
第一节　学塾 379
第二节　书院 380

第47章　普通教育 382
第一节　学前教育 382
第二节　小学教育 383
第三节　中学教育 391

第48章　职业技术教育 400
第一节　师范教育 400
第二节　农林业中学 401
第三节　卫生教育 402
第四节　综合教育 403

第49章　成人教育 405
第一节　农民教育 405
第二节　职工教育 407

第50章　教师	409
第一节　队伍	409
第二节　待遇	410
第51章　教育经费和学校设施	413
第一节　经费收支	413
第二节　校舍	416
第三节　教学设备	417
第52章　勤工俭学	419
第53章　管理	422
第一节　行政管理	422
第二节　教学管理	423

第七部分　蒙山县教育篇　　425

蒙山县（1990年前）　426

第54章　管理机构和学校分布	426
第一节　管理机构	426
第二节　学校	427
第55章　成人教育	453
第一节　职工教育	453
第二节　农民教育	453
第56章　教师队伍	455
第一节　发展概况	455
第二节　教师待遇	458
第57章　经费、设备和勤工俭学	460
第一节　教学设备	460
第二节　教育经费、校舍	460

第三节 勤工俭学	463
第四节 捐资办学纪略	464

蒙山县（1990—2005年） ... 466

第58章 机构和管理 ... 467
第一节 机构 ... 467
第二节 教育管理体制 ... 467

第59章 基础教育 ... 472
第一节 学前教育 ... 472
第二节 小学教育 ... 475
第三节 初中教育 ... 479
第四节 高中教育 ... 483

第60章 职业教育、成人教育 ... 489
第一节 职业教育 ... 489
第二节 成人教育 ... 490

第61章 "两基"工作 ... 492
第一节 基本扫除青壮年文盲 ... 492
第二节 基本普及九年义务教育 ... 492

第62章 教育设施 ... 496
第一节 校舍建设 ... 496
第二节 仪器设施 ... 497
第三节 图书 ... 499

第63章 教师和学生 ... 501
第一节 教师 ... 501
第二节 师资培训 ... 502
第三节 工资待遇 ... 507
第四节 学生 ... 507

目 录

第八部分 藤县教育 509

藤县（1991年前）.. 510

第64章 塾堂、书院 511
- 第一节 塾堂 511
- 第二节 书院 513

第65章 普通教育 515
- 第一节 学前教育 515
- 第二节 小学教育 519
- 第三节 中学教育 535

第66章 专业教育 550
- 第一节 党校 550
- 第二节 师范 551
- 第三节 卫校 552
- 第四节 其他学校 552

第67章 成人教育 555
- 第一节 扫盲 555
- 第二节 职工教育 556

第68章 教师队伍 558
- 第一节 来源 558
- 第二节 培训 559
- 第三节 考核 559
- 第四节 奖惩 560
- 第五节 待遇 561

第69章 经费设施 563
- 第一节 经费 563
- 第二节 设施 565

第70章　勤工俭学..............................568

第71章　管理..............................570

　　第一节　行政管理..............................570

　　第二节　教学管理..............................572

藤县（1991—2005年）..............................578

第72章　教育管理..............................578

　　第一节　管理机构..............................578

　　第二节　教育体制..............................579

　　第三节　教师..............................586

　　第四节　经费、设施..............................593

　　第五节　普及九年义务教育..............................598

　　第六节　教学教研..............................601

第73章　基础教育..............................603

　　第一节　学前教育..............................603

　　第二节　小学教育..............................607

　　第三节　初中教育..............................612

　　第四节　高中教育..............................617

　　第五节　特殊教育..............................622

第74章　职业教育、成人教育..............................623

　　第一节　职业教育..............................623

　　第二节　成人教育..............................626

贺州篇

本篇以时间脉络为经、县市行政区域为纬，系统梳理贺县、钟山县、昭平县、富川瑶族自治县各个历史时间的教育资料。各个县的旧式教育资料大体涉及县学、社学、私塾、义塾、书院和学官等。因区域发展不平衡，各个县旧式教育内容的丰富程度有所差别。总体而言，旧式教育的时间跨度大，内容相对单一。新中国成立后各个县的教育资料大体包括师资队伍、教学研究、教育类型（基础教育、普通教育、专业教育、业余教育、成人教育）、教育经费、设备和勤工俭学、教育管理和教育机构。在中国共产党的领导下，南岭走廊各个行政区域内的教育有了质的飞跃。各个年龄阶段的毛入学率大幅提升，师资队伍持续壮大，教育资源不断丰富，教育发展走上了一条持续发展的健康之路。

本篇编写具有以下特征。

第一，正确的指导思想。本汇编以马克思列宁主义、毛泽东思想、邓小平理论、"三个代表"重要思想、科学发展观、习近平新时代中国特色社会主义思想为指导，运用辩证唯物主义和历史唯物主义的基本观点，全面、系统、实事求是地梳理了贺州市行政区域内教育的历史与现状。

第二，明确的历史时限。本汇编的历史上限追溯到有信史可考的事物发端，下限迄至2005年。部分重要教育记述时间适当下延。

第三，统一的区域称谓。贺州市的行政区建制历史悠久，自三国吴黄武五年（公元226年）起，贺州境域就有郡、州的设置。新中国成立后，贺州境域行政区建设历经多次变化，1997年2月设置贺州地区，2002年6月撤销贺州地区设地级贺州市。本汇编把贺州境域统一称为贺州市，贺县、钟山县、昭平县和富川瑶族自治县做统一称谓处理。

第四，规范的记述语体。本汇编行文一律使用规范的语体文记述。用字、标点符号、数字用法、计量单位等按照国家有关法规和标准，本汇编采用述、记、志、传、表、录等形式，表随文设。

第五，本汇编的纪年方法，清代以前（含清代）使用朝代帝王年号，括注公元纪年。"解放前""解放后"以1949年11月21日贺县县城（贺街镇）解放日为界。

第六，本汇编的教育资料主要来源于有关的档案馆、图书馆（室）藏籍和贺州市各部门单位档案室资料及地方志书，并在每一县域教育资料开首标题处以脚注形式注明出处。

第一部分　贺县教育[1]

---

[1] 贺州市地方编纂委员会.贺州市志（下卷）[M].南宁：广西人民出版社，2001：786-821.

贺县创办学校始于汉代，时临贺县已出现官办的县学。元代后，除县城有县学外，各地还创办属于基层地方官办范畴的社学，民办之私塾亦遍及乡村。明代出现半民办半官办的书院，主要有鸣阳书院、昂霄书院，清代则以临江书院最为著名。清光绪二十九年（1903年），开始出现近代小学教育，临江书院山长（院长）李孝先与书院斋长钟祖良主持将临江书院改为官办的贺县高等小学堂。1921年，贺县初级中学在县城贺街创建；1933年，信都县初级中学亦在县城成立；1940年临江初中在八步附近成立。1941年秋，贺县初中发展成完全中学（简称"完中"）；1943年春，临江初中亦发展成完中。1949年解放前，贺县、信都县有小学269所，学生21 362人，教职工888人；有初级中学3所，完中2所，学生1227人，教工163人。

解放后，学校教育有很大发展，截至1989年，全县有学校及教学点645所，其中小学290所，学生96 179人，教职工3741人；有高完中5所，初中35所，学生17 616人，其中高中2603人。高中、初中教职工1792人。此外，有农业中学1所，学生89人，教职工29人；职业高中1所，学生352人，教职工32人；中等师范学校1所，学生982人（另有函授生569人），教职工179人，还有梧州地区在县内办教育学院1所，中专农校1所，技术工人学校1所。按人口平均，全县不含地区在县内的学校学生，每千人拥有小学及其以上学生156人，比1949年的59人多97人；在校小学生人数比1949年增长3.5倍，中学生（含中专）增长14.52倍。截至1995年，各类学校发展到331所，教学点366个，在校学生由1990年的11.9万人上升到15.1万人。班级数为4174个班，比1990年增多586个；1995年高考被录取到大专院校就读的学生有330人，创历史最高纪录。

第1章 县学、社学、私塾、义塾、书院、学宫、科举

第一节 县学、社学

自汉代始,临贺县已经立学;永平年间(58—75年)祀周孔于县学。三国至元,郡(州)县学均设在临贺县。郡(州)县学皆官办。东晋永和年间(345—356年),征西将军庾亮退临贺郡修复学校(郡级的"学"和县级的"校")。至宋代,临贺郡守邓壁将临贺县学于元祐年间(1086—1094年)建于城东。明嘉靖二十三年(1544年),由教谕李文贵经理,将县学迁至城南,规模大增。明清两代,贺县官学除重视儒学外,在县城建有教场和演武亭两座,文武生并招。但随着封建制度的逐渐崩溃和战乱时起,到清末县学已名存实亡,变为科举的附庸。

元明清三代,贺县各乡设有属于最基层地方办学校范畴的社学,著名的有清雍正初年贺县知事黄为汉在县城东及信都乡创建的社学。

在县学的生员(秀才)中,凭资历长或成绩好而考选或贡选升入全国最高学府的国子监而成为太学生者称为贡生。贺县明代有各类贡生142名,清代有各类贡生344名,这个数字不包括纳贡、例贡和廪贡,其中大多数是岁贡。

县学设有教官,明清两代有125名县学正副教官,分别称为教谕和训导。教谕、训导与知县俸银皆同,每人岁支为40两,县学门斗为6两,膳夫为3两。教官除官俸之外,还可以接受学生的束脩。县学经费主要来源于学田学租。贺县县学自宋代起就有了自己的学田,学租收支由县学管理,经费比较固定,学租除开支办学经费修缮学宫及学官薪俸外,贫生膏火也略有银两资助。

第二节 私塾、义塾

贺县民办私塾遍布各乡镇村寨，儿童的启蒙教育主要由私塾承担。私塾规模大小不等，且大都没有长期固定的场所，设备简陋，往往连课桌椅都要学生自备。通常是一馆一师，聚徒授业，学生多寡不一，年龄相差悬殊，文化程度参差不齐，无明确有修业期限和学业考试。主要是蒙学（蒙馆），很少经学（经馆）。学费通常分人按年以稻谷议价，也有缴纳现金的。贺县古代延续下来的旧式私塾，在废科举后仍然遍布全县各乡镇村寨。至中华民国时期，只有条件好的私塾改办为新式学堂，部分村寨进入旧式私塾就读的儿童还多于当年进入新式学堂学习的儿童数。现今的莲塘镇，据民国时期不完全统计有42所私塾，大大超过当时该乡的新式学堂，这种私塾直至解放后才逐渐被淘汰。

还有一种义办学校，一般叫义塾，也称义学、义馆，靠"义田义地义捐"或庙宇地租或祠堂公产或集资兴办，免费招收贫寒子弟入学，带有慈善事业性质。贺县著名的义学，有知县赵壁于清康熙二十四年（1685年）在贺街县城外江东亭子主持创建的义学；有县衙前义塾；有水东玉皇楼义塾；有知县马世焕于清雍正十三年（1735年）在县城贺街西北创建的义馆，有乾隆年间（1736—1795年）知县郑元翀倡捐创建于铺门圩原守备署旧址的临阳义塾；有位于信都官潭圩的三里义塾。

第三节 书院

明代贺县的书院主要有鸣阳书院、昂霄书院。鸣阳书院为明万历五年（1577年）通判程世采主持创建，院址在贺街县学明伦堂左，有讲堂3间，号舍10间，大门1间。昂霄书院为明万历十四年（1586年）（《贺县志》作十四年，《平乐府志》作九年）由拔贡毛翙主持创建，院址在贺街县学明伦堂右。到清康熙九年（1670年），知县何标、教谕刘懋沛为昂霄书院修建奎光堂，有门楼、官厅、厢房等。清代贺县书院主要有临溪书院、临江书院，临溪书院位于铺门福塔蜀溪渡口左侧，前身为临溪书室。雍正年间（1723—

1735年），改书室为书院，并增设武科，成立学董会，扩建了校舍，修建了1条长达1千米的石街跑道，临溪书院办至清末废科举兴学堂时始告终止。其后由于两次洪水且河床改道，书院建筑乃毁。临江书院为雍正十三年（1735年）知县马世焕主持创建，院址在县城贺街北城内旧郡署地。乾隆二十八年（1763年）知县徐大夏倡捐改修，增建泉西学舍及学门。临江书院是贺县最著名的书院，一直办到废科举兴学堂，始改建为高等小学堂。

贺县书院经费一般是自筹公助。据《平乐府志》和1934年《贺县志》、1936年《信都县志》记载，"临江书院额租收一百七十八石，山租银二十四两""光绪八年知县黄玉柱由义仓抽谷项暂提二百余金为山长束脩""光绪十三年知县李昶禀请以前任移交罚款四百零二两三钱三分拨入书院发商生息，又裁去春秋丁祭绅士胙肉，拨银二百两归书院""经费既裕，讲学二十余年"。

第四节　学宫

贺县学宫始建于宋元祐年间，终成于清光绪年间，历时长达七八百年之久。学宫包容文庙、儒学、教官衙署三者，庙、学、署三位一体，都由儒学教官负责掌管。文庙就是孔子庙，是学宫的主体部分，以大成殿为中心，周围还有崇圣祠、名宦祠、乡贤祠。大成殿高3层，"作金钟架式，岿然矗立城隅间，十里外可望"。整个文庙占地约30亩，为当时贺县第一大建筑物。旧时认为科举考试是否能中与文庙的风水有很大关系，县城学校开学，全体师生都要来文庙敬拜孔子，每年春秋两祭，县城全体师生皆须参祭，行一跪三叩首、三跪九叩首礼，这种祭祀仪式在贺县一直延续到民国时期。贺县儒学即县学，是全县的最高学府。据1934年《贺县志》记载，以明伦堂为中心，堂内祀孔子，立卧碑，卧碑上刻教规、学规。明伦堂外，建有斋舍，称"成德斋""达材斋"等；有尊经阁、射圃（内设演武厅和箭道，单独有门和围墙）、考棚（也叫试院），此外，还有库（仓库）、庖（厨房）、湢（浴室）。在文学与武学之外，贺县县学还建有阴阳学与医学。县学教官除教谕（正教官）、训导（副教官）外还有射圃教官（即武学教练），都由吏部直接委任。这些教官既是全县行政长官，又是县学的主持和主要教学人员。教官的衙署皆与文庙和县学相邻。贺县旧儒学署原设在文庙之右，后迁至文庙左侧，其教谕署在明伦堂左，训导署在明伦堂右。贺县学宫位于旧县城贺街，其建筑部分最初毁于抗日战争时期日机轰炸，其后陆续被毁，至"文化大革命"时期几乎尽废，其遗址尚存，但全貌无复。

第五节 科举

县内学子参加科举考试始于唐代，至宋代已有4人考取进士，明清两代发展到鼎盛时期。仅据1934年《贺县志》与1936年《信都县志》及各种文献史料的不完全记载，贺县累计有数万人参加了科举考试，其中有近万人获得庠生（秀才）资格，631人成为贡士、文武举人及各类贡生，有10人考中进士。

为资助科举考试，贺县设立一个名为"宾兴"的组织。清道光年间（1821—1850年），知县黄作霖倡义捐资设"宾兴会"，置产生息，用以资助春秋两试士子赴试的山川费。至光绪年间，知县任玉森倡立按租酌捐之法，得约五千金，发质库（当铺）生息，凡应试以至入学肄业均有所资助。其后知县李昶从屠户岁交的银钱中每年拨二百两归"宾兴"。科举废后，"宾兴"租拨归贺县第一高等小学堂收管。

在童试中，贺街籍清举人龙绍仪之子龙先璠（吉卿）在县试、府试、院试中连续3级考得第一名，被称为"小三元"。在经过童试考取庠生资格的贺县知识分子中产生过一些颇有成就的人物。其中，清代林肇元曾任按察布政使、巡抚，官至从二品；萧荣椿官至知府（从四品）；清末庠生黎先良曾任南洋华文学校校长，李巍轩曾任南洋中华学堂校长；废科举后作为贺县教育行政长官的李炳文、梁任也是清末庠生出身。

在乡试（省级考试）中，贺县在明代有32人考中举人（含武举人3人），在清代有130人考中举人（含武举人52人）。其中，明代桂岭人周冕、张昱及信都人罗孟三等考得解元（第一名）；清代陈唐、程斐然则考得武解元，陈碧爵考得武亚元（第二名）。一批举人担任了知州、知县等各种职官，其中明代举人毛鹓官居提督，至从一品，是贺县籍举人中取得的最高官位。曾先后担任过临江书院山长的龙皓乾、钟毓奇、苏煜坡、龙绍仪、李熙骏都是举人出身，苏煜坡与李熙骏后来共同负责编纂了《贺县志》（光绪版）。曾创办师范讲习所及蚕业染织学校的钟祖和也是清末举人出身。

通过殿试而取得进士出身的，北宋欧阳陟是科举史上有记载的贺县第一个进士；桂岭白石村林勋在考中进士后担任过广州教授、桂州节度使掌书记，成为宋代广西最为著名的政论家，代表作有《本政书》《比较书》；南宋贺街籍进士毛铿，官居朝奉大夫（正五品），其子毛迈亦为举人；清嘉庆年间铺门莫朝贵成为贺县史上有记载的唯一的武进士；清光绪年间贺街人刘宗标在考取进士后成为贺县人中第一个翰林，后来担任过知府（从四品）；清代桂岭籍进士、翰林于式枚、于式棱兄弟中尤以式枚著称。于式枚担任过北洋大臣李鸿章的主要幕僚、京师大学堂总办，总理过广西铁路，担任过提督广东学政、邮传部侍郎、学部侍郎，担任过考察宪政大臣、修订法律大臣，官至正二品、从一品，先后出使俄国、德国，游历过法国、英国、美国，著有《德国宪政史》，编有《李文忠公尺牍》。正是在于式枚的主持下，两广先后成立了学堂千余所，对贺县的教育事业殊多贡献；清代贺街籍进士、翰林李孝先在任临江书院山长之后，主持创办了贺县第一所高等小学堂和第一所中学，担任贺县中学的名誉校长；在贺县人参加科举考试的历史上取得最高名次的是林世焘，他在中国封建王朝最后一次殿试中被赐予第二甲第二名进士出身，《中国大百科全书·教育卷》就载有收藏在中国第一历史档案馆的赐林世焘为进士的《小金榜》影印件，作为翰林的林世焘民国时期曾任行政院顾问。

贺县明清时期部分进士、举人、贡生、庠生任职情况如表 1-1 所示。

表 1-1　贺县明清时期部分进士、举人、贡生、庠生任职情况

出身	朝代	姓名	任职	品级	备注
进士	明	张昱	知县	正七品	桂岭人
进士	明	董绍刚	知县	正七品	
武进士	清	莫朝贵	营守备	正五品	铺门人
进士	清	张培仁	知县	正七品	
进士	清	刘宗标	知府	从四品	贺街人
进士	清	于式枚	大臣	从一品	桂岭人
进士	清	于式棱	编修	正七品	于式枚弟
进士	清	李孝先	主事	正六品	贺街人
进士	清	何振清	主事	正六品	

续表

出身	朝代	姓名	任职	品级	备注
进士	清	林世焘	编修	正七品	
举人	明	毛翀	知县	正七品	
举人	明	毛鹓	提督	从四品	贺街人
举人	明	严遵试	府同知	正五品	贺街人
举人	明	李莹	训导	从八品	
举人	明	何诚	训导	从八品	
解元	明	周冕	训导	从八品	桂岭人
举人	明	钟正	知县	正七品	
举人	明	钟良训	主簿	正九品	
举人	明	钟彦刚	知县	正七品	贺街人
举人	明	董云山	知县	正七品	
举人	清	毛上习	知州	从五品	
举人	清	毛学举	知县	正七品	
举人	清	龙皓乾	知州	从五品	贺街人
举人	清	龙其襄	知县	正七品	龙皓乾子
举人	清	龙绍衡	教习	从七品	贺街人
举人	清	龙绍仪	府同知	正五品	龙绍衡弟
举人	清	苏含玱	教谕	正八品	
举人	清	苏煜坡	学正	正八品	
举人	清	李文恭	知县	正七品	
举人	清	李熙骏	府同知	正五品	贺街人
举人	清	岑简光	知州	从五品	
举人	清	张锡寿	知县	正七品	
举人	清	陈腾章	知县	正七品	铺门人
举人	清	欧宗愈	教谕	正八品	鹅塘人

续表

出身	朝代	姓名	任职	品级	备注
举人	清	钟祖和	府同知	正五品	贺街人
举人	清	钟铎世	知县	正七品	
举人	清	钟逢銮	教谕	正八品	
举人	清	钟象山	知县	正七品	
举人	清	钏毓奇	府同知	正五品	贺街人
举人	清	袁盼	教谕	正八品	
举人	清	黄炜章	知县	正七品	沙田人
举人	清	黄得琮	教谕	正七品	
举人	清	黄维垣	知州	从五品	
举人	清	黄肇仁	郎中	正四品	
举人	清	梁有模	教谕	正八品	
武举人	清	黎文台	千总	正六品	铺门人
岁贡	明	毛纯	知府	从四品	
贡生	明	钟元德	知府	从四品	
岁贡	明	钟良臣	知府	从四品	
优贡	明	黎昭	知府	从四品	
岁贡	明	黎兆	知府	从四品	黎昭孙
贡生	明	车舒	御史	从五品	
岁贡	清	毛显金	盐课司提举	正五品	
副贡	清	龙启祥	府同知	正五品	信都人
优贡	清	龙得云	府同知	正五品	
贡贡	清	江澄清	府同知	正五品	莲塘人
贡贡	清	李兰滋	府同知	正五品	
贡生	清	李良玉	府同知	正五品	
贡生	清	陈受传	府同知	正五品	信都人

续表

出身	朝代	姓名	任职	品级	备注
贡生	清	钟祖良	府同知	正五品	贺街人
拔贡	清	翟延楷	府同知	正五品	
贡生	清	张升甫	员外郎	从五品	信都人
贡生	清	柳家槐	知州	从五品	
监生	清	江海清	知州	从五品	
庠生	清	林肇元	按察布政使、巡抚	从二品	
庠生	清	萧荣椿	知府	从四品	
廪生	清	杨仕镳	府同知	正五品	
廪生	清	钟祖彤	府同知	正五品	
廪生	清	柳希元	府同知	正五品	
庠生	清	严文德	知州	从五品	
庠生	清	罗俊贤	知州	从五品	
庠生	清	黄成茂	知州	从五品	
附生	清	江际清	知州	从五品	

第2章 普通教育

第一节 幼儿教育

一、幼儿园

清代及其以前无正规的幼儿教育组织。民国时期只有两三所简陋的幼稚园。解放后，幼儿园逐步发展起来。"大跃进"和"人民公社化"时期，随着公共食堂的兴办，贺县幼儿园曾一度突然发展。但这种发展并不正常，其后坚持者不多，其中坚持下来的贺县幼儿园是一所全县的示范性幼儿园。该园创办于1958年，开始称贺县干部托儿所，1960年改称贺县干部幼儿园，1982年始称贺县幼儿园，1987年被评为广西壮族自治区文明幼儿园。1989年有12个班，入园幼儿489人，教工44人。此外，至1989年规模较大的幼儿园还有：贺县商业局幼儿园，入园幼儿205人，教工20人；贺县瓷厂幼儿园，入园幼儿105人，教工20人；县委机关幼儿园，入园幼儿101人，教工10人。截至1990年，全县幼儿园共52所，入园幼儿3247人，教工327人。

除上述县辖和乡镇办的幼儿园外，梧州地区及其以上设在贺县境内的一批厂矿企业和事业单位也都办有自己的幼儿园，其中较大或略有规模的是：梧州地区教育学院幼儿园、梧州地区一机厂幼儿园、梧州地区二机厂幼儿园、梧州地区制药厂幼儿园、梧州地区氮肥厂幼儿园、梧州地区星光化工厂幼儿园、合面狮电厂幼儿园、龙水金矿幼儿园和大桂山林场幼儿园。

二、学前班

贺县幼儿教育除幼儿园外，在"文化大革命"以后，全县各中心校及规模较大的完全小学都陆续招有学前班。1990年，如八步一小有4个学前班，3个幼儿小班，学前班中包容已从幼儿园大班结业的幼儿。1990年全县有学前班271个，入学幼儿11 425人。

部分年份幼儿园幼儿教育统计如表2-1所示。

表2-1 部分年份幼儿园幼儿教育统计

年份	幼儿园									
	所数			班数	幼儿数			教工数		
	公办	民办	合计		公办	民办	小计	公办	民办	小计
1948	3	1	4	6	150	20	170	7	1	8
1952	5	2	7	6	95	114	209	5	14	19
1953	5	2	7	18	488	304	792	16	13	29
1954	5	2	7	18	552	384	936	18	13	31
1955	5	9	14	23	492	431	923	18	13	31
1956	16	43	59	59	583	1266	1849	18	50	68
1957	8	1	9	25	639	305	944	22	9	31
1958	7	46	53	65	594	1721	2315	15	50	65
1960	11	69	80	172	1389	3642	5031	42	158	200
1961	21	25	46	59	1716	978	2694	50	34	84
1965	2	7	9	35	299	861	1160	32	16	48
1966	1	14	15	22	289	517	806	16	11	27
1982	1	22	23	63	155	1640	1795	21	70	91
1984	1	26	27	71	230	1740	1970	26	81	107
1985	1	30	31	78	280	2010	2290	30	107	137
1987	1	40	41	92	350	2255	2605	40	163	203
1990	1	51	52	115	545	2702	3247	42	285	327
1991	1	3	4	373	554	14 292	14 846	45	11	56
1993	1	4	5	486	749	20 242	20 991	59	11	70
1995	1	3	4	486	768	192	960	64		64

注:"民办"含其他部门办,"公办"仅指县一级政府机关办。1991年以后幼儿园所数不含小学附设学前班。

第二节 小学教育

一、发展概况

贺县近代小学教育始于清光绪二十九年（1903年），时临江书院山长（院长）李孝先与书院斋长钟祖良主持将临江书院改为贺县高等小学堂，是贺县近代最早的学校，此即后来贺县第一小学、表证校及今河西小学的前身。清光绪三十一年（1905年）沙田张文辅、李汉宜等利用龙头湾庙款创办开明小学堂，此即后来信都县第一小学、信都表证校，今信都中心校的前身。至清光绪三十四年（1908年），贺街培英初小、育才初小相继成立。进入民国后，小学数量日渐增多，1926年前后贺县兴起创办小学的热潮。至解放前夕，贺县及信都两县合计共有小学269所，总教学班数658个，学生21 362人，教职工888人。当时的小学尤其是村街国民基础（小）学校规模普遍小，平均每个学校不足2.4个教学班，不少学校只有1个班，1名教师，相当于或者小于现在教学点的规模。解放后小学教育很快走上正轨，直至1958年一直处于顺利发展状态。3年国民经济暂时困难时期，有所回缩，但1963年又回升。1968—1970年由于受"读书无用论"的影响又有回缩。1973年后，逐步走上健康发展的道路。1978年有小学（含教学点）849所，2834个教学班，学生88 339人，其中女生占43.6%，教职工3526人。截至1989年，贺县共有小学290所，教学点355个，计3115个教学班，在校学生96 179人，教职工3741人。

清宣统元年及新中国成立前几个年度小学基本情况如表2-2所示。

表2-2 清宣统元年及新中国成立前几个年度小学基本情况

年份	学校数			班数/个	学生数/人	教职工数/人
	合计/所（个）	小学/所	教学点/个			
清宣统元年（1909年）	9	9			334	
1925					5643	362
1930	244	244		652	9429	420
1933	293	235	58	529	11 762	501

续表

年份	学校数			班数/个	学生数/人	教职工数/人
	合计/所（个）	小学/所	教学点/个			
1948	260	260		555	19 090	672
1949	269	269		658	21 362	888

注：空格处为数字缺失，余同。

1950—1995 年小学基本情况如表 2-3 所示。

表 2-3　1950—1995 年小学基本情况

年份	学校数			班数/个	学生数/人	教职工数/人
	合计/所（个）	小学/所	教学点/个			
1950	263	263		233	7718	304
1951	305	305		884	21 834	1065
1952	402	402		942	32 276	1227
1953	383	383		1228	39 925	1470
1954	395	395		1178	37 102	1435
1955	363	363		1076	45 630	1326
1956	296	296		1084	45 274	1304
1957	324	324		1143	46 144	1491
1958	505	505		1383	56 161	1504
1959	409	409		1379	54 647	1435
1960	431	431		1496	53 695	1843
1961	396	396		1442	50 015	1844
1962	442	442		1546	47 223	1285
1963	416	416		1507	53 879	1724
1964	384	384		1500	57 166	1796

续表

年份	学校数			班数/个	学生数/人	教职工数/人
	合计/所（个）	小学/所	教学点/个			
1965	458	458		1533	57 802	2015
1966	496	496			63 210	2089
1967	519	519		1722	64 318	2115
1968	499	499			480 906	2544
1969	558	558			59 759	2430
1970	573	573			54 545	1821
1971	551	551		1747	61 500	2501
1972	653	225	428	2608	64 581	2732
1973	812	258	554	2398	94 364	3292
1974	947	267	680	2332	99 708	3432
1975	718	232	486	2422	102 377	3488
1976	923	234	689		96 912	3558
1977	966	235	731		92 254	3726
1978	849	231	618	2834	88 339	3526
1979	762	234	528	2735	89 403	4125
1980	790	258	532	2799	91 002	3971
1981	764	271	493	2769	87 679	4096
1982	836	298	538	2792	87 030	4067
1983	700	276	424	2708	85 662	3944
1984	684	277	407	2889	87 433	3941
1985	696	280	416	2897	90 828	3865
1986	672	284	388	2958	94 496	3792
1987	662	284	378	2983	96 124	3781

续表

年份	学校数			班数/个	学生数/人	教职工数/人
	合计/所（个）	小学/所	教学点/个			
1988	643	283	360	2974	91 445	3736
1989	645	290	355	3115	96 179	3741
1990	626	291	335	3215	100 583	3890
1991	636	291	345	3305	104 821	3717
1992	639	289	350	3340	107 484	3695
1993	623	288	335	3433	115 100	3641
1994	622	289	333	3565	121 316	3675
1995	617	290	327	3650	125 887	3721

注：1950—1952年为村校和中心校总数，1953—1971年为公办、民办学校总数。以上两个年段分不出学校数和教学点数。

1979—1995年小学生基本情况如表2-4所示。

表2-4　1979—1995年小学生基本情况

年份	全县学龄儿童/人	在校学龄儿童/人	入学率/%	应在校数/人	实在校数/人	流动率/%	小学毕业人数/人	初中实招人数/人	升学率/%
1979	74 770	70 936	94.9	95 057	89 403	5.9	11 388	6873	60.4
1980	75 042	71 123	94.8	99 378	91 002	8.4	8761	7083	80.8
1981	75 937	67 112	88.4	100 472	87 679	12.7	8807	5043	57.3
1982	76 484	68 893	90.1	100 230	87 030	13.2	8397	4836	57.6
1983	75 720	69 385	91.6	96 795	85 662	11.5	7859	4366	55.6
1984	74 286	68 987	92.9	95 325	87 433	8.3	8301	4664	56.2
1985	74 973	67 236	89.7	99 059	90 828	8.3	8747	4946	56.5
1986	71 879	68 465	95.3	98 462	94 496	4.0	9894	5328	53.9

续表

年份	全县学龄儿童/人	在校学龄儿童/人	入学率/%	应在校数/人	实在校数/人	流动率/%	小学毕业人数/人	初中实招人数/人	升学率/%
1987	73 720	68 390	92.8	102 057	96 124	5.8	10 496	5812	55.4
1988	77 535	69 940	90.2	102 676	91 445	10.9	10 485	5776	55.0
1989	75 441	71 003	94.1	103 227	96 179	6.8	5498	3951	71.9
1990	89 921	86 098	96.6	106 076	100 583	5.2	7481	5541	74.1
1991	94 321	90 207	95.6	109 049	104 821	3.9	9133	6452	70.6
1992	97 681	93 678	95.9	111 147	107 484	3.3	10 554	7387	70.0
1993	102 012	99 068	97.1	117 988	115 100	2.4	10 627	7518	70.7
1994	112 213	107 430	95.7	123 674	121 316	1.9	11 631	8405	72.3
1995	117 968	112 855	95.7	128 146	125 887	1.78	12 500	9567	76.5

1989年中心校基本情况如表2-5所示。

表2-5　1989年中心校基本情况

隶属	校名	地址	班数/个	学生数/人	教工数/人	
					合计	公办
八步镇	八步镇第一中心校	八步镇前进西路	32	1755	73	73
贺街镇	贺街中心校	贺街上河东旧进贤街	16	812	29	23
贺街镇	大鸭中心校	大鸭村野鸭寨	12	551	20	16
贺街镇	西南中心校	西南村王仙桥寨	12	455	17	7
贺街镇	双莲中心校	农场村、进贤村与双瑞村交界点	13	584	22	12
贺街镇	白沙中心校	白沙村	12	518	22	10
步头镇	梅花中心校	梅花村	20	626	30	
步头镇	步头中心校	步头村	6	169	10	10
步头镇	大塘中心校	大塘村	8	220	14	14

续表

隶属	校名	地址	班数/个	学生数/人	教工数/人	
					合计	公办
步头镇	永和中心校	永和村大寨	12	382	18	9
莲塘镇	莲塘中心校	莲塘圩	18	746	31	20
莲塘镇	美仪中心校	美仪村	17	720	29	17
莲塘镇	白花中心校	白花村天台山寨	9	276	15	4
莲塘镇	新莲中心校	新莲村莲塘寨	18	755	34	21
黄洞乡	黄洞中心校	黄洞口	9	255	14	12
桂岭镇	桂东中心校	竹园村	12	423	21	10
桂岭镇	桂南中心校	英明村	15	622	28	14
桂岭镇	桂西中心校	兴德村	12	411	20	9
桂岭镇	桂北中心校	平安村龙岗寺	11	354	17	8
桂岭镇	桂中中心校	桂岭街东门外	20	826	38	24
桂岭镇	莲花中心校	莲花村	7	261	15	6
开山乡	开山中心校	壕界圩	12	497	22	14
大宁镇	大宁中心校	大宁圩	19	827	33	20
大宁镇	忠福中心校	乌石	10	354	20	11
大宁镇	螺石中心校	螺石圩	14	588	23	15
南乡镇	南乡中心校	南乡圩	14	559	22	14
南乡镇	洞新中心校	洞新村代坊寨	12	447	16	11
黄田镇	黄田中心校	黄田街	24	1260	46	32
黄田镇	英石中心校	英石村华香寺	15	567	24	9
黄田镇	长龙中心校	长龙村棉花岗	9	340	17	8
黄田镇	新村中心校	新村街	18	884	30	23
黄田镇	路花中心校	路花村				
里松镇	里松中心校	里松街	11	522	22	12

续表

隶属	校名	地址	班数/个	学生数/人	教工数/人	
					合计	公办
里松镇	文汉中心校	文汉村万家坪	10	352	17	13
里松镇	青凤中心校	青凤村沙龙坝	10	264	13	9
鹅塘镇	鹅塘中心校	鹅塘圩	16	676	30	18
鹅塘镇	凤田中心校	凤田村	13	598	22	19
鹅塘镇	芦岗中心校	芦岗村	9	327	16	11
沙田镇	沙田中心校	沙田街	23	1127	42	32
沙田镇	马峰中心校	马峰村	18	999	32	20
沙田镇	道石中心校	道石街	17	715	26	23
沙田镇	芳林中心校	芳林村	17	751	33	28
沙田镇	狮洞中心校	狮中村	13	580	26	20
沙田镇	金竹中心校	金竹村	7	88	10	7
公会镇	公会中心校	公会街	22	963	38	22
公会镇	植扬中心校	扬会村	11	332	17	10
公会镇	石塔中心校	石塔村	11	450	19	8
公会镇	尚德中心校	新村岭下寨	14	514	21	9
公会镇	瑞昌中心校	东鹅村锣鼓坪	12	323	16	7
大平乡	大平中心校	大平村利水口	12	611	22	22
水口乡	水口中心校	大水村	6	246	15	15
信都镇	信都中心校	信都镇大信街	18	833	41	32
信都镇	信联中心校	信联村竹巷寨	7	210	14	9
信都镇	两合中心校	两合村	10	315	16	8
灵峰乡	爱群中心校	爱群村新屋寨	8	340	15	7
仁义镇	仁义中心校	仁义村聚福观	8	269	13	9
仁义镇	三联中心校	三联村高田寨	11	436	23	13

续表

隶属	校名	地址	班数/个	学生数/人	教工数/人	
					合计	公办
仁义镇	保福中心校	保福村象寨	7	205	16	6
铺门镇	铺门中心校	铺门街圩头	19	763	35	23
铺门镇	中华中心校	中华村悦塘寨	11	401	17	14
铺门镇	安定中心校	安定村	10	258	14	5
铺门镇	扶隆中心校	扶隆圩	9	310	13	7

二、小学选介

（一）八步镇第一中心校

八步镇第一中心校简称"八小"或"八步一小"。位于八步镇前进西路，面积约0.60万平方米。创建于1924年3月。首任校长是朱炳寰。曾称贺县第六小学、省立八步表证中心校、八步工矿区中心校。"文化大革命"前被定为专区重点学校。"文化大革命"后至20世纪80年代，曾相继被定为广西壮族自治区综合改革实验试点学校，被自治区教委评为文明学校，同时还被评为全国少先队红旗大队、全国体育传统项目（乒乓球）先进学校，获全国第一届学生钢笔书法大赛集体优胜奖。体育教师杨月清（女）被评为全国体育传统项目学校优秀工作者，并被评为特级教师。1989年学校有32个班，学生1755人，教工73人，其中小学特级教师1人、小学高级教师18人、中学一级教师1人、医师1人。

（二）贺街中心校

贺街中心校位于贺街上河东旧进贤街，面积约0.67万平方米。创建于清光绪三十二年（1906年）2月，初称河东小学，首任校长是李士光，其后曾称进贤小学。1989年有16个班，学生812人，教工29人，其中高级教师4人。

（三）河西小学

河西小学位于贺街旧县府。创建于清光绪二十九年（1903年），首任校长是李孝先，是贺县最早创办的小学，相继用名为贺县小学堂、贺县高等小学校、贺县第一小学、贺县表证校。自建校以来至 1969 年一直为县重点小学，1969 年更名为河西小学，降为一般完小。自建校至 1989 年已毕业学生达23 400 多人。1989 年有 10 个班，学生 353 人，教工 14 人，其中高级教师 2 人。

（四）狮洞中心校

狮洞中心校位于沙田镇狮中村，面积约 1 万平方米。创建于清光绪三十一年（1905 年）8 月，初称开明小学堂，首任校长是李汉宜，民国时期曾称贺县第二小学。1989 年有 13 个班，学生 580 人，教师 26 人。下设古崙寨分校，下辖松木、狮南 2 所村小和冷水寨、三冲教学点。

（五）信都中心校

信都中心校位于信都镇大新街，面积 0.55 万平方米。创建于清光绪三十三年（1907 年），初称会仙寺小学，校长是罗彩林。清宣统三年（1911 年）迁端南镇（今信都镇）。民国时期曾先后称信都县第一小学、信都县表证校、端南镇中心校、附城乡中心校、附城四乡中心校。信都县并入贺县后称信都中心校。1989 年有 18 个班，学生 833 人，教工 41 人，其中高级教师 5 人。1988 年被评为广西壮族自治区文明学校。

（六）铺门中心校

铺门中心校位于铺门街北端，面积约 1.33 万平方米。创建于清光绪三十四年（1908 年）2 月，首任校长是罗汝霖。民国时期曾称信都县第二小学。1989 年有 19 个班，学生 763 人，教工 35 人，其中高级教师 2 人。此校为学区中心校，下辖河东、河南、团结、上洞等 4 所村小，又下设下寨、长乐洲 2 个教学点。

第三节　中学教育

一、发展概况

贺县初级中学于 1921 年年初在当时县城贺街创建，此为贺县现代中等教育的开始。1930 年春，贺县女子初级中学成立，至 1934 年停办。1933 年信都县初级中学成立，1 年后停办，1941 年改办为信都县国民初级中学，1945 年改称信都县初级中学。1940年3月私立临江初级中学创建。1941年秋贺县初中发展为完中，1943年春临江初中也发展为完中，相继成为民国时期贺县仅有的2所包括初中、高中的完全中学。1944年春贺街私立瑞云初级中学成立（1946年停办）。1944年秋八步私立灵峰初级中学成立。1945年春桂岭初级中学创建，同年秋公会私立大公初级中学成立（1946年暑期停办）。至解放前夕，有贺县中学、临江中学2所完中，有信都、灵峰、桂岭3所初中；贺县、信都县两县有高中6个班，初中26个班，共有学生1227人，中学教工163人。

解放后，1950年私立灵峰中学并入私立临江中学，私立大公中学复办。1951年临江中学改为公立。1952年私立大公中学改为县办，同年暑假并入临江中学。此后，贺县中学教育迅速发展。"文化大革命"时期，在教育质量普遍下降的同时，学校数量一度膨胀，达到每个公社（相当于现在的乡镇）办有1所或多所高中，每个大队（相当于现在的行政村）办有1所或多所初中，多数是大队小学附设初中。1979年全县有公办高中20所，初中15所，小学附设初中有134所，高中、初中共有575个班，学生26 989人，教工2654人。此后，经过整顿和改革，中学教育的质量普遍得到提高，中学数量比"文化大革命"时期减少，中学结构趋向合理。至1985年小学附设初中点全部撤销。1989年，共有普通完全中学4所、普通高中1所、初中35所，全县高中54个班，初中309个班，在校学生17 616人，中学教工1732人。1995年，全县共有高完中7所，初中37所；高中54班，初中439班；在校学生25 209人，比1990年增加6707人，增长36.25%（表2-6）。

1950—1995年中学发展情况如表2-6所示。

表2-6　1950—1995年中学发展情况

年份	学校数/所			班数/个			学生数/人			教工数/人		
	高完中	初中	合计	初中	高中	合计	初中	高中	合计	公办	民办	合计
1950		5	5	24		24			907			92
1951	1	4	5	22	3	25	701	112	813	80	12	92
1952		5	5	24	3	27	1127	171	1298	102		102
1953	1	2	3	28	2	30	1384	100	1484	121		121
1954	1	2	3	29	4	33	1411	206	1617	126		126

续表

年份	学校数/所			班数/个			学生数/人			教工数/人		
	高完中	初中	合计	初中	高中	合计	初中	高中	合计	公办	民办	合计
1955	1	3	4	27	6	33	1517	295	1812	135		135
1956	2	7	9			47			2505	152	4	156
1957	2	6	8			50			2603	164	4	168
1958	2	19	21			77			5322	163	57	220
1959	2	14	16			86			4121	167	40	207
1960	2	19	21			84			3716			267
1961	2	10	12	59	13	72			3230	229	86	315
1962	1	10	11	55	11	66			3079	236	31	267
1963	1	9	10			55			2895			274
1964	1	9	10			56			2372	208	7	215
1965	1	9	10	50	9	59			2909	202	12	214
1966	2	9	11	54	6	60				202	12	214
1967	2	9	11			64			3132	202	12	214
1968	8	10	18						5596	237	10	247
1969	18	4	22						4045	237	10	247
1970	19	5	24			243	10 927	3216	14 143	686	3	689
1971	20	5	25	308	72	380	11 599	3834	15 433	597	152	749
1972	19	5	24	284	79	363	11 140	4303	15 443	537	213	750
1973	19	5	24	308	72	380	11 599	3834	15 433	435		
1974	19	5	24	276	86	362	12 077	4650	16 727	717	109	826
1975	21	5	26	317	81	398	13 264	4536	17 800	1036	226	1262
1976	25	6	31				22 143	6353	28 496	1617	738	2355
1977	25	6	31				24 997	8231	33 228	1774	886	2660
1978	26	6	32			778	24 685	9008	33 693	2161	980	3141
1979	20	15	35	428	147	575	19 927	7062	26 989	1934	720	2654

续表

年份	学校数/所			班数/个			学生数/人			教工数/人		
	高完中	初中	合计	初中	高中	合计	初中	高中	合计	公办	民办	合计
1980	11	25	36	356	94	450	16 547	4609	21 156	1665	361	2026
1981	7	34	41	344	63	407	14 471	2954	17 425	1675	225	1900
1982	8	33	41	281	72	353	12 243	3168	15 411	1570	156	1726
1983	7	33	40	255	53	308	11 979	2575	14 554	1501	142	1643
1984	7	33	40	268	56	324	12 041	2293	14 334	1495	151	1646
1985	6	35	41	287	55	342	13 316	2248	15 564	1491	160	1651
1986	6	34	40	306	56	362	14 537	2354	16 891	1589	167	1756
1987	6	38	44	331	60	391	17 316	2671	19 987	1549	183	1732
1988	5	37	42	333	53	386	16 612	2405	19 017	1592	149	1741
1989	5	35	40	309	54	363	15 013	2603	17 616	1622	110	1732
1990	5	36	41	316	57	373	15 618	2884	18 502	1477	145	1622
1991	5	36	41	325	59	384	20 021	3323	23 344	1520	145	1665
1992	6	36	42	359	62	421	18 860	3448	22 308	1627	128	1755
1993	6	37	43	371	60	431	19 756	3009	22 765	1647	118	1865
1994	7	37	44	403	56	459	21 001	2548	23 549	1795	76	1871
1995	7	37	44	439	54	493	22 737	2472	25 209	1859	95	1954

新中国成立前几个年度中学发展情况如表2-7所示。

表2-7 新中国成立前几个年度中学发展情况

年份	学校数/所			班数/个			学生数/人			教工数/人
	高完中	初中	合计	初中	高中	合计	初中	高中	合计	
1921		1	1						388	25

续表

年份	学校数/所			班数/个			学生数/人			教工数/人
	高完中	初中	合计	初中	高中	合计	初中	高中	合计	
1925		1	1						267	22
1929		1	1						506	40
1933		3	3			9			272	30
1946	2	4	6	32	6	38			1697	127
1948	2	3	5	26	6	32			1475	127
1949	2	3	5	26	6	32			1227	163

1979—1989年中学生升学率统计如表2-8所示。

表2-8　1979—1989年中学生升学率统计

年份	初中				高中（含农职中）		
	初中毕业生数/人	高中（含农职中）招生录取数/人	中师、中专招生录取数/人	升学率/%	高中毕业生数/人	考取大学数/人	高考升学率/%
1979	7860	3075		39.1		58	
1980	5698	2349		41.2	2572	101	3.9
1981	3761	1164		30.9	2720	76	2.8
1982	2790	1380		49.5	422	115	27.3
1983	2598	932		35.9	1026	88	8.6
1984	2989	867	51	30.7	824	120	14.6
1985	2942	1014	163	40.0	849	114	13.4
1986	3149	1017	175	37.9	748	145	19.4
1987	3622	1104	168	35.1	778	186	23.9
1988	4498	996	213	26.9	877	221	25.2
1989	4211	1182	214	33.1	847	191	22.6

1989年中学基本情况，如表2-9所示。

表2-9 1989年中学基本情况

隶属	校名	地址	班数/个	学生数/人	教工数/人	备注
县直属	贺县高中	位于距八步镇2.5千米的沙田镇芳林村	29	1850	135	
县直属	贺县中学	贺街（旧县城）	18	856	90	
县直属	信都中学	信都街	13	616	68	
县直属	桂岭中学	桂岭镇	14	749	70	
县直属	贺县第二高中	八步镇南郊	16	871	81	
县直属	贺县实验初级中学	八步镇南郊在钟山麓	10	610	41	
私立	贺县岭南中学					1993年创办
八步镇	八步镇第一初级中学	八步镇拱桥村牛仔湾	12	560	47	
八步镇	八步镇第二初级中学	八步镇西约街	12	540	55	
贺街镇	贺街镇中学	贺街镇河西街	6	267	25	
贺街镇	双莲初级中学	贺街镇农场村	6	300	23	
贺街镇	龙扬初级中学	贺街镇龙扬村	6	276	20	
步头镇	步头中学	梅花街	6	268	23	
莲塘镇	莲塘中学	莲塘村	12	639	50	
莲塘镇	莲塘第二中学	莲塘镇长湾村	11	582	48	
莲塘镇	莲塘第三中学	莲塘镇美仪村	8	469	28	
黄洞乡	黄洞初级中学	黄洞口	3	152	18	
桂岭镇	桂岭第二初级中学	桂岭街	13	549	55	
桂岭镇	桂岭第三初级中学					
开山乡	开山初级中学	开山乡南和村	5	198	24	
大宁镇	大宁中学	大宁镇大宁村鹅婆岭	10	486	45	

续表

隶属	校名	地址	班数/个	学生数/人	教工数/人	备注
大宁镇	螺石初级中学	大宁镇长颈寨坪	6	223	22	
南乡镇	南乡中学	南乡圩	8	353	30	
黄田镇	黄田中学	黄田镇安山村（距八镇1千米）	14	784	51	
黄田镇	松树岗初级中学	黄田镇长龙村松树岗	9	552	37	
里松镇	里松初级中学	里松镇培才村猪头坪	5	246	19	
鹅塘镇	鹅塘中学	鹅塘圩草王岭	10	487	57	
沙田镇	沙田第一初级中学	沙田镇红新村	12	750	48	
沙田镇	沙田第二初级中学	沙田镇道石圩	9	512	37	
沙田镇	沙田第三初级中学	沙田镇狮洞村大同圩	4	150	17	
沙田镇	沙田第四初级中学	沙田镇芳林村	5	312	23	
沙田镇	沙田第五初级中学	沙田镇沙田街	6	332	30	
公会镇	公会中学	公会镇联合村富群江畔大成桥旁	9	424	42	
公会镇	公会镇初级中学	公会街	9	508	38	
公会镇	尚德初级中学	公会镇新新村	9	422	42	
大平乡	大平中学	大平乡大平村利水口	4	173	20	
水口乡	水口初级中学	水口乡	4	212	16	
信都镇	两合初级中学	信都镇两合村	8	264	34	
信都镇	平龙初级中学	信都镇平龙村	7	300	25	
灵峰乡	灵峰初级中学	灵峰乡爱群村	3	93	13	
仁义镇	仁义中学	仁义镇三联村独岗岭	11	434	43	
铺门镇	铺门中学	铺门街圩头	14	697	42	

二、中学选介

（一）贺县中学

贺县中学位于旧县城贺街，即今贺街镇，现占地面积约 16.67 万平方米。创建于 1921 年 3 月 22 日，时称贺县中学，名誉校长为李孝先。创建之始，以旧临江书院等处为校址。抗日战争时期曾迁至沙田镇马鼻村，后迁回贺街香花村旧演武场，即今址。解放后，校名几经更改：1951 年秋称贺县第一中学，1953 年秋称贺县第二中学，1954 年秋称贺县第一初中，1956 年秋复称贺县第二中学，1959 年秋称贺街中学，1960 年称贺街完全学校，1961 年复称贺街中学，1972 年称贺城中学，1990 年恢复贺县中学旧名。自建校至 1989 年，共招初中 193 个班、高中 115 个班、师范 16 个班，总计 324 个班，学生 16 000 多人。1989 年共有初中 8 个班，高中 10 个班，学生 856 人，教工（含离退休）90 人，其中高级教师 3 人。

（二）贺县高中

贺县高中位于距八步镇 2.5 千米的沙田镇芳林村，现占地面积 7.03 万平方米。创建于 1940 年 3 月，为矿商士绅捐资所建，是年 3 月 18 日正式开学。时校董会的董事长是当时平乐专署专员胡天乐，常务校董包括贺县名绅兼矿商黄研真、黄铁真、黄德占、伍展明及黄扑心等人。首任名誉校长为林天木，校长为商作莘。民国时期称私立临江中学，任期最长的校长为李镇。1950 年八步镇私立灵峰初级中学并入临江中学。1951 年改称贺县第二中学，1953 年称贺县第一中学，同年又易名为贺县中学，1958 年称芳林中学，1960 年与芳林小学合并称芳林完全学校，1962 年复称芳林中学，1981 年冬恢复临江中学原名，1987 年更名为贺县高中（仍招初中，定为完中）。自建校至 1989 年，共招初中 167 个班、高中 184 个班，总计 351 个班，学生 17 000 多人。1989 年年初有初中 7 个班，高中 22 个班（含地区 2 个民族班，3 个补习班），有学生 1850 人，教工 135 人，其中高级教师 26 人、一级教师 29 人。解放前，临江中学曾是中共桂东地下党活动据点之一，也是中国民主同盟东南总支（以梁漱溟为总负责人）所在地。一批全国著名的社会活动家及专家学者（李济深、何香凝、柳亚子、千家驹等）先后来此授课或讲演。解放后至 1989 年有 2000 名左右应届高中毕业生考入大学。1988 年曾被广西壮族自治区教委评为文明学校，同年还被评为全国勤工俭学先进集体。

(三）信都中学

信都中学位于信都镇大新街，面积约 2.4 万平方米。创建于 1932 年，当年用来办信都师范讲习所，招了 1 个班学生，所长为刘恒震。次年春招了 1 个初中班，正式办中学。时称信都初级中学，首任校长为罗世泽，但只办了 1 年即停办。1939 年秋至 1941 年办师资训练班，共招 2 个班。1941 年秋始办信都县国民初级中学，简称信都国中，属官助性质。1944 年因遭日机 2 次轰炸，校址曾迁到铺门石城、仁义大平，抗日战争胜利后迁回原址。1945 年秋改名为信都县初级中学，由罗世泽、张寿祺相继任校长，并由张寿祺创作了校歌。解放后，1951 年秋信都县并入贺县，信都初中改名为贺县第 11 初中，1952 年春称第三中学，1956 年秋称贺县第一初中，1959 年秋称信都初中，并开始招高中 1 个班，1 年后高中停办。1969 年春改名信都中学，再次招高中班。1989 年有初中 7 个班，高中 6 个班，学生 616 人，教工 68 人，其中高级教师 2 人。

（四）桂岭中学

桂岭中学位于桂岭街北端，面积 12 万平方米。筹建于 1943 年，由专员李新俊任筹委会名誉主任委员，县长徐居任主任委员，区长李汉文任副主任委员。1945 年春开始招收初中生。原址位于竹园村，首任校长为陈家麟。由陈家麟作词，教师李振中作曲，曾谱写过一首校歌。解放后，1950 年秋改名为贺县第一初中，1952 年秋并入贺街中学，1956 年秋恢复办学，称贺县第二初中。1957 年春校址迁至今址。1959 年秋改称桂岭初级中学。1969 年招收高中班，称桂岭中学。1981 年，原教师李振中自香港回访，向桂岭中学捐款建立"李振中英语奖学金"。1989 年共有高中、初中 14 个班，学生 749 人，教工 70 人，其中高级教师 3 人。

（五）公会（初级）中学

公会中学位于公会圩西南 1 千米处的富群江畔大成桥旁，面积约 2.5 万平方米。创建于 1945 年 8 月，时称私立大公初级中学，至 1946 年暑假停办。1950 年秋恢复，1952 年春改称县立大公中学，1956 年改称贺县第三初中，1962 年改称公会初级中学，1968 年称公会中学，开始招收高中，停招初中。1978 年高中、初中并招，成为县直属完中，1985 年停招高中，只招初中，1986 年由县直属下放归镇直属。1989 年有 9 个班，学生 424 人，教工 42 人。

（六）私立贺县岭南中学

1993年创办，原为1991年创办的贺县群力补习学校，当时招收升大专复习生。1993年6月经贺县人民政府批准，上级教育部门备案，正式成立贺县私立岭南中学，1993年秋招生。校址位于八步镇三加村罗卜滩飞机场东侧，校园占地面积104亩，其中建筑面积4400平方米，可容纳880人在校食宿，总投资800万元，此后建筑面积又扩大6000多平方米。名誉校长为钟家佐。董事长为董振胜，副董事长为李开元、林庆焜，3人均是离退休干部。1995年有高中6个班，初中8个班，共有学生750人，教师54人，行政管理人员7人，工人16人。

第3章 专业教育

第一节 师范教育

一、发展概况

贺县中等师范教育始于清光绪三十一年（1905年）。当年于贺街开办贺县师范讲习所，第1期办于临江书院旧址，清光绪三十三年（1907年）于旧都司署办第2期。至清宣统三年（1911年）停办。1926年分别于贺街的旧儒学署举办师范讲习所（男师），于旧都司署办女子师范讲习所，其中男师学生82人，女师学生51人。2所讲习所有教工19人，由黄鼎新任所长。至1930年停办。1932年春，信都县创办师范讲习所，招收学生64人，教职工5人，1年后停办。1960—1972年贺县师范教育工作主要由八步师范承担。1972年贺县中等专业学校在三加村成立，占地约130亩，开始招中师班、幼师短训班、初中英语师资短训班、在职小学教师短训班。1975年改称贺县师范学校，招收普通中师班和少数民族中师班。1976年招收数、理、化专业师资班及初中语文教师短训班。自1980年起，面向梧州地区北面5个县从高考考生中招收中师班，同时开始建立面向贺县的中师函授部。1982年起划为广西壮族自治区定点中师，由自治区、梧州地区和贺县共管，以县管为主，开始面向地区内各县招收以初中毕业生为对象的中师班，同时招收民办教师进修班。自建校至1989年，已毕业中师生4123人，其中包括函授毕业生约400人。1989年该校有18个中师班，4个小学教师进修班，共有学生982人，另有函授生569人，教工179人，其中高级讲师18人。中学高级教师1人、中级职称36人。

1956年秋贺县成立小学教师业余进修学校，有教师7人，借用八步小学校舍办公，由教育科长兼校长。1957年改名为贺县函授师范学校，学员人数达800余人。1959年学校迁县教研室，合并办公，对学员实行定期定点面授。

1961年秋实行广播教学来辅助函授,并在各区镇建立函授辅导站。至1965年下半年尚有学员471人,"文化大革命"开始后终止。

贺县中学自1921年创办时起也陆续开办多种形式的师范班,至1960年先后招收各种师范班16个班。信都中学于1939年开办2个简师班,1945年开办2个,1960年开办1个。桂岭中学于1960年开办1个简师班。这些中学在其办师范班时分别承担了为该地区培训小学师资的任务。

二、梧州师范高等专科学校

梧州师范高等专科学校位于八步镇,前身是1943年春创建的广西省立平乐(专区)师范学校,简称"平师"。1948年开设附属小学,面向八步镇招生。1957年平师改名为贺县师范学校。1958年在校内创办梧州地区师专,次年该师专迁往梧州。后学校曾改称八步师范、贺县红卫师范学校,复称八步师范学校。1973年八师附小划出改为八步镇第三小学(今八步二中前身)。1977年恢复高考后八步师范学校开始招收大专班。1983年命名为梧州地区教师进修学院,1988年易名为梧州地区教育学院。1994年2月21日,经中华人民共和国国家教育委员会批准,在梧州地区教育学院的基础上成立梧州师范高等专科学校,校党委书记兼校长为杨立汉。至1995年学校占地面积由原来的110亩扩大到202亩,全校建筑面积由1990年的3.3万平方米增至5.17万平方米,增长了56.67%;学校建设获得世界银行贷款53万美元;全校教学仪器设备价值由原来的70多万元增至230多万元;在职教工由227人增至300人,其中教师由122人增至152人。教师中有研究生2人,具有中级职称的97人,高级职称的22人。办学规模方面,1995年有41个班,比1990年增加12个班,学生1820人;其中,普通师专29个班1192人,进修师专4个班187人,卫电师专8个班441人;另有全员培训专科学员1748人。

第二节 农业中学

1958年"大跃进"时期,贺县始办农业中学,当年办起20所,共有31个班,1372名学生。1960年降至8所,学生降至624人;1962年仅保存2所,学生225人,教工8人;此后出现恢复和发展,1964年12所,学生664人;1966年上升到49所,93个班,学生2801人;1968年45所,学生3593人,教工110人；此后又出现下降，1980年降到6所，学生774人，教工67人；1982年5所，学生605人，教工71人。1983年后仅有鹅塘乡1所农业中学坚持下来，当年办4个班，学生169人，教工21人。1985年改为县农业中学。该校原于1982年9月成立。因其位于鹅塘芦岗，曾称芦岗农业中学。除有水田、旱地、果园、鱼塘合计面积约40亩外，有山地1000余亩。建校以来每年大体招种植、养殖两种专业班，年均入学率约70%，毕业率约40%。毕业生从"哪里来回哪里去"。1985年改县农业中学后，至1987年有5个班，学生87~207人，教工30~35人。1989年有3个班，学生89人，教工29人。截至1989年，毕业学生约400人。

第三节　职业中学

贺县职业中学始建于1982年秋。1982—1986年每年招收1个家用电器专业班，毕业后自谋职业，劳动部门不负责分配。其间，曾与临江中学合办过2个1年制高考复习班，与县职教办合办过2个1学期制干部高中文化补习班。1987年起试行与工厂挂钩，先后招收过陶瓷、化工、造纸、林化等专业班，部分毕业生已安排到挂钩厂当工人。1988年起学校易名为贺县职业高级中学。1989年在校学生352人，教工32人。

第四节　其他专业教育

一、发展概况

清宣统二年（1910年），在县劝学所所长李炳文主持下，贺街举人钟祖和创办蚕桑、染织学校，校址附在县高等小学堂，至民国初年停办。

1921年在县城成立国语讲习所，毕业1班后即告停办。

1933年在八步镇成立贺县、信都、富川、钟山四县联合职业高中，招收农科专业1班。

1934年春贺县女子初中招收织染科职业班1班，40人，修业1年。

1958年，贺县人民医院附设卫生学校，培养医生、护士，共招2个班，

83人，由该院医护人员任教。同年，由县卫生局主办创建贺县卫生学校，负责培训乡镇医疗护理人员，至1989年累计培训约1200人（次）。同年秋，贺县艺术学校成立，借用芳林中学校舍，有学生36人，1959年秋停办。

1964年，在姑婆山林场创办贺县茶林学校，由林场场长兼校长，学生半农半读，社来社去，主要学习茶叶种植技术。共招收3个班，约130人。1968年，茶林学校停办。同年冬，在菠萝洞创办贺县职业学校，次年改名为贺县农业技术学校。先后共招收初中1个班48人，高中2个班96人。学生半农半读，社来社去。1968年冬停办。

1965年，在鸡婆塘创办贺县园艺学校，主要学习果树栽培技术。共招收高中1个班，初中1个班，约100人。学生半农半读，社来社去。1968年冬停办。

1972年，在三加村成立贺县中等专业学校，除招收师范班外，先后招有2个农村水电班，1个农机短训班，1个农村经营管理短训班，1个电影放映短训班，1个沼气制造短训班。1975年改名为贺县师范学校，此后不再招收除师范外的其他专业。

1974年，由县农机局主办创建贺县农业机械学校，后改名为农业机械化技术学校。主要培训拖拉机手、汽车司机、摩托车驾驶员、柴油机操作手、插秧机手及各种农机修理工、农机管理干部。截至1989年已培训各种农机技术人员5000多人（次）。

二、贺州地区设在贺州市的学校

（一）梧州农校

前身是创建于1956年的平乐（专区）农业干部学校，1958年迁苍梧县，称梧州农学院，1959年改称梧州农校，1965年迁贺县仁义公社保福大队，先后称梧州农业干校、梧州地区农校，1985年秋校本部迁至八步镇。设有农学、多种经营等专业。1990年在校学生7个班，共274人，教职工76人，1995年在校学生增加到14个班共640人，教职工77人，分别比1990年增长100%、133.58%、1.32%。1990—1995年毕业学生756人，其中1995年毕业159人，比1990年毕业的40人增长2.98倍。1995年年末校园占地面积122.5亩，其中信都实习基地（原校址仁义公社保福大队）72.5亩；八步校址占地面积50亩，建筑面积11 427平方米，比1990年增加3317平方米；固定资产总额 295.5 万元，比 1990 年增加 103.7 万元，增长 54.1%。

（二）贺州地区技术工人学校

1978 年创建于八步镇，初称工交技校。设有车工、钳工、电工、司机等专业。1990—1995 年共招生 30 个班 1200 人；1990 年在校学生 2 个班共 98 人，1995 年发展到 8 个班 388 人；1990 年教职工 58 人，其中在编 40 人；1995 年发展到 88 人，其中在编 67 人。1990—1995 年共毕业 951 人，其中 1995 年 284 人；1990—1995 年培训汽车驾驶员 1430 人。1995 年年末校园占地面积 39.8 亩，其中建筑面积 17 200 平方米，固定资产由 1990 年的 112 万元发展到 527 万元。

（三）贺州地区少数民族干部学校

贺州地区少数民族干部学校位于八步镇，创建于 1981 年 4 月。办有中专班、短训班。截至 1989 年，累计培训学员 2892 人（次），有教工 17 人，其中讲师 4 人。

第4章 成人教育

第一节 农民和城镇居民教育

据1930年《贺县教育局第十一次学事汇报》记载:"我县民众学校,在(民国)十五年以来,先后设立者有十数所,然或办或辍,无大效果,现在继续办理而略有成绩者,有教育会附设之民众夜校一间,历年毕业,男性约有百五十余名,女性二十余名。"此后,识字扫盲的民众教育在20世纪30年代仍然坚持。1932年,贺县办民众学校26所,学生1302人,教职员106人。1933年贺县民校24所,学生1126人,教师104人。信都县民校1所,教师4人,学生77人。1936年出现下降,贺县民校减至13所,学生377人,教师13人。进入20世纪40年代,因战乱频繁,民众教育停止。

解放后,党和政府重视提高全民文化素质,积极发动、组织农民和城镇居民学习文化。1952年,全县夜读的民校学员有37 635人。截至1960年,累计读民校的学员有274 866人,其中1958年为63 655人,1960年达到68 215人。但这两年各地大办的"红专大学""农民大学",并无实效。此后至"文化大革命"时期,几乎没有开办民校,农民和城镇居民学文化没有什么起色,有些农村办有政治文化夜校,主要学毛泽东著作,也学文化、学技术,但多不正规。

中共十一届三中全会以后,贺县教育局在机构设置上,由单列业余教育组升格到单列成人教育股,有1000多名中小学教师直接参加了扫盲工作。1979—1982年全县扫除青壮年文盲(含半文盲)48 950人,青壮年非文盲率由1979年的72%提高到1982年的85%;1983—1989年,继续坚持年年扫盲,7年共扫除青壮年文盲11 303人。经梧州地区教育局1989年检查验收,达到基本扫除文盲县的标准。截至1989年年底,全县20个乡镇先后成立了成人文化技术学校,部分村成立了分校。率先成立成人文化技术学校的步头乡于1988年被评为广西壮族自治区农民教育先进单位。1990年贺县被评为全国扫盲先进县。1991—1995年在有关部门的参与下齐抓扫盲,全县20个乡镇和220多个行政村办起了扫盲班和扫盲包教点,有1800多名教师担任扫盲班和包教点的教师,共扫除15~40周岁青壮年文盲4867人,非文盲率由1991年的96.69%提高到1995年的98.8%。

第二节 干部职工教育

解放后,贺县各级党政部门积极开展干部职工教育。1954—1957年,4年在校干部、职工数分别为632人、787人、2124人、1625人。

1981年,贺县成立职工教育委员会,下设办公室,4000多名在"文化大革命"期间读书的初高中毕(肄)业的干部职工参加了文化补课和技术培训。自1983年开始办干部职工高中文化班。自1984年起,面向干部职工招收电大班。1988年成立广西广播电视大学梧州分校贺县工作站。与此相应地,成立贺县职工培训中心,1989年该培训中心有教工6人,其中讲师2人、工程师1人。除电大班外,培训中心还开办了成人业余和函授中专班,一些部门也开办了专业证书教学班。

从1984年4月至1990年共进行了13次高等教育自学考试,考核党政干部基础科、汉语言文学、数学、英语、政教、统计、会计、法律、哲学、工业经济管理、行政管理、政治管理、财政、税收、新闻学、价格学等16门课程,参考者共4113人(次),其中已获毕业文凭者85人(表4-1)。1984年,成立广西广播电视大学梧州地区分校贺县工作站(简称"贺县电大"),校舍建筑面积7500平方米,有电脑23台,电视机、录像机各5台,教学录像带300盒,地面卫星接收设备1套,图书资料1.1万册,在职教职工24人。同年贺县电大入编《中华学府志》(电大卷)。

表4-1 1984—1990年参加高等自学考试情况统计

年份	报考人数/人	及格人数/人	及格科数/科	毕业人数/人
1984	212	67	106	0
1985	364	189	277	0
1986	391	240	374	5
1987	368	192	319	16

续表

年份	报考人数/人	及格人数/人	及格科数/科	毕业人数/人
1988	992	385	593	18
1989	1120	522	680	22
1990	666	283	399	24
合计	4113	1878	2748	85

1984—1995年电大班招生情况如表4-2所示。

表4-2　1984—1995年电大班招生情况

年份（级别）	专业	招生数/人	备注
1984级	电气工程	47	毕业45人
1985级	中文	45	毕业44人
	法律	41	毕业36人
1986级	财会	22	毕业22人
1987级	英语	60	毕业60人
	政治、历史	60	毕业60人
1988级	财会	34	
	法律（业余）	43	
1989级	财会	35	
1990级	财会	36	
1991级	财会	16	
	财会（业余）	18	
	农村金融（业余）	28	
	法律（业余）	13	
1992级	财会	63	
	财会（业余中专）	119	
	工企（业余）	26	
	农村金融（业余）	47	

续表

年份（级别）	专业	招生数/人	备注
1993级	农村金融（业余）	38	
	财会（业余）	26	
	财会（业余中专）	126	
1994级	财务计算机管理	121	
	现代经济管理	38	
	财务计算机管理（中专）	36	
	餐旅服务（中专）	20	
	汽摩修理	35	
1995级	财务计算机管理	36	
	汽摩修理（中专）	40	
	中师英语	60	

第5章 经费、设备、勤工俭学

第一节 经费

解放后，贺县财政拨给的教育经费绝对数逐年增加，如表5-1所示，1951年为10.18万元，1961年为100.57万元，1971年为139.41万元，1981年上升到483.81万元，1989年达到1592.24万元。教育经费财政总支出的比例各年不尽一致，20世纪50年代高的年份占42.1%，少的年份仅占9.1%；60年代在12%~24%；70年代各年所占比例仍有悬殊，高的年份为23.0%，低的年份为11.3%；进入80年代，各年所占比例保持在20%以上，相差不大，仅1984年达到31.7%。"八五"期间（1991—1995年）平均各年所占比例为33.13%，其中1994年财政拨给教育经费3204.6万元，占财政总支出的40.4%，比1990年提高8个百分点。此外，采取多条渠道筹措教育经费，改变办学条件，1991—1995年全县累计筹措教育经费6871万元。其中，1995年筹措2088万元，贺县被广西壮族自治区人民政府评为多渠道筹措教育经费先进县。

表5-1 1950—1989年教育经费收支情况

年份	贺县财政拨给教育经费		教育经费支出/万元
	金额/万元	占财政总支出比例/%	
1950	1.38	15.5	2.75
1951	10.18	11.1	10.62
1952	33.15	19.0	31.28
1953	58.96	42.1	

续表

年份	贺县财政拨给教育经费		教育经费支出/万元
	金额/万元	占财政总支出比例/%	
1954	71.75	41.2	72.09
1955	73.22	41.6	82.02
1956	93.45	37.4	73.21
1957	94.23	23.7	97.81
1958	95.98	13.2	97.91
1959	83.65	9.1	139.64
1960	108.62	12.4	141.33
1961	100.57	14.4	101.55
1962	99.24	16.5	98.24
1963	93.11	14.6	93.11
1964	105.82	15.6	105.82
1965	117.72	17.4	117.72
1966	141.25	20.7	141.25
1967	144.60	23.8	128.51
1968	124.15	12.6	124.15
1969	118.14	17.7	118.14
1970	123.83	14.4	123.83
1971	139.41	16.1	139.41
1972	182.58	11.9	206.99
1973	177.82	11.3	183.30
1974	206.15	13.2	206.37
1975	210.70	12.6	205.09
1976	223.95	23.0	223.95
1977	242.05	20.0	242.05

续表

年份	贺县财政拨给教育经费		教育经费支出/万元
	金额/万元	占财政总支出比例/%	
1978	278.85	12.7	278.85
1979	329.53	23.2	329.54
1980	443.62	23.0	452.43
1981	483.81	24.3	472.01
1982	485.89	22.5	485.75
1983	492.35	23.3	490.42
1984	656.58	31.7	657.30
1985	824.42	25.4	756.04
1986	958.63	20.8	909.06
1987	1172.22	20.9	1172.65
1988	1356.12	20.2	1329.30
1989	1592.24	20.6	1573.95
1990	1863.30	32.4	1863.30
1991	2007.40	32.6	2007.40
1992	2192.00	34.2	2195.00
1993	2292.50	28.2	2482.70
1994	3204.60	40.4	3281.00
1995	3247.50	31.0	3312.00

第二节 设备

解放后，中小学校舍除县城及乡镇所在地校舍较好外，广大农村校舍多陈旧简陋。进入20世纪80年代，群众开始集资办学，维修或改建一些村校、教学点。但因年久失修的校舍较多，1988年贺县抢修中小学危房领导小组成立，掀起群众集资抢修中小学危房的高潮。

1989年冬，贺县教育局完成了全县中小学危房抢修任务，经梧州地区教育局验收合格。为了抢修学校危房，1980—1990年全县共投入资金2023.9万元，其中集资1813.5万元。共拆除严重危房4万多平方米，回建校舍3.31万平方米，维修校舍8.61万平方米，新建校舍4.31万平方米。截至1990年，全县中小学（含农职中）占地总面积达278.65万平方米，校舍建筑总面积达50.98万平方米。

各高中、初中、中心校和县师范、县农中、县职中都建有图书馆。截至1990年，全县学校总藏书约18.07万册，其中城乡小学有27 766册，城乡初中有32 545册，县直高完中有78 398册，县师范有40 000多册，其他学校有2000多册。在高完中里以贺县高中图书馆藏书最多，约有5.5万册。

各学校都配有一定数量的教学仪器，截至1990年，仪器设备价值小学为39.75万元，中学达到61.46万元，合计101.21万元。中小学仪器设备中物理仪器价值30.28万元，化学为6.94万元，生物为8.46万元，体育为13.9万元，美音为5.03万元，电教为20.5万元。

贺县电化教育设施建设进展较快。1980年教育局经过多方集资，建立了卫星地面接收站，并购置了摄像机。1988年，各乡镇教委办和部分中小学购置了放像设备，全县教育系统形成了放像网络。1989年完成了中师函授教材的录像制作。1990年建立起教育电视差转台。

"八五"时期，全县共同筹措教育经费6871万元投入学校建设，仅1993年就新建砖混结构校舍4万平方米，砖木结构校舍1万多平方米，添置标准课桌椅22 679套，69所学校修建了围墙，52所学校新建了校门。1995年全县校舍总面积达61.08万平方米，其中砖混结构的教学楼、实验楼408幢，面积达31万平方米。全县43所中学有42所建有砖混结构教学大楼。

第三节　勤工俭学

贺县教育局于1983年成立勤工俭学公司，在公司成立前后长期组织全县各级各类学校的勤工俭学活动。部分年份勤工俭学收入情况如表5-2所示。

表 5-2 部分年份勤工俭学收入情况

单位：万元

年份	收入	年份	收入
1978	8.7	1985	35.4
1979	9.5	1986	57.3
1980	5.2	1987	74.3
1981	5.5	1988	104.6
1982	9.5	1989	169.3
1983	24.2	1990	141.1
1984	34.6		

除了"大跃进""文化大革命"时期，学校"学大寨""大种大养"，无统计文献可据外，各学校勤工俭学成绩最为显著的是贺县高中（即原芳林中学、临江中学），该校建有印刷厂、农场、猪场、果园、米粉加工厂、冰室、小商店。1988年被评为全国勤工俭学先进集体。

第6章 教工队伍及活动

第一节 队伍

贺县现代各级各类学校教育工作者统称教职员工（解放后又简称"教工"），包括校长、教导主任、总务主任、班主任（民国时期称"导师"）、科任教师、干事（民国时期称"职员"）、工人（民国时期称"工友""勤杂工"），有条件的学校还设图书馆管理员、仪器室管理员、实验室实验员等教学辅助人员。

1932年贺县、信都县中小学教职工为875人，至1949年为885人。1950年中小学教职工减至396人，1951年增至1157人。此后稳步增长。到1990年，全县教职工包括民办、代课、离退休在内共7142人，是1949年的8.07倍，其中小学教职工4089人，中学1726人，农业中学31人，中等师范173人，其他1093人（表6-1）；文化结构方面：大学本科223人，大学专科47人，中专2314人，高中530人，其余属初中以下学历。

表6-1 部分年份教职工情况

单位：人

年份	教职工数合计	其中					
		小学	中学	农业中学	职业中学	中等师范	其他
1951	1157	1065	92	0	0	0	0
1955	1461	1326	135	0	0	0	0
1958	1756	1504	220	32	0	0	0
1962	1558	1285	267	6	0	0	0
1965	2378	2015	214	140	0	9	0
1970	2510	1821	689	0	0	0	0

续表

年份	教职工数合计	其中					
		小学	中学	农业中学	职业中学	中等师范	其他
1975	4750	3488	1262	0	0	0	0
1978	6740	3526	3141	0	0	0	73
1980	6255	3971	2026	67	0	53	138
1985	6030	3865	1651	30	14	116	354
1989	6685	3741	1792	29	32	179	912
1990	7142	4089	1726	31	30	173	1093
1991	5821	3717	1665	0	54	167	218
1992	5726	3695	1755	0	45	163	68
1993	5693	3641	1772	0	46	171	63
1994	5758	3675	1794	0	45	174	70
1995	5963	3721	1954	0	45	179	64

在教职工中民办教师曾占较大比例，1978年达到3420人，占教职工总数的50.7%。此后逐年减少，至1990年有1326人，占总数的18.57%。

1987年，贺县首次对全县教师进行职称评定工作，分别经县、地区、自治区三级评议审定，任命了中专高级讲师6名，中学高级教师43名，中专讲师32名，中学一级教师294名，小学高级教师372名，幼儿园高级教师1名，获高级职称的教师共49名，占全县各系列获高级职称总数（62名）的79.0%；获中级职称的教师合计699名，占全县各系列获中级职称总数（1046名）的66.8%。这次职称资格原则上从1985年7月算起。

1990年，贺县第二次对教师进行职称评定工作，分别经县、地区、自治区三级评议审定，共计9人取得高级讲师职称，12人取得中学高级教师职称，7人取得讲师职称，28人取得中学一级教师职称，31人取得小学高级教师职称，1人取得幼儿园高级教师职称。本次职称评定取得高级职称的教师共计21人，取得中级职称的教师共计67人。

1989年，广西壮族自治区人民政府批准授予贺县教研室主任孟芝藤、贺县高中政治教师赖运森（校长）、八步镇第一中心校体育教师杨月清（女）为特级教师。1990年，贺县教育局局长曾令禧被评为全国教育系统劳动模范，6

人被评为全国优秀教师（教育工作者）。1991—1995年全县获全国教育系统劳动模范、全国优秀教师及全国优秀工作者的共9人，获广西壮族自治区优秀教师及广西壮族自治区优秀工作者的共20人。1995年，贺县首次评选"十佳园丁"10名、"教坛明星"5名。黄田初级中学、沙田镇芳林中心校和贺县实验中学、贺县中学分别被评为1992年和1994年广西壮族自治区教育系统先进单位。

1991—1995年获广西壮族自治区及全国优秀教师教育工作者一览，如表6-2所示。

表6-2 1991—1995年获广西壮族自治区及全国优秀教师教育工作者一览

荣获广西壮族自治区优秀教师教育工作者			荣获全国优秀教师教育工作者		
年份	姓名	单位	年份	姓名	单位
1991	赖运森	贺县高中	1991	赖运森	贺县高中
	廖春晓	贺县实验中学		吴龙海	县教育局
	潘录浩	贺县第二高中	1992	陈国华	贺县第二高中
	姚冰心	信都小学		姚冰心	信都小学
	陈孝钍	铺门初中		廖春晓	贺县实验中学
1992	彭福权	贺县高中		罗文教	八步四小
	陈国华	贺县第二高中	1994	谢继业	贺县高中
1993	高国营	贺县第二高中	1995	廖纯红	南乡旺黎小学
	谭美金	八步四小		肖汉斌	黄田镇教委办
	张恩培	贺县高中			
	李慰裕	大宁赖村小学			
1994	廖纯红	南乡旺黎小学			
	吴龙坤	八步二小			
1995	陈戬谷	贺县高中			
	黎玉梅	里松凤仪小学			
	刘桂珍	黄田浩洞小学			
	莫满娇	开山乡中心校			
	欧利群	贺县实验中学			
	廖承林	贺县师范			
	廖纯红	南乡旺黎小学			

第二节 活动

一、贺县教育工会

贺县教育工会第一次代表大会于1956年7月在八步镇召开,并产生第一届委员会。时隔30年之后,贺县教育工会于1986年8月在八步镇召开第二次代表大会并产生第二届委员会。1989年10月在八步镇召开第三次代表大会并产生第三届委员会。自1986年起,分别在各乡镇初中和学区建立教工会委员会。1989年,贺县教育工会下设3个教工会委员会,有会员7200人。教工会推行教工代表大会制度,组织开展"教工之家"活动和"离退休之家"活动,开展一年一度的庆祝教师节活动和暑假教工夏令营活动,开展体育比赛、歌咏比赛和文艺会演活动,组织离退休教师开办工会文化学校,为高职称和部分高年资教师组织保健性体格检查。1990年,贺县教育工会被评为广西壮族自治区教育工会先进集体,县教育工会主席罗水球被评为全国教育工会先进工作者。

二、教学研究

1955年,贺县教育局成立小学教研室,1959年成立贺县中学教研室。1963年中小学教研室合并成立贺县教研室。1981年编制为24人,1990年为45人。教育局设教研室,县直属各学校部分学科成立教研组,各小学则按乡镇分学区成立中心教研组。各种教研组织都定期和不定期地开展形式多样的教研活动。各级教研组织成立后,积极开展教学研究活动,取得了多方面的成果,其主要有:

①原贺县师范学校教师于发炘编著的《小学古诗教学》,由安徽教育出版社于1982年正式出版,并分别载入人民出版社出版的《全国出版年鉴》《今日贺县》两本书中,这是由出版社出版的贺县县内教师的第一本教学专著。

②贺县教研室中学高级教师于发炘编著的《行文手册》于1987年由广西师范大学出版社正式出版。

③贺县高中高级教师陈贤书所写《"救火"的词素和词义》收入辞书出版社出版的《疑难字词辨析集》一书;其《〈药〉中人名谈——兼论〈药〉

的主题思想》一文在山西省《语文教学通讯》杂志发表。

④贺县高中校长赖运森的《改革政治课教学，着眼于培养学生智能》《"专题四步"教学法探索》获广西中学政治课教研会优秀论文奖，《培养学生运用马克思主义基本原理的能力》获广西教育学会优秀论文奖。

⑤桂岭中学高级教师孙春兰所写的《朗读在语文教学中的意义》和《我是怎样教育顽童的》在《广西教育》杂志发表。

⑥时任贺县高中校长李开元所写的《教学极限概念教学浅谈》《利用参数求轨迹方程》在广西《数学教学》杂志发表。

⑦贺县高中高级教师薛汉权所写的《三几图》在《广西科技报》发表，《解数学题的六个窍》在《知识》杂志发表。

⑧贺县教研室主任孟芝藤所写的《从例题看教材的重点和难点》等论文在《广西教育》杂志发表。

⑨小学高级教师刘惠珍所写的《让学生自己管理自己》在《广西教育》杂志发表。

⑩小学高级教师陈永洁（副校长）所教说话课《海底旅行》获广西壮族自治区优秀电教课奖，所教《落花生》一课获广西壮族自治区小学语文实验教学录像评比一等奖；所写《在汉语拼音教学中发展儿童语言初探》在自治区级报刊发表，所承担的"注音识字，提前读写"实验教学获自治区小学语文教学实验成果荣誉奖。

⑪小学高级教师梁琼芳（副校长）所写《提前读写、大量阅读》《起步开篇，提前读写》等教研文章在自治区级报刊发表，所写《从整体着眼，培养儿童能力》获广西壮族自治区小学教研优秀论文奖，所承担的"注音识写，提前读写"实验教学获广西壮族自治区小学语文教学实验成果荣誉奖。

贺县教研室建立之后，曾创办《教学通讯》等刊物，不定期出版。1986年，创办《贺县教育》（杂志型铅印）刊物，至1988年贺县教育学会成立后乃以教研室与教育学会两组织的名义编辑发行，截至1990年年底共出版22期。"八五"期间教师参加各种学科教学竞赛，荣获自治区级二等奖的有5人（次），三等奖的有2人（次）；获地区一等奖的有15人（次），二等奖的有35人（次），三等奖的有27人（次）。学生参加各种学科竞赛，荣获全国一等奖的有44人（次），二等奖的有224人（次）；省区级一等奖的有26人（次），二等奖的有104人（次）；荣获好少年好儿童荣誉和国家级奖项的有19人，自治区级奖项的有27人。

第7章 机构

第一节 行政机构

自清光绪三十四年（1908年）至1921年设劝学所，1921—1923年称教育局，后复称劝学所。自清光绪三十四年（1908年）至1924年皆由李炳文任所长。自1924年起又称教育局，黄士谦为首任局长。1930年教育局有行政人员10人，其组织系统具体如下：局长1人，下辖督学股、事务股。1932年后改设三课，课长由督学兼，每课设课员、雇员。

解放后，贺县人民政府于1951年3月设文教科，负责管理本县文化、教育工作。1955年11月，文化分出，改为教育科。1958年7月科育科与文化科合并，又称文教科。1959年3月将卫生科并入，改称文教卫生局。1961年10月撤销文教卫生局，改设文教科。1963年6月改称教育科。"文化大革命"期间，撤科设组，属"革委会政工组"。1972年4月恢复文教局。1972年12月，文化、教育分开设局，称教育局。各乡镇设教育组。

1989年，教育局下设秘书股、人事股、监察股、财会股、普通教育股、成人教育股、督学室、招生办公室、建校办公室等机构。

1988年，各乡镇设教育委员会，由乡镇1名主管教育工作的领导人兼教委主任。教育组改称为教育委员会办公室，既是行政机构，也是业务机构。

第二节 业务机构

贺县教育局下辖县教研室。教研室设主任1人，副主任2人。下分中学组、小学组，设组长，各分科设教研员。中学组以初中教研为主。另设幼儿教研员、青少年科技辅导员、团队辅导员。由教研员负责各科教学研究与全县中小学教材教法合格证书和专业合格证书的考试与发证工作，主持全县初中、小学段考与期考及小学升初中考试有关试题、试卷等考务工作。此外，教研室还设有电教仪器员，负责管理电化教学业务。

各乡镇教委办均设教研员（辅导员），主要设语文教研员与数学教研员。各中学各小学学区均设教研组。

第二部分　钟山县教育

钟山县（1988年以前）[①]

第8章 教育管理

钟山镇为古富川县治所在地，历史久远，惜其间钟山境内教育的兴衰情况无资料文字可考。1917年置县前有小学23所，置县后新学普遍兴起。1949年钟山解放前夕，全县有小学246所，在校学生14 853人，教师413人；初中1所，在校学生150人，教师20人。

解放后，党和政府重视教育，全县教育事业迅速发展。1950年有小学246所，在校学生4482人；初中1所，在校学生300人。1956年开始办高中，在校学生107人。同年有初中3所，在校学生1231人；小学318所，在校学生22 308人。1966年，全县有小学370所，在校学生38 124人，教师960人；初中2所，在校学生1080人，教师92人；高中1所，在校学生193人，教师11人。"文化大革命"期间，全县教育事业遭到严重摧残，教育质量普遍下降。1978年党的十一届三中全会以后，随着改革开放、经济建设的发展，至1986年，全县适龄儿童的入学率、普及率、巩固率、毕业率均在95%以上，达到自治区要求，获得普及五年义务教育合格证书。1986年，基本扫除全县青壮年文盲，实现基本无盲县。1987年，全县有小学474所，在校学生46 064人，教师2116人；初中20所，在校学生7204人，教师588人；高中1所，在校学生1104人，教师99人，还有职业中学、教师进修学校、农机技术学校、文化技术中心校、卫生学校。前后维修新建校舍30.22万平方米，改善了办学条件，是广西壮族自治区第二个实现"校校无危房"的县。

1950—1987年，全县培养小学毕业生153 860人，初中毕业生50 702人，

[①] 钟山县志编纂委员会.钟山县志[M].南宁：广西人民出版社，1995：580-605.

高中毕业生15 965人。向中等专业学校输送学生1516人（1977年以前未统计），向高等院校输送学生922人。

第一节　旧制教育

明清时期，今钟山县地普遍兴办私塾，据调查各乡镇私塾先后计245所。其中，钟山镇11所、城厢乡23所、望高乡21所、羊头乡24所、西湾镇5所、凤翔乡14所、珊瑚镇8所、石龙乡11所、回龙乡26所、同古乡7所、公安镇25所、清塘乡20所、燕塘乡15所、红花乡14所、英家乡8所、两安乡8所、花山乡5所。这些私塾，有蒙馆、有经馆。蒙馆旨在以启蒙识字背文为主，儿童入学1~3年休业，教习《三字经》《千字文》《百家姓》等。经馆亦名"专修"，为应童试而设，修业期限不定，教习《四书》《五经》《唐诗》《古文观止》《论说精华》等。私塾的办学形式，有由学生出资延师开办，叫村塾；有由文士居家开办，叫门塾；有由富户独资延师教授己家子弟，叫坐馆。私塾教师称"先生""老师"，较著者有玉坡廖知英、黄屋寨黄勉之、菜地冲卢秀芹。私塾尊孔读经，作文习字，死记硬背，动则施以体罚。1921年，国民政府明令禁止私塾。

第二节　教育行政

1916年钟山置县后，县设劝学所，隶属县政府，为县最高教育行政机构，管理全县教育事业，有所长1人、视学2人。1923年改劝学所为教育局，有局长1人、视学2人。各区设教育委员1人。1933年，撤销教育局，教育工作归县政府第三科管辖。是时，乡设文化干事，由中心校辅导主任兼任。实行"三位一体"，乡长兼中心校长，村干部兼村小校长（乡长、村干部同时分别兼民团大队长、民团中队长），乡长、村干部直接管理小学。此制至1939年废止，恢复中心校辅导主任兼任乡文化干事，小学校长另派专人充任。

1950年1月，钟山县人民政府设文教科，负责管理全县教育事业，有科长1人、副科长1人。各区设文教助理1人，协助管理本区教育事业。1955年12月，文教科分设文化、教育两科，教育科有科长1人、副科长1人。各区划分若干学区，学区设教育辅导员，由学区中心校副教导主任兼任。1959年1月并文化、教育两科为文教局，有局长1人，内分文化、教育两科，教育科长1人。公社（大公社）设文教部。另有1名公社的教育辅导员，为县文教局派驻公社的工作人员，在公社文教部的领导下管理本公社文、教、卫工作。1961年7月，钟山县文教局改为文教科，有科长1人、副科长1人。此时公社范围划小，不再设文教部，只设公社文教辅导员。1963年5月文教分科，钟山县设教育科专管全县的教育工作，科长1人、副科长1人。1964年，学区设政治辅导员1人，教学辅导员1人。"文化大革命"期间，教育行政机构被撤销，由政工组教育小组主管全县教育事业。

1972年钟县革命委员会设教育局，局长1人、副局长1人。1978年，教育局配局长1人、副局长2~4人。公社设教育组，配教育专干。1980年重新划分学区，公社设教育专干和教学辅导员，1984年改为教育管理站，设站长、辅导员各1人。

1987年开始，实行分级办学分级管理体制。乡镇成立教育管理委员会（简称"教委会"），教委会设办事机构办公室。主管教育的乡、镇主要领导兼教委会主任，办公室设专职主任1人。钟山县教育局主管钟山中学、钟山一中、钟山二中、钟山三中，教师进修学校、职业中学。乡镇教委会主管乡镇中学、中心校、完小、教学点和成人文化技术中心校。

第9章 基础教育

第一节 学前教育

一、发展概况

1939年,附城、升平、望高、英家、上红花、凤翔西、上清塘、羊头西等中心校开始附设幼儿班,称幼稚班,收4~7岁的幼儿入学。全县共10个班,学生504人,保育员22人。因经费不足而陆续停办,只有附城一校坚持办至1949年钟山县解放前夕。

解放后,1952年附城中心校恢复办班,招生对象为3~6岁的幼儿,学生25人,大小混合编班,叫幼儿班,教员3人。1957年,入学人数增多,始按大、中、小编班,学生122人,教员6人。1958年,附城中心校附设幼儿班分出单独设园,叫钟山县直属机关幼儿园,园址在今钟山县邮电局宿舍区内。1958年下半年,全县托儿所、幼儿园一跃而达2809所,入托入园幼儿39 095人,保育员与教员4634人。这些新办的托儿所、幼儿园设备极其简陋,师资素质十分低下,至1961年国民经济困难时期先后停办。1966年全县县办托儿所、幼儿园共9所26个班,幼儿822人,1966年全县教师与保育员47人。1976年,公社、大队又兴办所办园,县师范为之培训师资200余人。随后逐年收缩,1979年全县县办社办托儿所幼儿园共23所,1980年64所。1982年,县商业系统、钟山卷烟厂、钟山镇、红花公社、望高公社石牛塘村办起企业、基层单位的托儿所、幼儿园。1987年全县托儿所、幼儿园共51所,入托入园幼儿2502人,保育人员279人。

1985年,钟山镇一小、二小和部分中心校开办学前班,吸收6周岁的儿童入班接受学前教育,采用区编教材,期限1年,届满升入小学一年级。1987年全县有18个班,学生755人,教师26人。

二、县直属机关幼儿园

县直属机关幼儿园的前身是附城中心校附设幼稚园，1939年设立。开设之初，设备简陋，利用钟家祠堂神台前40平方米的空间为教室。在班幼儿每年30人左右，大、中、小混合编班。解放后，1952年恢复招生，1个班25人，园址仍在钟家祠堂。1957年发展到4个班，始按大、中、小编班，在园幼儿122人，教员6人。1958年单独设园，称作钟山县直属机关幼儿园，园址先在今钟山县邮电局宿舍区，1961年迁至钟山北路现址。有教学楼、幼儿宿舍楼、餐厅，面积3245平方米，全园占地7800平方米。1987年有12个班，在园幼儿417人，教师24人，其中幼儿高级教师4人。该园注重寓思想品德教育和传授知识于游戏之中，1987年被评为广西壮族自治区"文明幼儿园"。

第二节 小学教育

一、发展概况

清康熙年间（1662—1723年），钟山境内有小学1所。清光绪十三年（1887年），始办完小。至1911年境内有小学32所。1917年钟山建县，全县有小学57所。至1923年，新办小学27所，全县有小学84所。1924年始执行广西义务教育法规，小学发展较快；至1933年，全县有小学147所，其中中心校15所。1933年9月至1939年，广西执行国民基础教育六年计划，国民基础教育发展处于高峰期，小学数和在校学生数增加较快。1940年，全县有小学364所，其中中心校29所，在校学生17 446人（女生1528人）。1941年，中心校调整为17所，村校335所，共有小学352所。1944年，日军入侵县境，小学被迫疏散，在校学生从上年的16 335人减至8196人。日军投降后，在校学生增至14 917人。1948年，小学下降到251所。1949年钟山解放前夕，全县有小学246所，其中中心校17所，即附城、羊头、立头、望高、升平、回龙、同古、石龙、凤翔、大桥、公安、红花、两安、三江、燕塘、清塘、英家，在校学生14 853人（女生1777人），教师413人。

解放后，钟山县人民政府重视教育，立即接收民国县政府留下来的246所小学，并着手复课工作。1952年土地改革结束时，原有的246所小学全部恢复上课，同时在贫困边远地区新办小学31所。是年，在校小学生从1950

年的4482人增至14 748人。1953年下半年至1954年上半年，钟山县人民政府为适应学校向工农开门的需要，对原有的小学分批进行整顿。1956年年底，全县新办小学23所，全县共有小学318所，在校小学生22 308人。1958年，全县小学增至331所，在校学生35 402人。1965年年底，全县小学共有364所，在校学生37 228人。1966年，全县小学卷入"文化大革命"，不少教师被揪斗，教学无法进行。1969年，小学下放大队办，一个大队办1所学校，称"大队学校"，由贫下中农管理学校。1971年，县革命委员会要求读小学不出自然村，读初中不出大队，一时所有的自然村一概开设教学点，大队学校一律附设初中班，力量分散，教学质量严重下降。1978年党的十一届三中全会后，拨乱反正，压缩教学点，停办大队学校初中班，教学秩序走上正轨，教学质量得到稳步提高。1980年重新划分学区，全县中心校扩大为44所，如表9-1所示。与此同时，新办小学13所。1983年，为了切实普及初等义务教育、改善办学条件，全县小学大抓"四率"（入学率、普及率、巩固率、毕业率）和"一无两有"（校校无危房、班班有教室、人人有课桌）。经过3年努力，1986年经梧州地区行署验收，入学率为96.94%，普及率为97.15%，巩固率为98.52%，毕业率为94.7%；全县小学全部消灭危房，班班都有教室，人人都有课桌；广西壮族自治区人民政府发给普及初等义务教育证书。1987年，全县共有小学474所，其中中心校44所、完小99所、村小331所，在校小学生46 064人。1950—1987年，小学毕业生共153 860人（表9-2）。

表9-1 中心校一览

乡镇	校名	校址	创办年份	成为中心校年份
钟山镇	钟山镇一小 钟山镇二小 钟山镇三小	城厢街 钟山南路 河东路	1927 1968 1970	1933
城厢乡	城厢中心校 升平中心校 民和中心校 土巷中心校	潮滩村 升平新街 马山仔 葫芦塘	1980 1926 1926 1980	1980 1933 1933 1980
望高乡	望高中心校 清池中心校 立头中心校	望高街 清塘 立头街	1917 清光绪三十年（1904年） 清宣统三年（1911年）	1933 1980 1933
西湾镇	西湾中心校	西湾街	1920	1980

续表

乡镇	校名	校址	创办年份	成为中心校年份
凤翔乡	凤翔中心校	凤翔街	1926	1933
	林樟中心校	卢山	1927	1980
	新栗中心校	栗木抱	1914	1980
珊瑚镇	珊瑚中心校	珊瑚寨	1929	1980
石龙乡	石龙中心校	石龙街	1932	1933
	大虞中心校	大虞	1936	1980
	黎塘中心校	黎塘	清光绪二十一年（1895年）	1980
回龙乡	回龙中心校	回龙街	1915	1933
	龙虎中心校	回龙寨	1924	1980
	力争中心校	力争	1923	1980
	泉岭中心校	泉岭	1936	1980
公安镇	公安中心校	大岭寨	1940	1933
	大桥中心校	大桥街	1928	1933
	江台中心校	江台	1947	1980
	廖屋中心校	廖屋	清宣统三年（1911年）	1980
同古乡	同古中心校	同古街	1936	1936
	四合中心校	板桥	1936	1980
	义安中心校	佛子岭	1956	1980
羊头乡	羊头中心校	羊头街	1913	1933
	木家中心校	新寨	1927	1980
	大井中心校	寨仔	1942	1980
	板坝中心校	板坝	1963	1980
清塘乡	清塘中心校	清塘街	1914	1933
	新龙中心校	大峒	1914	1980
	六南中心校	新寨	1915	1980
燕塘乡	燕塘中心校	燕塘街	1926	1933
	黄宝中心校	黄宝	1920	1980
	合群中心校	黄岭	1944	1980
英家乡	英家中心校	英家街	清宣统三年（1911年）	1933
	大同中心校	大同	1912	1980
红花乡	红花中心校	红花街	1914	1933
两安乡	两安中心校	两安街	1928	1937
花山乡	榜冠中心校	榜冠	1926	1933

表 9-2　1950—1987 年小学教育发展概况

年份	学校数/所	在校学生数/人	毕业学生		教师			教师学生比例
			毕业学生数/人	占在校学生总数比例/%	总数/人	民办教师数/人	民办教师占教师总数比例/%	
1950	246	4482	886	19.77				
1951	258	9456	924	9.77				
1952	295	14 784	1598	10.81	536	394	73.51	1：27.51
1953	300	16 178	1753	10.84	622	3	0.48	1：26.01
1954	305	16 176	1752	10.83	635	5	0.79	1：25.47
1955	309	15 232	1604	10.53	639	11	1.72	1：23.84
1956	318	22 308	2417	10.83	672	12	1.79	1：33.20
1957	321	21 006	2276	10.83	727	12	1.65	1：28.89
1958	331	35 402	3835	10.83	937	316	33.72	1：37.78
1959	335	30 330	3275	10.80	1031	282	27.35	1：29.42
1960	337	31 558	3419	10.83	938	233	24.84	1：33.64
1961	342	30 530	3308	10.84	678	121	17.85	1：45.03
1962	347	23 355	2431	10.41	680	120	17.65	1：34.35
1963	351	19 375	2099	10.83	889	169	19.01	1：21.79
1964	357	36 192	3921	10.83	893	169	18.92	1：40.53
1965	364	37 228	4033	10.83	960	206	21.46	1：38.78
1966	370	38 124	4130	10.83	960	206	21.46	1：39.71
1967	374	30 382	3666	12.07	995	210	21.11	1：30.53
1968	389	31 487	3677	11.68	1187	457	38.50	1：26.53
1969	412	32 678	4143	12.68	1201	506	42.13	1：27.21
1970	419	32 403	3240	10.00	1116	381	34.14	1：29.03

续表

年份	学校数/所	在校学生数/人	毕业学生		教师			教师学生比例
			毕业学生数/人	占在校学生总数比例/%	总数/人	民办教师数/人	民办教师占教师总数比例/%	
1971	426	32 128	3212	10.00	1220	527	43.20	1∶26.33
1972	440	44 369	3063	6.90	1492	836	56.03	1∶29.74
1973	444	50 645	3387	6.69	1664	1028	61.78	1∶30.44
1974	448	53 308	3923	7.36	1743	1100	63.11	1∶30.58
1975	454	54 691	5874	10.74	1792	1146	63.95	1∶30.52
1976	457	53 345	7056	13.23	1862	1270	68.21	1∶28.56
1977	460	52 182	7928	15.19	1838	1318	71.71	1∶28.39
1978	463	49 417	7892	15.79	1888	1326	70.23	1∶26.17
1979	463	47 222	6554	13.88	2338	1247	53.34	1∶20.20
1980	467	45 938	6544	14.25	2425	1226	50.56	1∶18.94
1981	469	42 183	6410	15.20	2354	1176	49.96	1∶17.92
1982	470	49 484	8222	16.62	2483	971	39.11	1∶19.93
1983	471	44 064	4311	9.78	2383	1097	46.03	1∶18.49
1984	472	41 306	4800	11.62	2295	1032	44.97	1∶18.00
1985	473	43 782	5406	12.35	2445	957	39.14	1∶17.91
1986	474	43 963	5200	11.83	2101	738	35.13	1∶20.92
1987	474	46 064	5691	12.35	2116	644	30.43	1∶21.77

二、学制、课程

清末，小学执行癸卯学制［清光绪（1903年）颁布］，修业期限9年，即初等5年、高等4年。1922年以后改行壬戌学制，修业期限6年，即初小4年、高小2年。初小开设国语、算术、劳作、音乐、体操等课程。高小开设国语、算术、社会、自然、体操、劳作、音乐等课程。

解放初期，自1952年秋季开始，小学执行政务院颁布的《关于改革学制的决定》，即五年一贯制。一年之后停止执行，仍用"四、二"学制，即初小4年、高小2年。初小开设语文、算术、体育、音乐、图画、手工劳动等课程；高小开设语文、算术、历史、地理、自然、体育、音乐、图画、手工劳动等课程。1958年改手工劳动课为生产劳动课。1963年按教育部颁布的《全日制小学教学计划》，小学开设语文、数学、历史、地理、自然、生产常识、体育、音乐、图画、手工等课程。1969年，根据国务院缩短学制的决定，小学改行五年制。"文化大革命"期间小学开设的课程一般有语文、数学、政治、军体、音乐。1981年以后，小学开设思想品德课。1984年恢复六年制，按《全日制六年制小学教学计划》开设语文、数学、自然、历史、地理、思想品德、音乐、图画、体育等课程。

三、小学选介

（一）钟山镇第一小学

钟山镇第一小学（简称"钟山镇一小"）的前身是附城小学，1916年创办，初创时系私塾，利用城隍庙的一间厢房做书房，有学生18人；1927年将城隍庙改建为校舍，学生约150人。1933年改名为钟山县第一小学，学生约200人，教师9人。1942年定为钟山县附城表证中心校，是年新建校舍1栋。1947年改名为钟山县立表证中心校。1949年全校12班，在校学生约500人，教师18人。

钟山解放后，校名叫附城中心校。1953年定为县重点小学，新建教学楼1栋，全校12个班，在校学生600人，教师24人。1960年搬到小钟山脚原钟山中学旧址上课，改称钟山镇小学。1969年改称东方红学校，学校除办小学外，还附设初中班。全校16个班，在校学生900人，教师32人。1978年改为钟山镇第一小学，仍是县重点小学。1979年迁回原址，校园占地14亩，设备达广西壮族自治区二类仪器水平。新建教学楼2栋。1987年，全校16个班，学生986人，教师43人。

这所小学地处县城，治学严谨，学风良好。20世纪50年代担负五年一贯制的学制试验任务。在推广普通话、推行汉语拼音方案和改革教学方法、推广教学经验方面做出较好成绩。1981年被评为广西壮族自治区先进学校。

（二）钟山镇第二小学

钟山镇第二小学（简称"钟山镇二小"）创办于1968年，始名钟山红卫小学。20世纪70年代，附设初中班（两年制）每年在校生200人。1978年改称钟山镇第二小学，1979年定为重点小学。校址在钟山南路，总面积11 060平方米，校舍面积4800平方米，初办时全校4个班，学生168人，教师7人。1987年全校25个班，学生1423人，另有学前班7个，学生263人，教师70人，师生和班级为全县之冠。学校初办之时正值"文化大革命"，正常的教学秩序受到严重干扰。党的十一届三中全会以后，学校拨乱反正，锐意改革，实行目标管理，培养良好的校风，以"文明、守纪、勤奋、活泼"为目标培养班风，坚持"三全"（全员教育、全面教育、全程教育）教育，教学质量较高。1978年以来，先后被评为广西壮族自治区学雷锋先进单位、"红花少年"优秀集体、文明礼貌活动先进单位、体育卫生先进单位，自治区教委授予"文明学校"称号。

第三节 中学教育

一、发展概况

1926年，邑人黄尚中、潘宝疆、卢世标、周彬等人在县城小钟山脚下创办钟山县立初中，首届招生120人。1939年，潘宝疆在珊瑚矿创办私立首祥初中，首届招生50人，钟山县立初中每届生2~3个班，至1949年钟山解放前，先后招生2500人，毕业533人，学生中途流失量大，毕业率低。私立首祥初中自成立至1944年停办，共招生300人。

解放后，1950年钟山县立初中复课，并改名钟山县初级中学，在校学生300人。1952年钟山、富川并县，改名富钟县第一中学（简称"富钟一中"）。1956年，县人民委员会于公安创办富钟县第三中学，同时在望高中心校附设办初中班；富钟一中招收高中班，钟山始办高中；全县完中1所，初中1所，附设初中1所，在校初中生1231人，在校高中生107人。1957年，望高附设初中并入富钟一中。同年，红花、清塘、回龙、城厢、羊头、凤翔等区创办民办初中6所，在校初中生1286人，在校高中生195人。20世纪50年代初期，教育强调以传授知识为主，以教师为中心。对学生进行爱祖国、爱人民、爱科学、爱劳动、爱护公共财产的教育,培养阶级观点、劳动观点、集体观点,以及进行辩证唯物主义和历史唯物主义观点教育。1960年,富钟县创办石龙、望高、英家3所初中。1961年富钟分县后,调整中学布局,富钟一中改称钟山中学,望高初中并入钟山中学,英家初中并入公安初中,改称钟山一中,石龙初中称钟山二中,原6所民办初中只保留两安1所,其余转为农业中学。1965年,全县有完中1所,初中2所,民办初中1所,在校高中生134人,在校初中生981人。1971年社社办高中,队队小学办附设初中,全县有完中13所,在校高中学生1800人、初中生4734人。1978年,在校初中生发展到12 784人,在校高中生4725人。党的十一届三中全会后,拨乱反正,全县着手调整中学布局,公社中学停办高中,大队小学停招初中。新办完中1所——钟山一中。原钟山一中改称钟山二中,原钟山二中称钟山三中,一中、二中、三中分片招生。1980年,全县有完中4所,社办初中12所,大队合办的联中15所,在校高中生2082人,在校初中生7873人。1984年,继续对全县中学进行调整,二中、三中停招高中。1986年,钟山中学停招初中,一中停招高中。1987年,全县有高中1所,县办初中3所,乡镇中学16所,在校高中生1104人,在校初中生7204人。

1952—1987年,全县共招初中生66 703人,毕业46 458人,其中40%升学深造,60%参加工农业生产。1950—1987年,全县共招高中生17 507人,毕业15 965人,其中,升入中专1516人、升入大学922人(表9-3)。

表9-3　1950—1987年普通中学发展情况

年份	学校数/所		在校学生数/人		招生数/人		毕业生数/人		教师数/人					
									小计		公办		民办	
	高中	初中	高中	初中	高中	初中	高中	初中	高中	初中	高中	初中	高中	初中
1950		1		300		100				20		20			
1951		1		300		100		100		20		20			
1952		2		540		100		32		57		57			
1953		2		536		100		77		56		56			
1954		2		735		200		124		54		54			
1955		2		711		200		155		59		59			

续表

年份	学校数/所		在校学生数/人		招生数/人		毕业生数/人		教师数/人					
									小计		公办		民办	
	高中	初中	高中	初中	高中	初中	高中	初中	高中	初中	高中	初中	高中	初中
1956	1	3	107	1231	107	650		139	3	89		89		
1957	1	9	195	1286	100	450		239	9	105		105		
1958	2	9	226	1550	150	600		210	14	95		95		
1959	1	14	328	2719	150	1450	80	470	29	98	29	98		
1960	1	14	323	2270	100	1000	67	302	24	102	24	102		
1961	1	14	307	1252	100	1000	98	371	20	113	20	113		
1962	1	4	205	1559	50	600	92	400	20	133	20	133		
1963	1	2	195	1632	50	600	87	420	20	143	20	143		
1964	1	2	135	865	50	600	75	190	9	55	9	55		
1965	1	2	134	981	50	600	41	186	8	98	8	98		
1966	1	2	193	1080		600	40	282	11	92	11	92		
1967	1	3	186	895		2850	46	340	13	99	13			
1968	1	13	377	3835	50	3381	48	329	16	126	16	86		40
1969	3	13	394	4248	100	1196	95	388	41	171	41	109		62
1970	3	13	1220	4324	900	2164	301	1044		235		175		60
1971	13	13	1800	4734	850	1654		1100		303		234		69
1972	13	13	2047	5317	1250	383	716	2168	102	361	102	284		77
1973	13	13	2344	5262	1000	2113	1051	2246	102	362	102	293		69
1974	13	14	2435	6121	1150	3167	961	2801	93	354	93	271		83
1975	13	14	2574	8744	1100	4824	1373	2509	213	629	213	460		169
1976	13	119	3438	11 641	2250	5406	1028	3099		857		554		303
1977	13	119	4459	13 225	2050	4684	1509	449		1004		589		415
1978	13	119	4725	12 784	1800	4050	1804	5563	277	1044	277	603		441
1979	18	29	3591	10 055	750	2834	2306	5095	335	634	335	316		318

续表

年份	学校数/所		在校学生数/人		招生数/人		毕业生数/人		教师数/人					
									小计		公办		民办	
	高中	初中	高中	初中	高中	初中	高中	初中	高中	初中	高中	初中	高中	初中
1980	4	29	2082	7873	500	2913	1164	5387	140	746	140	470		276
1981	4	29	1376	6301	500	4015	646	1482	90	746	90	746		
1982	4	29	1281	5414	500	2808	298	1413	90	491	90	427		64
1983	4	28	1179	5513	350	1512	510	1333	84	571	84	571		
1984	2	24	1270	5725	350	2000	453	1429	84	669	84	552		117
1985	2	22	1076	7500	350	2000	320	1500	86	560	86	560		
1986	1	20		7405	400	2000	422	1600	98	518	98	458		60
1987	1	20	1104	7204	400	2000	334	1586	99	588	99	518		70

注：① 1952—1962年初中各项数字均包括富川。

② 1967年以后初中栏各项数字均包括民办初中、大队附中和大队联中。

二、学制、课程

解放前，初中学制3年，开设公民、国文、英语、代数、几何、三角、植物、动物、化学、物理、历史、地理、图画、音乐、劳作、童子军训练课程。解放后，1951年，中央教育部门颁布新学制，初中、高中修业期限各3年；初中开设政治、语文、算术、代数、平面几何、物理、化学、动物、植物、历史、地理、外语、体育、音乐、美术等课程；高中开设政治、语文、代数、立体几何、解析几何、三角、物理、化学、历史、地理、外语、体育、音乐、美术等课程。1969年，根据"学制要缩短"的精神，初中高中修业期限各2年；采用区编教材，初中开设政治、语文、数学、农基、军体；高中开设政治、语文、数学、化工、理工、军体。1972年秋，高中开设政治、语文、数学、物理、化学、农基、体育；初中开设政治、语文、数学、物理、化学、历史、地理、农基、体育。1978年，县办中学初中恢复3年制。1980年，公社初中恢复3年制，高中恢复3年制。按1987年教育部颁发的《六年制中学教学计划》，初中开设政治、语文、数学、外语、物理、化学、历史、地理、生理卫生、体育、音乐、图画；高中开设政治、语文、数学、外语、物理、化学、历史、地理、生物、体育。

普通中学基本情况如表9-4所示。

表9-4 普通中学基本情况

隶属关系	学校名称	校址		创办年份	沿革			招生范围
		原址	现址		创办时为	后改为	现为	
县办	钟山中学	县城小钟山脚	县城河东路	1926年	初中	完中	高中	全县
	钟山一中	县城小钟山脚	县城北面	1979	完中		初中	全县
	钟山二中	大岭寨	大岭寨	1956	初中	完中	初中	公安片
	钟山三中	石龙街桥北	石龙街桥北	1960	初中	完中	初中	石龙片
乡（镇）办	钟山镇中	县城广场路	县城广场路	1982	高中	初中	初中	本镇
	城厢中学	龟石路旁	龟石路旁	1969	高中	初中	初中	本镇
	羊头中学	羊头街	新寨	1968	完中	高中	初中	本乡
	望高中学	新农村	西边寨	1968	高中	完中	初中	本镇
	西湾中学	西湾新街新湾	西湾新街	1986	初中		初中	本镇
	回龙中学	牛塘岭	竹根岭	1969	完中	初中	初中	本乡
	石龙中学	石龙街桥北	石龙街桥北	1979	初中		初中	本乡
	凤翔中学	凤翔街	凤翔街	1959	高中	完中	初中	本镇珊瑚镇
	同古中学	同古街南	同古街角	1959	初中	完中	初中	本乡
	红花中学	两安街	红花老街	1959	完中	初中	初中	本乡
	公安中学	大莲塘	大莲塘	1973	完中	初中	初中	本乡
	两安中学	两安街	两安街	1982	初中		初中	本乡
	花山中学	花山水库脚	大桥头	1986	初中		初中	本乡
	燕塘中学	大宅岭	大宅岭	1972	完中	初中	初中	本乡
	清塘中学	清塘北帝庙	大岭坪	1959	高中	完中	初中	本乡
	英家中学	英家街	英家街	1986	初中		初中	本乡

三、中学选介

（一）钟山中学

钟山中学创办于1926年，当时名叫钟山县立初级中学，校址在县城北门小钟山脚下，富江之滨。校舍系由旧钟山寺改建而成，十分简陋，校舍面积350平方米，校园占地25亩。首届招生2个班，另收补习班1个，共120人，教职员10人。1943年、1947年先后新建教室2栋，校舍面积扩大到3100平方米。

大革命时期，共产党员廖祥勋曾在该校任教；抗日战争时期，共产党员陈作民曾到该校开展秘密革命活动。解放战争期间，共产党员韦敬文曾在学校任教，组织师生开展排演进步戏剧、发展组织和举行示威游行等革命活动。1949年钟山解放前夕，全校7个班，学生150人，教师20人。

解放后，1950年春学校恢复上课，校名改称钟山县初级中学，全校9个班，学生345人，教师20人。1952年钟山与富川合县，校名改为富钟县第一初级中学。1956年始办高中班，校名改为富钟县中学。1959年，校舍迁至县城河东路旗尾岭下。新址依山傍水，环境优美，校园宽阔，占地178.5亩。1961年富钟分县，始名钟山中学。是时全校10个班，学生510人，教师56人。"文化大革命"期间，校名改称抗大中学，1973年恢复原名。党的十一届三中全会以后，学校教学秩序很快恢复正常。1984年新建教学楼2栋，教师宿舍楼2栋，接着又建实验大楼1栋，总面积13 548平方米。1987年，全校24个班，学生1104人，教师80人（其中高级、中级职称的有52人）。学校藏书40 000余册，仪器电教设备共2600余件。学校自开办以来，前后初中招生70届，高中27届，升入大学深造707人，为国家和社会输送了数以万计的建设人才。

（二）钟山县第一中学

钟山县第一中学创办于1979年7月，面向全县招生。校址在小钟山脚下钟山中学旧址。1981年调整为完中，1984年定为县重点初中，1988年迁至县城北面新址。学校占地98.22亩，校舍面积18 166平方米。其中，教学大楼1栋，教师住宅楼4栋，学生宿舍楼2栋，还有实验大楼、办公大楼和餐厅等；有400米跑道的田径场及篮球、排球、足球等体育场地。学校藏书9200多册，教学仪器原值30 703元。实验室达到广西壮族自治区规定的要求标准。

学校有专职教师54人，其中高级教师3人，一级教师22人。学校注重思想政治教育，实行"多型"（启发型、开放型、跟踪型、序列型和竞赛型）教育，寓思想政治教育于活动之中。1987年参加梧州地区竞赛，有5名团员获第2名，有15人获第3名；毕业生升学率79.6%。勇救溺水儿童的学生黄意德获广西壮族自治区"优秀团员"称号，左启光、黄瑞坤获广西壮族自治区"优秀少年"称号。1988年，全校有18个班，学生940人，教职工94人；廖春平、董从金获全国"祖冲之杯"初中数学竞赛一等奖；毕业生升学率达82.3%；学校被评为广西壮族自治区"文明学校"。

第10章 职业专业教育

第一节 职业教育

一、农业中学

1956年，石龙、回龙、凤翔各创办农业中学1所。1957年，珊瑚、同古、义安、牛岩、城厢街、升平街、羊头街、垒石、立头、大同相继创办农业中学。1958年，石龙、回龙、凤翔、珊瑚、同古、义安6所农业中学合并为东方红人民公社共产主义大学。1959年，牛岩、城厢街、升平街农业中学并入城厢民办中学。1960年，大同农业中学并入英家初级中学。1963—1966年，西湾、城厢、望高、羊头、燕塘、大同、红花、公安、石龙先后创办农业中学16所。农业中学招收小学毕业文化程度的农村青少年，属初级农中。学制3年，实行半耕半读，白手起家，勤俭创业。这批农业中学至1969年受"文化大革命"干扰停办。1975年1月，参照自治区教育革命的经验，开办凤翔、清塘、公安、城厢、望高、回龙等6所"五·七"中学。1980年开办回龙、凤翔、清塘、公安4所农业中学，学制3年。这批学校招收初中毕业文化程度的农村青年，属高级农中。学校设备简陋，师资不足，教学质量较低。截至1984年，除保留公安农业中学外，其余停办。

二、公安农业中学

公安农业中学原是公安"五·七"中学，创办于1976年，校址在公安公社里太村锡富屯的荒山上。首届招生112人，对象是初中毕业生，教师5人。1980年改为农业中学，除文化课外，开设农业专业课程，学生边学习边参加种植水稻、果树、蔬菜和饲养等实验。1984年学校迁至现址公安圩东面卢屋仔村后，面向全县招生。截至1987年，培养毕业生456人。毕业生中除少数升学、当工人当干部外，大部分参加农业生产，其中有些人成为种养专业户。

三、农机技术学校

1965年春,钟山县农业中等技术学校建成,校址在城东今县农科所内,校舍面积400平方米,实验园地150亩,学制3年,宗旨是为农村培养初级农技人才。1968年停办,培养毕业生78人。

1974年2月,县农业机械训练班开办,校址在县城龟石路口石排楼。1979年,命名为钟山县农业机械学校,校舍面积822平方米,教学训练场地18亩。1980年实行有偿办学。截至1987年,共培训9317人,其中,中型拖拉机手1266人、手扶拖拉机手4165人、汽车司机308人、修理工47人、其他3531人。

四、职业中学

1984年,钟山一中附设职业高中班1班,学制2年,毕业生47人。1986年,为了适应知识青年劳动就业的需要,成立钟山县职业中学,校址在县城河东路,学校占地41亩,校舍面积5569平方米。学制3年,首届招生112人。1987年,全校4个班,学生200人,教职工49人。教学采用统编职业高中教材,除开设政治、数学、物理、化学、会计、工艺美术等文化课外,还结合实际需要,开设钢铁冶炼,机械制图、烤烟种植、卷烟工艺、电工基础、家电钟表、果树栽培、食用菌培植、畜牧兽医、服装设计等专业课程。有养鸡场、养猪场、养鱼场、苗圃等教学实验基地,还有专门制造课桌的合成板材料厂1间。

第二节 专业教育

一、师范学校

1917年,为了培养小学师资,利用县城南门城隍庙开办师范讲习所,学制2年,前后招收学员80人,毕业54人,1920年停办。1924年恢复办班,培训学员40人,1925年停办。1926年在县立初级中学附设师范班,学制2年,招收学生40人。1940年在钟山县立初级中学附设小学师资训练班,学制1年,共培训80人。1942年恢复钟山县立初级中学附设师范班,学制4年,截至1944年前后毕业200人。1944年秋,侵华日军逼近广西,师范班迁至珊瑚寨上课；10月钟山沦陷，被迫停办。1945年，成立钟山县简易师范学校，学制3年，初无校舍，借用寺庙、礼堂上课。1946年新校舍落成，校址在县城西门岭。这所学校前后共招收4个班200人，1948年并入钟山县立初级中学。

解放后，1952年在钟山县初级中学附设小学师资训练班，学制1年，学员50人，1957年9月成立小学教师业余进修学校，有计划地组织小学教师进修。1959年在附城中心校举办短期小学师资训练班，学员150人。1960年秋，成立富钟县师范学校，校址在今钟山镇一小内；同年招3年制中师班50人，1年制初师班100人，幼师班50人。1962年中师班并到八步师范学校，该校停办。1972年于钟山中学建立师范部，当年轮训小学师资80人，招2年制中师班40人，翌年又招40人。

1974年成立钟山县中等师范学校，校址在今钟山镇一小，招收高中毕业培养小学师资。1976年为补充大队学校附设初中班师资，该校升格培养初中师资；同年招收2年制语文科26人，数学科25人。1978年招收数学科44人，理化科50人，招生对象是高中毕业的社会青年和小学民办教师。1979年钟山县中等师范学校校址迁至县城河东路。截至1982年，共招收2年制中师班4班158人。1983年秋，改名钟山县教师进修学校，以培训在职公民办小学教师为宗旨。截至1984年，共培训2个班82人。

1985年受地区行署委托，面向贺县、昭平、蒙山、藤县和钟山招收1年制速成中师进修班2个共90人。1986—1987年共招收2年制中师进修班3个137人，学员是小学民办教师。

二、卫生学校

1957年7月，钟山县成立卫生队，培训农村卫生干部60人。1960年改为富钟县卫生学校，培训农村卫生员。1962年停办。1965年又建钟山县卫生学校，校址在县城河东路，次年改为梧州地区卫校钟山分校，学制2年，半农半医，国家承认学历，不包分配。1970年停办。

1974年在英家创办钟山县赤脚医生学校，1979年迁至县城西路，改名钟山县卫生进修学校，培养化验药剂员31人。1980年培养护理、药剂员11人。1984年开设中医专业班，招收待业青年40人，学制1年半。1986年开设西医专业班，招收待业青年34人，学制2年，国家承认中专学历，不包分配。

第三节　成人业余教育

一、扫盲

1933年，全县有民众学校36所，52个班，学员1100人。民众学校以文盲半文盲的成年男女为教育对象，主要宗旨是识字扫盲。1936年学校发展到212所，学员1361人。以省编《民众基础读本》为教材，借用当地小学教室上课，男女分班，男班晚上上课，女班白天上课，教师多由民团后备队指导员兼任。1943年发展到352所，学员2295人。抗日战争时期，开设国语、抗战讲话、时事报告、抗战歌曲等课程。

解放后，为了提高农民的文化水平，成立农民扫盲协会，区、乡同时建立相应的机构。1952年全县开展扫盲工作，派人参加地区专署举办的速成识字训练班学习，回县后培训师资45人。运用以点带面的方法，推动全县扫盲工作。1952年全县14个区105个乡共举办农民速成识字班133个（含富川，下同至1960年）。1953年改用传统的识字方法开办农民扫盲班，参加学习的学员共1473人。1955年，各区设扫盲中心校长，负责组织指导全区扫盲工作。1956年村村都办农民识字班，学员达4万余人。1957年撤区扫盲中心校长制，改设扫盲专干。1958年，全县突击扫盲，一时街头巷尾、水利工地、炼铁炉边成为农民的识字课堂。燕塘大队月小生产队结合实际，在比较短的时间里基本扫除全社青壮年文盲，被评为全国农村扫盲先进单位。全县推广月小经验，到处设立识字岗，过路要认字方能过关，挂识字牌，见牌识字，在农具上贴上名称，见物识字；同时，发动在校小学生教父母，教邻居，形成群众性的学文识字热潮。据统计，1958年年初，全县文盲88 098人，参加学习80 040人，年终脱盲55 196人。20世纪60年代，在原来扫盲的基础上举办农民业余高小班、初中班。英家、清塘、龙团、义安、黄宝、大桥等地的学员学习热情高涨，收效较好。1966年"文化大革命"时期，扫盲工作遭到干扰冲击，全县所有的业余高小班、初中班停办。

1972年，举办政治文化夜校，1973年全县共有夜校587所877个班，学员27 546人。1976年夜校共983所1540个班，学员60 796人。党的十一届三中全会以后，1979年成立工农教育委员会，各公社建立相应的机构。县以红花三联为点，以点带面，3年间先后开办897个扫盲班，发动脱盲对象17 139人参加学习，脱盲14 937人。1982年经地区行署验收并颁发证书，成为基本无盲县。1983—1987年，共扫除文盲4548人。

二、科技讲习班、文化技术中心校

1981年，随着农村生产体制的改革，农民业余教育转入应用技术阶段。1986年，全县共举办农业科技讲习班204期，18 203人参加学习。1987年，全县17个乡镇都建有文化技术中心校，举办养猪、养鸡、烤烟、果树、杂交水稻、除虫灭害等文化科技班。1987年全县杂交水稻和烤烟种植面积分别比1986年增加9800亩和1530亩，产量分别比上年增产156万千克和3.5万千克。清塘乡农民唐木应参加文化技术中心校学习后，种烤烟年收入7240元，被评为广西壮族自治区烤烟先进工作者。

三、职工文化学校

1952年，县总工会举办职工文化学习班9期，200多人参加学习。1953年，县总工会成立职工业余文化夜校，校址在县城西乐街，招收初中以下文化程度的干部、职工学习，分初小、高小、初中共6个班。截至1956年前后有612人参加学习。1957年停办。1961年，干部职工业余学校开办学习文化班共15个，学员600人。其中，高小初中班各6个班500人，高中3个班100人。1974年全县有职工业余学校5所5个班，学员101人。1978年全县职工业余学校7所9个班，学员185人。1979年，县总工会职工业余文化学校开办英语、电工、数学班，学员共230人。同年，基层工会开办职工"双补"学习班共21个，学员1235人。1980年县职工业余学校开办学习班10个，学员774人。同年，基层单位举办职工业余学校19所，学员914人。1984年，县总工会职工业余文化学校开办职工业余高中语文、数学班，学员共50人。1980—1987年，职工业余学校举办各种科技文化班31期，学员共1344人，举办裁缝技术班和养猪技术班共13期，学员共450人。

四、函大、电大

1961年全县参加中专函授学习29人，大专函授学习17人。1979年，县教育局、教研室举办函大辅导站，70多人参加学习，27人取得大专文凭。

1985年,39人参加电大中文班学习,11人取得大专文凭。1980—1987年职工业余学校举办高等教育自学辅导班4期129人。1984—1987年县组织高等教育自学考试12次,参加学员2478人次,60人获大专毕业文凭。组织中专自学考试4次,参加学员129人次,获单科合格证书77份。

第11章 教师和教学研究

第一节 教师

一、人数

（一）幼儿教师

1939年，钟山兴办幼儿教育，全县幼儿教师22人，尔后急剧萎缩，至1949年只剩下2人。解放后，1952年幼儿教育开始恢复，全县幼儿教师3人，至1957年增至6人，1966年共47人。1978年党的十一届三中全会以后，全县幼儿教育逐步发展，至1986年幼儿教师为279人。

（二）小学教师

清宣统三年（1911年），今钟山县地的小学教师仅22人。1917年钟山置县后，小学教育发展较快。1931年，全县小学教师165人。1943年，全县小学教师迅速增至1043人。1944年日本侵略军侵入县境，部分小学关闭，小学教师减至412人。1945日军投降后，全县小学教师为693人。解放战争时期，小学萎缩，全县小学教师为413人。

解放后，大部分原有的小学教师留任，并吸取一批新小学教师。1952年，全县小学教师536人，1957年小学教师为727人。1959年上升至1031人。1961年经调整压缩为678人。1965年小学教师为960人。"文化大革命"期间，大量吸收民办教师，至1976年全县教师增至1862人。1978年党的十一届三中全会以后，执行普及五年义务教育计划，全县小学教育稳步发展，至1987年小学教师为2116人，其中民办教师644人。

（三）中学教师

1926年县内始有初级中学，全县初中教师11人，1938年为12人，1949年为52人。1952年，钟山与富川合并为富钟县，这一年初中教师57人。

1956年中学教育发展，中学教师92人，其中高中教师3人。1961年富钟分县后，钟山县中学教师133人，其中，初中教师113人、高中教师20人。1962年调整中学布局，1964年全县中学教师64人，其中，初中教师55人、高中教师9人。1966年"文化大革命"开始前，全县中学教师106人。其中，初中教师98人、高中教师8人。1971年中学超常发展。1976年全县初中教师857人，1978年初中教师1044人、高中教师27人。党的十一届三中全会以后，调整初中，压缩高中。1982年，初中教师491人，高中教师90人。1987年，初中教师588人，高中教师99人。

二、素质

明清时期，今钟山县地的私塾教师多由具有生员资格的地方名士充任。

民国时期，县内的幼儿教师没有受过专业学习，多由高小、初中毕业生充任。解放后，县办幼儿园的教师多为幼儿师范毕业生。1987年有4名幼儿高级教师。

清末民初，钟山县地人才匮乏，不少小学教师是从塾师转过来的。1933年以后则多为民团训练大队毕业生。抗日战争以后，初师和中师毕业生陆续充实进来，小学师资素质有所提高。

解放后，县人民政府采取多种渠道充实、培养提高，全县小学教师的业务素质逐年提高。1963—1964年全县893名小学教师中，中师（高中）毕业以上文化程度的有289人，占总数的32.4%，其余是初中和高中毕业。1984—1985年全县2445名小学教师中，中师（高中）毕业的有1394人，占总数的57.0%。1983年在接受考核的2169名小学教师中，胜任教学的有397人，占比为18.3%；基本胜任教学的有1418人，占比为65.4%。1987年经过专业技术职称评定，全县小学高级教师218人、一级教师749人、二级教师427人、三级教师137人。

1943年，钟山县立初级中学教师27人，大专毕业25人。解放后，1984—1985年，在初中任课教师455人中，大专毕业的有134人，仅占总数的29.45%；1987年年底在初中任课教师588人中，大专毕业的有179人，占总数的30.44%。1984—1985年，在高中任课教师80人中，大学本科毕业的有50人；1987年年底，在高中任课教师84人中，大学本科毕业的有53人，占总数的63.10%。1983年，对全县初高中教师进行全面考核。在被考核的618名初中教师中，胜任教学的有145人，占总数的23.46%；基本胜任教学的有334人，占总数的54.05%；有困难的有120人，占总数的19.42%；不能任教的有19人，占总数的3.07%。在被考核的88名高中教师中，胜任教学的有29人，占总数的32.95%；基本胜任的有45人，占总数的51.14%；教学有困难的有14人，占总数的15.91%。

1987年，中学教师评定专业技术职称，高级讲师1人、高级教师35人、一级教师184人、二级教师261人、三级教师130人。

三、待遇

（一）政治待遇

明清时期，钟山境内的教师受到人民群众的尊重，称为"先生""教师""夫子"。清末，政府列教师为职官。民国政府效法西方国家列教师为雇员，地位低下。

解放后，党和人民政府尊师重学，誉教师为人类灵魂的工程师，列教师入国家干部编制。1953年成立县教育工会，学校建立基层工会、工会小组。1954年开始在学校开展建党、建团工作，在教师中发展党员、团员，至1958年全县3所中学、10所中心校、2所完小建立党支部或党小组，教师党员共156人。1955年县召开首届优秀教育工作者大会，表彰142名优秀教育工作者，并推选出席地区首届优秀教育工作者代表会议代表24名。1981年钟山中学校长彭荣康被选为县第八届人大常务委员会常委、副主任。1983年钟山镇二小教师黄云珍被选为中共广西第四次代表大会代表。1984年教育界代表廖玉琪被选为政协钟山县第一届主席，钟山中学校长陶光申被选为副主席；1987年，教研室副主任骆振标被选为县第九届人大常委会副主任。至1987年，县前后召开教育系统表彰会10次，受国家级表彰的教师有3人，受自治区表彰的有18人，受地区级表彰的有127人，受县级表彰的有952人。1985年9月庆祝第一个教师节，给25年以上教龄的教师颁发了自治区荣誉证书和纪念章。

（二）工资待遇

明清时期，私塾教师的薪俸由学生提供，银两多少不一。1933年6月以前，公立学校采用"按时计俸制"，初中教师每周1小时月薪6元（法币，下同），职员按班级分甲、乙、丙定等；校长，甲等月薪160元、乙等月薪100元、丙等月薪80元；教务员月薪40元。同年下半年改行"分级计俸制"，钟山县立初级中学校长为7级，月薪110元（法币）；教员为8级，月薪100元。

1948年小学校长月薪70～85元（金圆券），小学教师月薪55～61元。当时币值猛跌，物价暴涨，教师生活难以为继。

中华人民共和国成立初期，全县中小学教师实行供给制，中学教师月给大米90～125千克，小学教师月给大米75～100千克。1952年冬实行工资工分制，享受公费医疗待遇。1955年12月实行货币工资制。1956年进行工资改革，改革后中学教师最高月薪80元，最低39元；小学教师最高月薪66.5元，最低28元。1963年对部分参加工作时间长的教师调升工资，1972年又调升部分教师工资。中学教师月平均收入47.6元，小学教师月平均收入39.9元。1981年，每人增加一级工资，对少数工作成绩显著的增加二级工资，普调后中学教师最高月薪97.5元，最低53元；小学教师最高月薪85元，最低47元。同年，中学教师试行班主任津贴，规定中学每班学生在35人以下班主任月津贴5元，36～50人的月津贴6元，51人以上的月津贴7元；1985年套改为结构工资，工资由基本工资、工龄工资和教龄补贴三部组成。套改后，中学教师月基本工资最高为122元，最低为58元，平均90元；小学教师月基本工资最高为113元，最低为58元，平均75元。1987年，按国务院规定给中、小学教师的工资标准提高10%。至此，全县中小学教师的工资水平略高于同级的党政干部。

（三）培训提高

民国时期，县教育行政部门采取举办教师讲习会，开办教师讲习班，举行各科学业竞赛等形式提高小学教师的文化业务水平。县督学员定期到学校考核教师工作的优劣。中学则通过开展各种教学研究会，结合日常教学提高教师的文化业务水平。

解放后，县委和县人民政府采取各种措施提高教师的文化业务水平，主要措施有：定期召开各种类型的工作总结会，教学经验交流会；举行各科示范、公开课，组织教师学习外地和外校的先进经验；通过县教师进修学校举行各种短期进修班，轮训在职教师；鼓励、支持教师参加函大、电大学习和自学考试。

第二节　教学研究

一、组织机构

民国时期，无专门教研机构。

解放后，党和人民政府把教学研究作为提高教师业务能力、提高教学质量的重要途径。1957年9月，县成立文教科小学教学研究室，配副主任1人，教研员4人。1959年，改名为县文教科教研室，教研员6人，业务范围从小学扩大到中学、幼教、业余扫盲和师范。1962年，教研室内设小学、中学、业余教育3个教研组，教研员12人。1963年撤销中学教研组，中学教研工作由地区教研室管，另成立小学教师函授组，配函授教师6人。1972年县的教研机构叫"钟山县革命委员会政工组教育小组教研组"。1978年恢复教研室。1982年，教研室业务范围扩大，内设中学教研组、小学教研组、函授工作组、业余教育组、电化教学组、教学仪器组、资料组、后勤组。1987年进行机构调整，函授工作改由县教师进修学校办理，教研室专管中小学教研工作，其他机构由教育局统一管理。

20世纪50年代初，钟山中学按文、理科成立教研组，后来分科成立语文、英语、数学、物理、化学、生物、史地和体育教研组。其他中学大致如此。中心校和完小一般成立语文、数学、综合（图画、音乐、常识）教研组。据1980年统计，全县共有教研组127个、数学教研组108个、综合教研组31个、体育教研组17个、复式班教研组18个。

学区设教学辅导员1人，负责对村小进行教学业务辅导。其中20世纪70年代公社设文教辅导员。1977年恢复高考后，成立以钟山中学教研组为中心由各公社中学教研组长参加的各科校际教研组。县教研室不定期组织公社中学教师到钟山中学听课，研究教学。1982年撤销校际教研机构。

二、教研活动

民国时期，乡镇中心校先后组织村校教师共同研讨自动、类化、准备、兴趣、同时学习、团体生活、个性适应等教学原则和练习、讲演、观察、启发、问题、欣赏、表现、比较、竞赛、自学辅导、社会化、互教共学、设计、二部巡回等教学方法的运用。钟山县立初级中学于1948年上学期召开国文、社会、自然和艺术等科教学座谈会，研究各科教学。

解放初期，县文教科组织中心校校长、教导主任研究如何制订各科教学实施计划，用计划指导教学。同时，研究如何开展集体备课，编写教案。自1955年起，组织全县教育系统学习苏联叶希波夫、冈查洛夫合著的《教育学》、波波夫著的《学校管理与领导》，同时开展批判"管教不管导""教书不教人"的倾向。经过3年的学习和实践，初步树立社会主义的教育思想，普遍运用苏联教学五原则（直观性、量力性、巩固性、系统性、自觉积极性）、五环节（复习旧课、组织教学、讲授新课、巩固新课、布置作业）及五级记分法进行教学。1958年，县教研室举办"双推"（推广汉语拼音、推广普通话）学习班8期，参加学习的教师共400多人。1959年又举办"双推"学习班4期，参加学习的教师共200多人。通过这批骨干，全县辅开"双推"教学。

1962年，县教研室贯彻"以教学为主"的精神，重点培养各科的"种子教师"（即各中学、各中心校的骨干教师），开展"以老带新""新老协作"的互教共学活动。为了落实"双基"（即基础知识、基本技能）教学要求，县教研室采取以点带面的方法，深入重点学校，总结重点学校的经验，采取示范听课等形式，向全县推广。并制定一套分别对学校校长、教导主任、科任教师具体要求的"格"，按"格"办事。"格"中提出教学要贯彻理论联系实际，循序渐进，因材施教，备课备人，有的放矢，坚持精讲多练，讲练结合。1966—1976年"文化大革命"期间，正常的教研活动被迫中断，1978年党的十一届三中全会以后，教研活动的主攻方向是提高教学质量。1979年，运用"阵地练兵"形式提高教学辅导员和中心校校长、教导主任领导教学管理教学的能力，想方设法提高课堂教学效率。1980年起多次组织教学辅导员和中心校校长、教导主任深入一些中心校，总结推广中心校对完小、村小的示范作用和辅导作用。

1984年开展小学语文、数学两科赛课活动，探索在新的形势下改进教学、提高教学质量的方法。1986年开展小学语文、数学两科优质课评比活动，组织优质课汇报课，听课教师达1000人次，探索如何保证一节课的质量。同年在2所中学进行培养提高学生自学能力的试验。全县中小学在开展探索"教"与"学"的正确关系教研活动中，取得"教师是主导、学生是主体、练习是主线"的共识。

三、主要成果

1955年始，开展"双推"（推广汉语拼音、推广普通话）教学研究。采用举办"双推"学习班、"双推"观摩课等形式培训"双推"教师。至1981年，共举办"双推"学习班24期，培训"双推"骨干教师1300多人。能担任"双推"教学任务的语文教师约占小学语文教师的60%。各小学都能用汉语拼音进行识字教学，1984年秋，在镇二小举办"注音识字、提前读写"实验班，在实验过程中研究的课题"运用拼音卡片和幻灯投影电教手段提高四百音节教育质量"获得成功，1988年，该课题荣获自治区电化教学科研一等奖，并在全区和全国推广使用。

从1957年秋开始，配合教学研究，县教研室编辑出版《钟山教育》226期，登载各类教育、教学文章约2000篇，400多万字；出版《教育简报》420期，每期刊登本县教育动态新闻2~3篇，计刊840多篇，8.5万多字；至1987年，全县教师在自治区级以上发表教研文章41篇。钟山镇二小编写《小学语文教学整体改革方案》，认为语文教学要做到德、智、体、美的完整统一，知识、技能、能力的完整统一，课内、课外的完整统一。在思想政治教育方面，凤翔中心校做到"三化"，即经常化、制度化、普通化。

1982年4月，县教研室召开小学低年级班主任座谈会，专题研究低年级思想品德政治教育工作和如何上好思想品德课，会后将与会者的点滴经验归纳综合成10条系统经验在全县推广。

第12章 经费、设备、勤工俭学

第一节 教育经费

一、经费来源

钟山建县前，小学经费来源有公产公益收入、学生出钱出物、社会个人捐助等途径。建县后，1926年，县立初中经费由粮赋附加一成，以及锡砂水捐、花生捐、屠牛捐等筹措，当年共筹白银1.6万元。1931年起，中学教育经费由县政府财粮科统筹代收。中心校经费由县统筹统支。村街小学的经费除县拨支一小部分外，大部分由村街自筹，具体来源有村街仓收益、公产收入、按财产分别派捐、学校收费、社会捐助等。

解放后，1950—1952年，县城公办学校的经费由县财政预算开支，区、乡公办小学的经费由区、乡财政预算开支，村小为民办公助。1953年，所有中、小学的经费，由县财政统筹统支。1958年以后，贯彻"两条腿走路"的办学方针，全县教育经费的来源为国家拨款、地方财政自筹、群众集资、学校内部收入（学费、勤工俭学收入）和社会捐助。自1985年起，县、乡税务部门按国家规定征收教育费附加。

二、经费支出

钟山建县后，教育事业有所发展，教育经费的支出逐年增多。据统计，1933年中学教育经费支出为9294元（法币，下同），小学为23 785元；1939年，中学教育经费支出为11 228元，小学为42 360元；1947年货币贬值，中学经费支出达292.8万元，小学达568.047万元。

解放后，随着教育事业的发展，教育经费的支出与日俱增。每年支出情况如表12-1所示。

表 12-1 1951—1987 年教育经费支出情况

年份	教育经费支出/万元	占县财政总支出比例/%	全县人均/元	年份	教育经费支出/万元	占县财政总支出比例/%	全县人均/元
1951	4.08	3.35		1970	51.36	13.99	1.72
1952	17.78	14.58	0.91	1971	71.49	18.62	2.34
1953	33.43	37.19	1.52	1972	96.44	23.65	3.10
1954	32.61	31.66	1.44	1973	99.40	22.11	3.12
1955	35.28	30.68	1.56	1974	111.42	16.04	3.44
1956	39.29	18.55	1.61	1975	112.51	18.86	3.41
1957	66.85	25.57	2.71	1976	119.20	22.76	3.55
1958	53.77	14.43	2.05	1977	124.67	20.06	3.66
1959	67.76	15.32	2.70	1978	156.70	25.18	4.52
1960	93.26	23.69	3.86	1979	169.21	22.83	4.79
1961	54.01	7.90	2.24	1980	210.01	26.39	5.84
1962	45.39	24.33	1.84	1981	260.66	25.96	7.13
1963	45.12	23.82	1.78	1982	285.59	28.22	7.72
1964	51.61	21.67	2.01	1983	328.98	23.26	8.82
1965	45.04	24.31	1.71	1984	437.82	18.19	11.63
1966	56.92	27.03	2.10	1985	651.47	19.21	17.14
1967	64.23	24.98	2.33	1986	701.04	15.39	18.27
1968	55.57	24.37	1.95	1987	1106.78	21.26	28.59
1969	52.83	17.46	1.81				

三、经费管理

建县初期，教育经费由县财粮科统管，中学设事务处，中心校设事务员，分别管理教育经费。1931—1937 年，小学经费由区乡管理。1937 年之后，教育经费归县教育科掌管。

解放后，教育经费由县教育科（局）统管统支。在具体管理体制上，

1950—1971年教育科设会计,学区设总务。1972—1985年县教育局设财务股。公社、乡镇先后由教育组会计、乡镇教委办会计、出纳负责管理。

1986年起实行教育分级管理和财务包干。县教育局管理钟山中学,钟山一中、二中、三中,县教师进修学校,县职业中学,这些学校的经费由县教育局管理和开支。乡、镇中小学的经费由乡镇教委办管理和开支。县拨给乡镇的教育经费由县财政局直接下达各乡镇财政所,再由乡镇财政所拨给乡镇教委办。

第二节 勤工俭学

1958年,贯彻执行"教育为无产阶级政治服务,教育与生产劳动相结合"的方针,全县中、小学普遍开展勤工俭学活动,迅速办起机械、化工等20多个校办小工厂、50多个校办小农场,水田、旱地共200多亩。是年,师生参加炼钢铁、修水利等公益劳动,学校动辄停课,教学不能正常进行。1959年冬,根据区党委《关于学校支援农业的指示》精神,多数校办工厂、农场停办。1960—1962年国民经济困难时期,全县中小学为改善师生生活,开展"大种大养",据不完全统计,全县种水田90亩,旱地389亩,养鸡鸭2000多只。农业中学师生自己动手种粮种菜砍柴,力争自给。1963年国民经济好转,学校的种养纳入正常轨道。

1970年以后,全县勤工俭学有所发展;同年,共种水田198亩,旱地637亩,经营鱼塘11口,养猪30头,有机电修理、木工、土农药、车缝、石灰等校办小工厂8个。1977年,全县共有机电修理、木工、农药、粮食加工等校办小工厂8个,总产值3481元。校办小农场2491亩,林场692亩,果园204亩,粮食总产284 100千克;农业纯收益67 411元,另采松果、拾稻穗等收益42 778元。钟山中学、钟山二中试验杂交水稻制种,把学校的勤工俭学活动与科学兴农结合起来。

1983年,清塘、英家、羊头、回龙、凤翔、石龙、同古等地的学校熬制牡荆油,产值28 000元。

1984年,县教育局成立勤工俭学公司,经营红砖、啤酒、采矿和建筑等项目,并发动各校广开门路,因地制宜地开展各种勤工俭学活动。1985年全县勤工俭学收入46万元。

1987年,县成立勤工俭学领导小组,由主管文教的副县长任小组长,下设办公室，规划并领导全县勤工俭学工作。

在开展勤工俭学活动中，燕塘中心校自1985年以来，年收入10 000元以上，荣获地区、自治区"勤工俭学先进单位"称号；公安农业中学试验河北鸭梨、苹果南移，水稻新品种"桂39"、香稻"朝农188"，四季芹菜及果子狸驯化养殖等项目，获得初步成功。

第三节 校舍与设备

一、校舍

明清和民国时期，钟山的学校特别是小学大多利用庙宇、祠堂或古屋授课。1949年，全县中小学校舍总面积仅4173平方米（不包括庙宇、祠堂和古屋面积）。

解放后，20世纪50年代末至70年代初由县财政拨款，群众献工献料扩大，更新了一批校舍。这些校舍大都是松木泥砖结构，使用不久便成危房。据1981年普查，全县中小学校舍总面积为18.24万平方米，其中危房面积达12.38万平方米，占校舍总面积的67.87%。在危房中，属严重危房的有3.15万平方米，占危房总数的17.27%，严重威胁着师生的生命安全。

1982年，县人民政府采取"三个一点"（群众捐献一点，集体拿出一点，国家补助一点）的办法，集资修缮校舍。截至1987年年底，全县总集资1780万元，其中县财政拨款135万元、乡镇投入111万元、群众捐献422万元。维修校舍93 451平方米，扩建新建校舍147 692平方米，全县学校危房面积减少到7.16%。

1987年全县人民进一步发动社会集资办学，截至当年年底全县共集资743.3万元，其中，县财政拨款243万元，乡镇投入97.64万元，单位、集体捐资18.97万元，征收城市建房配套款15.6万元，征收个人款222.18万元，捐料折款61.47万元，其他方面集资80万元。维修和新建校舍39 145平方米（维修校舍10 947平方米），全部消除学校危房，成为自治区第二个实现"校校无危房"的县。全县校舍总面积为29.85万平方米。

二、设备

据 1948 年统计，钟山县立初级中学有教学仪器 474 件，图书 3801 册，小学则大都只有陈旧的课桌、黑板、仪器，图书寥寥可数。

解放后，党和政府提倡勤俭办学，号召教师动手自制教具，全县中小学教学设备不断充实和改善。1963 年县举行第一次自制教具展览，展出各种教具 845 件。1978 年举行第二次自制教具展览，展出各种教具 450 件。1979—1987 年，总共投资 178.6 万元，新建仪器室、实验室 51 间，总面积 5190 平方米，添置教具仪器总价值 125.2 万元。截至 1987 年年底，中学和完小以上的学校，校校都有仪器室和实验室，能基本完成各科教学大纲规定的演示实验。有专职仪器管理员、实验员 14 人，兼职的 45 人。

1979 年全县中小学有幻灯机 10 台，收录机 2 台，放映机 2 台，幻灯片 200 张，录音带 10 盒。1987 年全县中小学有幻灯机 79 台、电视机 37 台、录放像机 19 台、收录机 50 台、放映机 4 台、幻灯片 7000 张，录像带 220 盒，录音带 500 盒，初步具备现代教学设备。

全县中小学的图书资料，总共 81 890 册。其中，中学 66 419 册、小学 15 471 册。这些图书资料分布不平衡，一部分村小除几本教科书和参考书之外，学生读物不多。

钟山县（1988—2005年）[①]

1988年，钟山县继续推进办学体制改革，巩固和提高学前教育、基础教育，扫除青壮年文盲，加强教师队伍培训，多渠道筹集办学经费，改善办学条件，形成公办、民营等多种办学形式。之后学前教育及小学、初中、高中3个阶段基础教育得到全面发展。1993年后，全县中小学教育技术装备在"普六""普九"的契机中得到提升。1998年12月，钟山县通过"基本实现普及九年义务教育，基本实现扫除青壮年文盲"的达标验收。1999年，全县基础教学的重点由原来注重基本知识的培养转向实施素质教育。至2001年，全县中小学教育实行"以县为主，县、乡（镇）、村三级分级办学、分级管理"体制。2001年后，开展教育人事制度改革，先后实行教师准入制度、校长选任负责制、教师定编聘任制，提高教师队伍素质。2002年，全县教育的投入主要以县财政拨付为主，农村义务教育开始实行"在国务院领导下，由地方人民政府负责，分级管理，以县为主"的管理新体制，并在实施"以县为主"管理体制过程中，采取"一费制"和"两免一补"等政策措施；同时继续将工作重心转移到进行中小学布局调整、经费保障、校舍安全、控辍保学等方面的巩固提高工作上，并继续实施中小学危房改造工程。2005年，全县共有小学270所，教学点127个，在校小学生60 754人；初级中学21所，在校初中生24 788人；中等专业学校1所，在校学生1753人；高中1所，在校高中生3895人。有公办教师4794人。1988—2005年全县各中小学建起教学楼、宿舍楼295栋，建筑面积27.78万平方米，总投资14 432.52万元，其中政府拨款11 843.65万元、群众集资2588.87万元。

[①] 钟山县地方志编纂委员会.钟山县志（1988—2005）[M].郑州：中州古籍出版社，2019：891-929.

第13章　管理

第一节　机构

一、县教育局

1988年，县教育局为主管全县教育事业的职能部门，主要负责对全县教育事业的统筹规划、组织协调、调研指导和监督检查等宏观管理工作，为正科级教育行政主管机关，办公地址位于钟山镇南路17号，领导职数设置一正三副，设有秘书股、人事股、财会股、普教股、成教股、仪器科技股、基建办，核定行政编制15人、实有职工12人。下设教研室、县招生考试委员会办公室（简称"招生办"）、勤俭办（与勤工俭学公司实行一套人马、两块牌子）、教育工会，核定事业编制42人，实有职工42人。

1991年9月，县教育局成立教育督导室，核定事业编制4人。1992年，秘书股改为"办公室"，基建办更名为"改善办"。1996年9月，在仪器科技股设立电教装备办公室，更名为"电教仪器站"。

2002年机构改革，县教育局内设办公室、人事股、财务股、普教股、成教股、电教仪器站、教育督导室、教育工会、改善办，核定编制11人，其中核定行政编制10人、后勤事业编制1人，实有职工10人，二层事业机构有教研室、招生办、勤俭办，乡镇教委办更名为"乡镇教育站"。2002年6月，县教育局设立教育纪检监察室。2003年，县教育局成教股改为职成教股，撤销乡镇教育站。2005年，县教育局设立办公室、人事股、财务股、普教股、职成教股、招生办、督导室、教研室、改善办、电教仪器站、教育工会、纪检监察室、勤工俭学公司，核定编制69人，其中核定行政编制10人、后勤事业编制1人，实有职工11人；事业编制58人，实有职工54人。

县教育局历任局长：黄志文（1984年4月至1990年2月）、周培盛（1990年2月至1994年2月）、黄厚贤（1994年2月至2001年9月）、李琼永（2001

年9月至2003年8月）、罗健（2003年8月至2007年8月）。

（一）县勤工俭学公司

1984年11月成立。1988年，县勤工俭学公司负责领导管理中小学勤工俭学工作，开展以经济活动为中心的生产经营和服务性活动，核定事业编制10人，实有职工11人。1990年，实有职工11人。1997年，实有职工11人。2002年，实有职工8人。2005年，实有职工9人。

（二）县教研室

县教研室是常设的教育教学业务研究机构。1988年，经梧州地区行署认定为副科级单位，财政全额拨款，隶属县教育局直接领导，负责开展教育、教学工作的调查和研究。业务范围包括中小学教育教学理论研究、中小学学科教学研究与指导、中小学教学管理研究与指导；组织教育科研课题实验和成果的推广应用，开展师资骨干的培训工作。设中学组和小学组，中学组配备语文、数学、英语、物理、化学、思想品德（政治）、历史、地理、生物等学科的专职教研员，小学组配备语文、数学、英语3个学科的专职教研员，实有职工26人。1997年，核定事业编制33人，实有职工35人。2002年实有职工33人。2005年实有职工30人。

（三）县招生办

1988年，县招生办承担全县普通高考、成人高考、中考、自学考试、中等职业技术教育专业技能课程考试的服务和招生录取工作，承担县招生委员会、自学考试委员会的日常工作，为县教育局下属事业单位，设在县教育局内，核定事业编制3人，实有职工2人。1997年，核定事业编制3人，实有职工3人。2002年实有职工3人，2005年实有职工4人。

（四）乡镇教育管理机构

1984年，全县各乡镇教育组改称教育管理站。1988年11月，撤销教育管理站，各乡镇成立教育管理委员会，教委会主任由乡镇党委或政府的领导干部兼任，下设办公室（简称"教委办"），负责全乡（镇）中小学教育管理工作，各教委办一般有5~7人，其中设主任1人、教育辅导员1~2人、成人教育专干1人、财会1~2人；学校数量多的乡镇教委办有6~7人，学校数量少的乡镇教委办有5人。中心校作为乡镇教育管理的二层机构，负责执行分片教育的管理。2002年机构改革，乡镇教委办更名为乡镇教育站。2003年，撤销乡镇教育站，由乡镇中心小学负责全乡（镇）小学教育管理工作，教育站名称变更为教育领导小组，协管全乡镇小学教育工作。城镇小学一般设办公室、教务处、总务处，农村乡镇中心小学配备校长、教导主任、总务主任，不设管理机构。2005年，小学教育管理机构沿袭2003年的设置。

第二节　体制改革

1988年4月2日，县教育局、县财政局制定《钟山县教育管理体制改革实施办法》，全县中小学教育实行"以县为主，县、乡（镇）、村三级分级办学、分级管理"的体制，高（初）中、农（职）业中学、教师进修学校和示范（实验）性的中小学、幼儿园由县直接管理，初中、初级农（职）业中学、乡（镇）中心小学、学区中心校由乡（镇）直接管理。联办初中由乡和村共同管理，以乡为主。完全小学、教学点、幼儿园（班）由乡镇和村直接管理，以村为主。企事业单位的学校、幼儿园，归办学单位管理。教育经费实行分级管理，分级拨付，国家拨给的教育事业费以县当年安排的预算对乡（镇）实行包干。鼓励社会团体、集体和个人集资助学，欢迎各界人士捐资助学。农村教育费附加、群众筹集款的征收和使用全部用于学校的维修和建设。由乡（镇）根据上级有关规定做出安排。县直属学校的经费由县财政直接安排使用。1992年4月29日，县教育局下发《关于将教委办、中小学下放乡（镇）政府管理的方案》，下放后乡（镇）成立教育委员会，作为乡（镇）管理教育的职能机构，由乡（镇）政府的1名领导任主任。乡（镇）教育委员会下设办公室，由教委1名副主任兼任主任。作为乡（镇）教育委员会的办事机构，负责日常工作。此后至2001年，全县一直执行"分级办学、分级管理"的体制。此期间因教师工资的逐年增长，至20世纪90年代后期不少乡镇难以承担教师工资的发放，拖欠教师工资的现象不断发生。

2002年，全县教育的投入主要以县财政拨付为主，教育费附加由县统一管理、统一安排使用。农村义务教育开始实行"在国务院领导下，由地方人民政府负责，分级管理，以县为主"的管理新体制。县人民政府对农村义务教育负有主要责任，各乡镇人民政府承担相应责任。农村中小学教职工工资管理权上收到县集中管理，由县按照国家、自治区统一规定的工资项目和标准统一发放农村中小学教职工工资。县人民政府合理安排农村中小学正常运转所必需的公用经费，保障农村中小学危房改造和学校建设的必要投入，农村中小学校舍建设项目由县人民政府列入当地城乡建设规划，农村中小学购置教学仪器设备和图书资料所需经费由县人民政府统筹安排。县教育行政主管部门负责全县中小学教师的资格认定、考试录用、培养培训、考核奖罚等，并会同有关部门负责教师的任用调配、职称资格评审、编制管理、工资晋升等项工作。2003年，撤销各乡镇教育委员会办公室，有关教育工作由乡镇长直接负责，乡镇小学教育教学业务管理由乡镇中心校校长负责。

2003—2005年，全县分级办学、分级管理的体制逐渐淡化，中小学管理集中体现以县级管理为主。教师的聘任和管理权收归县管，由县级教育行政管理部门依法履行对全县中小学教师资格认定、招聘录用、调配交流、职务评聘、培养培训和考检奖惩等管理职能。高级中学和完全中学校长由县教育行政部门提名、考察或参与考察，按干部管理权限报县人民政府任用或聘用；高级中学和完全中学副校长及其他中小学领导职务由县教育行政管理部门选拔任用并管理。

第三节 经费、设施

一、教育经费

1988年，全县教育经费支出1244.77万元，其中小学生人均支出137.59元、中学生人均支出951.67元、师范学生人均支出1194元、职业教育学生人均支出703.81元。之后全县每年教育经费支出的增长随着县财政年总支出的增长而增长。2000年，全县教育经费支出4128.40万元，其中事业性经费支出3902.90万元（人员支出2732.80万元、公用支出1170.10万元）、基建支出225.50万元。2005年，全县教育经费支出11 552.60万元，其中事业性经费支出11 182.80万元（人员支出8500.90万元、公用支出2681.90万元）、基建支出369.80万元。

（一）财政拨款

全县中小学校的办学经费主要以政府投入为主。县财政拨款经费支出主要有人员经费支出、公用经费支出2项。在教育经费中人员经费支出主要有基本工资、福利费、津贴,公用支出项目主要有办公费、印刷费、水电费、邮电费、取暖费、交通费、差旅费、会议费、业务招待费、维修费、专用材料费、专用设备购置费、交通工具购置费、图书资料购置费及其他费用。1988年,县财政对教育投入1090.82万元,占县财政总支出的16.59%。1992年,县财政对教育投入2057万元。1993年,县财政对教育投入2125万元,随着社会经济和教育事业的不断发展,县人民政府对教育经费的投入逐年增加;2004年,县财政对教育投入7111万元;2005年,县财政对教育投入9044.50万元。

(二)征收农村教育事业费附加和城市教育事业费附加

1988年,全县征收教育事业费附加60.40万元,全部用于抢修、改进中小学危房。1988—1998年,全县征收教育事业费附加近3000万元。这部分经费除支付民办教师工资的乡筹部分和中小学教育经费不足部分外,其余全部用于此时期"普六"(即普及六年义务教育)、"普九"(即普及九年义务教育)的校舍建设及充实内部设施。

2003年,为减轻农民负担,根据《国务院关于全面推进农村税费改革试点工作的意见》规定,全县农村教育事业费附加停止单项征收,在职干部职工教育事业费附加继续征收。至2005年所征收的教育事业费附加全部作为教育经费使用。2005年,全县征收城市教育费附加143.20万元。

(三)集资助学

1988年,钟山县委县政府根据上级有关政策制定并印发《关于发动群众集资办学、抢修中小学危房的通知》文件,掀起群众集资办学的热潮,发动群众集资626.35万元。2005年,发动群众集资80.10万元。1988—2005年累计发动群众集资3318.59万元,全部用于中小学危房改造和校舍建设。

(四)勤工俭学

勤工俭学在体现对学生进行教育功能的同时,也收到一定的经济效益。1988年,全县勤工俭学总收入40.04万元,平均每生7.07元,其中教师进修学校人均13.60元、普通中学人均21.50万元、农中和职中人均42元、小学人均3.80元。1989—1999年,全县勤工俭学总收入885.96万元,这部分经费主要用于补充学校办公经费的不足。

2000—2005年,全县勤工俭学总收入129万元。2005年,全县勤工俭学总收入26万元，主要用于购置教学设备、改善办学条件。

（五）学生学杂费

1988年，全县学生学杂费执行梧州地区行署办公室制定的梧州地区中小学收费标准。20世纪90年代，学生学杂费主要由学校征收和使用，用于弥补学校公用经费、购买仪器设备、体育用品、图书资料及零星修缮方面开支的不足。2002—2005年，农村义务教育开始实行"在国务院领导下，由地方人民政府负责，分级管理，以县为主"的管理新体制。在实施"以县为主"管理体制过程中，国家采取"一费制"（指在严格规定现行义务教育阶段的杂费，含基本杂费、信息技术教育费、冬季取暖费和课本费的基础上，由学校一次性统一向学生收取的费用）和"两免一补"（即义务教育阶段学生免除学费、杂费，为寄宿制贫困学生补助生活费）等政策措施，进一步规范教育收费制度，减轻群众的经济负担。全县义务教育阶段学校按照县物价局、县财政局、县教育局联合下发的《关于在我县义务教育阶段学校推行"一费制"收费办法的通知》，全面推行"一费制"收费办法，即高中生每学期学费300元，高中择校生每学期学费1200元；义务教育阶段学校的初中生在县城就读，普通学生收费159元、借读学生690元；在乡镇就读普通学生收费139元、借读学生560元；村校学生89元。义务教育阶段学校的小学生在县城就读，普通学生收费109元、借读学生550元；在乡镇就读普通学生收费89元，借读学生430元；村校学生74元。

2000—2005年钟山县教育经费收入及支出情况，如表13-1、表13-2所示。

表13-1　2000—2005年钟山县教育经费收入情况

单位：万元

年份	总计	各级财政拨款	教育费附加	勤工俭学	社会集资	事业收入（含学杂费）	其他收入
2000	4204.8	2660.2	786.6	54.6	16.5	671.7	15.2
2001	6814.9	4663.4	288.9	8.3	26.4	1313.8	514.1
2002	7495.1	4555.3	282.7	4.2	3.8	2345.4	303.7
2003	8606.7	6850.8	45.4	7.9	18.4	1677.5	6.7

续表

年份	总计	各级财政拨款	教育费附加	勤工俭学	社会集资	事业收入（含学杂费）	其他收入
2004	8062.6	6031.3	—	28.0	12.4	1964.1	26.8
2005	11 844.7	9044.5	143.2	26.0	80.1	2406.7	144.2

表13-2　2000—2005年钟山县教育经费支出情况

单位：万元

项目			2000年	2001年	2002年	2003年	2004年	2005年
\multicolumn{3}{c}{合计}		4128.4	6148.7	7069.7	8301.6	7949.9	11 552.6
事业性经费支出	人员支出	小计	2732.8	4665.0	5391.4	6793.0	5960.8	8500.9
		基本工资及补助	2016.3	3497.4	4254.7	5051.0	4387.8	6408.1
		其他工资	201.1	222.3	221.7	459.4	216.9	295.8
		职工福利费	44.5	34.8	93.5	152.4	172.4	226.3
		社会保障费	460.3	910.5	819.3	1096.2	1183.2	1471.0
		助学金	10.6	—	2.2	34.0	0.5	99.7
事业性经费支出	公用支出	小计	1170.1	1293.9	1087.3	1182.2	1757.7	2681.9
		公务费	163.8	228.0	281.8	279.4	345.4	428.8
		业务费	149.8	410.4	170.4	205.8	208.0	258.6
		设备购置费	166.2	170.0	128.9	247.1	384.9	797.5
		修缮费	562.3	208.0	282.0	296.9	620.8	998.6
		其他费用	128.0	277.5	224.2	153.0	198.6	198.4
基建支出		小计	225.5	189.8	591.0	326.4	231.4	369.8
		其中：自筹基建支出	201.9	152.9	378.9	87.1	46.0	92.1

二、教育设施

（一）校舍建设

1988年，全县兴建教学楼（包括宿舍楼）23栋，维修一般危房1.15万平方米，推倒严重危房并回建0.56万平方米，新建校舍面积2.44万平方米。之后校舍建设的投入以群众集资为主、国家资助为辅，重点改造和维修中小学危房；其间，大多数学校的校舍建设以平房校舍居多，规模较大的学校才有水泥砖混结构的教学楼。截至1994年，全县中学建教学楼（包括宿舍楼）33栋、小学建教学楼51栋，总面积7.56万平方米。

1995—2001年，全县中学建教学楼（包括宿舍楼）78栋、小学建教学楼115栋，总面积11.13万平方米。1998年，部分乡镇的小学开始由群众集资建起水泥结构的教学楼。2002—2005年，全面启动"校安工程"实施计划，校舍建设以国家投入为主、群众集资为辅（即国家指定的"校安工程"项目学校由国家全程投资，当地群众只出少部分启动资金即可），全县获得国家"校安工程"项目建设的学校有66所。2002年，全县完成中小学危改项目学校46所，危房改造面积2.72万平方米，总投资1231.30万元，完成包括危改工程在内的3.21万平方米新校舍的建设并投入使用。2003年，完成中小学危改项目学校12所，危房改造面积0.85万平方米，总投入资金422.51万元；完成基层公共基础建设项目13个，建筑面积1.38万平方米，投入资金502.66万元；完成损毁项目学校2所，建筑面积0.21万平方米，总投资72.65万元。2004年，完成中小学危房改造项目学校14所，危房改造面积0.65万平方米，总投入危房改造资金479万元。

2005年，全县小学办学由依靠群众集资为主改为以国家投资为主，所有小学（除教学点外）均建起教学楼，拆除D级危房。除校舍建设外，国家还投入巨资完善和配备各校的教学设施。落实中央危改资金项目的学校18所，当年全部竣工验收交付使用的工程项目有8所，投资300万元，改造危房面积0.31万平方米，新建校舍建筑面积0.54万平方米。

1988—2005年，全县各中小学累计建教学楼、宿舍楼295栋，建筑面积27.78万平方米，总投资14 432.52万元，其中政府拨款11 843.65万元、群众集资2588.87万元（表13-3）。

表 13-3 1988—2005 年钟山县教育建设工程项目情况

年份	单项工程/栋			建设面积/万平方米			经费投入/万元			经费来源	
	小计	其中		小计	其中		小计	其中		政府拨款	群众集资
		教学楼	宿舍楼		教学楼	宿舍楼		教学楼	宿舍楼		
1988	23	15	8	2.44	1.29	1.15	2369.93	808.08	1561.85	2245.13	124.80
1989	9	7	2	0.80	0.51	0.29	156.94	116.10	40.84	44.86	112.08
1990	14	9	5	1.46	1.05	0.41	320.59	199.90	120.69	297.39	23.20
1991	9	9	—	0.78	0.78	—	247.70	247.70	—	204.70	40.00
1992	16	8	8	1.23	0.65	0.58	327.10	186.70	140.40	253.95	73.15
1993	3	3		0.20	0.20		64.00	64.00		35.00	29.00
1994	10	7	3	0.66	0.45	0.21	205.97	128.89	77.08	155.37	50.60
1995	12	11	1	0.80	0.65	0.15	296.83	238.83	58.00	205.63	91.20
1996	23	16	7	1.59	1.18	0.41	633.21	464.30	168.91	418.25	214.96
1997	33	20	13	3.24	1.80	1.44	1411.94	812.40	599.54	1164.40	247.54
1998	25	17	8	1.70	0.90	0.80	931.15	406.20	524.95	812.35	118.80
1999	12	5	7	1.23	0.39	0.84	755.52	176.24	579.28	474.01	281.50
2000	14	10	4	0.99	0.47	0.52	392.16	184.56	207.60	278.74	113.42
2001	14	8	6	1.57	0.62	0.95	624.65	264.05	360.60	509.85	114.80
2002	18	10	8	2.50	1.66	0.84	1002.53	540.43	462.10	889.43	113.10
2003	20	18	2	2.00	1.67	0.33	1411.98	1267.98	144.00	1220.98	191.00
2004	16	12	4	1.94	0.90	1.04	1386.96	516.08	870.88	1040.98	345.98
2005	24	17	7	2.65	1.36	1.29	1896.37	785.74	1110.63	1592.63	303.74
总计	295	202	93	27.78	16.53	11.25	14432.52	7405.17	7027.35	11843.65	2588.87

（二）教育技术装备

1988 年，经自治区检查验收，教育技术装备建设达到国家当时规定的标准，县教育局被评为全区实验室建设先进单位，钟山中学被评为先进学校。

1989年5月,县教育局建起第一个地面卫星接收站及小功率教育电视发射台;同年12月,在原有设备的基础上购置近5万元的设备建设接收站。1991年,接收站调试完成并开始试播,同时为中小学配备电视接收机、录音机等。由此全县开启电化教学的步伐,1993—1999年全县中小学的教育技术装备在"普六""普九"的契机中得到提升,所有中学都有各学科实验室,以及图书室、阅览室、卫生室等基本的功能室,各种实验仪器、体育器械均配备齐全;大部分小学都有实验室、图书室等,完小以上的学校都配备电视机、录音机、幻灯投影仪及基本的教学仪器和体育器械,基本普及中等水平的教育技术装备。

自2000年起,县教育部门采用远程教育手段提高农村地区教育水平,使农村中小学学生足不出户便能享受国家的优质教育资源。2002年,开始启动远程教育普及工程工作。2003年,全面启动农村中小学现代远程教育工程,实施远程教育试点示范项目点20个;同时全面启动计算机普及工程,除国家划拨资金外,投入资金320万元,为农村中小学(初中、中心小学)配备电脑,此后每年均为小学(完小级)配备一定数量的办公电脑,为中心小学装备多媒体教室。2005年,为方便学校申报、安装、调试远程教育设备项目,实施广西乡镇现代教育资源中心项目点16个,全县中小学教师实现电脑化办公。

第四节 教师队伍

一、教师管理

1988—2002年,全县教师按分级办学、分级管理的原则进行管理,完全中学、县直学校县办县管;初级中学乡办,县乡共管;小学村办,乡村共管。乡镇主要管村级小学,县主要管各中心小学、初中和高中;乡镇内教师调配主要由乡镇负责,乡镇间教师调配由县教育行政管理部门负责。

2002年11月,钟山县确立以县级管理为主的管理体制。2003—2005年,全县中小学管理集中体现以县级管理为主。教师的聘任和管理权收归县管,高级中学和完全中学校长由县教育行政部门提名、考察或参与考察,按干部管理权限报县人民政府任用或聘用;高级中学和完全中学副校长及其他中小学领导职务由县教育行政管理部门选拔任用并管理。

二、师资结构

1988年，全县有小学教师、初中教师、高中教师3611人，其中公办教师2447人，占教师总数的67.77%；民办教师754人，占教师总数的20.88%；代课教师273人，占教师总数的7.56%；以工代教教师（工人编制）137人，占教师总数的3.79%。教师学历中，本科86人，占教师总数的2.38%；大专284人，占教师总数的7.86%；中师1226人，占教师总数的33.95%；中师以下2015人，占教师总数的55.80%；其中，专任教师合格学历小学为65.46%、初中为55.61%、高中为28.82%。

自1989年开始，县教育主管部门每年都按一定比例（全县每年约70人）选招民办教师转为公办教师。1989—1999年，全县民办、代课教师人数不断增多，1994年开始突破1000人，1997年1730人，超过教师总数的1/3。为有效控制民办、代课教师数量过多的问题，县教育主管部门一方面控制代课教师数量的再增长，规定凡新进代课教师必须报教育局考核备案，并取得代课教师聘用证后方可上岗，若不按规定自行招聘代课教师，教育局不予认可；另一方面对在岗代课教师进行文化及教学业务考核，对能力较低且不能胜任教学工作的代课教师实行清退整顿，1996年和1997年在两次代课教师考核考评中，共清退不能胜任教学工作的代课教师近200人。同时通过考录择优选招民办教师、代课教师转为公办教师，1997年全县第一次选招代课教师22人转为公办教师。1998年，全县有代课教师1587人。2000年，最后一批解决民办教师转正问题，全县有民办教师61人转为公办教师，至此全县民办教师"转公"问题得到基本解决（全县仅剩民办教师11人）。

2005年，代课教师经考录转为正式教师的有450人；全县有小学、初中、高中教师5270人，其中公办教师4045人、民办教师5人、代课教师744人、以工代教教师（工人编制）476人。教师学历中，本科885人、大专1593人、中师2404人、中师以下388人。小学专任教师学历合格率为97.18%，初中专任教师学历合格率为98.02%，高中专任教师学历合格率为91.31%，小学、初中、高中专任教师学历合格率比1988年分别提高31%、42%和62%。

1988—2005年钟山县中小学教师情况，如表13-4所示。

表 13-4　1988—2005 年钟山县中小学教师情况

单位：人

年份	总人数	其中				其中				职称		
		公办	民办	代课	工人	本科	大专	中师	中师以下	副高级	中级	初级
1988	3611	2447	754	273	137	86	284	1226	2015	37	349	2418
1989	3701	2370	681	491	159	92	310	1251	2048	42	416	3153
1990	3963	2599	626	555	183	97	332	1287	2247	51	486	3348
1991	4380	1917	511	748	204	103	388	1320	2569	53	501	3737
1992	4554	2965	451	869	269	108	444	1362	2640	57	538	3886
1993	4691	2995	383	994	319	104	509	1433	2645	69	544	4017
1994	4971	3201	340	1067	363	112	531	1751	2577	76	567	4269
1995	5038	3125	265	1257	391	124	600	1908	2406	88	621	4251
1996	5127	3338	303	1074	412	130	778	2214	2005	92	723	4273
1997	5310	3296	140	1459	415	140	920	2296	1954	96	761	4401
1998	5506	3365	133	1587	421	155	1057	2352	1942	108	781	4582
1999	5641	3534	75	1563	469	165	1187	2442	1847	116	807	4687
2000	5499	3593	14	1392	500	177	1261	2710	1351	123	867	4483
2001	5248	3541	14	1191	502	184	1307	2457	1300	132	976	4116
2002	5368	3740	11	1134	483	358	1398	2365	1247	133	1008	4188
2003	5123	3533	11	1097	482	492	1427	2541	663	135	1083	3889
2004	5276	3637	11	1155	473	643	1504	2657	472	137	1138	3979
2005	5270	4045	5	744	476	885	1593	2404	388	139	1250	3874

三、教师职称

1988 年，全县中小学教师按照职称评定有关要求参加专业技术资格评定，评定中学高级教师 37 人（其中 2 人为小学中的中学高级）、中学一级教师 192 人、小学高级教师 219 人、中小学初级职称教师 1313 人。1990 年，全县中学高级教师 14 人、中学一级教师 30 人、小学高级教师 32 人、初级教师

249人。2005年，全县有中学高级教师4人、中学一级教师45人、小学高级教师46人、初级教师502人。

1988—2005年，全县中小学教师取得副高级职称178人（含高级讲师10人、小学中的中学高级教师3人）。取得中级职称2198人（含中学一级教师780人、小学高级教师1418人），取得初级职称8484人。

四、师资培训

（一）业务培训

1988年，全县业务培训主要培训科目有中小学各主要学科（语文、数学、体育等）、仪器管理、图书管理等，培训层次有地（市）级、县级和乡镇级等。乡镇级主要负责学科培训，同年参加学科培训的教师约1200人次。县、市级主要负责图书仪器管理、少年科技活动等专题管理方面的培训，同年参加县、市级管理培训的人员共250人次。

自1992年起，县教研室组织全县中小学学习贯彻执行国家教委制定的《九年义务教育课程（教学）计划》和中小学各学科教学大纲。1992年暑假，组织全县小学教师参加语文、数学、教育心理学等学科的学习培训，参加学习的教师有286人。

1992—1999年，全县开办中小学学科培训活动13次，培训中小学任科教师2000人次；开办教学仪器管理员和实验员培训班4次，共培训教师300人次。1993年7月，对56名中师应届毕业生进行九年义务教育小学语文、数学、思想品德、自然4科的新大纲、新新材培训，80人参加中央电教馆举办的国家电教实验学校教师和县电教员实验培训班；8月，分4期在钟山县第一中学进行九年义务教育初中新教材、新大纲培训，培训初中教师320人次。

1994年开始进行小学教师和中学教师继续教育。自1995年起，组织全县教师进行教师基本功培训，并利用暑假举办中小学教师培训班2期，培训中小学教师95人次。1997年，启动中小学新任教师试用期培训。1999年6月，全县中小学教师进行素质教育理论的学习培训，学习采用自学、集中学习、专题讲座的方式，主要学习"第三次全国教育工作会议精神学习辅导材料"和自治区教科所编写的"全面推进素质教育辅导材料"。2000年5月，在县教师进修学校召开全县中小学教师继续教育动员会，要求教师参加继续教育培训，自学完成每学年集中培训15分、自学学习30分的学习任务。

从2000年开始，县教育局把教师参加继续教育的成绩作为教师职务评聘和参加评优、评先的必要备件。此后每年开展以教育教学学科研究培训为主、其他培训为辅的中小学教师继续教育活动。2001年，分步启动国家、自治区、市级和县级骨干教师培训。2004年，组织教师参加和开展省、县校级课程师资全员培训工作，并以"21世纪园丁工程""教坛新秀""学科带头人"培训为重点，启动新课程师资培训，加大骨干教师培训工作力度，促使教师整体素质得到提升。2005年，参加县级培训的教师达4500人次，参加市、区级以上培训的达1500人次。

（二）校长培训

1990年暑期，举办为时5天的校长培训班，参加培训的中小学校长共50人。1991年，梧州地区教育局举办初中校长培训班，对新任职的7名初中校长（含副校长）进行2个月培训。1992年11月，在县教师进修学校举办首期小学校长岗位合格培训班。40名乡镇中心校、完小校长（含副校长）参加培训。1993年，全年培训各类管理人员130人次。1994年，举办第2期小学校长培训班，培训小学校长42人次。

1995—1999年，每年均举办1期校长岗位合格培训班，凡没经过培训的新任校长或副校长都需参加。2000年，全县中小学校长53人参加贺州师范学校提高培训班的学习。21世纪初，上级每年均举办校长提高培训活动。2002年，全县小学校长、副校长参加贺州师范学校举办的计算机学习培训活动。至2005年，全县小学校长（含副校长）164人经岗位合格培训。当年持证上岗合格率为93.40%；初中校长（含副校长）51人经岗位合格培训。当年持证上岗合格率为87.93%；中小学校长经过岗位提高培训的有175人，提高培训合格率为77.43%。

五、教师待遇

自1988年起，教师工资除按照有关规定参照公务员工资执行外，公办教师每人每月提高职务工资10%，对中小学教师每人每月发放民族地区津贴费10元及生活津贴费25元。1988年，全县中学教师月平均收入124元、小学教师92元。1988年，全县民办教师工资由国家拨款和乡镇统筹两部分组成，月平均工资仅57元。1992年，全县民办、代课教师的工资待遇仍然较低，民办教师每月约100元，代课教师每月60~70元。

1993年10月，全县实行新的工资制度，套改后教职工平均增资102元，离休人员的离、退休费亦相应提高。1993年之后，民办教师的国家拨款部分相应提高，代课教师的工资则以学历层次为准，每个学历层次相差10～25元。1999年，民办教师月工资约180元，代课教师为120元。至2005年，全县副高级教师月平均工资约1220元、中级职称教师月平均工资约1000元、初级教师月平均工资约840元；民办教师月平均工资提高到220元，代课教师提高到200元，但总体上仍属偏低水平。

六、教师资格认定

钟山县实施教师资格认定起于1997年，当年全县认定在职幼儿园教师资格52人、小学教师资格2121人、初级中学教师资格867人、高级中学教师资格194人、中等职业学校教师资格59人，共计3293人。之后每年新进教师务必具有相应的教师资格证，师范院校类毕业生由学校发给资格证，非师范院校类毕业生若想从事教师工作必须通过考试考核获取教师资格证后方可从教。1998年12月至1999年1月认定1213人，2000年12月至2001年1月认定645人，2002年12月认定291人，2003年12月认定282人，2004年12月认定92人，2005年12月认定79人。

七、教师表彰

1989年，钟山中学教师黄登琳、清塘中心校教师刘厚运被国家教委、人事部评为全国优秀教师，钟山县第一中学教师张明龙被自治区人民政府授予"自治区先进工作者"称号，清塘中心校教师刘厚运被自治区人民政府评为自治区优秀教师，钟山中学教师刘定新被自治区教委、自治区体委评为自治区体育先进工作者、优秀裁判员。1991年，钟山中学教师何应瑞被国家教委、国家人事部评为全国优秀教师。1993年，钟山中学教师卿启云被国家教委、国家人事部评为全国优秀教师。1995年10月，钟山县第三中学教师钟裴庆被国家教委、国家人事部评为全国优秀教师，并被自治区人民政府授予"自治区劳动模范"称号。1997年，县教育局黄厚贤被自治区人民政府授予"自治区劳动模范"称号。2000年5月，县特殊教育学校教师冼琼被自治区残工委评为全区持残助残先进个人。2001年，钟山县第二高级中学教师黄光华被自治区教育厅评为自治区"两基"工作先进者，县教育局张红玉被自治区教育厅评为第二届全区中小学音乐、美术录像课优秀指导教师。2003年，钟山中学教师董权美被自治区教育厅、人事厅评为自治区优秀班主任。2005年，钟山中学教师潘绍珍被广西教育学会评为广西优秀地理教师，县职业技术学校教师周小武、蔡英珍被自治区教育厅评为自治区中等职业学校招生先进工作者，县实验小学教师董花莲被自治区教育厅、人事厅评为自治区优秀班主任。

1988—2005年，县教育部门获得国家组、省（区）组、市（县）组各类先进个人、优秀个人荣誉称号的教师有1398人次，其中获国家级荣誉称号5人次，获得省（区）级荣誉称号13人次，获市级（市委、市政府以上的）荣誉称号18人次，获市级其他系统荣誉称号234人次，获县级各类系统荣誉称号1128人次。

第14章 基础教育

第一节 学前教育

一、园所设置

1988年,全民性质幼儿园有县直属机关幼儿园、县商业幼儿园,有条件的中学小学和一般小学均开设幼儿园、学前班,任课教师由各学校自行聘请并报乡镇教育组备案管理,是年全县有幼儿园20所、43个班、入园入班幼儿982人、幼儿教师77人,有托儿所4所、5个班、入园入班幼儿99人、教员9人;设有学前班的学校15所、36个班、入园入班幼儿1543人、幼儿教师26人,3~6岁受学前教育的学生仅有2625人,仅占全县应受学前教育总人数(24 000人)的10.94%。

1992年,除原有的幼儿园外,县直各学校及乡镇中心校均办起学前班,招收5~6岁儿童进入学前班就读,全县有学前班109个、入园入班幼儿3382人,入学人数占适龄儿童的28.57%。至2000年,全县开办学前班203个、入园入班幼儿5928人。自1996年起,执行国家教委发布的《幼儿园工作规程》。2003年,根据教育部出台的《关于幼儿教育改革与发展指导意见》《关于加强民办学前教育机构管理工作的通知》,钟山县依法加强幼儿园和学前班的管理与指导;当年全县有学前班224个、入园入班幼儿6624人,设有幼儿园22所(不含西湾镇、平桂矿区),其中公办2所(县级示范幼儿园1所)、民办17所、其他部门办3所;全县3~6岁幼儿38 805人已入园(班)13 532人,入园(班)率为34.87%,为1988年在园生(982人)的14倍;6岁幼儿9746人已入学前班7602人,学前一年受教育率为78%,为1988年在班生(1543人)的近5倍。

2004年,县商业幼儿园并入县幼儿园。2005年,全县有县直属机关幼儿园、钟山镇幼儿园2所公办幼儿园,经上级教育主管部门审批备案的民办(私立）幼儿园有22所，开设班数243个，入园入班幼儿7398人，有幼儿教师412人；3～6岁幼儿经学前教育的人数由1988年的2625人增加到2005年的7398人，受学前教育人数占适龄儿童人数的30.83%，比1988年的10.94%提高近20个百分点，学前教育步入快速发展轨道。1988—2005年钟山县学前教育具体情况如表14-1所示。

表14-1　1988—2005年钟山县学前教育情况

年份	班数/个	入园入班幼儿/人	幼儿教师/人	年份	班数/个	入园入班幼儿/人	幼儿教师/人
1988	84	2624	112	1997	174	5177	262
1989	87	2751	117	1998	182	5436	275
1990	93	2908	127	1999	192	5761	293
1991	103	3199	143	2000	203	5928	313
1992	109	3382	151	2001	209	6143	328
1993	118	3664	166	2002	215	6307	343
1994	127	3891	182	2003	224	6624	365
1995	141	4316	205	2004	237	6977	395
1996	161	4788	241	2005	243	7398	412

二、学前教学管理

1988年，钟山县的学前教育业务上由县教育行政部门统一管理，每学期的开学、放假时间由县教育局统一布置；上级行政部门下达的方针、政策、法规由县教育局统一传达贯彻。公立幼儿园由教育行政部门全面管理。个体户办私立幼儿园实行分块管理，教育行政部门只在教育方针、教育政策、教材使用等方面进行宏观指导与管理，各乡镇教育管理部门负责进行安全等方面的协调管理，其余事项如园址选择、设备购置、幼儿招生、保教人员聘用、经费收支等均由办园者按有关程序自行管理。开办学前班的学校，学前教师亦由开办学校解决。1990—1993年，凡被公办学校招聘来的学前班教师同时也列入代课教师的管理范围，由县教育局统一管理，并发放代课教师聘用证。1994年,为了规范代课教师的管理、检验代课教师的文化素质,县教育局对全县代课教师实行文化考试考核,凡考试不及格的教师次年被清退出代课教师队伍。由此,学前班教师的文化素质、业务素质基本能达到规定要求。2004—2005年,县里开始解决代课教师的转正问题,此后在学校的代课教师人数减少;开办学前班的学校学前教育部分的师资由学校自行向社会聘请,教师的工资待遇由学校与被聘教师共同协商议定,学校采用"以班养人"的办法支付学前班教师工资,同时被聘教师与学校签订一定年限的劳动合同,期满后按情况决定是否继续延聘。学前班的教育教学事务依然列入学校教育教学的日常管理范畴。

三、学制、课程

1988—2005年,县直属幼儿园入园儿童年龄一般为3~6岁,分小班、中班、大班,3~4岁为小班、4~5岁为中班、5~6岁为大班,自小班开始至大班结束,一般3年出园,实行全日制管理。乡镇农村幼儿儿童入园年龄一般为4~6岁,人数多的幼儿园分大、小班开课,人数少的不分班,以复式形式上课,没有具体的学制年限规定,入学时年龄小的则2~3年出园,年龄大的亦可1年出园;幼儿出园后,进入学前班就读1年才能升入一年级。

学前教育的课程设置采用自治区幼儿园适应性发展课程教材进行教学,课程内容全面,设有健康、语言、社会、科学、艺术等基本课程。1988—1991年,学前班开设语言、数学、常识、音乐、美术等5门课程。1992—2001年,幼儿园大班开设体育、语言、计算、常识、音乐、美术等6门课程,2002—2005年,国家颁布《幼儿教育指导纲要》后,幼儿课程设置相对统一,幼儿园课程一般有语言、数学、音乐、体育、手工等,学前班课程一般有语言、计算、常识、美术、音乐、体育等,每天开课节数一般为5节,每节上课时间幼儿园按年龄大小而定。县直属幼儿园规定每节上课时间:小班为10~15分钟,中班为20~25分钟,大班为25~30分钟。学前班每节上课时间为30~35分钟。学前教育的课程设置与时间安排遵循5~6岁幼儿的生理、心理发展特点和规律,以促进幼儿身体正常发育、培养其良好的品德行为、学习兴趣、学习能力和学习习惯为目标。教育活动以游戏为主,注重与小学教育的衔接,通过各种活动促进幼儿身心和谐发展,为幼儿进入小学做好准备。

四、幼儿园选介

（一）县直属机关幼儿园

县直属机关幼儿园位于钟山镇兴钟中路 7 号，与县商业局、县建设委员会相邻，占地总面积 0.78 万平方米。1988 年，设有 12 个教学班，在园幼儿 417 人，教师 25 人，平均每个幼儿有活动场地 15.52 平方米。2004 年 5 月，县商业幼儿园并入县直属机关幼儿园，园区占地面积 1.07 万平方米。总建筑面积约 9.8 万平方米。2005 年，全园设有大型塑胶运动场、生态园、游乐场、沙池、戏水池、艺术墙、十二生肖脸谱长廊、种植园、饲养角等，配备专用功能室，有音乐舞蹈教室、创意画坊、创意构建室、宝贝书吧、聪明屋、体育活动室、多媒体室等，办园条件得到改善。全园有大、中、小 3 个年龄段 14 个幼儿班，在园幼儿 600 人，在职在编职工 47 人，教职工学历合格率、专业合格率达 100%。

（二）钟山镇幼儿园（公立）

1983 年 3 月创立，为一所全日制幼儿园，园址位于钟山镇人民政府大院内，校舍为镇人民政府闲置的 2 间平房、占地 40 平方米，创办初期仅有混合班 1 个，幼儿 30 人，工作人员 3 人（其中临时工 2 人）。1986 年，钟山镇幼儿园搬迁至钟山镇兴钟南路 19 号宿舍区内，有独立的园舍。

1988 年，全园占地面积 0.35 万平方米，建筑面积 0.07 万平方米，户外活动场所 0.10 万平方米。有待开发使用土地 0.15 万平方米。园内有 1 栋砖混结构二层教学楼，设有教室、寝室、盥洗室、一体化幼儿生活学习用房及办公室、财务室、保健室，还有符合卫生标准的厨房等生活用房，室外活动场左边有攀爬架、秋千、水车、弹跳床、钻洞、多功能滑梯等活动器械，右边设有舞台、水泥双轨钻洞滑梯及 450 平方米的草地，全园绿化面积达 65%。1999 年 5 月，钟山镇幼儿园通过自治区对镇幼儿园办园基础水平的评估验收。2005 年，设有 4 个幼儿班，在园幼儿 159 人，在职在编教职工 19 人，教职工学历合格率、专业合格率均达到 100%。

第二节 小学教育

一、小学设置及分布

1988年，全县有小学480所，其中中心校44所、完全小学（简称"完小"）99所，教学点337所（个），在校学生41 433人。1991年5月，县人民政府下发《关于调整钟山县中心小学布局的通知》，决定调整全县中心小学的布局设点，将全县44所中心校调整为23所中心校，其余的中心校改称为完小。这个时期一般是1个乡镇保留1所中心小学，较大的乡镇保留2所中心小学，如城厢镇保留城厢中心校和升平中心小学，公安镇保留公安中心小学和大桥中心小学。1992—2002年，全县在校小学生人数逐年增长。

随着教育事业的不断发展及城镇化的推进，一些完小及教学点的办学规模日趋呈现不合理状态。1995年，县教育部门除保留原有的23所中心小学外，将人数较少（一般不超过20人）且与邻近学校的距离不超过2.5千米的教学点合并到邻近学校；合并后原来较大的教学点升格为完小，如公安镇的大连小学、仁里小学经教学点合并后于1996年均升格为完小。经过调整，全县小学布局调整变化为完小增多，教学点减少。

2002年，确立"以县为主"的管理体制，加快对教育结构的调整，以"科学规划，合理布局，讲究实效，资源共享"为原则，乡镇中心小学再次进行布局撤点，原则上每个乡镇只保留1所中心小学，至此全县有钟山镇第一小学、钟山镇第二小学、城厢镇中心小学、公安镇中心小学、清塘镇中心小学、英家镇中心小学、燕塘镇中心小学、红花镇中心小学、两安瑶族乡中心小学、花山瑶族乡中心小学、回龙镇中心小学、石龙镇中心小学、同古镇中心小学、凤翔镇中心小学、珊瑚镇中心小学、羊头镇中心小学、望高镇中心小学、西湾镇中心小学等18所中心小学，撤并教学点34个，全县在校小学生73 091人。2003年后，随着国家计划生育政策的全面贯彻落实及人们传统生育观念的改变，小学生在校人数开始呈现逐年递减趋势。2005年，全县小学经撤并调整后，保留中心校18所，设有完小（村校）252所，教学点减少至127个，全县在校小学生60 754人（表14-2）。

表 14-2　1988—2005 年钟山县小学教育发展情况

年份	学校数/所	在校学生数/人	毕业学生		教师数			教师与学生之比
			总人数/人	占在校学生总数比例/%	总人数/人	其中民办（代课）教师数/人	民办（代课）教师占总数比例/%	
1988	480	41 433	6215	15.00	2183	632	28.95	1∶18.98
1989	468	44 175	6578	14.89	2656	1105	41.60	1∶16.63
1990	466	50 412	7446	14.77	2803	1121	39.99	1∶17.99
1991	438	55 141	8067	14.63	3177	1203	37.87	1∶17.36
1992	425	58 082	8590	14.79	3264	1267	38.82	1∶17.79
1993	421	58 319	8754	15.01	3335	1289	38.65	1∶17.49
1994	418	65 672	9693	14.76	3566	1325	37.16	1∶18.42
1995	399	66 407	9715	14.63	3569	1424	39.90	1∶18.61
1996	337	68 716	10 198	14.84	3642	1288	35.37	1∶18.87
1997	331	67 577	10 042	14.86	3763	1490	39.60	1∶17.96
1998	323	67 022	10 442	15.58	3924	1616	41.18	1∶17.08
1999	316	64 590	9727	15.06	3930	1539	39.16	1∶16.44
2000	305	67 889	10 285	15.15	3732	1325	35.50	1∶18.19
2001	302	71 692	10 768	15.02	3435	1127	32.81	1∶20.87
2002	289	73 091	12 060	16.50	3472	1070	30.82	1∶21.05
2003	271	67 290	10 773	16.01	3258	1039	31.89	1∶20.65
2004	265	65 618	11 069	16.87	3384	1098	32.45	1∶19.39
2005	270	60 754	10 759	17.71	3327	741	22.27	1∶18.26

2005 年钟山县城镇中心小学、完小情况如表 14-3、表 14-4 所示。

表 14-3　2005 年钟山县城镇中心小学情况

隶属乡镇	学校名称	校址	创办年份
县直学校	钟山县实验小学	钟山镇广场路 93 号	1990
	钟山县教师进修学校附属小学	钟山镇广场路 93 号	1969
钟山镇	钟山镇第一小学	钟山镇城厢街 17 号	1941
	钟山镇第二小学	钟山镇南路 15 号	1968
	钟山镇第三小学	钟山镇龟石北路 79 号	1978
望高镇	望高镇中心小学	望高镇南路 45 号	1917
羊头镇	羊头镇中心小学	羊头镇单头村委荣园村	1913
回龙镇	回龙镇中心小学	回龙镇南路 6 号	1915
凤翔镇	凤翔镇中心小学	凤翔镇凤翔街	1926
石龙镇	石龙镇中心小学	石龙镇石龙街 73-1 号	1932
同古镇	同古镇中心小学	同古镇同古路 5 号	1936
珊瑚镇	珊瑚镇中心小学	珊瑚镇南路 6 号	1958
清塘镇	清塘镇中心小学	清塘街（原真武庙内）	1912
燕塘镇	燕塘镇中心小学	燕塘镇燕塘街	1926
公安镇	公安镇中心小学	公安镇二中路 57 号	1940
红花镇	红花镇中心小学	红花镇红花街	1964
花山瑶族乡	花山瑶族乡中心小学	花山瑶族乡板冠村	1936
两安瑶族乡	两安瑶族乡中心小学	两安瑶族乡两安街	1937

表 14-4　2005 年钟山县完小（村校）情况

乡镇	完小（村校）
钟山镇（24 所）	新里完小、民和完小、龙马完小、榕马完小、程石完小、榕木洲完小、杨岩完小、龙团完小、大耀完小、丹龙完小、向阳完小、乌洞完小、升平完小、太平完小、护平完小、民富完小、菜地完小、龙井完小、龟石完小、罗旧完小、祯塘小学、石梯小学、榕木小学、新里厂小学

续表

乡镇	完小（村校）
羊头镇（32所）	老柱完小、大井完小、中红完小、金竹完小、黄石完小、龙山完小、洞石完小、琉璃山完小、板坝完小、松木完小、木家完小、将家完小、马山完小、白屋小学、垒田小学、腊木小学、黄塘小学、石仁岭小学、水口洲小学、黄石小学、狮子岭小学、薄坝小学、柿木园小学、黄牛山小学、山背厂小学、万鳌小学、平安小学、新塘小学、中柱小学、横帐小学、柘木小学、平山小学
望高镇（12所）	新元完小、鱼塘完小、百富完小、罗溪完小、宝山完小、新联完小、同乐完小、新立完小、希望小学、立头小学、清池完小、川岩完小
回龙镇（23所）	鸟塘完小、龙道完小、希望小学、福凤完小、东凤完小、东寨完小、龙虎完小、西江桥完小、力争完小、龙岛完小、大岛完小、星子洞小学、水圳口小学、塘台小学、川岩小学、西山小学、马肚小学、梅岭小学、旱洞小学、朝东小学、龙眼洲小学、桥背小学、平桥小学
凤翔镇（25所）	江亚完小、午龙完小、唐月完小、老村完小、新栗完小、莲塘完小、林樟完小、石角小学、莲花小学、天柱小学、凤凰小学、龙头小学、宽头小学、桑木小学、田冲小学、同古坝小学、校枝小学、新山小学、栗木山小学、岭尾小学、上栗小学、地蒙小学、东坪小学、樟村小学、矮山小学
石龙镇（13所）	大虞完小、松桂完小、黎塘完小、新凤完小、源头小学、岭脚洞小学、大巷口小学、新塘枹小学、老虎尾小学、新田小学、凤尾小学、龙火塘小学、金岭小学
同古镇（21所）	义伍完小、奉政完小、义安完小、和平完小、金鸡完小、四合完小、平竹完小、瓦屋完小、冲丁小学、茶岭小学、富竹小学、上寨小学、人村小学、上洞小学、花子小学、金鸡小学、大巢小学、白面冲小学、岭脚小学、凤岩小学、白竹小学
珊瑚镇（4所）	第一小学、新民完小、龙岩完小、卫田完小
清塘镇（21所）	赤马完小、印山完小、康平完小、榕木完小、水东完小、东平完小、英家完小、五权完小、林岩完小、大同完小、新合完小、新龙完小、南妙完小、新竹完小、新立完小、黄桥完小、木窝完小、新兴小学、六南完小、周家小学、阳山小学
燕塘镇（12所）	九龙完小、黄宝完小、玉坡完小、聚义完小、合群完小、张屋完小、山背小学、月小小学、白帽小学、龙塘小学、东岭小学、公山小学

续表

乡镇	完小（村校）
公安镇 （27所）	黄凤完小、仁里完小、马安完小、荷塘完小、塘贝完小、江台完小、里太完小、牛庙完小、大桥完小、梁屋完小、大田完小、大龙完小、大连完小、廖屋完小、双元完小、凤岭完小、赖塘小学、九连小学、土塘小学、客塘小学、螺田小学、板坝小学、背风小学、兴联小学、大竹小学、将山小学、双柱小学
红花镇 （22所）	俄柳完小、汤公完小、铜盆完小、古楼完小、桃加完小、麦岭小学、黄姜小学、龙塘小学、大营小学、燕子小学、西柳小学、鳌岭小学、螺寨小学、鸣鸾小学、大丈塘小学、汤水小学、银坪小学、茶源小学、洞心小学、桥杉小学、外北小学、里北小学
花山瑶族乡（5所）	三叉完小、平西完小、保安完小、林坪完小、宝鹿完小
两安瑶族乡（11所）	沙坪完小、星寨完小、思勤完小、莲花完小、大岷完小、龙窝小学、小岷小学、白石小学、茅樟小学、竹梅完小、扎排头小学

二、学制、课程

1988年，全县小学学制仍实行两类标准，县城学校及基础教育较好的乡镇实行六年制课程，基础教育较薄弱的乡镇仍实行五年制课程。

1989年，全县小学学制全面实行六年制，课程按1983年教育部颁布的《全日制六年制小学教学计划》执行，开设语文［包括阅读、作文（含写作课和说话课）、写字］数学（含三年级的珠算课）、自然、历史、地理、思想品德、音乐、图画、体育等课程，使用全国统编教材。各年级每月安排适量的时间参加力所能及的体力劳动。1996年，小学课程分为学科、活动两个部分，个别学科相应地做调整，学科部分包括思想品德、语文、数学、社会、自然、体育、音乐、美术、劳动等；活动部分包括晨会、班团队活动、体育锻炼、科技文体活动、社会实践活动和学校传统活动等。

2001年，整体设置九年一贯制义务教育课程。小学阶段以综合课程为主，低年级开设品德与生活、语文、数学、体育、音乐、美术等课程；中、高年级开设品德与社会、语文、数学、外语、科学、体育、音乐、美术等课程。

2003—2005年，全县小学全面实行新课程标准，并要求按课程计划开齐课程、开足课时，课程设置分国家课程、地方课程两大类。国家课程设置品德与生活、品德与社会、语文、数学、英语、科学、信息技术、体育与健康、音乐、美术等，外加综合实践活动及学校传统活动等；地方课程（由学校选用）主要是校本课程。每学年上课时间为35周，校机动时间2周，复习考试时间2周，实际上课时间33周。每周按5天安排教学，每节课40分钟。学校每天安排1次晨会，时间30分钟。班队会、科技文体活动均安排在课外活动时间，每天40分钟，各门课程结合本学科特点，有机进行思想道德教育。环境、健康、国防、安全等专题教育应渗透在各科教学中，体育课贯彻"健康第一"的原则，不得将课时挪作他用。要求利用体育活动课、课间操及其他综合性文体活动等，增加学生参加体育活动的时间，保证学生每个学习日有1小时的体育锻炼时间。综合实践活动课程的内容包括劳动与技术教育、研究性学习、社区服务与社会实践等，课时可以与地方课程、学校课程的课时结合起来使用。

三、主要小学选介

（一）县实验小学

1990年秋创建，学校位于钟山镇广场路93号（原钟山镇中学旧址），占地面积2万平方米。1992年9月，县实验小学更名为钟山镇第三小学。2004年9月，又更名为钟山县实验小学。2005年，学校有教学班30个，学生1865人；核定事业编制76人，实有教职工86人。校舍建筑面积0.58万平方米。学校先后开展"目标教学的理论与实验研究""创新教育与实验""体现课改新理念的小学作文研究与实验""新课程标准小学数学实验教材的实施研究""习作教学的有效策略研究"等5项省级以上课题研究，并被自治区、地区（市）教育部门评为优秀科研课题；学生综合素质和教育教学质量在市、县一直名列前茅。

（二）钟山镇第一小学

1988年，钟山镇第一小学位于钟山镇城厢街17号，占地面积1.10万平方米，有教学班16个，学生986人，教职工43人。学校坚持"以人为本、立德树人"的教学观，开展"以德育为中心、以科研为导向、以师生发展为重点、以校园四化建设为载体"的办学思想，开展教学常规管理。2005年，有教学班10个，学生495人，教职工30人，校舍建筑面积0.31万平方米，设多媒体教室、仪器室、实验室、图书室、阅览室、微机室、队部室、体卫室等功能室，各类教学器材配备齐全，图书室藏书7850册，建有小足球场、篮球场和羽毛球场等体育运动设施。

（三）钟山镇第二小学

1988年，钟山镇第二小学位于钟山镇南路15号，占地面积1.24万平方米，有教学班25个、学生1423人，学前班7个、学生263人，有教职工70人。2003年5月，更名为钟山镇中心小学。2005年，学校有教学班20个，学生1016人，教职工54人，学校设有声乐、舞蹈、电子琴、书法、绘画等兴趣班，组建羽毛球、篮球、乒乓球、足球等运动队。2003—2005年，全校有百余篇论文（教案）在各级评比中获奖、交流或在刊物上发表，拥有特级教师1人，"21世纪园丁工程"B类人才3人，C类人才4人。

第三节　初中教育

一、学校设置与分布

1988年3月，钟山县第一中学校址由钟山镇小钟山脚下迁至钟山镇北路。新校址面积宽阔，场室齐全，以初中教育为主；同年全县联合办的15所联合中学（简称"联中"）除立头联中继续保留、板冠和英家联中改为乡办中学外，羊头联中、新农村联中、升平联中、义安联中、清塘联中、新龙联中、六南联中、十里联中、蒋屋联中、两安联中、红花联中、榕马联中等12所联中全部合并到乡、镇中学；同年年底，全县有钟山县第一中学、县第二中学、县第三中学、钟山镇中学、西湾中学、望高中学、公安中学、城厢中学、羊头中学、回龙中学、同古中学、石龙中学、凤翔中学、红花中学、两安民族中学、花山中学、燕塘中学、清塘中学、英家中学、立头联中等初级中学20所，在校初中学生7387人，教师580人，其中民办教师64人。全县人口总数与初中在校学生总数之比为52.30∶1，与初中毕业生总数之比为7.70∶1，小学毕业生升学率为51%，初中毕业生升高中（含中专）的升学率为41.50%。

1992年12月，花山中学更名为花山民族中学。1993年，钟山镇中学由钟山镇广场路93号迁至钟山镇南路65号新校址。1997年9月，燕塘镇在牛庙路口创办燕塘第二中学，后因学生数量不足又与燕塘中学合并办学。2002

年，西湾中学因区域调整，随着西湾镇划入八步区。2003年1月，珊瑚矿子弟学校更名为珊瑚第二中学，后又与珊瑚中学合并统称珊瑚中学；3月，石龙中学并入钟山县第三中学管理，统称钟山县第三中学。2005年，全县有钟山镇中学、城厢中学、望高中学、羊头中学、公安中学、公安第一中学、清塘中学、英家中学、燕塘中学、燕塘第二中学、花山民族中学、红花中学、两安民族中学、回龙中学、同古中学、凤翔中学、珊瑚中学等乡镇初中17所，以及钟山县第一中学、钟山县第二中学、钟山县第三中学等县直初中3所，在校初中生24 788人，教师1274人（表14-5、表14-6）。

表14-5　1988—2005年钟山县初中教育发展情况

年份	学校数/所	在校学生数/人	招生人数/人	毕业人数/人	教师数/人		
					小计	公办	民办
1988	20	7387	2000	2035	580	516	64
1989	20	7878	2100	1998	772	710	62
1990	21	8265	2747	2004	859	804	55
1991	21	8850	3125	1954	882	831	51
1992	21	10 122	3410	1978	903	854	49
1993	21	9008	3120	2543	912	828	84
1994	21	11 529	3964	2988	914	836	78
1995	21	11 828	4006	3269	948	854	94
1996	21	12 329	4126	2998	944	858	86
1997	22	18 605	6378	3766	1001	895	106
1998	22	21 976	7462	3897	1026	925	101
1999	22	20 654	6912	3968	1104	1008	96
2000	22	21 073	7216	6085	1125	1044	81
2001	22	20 807	7025	7223	1163	1085	78
2002	22	22 550	7632	6714	1254	1179	75
2003	20	22 548	7654	6921	1206	1137	69

续表

年份	学校数/所	在校学生数/人	招生人数/人	毕业人数/人	教师数/人		
					小计	公办	民办
2004	20	23 473	7924	6845	1237	1169	68
2005	20	24 788	8320	7389	1274	1266	8

表14-6　2005年钟山县初级中学建制一览

隶属关系	学校名称	学校地址		创办年份	沿革			招生范围
		原址	现址		创办时	后改为	现为	
县直中学	县第一中学	钟山镇小钟山脚下	钟山镇北路	1979	完中	完中	初中	面向全县
	县第二中学	公安乡大岭寨	公安镇大岭寨	1956	初中	高中	初中	面向全县
	县第三中学	石龙街桥北	石龙街桥北	1960	初中	高中	初中	面向全县
乡镇中学	钟山镇中学	钟山镇广场路93号	钟山镇南路65号	1980	高中	初中	初中	面向钟山镇
	城厢中学	城厢乡龟石路口	钟山镇龟石北路333号	1969	高中	完中	初中	面向原城厢镇所辖村屯
	公安中学	公安街	公安街东二路47号	1965	高中	初中	初中	面向公安镇
	公安第一中学	公安乡锡富村	公安镇北路33号	1984	农业高中	职业中学	普通初中	面向公安镇
	清塘中学	清塘乡北帝庙	清塘镇大岭坪	1969	高中	完中	初中	面向清塘镇
	英家中学	英家街尾	英家镇螺山街160号	1984	初中	初中	初中	面向英家镇
	燕塘中学	燕塘乡十里水库	燕塘镇燕塘路2号	1972	高中	初中	初中	初中面向燕塘镇
	燕塘第二中学	燕塘第二中学燕塘乡牛庙路口	燕塘镇牛庙路口	1997	初中	初中	初中	初中面向燕塘镇

续表

隶属关系	学校名称	学校地址		创办年份	沿革			招生范围
		原址	现址		创办时	后改为	现为	
乡镇中学	花山民族中学	花山瑶族乡板冠村	花山瑶族乡毛段村	1985	初中	初中	初中	面向花山瑶族乡
	红花中学	红花街尾	红花街老街尾	1969	高中	初中	初中	初中面向红花镇
	两安民族中学	两安街	两安街	1956	初中	初中	初中	面向两安瑶族乡
	回龙中学	回龙乡牛塘岭	回龙镇竹根岭	1969	高中	初中	初中	面向回龙镇
	同古中学	同古街	同古街	1969	高中	完中	初中	面向同古镇
	凤翔中学	凤翔街	凤翔街	1969	高中	完中	初中	面向凤翔镇
	珊瑚中学	珊瑚街	珊瑚镇南路6号	2003	初中	初中	初中	面向珊瑚镇
	羊头中学	羊头街	羊头街	1968	初中	初中	初中	面向羊头镇
	望高中学	望高乡新农村	望高镇北路37号	1956	完中	初中	初中	望高镇辖区

1989—2005年，继续多渠道筹措教育经费，抢修和改造中小学危房，改善中小学小学条件，全县初中小学条件逐年得到改善。1994年钟山县被自治区授予"抢修中小学危房、改善办学条件先进县"称号。2002年4月，县人民政府又成立以县长为组长的危房改造领导小组，制定并实施《钟山县中小学危房改造实施方案》，截至2005年，全县中学基本消灭D级危房，校校建起综合教学楼、教工宿舍楼、教学功能楼。

二、学制、课程

（一）学制

1988年，全县初中一直实行三年学制，称为初中一年级、二年级、三年级。1999年，实施九年义务教育后，初中一、二、三年级分别称为七年级、八年级、九年级。2005年，学制设置未有改变。

（二）课程

1988年，普通初中开设的课程是根据1983年教育部颁布的《全日制九年制初中课程教学计划》安排，主要有政治、语文、数学、外语（英语）、体育、音乐、美术、劳动技术、历史、地理、生物、物理、化学、生理卫生等学科。1992年8月，课程包括学科课程和活动课程两个部分，学科课程包括思想政治、语文、数学、外语、物理、化学、生物、历史、地理、音乐、美术、体育、劳动技术等，活动课程包括晨会（夕会）、班团队活动、体育锻炼、科技文体活动、社会实践活动和学校传统活动等。学科课程以文化基础教育为主，渗透职业技术教育；以分科课为主，适当设置综合课；以必修课为主，适当设置选修课；以按学年、学期安排课为主，适当设置课时较少的短期课。

1995年春季，开始执行《实行每周40小时工作制后调整全日制中小学课程（教学）计划的意见》，实行初中各年级学科教学每周最高时数为29课时，周活动总量在33课时以下。2002年后，全县初中阶段设置分科与综合相结合的课程，主要包括思想品德、语文、数学、外语、物理、化学、生物、历史、地理、体育与健康、音乐、美术及综合实践活动（包括信息技术教育和劳动）。

2005年，全县初级中学的起始年级按照新课程标准开课。新课程标准最显著的特点是确定知识与技能、过程与方法、情感态度与价值观等三维目标，体现德育为先、能力为重、创新方法、力求减负等特点。大部分学科精选学习内容，缩减课程容量；直接删除过难过繁的内容，控制课程难度；从"认识"和"理解"调整为"了解"，降低一些知识点的学习要求；对难度较大又不宜删除的内容，以"选学"方式处理。

三、中考

1988年，中考由自治区统一命题、统一考试，科目有政治、语文、数学、英语、物理、化学共6科。文化课考试时间没有相对固定，大多为每年6月18—20日、6月24—26日或7月2—4日。考生中考各学科考试成绩及总成绩均以分数形式呈现。

1988—1997年，属于国家指令性计划招收的中师、中专类毕业生由国家实行统一安排分配工作。这一时期的初中毕业生中考升学有中师、中专、普通高中、职业高中4种途径,但每年中师、中专类招生名额比较少,竞争激烈。全县各初中中考升学主要是竞争中师、中专的录取率,当时部分初中毕业生补习多年就为考中师或中专;此后各行各业对毕业生的学历要求逐年提高,国家也取消中师、中专类的统招统分政策,中师、中专类学校在初中毕业考生中的吸引力逐年下降。2000年,大部分初中毕业生开始报考普通高中或职业高中。2001年,中考科目增加体育科(考试项目为50米跑、立定跳远和掷实心球),由县组织体育监考员于每年5月到各校完成测试考评,故此间中考科目由原来的6科增加到7科。

2003年后,全县高中教育快速发展,钟山中学高考成绩显著。钟山县职业技术学校也取得较好的办学效益。之后多数初中毕业生报考普通高中或职业高中,报读中专、中师类的学生相对减少。从2004年开始,自治区将中考命题权下放到各地级市,由各市统一命题、统一考试,因此,贺州市将全市中考文化科考试时间统一规定为每年6月24—26日。2005年,中考科目增加历史科目,与政治科目一起同堂分卷考试,中考科目为语文、数学、英语、政史、物理、化学、体育。

1988—2005年钟山县中考情况如表14-7所示。

表14-7 1988—2005年钟山县中考情况

年份	初中毕业人数/人	参考人数/人	录取普通高中人数/人	录取中专、中师人数/人	录取职业高中人数/人	录取人数合计/人	升学率/%
1988	1969	1797	476	220	230	926	51.53
1989	1998	1807	509	149	243	901	49.86
1990	2004	1832	528	177	222	927	50.60
1991	1954	1910	545	212	274	1031	53.98
1992	1978	1855	614	188	265	1067	57.52
1993	2543	2425	671	329	277	1277	52.66
1994	2988	2764	879	346	314	1539	55.68
1995	3269	3059	976	395	358	1729	56.52
1996	2998	2832	859	325	416	1600	56.50

续表

年份	初中毕业人数/人	参考人数/人	录取普通高中人数/人	录取中专、中师人数/人	录取职业高中人数/人	录取人数合计/人	升学率/%
1997	3766	3621	1107	371	486	1964	54.24
1998	3897	3745	1114	372	447	1933	51.62
1999	3968	3642	1086	214	548	1848	50.74
2000	6085	4973	1632	271	761	2664	53.57
2001	7223	5961	2163	116	847	3126	52.44
2002	6714	5234	1806	109	769	2684	51.28
2003	6921	5378	1907	67	766	2740	50.95
2004	6845	5314	1821	52	784	2657	50.00
2005	5792	5792	1976	55	863	2894	49.97

四、主要初级中学选介

（一）钟山县第一中学

1988年，钟山县第一中学位于钟山镇小钟山脚下，为县内重点初中，面向全县招生。有教学班18个，在校学生940人，教职工94人；学校占地6.55万平方米，新建校舍1.82万平方米，总造价423.86万元；校内设400米跑道的田径场，以及篮球、排球、足球等体育场地。学校图书馆有图书9256册，实验室的建设达到自治区规定的要求标准。同年3月，学校校址迁至钟山镇北路。1990年，县教育主管部门将县第一中学由初中体制转为完全中学，增设高中班，同年共设高中班2个，每班招生52人。2003年，通过自治区普通高中一级学校评估。2005年，学校占地7.27万平方米，设办公室、政教处、教务处、总务处、科研处、团委等处室，标准配备理化生实验室、图书馆、语音室、形体室、音乐美术室，每个教学班教室都配备多媒体设备，有教学班54个，在校学生3482人，其中高中在校生292人；核定事业编制156人，实有教职工141人。2003—2005年，学校高考本科上线率连年攀升；历年中考成绩稳居全市前列。

（二）钟山县第二中学

钟山县第二中学位于县城西南面 14 千米的公安镇北面，离 323 国道约 1 千米，交通便利，为钟山县重点中学之一，面向公安、英家、清塘、两安、红花、燕塘、花山等 7 个乡镇招生。1988 年，学校有初中教学班 6 个，学生 330 人，教职工 34 人，校园占地 4 万平方米。2005 年，有教学班 18 个，在校学生 1236 人；核定事业编制 64 人，实有教职工 62 人，其中高级职称 3 人、中级职称 25 人；有教学楼、学生公寓楼、教工宿舍楼、食堂等 8 栋教学、生活用房，建筑面积 0.90 万平方米，各功能室一应俱全，达到国家规定的二类标准。

（三）钟山县第三中学

1988 年，石龙中学改称为钟山县第三中学，位于石龙镇内，距县城 16 千米，属县办初中，面向石龙、回龙、同古、凤翔、珊瑚等 5 个乡镇招生。2003 年年初，根据全县中小学布局调整的需要，石龙镇中学并入该校，成立新的钟山县第三中学。学校设施有教学楼 3 栋、实验楼 1 栋、学生宿舍楼 3 栋、教师宿舍楼 3 栋、学生食堂 1 栋。教学楼中每个教室均配备多媒体设备，各教学功能室配备齐全，并按国家二类标准配备齐全各类仪器器材。校园内设篮球场、排球场、田径运动场等体育设施。

2005 年，学校占地 2.63 万平方米，建筑面积 1.36 万平方米；教学班 30 个，在校学生 1952 人。核定事业编制 121 人，实有教职工 105 人。

（四）花山民族中学

1988 年，花山中学位于花山瑶族乡毛段村，为钟山县具有少数民族特色的一所中学。1992 年 12 月，花山中学更名为花山民族中学。之后学校教学设施逐年完备，校园教学区、生活区、运动区布局合理，干净整洁。每年中考成绩和学生升学率均排在全县乡镇中学前列。2005 年，建有物理、化学、生物实验室各 1 个，体育室 1 个、数学和地理室 1 个、美音室 1 个、计算机教室 1 个、配备微机 32 台，教师备课室配备计算机 5 台，有多媒体电教室 1 个，各教室均配备多媒体教学器材。学校有教学班 14 个，在校学生 924 人，实有教职工 37 人。

第四节 高中教育

一、高中教育调整与变化

1988年，高中教育以全日制普通完全中学——钟山中学为龙头，钟山中学全面规范高中教学管理，日臻完善评价机制，壮大教师队伍，提高教育教学质量；全年有在校高中学生1157人，专任教师113人。1990年，县教育主管部门将钟山县第一中学由初中体制转为完全中学，增设高中班，共设高中班2个，每班招生52人。1991年11月，从1991年秋季入学的高中一年级新生起实行普通高中毕业会考制度；12月，梧州地区教育督导评估组对钟山中学办学水平进行全面检查评估并获得好评，被评为优等学校。1993年，钟山县委县政府将钟山中学作为全县重点发展的高中学校，在师资配备和经费拨付上予以倾斜，使钟山中学的发展和基础建设得到良好提升。1998年8月，钟山县人民政府为集中资源优势办好高中，决定钟山中学停招初中生，专招高中生，学校改制为全日制普通高中。1999年，中等专业学校招生萎缩，全国普通高校开始实行首次扩招。2000年，全县高中学生在以往基础上有所增加，钟山中学、钟山县第一中学高中部有学生2042人，基本满足全县初中毕业生就读高中的愿望。

2001—2005年，县教育部门坚持实施"扩容促优"工程建设，先后启动自治区示范性高中立项建设和普通高中一级学校建设工程，为实现自治区对钟山中学示范性普通高中的评估验收，对高中教育进行改革部署：

①申报立项评估。2002年3月，钟山中学向上级申报自治区示范性普通高中的评估立项申请，同时钟山县第一中学一并申报自治区普通高中一级学校的评估立项申请。2003年3月，钟山中学通过自治区示范性普通高中的立项评估；9月，钟山县第一中学通过自治区普通高中一级学校的评估验收。

②调整高中招生计划。2003年5月，在原钟山县教师进修学校基础上建立钟山县第四中学；9月钟山县第四中学开始招收高中生；钟山中学、县一中、县第四中学同时招收高中生，高中容量迅速扩大，全年招收高中新生1547人。2003年，全县高中在校生3054人，其中钟山中学1890人、县第一

中学 278 人、县第四中学 886 人。2004 年，全县高中在校生 3453 人。2005 年，全县高中在校生 3835 人，其中钟山中学 2041 人、县第一中学 292 人、县第四中学 1502 人（表 14-8）。

表 14-8　1988—2005 年钟山县高中教育发展况

单位：人

年份	在校学生数	招生人数	毕业人数	教师数		
				小计	公办	民办
1988	1157	356	235	114	108	6
1989	1236	335	267	114	109	5
1990	1369	456	341	118	113	5
1991	1390	478	330	117	112	5
1992	1486	480	450	118	114	4
1993	1550	480	465	125	121	4
1994	1642	480	470	128	124	4
1995	1683	490	468	130	126	4
1996	1725	500	465	129	126	3
1997	1780	500	476	131	128	3
1998	1882	500	481	135	132	3
1999	1962	530	480	138	135	3
2000	2042	544	486	142	142	0
2001	2113	637	510	148	148	0
2002	2214	646	525	159	159	0
2003	2854	1000	623	177	177	0
2004	3453	1200	728	182	182	0
2005	3835	1200	976	193	193	0

③高中教师队伍建设。2002 年 5 月，启动"21 世纪园丁工程"培养对象

选拔培养工作，高中教师开展各种学习活动、竞赛活动。2004年，加强学校建设、班子建设、教师队伍建设，实施名学校、名校长、名教师、名学生创建工程，强化读书育人机制、激励机制、竞争机制、约束机制、创新机制等。

二、学制、课程

（一）学制

1988年，全县高中一直实行三年学制，即高中一、二、三年级，这是继1981年9月高初中取消二年制后重新恢复的三年制。2005年，此种"三、三"制一直沿用未改变。

（二）课程

1988年，高一年级开设的课程为语文、数学、英语、物理、化学、政治、历史、地理、体育、劳动技术、音乐；高二年级开始实行分班，称为文科班、理科班，文科不开物理、化学、生物课，理科不开地理、历史课，政治、语文、数学、外语、体育、劳动技术、音乐为公共课；高三年级仍延续高二年级所开课程。1992年，开设信息技术（电脑）课。

自2002年秋季起，把"信息技术"作为必修课设置在高中一、二年级开设；高一年级全部执行新的课程计划，使用《普通高级中学新课程方案》中规定的教材；高二、高三年级仍执行原普通高中教学计划，但已使用新大纲和新教材的学科须更新使用，高二年级语文、外语、生物课使用《普通高级中学新课程方案》中规定的新教材。心理学从2003年开始开课。

1988—2005年，高中的课程设置比较稳定，只有少量的课程进行增减，如原有的生理卫生课已经从课程表中删除，而信息技术、心理学等课程却随着时代的发展而进入课程表。此外，课程设置还根据高考分文科、理科的情况分为必修课和选修课两大类。

三、高考与会考

（一）高考

1988—1994年，高考科目分为两大类，即理工农医类和文史地类，简称"理科类、文科类"；理科类高考科目有语文、数学、外语、物理、生物、化学、政治共7门，文科类高考科目有语文、数学、外语、历史、地理、政治共6门。1995—2001年，钟山县实行"3+2"高考模式，高考科目分为两大类，即理科类、文科类。理科类高考科目有语文、数学、外语、物理、化学共5门，文科类高考科目有语文、数学、外语、历史、政治共5门。2002—2004年，钟山县实行"3+X"高考模式，规定语文、数学、外语3门为必考科目，"X"是指物理、化学、生物、历史、地理、政治等，考生可以从这6门科目中任选1～2门作为高考科目。2005年，钟山县实行"3+综合"（文科综合、理科综合）的高考模式，分为两大类：文科类高考科目有语文、数学、外语+文科综合（历史、地理、政治），理科类高考科目有语文、数学、外语+理科综合（物理、化学、生物）。

1988—2003年，每年7月7—9日为全国高考时间。2004—2005年高考时间统一调整为6月7—9日。

1988年，全县考上大专院校以上的学生共64人。1995年，钟山县高考制度开始改革，开始实行"3+2"考试模式。1996年，全县考上大专院校以上的学生共212人，高考升学人数首次突破200人大关。2001—2005年，钟山中学高考升学人数突破300人大关，其中2001年378人、2002年465人、2003年591人、2004年802人、2005年1086人（表14-9）。2004年，全县一本上线率为9.67%、二本上线率为39.41%、三本上线率为50.92%。2005年，全县一本上线率为10.14%、二本上线率为43.44%、三本上线率为46.42%。

表14-9 1988—2005年钟山中学考取高校学生人数（含专科、本科）情况

单位：人

年份	人数	年份	人数	年份	人数
1988	64	1994	174	2000	284
1989	52	1995	180	2001	378
1990	108	1996	212	2001	465
1991	110	1997	196	2003	591
1992	112	1998	216	2004	802
1993	199	1999	248	2005	1086

（二）会考

1991年，自治区下发《广西普通高中毕业会考实施方案》，从1992年开

始钟山县执行高中毕业生会考制度，试题由自治区统一命题。会考时间：高一、高二为每年6月16—18日，高三为每年1月。会考由各地、市组织教师统一评卷。会考成绩划分为A、B、C、D 4个等级，其中D级为不合格，需来年补考。高一会考科目有地理、历史；高二会考科目有物理、化学、生物、政治、信息技术；高三会考科目有语文、数学、外语。

四、主要高级中学简介

（一）钟山中学

钟山中学位于钟山县城东面，创建于1926年，是一所历史悠久、人文荟萃、具有优良革命传统的重点中学。1988年，学校有教师105人，教学班15个，在校生1157人，仅有教学楼2栋。1990年，学校有教职工113人，其中初中、高中专任教师80人，本科学历55人（达标率为68.80%）；高级教师20人，占专任教师总数的25%；中级教师32人，占专任教师总数的40%；校舍总面积1.35万平方米，其中新建钢筋混凝土结构的楼房0.94万平方米，占校舍总面积的69.63%。

2003年3月，钟山中学通过广西示范普通高中立项建设评估，成为广西示范性普通高中立项建设学校之一。2005年，学校有教学班35个，在校生2041人；核定事业编制158人，实有教职工143人，专职教师136人，其中高级教师23人、中级教师59人，"21世纪园丁工程"A类培养对象2人、B类培养对象7人，在职研究生8人。校园面积11.93万平方米，分为教学区、体育运动区、学生生活区、教工生活区四大区域，功能完善，布局合理，整个校园大树参天，芳草如茵，绿化率为68%。建有教学楼2栋、实验大楼1栋、办公大楼1栋、学生公寓楼4栋，装备电子教室2个、电脑160台，多媒体阶梯教室2个，广西一流的高标准现代化物理、化学、生物实验室7个，还有体育室、美术室、音乐室、心理辅导室、心理实验室等。学校体育设施完善，有标准400米环形跑道田径场1个、篮球场9个（其中标准灯光球场1个）、羽毛球场和排球场1个。

（二）钟山县第四中学

2003年5月，钟山县人民政府决定将县教师进修学校转型举办高中教育，更名为钟山县第四中学，学校位于钟山镇北环东路，南毗323国道，距县城中心2千米。2003年9月开始招收高中生，共有教学班13个，在校生886人。

2005年，校园占地4.13万平方米，建筑面积1.40万平方米，有教学楼2栋、教室32个、实验仪器室2个、藏书室1个、阅览室1个、学生宿舍楼3栋、宿舍170个、学生食堂1栋、有运动场1个、篮球场3个、羽毛球场2个、室内球馆1个，同时拥有校园广播系统和宽带网络系统，日常事务实行校园一卡通管理。同年学校有教学班2个，学生1502人，教职工96人，其中专任教师78人。专任教师中，高级教师7人、中级教师41人，都具有大学本科以上学历；另有"21世纪园丁工程"B类学科骨干教师4人、C类学科骨干教师6人。

第五节　特殊教育

1992年5月，创办钟山县特殊教育学校，校址位于钟山镇城厢街111号，占地面积0.30万平方米，建筑面积0.28万平方米，设教学班1个，学生21人，教师7人（其中公办5人、民办2人）。

学校属县教育局、县残联直接领导的全日制公办寄宿制特殊教育学校，承担着全县及邻县听力、智力适龄残疾儿童的康复、教育任务，拥有电脑教室、多媒体教室、职业课（串珠手工）教室等较好的教学硬件设施。特校课程设置分聋哑生课程和培智生课程两种，每个年级周总课时数均为25节。聋哑生开设思想品德、思想政治、自然常识、理科、语文、语言训练、数学、社会常识、体育、美术、学校课程、律动、写字、心理健康、班会等课程，培智生开设实用语文、实用数学、生活适应、唱游与音乐、美工、运动与保健、康复与训练、班会等课程。

2005年，学校有教学班6个、学生59人，其中学前语言康复班1个、学生7人，智障班3个、学生27人，听障班2个、学生25人。核定事业编制16人，实有教职工16人，其中本科学历教师3人、专科学历教师6人、中师学历2人、初中学历1人、特殊教育专业4人。1992—2005年，全校教育培养各类残疾儿童529人，其中聋哑生202人、智障生327人。

第15章 职业教育、师范教育、成人教育

第一节 职业教育

一、学校设置与分布

1988年，钟山县有县职业高中、公安乡农业中学、县卫生进修学校、县农业机械学校等职业教育学校4所，设教学班12个，学生727人，教职工71人。县农业机械学校隶属于县农机局主管，主要面向社会培训农机驾驶员，根据社会需求不定期开班。

1990年，县卫生进修学校开始面向社会招收初中毕业生，学生自费上学，毕业后国家承认中专学历，发毕业证书，不包分配，学生自谋职业。1993年，公安镇（1989年3月乡改镇）农业中学改由原来招收高中生变为招收初中生，学校改名为公安镇职业中学。对学生开办职业课程教育。1994年，因自治区办学策略做调整，县卫生进修学校停办。2000年，由于报读职业教育的生源逐年减少，公安镇职业中学开始转办普通初中教育，报读县中等职业技术学校的初中生逐年增长。

2005年，全县职业教育学校主要有县中等职业技术学校1所，招收初中在校学生1753人，大约是1989年在校生的3倍（表15-1）。

表15-1　1988—2005年钟山县职业教育情况

单位：人

年份	招生	在校生	毕业生	教职工	年份	招生	在校生	毕业生	教职工
1988	136	412	0	51	1997	1880	552	183	68
1989	158	536	92	54	1998	1880	566	159	72
1990	164	524	89	52	1999	190	597	166	80
1991	185	588	128	57	2000	210	654	163	77

续表

年份	招生	在校生	毕业生	教职工	年份	招生	在校生	毕业生	教职工
1992	255	758	135	58	2001	230	698	158	81
1993	255	743	147	63	2002	278	732	174	77
1994	210	688	156	60	2003	328	784	204	82
1995	175	581	167	64	2004	395	876	213	89
1996	180	568	194	63	2005	665	1753	264	94

二、课程与专业设置

1988年，全县职业教育根据市场简介所需人才设置专业。全县职业教育以继续办好钟山县职业高中（1995年4月易名县中等职业技术学校，简称"县职业中学"）作为重点，故所介绍课程与专业均以县职业中学开设的课程专业为基础。1989年，县职业中学招生3个班、135人，在校生382人。

20世纪90年代及2000年，县职业中学根据需要陆续开设的课程分为基础课程、专业课程两大类，基础课程主要有高中的语文、数学、政治、物理、化学、历史、地理、生物等科目；专业课程主要有计算机、电子、机械、农学、学前教育等五大类共14个专业，其中计算机类有计算机及应用、电脑文秘2门，电子类有电子电器应用与维修、电子材料与元器件制造、电子技术应用、制冷和空调设备运行与维修4门，机械类有数控技术应用、模具制造技术、汽车运用与维修3门，农学类有畜牧兽医、农业机械使用与维护、现代农机修理、现代农艺技术4门，学前教育类1门。

2002年2月，在县中等职业技术学校成立县职业教育培训中心，为县农民科技教育定点培训中心，并被列为贺州市首批农村富余劳动力转移培训基地。

2004年，县中等职业技术学校被自治区确立为贺州市第一个农村劳动力转移培训基地。2005年，开设计算机应用、电子电器应用与维修、数控技术、模具设计与制造、汽车运用与维修、农学等四大类13个专业，在校生1753人。

三、县中等职业技术学校简介

县职业中学创建于1986年。1988年，学校位于钟山镇东路（离县城中心广场3千米处的原拖拉机站旧址），占地面积2.73万平方米，校舍面积0.56

万平方米，有教学班 6 个，在校生 308 人，教职工 49 人，其中行政人员 13 人、教学人员 21 人、工人 15 人，教师中专任教师 8 人，教学采用统编职业高中教材，开设钢铁冶炼、机械制图、烤烟种植、卷烟工艺、电工基础、家电钟表、果树栽培、食用菌培植、畜牧兽医、服装设计等专业课程。1994 年，县职业中学被自治区教育厅确认为自治区示范职业中学。1995 年 4 月，县职业中学易名为县中等职业技术学校，校址在钟山镇河东路。2003 年，学校校园占地 4.47 万平方米，增加综合实验楼 1 栋、学生公寓楼 2 栋、教师宿舍 3 栋；拥有微机室、多媒体教室、会计珠算、汽车摩托车修理、电子、电工实验室等技能培训室，固定资产 200 万元；有立体养殖场、果园农学实习基地各 1 个。

2005 年，校园占地面积 7.25 万平方米，在校学生 1753 人。核定事业编制 95 人，实有教职工 93 人，其中专任教师 73 人，教学设备总价值 386 万元，图书 2.41 万册，已建成一所集职业中专、职业高中和农村劳动力转移培训等办学功能为一体的公办综合性中等职业技术学校。学校开设计算机应用、电子电器应用与维修、数控技术、模具设计与制造、汽车运用与维修、农学等六大类 13 个专业，其中计算机及应用、电子电器应用与维修是首批自治区级示范专业，有专业实训室 35 个、校外实训基地 10 个。学生毕业生平均就业率在 95%以上，学校被确认为 CEAC、OSTA 国家计算机教育认证培训考试站和国家职业技能鉴定所。

第二节　师范教育

一、设置与招生

1988 年，钟山县教师进修学校位于钟山镇河东路，属中等师范性质，主要培训在职的小学公办、民办教师。1988—2003 年，县教师进修学校的普通师范班培养毕业生 427 人，民师中师班 1988—1994 年培养毕业生 512 人，卫电函授班 1988—2000 年培养毕业生 787 人，短训班 1988—1999 年开办 4 期、培养毕业生 461 人，干训班从 1988—2000 年开办 5 期、培养学员 174 人。2003 年后，全国师范教育由三级师范向二级师范过渡，逐步取消中等师范教育。2003 年 5 月，县人民政府决定将县教师进修学校转型举办高中教育，更名为钟山县第四中学,同年秋季开始招收高中生。

二、课程设置

学校开设的课程在各个时期虽然有所变化,但均按照《中等师范教学计划》和《小学教师进修中等师范教学计划》中规定的课程而开设。1988—2002年,开设中师语文、数学、政治、教育学、心理学、物理、化学、史地、体育、音乐、美术、小学语文教材教法、小学数学教材教法等课程。2003年,小学教师新课程改革培训开设的课程有新课程改革的背景与理念、新课程改革教师行为的转变、新课程改革与学习方式的改变、新课程改革与评价改革及示范课例等,其间,通过举办小学校长岗位培训班、教师计算机培训班开设相关专业课程。

三、教学管理

1988—2003年,钟山县教师进修学校由县人民政府直接管理,设校长1人、副校长1~2人,由县人民政府任命。校长负责学校全面工作。副校长协助校长处理学校全面工作。校办公室设主任1人,副主任1人;教务处、政教处、总务处各设主任1人,副主任2人。

按照"坚持方向、深化改革、优化结构、提高质量、促进发展、提高效益"的方针指导教学管理,学校逐步建立健全各种规章制度,实行制度管理,确保教育教学工作顺利进行,基本规章制度有《行政会议制度》《教师管理制度》《学生管理制度》《教学管理制度》《教师职业道德要求》《教职员工坐班制若干规定》《学员守则》《中师生"十会"要求》《后勤工作管理条例》等。在教学工作中,突出必修课的主体性,加强质量意识;突出选修课的实用性,加强发展意识;突出活动课的创造性,加强科技意识。制定《钟山县教师进修学校教学常规管理规定》,对备课、上课、批改作业、辅导、考试及考查等常规工作做了详细规定。学生考勤由任课教师、班主任和值周教师负责,与《学生操行成绩评定实施细则》《学生管理暂行条例》《学生奖(助)学金发放办法》挂钩,学生考试、考查成绩由各科教师按《广西中等师范学校学生学籍管理规定》评定。重视学生实践能力的培养,把见习、实习作为培养实践能力的重要环节抓严抓实。

第三节　成人教育

一、扫盲教育

1988年，全县开办农民教育文化补习班、农村政治文化夜校、职工业余文化学习提高班，扫除青壮年文盲4000人。1989—1992年，钟山县始终把扫盲教育工作作为成教工作的重要组成部分，原先建立起来的扫盲教育机构仍然坚持正常运行，做到机构不撤、人员不减；其间，1991年县教育局把成教组改为成教股，把乡镇教育扫盲专干改为成人文化技术中心校校长，以开办成人文化技术学习班的形式推进扫盲工作的有效进行。

1993年，钟山县委、县政府出台《钟山县"两基"目标任务方案》，要求到1998年全县实现"两基"（即基本实施九年义务教育、基本扫除青壮年文盲）达标验收。根据《钟山县"两基"目标任务方案》精神，县教育局制定《钟山县基本扫除文盲单位标准及检查验收试行办法》（简称《办法》），在教育局成教股设立扫盲工作领导办公室，具体督导全县的扫盲工作。《办法》规定个人脱盲标准为：能识1500个常用汉字（最低不少于1200个），能阅读或看懂浅显通俗的报刊、书信，能够记简单的账目，会写一两种简单的便条；基本扫除文盲的标准为：在15～45周岁不包括在校生的青壮年中非文盲人数要达到85％以上（少数民族地区达80％以上），读完小学一、二年级辍学的依然算作半文盲，凡通过各种形式的培训学习后达到脱盲标准的个人，由教育主管部门发给脱盲证书。

1994年6月，建立基本普及九年义务教育乡镇和基本扫除青壮年文盲乡镇评估验收制度。县人民政府对各乡镇下达年度扫盲工作的具体指标，决定从财政中拨付专项经费用于扫盲工作。全县17个乡镇均成立"两基"工作领导机构，完善成人文化技术中心校的相关制度，全面开办成人文化技术学习班，是年全县共组织扫盲专干112人指导扫盲工作，开办扫盲班176个，组织文盲、半文盲人员3532人参加扫盲学习，年底脱盲2047人。

1995年，钟山县人民政府协同教育行政管理部门继续加大开展扫除青壮年文盲工作的力度，调整充实钟山县扫盲工作领导小组，各乡镇、村、校也成立相应组织，从县到村，形成县、乡镇、村、学校四级扫盲教育网络，对全县文盲、半文盲采取分批集中分校办班和分点包教相结合的办法，实行教育局包乡镇、乡镇包学校、学校包村、村校教师包扫盲对象的"四包"工作责任制。全县开办扫盲班261个，有文盲半文盲人员5324人。年底脱盲3512人。

1996年3月，钟山县"两基"工作会议再次落实年度扫盲工作的具体任务，对各乡镇提出"非文盲率"的具体要求，即年底钟山镇、西湾镇非文盲率应达97%以上，城厢镇、望高镇、公安镇、燕塘镇、红花镇、清塘镇、英家镇、羊头镇、回龙镇、同古镇、石龙镇、凤翔镇、珊瑚镇应达95%以上，两安瑶族乡、花山瑶族乡等少数民族地区应达93%以上；至1998年"两基"验收时，以上3类地区非文盲率应分别达到98%、97%和95%以上。扫盲所需经费，由乡镇人民政府负责解决，县给予补助。各乡镇又对各校下达具体的扫盲指标，要求一线教师全员参与扫盲工作，小学高年级学生、初中生每人承担1~2名亲属文盲的帮教工作。全年扫盲3019人。

1997年5月，"两基"工作领导小组更名为县"两基"攻坚领导小组，下设办公室，全程指导"两基"攻坚工作。为了实现扫盲攻坚目标，领导小组要求重新核定各乡镇青壮年脱盲人数及剩余文盲人数，以便有针对性地进行扫盲攻坚工作，并且安排教育专干对各乡镇开展扫盲工作情况进行有效督导，是年全县脱盲3121人，青壮年人口中脱文盲率达98.43%，实现基本扫除青壮年文盲的目标。1998年12月，在自治区人民政府对各县进行的"两基"评估验收中，钟山县通过"基本实施九年义务教育，基本扫除青壮年文盲"的达标验收。全县青壮年文盲率由全国第4次人口普查时的4.73%下降到1.57%，"两基"达标后全县青壮年文盲率下降到0.06%。

"两基"达标验收后的1999—2005年，全县成教扫盲工作转入巩固提高时期。此时期扫盲工作仍坚持"一堵二扫三提高"（"一堵"即抓好普及小学五年教育，解决好边远地区、山区、牧区和经济条件较差地区普及小学教育的实际问题；采取多种形式，组织学龄儿童和15岁以下超龄儿童入学，使他们真正达到小学毕业水平。"二扫"即基本扫除12~45岁的文盲，使少年、青年、壮年中的非文盲人数达85%以上。"三提高"即对已脱盲者采取多种形式继续组织学习，进一步巩固和提高）的方针，在设法堵住新文盲产生的同时，继续对剩余文盲进行扫盲工作，并对脱盲人员做好巩固提高培训工作，防止出现再度"复盲"。截至2005年，全县非文盲率为99.88%，脱盲巩固率为100%，脱盲率比1998年验收时提高1.45个百分点。

二、农民文化技术教育

1990年,全县有13个乡镇办起农民文化技术学校,学校开设的实用技术课程一般有果树嫁接技术、果树栽培技术、杂交水稻栽培技术、水产养殖技术及农产品加工技术等,此外,还开设农用车驾驶技术、裁缝技术等课程。授课教师由农技站农技师、驾校教师及有一技之长的农民或社会人士组成。学校实行不定期办班,农民可以根据自身需求参加一门或多门实用技术的学习。同年全县农民文化技术学校开办各种实用技术学习班436期,参加学习4753人次。

1992—1997年,全县有17个乡镇办起农民文化技术学校,各乡镇先后成立农科教服务中心。农民文化技术学校在农科教服务中心的指导下继续加大对农民进行实用技术培训的力度,共计开办各种实用技术培训班843期、培训农民1.20万人次。

1999—2005年,全县乡、村两级成人文化技术学校继续加大培训力度,扩大实用技术培训面,与县农业局、林业局、畜牧水产局、水果办等部门紧密配合,开设水稻制种、兽医畜牧、水产养殖、果树栽培、农机驾驶与维修等专业课程。为方便学员学习技术后创业就业,县里还实施证书配发制度,凡通过学习培训掌握一门实用技术的学员,均发给相应的实用技术培训证书,以方便其创业或就业,这一做法深受农民欢迎。全县各成人文化技术学校共开办学习培训班354期,参加学习培训学员6078人,获证5573人。

三、职工业余教育

1988—1996年,职工业余学校主要以帮助干部职工提高学历学习为主,开办中等教育考试文化补习班、高等教育考试文化补习班等,以帮助干部职工能成功通过各种成人考试。

1997年后,随着国家基础教育的深入普及,国民教育水平得到很大提高,全县报名参加职工业余学校学历学习的人数逐年减少。1999年,全县职工业余学校停办。2000—2005年,干部职工的素质提高工作不再以参加业余学校的学习为主,而是转为以继续教育为主,由主管部门举办,如教育部门专门负责教师的继续教育,每年均组织力量对各级各类教师及学校领导进行专题的教育教学管理培训学习。

四、高等教育自学考试

（一）开考专业及报名

1988年，自学考试管理手段相对落后，有关报考数据均采用手工抄录方法进行报送。全县开考专业有党政、汉语言文学、工管、英语、政教、哲学、数学、统计、法律、会计、价格、财政、税务、政治管理、行政管理、新闻、法律、司法等，考生考试及格由主考院校发给大专或本科毕业证书，参加自学考试的有681人。1993年，参加自学考试的有784人。自2000年起，开始采用计算机录入考试数据，参加考试考生的基本数据及个人相片均实行计算机统一采集、统一录入并报送，当年938人参加考试。

自2004年4月起，启用新的自学考试计算机管理系统，全区实现联网，采用VPN网络系统，县级为网络终端，采集所有考生的基本数据及个人相片资料，当年2401人参加考试。2005年，2102人参加考试（表15-2）。

表15-2　1988—2005年钟山县自学考试报考情况

年份	总人次/人	科次/次	年份	总人次/人	科次/次	年份	总人次/人	科次/次
1988	681	1624	1994	533	1223	2000	938	2391
1989	490	1189	1995	422	949	2001	1548	3189
1990	380	902	1996	1516	3729	2002	2363	4114
1991	284	612	1997	696	1675	2003	1926	3397
1992	710	1471	1998	623	1519	2004	2401	3975
1993	784	1821	1999	929	2005	2005	2102	3445

（二）开考次数和考点设置

1988—1999年，每年4月、10月各开考1次。1996年10月的自考，报考人数为1031人，考试科次2505次，为20世纪90年代历次自考中报考人数最多、科次最多的1次。2000—2001年每年4月、7月、10月各开考1次。2002年10月的自考，报考人数716人，考试科次1299次，为2001—2005年自考人数最多、科次最多的一次。2002—2005年，每年1月、4月、7月、10月各开考1次，2003年因"非典"流行，暂停4月的自学考试。

1988—2001年,每年自学考试考点均设在钟山镇第二小学。2002—2005年,县城不再设立自学考试考点,考点改设在贺州市城区学校内,县教育局招生办公室仅保留报名、报考、论文办理、毕业手续办理基本业务。

(三)学历情况

1988年,全县自考专科毕业28人。1989—1998年,全县自考专科毕业277人。1999年,仅有1人参加本科自考,之后逐年增多。2005年,全县自考专科毕业64人,自考本科毕业22人。1988—2005年,全县自考专科毕业679人,自考本科毕业65人。

五、成人高校招生考试

成人高校招生考试工作由县教育局招生办公室负责,具体包括报名、分发教材和组织考试。试题来源于教育部,评卷由自治区招生考试院负责,有关学校负责录取和实施教育,合格者由负责教育的院校发给毕业证书。录取考生分离职到院校学习和在职函授学习(自学为主、定期面授辅导、有关学校组织评卷)两类。1988—2005年,全县报考成人高校7635人次,其中专科6014人次、本科1621人次。1988—1992年,录取670人,其中专科612人、本科58人。自1993年后,因录取通知书直接发至考生本人,故录取人数无法统计。

第16章 社会力量办学

第一节 民办学校

一、发展概况

1988年，望高乡的石牛塘村委会办起幼儿园，钟山镇个体户办起康乐托儿所，至此全县个体兴办幼儿园数量增多。2003年，随着适龄幼儿的不断增加及家长送幼儿入园的意识提高，原有幼儿园已远满足不了学前教育发展需求，各乡镇及大一点的村寨都纷纷办起私立幼儿园。但该时期的幼儿园大都没有经过上级教育主管部门审批，属无备案幼儿园，且多数幼儿园租用民房做校舍，活动场地小、设备简陋、课程设置不统一、保教人员也没有达到相应的专业学历要求，办园缺乏总体规范。2005年，为加强幼儿园的管理，县教育局制定幼儿园审批程序和审批管理制度，原先没有经过上级教育部门备案审批的幼儿园纷纷到教育局注册办理审批备案手续，全县私立幼儿园得到进一步规范管理，经上级教育主管部门审批备案的民办（私立）幼儿园有39所。2001年8月，勤江中学、望高立头中学分别在公安镇的牛庙和望高镇的立头创办，为钟山县首次办起的2所民办中学。2005年，全县共有勤江中学、望高立头中学、志远中学3所民办中学，天智实验小学1所民办小学，22所民办幼儿园（表16-1）。

民办教育学校行政实行董事会领导下的校长负责制、教师招聘制。董事长是学校的法定代表人，设校长1人，由董事长聘任，校长负责学校的教育教学和行政管理。教师招聘由董事长定夺，主要是面向社会招聘，教师主要来源于公办学校退休教师和未分配的师范类大中专毕业生。学校实行封闭式、寄宿制管理，生活上专门设有生活教师、保安或保健人员，学生的日常生活由教师照顾。学生1个星期或1个月回家1次，以方便学生换带生活用品并与家长进行沟通。教学上，学校制定严格的管理制度或激励机制。奖励教学有功人员和学习成绩优秀的学生。

表 16-1　2005 年钟山县社会办幼儿园情况

隶属乡镇	幼儿园名称	园址	属性	创办年份	负责人
钟山镇（含原城厢镇）	河东幼儿园	县城东路 80 号	民办	2004	黄生英
	育苗幼儿园	县城塘桥路	民办	2004	虞艳春
	宝宝幼儿园	县城西环路 25 号	民办	2004	李凤平
	水果街幼儿园	县城水果街	民办	2004	赵一红
	中心幼儿园	水果街东路一巷	民办	2004	何红宣
	小燕子幼儿园	钟山中学门口	民办	2004	谭燕兰
	小精灵幼儿园	钟羊路 3 号	民办	2004	林佩玉
	师范幼儿园	县城河东路 283 号	民办	2004	钟如锦
	童彩幼儿园	县城朝滩路 D 座	民办	2005	韦姣秀
公安镇	公安幼儿园	公安开发区	民办	1995	钟如香
	红苹果幼儿园	公安开发区	民办	2002	杨妍春
清塘镇（含原英家镇）	艺术幼儿园	清塘中街	民办	2003	张尤增
	蓝天幼儿园	清塘街	民办	2003	曾伟群
	红太阳幼儿园	英家街市场旁	民办	2005	廖水娇
燕塘镇	新星幼儿园	燕塘街	民办	2003	廖运兰
	新星幼儿园	聚义路口	民办	2005	何善坤
两安瑶族乡	星寨希望幼儿园	星寨村	民办	2003	唐克珍
	晶晶幼儿园	两安街木材站	民办	2004	程春莲
	两安幼儿园	两安街	民办	2005	李金秀
珊瑚镇	珊瑚矿幼儿园	珊瑚矿 4 区	民办	1958	李燕芳
望高镇	蓝天幼儿园	望高矿区	民办	1997	钟小芳
	南路幼儿园	望高镇南路	民办	1998	吴艳玲

二、学校选介

(一)志远中学

学校创办于2004年,属普通初级中学,每年面向全县小学毕业班招收初一年级新生250人,为一所全封闭、全寄宿的民办私立中学。校址位于钟山镇北环东路340号,占地1.20万平方米,建筑面积0.13万平方米,有教学楼、宿舍楼,有体育、音乐、图书等功能室,配有教学电脑供学生学习,各种体育器材、教学器材配备齐全。2005年,有教学班16个,学生700人。

(二)天智实验小学

学校创办于2002年8月,校址位于钟山镇书香路,占地面积2万平方米,建筑面积1.20万平方米,绿化面积1.10万平方米。天智实验小学是经国家审批备案的一所现代化的全寄宿式、全封闭式管理的民办私立学校。

学校设有教学楼、办公楼、综合楼、教师公寓、学生公寓、礼堂、餐厅等标准化楼房设施;有足球场、排球场、田径场等标准化体育场所;有计算机室、语音室、实验室、音乐室、书画室、形体艺术室、琴房等现代化教学设施。配有专职医师、专职保育员、保安员,实行24小时医护保健和全天保安巡逻。学校严格按照教育部规定的教学计划和大纲开设课程,实施双语教学,注重学生的个性特长,关注每一位学生的发展。

(三)红苹果幼儿园

创建于2002年8月,园址位于公安镇东路,占地面积600平方米。红苹果幼儿园面向城镇,辐射农村,开设语言、计算、音乐、美术、舞蹈、体育等课程,开设"三字经""弟子规""礼仪教育"等国学课程。截至2005年,幼儿园有3间教室、3间休息室、1个活动室,学生76人;学前教育专业毕业的教师2人、中师毕业的教师1人;配置桌椅、床铺130套,配有电视机、VCD播放机、电子琴、教具、小蜜蜂扩音机、U盘、生字数字卡片、水杯架等教学设备。

第二节　希望工程

一、希望工程办学与设置

1996年，由钟山县人民政府拨款和香港陈廷骅基金会捐赠的20万元新建的公安镇马安福和希望小学、广西玉柴集团有限公司捐助筹建的回龙希望小学、原梧州地区希望工程指导办公室及当地政府、社会各界人士集资捐款兴建的望高镇希望小学首批落户钟山。2005年，全县9所希望小学分布于公安镇、回龙镇、钟山镇、两安瑶族乡、望高镇、清塘镇，有3所分布于少数民族地区，如钟山县上海通用汽车希望小学建在两安瑶族乡的星寨村，当地学生均为瑶族学生。新龙完全光彩希望小学和顾学英希望小学分别建在清塘镇新龙村和五权村，当地学生均为壮族、瑶族学生。

希望工程学校建设的经费来源一般有3种渠道，即社会爱心人士、慈善机构、集团公司等捐资一部分，当地政府投资一部分，当地群众自发集资一部分。公安镇的马安福和希望小学总投资45万元，其中20万元由香港陈廷骅基金会捐赠、政府出资15万元、当地群众筹集10万元。清塘镇的华润万家——宝洁希望小学，总投资30万元，其中20万元由华润万家有限公司、宝洁有限公司赞助，政府出资6万元，当地群众筹集4万元。1996—2005年，全县得到"希望工程"资助180万元，受助受益学生约2000人，其中1996年全县建起希望小学3所，受助资金57万元；1999年，建起希望小学1所，受助资金50万元；2001—2005年，建起希望小学5所，受助资金73万元。

二、学校选介

（一）公安镇马安福和希望小学

原名为公安镇马安完小，位于公安镇马安村委。1996年，由钟山县人民政府拨款和香港陈廷骅基金会捐赠的20万元在马安村新建公安镇马安福和希望小学，校园占地0.97万平方米，兴建教学楼和教工宿舍楼各1栋，建筑面积0.14万平方米。1998年9月1日交付使用。

2005年，学校有教学楼1栋（2层、8间教室），有教工宿舍1栋、4套，教职工11人，其中中级职称教师8人、初级职称教师3人，取得大学本科学历 2 人、专科学历 8 人、中师学历 1 人；教学班 7 个，在校学生 227 人，适龄儿童入学率达 100%。

（二）回龙希望小学

1996 年，广西玉柴集团有限公司捐助筹建回龙希望小学，位于回龙镇泉岭村委下泉村，学校占地面积 0.70 万平方米，建筑面积 0.20 万平方米；相继建起自然科学实验室、图书阅览室、远程教室、教学仪器室、体育器材室、少先队大队活动室各 1 间，教学实验仪器（器材）、体育器材达到国家标准。2005 年，学校有教学班 8 个，在校学生 301 人，专任教师 17 人，其中大学本科学历 6 人、专科学历 10 人、中师学历 1 人，教师合格率达 100%。

（三）钟山镇榕木洲完小（王广量希望小学）

学校位于钟山县城东面，距县城 9 千米。2003 年 1 月，香港宝莲禅寺的王广量捐助 10 万元，当地政府与学校周围 3 个村的村民和社会各界人士亦同时捐资，于 2003 年夏季兴建教学楼 1 栋，教学楼系钢筋水泥结构，2 层，每层 3 间教室和 1 间教师办公室，建筑总面积 0.50 万平方米，此项工程于同年冬季竣工。2005 年，学校占地面积 0.41 万平方米，有学生 200 人、教师 11 人（包括其他学校支教、跟班学习教师）。

（四）上海通用汽车希望小学（两安瑶族乡星寨完小）

两安瑶族乡星寨完小位于两安瑶族乡北面的星寨自然村，占地面积 0.43 万平方米。2001 年 10 月，上海通用汽车捐款 18 万元、村民自筹资金 13.25 万元在两安瑶族乡星寨完小兴建教学楼，校舍面积 652 平方米，更名为上海通用汽车希望小学。截至 2005 年，学校有教学班 6 个，学生 170 人，教职工 7 人，其中公办教师 5 人、代课教师 2 人，教师中本科学历 2 人、大专学历 2 人、中师学历 3 人，中青年教师占 85%；学校占地面积 0.42 万平方米，校舍面积 600 平方米；有教室 7 间、办公室 1 间、休息室 2 间；有教学仪器室、图书室、阅览室、综合实验室，有操场、篮球场、沙池、单杠、乒乓球桌等基本体育设施，有电视机、DVD、音箱、幻灯机、收录机等一批电教设备、仪器。阅览室内有各类图书 2100 余册，生均 12 册。

（五）新龙完全光彩希望小学

新龙完小属清塘镇的一所普通完全小学和少数民族学校。2001 年 10 月，自治区光彩事业基金会给予捐助15万元、当地政府配套资金10万元、群众集资6万元，总投资31万元，在新龙完小建起1栋3层9间教室的教学楼，并命名为新龙完全光彩希望学校。

2002年，学校得到国债资金项目20万元的资助，再建集教学、办公于一体的综合楼1栋。2004年，校园基础建设改造全面完工，有图书室、阅览室、音乐室、体育室等基本的功能室，有篮球场、排球场等活动场地，配备基本的教学仪器和体育器械，装备远程教育设备满足教育教学的需要。2005年，学校有教学班6个，教师10人，在校学生200人。

（六）望高镇希望小学

学校创办于1996年，位于望高镇人民政府东北边，占地1.667万平方米，由梧州地区希望工程指导办公室及当地政府、社会各界人士集资捐款兴建，就读学生主要来自刘屋排、西边寨、新农村、樟树坳等自然村。教学楼于1996年9月落成并投入使用，主体工程总耗资计52万元。学校设有行政办公室（教师办公室）、少先队大队室、仪器室、体育室、图书阅览室、远程教育电视接收室、远程教育播放室等基本的功能室，有操场、篮球场、50米跑道等基本的活动场地，校园内设有标准舞台、升旗台、文化长廊等文化景观。2005年，有教学班6个，学生202人，教职工15人，教师学历合格率为达100%。

第17章 教学管理与专题研究

第一节 教学常规管理

1988—2005年,全县中小学贯彻执行中小学《学生手册》《学生日常行为规范》《中华人民共和国未成年人保护法》,强化学生学籍管理、建立健全在校学生花名册、毕业生花名册、学生学籍证、体育合格证、学生学籍变动报表、学生流失情况统计表等有关档案。县教育主管部门陆续制定和完善中小学教学常规管理、教学目标管理和教研课题管理措施,对教学计划、备课(预习)、上课(听课)、辅导(复习)、作业、课外指导、教学改进、考试规范等都做了具体量化,并定期对教师教学工作进行检查评估。教师实行教学目标管理责任制,制定落实教学目标措施,年终达标情况公布,按有关条例奖惩。

第二节 教学专题研究及成果

1989—1993年,全县开展初中数学"卢氏自学教学法"实验和初中英语"张思中教学法"实验,这两项实验对提高钟山县初中数学和英语的教学成绩起到积极作用。其间,1990年9月召开全县中小学教育教学质量总结分析会,对全县教育教学质量的提升做出具体规划,并且提出具体的责任目标及达标奖励办法。从此每年举行1次教育教学质量总结分析会,并开始形成制度,长期保持不变。

1990—2002年,钟山县教研室组织开展为期长达12年之久的"目标教学管理实验"专题研究,在取得初步成效和经验后,于1993年在全县中小学各学科全面推广应用,从此全县中小学教学质量走出低谷而跃居地区前茅。1995—2002年,全县中考成绩连续7年名列地区各县市榜首。1995年,在北海召开的"目标教学管理实验"经验交流会上,县教研室代表作"勇于实践,善于探索，目标教学在我县初见成效"的专题发言。2000年，县教研室"十年目标教学的回顾"实验研究报告收编至《广西目标教学研究成果》一书发表。县教研室于1990年、1991年、1995年、1998年、2002年5次被评为全区目标教学实验先进单位。"目标教学管理实验"于2002年年底结题并取得丰硕成果，县教研室及下属学校共6个单位和9名教师分别被评为广西壮族自治区目标教学理论研究先进单位和先进个人。

1996年，县教研室开展"普通话口语训练"课题的研究，并在全县小学开设"普通话口语训练"课程，此项研究成果在梧州地区享有较高的声誉，1997年地区教研室组织各县市教师300人前来县里观摩学习。

1998年，县教研室开展"活动课教学"专题研究，并在全县中小学开设活动课，完善"学科课程与活动课程并重"的课程体系，该课题的研究成果得到地区、自治区课题组的好评。同时在7所不同类型的中小学（钟山第二中学、钟山镇中学、羊头镇中学、清塘镇中学、钟山镇第二小学、清塘中心校、燕塘镇合群完小）实施素质教育试点实验工作并取得一定的成效，对于转变学校领导及教师的教育思想、更新教育观念、推进全县素质教育的开展都起到良好的引导和促进作用。

2000年年初，县教研室启动和参与自治区、地区开展的"创新教育课堂教学"课题研究，课题组选定钟山镇第三小学为实验学校，实验研究工作进展顺利。之后继续进行7所中小学的素质教育试点工作，并召开现场经验交流会。是年钟山镇第二小学的"小学语文字理教学研究"课题（2000年12月立项，2004年12月结题）荣获中国教育学会语文教学法专业委员会字理识字研究中心、全国汉字教育研究会总课题组颁发的课题成果二等奖。

2001年，由县教研室启动的"创新教育课堂教学研究"课题的实验工作进入第二年，课题组撰写的实验阶段性论文有40篇。同年组织参与广西教育科研重点课题"广西九年义务教育缩小城乡差别提高质量研究"（A—40）的研究工作，全县课题组通过抽取不同类别的城乡初中、小学24所不同年级的24个教学班进行调查对比分析，写出办学条件与教学质量差异分析文章共79篇，并撰写研究论文69篇，上送地区、自治区研究论文42篇。该课题研究剖析当前全县城乡中小学软硬件环境及教学质量存在的差别及形成的原因，提出解决问题的意见和建议，为教育行政部门的决策提供第一手材料。由于课题研究工作扎实、成果显著，得到上级有关部门的肯定，县教研室荣获广西教育科研重点课题"广西九年义务教育缩小城乡差别提高质量研究"（A—

40）研究工作成绩优秀奖。

2003年，县教研室立项申报获准的省级语文课题"构建平台，提高表达能力"和数学课题"关于教与学行为方式变革的研究"及各中小学立项申报获准的省级实验研究课题共18个，于2004年按制定的研究方案有序进行。2004年，县教研室承担的市级子课题"中小学教师文化素质现状及对策研究"取得较好的成效，而该子课题所属的市级总课题结题成果于当年获省级课题研究成果B级奖；县教研室组织指导钟山镇第三小学开展的省级课题"创新教育课堂教学评价研究"荣获省级研究成果三等奖。

2005年，县教育部门获批课题立项的省、市、县级教育科研课题有44个，均取得较好研究成效。

第三节　中小学思想品德教育

1988年，全县中小学继续开展学习、贯彻执行《中小学生守则》《中小学生日常行为规范》，学校严格要求上好政治课、班会课，在各科教学中注意渗透德育因素，广泛开展有理想、有文化、有道德、有纪律的"四有"教育，不断加强学生的思想政治教育工作，加强爱国主义、集体主义和社会主义教育，加强优秀文化传统和革命传统教育。1990年，时值鸦片战争150周年、圆明园罹难130周年之际，县教育局在全县中小学生中开展一次以"不忘国耻，振兴中华"为主题的爱国主义教育活动。

1991年，县教育局组织各中小学开展学习《中华人民共和国国旗法》活动，同时要求全县中小学按《中华人民共和国国旗法》的要求建立升降国旗制度，并将其列为考核学校德育工作的内容。1993年，各学校贯彻落实《中小学德育纲要》精神和《中小学生日常行为规范》的学习活动，把贯彻《中小学德育纲要》同实施《中小学生日常行为规范》结合起来；同年12月，全县中小学开展隆重纪念毛泽东同志100周年诞辰教育活动，各校通过开展课外阅读、主题班队会、演讲赛、征文等，加深对革命领袖的了解，深化中小学生的爱国主义教育和革命传统教育。1994年，县教育局转发《中共中央关于进一步加强和改进学校德育工作的若干意见》，开展"两史一情"（即中国近代史、中国现代史和中国国情）教育，督促各校广泛开展各种内容健康、形式多样的寓德育教育于各学科教学之中，以培养学生良好的道德品质。

1995年8月，县教育局发出通知，要求校园内设置永久性的《中小学生守则》《中小学生日常行为规范》，教室的前面应悬挂国旗，后面悬挂队旗，左右两边布置相应的名人名言标语，全面提升校园德育教育的整体效果。

1997年，全县中小学以"迎香港回归"活动为契机，开展丰富多彩的"爱祖国、迎回归"活动。同时举办各种墙报比赛、书画比赛、演讲比赛、文艺会演等活动，部分学校于香港回归期间开展大型的游行活动，学生在活动中受到良好的爱国主义教育。1998年，全县中小学开展"唱百部爱国主义歌曲，看百部爱国主义教育影片"等活动，上级下发优秀歌曲集录音带、影片、光盘近1000册（盘）到各学校。1999年9月，县文化局、县教育局联合举办"庆祝中华人民共和国成立50周年——颂祖国"诗朗诵比赛活动，全县各中小学均派出选手参赛；12月，各中小学又开展以"庆澳门回归"为主题的爱国主义教育活动。

2001年，全县中小学开展"拒绝邪教、崇尚科学、远离三厅"（即歌舞厅、录像厅、电子游戏厅）的万人签名活动，同时开展"绿色学校"创建活动。9月，县教育局组成工作组，对全县24所中学、23所中心小学开展德育工作情况专项督查，进一步强化学校德育工作建设。

2003年，县教育局开展以"五项教育"（即爱国主义、集体主义、社会主义、职业道德、社会公德）、"两项建设"（即思想道德建设、文明校园建设）、"一项规范"（即《中小学日常行为规范》）为主要内容的文明校园创建活动，制定《中小学生文明公约》《文明学生及文明班级评选办法》《三好学生、优秀学生干部评选办法》等一系列规章制度，使"遵守道德规范，养成文明习惯，争做文明公民"的道德风尚在校园中进一步形成。2004年，钟山一中等学校被自治区精神文明建设委员会评为德育建设先进单位。

2005年，县直及乡镇中心校以上的学校均按要求配备法制副校长，并经常聘请法制副校长及老干部到校开展法制教育课和革命传统教育课。10月，县教育局邀请全国少先队教育专家到钟山县对少先队辅导员进行培训辅导，培训基层辅导员415人。

第三部分　昭平县教育

昭平县（1990年前）[①]

第18章 县学、书院、私塾

明万历时，即有县学。清末，废科举、兴学堂，始办小学。1937年，创办第一所中学。

解放后，对旧教育进行了整顿改造，教育事业发展迅速。1957年，全县有中小学246所，在校学生19 357人。在"大跃进"和"文化大革命"期间，教育事业遭到严重破坏。党的十一届三中全会后，教育事业走上健康发展的轨道。1989年，全县有中学23所，在校学生10 915人；小学480所（含分校），在校学生43 891人。

一、县学

明万历四年（1576年），知县凌东京创建学宫，倡办县学，为有史记载的官学之始。学宫始建时简陋，仅一楹两庑。万历三十四年（1606年）、四十四年（1616年），知县冷茂松和柯寿恺先后重建和修缮。至清康熙元年（1662年），知县陈定国移建于县署之西旧文场（今人武部处）。康熙五十六年（1717年），知县马尹又移于县城南门外（今文化馆处）。学宫每年招生一次，录取生员12~13人，学成参加童试，录取后称秀才，具备参加乡试（省试）之资格。明清两代，考中进士1人，举人62人，武进士2人，武举45人。

二、书院

清代，县设书院，为半官立半民办的教育机构。书院选聘山长，慎择生徒，酌定学规。康熙五十八年（1719年），知县钱兆澧捐款倡建南池书院，设

[①] 昭平县志编纂委员会. 昭平县志［M］. 南宁：广西人民出版社，1992：451-470.

于县城南门外。乾隆十九年（1754年），知县金甲重加整顿。当时就读生徒甚众，颇极一时之盛。南池书院原名南池社学。社学为县以下街坊村社所办，经费多取自街坊村社学田租谷。明清时期，尚有黄姚社学、英家社学、仙回的永静社学、古袍的育材社学、庇江的庐江作人社学等。此外，还有义学（一种免费学校）。清同治、光绪年间，附城设有义学1所，凡贫寒子弟无力求学者均可入学就读。

三、私塾

私塾是封建时代私人开办的一种学馆，有小馆（蒙馆）、大馆（经馆）之分。清光绪、宣统年间，私塾遍布全县各地，仅县城一带，就有城厢莫初在北虎庙（今城厢粮所处）、梁一元在关帝庙（今县供销社处）、温其润在三烈祠、龙坪吴献廷在节孝祠、大壮欧才三、龙坪钟士杰及城厢士绅在黄家祠（今文化馆处）各开设小馆1所。小馆招收学生20人左右，多为八九岁至11岁儿童。学生除供给塾师每月膳食费用外，还要另给脩金3~5元。课程开设有"三字经""百家姓""千字文"等。教师只教识字、写字、背诵，不做分析讲解。但要求学生把书读得滚瓜烂熟，教过的课文都要求背诵。民国初年，县城大户集资聘请广东谭梦奎来昭，在恒生号（今广播电视局隔壁）开设大馆1所。招收受过小馆教育的学生约20人，多为十四五岁以上。开设课程有"四书""五经""古文""唐诗""策论"等。教师对所教内容进行讲解并要求学生学会作古诗文；脩金约收10银圆。1927年，政府下令禁办私塾，但由于相沿成习，禁而不绝，直至解放前夕，城厢人马啸波还在富裕乡玉河冲脑担任塾师。

第19章 基础教育

第一节 幼儿教育

一、发展概况

民国期间,实施幼儿教育的场所称幼稚园。在附城女子小学内曾设幼稚园,从梧州聘请徐镠金担任教师,并雇有保姆2人。1935年入园幼儿23人,其中男幼儿15人、女幼儿8人。

1957年8月,始办县幼儿园。时仅有1个班,幼儿15人,教养员1人。1958年,全县城镇机关厂矿幼儿园发展到10所17个班,在园幼儿522人,教职工25人。1959年,幼儿园又发展到16所18个班,在园幼儿742人,教职工增至45人。"大跃进"时期,农村生产大队和生产队也办起幼儿园65所,托儿所1440间,受托儿童6381人,保教人员2123人。1966年,"文化大革命"开始,幼儿教育受到干扰;1971年,全县仅剩下县幼儿园1所,4个班,在园幼儿170人。粉碎"四人帮"后,幼儿教育获得了恢复和发展,1977年,全县幼儿园(含托儿所、组)共111所,在园幼儿2100人,教职工132人。1979年后,经过整顿、提高,至1982年全县共有机关、厂矿、乡镇及教育部门办的各类幼儿园11所25个班,在园幼儿688人,教职工49人。1986年后,贯彻国家教委《关于进一步办好幼儿学前班的意见》,推动了全县幼儿教育和学前教育的发展。1989年,全县共有幼儿园8所79个班,幼儿增至2479人,其中附设在小学内的学前班共58个班,学生1894人,教职工70人。

二、昭平县幼儿园

昭平县幼儿园为全县各类幼儿园中规模最大的幼儿园,园址在放炮坪,占地面积5769.65平方米,建筑面积4069.69平方米,创办于1957年8月。当时,园舍仅有2栋,5个活动室,1个盥洗室和1个厨房,其他设备也十分简陋。1985—1988 年，县政府先后拨款 21.8 万元，新建教学大楼 1 栋，共 12 个教室，并逐步添置、完善各种设备。1988—1989 年该园共有 10 个班，其中大班 3 个、中班 3 个、小班 3 个、幼托班 1 个；在园幼儿 396 人，教职工 42 人，其中教师 19 人、保育员 11 人、职工 12 人；幼儿教师高级 3 人，一级 6 人，二级 6 人，三级 2 人。

第二节　小学教育

一、发展概况

清末，废科举，兴学堂。光绪三十二年（1906 年），县创办明新两等小学堂 1 所，有学生 60 人；次年，又创办城区女子小学堂 1 所，有学生 48 人，均设于南池书院。之后，又相继兴办初等小学堂。到光绪三十四年（1908 年），全县有各类小学堂共 11 所，在校学生 414 人。按清廷学部《重订学堂章程》规定学制，初等五年，高等四年。课程开设修身、读经讲经、中国文字、算术、历史、地理、格致、体操等，高等小学增设图画。

1912 年学堂改称学校，学制改为初等四年、高等三年，并提出"德、智、体、美"四育平衡发展的方针，取消读经讲经课程，将手工、家事、园艺、缝纫等实用科目列入课程。1924 年实行壬戌学制，小学学制由七年缩为六年，其中，初小四年、高小二年，时谓"四、二"新学制，并改为初级小学、高级小学，分春秋两季招生。课程设有国语、算术、卫生、公民、历史、地理、自然、园艺、工用艺术、形象艺术、音乐、体育等科目。1928 年，全县有县立高级小学 1 所，区立高级小学 5 所，城区女子小学 1 所，区立初级小学 110 所，私立小学 50 余所。1932 年，全县有高级小学 4 所，完全小学 8 所，初级小学 156 所，在校学生 5316 人，教职工 277 人。是年，全县学龄儿童 11 174 人，其中在学 4863 人，占比为 43.5%；失学 6311 人，占比为 56.5%。1949 年，全县共有中心国民学校 23 所，村国民基础学校 150 所，在校学生 14 985 人，教职工 476 人。

1950 年春，按照"维持原状、逐步改造"的原则，大部分小学陆续开学复课。1951 年 9 月，按行政区域全县成立 10 所区人民高级小学，乡村初小由农会自选教师集体办学。1952 年秋，10 所区高小改为完小，根据政务院《关于改革学制的决定》精神，从新招的一年级起试行五年一贯制，由于师资、教材条件准备不足，1953年又停止推行，仍沿用"四、二"分段制。初小开设语文、算术、体育、图画、音乐等课程，高小增设历史、地理、自然课程。1954年3—7月，县组织工作队对全县小学分批进行整顿。1958年，在"大跃进"影响下，全县小学比上年增加172所，在校学生增加13 669人，教职工增加270人。在"三年困难时期"学生流动大，部分小学停办。1960年后，在校学生逐年减少。1962年减少至17 577人，比1957年还少1129人。1963年，执行教育部拟订的《全日制小学暂行工作条例（草案）》，贯彻"国家办学与群众集体办学相结合、全日制与半日制结合"两条腿走路的方针，确立了学校的教育秩序，坚持了以教学为主。1964年，贯彻刘少奇同志提出"两种劳动制度，两种教育制度"指示，先后办起半农半读耕读小学541个班，学生7509人，小学教育重新出现蓬勃发展的势头。1977年，全县114所小学就有97所附设初中，共285个初中班，学生12 831人。全县小学民办教师增至1211人，占小学教师总数的65.9%。党的十一届三中全会后，贯彻"调整、改革、整顿、提高"的八字方针，从1979年开始，对全县小学进行了调整。1982年，先后撤销了96所小学附设的初中班，仅留1处，并辞退了超编民办教师291人，使小学教育重新纳入正轨。1983年秋，开始贯彻执行《教育部关于普及初等教育基本要求的暂行规定》，为加快少数民族地区普及教育步伐，决定对茅坪、七冲、瑶山、牛角4个少数民族大队学校的学生实行免收学费入学。1986年秋，全县小学从新招的一年级起改为六年制，并统一使用全国六年制统编教材，执行六年制教学计划，课程设思想品德、语文、数学、体育、音乐、美术，三年级起增设自然常识，五年级起增设地理常识，六年级起增设历史常识，农村六年级增设农业常识。1987年起，根据山区特点，抓好早、中班巡回教学，建立学籍册卡，落实分工包干责任制等措施。1989年，全县小学发展到153所，327个教学点，在校学生43 891人，教职工2311人（表19-1）。1989—1990年全县小学7~11周岁适龄儿童入学率为97.5%，在校学生年巩固率为99.6%，毕业率为93.9%，普及率为97.4%。经梧州地区验收，达到国家规定的普及初等教育"四率"的标准。

表 19-1 1949—1989 年昭平县小学教育发展情况

年份	学校数/所	教学点/个	班数/个	在校学生数/人	招生数/人	毕业生数/人	教职员工数/人			代课教师/人
							合计	公办	民办	
1949	173		454	14 985			476	476	0	
1950	49		70	2387			187	133	54	
1951	147		333	13 146			491	197	294	
1952	209		409	14 648	1230	785	577	121	456	
1953	271		561	16 613	1250	802	604	404	200	
1954	106		543	16 154	3151	2525	594	589	5	
1955	221		532	13 928	4533	3494	601	596	5	
1956	235		573	21 484	6039	4239	668	668	0	
1957	243		564	18 706	6916	4752	679	679	0	
1958	415		825	32 375	6348	5005	949	642	307	
1959	308		812	27 337	3526	2231	938	700	238	
1960	201		559	19 135	6546	2570	849	676	173	
1961	96		582	18 100	5635	927	912	775	137	
1962	97		607	17 577	3229	959	756	695	61	
1963	140		607	19 934	5224	813	706	620	86	10
1964	269		676	22 159	6236	3000	675	607	68	
1965	329		750	25 231	5400	1225	835	688	147	77
1966	346		791	26 950	5301	1551	892	733	159	
1967	341		698	23 815	4338	1551	879	754	125	
1968	315		725	20 933	4923	1855	879	754	125	
1969	397		951	24 935	7433	953	846	721	125	
1970	395		924	25 415	7920	2899	1038	624	414	

续表

年份	学校数/所	教学点/个	班数/个	在校学生数/人	招生数/人	毕业生数/人	教职员工数/人			代课教师/人
							合计	公办	民办	
1971	113	390	965	29 637	10 149	3143	1029	641	388	10
1972	113	476	1177	34 895	10 540	3104	1307	678	629	11
1973	112	428	1357	41 387	11 757	3242	1523	688	835	85
1974	112	434	1524	43 892	9615	3903	1624	659	965	72
1975	112	508	1613	45 222	9640	5156	1826	674	1152	14
1976	113	502	1589	43 954	8197	6677	1826	662	1164	61
1977	114	478	1607	43 210	9091	7700	1837	626	1211	10
1978	114	423	1512	42 322	9359	7155	1829	625	1204	11
1979	115	410	1517	41 355	8868	5565	2020	796	1214	26
1980	130	366	1496	42 077	9779	4590	1934	804	1130	29
1981	133	321	1469	41 735	9510	3749	1882	1029	853	7
1982	135	353	1490	42 706	10 329	3635	1972	1240	732	58
1983	135	339	1534	46 497	10 279	3739	1975	1274	701	163
1984	143	333	1578	46 649	9669	4797	1909	1212	697	152
1985	151	364	1658	47 386	8444	5915	1859	1245	614	347
1986	151	360	1646	48 595	8479	6322	1970	1411	559	362
1987	152	339	1696	48 425	7917	6949	1788	1333	455	437
1988	153	314	1671	44 525	7275	7259	1759	1325	434	545
1989	153	327	1663	43 891	8459	6667	1681	1284	397	630

注：①上年在校学生数减去毕业生数加上下半年招生数，因有学生流失不等于下年在校学生数；②此外，不入上表的，境内还有冶金工业部古袍金矿职工子弟学校1所，位于古袍乡湾岛村。1952年开办，自1969—1984年附设初中、高中班，1989年有小学3个班，在校学生67人，教职工13人，该校入学率、巩固率、毕业率均达100%。

二、昭平镇第一小学

位于县城南塘南面，为全县规模最大的小学。创办于光绪三十二年（1906年），时称明新两等小学堂，1928年改称附城区立小学，时有学生160人。1948年改名为城厢镇表证中心国民学校，学生增至609人，教职工25人。解放后，该校先后改名为城厢镇第一小学、第一区人民高级小学、第一区完全小学、城厢中心校、昭平镇公社小学，1981年改为今名，为县重点小学。抗日战争时期，广西艺术馆曾迁址于此，著名戏剧家欧阳予倩任馆长。截至1989年，先后毕业学生近7000人，中国人民大学哲学系教授黄顺基、北京钢铁设计院高级工程师黎焕红曾在该校毕业。1989年有学生1161人，教职工62人，其中小学高级教师16人、一级教师24人。校园面积2万平方米，其中建筑面积6600平方米。入学率、巩固率、毕业率均为100％，自1984年以来，在教育、科技、体育、卫生、少先队和精神文明建设等方面被评为地区以上先进单位共23次，其中地区7次，自治区和全国各3次。

第三节　中学教育

一、发展概况

1937年7月，县城始建县立国民中学，首任校长吴耀勋。当年招收两年制国中班1个，学生约50人，教职工7人。国中课程以目的科目为中心，学以致用，并增设本省乡土教材，实为培养地方干部的学校。1940年增招师训班，1941年增招简易师范班，1942年增招初中班。1944年秋，日军侵入广西，时局紧张，县国中疏散到北陀乡开办；同年秋，冯冠伦在庇江乡福行村倡办私立桂东初级中学（1946年9月省教育厅批准备案），当年招收2个初中班，学生74人，教职工7人。1945年春，私立贺县临江中学黄姚分校成立，聘请经济学家千家驹任校长，当年招收初中二年级插班生约80人，初中新生约80人，教职工约20人；同年5月，中共广西省工委机关迁黄姚，并以黄姚分校为驻所，在该校成立中共黄姚中学支部，开展地下革命活动；同年8月，奉省令黄姚分校改名为昭平县黄姚区立初级中学；同年秋，抗日战争胜利，县国中从北陀迁回县城，改校名为昭平县立初级中学，停止招国中班和简师班，只招初中班。1947年冬，县初中改名为昭平县立第一初级学，黄姚区立初中改名为昭平县立第二初级中学。1948年春，私立桂东初级中学停办。民1949年春，私立马江初级中学成立，聘请邱艾军任校长，当年招收初中新生2个班，学生约80人，教职工9人。同年夏，私立马江初级中学因没有备案，借已停办的私立桂东初级中学招牌，校名改为私立桂东初级中学。在民国时期，公办和私立中学的学制高、初中各为3年，初中课程设有公民、国文、英文、数学（算术、代数、几何）卫生、植物、动物、物理、化学、历史、地理、劳作、童军、图画、音乐、体育等，实行春秋两季招生，举行考试择优录取学生入学。1949年秋，全县共有3所初级中学，17个教学班，学生约570人，教职工66人。

昭平县解放后，县军政委员会接管学校，3所初中于1949年12月底复课。1950年春，贯彻执行"向工农开门"的方针，对中学加强领导，并进行整顿改造，任命邱凤翔为昭平县立第一初级中学校长、毛凡灵为昭平县立第二初级中学校长，聘请吴耀勋为私立桂东初级中学校长。1951年春，撤销私立桂东初级中学；同年春，停办昭平县立第二初级中学。1952年，取消春季招生，实行秋季招生制度；同年暑假，中学教职员集中到平乐专区学习，进行思想改造。1956年8月，开办6所民办初级中学，8月全部停办；同年9月，复办昭平县立第二初级中学，同时开办昭平县立第三初级中学。昭平县立第二初级中学初设在黄姚区小，次年迁黄姚镇酒壶山脚榕树坑。昭平县立第三初中初设在马江区小，次年迁马江镇信塘坪。两所新办县初中均建有新校舍，开办时各招2个班，每校学生约100人，每校教职工7人。1957年夏，贯彻毛泽东同志提出的培养学生德、智、体全面发展的教育方针；同年暑假，全县中学教职员集中到平乐专区学习。1958年秋，昭平县第一初级中学增招高中班，并改校名为昭平县中学；昭平县第二、第三初级中学分别更名为黄姚初级中学、马江初级中学；同年秋，全县中学师生参加大炼钢铁，停课约8个月；全县开办11所民办初级中学，次年停办7所。1960年秋，昭平县中学迁县城郊香茅岭（今校址），建有1栋办公大楼、3栋教室、8栋学生宿舍、2栋教工宿舍及厨房和膳厅等；同年秋，开办樟木、北陀、富罗、文竹4所县办初级中学。1961年秋，因国民经济处于困难时期，全县民办初中和4所新办县初中一律停办。文竹初中并入昭平县中学，樟木初中并入县办黄姚初级中学，富罗、北陀2所初中并入县办马江初级中学。

解放初至"文化大革命"，中学生入学采用考试择优的办法，中学学制高中、初中各为3年，开设的课程有政治、语文、数学（初中讲授算术、代数、几何，高中讲授代数、几何、三角）、物理、化学、历史、地理、外语、体育，初中增设植物、动物、卫生、美术、音乐，高中增设生物。课本是教育部规定的统一教材。1958年，中学教育事业曾出现冒进现象。1961年经贯彻中共中央提出"调整、巩固、充实、提高"的方针，普通中学教育逐步正常发展。1966年上半年，全县有21所中学（普通中学3所、农中17所、工读中学1所），教职工143人，学生2246人，教育质量稳步上升。

1968年秋，古袍矿学校增办初中班，部分公社成立初中，少数大队小学附设初中班。1969年，全县有10个公社办初中，其中5所招收高中班，大部分大队小学附设初中班。3所县办中学停招初中班，只招高中班。高、初中学制均由3年改为2年。1979年，各公社中学陆续招高中班。1971年秋，有个别大队小学附设高中班。1972年，昭平中学、黄姚初级中学、马江初级中学分别更名为县一中、县二中、县三中，11所社办中学统一按公社命名校名。1974年，昭平镇公社中学更名为昭平县第四中学。

在"文化大革命"时期，中学生入学采取保送免试办法，中学课本使用区编教材，课程设有毛泽东思想课（后改为政治）、语文、工业基础知识（后改为物理、化学）、数学、农业知识、地理知识、历史知识、卫生知识、音乐、图画、军体、劳动等。中学教师多由小学教师充任，师资水平较差，致使教学质量严重下降。

1978年秋，中学招生恢复考试择优录取入学的办法。同年根据上级指示精神，全县开展拨乱反正，取消校革命委员会名称，贯彻执行国务院新颁布的《全日制中学暂行工作条例》和教育部新颁发的中学教学计划，使用新编中学教材，课程有政治、语文、数学（包括代数、几何、三角）、英语、物理、化学、历史、地理、体育、劳动，高中加授生物，初中加授植物、动物、卫生、图画、音乐等。恢复"文革"前行之有效的规章制度，教育秩序渐趋正常，教育质量逐步回升。自1979年起，开始调整全县中学布局；同年秋，复办昭平镇公社中学。1980年，贯彻区教卫办提出的"压缩高中，调整初中，发展农中，加强小学"方针，撤销部分大队小学附设初中班，停止部分公社中学招收高中班。1981年，停止全部公社中学招收高中班，改办为公社初中，昭平镇公社中学并入昭平县一中。1982年，昭平县一中复称昭平县中学并定为县重点高中，县二中、县三中分别改名为黄姚中学、马江中学，县四中改办为昭平县初级中学并定为县重点初中。各大队小学附设的初中班，除保留黄姚篁竹小学1处外，其他一律并入各公社初中。1983年，全县高中、初中学制分别恢复为3年，黄姚、马江两所县中复招初中班。1984年，古袍矿学校停止招高中班，全县各乡（镇）初中统一按校址地名命校名。1985年，昭平县初级中学复招高中班，校名复称昭平县第四中学，面向昭平县8个乡（镇）招生。昭平县中学复招初中班，为县重点完全中学。黄姚、马江两所县中停招高中班，增办走马中学（初中）。1986年，黄姚、马江两所县中复招高中班。1988年龙坪中学改校名为昭平镇中学（初中），增办黄姚镇中学（初中）。1988年贯彻自治区《关于基础教育管理若干问题的意见》，实行县办中学由县管理、乡镇中学由乡镇管理的办法，中学教育获得了稳步发展。1989年，全县共有普通中学23所，其中完全中学有4所（昭平中学、县第四中学、黄姚中学、马江中学）；初级中学有19所（昭平镇、马江镇、黄姚镇、樟木林、富裕、木格、五将、古袍、文竹、仙回、庇江、走马、九龙、北陀、巩桥、凤凰、富罗、镇南、古店中学），共有210个教学班，学生10 915人，教职工765人。高中27个班，学生1418人；初中183班，学生9497人。自1985年起，采取一系列措施，提高中学教育质量。1961—1989年，高中毕业生考取大专院校945人，其中1986—1989年考取457人。1987—1989年上线率连续3年名列地区榜首。中学校数及师生数，1989年与1949年相比，学校数增长6.7倍，教职工数增长10.6倍，学生数增长18.1倍（表19-2）。

二、中学选介

（一）昭平县中学

位于县城北郊五指山脚黄茅岭，前身是昭平县立国民中学，创建于1937年，1947年改名为昭平县立第一初级中学，1958年开始办高中，定为今名。1960年迁至县城北郊现址，是一所县办重点完全中学，抗战时期历史学家阎宗临、地理学家吕逸卿、自治区教育局副局长吴师光及广西师大教授万仲文曾在该校任教。自建校50多年来，昭平县中学先后培养高中、初中毕业生约9000人，至1989年向大专院校输送700多人。自治区司法厅厅长何家当、中国人民解放军长沙政治军官进修学院副师级教员莫国华、中国人民大学教授黄顺基、中国科学院地质研究所副教授张铨昌、广西中医学院副教授肖继芳、航天工业部总工程师黄美超、深圳市市政工程设计院副院长兼总工程师李荣佳、北京钢铁设计院高级工程师黎焕红，广西医学院附属医院副主任医师黎信森、梧州地区农业局高级农艺师吴寿谦、1989年全国教育系统劳动模

表 19-2 1949—1989 年昭平县普通中学教育发展情况

年份	学校数/所			班数/个			学生数/人			教职工数/人			招生数/人		毕业生数/人	
	合计	初中	高中	合计	初中	高中	合计	初中	高中	合计	公办	民办	初中	高中	初中	高中
1949	3	3		17	17		570	570		66	49	17	210		83	
1950	3	3		14	14		342	342		40	32	8	33		17	
1951	1	1		6	6		190	190		17	17		105		5	
1952	1	1		3	3		147	147		20	20		99		25	
1953	1	1		5	5		234	234		19	19		115		0	
1954	1	1		6	6		334	334		24	24		169		29	
1955	1	1		7	7		353	353		29	29		108		50	
1956	3	3		12	12		601	601		39	39		361		90	
1957	3	3		14	14		651	651		54	54		242		99	
1958	14	13	1	42	40	2	1929	1861	68	92	69	23	1134	68	75	
1959	7	6	1	38	35	3	1979	1786	193	105	93	12	875	92	218	
1960	7	6	1	54	49	5	1848	1654	194	141	141		852	96	234	33
1961	19	18	1	41	38	33	5	1506	1302	204	116		221	40	252	33
1962	3	2	1	27	23	4	1099	931	168	90	90		249	45	318	
1963	5	4	1	28	24	4	983	824	159	89	89		194	48	378	64

续表

年份	学校数/所			班数/个			学生数/人			教职工数/人			招生数/人		毕业生数/人	
	合计	初中	高中	合计	初中	高中	合计	初中	高中	合计	公办	民办	初中	高中	初中	高中
1964	4	3	1	24	18	3	891	756	135	91	91		373	47	392	41
1965	19	18	1	18	38	3	1783	1648	135	125	125		519	47	314	41
1966	21	20	1	56	53	3	2446	2309	137	148	148		1256	48	384	43
1967	19	18	1	54	51	3	2537	2400	137	147	143	4	0	0	324	42
1968	13	12	1	67	64	3	2488	2370	118	108	104	4	1235	0	694	118
1969	13	5	8	131	118	13	5434	4824	610	128	119	9	4237	610	57	0
1970	13	2	11	165	143	22	6229	5170	1059	272	267	5	2800	660	1609	229
1971	19	9	10	164	126	38	6963	5032	1931	247	236	11	2752	1381	1844	300
1972	14	3	11	150	117	33	7159	5021	2138	412	361	51	2591	709	2022	559
1973	14	5	9	152	111	41	6900	4786	2114	391	340	51	2407	1207	2204	1141
1974	14	5	9	174	130	44	7855	5645	2210	378	324	54	3273	1050	2160	912
1975	14	5	9	214	170	44	10 168	7855	2314	486	407	79	6635	1281	1944	1155
1976	19	4	15	299	239	60	13 955	10 811	3144	672	452	220	6245	1881	2889	1161
1977	19	3	16	367	285	82	17 019	12 831	4188	821	528	293	6726	2326	4039	1254
1978	19	5	14	346	272	74	15 712	11 901	3811	841	562	279	5276	1772	5244	1470

续表

年份	学校数/所			班数/个			学生数/人			教职工数/人			招生数/人		毕业生数/人	
	合计	初中	高中	合计	初中	高中	合计	初中	高中	合计	公办	民办	初中	高中	初中	高中
1979	24	14	10	274	211	63	12 416	9339	3077	857	594	263	4310	6240	4053	2077
1980	24	14	10	219	181	38	9682	7806	1876	702	597	105	3167	910	2880	1708
1981	22	18	4	169	139	30	7456	5987	1469	622	603	19	2202	582	2186	934
1982	22	18	4	165	137	28	6976	5638	1338	599	587	12	2144	574	1214	505
1983	22	18	4	156	129	27	6590	5380	1210	588	567	21	1986	487	1470	587
1984	22	19	3	154	128	26	6831	5590	1241	537	510	27	2190	448	1412	323
1985	23	19	4	160	133	27	7862	6572	1290	599	580	19	2678	425	1622	367
1986	23	19	4	171	145	26	8506	7219	1287	662	634	28	2680	424	1590	453
1987	23	19	4	186	162	24	9715	8467	1248	688	660	28	3140	428	1912	425
1988	23	19	4	199	174	25	9962	8735	1223	736	704	32	3188	475	2022	431
1989	23	19	4	210	183	27	10 915	9497	1418	765	730	35	3390	584	2337	361

注：此表1958—1970年部分年份包括民办中学、工读中学、农业中学、学生数和教职工数；1968—1988年包括古袍金矿职工子弟学校中学的班数、学生数和教师数。

范林仕奇等均在该校就读过。学校占地150亩，建筑面积13 990平方米，有教学楼、实验楼、图书馆、教工宿舍楼、学生宿舍，藏书2万余册。现有高中、初中22个教学班，学生1200人，教职工110人，其中教师80人、特级教师1人、中学高级教师9人、中学一级教师25人，其中叶燕瓦1984年被评为全国优秀班主任、1985年被评为自治区教育系统劳动模范、1989年被评为自治区特级教师；韦克坤1989年被评为全国优秀教师。该校1988年被评为自治区文明学校，1989年被评为自治区爱国卫生先进单位、职工模范之家、勤工俭学先进单位。

（二）昭平县黄姚中学

位于黄姚镇酒壶山榕树坑，前身是私立临江中学黄姚分校。1945年春，由文化界进步人士欧阳予倩（戏剧家、广西艺术馆长，解放后任中央戏剧学院院长）、莫乃群（广西日报社社长兼总编辑，解放后曾任自治区人民政府副主席、政协副主席）、张锡昌（中共中央南方局文化战线党小组领导成员）等倡办。原校址设在黄姚镇宝珠观（今中共广西省工委纪念馆址）。校名多次更改，曾先后称为昭平县黄姚镇区立初级中学、昭平县立第二初级中学、昭平县黄姚初级中学、昭平县第二中学、首任校长是经济学家千家驹（曾任全国政协常委、民盟中央副主席）。自治区机械工业厅副厅长李丹、四川省水电厅厅长陈大良及上海市国际旅游局副局长陈景阳曾在该校任教。中共广西省工委机关曾以该校为驻所，省工委书记钱兴委派一批中共党员到校，分别当教师、职员、工友或学生做掩护，成立中共支部，陈景阳任党支部，开展地下革命活动。1947年，中共广西省工委奉命撤销后，隐蔽在校的中共党员和进步师生先后转移到各地游击区参加武装斗争；教师杨汉成，姚大年、黄醒宗、贝朝准、汤年玉和工友江清在游击战争中光荣牺牲；学生贝朝铮、劳广旺、蔡家海、黄士杰、闭世旺为革命斗争献出年轻的生命。1951年秋，因调整中学，该校停办。1956年秋在旧址复办，次年秋迁至今址。截至1989年，先后共培养初中、高中毕业生约6000人。广东农业管理干部学院党委书记贝扬、中共梧州地委巡视员范克武及1984年全国优秀少先队辅导员李泽剑曾在该校读书。1982年改为现名，现有校园面积40亩，校舍建筑面积3630平方米，有初中、高中班，学生446人，教职工139人，其中中学一级教师8人。

第20章 专业教育和业余教育

第一节 专业教育

一、师范学校

光绪三十二年（1906年）及1912年在县城古文昌试场和同义祠，分别开办两期半年制速成师范班，1927年奉省令成立昭平师范讲习所，首任所长姚干辰。1933年有教职员5人、学生62人，1936年停办，先后共招两年制5个班，学生150人。县立国民中学于1940年兼办师范教育，至1945年先后招收一年制师训班1个，三年制简易师范班6个，共有学生340人。

解放后，县立第一初级中学于1952年春兼办师范教育，至1953年秋先后招收半年制师范班1个，一年制速成师范班3个，共有学生176人。其中，速成师范班部分学生只读半年，因小学师资缺乏而提前分配。1958年秋，昭平县中学附设两年制中师班1个，学生约30人，提前1年分配。

1959年秋，成立昭平县师范学校（简称"县师范"），校址设在县中学（今县四中校址），招收两年制中师班1个，学生约40人，因小学师资紧缺又提前一年分配。1960年秋，招收三年制中师班、幼师班、初师班各1个，共有学生150余人。学生入学不久，因国家经济困难停办，动员幼师班和初师班大部分学生回乡生产，介绍部分年纪较小的学生到县内各中学插班，中师班暂委托昭平中学代理，后送往平乐专区师范学校续读。

1972年，县师范复办，校址设在县一中（今昭平中学校址），至1974年招收两届两年制中师班，共有学生83人，学生由公社保送经县批准免试入学。1976年，在昭平一中成立昭平县"五·七"大学，县师范隶属"五·七"大学管理，招收由公社推荐经县批准免试入学的两年制中师数理专业班1个，学生50人。1年多后，县"五·七"大学撤销，中师数理专业班拨交县师范。1977年，县师范恢复学生入学统一考试录取制度，至1984年秋，先后共招收

5个两年制中师班,其中有培养初中语文、英语和理化教师专业班各1个,普通中师民师班3个,共有学生223人。1982年7月,县师范与昭平一中分开,迁至县四中后院单独办学,8月奉区教育局指示停止招收普通中师班。

二、教师进修学校

1982年9月,县师范改为县教师进修学校(区教厅于1985年5月18日批准备案),承担培训提高在职小学师资的任务。1987年,该校从四中后院迁往县城城郊黄岐岭,校园占地14亩,校舍全部钢筋混凝土结构,建有教学大楼、教工宿舍大楼、厨房及膳厅各1栋,总建筑面积2563平方米。至1988年,先后培训4届两年制脱产进修中师班学生168人,3届四年制中师函授班学生654人,举办各种类型短训班27期,参加学习学员992人次。1989年秋,招收新生190人,其中两年制脱产进修中师班46人;四年制中师函授班144人。有教职工24人,其中,大学本科毕业5人;大学专科毕业8人;高级讲师2人,讲师8人,助理讲师4人。

三、职业中学

1983年秋,在县城城郊黄岐岭(原县商业学校址)创办县农业中学。1986年秋,改为县职业中学。校园占地30亩,其中实验基地占地16亩,校舍小部分是火砖瓦木结构,大部分是钢筋混凝土结构,建有教学大楼、教工宿舍楼、学生宿舍楼、厨房和膳厅各1栋,总建筑面积4000平方米。该校招生对象是初中毕业生,开设专业有林果、牧医、电器、蚕桑、种植等,学制3年。自创校至今,先后培养毕业生357人,1989年有6个教学班、学生277人,教职工39人,其中高级教师1人、一级教师16人。

四、党校

1959年秋,党校在县城钢铁厂成立,校址经多次搬迁。1973年冬,与建在县城城郊天鹅塘的县"五·七"干校合并。干校撤销后,党校接管全部校舍。校园占地22亩,校舍建筑面积2261.5平方米。1973年之前,举办过多期党员、干部轮训班,1974—1989年又举办短期党员、干部轮训班61期,参加轮训学员5531人次。1986年、1987年,分别开设三年制函授中专班1个,共有学员69人。1988年增设两年制函授中专专修班1个,学员54人。现有教职工21人。

五、卫生学校

1958年夏，卫生学校在县城北秀街成立。招收三年制医士、护士班，学生105人，列入国家招生计划和分配指标，毕业后享受中专毕业生待遇。1962年停办。1966年恢复招生，以培养农村医生办短训班为主，学员自费学习，不包分配。1978年，卫生学校搬到县卫生局5楼，继续举办农村医生自费培训班。1986年、1987年两年招收两年制不包分配的自费中专班，学生122人。1978—1989年，先后举办各种类型短训班30多期，参加培训学员1300余人次。

六、农机学校

1973年秋，在县城城郊凉亭坡顶开办，举办各种类型培训班，如拖拉机手、柴油机修理、干部管理等，至1989年冬先后培训学员1299人次。

七、供销学校

1979年冬，在县城城郊黄岐岭开办，至1989年先后举办基层社领导、干部、职工培训班共45期，参加培训学员1338人次。

八、"五·七"大学

1976年秋，在县第一中学创办，开设农业、水电卫生、畜牧兽医、农机、师范专业班，共招学员335人，学员来源及分配采取来自哪个公社回哪个公社的办法。师范专业班学制两年，其余专业学制半年或1年。同时兼办中学教师业务短训班。1977年12月停办中学教师业务短训班，除中师数理专业班拨到县师范外，其他专业的学员返回原单位工作。

九、农业学校

1959年冬，农业学校在龙坪钟屋开办，采取校场合一办学，县农场的田地拨给该校管理，开设牧医、农机、水稻、园艺4个班，学生约200人，1969年冬停办。1964年秋，在县城城郊天鹅塘岭坡建址复校，招收三年制农业初中班1个，学生49人。1965年招收农业高中班1个、学生38人。1968年秋停办。

十、水电学校

1965年10月,水电学校在同古水库创办,招收学员26人。1968年秋,首届学员毕业,该校同时停办。

十一、机电学校

1959年秋,机电学校在县农机修造厂创办,招收学员40人,1961年停办。1971年春复办,招收学员35人。同年冬,该校再次停办。

十二、商业学校

1980年10月,商业学校在县城城郊黄岐岭创办。至1982年,先后举办两期在职干部职工短训班,共有学员50人。1983年迁至县商业局内。至1989年,又先后举办在职干部、职工短训班11期,参加培训学员266人次。

十三、林业学校

1958年秋,在林业学校大脑山林场创办,当年培训在职人员27人。1959年,该校迁到上岸苗圃,培训在职人员40人。这两届培训人员学习结束,分配至林场分场、伐木场、石料厂等单位。1965年复迁大脑山林场,招收三年制中专班2个、学员90人,学员毕业后自谋职业。1968年秋,该校停办。

十四、农业中学

20世纪60年代,10个公社陆续举办农业中学,招收初中班,个别招收高中班。至60年代末期,先后改办全日制普通中学。

十五、"五·七"学校

20世纪70年代中期,县内部分公社先后共举办"五·七"学校11所,均招收初中班。

第二节 业余教育

一、农村业余教育

民国时期：各乡村曾几度办过成人识字班。20世纪40年代，农村冬学、夜读班曾热闹一时，但为时不久，收效甚微。解放后，逐步开展扫盲工作。1954年，全县办扫盲班84个，2098人参加学习，有专职教师4人、群众教师140人。是年冬，县和各区成立扫盲委员会。1956年，农村合作化运动进入高潮，农村文化建设加快，扫盲班发展到1413个班，4838人参加学习，有群众教师2312人。1959年，全县办有扫盲班846个，业余小学5所、业余初中5所，参加扫盲和业校学习达16648人。1960年，在"大宣传、大动员、大扫文盲、大办职工业余文化教育"口号的鼓动下，一哄而起开办扫盲班、业余初小班、业余初中班、高中班、业余初级技术学校、业余大专学校共1754个班，41290人参加学习。县配专职和兼职扫盲干部586人，群众教师2515人。但因经济困难，又多徒具形式，随办随垮。

1966年"文化大革命"开始，扫盲工作中断。1972年恢复扫盲工作，参加学习的有10967人，有专职教师10人、群众教师555人。至年冬，把扫盲班纳入政治文化夜校。1977年，政治文化夜校发展到698个，参加学习的有19369人，其中扫盲班142个，扫盲学员4628人。

1979年，校外12～45周岁的少青壮年共104701人，其中文盲和半文盲30383人，文盲率达29.1%，全县113个大队中，文盲率在40%以上的有12个大队。是年成立工农教育委员会，加强对扫盲工作的领导。1980年，组织109名小学教师，分期分批到各社队开展扫盲工作。至1983年，举办扫盲班1688个，14656人参加学习，经学习后脱盲8502人。1985年，校外12～40周岁少青壮年共110547人，其中新旧脱盲人数101652人，非文盲率达92.0%。1986年，经梧州地区行署检查验收，全县155个村（街）的非文盲率均在85%以上，达到国务院基本无文盲县的标准，发给合格证。1986—1989年，各乡镇陆续开办业余成人文化技术学校，全县每年参加业余文化技术学校学习的农民万余人次。

二、干部职工业余教育

1956年起着手干部职工业余教育，该年参加业余文化学习的机关干部共76人。1960年2月，县直属机关干部职工业余学校开办，设有初中班、高中班和初小班（含扫盲班），参加学习的有2148人，占应入学人数的96.8%。同年各公社也开办业余学习班11个，489人参加学习。1979—1982年上半年，县供销社、商业局、粮食局、经委等部门，根据各自的情况，分别办起各种短训班、轮训班35期，培训学员806人次。1982年，成立县职工教育管理委员会，下设职教办公室，配有专职干部2人。经委、商业等系统也成立职工教育股，配有专职干部或教师，重点办好干部职工的"双补"（即初中文化补课，初级技术补课）和职业培训工作。截至1984年，参加文化补习的有1100多人、参加技术补课的有2338人。1985年以后转入以岗位培训为主，把提高从业人员岗位需要的能力和生产技能作为重点，广泛开展各种形式的培训。此外，还开办电视大学、业余大学，开展函授、自学考试等学历教育和较高层次文化技术教育。

（一）电视大学

自1985年起，县职教办、教育局、检察院组办电大班（属广西广播电视大学梧州地区分校昭平县教学班），开设汉语文学、财会、法律专业共6个班，学制3年。以自学为主，定期进行面授辅导和收看电视教学。截至1988年，共有学员171人，获专科毕业的有65人，结业2人。

（二）业余大学

县人民法院组办85级和88级法律专业班（属全国法院系统业余法律大学昭平县教学班），学制3年。截至1988年，共有学员22人，获专科毕业的有12人。

（三）函授

1979年恢复函授。先后有县教研室、教师进修学校、财政局、党校举办的中师、中专函授学习。部分教师和机关干部职工参加外地高等院校举办的函大学习。函授均以自学为主、定期集中面授为辅。1984—1988年参加中师、中专函授学习的有814人，已毕业255人；参加大专函授学习的有84人，已毕业42人。

（四）高等自学考试

高等教育自学考试制度于1984年起实行，参加者均免试入学，为完全自学形式。每学期考试一次，由广西高等教育自学考试委员会和主考学校指定每一专业的功课进行考试。每考及格一科即发给单科合格证。所学专业各科均合格的发给毕业证。截至1989年，共2346人（次）参加考试，获单科合格的有1704人（科），获毕业的有51人。

第21章 教师队伍和教学研究

第一节 教师队伍

一、队伍状况

明清时期的县学、书院教师多由县内举人、贡生等儒者充任。私塾先生一般为本地秀才和儒生，由学生家长聘任。清末官立两等小学堂有教员5人，其中4人是师范毕业生、1人为县私塾改良研究所毕业生。

民国时期，小学教员由乡村呈报县政府批准任用，中学教员由县呈报省政府批准任用。1931年，全县教职员302人，其中公立小学教职员250人、私立52人。1933年全县小学教员332人，其中师范学校毕业的有155人、中等专业学校毕业的有5人、中等学校毕业的有95人、初等学校毕业的有60人、私塾类学校毕业的有17人。1945年，县立国民中学黄姚区立初中有教职员55人（教员29人），其中外省外县籍教员26人，占教员总数的90%。这些教员多数为日军入侵粤桂时从广州、桂林等地疏散到昭平的文化界知名人士、学者和进步青年。他们中有留学生、大学教授、经济学家、历史学家、地理学家及报纸杂志的记者、编辑等。1949年，全县有小学教师476人、初中教师66人（其中民办17人）、幼托教师1人。

解放后，教育事业不断发展。1953年全县教师共623人（初中教师19人、小学教师604人）。1966年，全县教师共1084（小学教师892人、中学教师148人、专业学校教师7人、幼儿教师27人、其他10人），另有半日制耕读小学教师238人。"文化大革命"期间，教育盲目发展，至1976年，全县教师猛增至2579人，其中中学教师672人（民办教师220人）、小学教师1826人（民办教师1164人）、中小学代课老师81人。党的十一届三中全会以后，全县教育事业经过整顿提高后稳步发展，教师队伍不断壮大，截至1989年，全县有教职工3459人（公办教师2237人、民办教师515人、代课教师707

人),其中中学教师835人、小学教师2318人、教师进修学校教师24人,职业中学教师38人、幼儿教师123人、其他教工121人。在教师中,中小学特级教师各1人;中学高级教师21人、一级教师160人、二级教师221人、三级教师173人;小学高级教师228人、一级教师919人、二级教师520人、三级教师95人;教师进修学校高级讲师2人、讲师8人、助理讲师4人。全县中小学专任教师(不含行政、代课人员)1954人(表21-1)。

表21-1　1989年昭平县中小学专任教师学历情况

单位:人

类别	大学本科毕业	大学专科毕业	中师、高中毕业	初师、初中毕业	高小毕业	总计
合计	61	160	1415	271	48	1954
小学			1095	265	48	1407
初中	10	137	319	6		472
高中	51	23	1			75

注:大学专科毕业包括大学本科肄业2年以上者。

二、生活待遇

清宣统二年(1910年),县立两等小学校长1人月薪20元(银毫),教员月薪16元的有3人、8元的有1人,教员除月薪外,膳费由学校供给,每人每月3元。官立女子小学,校长1人月薪膳22元,教员月薪膳12元、10元各1人,监学与女红教员1人,月薪膳7元;劝学所总董1人,月薪膳19元;劝学员1人,月薪膳13元;书记1人,月薪膳4元;厨役1人,月薪膳4元;当时小学校长、教员的月薪膳待遇相当于本人伙食费的3.6~7.6倍。民国期间,教师生活待遇普遍低下,1933年,全县小学教职员392人,月薪(银毫)1~5元的有62人,6~10元的有116人、11~15元的有106人、16~20元的有14人、21~25元的有9人、26~30元的有7人、义务职的有78人。1946年,黄姚区立初级中学校长月薪300元(国币)、教导主任280元、导师200~220元、专任教师160~200元、庶务员120~140元。因当时物价飞涨、货币贬值，教师工资均按月薪的25倍发给，如校长每月工资变为7500元。至1948年冬，由于国民政府贪官污吏的克扣，一连数月不发工资，教师生活朝不保夕，以致巩桥乡各村小学教师罢课抗议。

解放初期，教师工资实行薪分制。1950年各级教员薪分：中学校长100分、教员90分、职员60分、工友50分；小学校长50分、教导主任49分、教员45~48分、工友40分。每薪分折算大米3斤发给教工。月薪米：中学校长150千克、教员135千克、职员90千克、工友75千克；按当年每斤大米7分（折合人民币）计，月薪金：中学教员18~21元，小学教员10~14元。1952年重新评定薪分，每薪分含大米1斤半，油盐各5钱，白布3市寸，柴3斤，按贸易公司牌价折发人民币，每薪分约0.22元，教员工资普遍得到提高。1954年进行工资调整，全县中小学教师人均增薪5.87分。1956年实行工资改革，采用货币工资制，改革后全县中心校长、教导主任平均工资达48.52元，较原工资增长43.08%；中心校教师平均工资达39.3元，较原工资增长39.63%；乡村小学教师平均工资为33.88元，较原工资增长37.17%；中学教职工工资增长指标为15%。1963年教师的工资再次调整提高，小学教师月平均工资37.6元，比原工资增加4.53元；中学教师月平均工资49.88元，比原工资增加5.4元。1972年，对506个教职工的工资进行调整，调整后每人月增资5.57元。1977—1979年，分别有40%、20%、40%的教职工提升工资。1981年，全县教职工普遍提升一级工资，少数教师还提升了两级。1985年实行工资制度改革，中小学教职工1977人，改革后月工资额为137 984.5元，平均每人每月增资18.11元。1987年实行职称改革，1988年全县公办教师有2206人，每月基础职务工资164 843.1元，平均每人月工资74.72元；各类补贴如工龄津贴、教龄津贴工资10%；粮油补贴、物价补贴、科技补贴、生活补贴、洗理费、书报费、奖励工资等月总额167 623.76元，平均每人每月补贴75.99元。公办教师人均月工资加补贴达150.71元，比1963年公办教师月平均工资（38.81元）增长2.88倍。1989年，全县公办教师有2069人，每月基础职务工资人均76.26元。

解放初期，民办教师工资由乡村自筹，随后逐渐实行民办公助办法。民办工资部分，多数为生产队记劳动工分形式。1976年，民办教师工资：小学教师24元、中学教师30元，其中国家补助每人每月小学教师13元、中学教师17元。1983年，全县统一收取学生的民办教师统筹费，并评定民办教师工资等级（基本工资），小学教师分30元、33元、36元三等，中学教师分33元、

41元三等。除基本工资外，每人每月另发生活补贴10元、奖励工资15元、书报费4元、物价补贴10元、粮油菜价补贴6.5元、洗理费4元，共49.5元。

1989年昭平县中小学民办教师工资情况如表21-2所示。

表21-2　1989年昭平县中小学民办教师工资情况

民办教师类别		月基本工资（元）		
		一级教师	二级教师	三级教师
小学	已评定职称的民办教师工资	68.00	62.5	50.50
	未评定职称的民办教师工资	53.00	48.00	44.00
中学	已评定职称的民办教师工资		68.00	62.50
	未评定职称的民办教师工资		55.00	50.00

三、代课教师待遇

1961年，中小学代课教师工资按学历划分两等：初中毕业的21元、高中毕业的24元。此标准在1961年后实行多年。党的十一届三中全会以后，随着经济情况的好转，代课教师工资也相应提高。1982年中小学代课教师月工资均为30元，1986年小学教师45元、中学教师51元。1989年，按代课时间长短，月工资小学教师分39元、45元、50.5元三等，中学教师分45元、50元、55元三等，同时另发给每人每月45.5元各种补贴费。

第二节　教学研究

清末和民国期间的教研活动，无可查考。

解放后，党和政府加强了对教研工作的领导。1953年，贯彻中央关于"整顿巩固，重点发展，提高质量，稳步前进"的方针，进行教学改革。组织教师学习苏联的教学经验和凯洛夫的教育学，学校按组织教学、复习旧课、讲授新课、巩固新知、布置作业5个环节进行课堂教学。部分学校试行"五级记分法"，学校进一步健全教研组，开展集体备课、观摩教学、制造教具等活动。

1955年2月，始设昭平县教学研究室，开展小学视导和教学调查研究工作，出版了5期《教学通讯》。1962年，研究加强"双基"（基础知识、基本训练）教学，语文科注意加强"字、词、句、篇、章结构"基础知识的教学和指导学生朗读、认字、填空、写字、背书、遣词造句、作文等基本训练。同时贯彻"精讲多练""文道结合"的原则。1964年，学习毛泽东同志的"十大教授法"，改变"满堂灌""注入式"的教学，并采取措施减轻学生过重的课堂作业负担。

1966年5月，"文化大革命"开始，教研活动停止。1973年，在小学开始推行"笔珠结合"（即笔算和珠算结合）教学。"文化大革命"期间，县教研室（教研组）主要配合教育科（文教小组、教育局）开展教育调查工作。

1977年，恢复高等学校招生考试制度后，教研工作又得到重视。县教研人员定期定点对初中和小学教师进行教学业务辅导。期终全县中小学进行"文化大革命"后的首次统考。

1979年，县教研室共12人，设小教组、中教组和业余函授组，加强了教研工作。同年推广南宁地区宾阳县四通小学"以阅读为基础，以作文为中心，读写结合，精讲多练"的语文教学改革经验。中学数学科教师学习"章保罗教学法"。分别以昭平镇小和昭平四中为试点探索教改新路子，并取得良好效果。1980年，小学开展对"语文的三类课文——讲读课文、阅读课文、独立阅读课文"的研究。1983年5月，昭平县开展第一个"爱科学月"活动。全县在校青少年10万人次参加了"七个一"活动，其中读科技书籍文章56 750篇，写科技小论文382篇；制作科技作品161件；采集标本287件；看科技电影电视21 690人次；听科学家成长史1156人次；做科学实验和参加游艺活动12 870人次。昭平中学、昭平镇二小被评为自治区先进集体。1985年，在昭平镇一小开展"注音识字，提前读写"的实验教学。次年在小学教师中开展"优质课评比活动"。1988年，继续深化教改活动，改"满堂灌"为"启发式"教学；改"教师为主体"为"教师为主导，学生为主体"；改"单一的课堂结构"为"多种类型的课堂结构"。同年组织部分教师参加梧州地区教育局举办的"小学优质课"评比活动，昭平镇二小语文教师周玲玲获地区一等奖。

第22章 经费、设备、勤工俭学

第一节 教育经费

明清时期，县学、书院的教育经费主要来源于学田。例如，明万历年间，朱承松等捐置学田有古店、黄姚等处共1顷21亩5分3厘，每年每亩收禾把120斤，纳钱粮12两1钱5分3厘5毫，由儒学催收钱粮，亦由儒学完纳。清康熙五十八年（1719年），知县钱兆澧将黄公渡租谷3000斤拨作南池书院（原为南池社学）生徒膏火，掌教脩脯由县捐送。清宣统二年（1910年），学务经费岁入14 600元（银毫下同），岁出8500元。清末，儒学裁撤，学田尽数拨作县立高小经费。私塾经费均自筹资金和学生缴纳。民国后，学校经费除清末学堂之公户外，部分还从县里的田房契税、土特产捐、榨口捐等项内提留。1927年，全县小学96所，学生3621人，教育经费岁入21 490元，岁出22 788元，经费入不敷出。民国初年至1928年，县立高级小学每年收入古店、仙回、福登、芬洞、河井、鳖洲、白土各处租谷6540斤，黄姚盘古村租银120元。1932年，县立师范讲习所1班、学生33人，中心国民学校5所，国民基础学校190所，学生8477人，经费共支出21 909元（银毫）。至1945年，全县中学的教育经费靠县政府拨款和学生缴纳学杂费维持。1946年下学期，县立第二初中经费，县政府拨款3070.53万元（国币），收学生学谷28 500斤。

解放后，中小学教育经费主要靠国家拨款，不足部分由地方自筹和教育部门内部收入补充。县财政拨的教育经费，1952年为县财政总支出的11.74%。1989年占县财政总支出数的24.36%（表22-1）。

表22-1　1952—1989年昭平县教育经费（县财政拨款部分）

年份	教育经费数额/元	占财政总支出/%	年份	教育经费数额/元	占财政总支出/%
1952	95 739	11.74	1978	1 419 605	15.28
1956	326 621	27.89	1982	2 624 168	24.66
1960	641 440	20.63	1985	4 539 807	23.81
1964	491 252	17.65	1988	8 866 672	25.12
1968	551 600	12.75	1989	8 987 923	24.36
1973	920 652	12.34			

第二节　校舍、设备

一、校舍

明清时期，书院、学堂及私塾多数借用祠堂、庙宇做校舍。民国时期仍沿用，1927年城区初级小学创办时设于同义祠内。1937年，昭平县立国中开办时，亦借用旧文昌试场（今县武装部址）和关帝庙（今县供销社址）做校舍，直至1942年间才于放炮坪新建平房一幢做校舍。

解放初期，中小学校舍多数仍袭民国时期的旧校舍，新建扩建极少。1956—1957年县一、二、三初级中学分别新建扩建了校舍，县内部分学校也开始不同程度地新建扩建了校舍。党的十一届三中全会以后，中小学校不断扩建。1983—1988年用中央和自治区普及教育基建专项补助投资兴建的中小学校有49所，共52幢，总面积31 526平方米，其中火砖或钢筋混凝土结构的教学楼45幢；总投资379.3万元，其中中央和自治区拨款233.64万元，县、乡、村群众自筹145.13万元。1988年，全县中小学178所，教学点3274个，校舍总面积229 833平方米，其中危房6653平方米。是年3月自治区发出抢修中小学危房的紧急通知，5月县人民政府做出了抢修中小学危房的决定，动员各级政府、单位、干部、群众、师生共集资691.4万元，将全县严重危房429间面积27 915平方米，全部拆除。回建新建教室1024间面积73 959平方米。同时，修复一般危房38 743平米。经1年抢修后，全县中小学火砖混凝土结构校舍从抢修前的11.3%提高到22.7%，火砖或水泥砖结构从28.3%提高到42.1%，泥砖木结构的从原来的60.4%下降到35.2%。同时对旧校舍进行更新改造，全县学校面貌焕然一新。1989年7月，经广西壮族自治区抢修中小学危房验收小组的检查验收，昭平县达到自治区基本解决中小学危房的二级标准，并发给合格证书。

二、设备

封建时代的书院、学堂仅以书本教学读写，设备甚为简陋。到民国后期，只有中学和中心小学有少量图书、挂图、卡片和简单的教具。规模较大的县立第一初中，学校范围含运动场仅12亩。

解放后，县人民政府按计划拨款给学校添置课桌、椅凳、黑板、图书、仪器和文娱体育器材等教学设备。20世纪50年代初期，为加强直观教学，教员自制简单图片、标本、计算器、模型教具。1953年，县文教科曾举办全县性教具展览。随着教育事业的发展，各中心学校逐步配备了各种计量仪器、通用仪器、专用仪器和各种模型、标本等教具。大部分学校设置了仪器柜，部分设有仪器室、实验室。1980年后，城镇小学和农村中心校逐步开展电化教学，应用电影、电视、录像、幻灯片、唱片等现代化的视听工具于教学过程中。县教育局购置17台放像机配给各乡镇教育组，供组织学习、推广先进教学经验使用。1989年，全县普教仪器装备达到一类标准，能完成全部演示实验和学生实验的中学有1所（昭平中学），小学有2所（昭平镇一小、昭平镇二小）；达到二类标准的中学有4所，小学有20所；达到三类标准的中学有20所。全县6所县办中学（含职中、进修学校）、19所乡镇中学、22所中心小学（含镇小），共有仪器室63间，面积1600多平方米；仪器柜340个，价值4万多元；实验室39间，面积180多平方米，实验桌椅730套，价值2.8万多元；各种教学仪器总计达1.8万多件，价值31万多元。全县有图书室21间，阅览室15间，总面积1350平方米。藏书11万余册，总价值达12.5万多元。昭平中学建成一幢4层16间的实验大楼，内有仪器室、实验室、微机室、语音室等。该校拥有各种教学仪器共2097件，价值达11.4万多元。其中，电子计算机（微机）12台，价值1.2万元；语音室整套设备48座，价值3.5万元。还有图书室藏书共46 400册，价值5万多元。昭平镇二小被定为地区电教试点校，配有收录机、投影器、照相机、录像机等电教器材。

第三节　勤工俭学

　　解放后，1953—1957年，中小学利用每周劳动课做手工、种植和修缮校舍等。1958年下学期，全县中小学停课两个多月，师生参加当地大炼钢铁和社队的秋收劳动。1959年，中小学开展种养、打柴等活动，全县勤工俭学收入60 772元，其中小学56 878元、中学3894元。1970年，各中小学办小工厂60间，农场351个，种田108.9亩，种地1028.2亩。1976年，勤工俭学进入高潮，大搞学工学农开门办学活动，全县中小学办小工厂30间；校办农场面积2980亩，产干谷101 501千克，红薯、木薯79 469千克，养猪540头；林场面积5018.8亩，种果树15 547株。此外6所中学自建和协助社队建微型电站21座，总功率174千瓦，全县勤工俭学收入135 806元。1977年下半年校办工厂、农林场的规模开始收缩。1983年，勤工俭学活动又逐步发展。1988年，农村学校以种养为主，兼营采、拾、运、烧和小卖部等；城镇学校以办小工厂为主，兼营种养和一些服务性项目。全县勤工俭学收入40.5万元。1989年，全县有小工厂16间，种植基地1950亩，小日杂店、饮食店、招待所等36间，有茶园、果园、菜园等18个，总收入52.6万元，中小学生人均收入9.59元，其中昭平中学有小百货店1间，木器加工厂1间，米粉加工厂1间，还办有养猪、鱼塘、果园等种养场，1985—1989年平均收入21 545元，其中1989年总收入20 842元，学生人均收入13.89元。

第23章 行政管理

明清时期，县设儒学署，署设教谕和训导管理教育行政事务。清乾隆年间，有教谕和训导各2人，门役2人，膳夫4人，斋夫12人。光绪三十二年（1906年）改儒学署为劝学所，设所长1人，劝学员2人，书记（文书）1人，所长总管县内教育行政事宜。民国初期，劝学所所长每一学年周历县内各区学校视察一次，劝学员分任各区劝学事务，每学年周历所辖区域学校视察一两次。所长任期3年，劝学员期任2年。1924年，劝学所改为教育局，设局长、视学员或督学员，均由县呈请教育厅委任。1933年，教育局改为县政府第三科。1940年，第三科改称教育科，设科长1人、科员2人、督学2人。

1950年，昭平县人民政府设文教组，次年改为文教科，设科长1人，科员2人。1952年后，先后增设副科长1～3人，各区设文教助理1人。1955年又增设学区辅导员1人，为文教科和所属区公所双重领导，分别管各区文教行政和教学业务辅导工作。

1958年9月，文教科和卫生科合并为文教卫生科。1960年8月，两科分开，设文教局。1963年8月，文教局又分设文化科、教育科。1968年4月，教育工作由县革委会政工组文教小组管理，1969年小学下放大队，由贫下中农管理委员会管理，中学由县革委派工宣队进驻管理。同时，各公社设教育专干1人，负责本公社中小学行政管理事务。1972年8月，设置教育局，设局长1人，副局长2人，工作人员若干人。1979年以公社划分学区，设学区总校长、总辅导员、会计各1人。1982年学区改为教育组。1984年机构改革，分设17个乡（镇）教育组，各配组长1人、干事3人、会计1人。1989年，县教育局设局长1人，副局长3人，下设秘书、人事、教育、财务4个股及教研室，还有招生办公室、勤工俭学公司。各股、室、公司分别设正、副股长、主任、经理及工作员若干人。全系统行政业务管理114人，其中局直属行政编制18人、事业编制27人、乡（镇）69人，教育行政管理日臻完善。

昭平县（1990—2005 年）[①]

　　1990 年，昭平县继续推进办学体制改革，多渠道筹措教育经费。完成中小学危房抢修，改善办学条件，巩固和提高学前教育、基础教育，形成公办、民营等多种办学形式。同年，全县有中小学校 498 所，各级各类学校教职工共 3228 人，其中公办教师 1995 人、民办教师 382 人、代课教师 851 人，在校学生 5.55 万人。1994 年，县教育局成立"进校书刊管理领导小组"。严格规定制订课程计划，控制学生在校时间总时量和作业量，不准加班加点；精简学生辅导用书，不准乱编乱发复习资料；严格管理和限制各种学科竞赛活动。1997 年 2 月，县内开展基本普及九年义务教育和基本扫除青壮年文盲（简称"两基"）。县教育局扫盲组到文竹镇和古袍镇抽查所辖 8 个行政村，采用听、看、查、访、测等方法检查农村成年人教育工作，得到全面具体的扫盲资料。同年 11 月，通过自治区"两基"评估验收。1998 年，实施"国家贫困地区义务教育工程"，扩建小学 25 所。1999 年 4 月，县内"普及实验教学"工作，昭平县率先在贺州市实现自治区级达标。2001 年，全县实施"以县为主，县、乡（镇）、村三级，分级办学、分级管理"的体制。全县学前教育及小学、初中、高中 3 个阶段的基础教育发展较快。2003 年，广泛开展文明庭院、绿色学校、精神文明创建活动。昭平中学被评为全国精神文明建设工作先进单位，昭平县教育局、昭平县一小被评为自治区文明庭院，昭平县幼儿园荣获广西"绿色幼儿园"称号。2005 年，全县有中小学、幼儿园、职业高中、特殊教育学校共 205 所，教学点 74 个，教职工 3786 人，在校学生 7.07 万人。1990—2005 年，通过高考向大学输送新生 1.32 万人，其中北京大学、清华大学等全国重点大学录取 965 人。

[①] 昭平县地方志编纂委员会. 昭平县志（1990—2005）[M]. 郑州：中州古籍出版社，2020：869-900.

第 24 章 教育管理

第一节 机构

一、昭平县教育局

昭平县教育局是县人民政府管理教育事业的行政职能部门。1990年，县教育局内设秘书股、人事股、财务股、行政编制16人，局领导设置为1正2副。负责各级学校的教学管理监督、教育经费的筹集使用、教育人员的调配等工作，为正科级行政管理单位。办公地址位于昭平镇西宁中路35号。同年12月，成立昭平县教育局督学室。1997年5月，成立昭平县"两基"工作办公室，下设财务审计、校容校貌等督查组。同年，根据《昭平县直属机关党政机构设置方案》，进行机构"三定"（定编、定员、定机构）改革，教育局编制16人。2005年，教育局编制14名，内设秘书股、人事股、教育股、财务股、督学室5个行政管理股室，以及教研室、教育工会、招生办、勤工办、改善办、电教站6个业务机构。

1990—2005年昭平县教育局历任局长：叶燕程（1990年11月至1991年9月）、邱少初（1992年2月至1996年12月）、何洪（1996年12月至1997年6月）、邱少初（1997年8月至1998年4月）、赖道华（1998年8月至2001年2月）、吴泽锋（2001年2月至2003年2月）、邱锋（2003年8月至2005年12月）。

二、乡镇教育管理机构

1990年，全县17个乡镇均设有教育组，设组长1人、普及教育专干1人、成人教育专干1人、财务人员2人。2002年，教育组更名为教育站。2003年撤销教育站，并入各乡镇中心小学。中学教育教学、教育人员的调配由教育局管理，小学教育教学、教育人员的调配由乡镇中心小学管理和调配，报教育局备案。县内实施"分级办学,以县为主"的管理体制后,全县中小学归口由县教育主管部门统一管理。2005年,全县乡镇设置中心小学17所、乡镇初级中学17所。乡镇不再设立教育管理机构,由乡镇中心小学负责管理所辖村小学、教学点的教育教学业务工作,原乡镇教育站的编制划拨到乡镇中心小学,每校增加编制1~3人。全县中小学核定教职工编制为:中学1524人、小学2408人。

第二节 教育体制

1990年,昭平县教育体制有公办和民办两种,以公办为主。公办学校是按照我国《教育法》实施九年义务教育的全日制高中、初中和小学教育的学校。民办学校是经教育部门批准的县政协幼儿园等单位兴办的幼儿园与民办初中教育共10余所。2001年,全县中小学教育实行"以县为主,县、乡(镇)、村三级,分级办学、分级管理"的体制。昭平中学、昭平县第四中学、昭平县职业技术学校、昭平县教师进修学校、昭平镇第一小学、昭平镇第二小学、昭平县幼儿园、马江中学、黄姚中学由县教育局直接管理。各乡(镇)初中、乡(镇)中心小学、学区中心校由乡(镇)政府管理。完全小学、教学点、幼儿园(班)由村委会直接管理。林场、厂矿企事业单位内建的学校、幼儿园,归办学单位管理。教育经费实行分级管理。国家下拨的教育事业费以县人民政府当年安排的预算下达乡镇,实行包干,分级拨付。鼓励社会团体、集体和个人集资助学,欢迎各界人士捐资助学。教育费附加、群众筹集款的征收和使用,全部用于学校的维修和建设,由乡(镇)根据上级有关规定做出安排使用的决定。县直属学校的经费,由县教育局直接安排使用。民办初中教育和幼儿园以向学生收费及自筹为主,县财政或单位补贴为辅。

1990年,县直教师的工资由县财政局逐月拨款到县教育局,再由县教育局拨到县办中小学;乡镇教师的工资由乡镇财政所逐月拨到乡镇教育组,再由教育组拨到乡镇中小学。

根据1994年《国务院关于〈中国教育改革和发展纲要〉的实施意见》第二十三条规定:"除足额征收国家规定的教育费附加外,地方政府可根据国家有关法律和实际需要与可能,决定开征其他用于教育的地方附加费,专款必专用",昭平县从1995年1月1日起开征城镇干部、职工和各类从业人员教育费附加。征收范围及标准：①党政机关、事业单位在职的干部、职工每人每年按工资收入（含基本工资、各种政策性补贴等）的1%～2%征收，由各单位负责收取。②各类所有制企业的职员和工人按每人每年工资收入（含标准工资、效益工资、各类政策性补贴）的1%～1.5%征收，由各企业单位负责收取。③个体工商业主每户每年征收50～1000元，由各地、市、县工商部门根据营业情况确定收取数额，在年审营业执照时收取。

  2002年，全县教育投入主要以县财政拨付为主，教育费附加由县统一管理、统一安排使用。农村义务教育实行由地方人民政府负责、分级管理。在实施"分级管理，以县为主"管理体制过程中，采取"一费制"（指在严格规定现行义务教育阶段的杂费，含基本杂费、信息技术教育费、冬季取暖费和课本费的基础上，由学校一次性统一向学生收取的费用）和"两免一补"（义务教育阶段学生免除学费、杂费，为寄宿制贫困学生补助生活费）等政策措施。高中招生严格执行"三限政策"（限分数、限人数、限钱数），以防止教育乱收费，减轻人民群众的经济负担，控制因家庭困难而导致学生辍学现象的发生。自2003年起，全县中小学教师工资实现由县财政统一发放，停止征收农村教育费附加等费用。同年教育经费在中央和自治区直接下拨农村税费改革专项经费中转移支付。2005年9月，全县小学进入基础教育课程改革试验阶段，一年级新生开始使用新教材。

第三节　教学教研

  1990年以来，昭平县各级教育部门重视教研工作，全县教研工作队伍比较健全，教研工作做到级级有人负责、广大教师积极参与，全县形成"县教研室—学校—教研（导）处—教研组（年级组、学科组）—教师"一条线的教研管理机制，使各项常规教研业务活动能够顺利开展。县教研室和各学校每年都根据教研工作发展动态和学校教育教学的实际制订教研计划，平时按计划开展教材研究、教法探讨、交流经验等各项教研活动，年终进行总结和评估。县教研室的教研员经常深入各学校进行教研调查，督促检查教研工作的开展，组织抓好常规学科教研活动，协助制定集体备课、听课、评课制度，大力举行公开课、优质课等教学观摩和教学评比活动。因此，每年都有教师在各级各类论文、优质课的评比活动中获奖。

1990年10月,在全县推广小学语文"注音识字,提前读写"的拼音教学。初中语文"读写训练实验课"(广西版)试验在昭平县第四中学、富裕中学落实试点,初中数学"自学辅导法"教学实验在文竹中学、仙回中学、富裕中学、马江中学等学校开始试点教学工作,初中化学"程序教学法"教改试验在昭平镇中学、五将中学等学校进行。同年,昭平县教师参加各级优质课评比活动,有1人获地区初中物理优质课一等奖,2人获二等奖;有1人获地区初中数学优质课一等奖。

1991年,部分教改项目试验开始有成果,产生效益,昭平县获全区教学目标管理实验"效果显著奖",杨安焕老师获全国初中数学"自学辅导法"教学论文评比"优秀实验教师"称号。县教研室组织参加了中学语文、政治、数学、化学、英语、生物、音乐和小学思想品德、作文、数字、语文等11个学科的优质课、赛讲课、电化教学课的评比活动。其中,获自治区优质课二等奖1人,获自治区优质课三等奖2人;获地区一等奖2人,二等奖3人,三等奖2人;获地区作文电化教学三等奖2人;获地区小学数学赛讲课比赛三等奖1人。

1992年,昭平县开展实验教学和自制教具活动;同年12月,昭平县教育学会成立。组织老师参加各级论文、优质课评比活动。其中,获自治区小学思想品德优质课三等奖1人;地区英语优质课一等奖、三等奖各1人;地区体育优质课二等奖2人;地区小学语文优质课三等奖1人。体育论文获全区一等奖1篇,地区一等奖、三等奖各1篇;英语论文地区一等奖2篇,二等奖3篇;小学数学论文地区一等奖2篇,二等奖2篇,三等奖3篇。

1993年,昭平县有7名教师获得中国科学院心理研究所"初中数学自学辅导法教学"实验先进教师称号。同年组织教师参加优质课评比,有1人获自治区物理优质课三等奖、1人获地区物理优质课二等奖、1人获地区初中作文优质课一等奖、1人获地区初中作文优质课二等奖;西南区中学语文教学论文评比中1人获二等奖;在自治区生物教学论文评比中1人获三等奖,1人获自治区体育教学论文评比一等奖;1人获自治区教育学会教学论文优秀奖;3人获地区英语论文评比二等奖。

1994年,县教育学会召开语文、数学学科研究会,九年义务教育新教材开始在昭平县推广使用,部分教改试验项目因教材变动而停止使用。教师在参加教学论文评比中,吴文德老师获自治区"教坛明星"(小学组)称号,入选《教坛明星耀八桂》一书;在参加地区中学语文、体育教学论文评比中获一等奖1人，三等奖2人；1人参加自治区小学数学优质课评比获三等奖；有3人获地区体育优质课评比三等奖，1人获地区中学政治优质课评比二等奖，1人获地区中学政治优质课评比三等奖。

1995年秋季学期，全县各级各类学校实行每周5天工作制。年内组织教师撰写论文，总结教育、教学、教改经验。参评的作品中，有138篇论文获奖，其中在广西师范大学《教学研究》发表44篇。组织教师参加地区青年教师（小学）基本功大赛，获单项一等奖1人，总分二等奖1人、三等奖1人；另有1人参加自治区小学美术优质课论文评比荣获二等奖。

1996年，县教研室荣获第十一届全国中小学生作文竞赛优秀组织奖；在组织参加中南五省（区）举行小学数学竞赛中，昭平县获得集体优胜奖。组织教师参加各级论文、优质课评比活动，年内获自治区物理（论文）三等奖1人；地区中学语文、中小学各科论文与教案评比中共有87篇获奖，其中一等奖21篇、二等奖29篇、三等奖33篇、优秀奖4篇。

1997年，昭平县积极做好由"应试教育"向"素质教育"转变的前期准备工作，并于同年取消了小学升初中考试。县教研室积极组织参加自治区"活动课"教师培训、德育及班主任工作培训、语文教育研讨等教师培训。9月8日，全县举行小学教师基本功大赛骨干教师培训。年内在组织老师参加地区中学论文、教案评比活动中，共有67篇获奖，其中19篇荣获一等奖、25篇荣获二等奖、23篇荣获三等奖；有38篇论文在《广西教研》（增刊）上发表。

1998年，全县举办中小学艺术节。上半年以书法、绘画、诗朗诵及讲故事、文艺会演为主，下半年以"班级之声"歌咏比赛为主，调动各校搞好美育的积极性，活跃了校园生活，促进了素质教育工作的开展；10月，组织昭平县第二小学、五将中学参加全区农村中小学教育研讨会，并在大会交流两份经验材料；组织中小学骨干教师参加县级C类园丁工程培训班。年内组织教师参加地区论文、教案评比活动中，获一等奖15篇、二等奖22篇、三等奖27篇；县幼儿园1名教师在参加地区幼儿教师优质课评比活动中荣获第一名。

2002年3月31日至4月2日组织县幼儿园教师到桂林参加广西幼儿园教师培训，学习《幼儿园教育指导纲要（试行）》。同年6月，广西教科所课题组成员到昭平县进行课题培训，培训内容有"发挥教师教学科研活动中的主体作用""教学科研活动的反思和剖析"等；7月，县教育局组织中小学骨干教师到贺州市参加劳动技术课程培训；9月，组织中小学部分教师到桂林参加小学语文学术研讨会；11月，县教研室组织中小学部分教师到贺州市参加小学教师教学培训。2002年，县教研室有小学语文、数学教研员4人，中学语文、数学、英语、物理、化学、政治、历史等学科教研员7人。

2003年4月，县教研室组织举办小学教师关于"推进小学语文课程改革培训班"，参加培训教师50多人。

2004年8月，县教研室组织县内初中学校骨干教师到贺州市教育局参加初中各学科新课程教学培训。

2005年4月，县教育局组织举办学校骨干教师"学校新型的教师专业培养"学习班，参加培训教师80多人。同年，全县中小学学校全面实施新课改方案。昭平一小被评为全国小学语文"发展与创新"教育实验学校。

第四节　教育督导

1990年12月，昭平县成立教育局督学室。1994年10月，昭平县根据国家教育委员会第十五号令成立昭平县教育督导室。主任督学王翠萍（昭平县人民政府副县长兼）、督学室主任邱少初（县教育局局长兼）。

县教育督导室的任务是：①贯彻执行国家、自治区和地区规定的教育督导政策，按自治区、地区制定的教育督导工作规划及业务要求制订全县教育督导工作计划及有关教育督导评估标准。②督导所辖乡镇人民政府的教育工作及其教育行政部门和学校工作。③向同级人民政府及其教育行政部门报告教育督导工作情况、提出工作建议。④总结本县教育督导工作经验，组织教育督导科学研究及实施督导评估等工作。

1991年4月22—27日，县教育局在北陀中学召开昭平县教育工作暨督导评估会议，参加会议和督导评估的有县政府副县长马盛勋、县教育局局长叶燕程与各乡镇教育组组长、各中学校长，以及北陀乡党委、人大、政府的领导，共67人。梧州地区行署教育局党组书记彭汉荣到会指导工作。同年5月23日，县教育局发文决定于1991年6月4—6日，对北陀中心小学办学水平进行督导评估。评估结论为优秀等级。1993年12月，经梧州地区教育局验收，确认北陀中学、五将中学为"梧州地区农村合格初中"，合格中心校有一小、二小，并授予牌匾。1994年，县教育督学室组织人员对各乡镇贯彻落实《中华人民共和国教师法》情况进行督导，这对落实教师待遇起到了促进和推动作用。1995年，全县对基本普及六年义务教育和基本扫除青壮年文盲工作进行验收，对部分乡镇进行"两基"验收。同年10月27日，县人民政府办公室下发《县人民政府办公室关于组团对各乡镇进行"两基"评估验收的通知》，决定由县教育督导室牵头组团验收各乡镇"两基"工作。验收团成员共56人，分别对各乡镇进行评估验收。验收结论：昭平镇、北陀镇（总团训干验收）、文竹镇"两基"达标，其余乡镇"普六"和扫盲达标。县人民政府于同年分别给达标的乡镇授予牌匾。

1996年5月24日，县人民政府办公室发出《县人民政府办公室关于开展教育"两基"复查工作的通知》，决定由县教育督导室牵头，对全县17个乡镇的"两基"工作进行复查，对存在的问题要求乡镇政府限期整改。同年11月上旬，县教育督导室牵头对仙回、古袍、走马、黄姚、九龙、马江、五将、富裕等9个乡镇进行"普九"评估验收。上述9个乡镇加大了"普九"力度，加快了"普九"进程，"普九"基本达标，通过县级验收。

1997年10月6—10日，县人民政府决定由县教育督导室牵头组团对全县各乡镇"两基"工作进行全面检查评估。全县各乡镇中小学校办学条件得到了很大改善，校容校貌焕然一新，"两基"主要指标达到国家和自治区规定的指标要求。各乡镇"两基"通过县级验收，县人民政府发给各乡镇"普及九年义务教育合格乡镇"和"扫除青壮年文盲合格乡镇"牌匾。贺州地区行政公署予以认可，并向自治区申报组团前来评估验收。同年11月18—22日，自治区人民政府"两基"评估验收团昭平分团对昭平县"两基"工作进行评估验收，重点抽查了昭平镇、仙回瑶族乡、樟木林乡、凤凰乡、古袍镇、文竹镇，面上检查了解大部分乡镇。"两基"主要指标已经达到，有些甚至超过国家和自治区规定的指标要求。昭平县"两基"提前一年通过省级验收。国家教委也予以认可，并在《中国教育报》公布。

1998年1月，国家教委确认昭平县为全国第四批"两基"达标县。同年，昭平职校、昭平二小被自治区教育厅、自治区科协评为首批科技教育示范学校。同年4月28日，县教育局召开全县素质教育工作研讨会，县四家班子在岗的领导参加了会议。会议按照昭平县人民政府昭政发〔1998〕13号文件要求，制定符合素质教育要求的科学的督导评估制度，建立健全教育督导评估机制，推动中小学实施素质教育，完善对县、乡教育行政和中小学督导评估制度及教育教学质量的监测制度，加强对中小学实施素质教育工作的督导。同年，县教育督导室制定《昭平县1998年教育工作目标管理评估方案》《昭平县实施素质教育目标管理评估方案》《昭平县中小学文明建设目标管理评估方案》等一系列关于素质教育的评估方案和制度。1999年4月，昭平县"普及实验教育"（简称"普实"）工作经自治区教委验收达标。2001年11月，昭平县荣获自治区"两基"工作先进县称号。2004年11月，昭平中学通过自治区示范高中评估验收。2005年经自治区教育厅批准昭平中学成为自治区示范性普通高中。

第五节　普及九年义务教育

1992年，根据《昭平县普及九年义务教育实施方案》，全县范围内分阶段、分区域逐步实施九年义务教育，确定北陀镇为实施九年义务教育示范乡镇。

1993年，筹资建成昭平县特殊教育学校，划归昭平一小统一管理，由一名副校长兼任校长。2005年，昭平县特殊教育学校有教学班3个，学生28人，全县残疾儿童入学率达80.5%。

1994年，昭平县普及九年义务教育，按新教材要求培训教师。县教育局组织教师参加自治区教育厅组织的活动课、德育教育及班主任工作、语文素质教育研讨等培训班，举办小学教师基本功大赛、骨干教师培训班，做好"应试教育"向"素质教育"转变的前期准备工作。

1996年12月，县人民政府根据普及九年义务教育的实际情况，在县城河东建设昭平县第五中学。1997年秋建成，当年招生初中班4个共280人，正式开始办学。

1998年，按教育部、财政部要求，实施"国家贫困地区义务教育工程"。为适应普及九年义务教育，昭平县境内扩建25所小学，新建校舍2.55万平方米，总投资765万元。

1999年，全县共有小学（含教学点）466所，初中22所，小学在校生5.09万人，初中在校生2.17万人。全县初中、小学校点布局合理，基本做到读小学不出村、读初中不出乡镇。义务教育阶段小学入学率为99.5%，初中毛入学率达103.4%。

2000年，全县有小学（含教学点）466所，初中22所，其中特殊教育学校1所，希望小学2所。小学在校生4.83万人，义务教育阶段小学入学率达99.53%；初中在校生2.2万人，义务教育阶段初中入学率达99.21%。县人民政府制定昭平县《关于贯彻落实中共中央、国务院深化教育改革全面推进素质教育的决定的实施意见》，全县素质教育工作有了良好的开端。在素质教育宣传、改善办学条件、整顿教师队伍、推进招生与人事制度改革、加强"两基""普实"巩固提高、治理薄弱学校、创建文明学校和素质教育经验推广等各方面做了大量的工作。同年12月18日，贺州地区"素质教育"座谈会在县教育局召开。

2001年，自治区教育厅组织开展中小学德育教育评估检查和文明学校创建活动，提高中小学德育教育工作水平和精神文明建设水平。昭平二小等单位被评为自治区德育工作先进集体。

2004年，全县有小学148所，教学点113个，小学在校生4.2万人；初中21所（其中包括2所完全中学），初中在校生2.39万人。县教育局印发《昭平县加强中小学校常规管理工作并进行检查评估的活动方案》，全县中小学开展常规管理年活动。推进一批示范性学校，推进薄弱学校的改造，提高全县中小学校教育教学质量和办学效益。

2005年，全县有小学148所，教学点102个，小学在校生3.68万人；初中21所（其中包括2所完全中学），初中在校生2.38万人。

第25章 基础教育

第一节 学前教育

一、发展概况

学前教育,是基础教育的有机组成部分,既是入小学的基础教育,又为九年义务教育的实施奠定基础。自1989年起,昭平县每一个乡镇的中心校和部分村校开办学前班,招收满6周岁至未满7周岁儿童入学。1990年,县政府安排县教育局91名学前班代课教师指标,县教育局把指标分配到各乡镇中心校、村校、分校,健全了学前班教师队伍。鼓励和支持形式多样的办学模式,如各乡镇可根据各自的发展需要,向社会聘请学前班的代课教师,由乡镇人民政府聘任,教育组管理,工资由教育组和学校筹集解决,不伸手向国家要经费。1990年后,有单位或个体兴办的民办性质的幼儿园,各幼儿园要经县教育局审批、备案,发给准办证。1992年全县有县政协幼儿园、小太阳幼儿园、昭平镇幼儿园等10多所单位或个体民办幼儿园,民办幼儿园由创办单位和各幼儿园业主管理。

1995年,在社会各界群众的要求和大力支持下,依靠社会力量,县内学前教育事业得到进一步的发展,基本达到村村有学前班,学前班学生入学率达50%,县城的学前班学生入学率达100%,全县的学前班学生入学率达60%。学前班统一使用自治区编写的教材。同年,全县共有公办幼儿园1所,县直各小学学校和乡镇中心校都办有学前班,全县共有学前班175个,教职工255人。2005年,共有公办幼儿园1所,民办幼儿园18所,附设在小学内的学前班有179个,在校(园)幼儿5059人,教职工149人(表25-1)。

表 25-1　1990—2005 年昭平县幼儿教育情况

年份	园数（含学前班）/所	幼儿数/人	教职工数/人	年份	园数（含学前班）/所	幼儿数/人	教职工数/人
1990	141	772	44	1998	142	2793	56
1991	143	1008	53	1999	148	2970	67
1992	140	1120	68	2000	152	3254	75
1993	140	1205	68	2001	157	3769	81
1994	145	1476	72	2002	160	4425	89
1995	143	2208	64	2003	163	5401	95
1996	146	2806	62	2004	168	5210	101
1997	146	2830	58	2005	179	5059	149

二、学前教育管理

1990年，全县境内乡镇中心校、村校举办的学前班由举办校直接管理。同时，县政协幼儿园、昭平镇幼儿园等10多家单位或个体民办幼儿园，均要经县教育局审批、备案发给准办证。单位创办的幼儿园由单位管理，个体户办的幼儿园由各业主按《幼儿园管理条例》管理。

三、幼儿园选介

（一）昭平县幼儿园

昭平县幼儿园属公办幼儿园。1990年有14个幼儿班，没有学前班；2000年有14个幼儿班，1个学前班。县幼儿园贯彻教育部颁发的《幼儿园工作规程》，做好幼儿保健和教育工作，实施德、知、体、美全面发展的教育方针，寓教于乐，促进幼儿身心健康发展。1995年，县幼儿园在县城西宁中路31号扩建教学大楼及游泳池等幼儿活动设施，加强园内绿化成为花园式单位。2002年6月，自治区将县幼儿园列为广西教育科学研究所实验幼儿园。2003年，县幼儿园被自治区评为绿色幼儿园，2005年有15个幼儿班，没有学前班。同年9月，县幼儿园荣获贺州市师德师风建设先进集体称号。同时开展争创自治区级示范幼儿园活动。

（二）昭平县政协幼儿园

昭平县政协幼儿园属民办性质幼儿园，建于1985年9月，原址在县城老街（图25-1）。1991年，昭平县人民政府批准在昭平镇大壮村石梯冲征地1980多平方米新建校舍，1992年建成。新校园建有教学楼1栋3层，设有6个教室，设备齐全，按照国家《幼儿园规程》办学，每学期招收大、中、小6个班，最多学期曾招收310名幼儿入学。2005年2月，因县城规划新商贸市场用地拆去而停办。

第二节　小学教育

一、学校设置

1990年，县境内设昭平镇一小等中心小学11所。昭平镇三小等村级小学130所，另加教学点（分校），全县共有小学475所，在校学生4.39万人，毕业生5125人，教职工2589人。2005年，全县共有小学255所，在校学生37 075人，毕业生8819人，教职工2490人（表25-2）。全县普及九年义务教育，适龄儿童受教育人数县城达98%，乡镇村达96%。

表25-2　1990—2005年昭平县小学教育情况

年份	学校数/所	在校学生数/人	毕业生数/人	教职工数/人	年份	学校数/所	在校学生数/人	毕业生数/人	教职工数/人
1990	475	43 891	5125	2589	1998	470	48 751	7995	3212
1991	475	45 019	5098	2499	1999	470	50 768	6371	2947
1992	475	46 918	5463	2687	2000	470	50 723	8054	2903
1993	475	48 847	5836	2937	2001	470	49 323	8014	5837
1994	475	43 274	6125	2895	2002	470	46 402	8409	2690
1995	475	43 915	6260	2833	2003	285	43 626	8219	2301
1996	475	46 331	6693	2978	2004	262	40 998	8395	2353
1997	466	48 227	7178	3032	2005	255	37 075	8819	2490

注：小学学校数包含教学点。

二、学制、课程

1980年12月,《中共中央、国务院关于普及小学教育若干问题的决定》中提出:"今后一段时期,小学学制可以五年、六年并存。"1982年秋季,县教育局决定首先在昭平镇一小、二小和新华、乐群、巩桥等3所中心小学的四年级起改为六年制,1984年秋,又把龙坪、鹿鸣、走马、富罗、马江、木格、五将等7所中心小学从新招的一年级新生起改为六年制。1986年秋,全县所有小学,从新招的一年级新生起,均改为六年制,并统一采用全国六年制统编教材。原有五年制各个年级的学生,将于1990年前先后毕业。1991年秋季后,全县小学学制全部为六年制。小学教学课程有语文、教学、思想品德、体育、图画等。

三、学校选介

(一)昭平镇第一小学校

昭平镇第一小学校(简称"昭平一小")位于昭平镇重庆街24号(表25-3)。始建于光绪三十二年(1906年)。1990年,全校建有教学大楼3栋,总面积3404平方米;教职工宿舍2栋,总面积2109平方米;学校公厕1座,面积246平方米。全校有教学班35个,在校学生1633人,教职工83人。教学设备完善,教学仪器价值27.23万元,达到一类学校配备标准。

表25-3 2005年昭平县城镇中心小学情况

隶属乡镇	学校名称	校址	创办年份
县直学校	昭平镇第一小学	昭平县昭平镇重庆街24号	1906
	昭平镇第二小学	昭平县昭平镇东宁北路15号	1981
昭平镇	昭平镇中心小学	昭平县昭平镇塘面街1号	1997
	昭平县富裕中心小学	昭平县昭平镇富裕街6号	1926
文竹镇	昭平县文竹镇中心小学	昭平县文竹镇文竹街8号	1926
仙回瑶族乡	昭平县仙回瑶族乡中心小学	昭平县仙回瑶族乡新中村白磨坪	1973
走马乡	昭平县走马中心小学	昭平县走马乡走马街147号	1945
	昭平县庇江中心小学	昭平县走马乡庇江村庇江街	1925

续表

隶属乡镇	学校名称	校址	创办年份
黄姚镇	昭平县黄姚中心小学	昭平县黄姚镇黄姚街108号	1906
	昭平县巩桥中心小学	昭平县黄姚镇巩桥街56号	1936
樟木林乡	昭平县樟木林乡中心小学	昭平县樟木林乡新华村	1907
凤凰乡	昭平县凤凰乡太平中心小学	昭平县凤凰乡太平村	1915
富罗镇	昭平县富罗中心小学	昭平县富罗镇富罗街104号	1929
北陀镇	昭平县北陀中心小学	昭平县北陀镇北陀街4号	1931
	昭平县九龙中心小学	昭平县北陀镇平恩街45号	1949
马江镇	昭平县马江中心小学	昭平县马江镇解放街9号	1928
	昭平县古袍中心小学	昭平县马江镇古袍街117号	1969
木格乡	昭平县木格中心小学	昭平县木格乡木格村寺坡坪	1920
五将镇	昭平县五将中心小学	昭平县五将镇五将街341号	1928

昭平一小重视发展师生的积极性，全面落实党和国家的教育方针。同年，学校被自治区纪委评为"全区党风和廉政建设先进单位"。1991年，昭平一小被中共梧州地委、行署授予"文明单位"称号，邱莲佳老师被评为全国教育系统劳动模范。

昭平一小重视学校、家庭、社会三结合教育活动及少先队活动。1989年，被团中央授予"全国少先队红旗大队"称号。1992年，被自治区评为"家庭教育先进单位"。1994年，被全国少工委授予"雏鹰大队"称号；同年，荣获广西"爱我中华"群众歌咏大赛优秀奖。1996年成立"少年军校"。1998年，被自治区共青团区委、教育厅、广西军区政治部、区少工委授予"全区先进少年军校"称号。2005年，昭平一小有教学班35个，在校学生1700人，教职工83人。

（二）昭平镇第二小学

昭平镇第二小学（简称"昭平二小"）位于昭平县镇东宁北路15号（表25-3），原为昭平镇中学校址。1981年秋，昭平镇中学撤销后改属昭平一小校址，共有10个教室。1988—1998年，扩建新教学室24个。1990年，全校共有教学班35个，学生1988人，教职工50人。

昭平二小是昭平县境内重点小学之一，全面贯彻党的教育方针，依法办学，积极实施素质教育。1992年被梧州地区、行署评为"文明单位"。1993年4月，被自治区教委评为"自治区文明学校"。1998年10月，被自治区教育学会评为"小学德育工作先进单位"；同年，昭平县人民政府确定昭平二小为素质教育实验学校。同年，创办电教、舞蹈、电脑、科技劳作等11个教学功能室，课外活动丰富多彩。

昭平二小广泛开展中国少年跨世纪"雏鹰"活动，培养学生自学、自理、自强能力。例如，学校先与富裕中心小学、来宾市金秀三江中心小学等结成"手拉手"联谊关系，互学互帮，共同进步。同时，学校成立了"昭平县少年交警中队"。1994年、1997年，昭平二小分别被全国少工委授予"雏鹰大队"称号。1997年11月，自治区党委书记曹伯纯到昭平二小视察。

昭平二小正常开展科技劳作和体育活动，1998年10月被自治区教育厅确定为自治区内首批科技教学示范学校。1993—1998年多次被梧州地区评为实施"国家锻炼标准"先进单位。2005年，昭平二小共有教学班35个，在校学生1990人，教职工50人。

2005年昭平县村级小学情况如表25-4所示。

表25-4 2005年昭平县村级小学情况

乡镇	村级小学
昭平镇 （12所）	昭平镇第三小学、福登村小学、江口村小学、龙坪村小学、龙潭村小学、马圣村小学、上岸村小学、上楠村小学、塘山村小学、裕礼村小学、裕益村小学、玉河村逸夫小学
文竹镇 （3所）	大广村小学、桂花村小学、七冲村小学
仙回瑶族乡 （4所）	茶山村小学、大中村小学、古盘村小学、茅坪村民族小学
走马乡 （10所）	东坪民族小学、佛丁村小学、福行村小学、黄胆村小学、利济村小学、联安村小学、庙枒村小学、森冲村小学、西坪村小学、裕路村小学
黄姚镇 （17所）	白山村小学、北莱村小学、崩江村民族小学、笔头村小学、春甫村小学、凤立村小学、古碌村小学、篁竹村小学、枧盘村小学、界塘村小学、罗望村小学、文洞村小学、新寨村小学、岩头村小学、阳朔村小学、杨村村小学、中洞村小学

续表

乡镇	村级小学
樟木林乡（12所）	潮江村小学、古连村小学、佳田村小学、九如村小学、龙井村小学、平田村小学、三江村小学、水龙村小学、陶坡村小学、岩口村小学、樟村村小学、樟林村小学
凤凰乡（11所）	白坭村小学、大同村小学、独石村小学、凤凰村小学、黄屋村小学、莲塘村小学、美村村小学、四和村小学、营盘村小学、鹧鸪村小学、中央洞村小学
富罗镇（12所）	百宜村小学、登洞村小学、富强村小学、金龙村小学、牛角村小学、三合村小学、砂子村小学、石齿村小学、思乐村小学、汤水村小学、瑶山村民族小学、镇南村小学
北陀镇（11所）	大龙村小学、大贤村小学、风清村小学、观音村小学、敬业村小学、立教村小学、良佑村小学、民福村小学、山秀村民族小学、善政村小学、上贤村小学
马江镇（13所）	白梅村小学、东旺村小学、枫木村小学、古岛村小学、花罗村小学、江塘村小学、盆古村小学、清洲村小学、沙婆村小学、砂冲村小学、湾岛村小学、新兴村小学、熊埠村小学
木格乡（10所）	高车村小学、富约村小学、大旦村小学、大峒村小学、古池村小学、进源村小学、鹿坡村小学、盘石村小学、招林村小学、中平村小学
五将镇（15所）	大胜村小学、恭城村小学、古店村小学、河井村小学、良风村小学、南兴村小学、平水村小学、庆安村小学、仁德村小学、三界村小学、四旺村小学、天保村小学、文曲村小学、新旺村小学、义德村小学

第三节 初中教育

一、学校设置及调整

1990年，全县有昭平中学、昭平四中、黄姚中学、马江中学、樟木林中学、昭平镇中学、富裕中学、黄姚镇中学、木格中学、富罗中学、仙回中学、文竹中学、古袍中学、北陀中学、庇江中学等23所中学。每个乡镇均有1~2所中学，其中昭平中学、昭平四中、黄姚中学、马江中学是完全中学，以高中部为主。全县初中教育、教学、教员由县教育局直接管理。同年的小学生 98% 直接晋升初中就读。从普及九年义务教育后，全县 96% 左右身体健康的青少年都接受过初中教育。

1992 年，黄姚镇中学搬迁到黄姚文明阁对面的螺山脚下建校，共建成 7 栋教学及生活用房（1998 年 12 月搬迁），解决了原借用黄姚中心小学和黄姚中学教室上课的问题。1993 年秋，富罗乡镇南中学并入富罗乡中学。

1995 年，黄姚中学、马江中学扩大招收初中新生。1996 年，昭平县人民政府决定筹备建设县第五中学，校址定在县城河东开发新区（1997 年秋第五中学教学楼、学生住宿大楼、教师宿舍大楼建成。招初中新生 4 个班，共 280 名学生）。1996 年秋，昭平县人民政府鼓励社会能人在县城开办了龙泉和河东 2 所民办中学，扩大招收初中学生。1997 年，昭平县被自治区评定为"义务教育工程"项目县。

1998 年 5 月，昭平县人民政府制定《昭平县中小学推行素质教育实施方案》。6 月 4 日，贺州地区首次中小学校德智教育工作会议在昭平县召开。9 月，昭平县人民政府下发《关于巩固扩大"两基"成果、依法兴教的通知》，重点仍是抓好中小学教育。1999 年全县初中在校学生有 2.27 万人。2001 年 9 月，五将镇古店中学并入五将中学。2002 年 9 月，马江镇中学并入马江中学，黄姚镇中学并入黄姚中学，巩桥乡篁竹中学并入黄姚中学。2005 年，全县有初中学校 21 所（其中 2 所为完全中学），初中在校生共 2.49 万人。

二、学制、课程

1990—1992 年，初中学制三年。1992 年，昭平县人民政府根据上级部门的指示精神，普及九年义务教育实施方案，全县境内分阶段、分区域逐步实施九年义务教育，教科书由一年级排到九年级，七年级至九年级的教科书为初中教育教科书。1993 年，全县初中学制三年，在校学生 9100 人。1994—2005 年，昭平县初中教学仍为三年制。1994 年全县初中在校生 12 850 人。2005 年，全县初中在校生 24 890 人。

1990—2005 年，初中教育课程设语文、数学、英语、政治、地理、历史、生物、化学、美术、体育、劳动、信息技术等。

三、学校选介

（一）黄姚中学

黄姚中学是一所具有光荣历史的学校。1945 年，从桂林疏散到昭平再迁往黄姚的文化界进步人士欧阳予倩（广西艺术馆馆长）等倡办私立临江中学黄姚分校，校址设在黄姚镇宝珠观。首任校长为千家驹（疏散到黄姚的进步人士、经济学家、大学教授，浙江人）。同年，招收初中二年级插班生2个班，新招初中一年级学生2个班，学生约160人，教职工16人。1947年12月，临江中学黄姚分校改名为昭平县立第二初级中学。1958秋，更名为黄姚初级中学。1990年，黄姚中学校园面积53 200平方米，建有教学楼、学生宿舍、教工宿舍、办公室、仪器室、实验室、图书室、学生厨房、膳厅礼堂等，开有教学班12个，在校学生750人，教职工55人。此后，学校大力开展勤工俭学，由教职工集资、校友捐款、县教育局拨款补助方式等方式筹措资金，新建1栋3单元18套的教工住宅楼和一栋3层12间教室的综合楼，为学校认真贯彻党的教育方针，实施素质教育，培养德、智、体等全面发展的学生，形成良好校风、学风打下坚实的基础。2005年，黄姚中学有教学班24个，教师100人，在校学生1667人，教职工100人。

（二）马江中学

1948年，马江镇人邱艾军接受邱宗寿的建议，发动马江区包括马江、木格、古袍、富罗、北陀等区域的群众集资兴办私立马江中学，邱艾军任校长。当年，招收初中新生2个班，共40名学生，教职工9人。

马江中学全面贯彻党的教育方针。加强师德教育，培养教师为人师表、敬业爱岗精神，努力提高教学质量。1990年，校园占地面积19 950平方米，建筑面积3880平方米。建有教学楼、学生宿舍、教工宿舍、办公室、仪器室、实验室、图书室、阅览室、学生厨房、膳厅、教师厨房、礼堂、体育场等，教学设备和体育设施基本具备。同年，有教学班9个，其中高中班2个、初中班7个，在校学生495人，教职工39人。此后，马江中学多名老师撰写教学教研文章，在省级以上刊物发表28篇，在地市级刊物发表39篇。马江中学坚持政治思想教育，引导学生健康成长；以课堂教育为中心，开展形式多样的课外活动，丰富教育内容，在培养德才兼备的新型人才方面取得成效，中考成绩突出。2005年，全校有教学班23个，教师86人，在校学生1456人。

2005年昭平县初中学校基本情况如表25-5所示。

表 25-5　2005 年昭平县初中学校基本情况

序号	学校名称	办学类型	校址	班级数/个	学生数/人	教师数/人	创办年份
1	昭平县第四中学	完全中学	昭平县昭平镇西宁中路37号	35	2245	131	1970
2	昭平县第五中学	完全中学	昭平镇光明街78号	15	1210	48	1997
3	昭平县黄姚中学	初级中学	昭平县黄姚镇黄姚街2号	24	1667	100	1945
4	昭平县马江中学	初级中学	昭平县马江镇解放街9号	23	1456	86	1949
5	昭平县昭平镇中学	初级中学	昭平县昭平镇民源路170号	18	1100	95	1964
6	昭平县富裕中学	初级中学	昭平县昭平镇富裕街6号	15	950	45	1974
7	昭平县文竹中学	初级中学	昭平县文竹镇文竹街2—8号	9	290	26	1972
8	昭平县仙回瑶族乡民族中学	初级中学	昭平县仙回瑶族乡仙回街7号	13	625	37	1968
9	昭平县走马民族中学	初级中学	昭平县走马镇走马街204号	12	675	42	1985
10	昭平县庇江中学	初级中学	昭平县走马镇庙枥村定步组	15	812	54	1969年
11	昭平县巩桥中学	初级中学	昭平县黄姚镇巩桥街210号	27	1897	88	1964年
12	昭平县樟木林中学	初级中学	昭平县樟木林镇樟木林街	32	2091	104	1959
13	昭平县凤凰中学	初级中学	昭平县凤凰乡凤凰街9号	27	1639	94	1986
14	昭平县北陀中学	初级中学	昭平县北陀镇北陀圩12号	30	2305	79	1931
15	昭平县九龙中学	初级中学	昭平县北陀镇平恩村河秀组金蕾坪	8	373	23	1964

续表

序号	学校名称	办学类型	校址	班级数/个	学生数/人	教师数/人	创办年份
16	昭平县富罗中学	初级中学	昭平县富罗镇富罗学街106号	18	1120	58	1970
17	昭平县木格中学	初级中学	昭平县木格乡中平村遥机坪	15	953	42	1969
18	昭平县古袍中学	初级中学	昭平县马江镇古袍村古袍街	18	1106	52	1974
19	昭平县五将中学	初级中学	昭平县五将镇五将街371号	21	1062	54	1967
20	昭平县城东中学	初级中学	昭平镇河西东路183-1号	6	310	19	2002
21	昭平县龙泉中学	初级中学	昭平镇凉亭东路52号	7	360	19	2003

四、中考

中考是完成初中学业升高中或中专、中师的必经程序。1990—2005年，全县各中学按照教学计划，认真组织初中毕业生参加升学考试。中考时间安排在国家高考结束后进行。通常是每年6月下旬或7月初左右。考试分为初中毕业考试和初中升高中考试，初中毕业考试由各学校组织命题。组织初中毕业考试为初中升高中考试打下基础。初中升高中考试由地区、市统一组织，县政府及教育部门对每年中考做出计划，安排考场，组织实施。按照自治区中考方案，考试科目限定为语文、数学、外语、物理和化学5科，同时加考政治。升高中考试须填写志愿，志愿类别有高中（职中）、师范和中专3类。考场基本设在各个中学。1990年、1992年中考科目语文、数学满分各120分，其他科目满分100分。1990年中考于7月1—3日举行，参加中考人数为2805人，同年升高中747人（昭平中学录取高中新生245人、昭平四中录取111人、黄姚中学录取62人、马江中学录取60人，国家录取中专新生86人、中师新生175人，地区民族中学录取新生8人）。1991年，中考于6月28—30日举行，全县参加中考人数为2967人，同年升高中723人（昭平中学录取高中新生229人、昭平四中录取101人、黄姚中学录取51人、马江中学录取55人、昭平职校录取150人，国家录取中专新生62人、中师新生70人，地区民族中学录取新生5人）。1992年，全县参加中考人数约3000人，同年升高中823人（昭平中学录取高中新生300人，昭平四中录取高中新生100人、黄姚中学50人、马江中学50人、昭平职校录取150人，国家录取中专新生71人、中师新生102人）。

1996年，昭平改革办学规模，黄姚中学、马江中学和其他乡镇中学不再开办高中班，全县开办高中教学业务的仅有昭平中学和昭平四中2所中学，同年全县仅录取高中新生479人。1999年，全县参加初中升高中考试的有2160人，同年升高中1201人，其中昭平中学8个班405人、昭平四中4个班216人、昭平职校187人，国家录取中专新生333人、中师新生60人。2000年，初中升高中考试仍由自治区统一组织，考试科目为语文、数学、外语、物理、化学5科，全县招收高中新生860人，其中昭平中学录取新生632人、昭平四中录取新生228人。2002年，中考于6月24—26日进行，中考内容包括学科知识、实验操作技能和体育，考试科目语文、数学、理化合卷各120分，政治、外语各100分，体育30分。同年全县录取高中新生954人。其中昭平中学录取新生449人、昭平四中录取新生305人、昭平职校录取新生200人。

2003年，中考于6月24—26日进行，考试科目有语文、数学、英语、物理4科满分各为120分，政治满分100分，体育30分，物理、化学实验操作列入考查科目，同年因非典疫情影响，考试地点和考场分别安排在县城与各乡镇中学共109个考场。2003年，参加中考共有3085人，录取新生1727人（昭平中学540人、昭平四中353人、昭平职校675人、贺州高中159人）。2004年，中考于6月24—26日进行，全县设考场125个，参加中考的人数共3549人，录取新生1313人（昭平中学760人、昭平四中427人、昭平五中当年开办高中教学招收高中生126人）。2005年，中考于6月24—26日进行，中考内容包括学科知识、实验操作技能和体育，考试科目有语文、数学、英语满分各120分，物理、化学、政治满分各100分，体育30分，物理、化学实验操作列入考查科目。中考考场设在昭平四中、昭平五中、昭平实验中学、黄姚中学、马江中学和北陀中学等共125个考场。全县参加中考人数共3546人，录取高中新生1405人（其中，昭平中学842人、昭平四中427人、昭平五中136人）。

第四节 高中教育

一、发展概况

1990年,县内有昭平中学、黄姚中学、马江中学、昭平四中等4所普通高中,同年,共招收高中新生605人,全县在校高中生1418人。1996年秋,黄姚中学和马江中学不办高中班,尚未毕业的高中学生全部转入昭平中学和昭平四中就读。1998年,在校高中生1856人。进入21世纪,县内普通高中迎来发展机遇,上高中人数逐年增加。2000年,全县在校高中生达2328人(表25-6)。

表25-6　1990—2005年昭平县中学教育情况

年份	学校数/所			在校学生数/人			毕业生数/人	
	初中	高中	完中	合计	其中初中生	其中高中生	合计	其中高中毕业生
1990	19	0	4	10 818	9400	1418		
1991	19	0	4					
1992	19	0	4					
1993	18	0	4	10 516	9101	1415	3529	696
1994	18	0	4		12 854			
1995	18	0	4		16 133			
1996	20	0	2		17 639			
1997	22	0	2	21 327	19 902	1425		
1998	21	0	2	21 259	19 403	1856	5228	442
1999	21	0	2	24 647	22 657	1990	7801	551
2000	21	0	2	25 491	23 163	2328	7683	597
2001	21	0	2	28 991	26 348	2643	7922	658
2002	19	0	2	27 850	24 988	2862	8361	762

续表

年份	学校数/所			在校学生数/人			毕业生数/人	
	初中	高中	完中	合计	其中初中生	其中高中生	合计	其中高中毕业生
2003	19	0	1	29 317	26 650	2667	8040	801
2004	19	0	2	29 457	25 543	3914	9539	953
2005	19	0	2	29 138	24 899	4239	9639	1048

注：空格处为数字缺失。

2002年9月，县人民政府决定撤销昭平县中学初中班，将昭平中学办成完全高中学校，并列为县重点高中。同年，全县在校高中生2862人。2004年，县人民政府决定在昭平五中开设高中班，于秋季学期招收高中新生126人，并向全县公开招聘高中教师，成为初中高中兼办的学校。同年，全县在校高中生达3914人。

2005年2月，广西壮族自治区教育厅下文：昭平中学成为全自治区第三批示范性普通高中。同年秋季招收高中新生842人，昭平四中招收高中新生427人，昭平五中招收高中新生136人（表25-7）。全县高中在校生4239人，比1990年净增2821人，每万人口普通高中在校生人数接近全区高中在校生平均人数。

表25-7　1990—2005年昭平县高中招生人数一览

单位：人

年份	昭平中学	黄姚中学	马江中学	昭平四中	昭平五中	合计
合计	8466	302	305	3215	262	12 550
1990	397	50	55	103		605
1991	434	51	51	101		637
1992	432	50	50	105		637
1993	402	52	51	115		620
1994	369	49	48	109		575
1995	331	50	50	100		531

续表

年份	昭平中学	黄姚中学	马江中学	昭平四中	昭平五中	合计
1996	360			119		479
1997	461			120		581
1998	552			164		716
1999	580			227		807
2000	632			228		860
2001	630			281		911
2002	662			305		967
2003	622			353		975
2004	760			358	126	1244
2005	842			427	136	1405

注：空格处为数字缺失。

二、学制、课程

1990年，昭平县普通高中学制3年，开设思想政治、语文、数学、外语、物理、化学、生物、历史、地理、体育、音乐、美术等课程，以及物理、化学、生物实验操作和劳动技术考查科目。

2001年，根据教育部颁布的《基础教育课程改革纲要（试行）》精神，高中以分科课程为主。高二年级开始分班，即分文科班、理科班，文科班不开设物理、化学、生物课，理科班不开设地理、历史课。思想政治、语文、数学、外语、体育、劳动技术、音乐为文科班、理科班公共课。高三年级仍延续高二年级所开课程。在开设必修课的同时，设置多样选修课程，开设技术类课程。昭平县在严格执行国家课程计划和课程标准的前提下，高中学校根据县内实际情况和全面实施素质教育的要求，开设具有本地和本校特色、适应学生发展需求的课本课程。昭平中学还根据实际情况开设形式多样的研究课，即学生在教师指导下，选择适合高中学生特点的课题进行探究性学习，培养学生的实践能力和创新精神，提高学生自我反思能力。

三、高考、会考

（一）高考

1990—2005年，昭平县高考以昭平中学为龙头，报考人数上线率、录取率成绩俱佳。1990年参加高考人数573人，录取106人。截至2000年，昭平县大专以上（含重点、本科）上线率和录取率连续13年居原梧州地区（贺州地区）榜首，实现"十三连冠"。同年，本科以上上线250人。2001年，广西高考英语科目增加听力考试，成绩不计入总分。2002年，英语听力考试成绩计入总分。2003年，高考大专以上（含重点、本科）上线率达66.05%，录取率为85.57%。1992—2003年，先后有7名学生以优异成绩分别列居广西文、理科前10名。其中陆新林同学取得理科高考满分（900分）。

2002年，广西高考实行两项重大改革。高考科目设置为3+X，3指语文、数学、外语3科，X是指高中开设的物理、化学、生物、政治、历史、地理6门课程，报考本科院校的考生至少选考2门，报考专科院校的考生至少选考1门；一年两次高考，从2002年起，广西本科、专科院校招生考试彻底分离，专科院校招生考试在本科院校招生录取结束后进行，所有考生均在同年秋季学期入学。因考试改革过于复杂，且成本高，两次高考仅实行1年就停止了。2003年、2004年，本科、专科报名分开，考试统一，专科的语文、数学、外语成绩借用本科的考试成绩、专科的X只准选1科。"3+X"科目设置仅实行3年就停止了。其中，2002年、2003年"3+X"中的X为12个科目组，2004年由12个科目组减少到6个科目组。2005年，广西高考科目设置为3+小综合（文综、理综）。恢复以原始分录取高校新生。

自2003年起，高考时间提前，由原来的7月7—10日提前到6月7—10日。2005年，高考时间为6月7日、8日两天。

2005年，全县参加高考人数1101人，录取744人。其中，重点大学录取58人、一般本科录取182人、专科录取504人（表25-8）。

表25-8　1990—2005年昭平县普通高考录取人数一览

单位：人

年份	报考人数	重点大学	一般本科	专科	备注
合计	11 673	434	2151	4395	
1990	573	15	46	45	

续表

年份	报考人数	重点大学	一般本科	专科	备注
1991	680	18	50	57	
1992	810	23	48	113	
1993	862	17	68	183	
1994	789	27	74	173	
1995	717	15	84	215	
1996	624	31	139	202	
1997	489	5	91	171	
1998	512	14	97	192	
1999	600	18	120	271	
2000	696	42	173	347	
2001	714	20	189	311	联考37人，录取26人
2002	759	61	251	324	报考专科451人，录取324人
2003	873	35	242	549	报考专科859人，录取549人
2004	874	35	297	638	报考专科1040人，录取638人
2005	1101	58	182	504	分一本、二本、三本、高职高专，一本58人、二本182人、三本61人

（二）会考

高中会考，每年举行两次。高一、高二年级考生每年4月上旬至月中报名，6月上旬考试，考试科目有地理、历中、物理、化学、生物、思想政治和信息技术；高三年级考试每年12月上旬报名，1月中旬考试，考试科目有语文、数学、英语（外语）。昭平县高中会考一次通过率均在90%，个别科目一次通过率达到97%。1992年，梧州地区高一年级地理科会考，全县考生667人（昭平中学399人、黄姚中学75人、马江中学70人、昭平四中123人）D等以上（合格）考生达653人，一次通过率达97.90%。1993年，高一年级地理科会考，全县考生609人（昭平中学415人、黄姚中学46人、马江中学61人、昭平四中87人）D等以上（合格）考生达596人，一次通过率达97.87%；高二年级历史科会考，全县考生638人（昭平中学416人、黄姚中学64人、马江中学47人、昭平四中111人）D等以上（合格）考生达619人，一次通过率达97.02%；物理科D等以上（合格）考生达599人，一次通过率达93.89%；化学科D等以上（合格）考生达610人，一次通过率达95.61%；生物科D等以上（合格）考生达612人，一次通过率达95.92%。

2000年，贺州地区高三年级会考，全县考生687人，语文科及格率为97.67%、数学科及格率为90.23%、英语科及格率为95.05%。同年，广西壮族自治区教育厅下发《关于广西普通高中毕业会考改革若干问题的通知》，规定会考科目设置，会考文化科目为思想政治、语文、数学、外语、物理、化学、生物、历史、地理等9科，考查科目为物理、化学、生物实验操作及劳动技术。学生的体育成绩，由学校根据学生平时的学习锻炼及体育达标情况综合评定。高一年级安排地理、生物及生物实验操作，高二年级安排思想政治、物理、化学、历史及物理、化学实验操作，高三年级安排语文、数学、外语及劳动技术。会考时间除语文、数学为120分钟外，其他学科均为90分钟。昭平县会考考生均取得良好成绩。

2001年，高中会考取消补考，即不单独安排会考学科补考。考试科目的报告成绩分为A、B、C、D 4个等级，考查科目的成绩只分及格、不及格两个等级。自2001年起，会考各科试题难、中、易按1∶2∶7配置。

2004—2005年，普通高中毕业会考开设信息技术科。考试对象为高二年级。

四、学校选介

（一）昭平县中学

昭平县中学始建于1937年，位于今县城人民武装部处。1960年秋迁到县城郊香茅岭（即现在校址）。1977年，国家恢复高考以来，为国家输送了6500多名大学生，其中考入清华大学、北京大学等全国重点大学的学生有600多人。1990年，昭平县中学校园占地12.34万平方米，学生人均占地面积达55.5平方米，绿化面积6万多平方米（占校园面积近50%），校舍总建筑面积3.9万平方米，其中教学建筑面积人均达12.5平方米、寄宿生人均住宿面积3.14平方米。办公室、教室和计算机室等各种功能室一并齐全、充足，有标准300米环形跑道田径场和6个篮（排）球场等。1994年10月，昭平县中学被自治区人民政府评为"文明单位"；2000年11月，昭平县中学为教育部和国家环保总局首批表彰命名的"全国绿色学校"，是全国表彰的105所、广西3所先进学校之一。

2001年，立项建设示范性普通高中，先后投入1000多万元，用于学校的基础建设和教育教学设施设备，其中投入450多万元新建科技综合大楼，面积6888平方米；投入220多万元用于学生宿舍楼加层扩建、教学楼的更新，以及新建2幢教工住宅楼；投入300多万元建起校园教学网络和校图书馆，面积达800平方米；建立了语音室、多媒体教室、计算机室、电子阅览室等；投入50多万元建设校园美化和校园文化。2003年元月，昭平县中学被中央精神文明建设指导委员会授予"全国精神文明建设工作先进单位"称号。2005年，学校有37个高中班，在校学生2224人，教职工162人，其中专任教师122人，学历结构为：本科毕业107人，函授本科毕业11人，占专任教师的96.7%。职称结构：中学高级教师24人、一级教师63人，中级以上教师占专任教师的71.3%。已有6名教师攻读在职研究生、1名教师攻读硕士学位，有自治区级优秀专家1人、特级教师1人、全国优秀教师和自治区优秀教师2人。同年，昭平县中学更名为昭平中学，成为广西示范性普通高中。

（二）昭平县第四中学

1974年冬，昭平镇公社中学改为县办中学，校名为昭平县第四中学（后称"昭平四中"），校址在县城西宁中路37号，属初中高中兼办的学校。1989年9月，昭平四中在初中一年级设体育班。

1990年，昭平四中有教学楼2栋，教工宿舍楼3栋，实验楼1栋（有电脑室、语音室、图书室、阅览室、会议厅）。校舍总面积7462.5平方米。体育活动设施有250米跑道田径场，小足球场、篮球场、排球场、羽毛球场、举重训练房等。在校学生1200人、教职工106人，其中中级以上职称教师40人，有18名教师曾获地区级以上先进个人称号。同年，昭平四中文体活动蓬勃发展，体育班训练举重的学生苏赛飞、邱怀德输送到广西体校。1991年，学校艺术表演队参加梧州地区中学艺术节，荣获一等奖；"我的祖国，我的老师"书画展荣获一等奖；输送体育班学生严本敏到广西体校。同年8月，苏赛飞在广西体校参加全区少年举重比赛，获银牌3枚，打破男子44公斤级抓举全国少年纪录。1992年，昭平四中组织体育运动队参加梧州地区、自治区举办的各类体育项目比赛，获奖牌总数102枚，其中全国级金牌1枚、省级金牌22枚、银牌9枚、铜牌9枚。输送到自治区体校5人，输送到广东东莞体工队2人。同年，体育班毕业生参加中考，上线22人，其中重点中学和师范学校共11人。1994年，昭平四中学生参加"中国少儿书画"大奖赛获铜牌奖2名、优秀奖2名。1996年，参加广西少儿"祖国在我心中"书画大赛，有1幅国画获一等奖。

1991年，昭平四中被自治区体委、教委评为"优秀体育传统项目学校"；1992年，被评为全自治区学校课外活动先进单位；1993年，被自治区评为"文明学校"、自治区"爱科学月"先进集体、全国群众体育先进学校；1994年，被评为全自治区实施《国家体育锻炼标准》先进单位；1996年，荣获自治区贯彻《学校体育卫生条例》"优秀学校"称号；1997年荣获自治区"先进体育传统项目"学校称号。2005年招新生427人，在校高中生1000多人。

（三）昭平县第五中学

昭平县第五中学（简称"昭平五中"）是县办初级中学，位于县城河东开发区，创建于1996年12月，占地面积5.07公顷。1997年秋，共招收来自全县17个乡镇的初中新生4个班286人，在全县招聘教师12人；1998年秋，又招收初一新生4个班267人，招聘教师11人，全校在校生559人，教职工34人。创办伊始，校园硬件建设不完善、办学条件尚差，全校师生员工同心同德，艰苦奋斗，克服了重重困难。为了办好学校，学校从严治教，实行全方位、全封闭的教学管理模式，狠抓学生的思想品德教育、狠抓各种规章制度的落实，并用良好的教风带出浓厚的学风，学生文明守纪、勤奋向上的道德情操和自觉、自律的行为规范逐步形成。

昭平五中积极开展素质教育，努力开阔学生的视野，激发学生的兴趣与爱好，培养他们自理、自立、自强不息的生活能力、心理能力及将来适应社会生活挑战的能力。昭平五中创办1年多来，校风正、教风良、学风浓。1997—1998年，学校被县人民政府评为教育系统先进集体。

2004年，为加快普通高中教育发展，县人民政府决定在昭平县第五中学开设高中教育班，根据教育教学需要从全县教师队伍中选调、招聘了一批高中教师，同年秋季学期招高中生2个班共126人，成为完全中学。2005年秋季学期，招收高中学生136人，在校高中生262人。

第五节　特殊教育

1991年，昭平县建立特殊教育学校，附属于昭平镇第一小学。学校老师以平等对待每一名特殊儿童为办学理念，以促进学生最大可能性融入社会活动为最终目的。大部分学生能进入高一级学校继续学习，部分学生步入社会自食其力。学校有3个教学班，在校生31人，教职工8人，教职工与学生比为1:3.9；专任教师中副高职称2人、中级职称4人，占教师总数的75%；专科以上学历教师7人，占教师总数的87.5%；学历合格率、达标率均为100%。有单独的教学楼1栋，教学辅助用房建筑面积202平方米，学校设有心理咨询室、音乐室、电脑室、美术室等。各种功能室和教学仪器设备齐全，辅助孩子的素质训练和学习。每个教学班都配备了多媒体设备。但多年来由于师资、校舍、教育机构类型等因素限制，学校只能招收智力障碍学生，无法扩大招收听力、视力残疾及重度残障孩子就学。1991—2005年，共招收特殊儿童入学约400人次。

第26章 职业教育、成人教育

第一节 职业教育

1990—2005年,昭平县职业教育机构主要有县教师进修学校、县中等职业技术学校等职业技术培训学校。同时,全县创建乡镇成年文化技术学校17所、村级成年人文化技术分校156所,并配备了专职或兼职教师。积极举办茶叶栽培和加工、水果低改、柚子授粉、网箱养鱼、水稻栽培和杂交制种、湿地松育苗、毛竹育苗等培训班,推广新技术养猪、9205新采脂法、高效采脂刀推广等培训。各职业学校和培训班认真办学,努力培养各类专业人才,为全县社会发展和经济建设起到很大作用。

一、县教师进修学校

县教师进修学校(亦称"师范学校"),前身是全县小学、幼儿园师资培训基地,学校占地面积11 000平方米,校舍面积4134平方米,教学设施齐备,有电教室、计算机室,有计算机40台、录制音像资料350小时,主要是为社会培养教师人才,提高教师队伍素质。1990年,县教师进修学校校址在昭平四中背后,有教职工27人,其中大学本科毕业5人、大学专科毕业8人、高级讲师2人、讲师8人、助理讲师4人。县教师进修学校恢复学生入学统一考试录取制度。同年招收新生298人,其中两年制脱产进修中师42人;四年制中师函授班256人。1993年,招收学生120多人,为两年制脱产系统进修班和四年制中师业余函授班学生,课程设置有文选与写作、语文基础知识、小学语文教材教法、算术基础理论、小学教学教材教法、代数与函数、几何、教育学、心理学、自然、历史、地理。两年制脱产系统进修班增授政治、图画、音乐、体育、教育实习。各科短期培训班,课程按不同性质的短训班采用不同的教材:半年制小学语文数学短训班,以疏通小学语文数学教材为主;小学代课教师短训班,以研究备课、写教案和授课方法为主;小学音乐教师短训班，以疏通小学音乐教材为主；小学行政领导短训班，以学习"小学管理学"为主；小学教师自学考试辅导班，讲授学员所考的学科内容。1996年，县教师进修学校成为中国联合国儿童基金会合作单位、促进贫困县初等教育项目县的"师资培训基地"。同年该校有教职工43人，专任教师29人，其中高级教师2人、中级教师15人、培训教师80人。截至1996年县教师进修学校已培养合格小学教师1618名。2004年培训教师50名。2004年在全县17个乡镇设立继续教育辅导站，实行送教下乡，先后培训小学教师1600多人。2005年，县教师进修学校与县职校等校合并，组建"昭平县职业教育中心"，实行学历与非学历教育相结合、自办与联办相结合的办学方法进行职业教育。

二、县中等职业技术学校

县中等职业技术学校前身系1983年创办的昭平县农业中学，1986年6月改为昭平县职业中学。1995年9月更名为昭平县中等职业技术学校（简称"县职校"）。同时增设初中部。2003年3月，初中部挂牌"昭平县实验中学"，每年招收学生2个班（100人）。2004年，县职校与北京中等职业示范学校以"2+1"模式联合办学。2005年，县职校与"全国职业教育成功星"——玉林市岭南工业学校以"校企合作，工读助学"的形式联合办学。同年5月，县职校、县教师进修学校、县供销学校合并，组建"昭平县职业教育中心"。办公地址设在县城凉亭西路，校园面积3.19万平方米，建筑面积1.68万平方米，教学设备总值833.50万元，图书2.41万册，核定事业编制105人。中专在校生1059人，初中在校生591人，短训学员1000多人。开设计算机应用、电子电器应用与维修、汽车驾驶与维修、农学、文秘、会计、电子技术应用、制冷和空调设备运行与维修等八大专业，专业实训室20个，校外培训基地8个。2005年被国家教委评为"贯彻《学校体育工作条例》优秀学校"。

县中等职业技术学校是全县职业教育的龙头学校，采取学历与非学历教育相结合全日制办学的教学方法，面向农村，走农业科学教育三结合的道路，灵活设置专业，培养专业人才。1990年，县人民政府重视抓好县职校基础设施建设，加大投入，建起教学楼、住宅楼；拨13万元添置教学仪器；落实校内种养基地1公顷，校外种养基地13.33公顷。同年，县人民政府成立了农村教育综合改革领导小组，由主管教育的副县长担任组长，成员由教育、农业、科技、畜牧、农科所、职校等单位的领导组成，并确定经济文化基础较好的昭平镇、北陀乡为全县境内农村教育综合改革试点乡镇，在试点乡镇的中小学渗透职业技术教育，建设实验基地。例如，北陀中心校创办林场3.33公顷，种植美国湿地松，开发茶叶育苗基地0.3公顷，办起木器加工厂和童装厂，丰富了教学内容，增加了学校收益。同时围绕农村产业结构设置专业，开展长线专业与短线专业相结合的办法培养人才。长线为围绕大农业开设种植、园艺、养殖、牧医和多种经营等专业。短线为解决农村产业结构变革后剩余劳动力的就业问题，根据人才市场的需求开设家电维修、裁缝、财务、文秘、电子技术应用和电脑等专业；实行学历与非学历教育相结合的办法。除正常学历教育外，开办沙田柚栽培、快速养鸡、畜禽阉割、家电维修、电工、电脑打字等专业技术培训班；自办与联办相结合。

为使各乡镇在校学生学到1～2门以上实用技术，加强全县中小学职教渗透工作，县教育局于1993年5月组织有关人员编写了《农村实用技术》一书，为中小学补充教科书，供全县中小学使用。从1994年起，各级学校的学生在毕业前以此教材为依据，统一命题测试，成绩合格者分别发给"小学、初中、高中"学生职业技术课合格证书。1995年，昭平县被自治区教委确定为农村教育综合改革实验县。1996年4月，县人民政府根据《中国教育改革和发展纲要》《国务院关于大力发展职业技术教育的决定》，制定了《昭平县农村教育综合改革实验方案》，确定了农村教育综合改革的指导思想、目标、任务及实施方案。同年，县教育局组织县职校等有关人员编写并出版了一套从小学三年级至高中共八册的农村实用技术教材，内容包括粮食作物、林果、蚕桑、畜牧、水产、植保、土肥、气象、农副产品加工、家电常识等。读本适合县内实际情况，适合中小学和成人学校教材，得到联合国儿童基金会专家的充分肯定，促进办好农村成人文化技术学校，发展了农村职业教育。

1997年县职校与县武装部联合开办预备役高中班。1998年为教育局承办中小学劳技课师资培训班，与农业局联合举行农村基层干部、党员和群众骨干培训班。截至1998年年底，县职校为全县输送了有知识、懂技术、会经营、素质高的毕业生862人，举办短期技术培训2380人次。许多毕业生成为农村致富带头人，乡、村聘为水果专干、农辅员，或选为村干部。同年10月，县职校被自治区教育厅确定为"自治区首批科技教育示范学校"。截至2005年年底，全县参加实用技术培训长训班2870人次，举办实用技术培训短训班9974期，参加培训人员49.87万人次。

三、农民文化技术培训

1990年,县内有13个乡镇办起农民文化技术学校,开设果树嫁接、果树栽培、杂交水稻栽培、水产养殖技术及农产品加工技术等课程。此外,还开设农用车驾驶、裁缝技术等实用课程。授课教师由农技站的农技师、驾驶学校教师及有一技之长的农民或社会人士组成。学校实行不定期办班,农民可以根据自身需求参加学习一门或多门实用技术。同年,全县农民文化技术学校开办各种实用技术学习班共422期,参加学习人员达4668人次。

1992—1997年,县内17个乡镇农民文化技术学校,共举办各种实用技术培训班822期,培训1.15万人次。

1999—2005年,全县乡、村两级成人文化技术学校,扩大实用技术培训面,与农业、林业、畜牧水产、水果办等部门配合,开设水稻制种、兽医畜牧、水产养殖、果树栽培、农机驾驶与维修等专业课程。共举办各种实用技术培训班800多期,培训2万多人次,同时实施证书发放制度,凡通过学习培训掌握一门实用技术的学员均发给相应的实用技术培训证书,方便学员创业就业。

第二节　成人教育

一、成人高校招生考试

成人高校招生考试工作由县招生办负责,包括考生报名、分发材料和组织考试等工作。试题来源于教育部,评卷由自治区招生考试院负责,每年划定最低录取分数线,有关学校负责录取和实施教育,合格者由负责教育的院校发给毕业证书。录取考生分离职到院校学习和在职函授学习(自学为主、定期面授辅导、有关学校组织考试及评卷)两类。昭平县结合成人教育的特点和在职人员的实际情况,联合广西大学、广西师范大学、广西民族学院、玉林师范高等专科学校、梧州师范高等专科学校等自治区内几所院校在昭平县开设函授班,请教授到函授点给学员授课,送教上门,方便了学员,减轻了学员的经济负担,因此,参加函授的学员大增。县财政局的中华会计函授站招收会计专业的函授学员,县农业局的农业广电学校招收农学专业函授学员,县教师进修学校招收中师函授学员和卫生中师班学员,县供销学校招收会计专业、营销专业学员，县委党校招收党政管理专业学员。此外，自治区部分院校直接在昭平设点办班，招收函授学员及电大函授学员等，如开办小教大专班、汉语言文学专科班和汉语言文学本科班等。

1990年，中专函授报名871人。中专函授办学5年后，报名函授人数逐年减少。同年，成人高考报名160人，其中，本科8人、专科152人；文科97人，理科44人，英语5人，体育5人，艺术1人。1991年，成人高考报名331人，其中，本科19人、专科312人。2005年，成人高考报名501人，其中，本科334人、专科167人。

二、高等教育自学考试

各行各业改革开放后，广大干部职工、社会青年渴望掌握文化知识，提高专业知识和文化修养，利用业余时间自学。高等教育自学考试是实现上大学、学历从低层次向高层次迈进的重要途径之一。1990年，高等教育自学考试开考的专业有干部基础科（党政）、汉语言文学、政治教育、工商管理、英语、统计、法律、会计、价格、财政、工业经济、哲学、税收、公安、新闻等。同年，全县报名参加高等教育自学考试的有406人，报考711科次、毕业15人。1991年，全具报名参加高等教育自学考试的有590人，报考1021科次，毕业72人。

1999年前，高等教育自学考试报名数据、考生档案管理相对落后，均采用手工抄写填报报送。高等教育自学考试每年4月、10月各开考1次。2000年后，采用计算机录入考试数据，参加考试考生的基本信息及个人相片均使用计算机统一采集，统一录入并上传报送。2000年和2001年4月、7月、10月各开考1次。2002年1月、4月、7月、10月各开考1次。2003年，因非典疫情流行，4月暂停开考。只在1月、7月、10月各开考1次。2004年4月起，启用新的自学考试计算机管理系统，全面实现联网，所有考生的基本信息及个人相片资料等全部重新采集。2004年和2005年每年1月、4月、7月、10月各开考1次。2005年，全县有827人报名参加高等教育自学考试，报考1161科次。

第27章 教育资源

第一节 经费设施

一、经费

（一）财政拨款

昭平县教育经费来源包括财政拨款，学校内部收入（含学杂费、电教仪器费、勤工俭学等收入），多渠道筹措教育经费（教育费附加、群众、社会团体和个人的捐集资等）。3项经费中，以政府财政拨款为主，其他收入为辅。1990年，实施义务教育所需的事业费和基本建设投资由各级人民政府和办学单位筹措解决。各级人民政府每年用于教育的财政拨款的增长比例，在校学生人均教育事业费有所提高。同年，县财政教育经费拨款1231万元。1998年，按教育部、财政部要求，实施"国家贫困地区义务教育工程"，昭平县财政对教育的总投资为765万元，扩建小学25所。2005年县财政教育经费拨款9317万元，比1990年增长了6.6倍（表27-1）。

表27-1 1990—2005年昭平县教育财政拨款情况

单位：万元

年份	拨款	年份	拨款	年份	拨款
1990	1231	1996	3802	2002	6865
1991	1410	1997	4571	2003	7583
1992	1758	1998	4881	2004	8453
1993	2200	1999	5222	2005	9317
1994	2691	2000	5639		
1995	3377	2001	6147		

（二）学校收费

学校收费有学杂费、电教仪器费、勤工俭学等收入。其中勤工俭学是学校收入的一项主要经费来源。1990—2003年，县教育局办有红砖厂，昭平中学办有木器加工厂、餐巾纸厂，昭平四中办有印刷厂，走马中学办有木器加工厂。有条件的学校发展种植业，共种植茶叶21.43公顷、水果85.73公顷、竹子67.67公顷、玉桂23.45公顷、八角25.93公顷，与其他单位或农户联营的各种农作物共343.73公顷。学校发展第三产业，全县中小学和部分村校办小商店、小卖部、饮食店等；有条件的学校出租楼房、门面，经营客运业务等；课本发行业务，由原来县新华书店委托供销部门办理转变为新华书店和教育部门联营，增加学校、教育组固定的勤工俭学收入；在每年农民秋收过后，农村学校组织师生上山捡掉在地上的茶子、下田捡拾稻穗等小秋收活动。1990年，全县勤工俭学收入805万元。2005年，全县勤工俭学收入6800万元（表27-2）。

表27-2　1990—2005年昭平县学校勤工俭学综合年纯收入统计

单位：万元

年份	纯收入	年份	纯收入	年份	纯收入
1990	805	1996	1878	2002	4955
1991	1065	1997	2342	2003	5120
1992	1163	1998	2867	2004	5932
1993	1290	1999	3326	2005	6800
1994	1327	2000	3499		
1995	1684	2001	5014		

（三）教育费附加

昭平县从1992年开始征收教育费附加，按照1991年自治区人民政府《关于多渠道筹措教育经费的暂行规定》，凡缴纳产品税、增值税、营业税的单位和个人，按其税额的2%缴纳教育费附加，开征农村教育费附加，农户按上年人均收入的1%~2%计征，全县农业人口按每人每年2.5元征收。非农业人口按每人每年10元征收。2005年取消教育费附加（表27-3）。

表 27-3　1990—2005 年昭平县教育费附加年收入情况

单位：万元

年份	纯收入	年份	纯收入	年份	纯收入
1992	397	1997	710	2002	432
1993	401	1998	650	2003	426
1994	552	1999	627	2004	108
1995	673	2000	519	2005	已取消
1996	795	2001	489		

（四）教育集资

1991 年，自治区人民政府下发《关于多渠道筹措教育经费的暂行规定》。县人民政府制定《关于多渠道筹措教育经费的实施细则》《关于多渠道筹措教育经费进一步改善办学条件的实施规划》。实施向在校学生家长借资办学，乡镇中学每生借 50 元，乡村小学每生借 20 元，县级中学每生借 100 元，县城小学每生借 50 元，借资办学实施到 1993 年。集资办学资金，分片集中到各乡镇，用于改善办学设施。1994—1996 年，农村人口每人每年集资 1.8 元，干部职工每人每年集资 50 元。1990—2005 年，共筹措教育经费 1907 万元，解决学校教学用房的经费问题。

（五）捐资助学

1990 年，樟木林乡侨眷叶万纯捐资 1.58 万元、叶足英捐资 1.1 万元，重建樟木林乡岩口村小学教学楼；1994—1995 年，樟木林乡海外侨胞和侨眷叶石安、叶木生、叶习泉、叶金莲等人捐资 12 万多元兴建樟木林乡中心小学 1 栋 2 层 6 个教室的教学楼；1996 年，香港广播电视有限公司、香港邵氏影视公司董事长邵逸夫捐赠 50 万元港币，县财政配套资金 50 万元，建成昭平逸夫小学；同年，玉林柴油机股份有限公司捐款 18 万元，五将镇政府筹资 33 万元，建成五将玉柴希望小学教学大楼；1998 年，共青团广西区委、广西青少年发展基金会捐款 20 万元，木格乡政府自筹资金 25 万元建成木格乡富和希望小学教学楼；2000 年，县侨联协调引资，新加坡侨胞叶燕交的姑姑捐资 2.6 万元，修建樟木林中心小学及通往学校道路的硬化工程。

（六）经费管理与使用

1986年，县教育经费由原来县教育局统管改为分级管理，即县财政局逐月拨款到教育局，再由教育局拨到县办中小学；乡镇财政所逐月拨款到乡镇教育组，再由教育组拨到乡镇中小学。全县教育经费拨支计划、报告、统计报表由教育行政部门负责，并行使指导、监督职权。教育经费主要用于教师工资、福利和各种津贴及学校办公、校舍修建、设备添置等。由于各乡镇经济发展水平和财力承受能力的差异，一些乡镇出现拖欠教师工资的现象。2000—2005年，全县教育经费收回县财政集中管理，确保全县教师工资按月足额发放；同时严禁学校乱收费行为。

二、设施

1990年，全县各中小学都有办学基本设施，大部分学校建有教学楼、篮球场等活动场地，县、乡中学有图书室、仪器室和实验室。1992年，全县多渠道筹措教育经费673.38万元，新建、改建校舍21 721平方米（以下年度全县多渠道筹措教育经费由县教育局统一安排）。1993年，利用多渠道筹措教育经费825.32万元，改建校舍6291平方米、新建校舍2.08亿平方米。1994年，利用多渠道筹措教育经费809万元，改建校舍6945平方米、新建校舍1.26亿平方米。另外，筹措资金400万元用于昭平县中学示范性学校建设。1995年，利用多渠道筹措教育经费978万元，改建校舍5176平方米、新建校舍2.60亿平方米。同年5月，五将中学建起教学实验室1个。昭平四中装备了13台286型号计算机。巩桥中学、富罗中学建有化学实验室。1996年，利用多渠道筹措教育经费1080万元，新建、改建校舍2.97万平方米。同年筹措51万元建五将镇希望小学教学楼1栋。同年，全县中小学投入130多万元配备仪器、购买图书。巩桥教育组、木格中学、木格中心校、樟木林中学相继建成卫星教育闭路电视系统。昭平县中学装备了27台多媒体计算机。

1997年，利用多渠道筹措教育经费1524万元，新建、改建校舍6.41万平方米。同年4月，县教育局多方筹集资金180多万元，装备各乡镇中学实验室和化学实验室。并配备统一规格仪器柜，各中学均有统一规格的仪器柜30个。各中心校有10个仪器柜，村校有6个仪器柜。

1998年，县内各中学增设生物实验室和劳技室等，小学中心校增设劳技室和综合实验室。同年8月，电教站筹资兴建县电教综合楼。1999年春建成使用。

1998—2000年，根据自治区"义教工程"项目办的总体部署，全县共建成项目学校69所，其中初中16所、小学53所。共投入资金2330万元，其中中央专款475万元、自治区财政配套资金430万元、县乡财政配套资金475万元、农村教育费附加535万元、社会各界人士捐集资415万元。共建成教学楼50幢、学生宿舍楼19幢，共投入资金1773.7万元，新扩建校舍面积5万平方米。

2001年，自治区下达昭平县"危房改造工程"项目14个，建筑面积6950平方米，其中建教学用房10个，面积4950平方米；生活用房4个，面积2000平方米，总投资278万元。同年，自治区下达昭平县国债危房改造工程项目2个，建筑面积1400平方米，其中建教学用房1个，面积1000平方米；生活用房1个，面程400平方米，总投资65万元。年内自治区下达水毁项目工程1个（属教学用房），建筑面积500平方米，投资25万元。

2002年，自治区下达昭平县"危房改造工程"项目1个（属教学用房）、建筑面积400平方米，投资20万元。同年，自治区下达昭平县基层教育项目7个，其中建教学用房3个，面积1460平方米；生活用房4个，面积3500平方米，合计面积4960平方米，投资248万元。

2003年，自治区下达昭平县"危房改造工程"项目1个（属生活用房）、建筑面积1114平方米，投资45.127万元。实施布局调整工程，利用上级专项资金55万元，建设校舍面积1000平方米。利用多渠道筹措教育经费162万元，建设4栋校舍3505平方米。社会捐资50万元及35万元港币，并自筹资金35万元，建设校舍面积2600平方米。同年，各中学、中心校装备了计算机教室。部分村小学也装备有计算机教室。县内共有65所学校装备了电视机、计算机及卫星接收系统多媒体设备（中学16所、中心校17所、村校32所）。

2004年，实施中小学"危房改造工程"、招商引资工程、其他上级专项、多渠道筹措教育经费及县财政支持，共筹集资金1161万元，建设校舍面积2.94万平方米。同年昭平中学建成科技大楼1栋。

2005年，中央补助昭平县水毁重建工程8个，补助资金共215万元。规划建筑面积3900平方米，实际建设面积3168平方米。柳州铁路局捐资48万元及逸夫捐赠资金15万元，建设凤凰太平中心小学教学楼497平方米、马江镇砂冲小学教学楼458平方米。同年台湾台塑集团以建设明德小学的名义捐资40万元、地方配套40万元，兴建富罗中心小学教学楼（3层共793.58平方米）和学生宿舍楼各1栋。香港铭源基金有限公司捐助樟木林中心小学20万元，兴建达德教学楼1栋，面积490平方米。同年，实施现代远程教育工程，建成教学点光盘播放点78个、卫星教学收视点111个、初中计算机教学室17个。

1990—2005年昭平县教育部门论文刊登或获奖作品统计如表27-4所示。

表27-4　1990—2005年昭平县教育部门论文刊登或获奖作品统计

题目	作者	年份	发表刊物或获奖级别
《如何上好体育课》	吴菲	1993	自治区体育教学论文评比一等奖
《怎样写好日记》	叶丽珠	1998	自治区《当代小学生》
《音乐教育与幼儿人格发展的思考》	刘曾倩	2003	获广西中小学教育教学游戏论文评比二等奖
《幼儿创造能力的培养》	梁蓉	2003	获首届广西幼儿教师"园丁奖"论文评比二等奖
《如何指导幼儿做科学的实验》	黎晓红	2003	获首届广西幼儿教师"园丁奖"论文评比二等奖
《设置问题情境，促进学生思考》	黄萍	2003	获自治区小学教育教学评比二等奖
《浅谈赞赏》	周贤益	2003	《中国教育导刊》杂志社论文赛优秀奖，入编《中国优秀教师文粹》
《重视学生需要能提高学生素质》	周贤益	2003	全国论文比赛二等奖（北京师德教育交流中心）；发表于《全国教育教学论文暨教案选萃》
《谈谈小学语文课堂教学》	张小芳	2003	获广西小学教研研究中心评比二等奖
《"课堂纪律"的另一面》	李卓惠	2003	获贺州市教学研究室评比一等奖
《小学生创新能力培养的研究》	林家坤	2003	《广西教育杂志》
《教学〈延安，我把你追寻〉之我见》	周贤益	2004	获北京世纪方略教育研究院论文比赛一等奖
《在阅读教学中如何开展自主学习》	叶丽珠	2005	获广西小学语文教学论文评比二等奖
《课堂改革与数学中的创新教育》	杨云	2005	获全国教育教学"创新杯"一等奖
《如何提高小学生的写作能力》	李兴柳	2005	获全国教育教学"创新杯"比赛荣获一等奖

1990—2005年昭平县教育部门获自治区以上表彰的单位如表27-5所示。

表27-5　1990—2005年昭平县教育部门获自治区以上表彰的单位

序号	获奖单位	获奖时间	奖项名称	授奖单位
1	昭平二小	1998年7月	全国青少年"爱祖国讲文明"读书教育活动特等奖	全国青少年爱国主义读书教育活动组织委员会
2	昭平四中	2000年	全国群众体育先进单位	国家体委
3	昭平四中	2001年11月	全国群众体育先进单位	国家体育总局
4	昭平二小	2002年7月	第九届全国青少年爱国主义读书教育活动组织优秀奖	全国青少年爱国主义读书教育活动组织委员会
5	昭平四中	2003年2月	精神文明创建工作先进单位	贺州市人民政府
6	昭平二小	2003年12月	文明庭院	中共广西壮族自治区委员会宣传部、广西壮族自治区精神文明建设委员会
7	昭平中学	2004年10月	全国精神文明建设工作先进单位	中国精神文明建设指导委员会
8	昭平县幼儿园	2005年	昭平县幼儿园	中华爱国工程联合会

1990—2005年昭平县教育部门获奖学校情况如表27-6所示。

表27-6　1990—2005年昭平县教育部门获奖学校情况

授奖单位	荣誉称号	授予单位	授予年份
昭平县	少先队基础建设达标	全国少工委	1993
昭平四中	全国群众体育先进单位	国家体委	1993
昭平中学	文明单位	中共广西壮族自治区委员会、区人民政府	1994
昭平县幼儿园	自治区文明幼儿园	自治区儿童少工会	1994
昭平县教育局	文明单位	中共广西壮族自治区委员会、区人民政府	1998

第二节　教师队伍

一、教师管理

1990年全县教师按分级办学、分级管理的原则进行管理。完全中学，县直学校实行县办县管；初级中学实行乡办、县乡共管；小学实行村办、乡村共管。乡镇主要管理村级小学，县级主要管理各中心小学、初中和高中；乡镇内教师调配主要由乡镇负责，乡镇间教师调配由县教育行政管理部门负责。

2002年11月，确立以县级管理为主的管理体制。2003—2005年，分级办学、分级管理的体制逐渐淡化，中小学管理集中体现以县级管理为主。教师的聘任和管理权限收归县级，由县教育行政管理部门依法履行全县中小学教师资格认定、招聘录用、调配交流、职务评聘、培养培训和考核奖惩等管理职能。高级中学和县直中学校长由县教育行政部门提名，县委组织部考察，按干部管理权限报县人民政府任用或聘用；其他中小学领导职务由县教育行政管理部门选拔任用并管理。

二、教师培训

1990年，教师队伍中影响教师合格率的主要原因是有大批民办教师和代课教师，因此，教师培训工作的重点是解决民办教师、代课教师的岗前培训及学历补偿教育的专业知识培训。1991年，建立健全的在职教师培训制度，发展卫星电视函授教育，加速学历补偿教育培训，开展中小学教师取得合格学历后继续教育和中小学校长培训工作。同年，县教育局下发《关于对民办（代课）转公办的教师实行岗位培训的通知》和《关于举办代课教师培训班的通知》。对民办（代课）转公办的教师实行岗位培训；对未具备中师以上学历，又未取得专业合格证书的代课教师进行培训。县教师进修学校开办两年制脱产进修中师班各1个，同时开办三年制卫星电视中师4个函授班，1992年又招收代课教师8个班，1993年继续招收代课教师4个班。1996年3月，县教师进修学校正式启动小学教师继续教育。1997年，地区教育局确定昭平县为中小学教师继续教育实验区，对在职小学教师进行继续教育开办6个普通中师班。1998年年底停止，已完成培训的有小学教师1398人次，小学校长367

人次，职业技能培训221人次，未完成培训的有小学一级教师442人、幼儿教师30人。初中教师的学历补偿教育主要是通过在职函授、脱产进修、全员培训或自学考试及参加卫电中师函授学习，并取得合格学历。还有一部分教师通过全员培训或自学考试（大专函授）的途径取得大专毕业学历。2005年，全县绝大部分教师都具备了相应的教师技术职务资格，在岗中小学校长全部获得了校长岗位培训合格证书。

三、师资结构

1990年，教职工总数为3228人，其中公办教师1995人（包括以工代教人员）、民办教师382人、代课教师851人。同年，昭平县普及初等教育工作通过梧州地区验收，师资队伍整体水平还比较低、数量不足、质量不高。全县2377名公办、民办教师中，有合格学历或取得专业合格证书的有1659人，教师合格率为69.8%。1991年，代课教师从1990年的851人增加到1176人，教师合格率又有所下降（表27-7）。从1994年开始，参照公办教师职务聘任工作的有关规定，不再增加新的民办教师。

1990年，全县有特级教师3人、高级讲师2人、讲师10人、助理讲师6人、教员1人；中学高级教师54人、一级教师187人、二级教师506人、三级教师199人；小学高级教师575人、一级教师981人、二级教师715人、三级教师182人。1993年，实行评聘分开后，新聘任高级讲师2人、讲师1人、助理讲师2人、教员1人；中学高级教师18人、一级教师44人、二级教师249人、三级教师101人；小学高级教师255人、一级教师90人、二级教师288人。

从1999年开始，开展对全县代课教师进行招录、清退工作。通过笔试，对全县在职代课教师按原定指标公开招录，及格以上按分数从高到低录取，并将新招录的代课教师送到各类师范学校培训学习，期满后转为正式（公办）教师。截至2002年，共清退代课教师1070人，转正211人。2005年，全县各级各类学校教职工总数为3786人（其中，中小学教师3679人、幼儿园教师42人、职业教育教师65人），全部为公办教师，已无民办教师和代课教师。

2005年年底，全县有特级教师1人，高级讲师4人，讲师6人，助理讲师7人，教员10人，中学高级（含小学特级）教师116人，中学一级（小学高级）教师1403人，中学二级（含小学和幼儿园一级）教师1519人、中学三级（含小学二级）教师69人，小学三级教师6人。

1990—2005年，获得自治区人民政府级以上机关单位表彰的先进教师与教育工作者有 14 人次。

表 27-7　1990—2005 年昭平县公办、民办、代课教师基本情况统计

单位：人

年份	公办、民办教师总人数			其中											代课教师人数
				幼儿园			小学			中学			专业学校		
	合计	公办	民办	合计	公办	民办	合计	公办	民办	合计	公办	民办	合计	公办	民办	
1990	2377	1995	382	40	37	3	1589	1234	355	693	669	24	55	55	0	851
1991	2286	1933	353	32	29	3	1499	1174	325	702	677	25	53	53	0	1176
1992	2320	2010	310	40	37	3	1487	1206	281	727	701	26	66	66	0	1265
1993	2296	2013	283	57	54	3	1458	1195	263	720	703	17	71	71	0	1428
1994	2471	2261	210	157	154	3	1469	1267	202	770	765	5	75	75	0	1407
1995	2524	2320	204	135	132	3	1465	1270	195	840	835	5	84	83	1	1511
1996	2605	2449	156	127	124	3	1461	1310	151	930	928	2	87	87	0	1500
1997	2618	2490	128	130	127	3	1516	1393	123	985	983	2	87	87	0	1600
1998	2857	2870	87	113	113	0	1586	1499	87	1111	1109	2	86	86	0	1465
1999	3144	3057	87	38	38	0	1777	1690	87	1275	1275	0	54	54	0	1338
2000	3205	3170	35	39	39	0	1695	1660	35	1413	1413	0	58	58	0	1138
2001	3292	3292	0	38	38	0	1766	1766	0	1433	1433	0	55	55	0	985
2002	3646	3646	0	38	38	0	2056	2056	0	1497	1497	0	55	55	0	860
2003	3755	3755	0	37	37	0	2306	2306	0	1348	1348	0	64	64	0	575
2004	3790	3790	0	36	36	0	2217	2217	0	1472	1472	0	65	65	0	192
2005	3786	3786	0	35	35	0	2243	2243	0	1448	1448	0	60	60	0	0

四、教师待遇

1990 年，教师工资按照有关规定执行。1991 年，取得国家承认大中专学历的民办、代课教师的工资标准参照国家不包分配的大中专毕业生的待遇执行，本科毕业生月工资 80 元、大专毕业生 74 元、中专毕业生 68 元，其他学历的待遇按原来同等学历的教师工资标准执行。1993 年，国家实施新工资制

度改革，教师工资大幅提高。教师工资由职务工资（固定工资）和津贴（活工资）两项构成。

1997年，中学教师月平均工资300～400元，小学教师月平均工资250～350元。1998年，按自治区《关于发放适当补贴的通知》，从1993年3月起教师每人每月的补贴标准是：教授级120元；副教授级（高级讲师、中学高级教师）100元；讲师级（讲师、中学一级教师、小学高级教师）90元；助师级（助理讲师、中学二级教师、小学一级教师）85元；员级（中学三级教师、小学二级教师、小学三级教师）和工人80元。

自2001年1月1日起，中学高级教师的职务等级工资由原来的401～881元提高到498～1048元；中学一级和小学高级教师的职务等级工资由原来的312～772元提高到388～828元；中学二级和小学一级教师的职务等级工资由原来的260～548元提高到323～641元；中学三级和小学二级教师的职务等级工资由原来的236～458元提高到288～534元。同年起执行发放年终一次性奖金的规定。当年度考核为称职（合格）及以上的人员，奖金标准为当年12月本人基本工资额。

1994年9月，昭平县人民政府决定提高民办、代课教师工资待遇，适当提高民办、代课教师的工资标准：教龄5年以下的，每月增加20元；教龄6～10年的，每月增加25元；教龄11～15年的，每月增加30元；教龄16～20年的，每月增加35元；教龄21～25年的，每月增加40元；教龄26～30年的，每月增加45元；教龄31年以上的，每月增加50元；编制内临时工可参照以上工资标准执行。

1996年，按昭平县有关文件精神，民办、代课教师每月增资10元。1998年，根据自治区有关文件精神。对民办、代课教师工资再次进行调整，每人每月增资20元。

2005年，仍然执行2001年1月1日调整的工资标准（表27-8）。

表27-8　2005年昭平县中小学教师待遇标准

单位：元/月

职务工资	职务工资标准															
	一	二	三	四	五	六	七	八	九	十	十一	十二	十三	十四	十五	十六
中学高级教师	498	532	566	600	634	680	726	772	818	864	910	956	1002	1048		

续表

职务工资	职务工资标准															
	一	二	三	四	五	六	七	八	九	十	十一	十二	十三	十四	十五	十六
中学一级教师、小学高级教师	388	410	432	454	476	508	540	572	604	636	668	700	732	764	796	828
中学二级教师、小学一级教师	323	339	355	377	399	421	443	465	487	509	531	553	575	597	619	641
中学三级教师、小学二级教师	288	301	314	334	354	374	394	414	434	454	474	494	514	534		
小学三级教师	278	290	302	320	338	356	374	392	410	428	446	464	482			

注：根据劳人薪〔1988〕号文件规定，中小学教师工资标准提高10%。

第三节　生源

1990年，昭平县人民政府下发《关于在全县普及初等教育的通知》，全县有小学（含教学点）475所（个），小学在校生4.39万人，毕业生5125人；有县办幼儿园1所，小学附设学前班141个，在园在班幼儿772人；中学23所，其中完全中学4所（昭平中学、昭平四中、黄姚中学、马江中学），初中在校生9400人，高中在校生1418人。

2000年，全县有小学（含教学点）466所（个），初中22所，其中特殊教育学校1所、希望小学2所。小学在校生5.07万人，义务教育阶段小学入学率达99.53%；在校中学生2.55万人，其中初中生2.32万人、高中生2328人。毕业生7665人，高中毕业597人、初中毕业7068人，义务教育初中毛入学率达99.21%。

2005年，昭平县根据中小学生源情况调整办学规模，全县有小学148所，教学点102个。由于实行了多年的计划生育政策，人口出生率降低，全县小学生源相对减少，同年全县小学在校生37 075人；有初中21所（其中包括2所完全中学），在校中学生2.91万人，其中初中生2.49万人、高中生4239人。毕业生9639人，其中，高中毕业1048人、初中毕业8591人。全县义务教育阶段初中生入学率达99.50%。

第四部分　富川瑶族自治县教育

富川瑶族自治县（1990年前）[①]

明代，富川县教育管理机构为儒学署，正职称教谕，副职称训导，配有教谕1人，训导1人。成化四年（1468年）增训导1人。嘉靖十一年（1532年）裁训导。儒学署设在学宫内，教谕、训导合署办公。两职均由上司委派，由贡生或举人充任。任职时间长短不一，最少任3年。任职期满后由学官对照办学政绩给予考核，决定升降。教谕的职责是：统领全县教育的行政，主持童试，负责集训生员，应付科举考试；县学的主持者和主要教学人员，负责掌管文庙的春秋祭祀事宜，宣传教化。训导除协助教谕工作外，还侧重督办、倡导地方教育兴革事宜。据《富川县志》（光绪版）记载：明代历任富川教谕者31人、训导7人。

清初，沿袭明制，康熙四十二年（1703年）建教谕署于明伦堂后。康熙四十七年（1708年）设训导2人，儒学署仍在学宫内，教谕、训导合署办公。道光十三年（1833年）设训导署，始分署办公，各司其职。咸丰五年（1855年）县衙署毁于兵火，历任知县借两署办公至光绪十年（1884年）。光绪三十三年（1907年）儒学署遵令改称劝学所。主任称总董，外出查学者称儒学。宣统元年（1909年）改总董为所长，另设视学员2人。劝学所办理县教育行政事宜，隶属于县衙署，县知事为管学官，属双重领导体制。据县志不完全记载，清代历任富川教谕37人，训导34人（光绪十六年后记载断线，无资料可查）。

民国初年，沿袭清制，设总董1人，辅助县知事办理县教育行政事宜，并综核各区教育事务。设视学1人，外出视事。1918年仍设劝学所，视学2人，在县公署直接领导下专管全县教育事宜。1925年8月，奉令改为教育局，局长和督学由省教育厅任免。不久，教育局裁撤，归并县政府设教育科，科长1人，督学2人；分2课，第1课掌管教育行政事宜，第2课管理学校教育和社会教育事宜。同时，县成立"义务教育委员会"，由教育科长、县督

[①] 富川瑶族自治县志编纂委员会.富川瑶族自治县志［M］.南宁：广西人民出版社，1993：509-543.

学、各区教育委员、学董、直辖学校校长组成。由县知事召集会议，筹议全县教育事宜。1932年复设教育局，划分古城、朝东两个学区，各学区设立"维持教育委员会"，设专职教育委员1人，其主要职责是负责学校教育的视察辅导、学校经费的稽核、强迫教育的实施等。1933年6月，奉省令裁局设科，县长对全县教育事业负完全责任。县政府设教育科，掌管全县教育行政事宜，设科长1人、课员2人、办事员1人、督学2人，后改为第三科，同时于各区中心校设辅导主任1人，辅导各区校的教育。1935年8月，在17个乡（镇）设中心国民基础学校一所，各乡（镇）公所设专职辅导主任1人，负责该乡（镇）教育行政。县成立教育会，聘请干事若干人，作为教育的议事机构。1938年，县政府教育科设科长1人、办事员1人、督导2人。1939年复改为县府第三科，科长1人、科员1人、视学2人。各乡（镇）中心校辅导部主任由副乡（镇）长兼任。1941年乡公所、中心校分设办公，恢复专职校长职务。

解放后，1950年1月，设文教科副科长1人、科员1人，负责教育行政事务。1952年合并为富钟县，县政府设文教科，科长1人、副科长1人、科员1人、办事员2人。14个区政府设文教助理1人，各区又划分若干学区，各学区设一个中心校，实行中心校领导制。1958年，县文化、教育、卫生合并办公，称文教科，设科长1人、副科长2人、工作员若干人。1959年称文教局，局长1人、副局长1人、工作员2人，各区设小学专职辅导员1人，兼行政、业务之辅导。1961年，富川、钟山分治后，县政府设文教科，科长1人、副科长2人、工作人员2人。1967年，县革命委员会设文教领导小组，组长1人、副组长2人。1968年，设政工组教育小组，组长1人，同时各公社成立小学教育革命委员会，设主任1人，副主任若干人。1972年5月改称文教局，局长1人、副局长2人；各公社设教育组，组长1人，专干若干人，均由县文教局委派。1973年10月，改称教育局，局长1人、副局长2人，工作人员若干人。1978年，各公社教育组协助教育局管理教育行政和教育业务。1984年1月设教育局，局长1人、副局长2人、调研员1人，下设1室7股（办公室、普教股、人事股、业教股、成教股、基建股、纪检股、财会股），各股设正副股长1~2人，还设有教研室和勤工俭学公司，同时取消区乡教育组及辅导员，恢复中心校长领导体制，直至1989年。

第28章　旧式教育

一、私塾

清代，富川农村办学馆、学堂较为普遍，村民合资办的学馆称为"村塾"，推举学董主持学务，延聘塾师执教，费用由送子弟入学者分担。

村塾有低级和高级之分，低级村塾通常称为"蒙学"，就学者多为儿童，课程以识字、写字为主，教师只教读书、写字，不予讲解。教材有《三字经》《千字文》《百家姓》《增广贤文》。年龄稍大的生徒，愿学些实用文字，还可以读《四言杂字》。这类蒙学私塾，散布在各个较大的村庄。高级村塾通常称经馆，其基本教材是以《四书》《五经》为主，还学《四书集注》，教师可引导生徒诵读一些其他的诗赋。经馆招收的生徒，是掌握2000以上方块字的少年。入学后，在熟读、背诵一定数量古文的基础上，教师才开始讲课，既讲解字、词、句的含义，更侧重阐述书中的封建思想，还让生徒练习吟诗作对，练习写八股文。塾师的水平悬殊，有的是科甲出身的"不屑仕途""耻视权贵"的老秀才或老儒生，有的是"不与时俯仰"的隐居士子，有的是受过儒教的地方名流，有的是屡试不第为了养家糊口的"屈居乡里"的老者。私塾的生徒对塾师称呼"先生"或"老师"，也有尊称"夫子"，雅称"教铎""木铎"等。

私塾管理生徒非常严厉，体罚现象相当普遍，除罚站、罚跪外，还用戒尺打手心、屁股。据有关资料记载，办经馆的地方：朝东有东水书房、豪山书房、八房书房、进德书房、桐母文昌书房；麦岭有鸬鹚书房、月塘书房、上块《法海院》书房；城北有栗木岗书房、廉溪书房、凤溪书房；福利有螺峰大书房、龙岩书房、横塘书房、水头街书房；石家有城上书房、曹里书房、石枧书房；古城有山寨书房、毛家书房、上城头书房、秀山书房；莲山有大莲塘书房、洞口书房；白沙有白沙营盘书房、沙沟书房；新华有东观寺书房、金峰寺书房；富阳有巩塘书房、大围书房、西屏书房、朝阳书房；油沐有油营塘书房。

二、义学

据《平乐府志》记载，于清雍正元年（1723年），直隶进士知富川令韩三善，在县城内东南隅创办社学，后改称义学。除县城内的义学外，县内还有以下几所。

（一）恕堂书屋

恕堂书屋位于葛坡乡深坡街村南（今书屋尚存）。清咸丰十年（1860年），由例贡生蒋登云先生损资创建，蒋登云号"恕堂"，书屋以号取名。蒋先生文才出众，教育有方，态度和蔼，宽厚待人，乐善好施。他目睹本族子弟贫富不均，绝大部分贫家子弟无法享受教育，为此不安，先是捐田租禾三百三十把，建学舍于村之南。后又将田地租二千四百六十斤、田租禾二百六十把，拨给书屋永久管理，建立恕堂书屋基金会，由学董根据章程支付，解决贫家子弟上学问题。蒋先生嘱咐子侄将学会、田租刻石立碑，"不得侵夺、不得变志"。

书屋是土木结构，前后两进约90多平方米。进了围墙即为条石嵌成的天井，左右有对应照墙，通过天井，经三级台阶入后进，后进分上下两层，光线充足，为讲习所用，下层中堂供孔夫子牌位，其后为纪念蒋先生惠泽族人，加奉其牌位，每年于先生诞辰时，凡族中读书人都前去祭典，历久不改。

书屋学董会健全，管理有序，注重延聘名师。其中，又以聘请外地举人、贡生为主。光绪十一年（1885年），始聘阳朔举人莫炳贤执教10余处，1922年聘灌阳贡生蒋文檀等，都是博学之士，深得族人和生童爱戴。教学内容以《四书》《五经》为主，兼教诗词，转民国后略有改动。教学方式以教师主讲为主，生童自学为辅。书屋延至1933年，历时64年，是富川屈首一指的义学。

（二）深坡街义学

出仕武鸣、苍梧教谕有蒋世培（举人），倡首于同治元年（1862年），在祠堂两庑建立义学。他为了使族中的所有适龄儿童无论亲疏、贫富都能入学受教育，倡议建立教育基金费，并叫其儿子选能管其事。他还积极筹集经费，置办产业，聘请一定数额的教师，历经10年，深坡义学取得了一定的成绩。这种集资办学、捐资办学的义举至今流传不衰。

（三）蒙泉义学

道光十三年（1833年），训导朱德鉠劝捐创建。校址在东五源之倒水源大湾，即今莲山乡鲁洞村附近，已毁，距县城25千米。朱德鉠认为倒水源去宋塘洞（五源书院所在地）较远，想在附近添设一所学堂便于学生上学，在他的大力宣传和带领下，筹集了不少款银，择大湾建室两进，取名"蒙泉义学"，剩余的捐款置办校产，作为师生永久性的教学经费。同年，提督学院捐赠银子100两，给富川县办学，即交朱训导等人，到省城去购买经史、子集及濂洛关闽之书，分别贮藏在五源书院、蒙泉义学，给学生互相诵习。此后，瑶族地区教育事业逐步发展，社会风气也大有好转。

（四）油沐福溪学堂

乾隆三十四年（1769年）春，由周、蒋、何三姓族人筹集资金共同兴建的学馆，地址在福溪村马王庙西南。

（五）江东学院

宋嘉定十四年（1221年），淡然居士毛基（嘉定进士、官会稽太守）修建。《富川县志》光绪版记载，最早的书院《江东书院》，位于朝东镇秀水村灵山之侧，在秀水河之东，故取名"江东书院"，后因失修毁掉。元嘉靖三十四年（1555年），知县张恩与年友毛廷瑞，在江东书院旧址的土中发现刻有毛基撰的碑记，已载入《富川县志》（光绪版）卷十一。

据清光县志载，朝东原有山石窟寺书房、对寨山书房、书房山书房，仍未能满足科举需要，于是建书院于江东。当时江东书院名师荟萃，藏书丰富，远近闻名，求学者慕名而来。书院自创立以来，培养了不少进士、举人、贡生。元贞元年（1295年）进士毛商之、明万历乙未（1595年）进士毛章彦，都曾先后在此就读。

（六）富江书院

清乾隆十六年（1751年）知县叶承立创建，地址在旧县城东门南侧（今卫生局、防疫站处），前为考棚大堂，后为书院。道光十三年（1833年），知县吉泰重建，咸丰五、六年间，由于县衙署全部被焚，历侨知县都借书院及考棚作办公之所，不能进行正常教学。光绪十年（1884年），知县顾国浩重建衙署，不复在书院办公，让老师恢复正常讲学，并补助学生津贴，以便多出人才。光绪三十年（1904年），奉令停办书院，改称县立小学堂。

富江书院设立董事会管理书院事务，推举首事1人，理事若干人，山长由官绅会同理事商定延请。聘请经学宏通者为讲习（或叫掌教），辅教生童。掌教由山长提名，经董事会讨论同意后聘请。

富江书院属官办性质，是当时全县的最高学府，其任务一是藏书，二是讲学，为科举考试培养、选拔人才，学生来源面向全县，通过甄别考试招生，入学者称呼生员、童生。定额30人（生员16人、童生14人），每年定于二月初一进行甄别考试，然后择日开馆。书院生员以研究儒家经籍为主，兼学文、诗、赋和经策杂体。每月3次测试课程，即初一为官课，十一、二十一为馆课。官课时要求学生作文一篇、诗一篇；中旬馆课亦如此；下旬馆课还要兼顾赋七言八韵或经策杂体。官课每次发给每个生员、童生生活补贴（即膏火费）钱四百文，名列前茅者由官方另行奖赏。书院有固定的经费来源；一有租田20处，每年收租钱188 800文，年收租粮7778斤；二有房租当铺一间，年收租钱4000文；三有山场一处，年收租钱2600文；四为税款：煤厂收入每月税银20两，全年240两，锡厂每月缴税20 000文，全年合计240 000文。

书院于光绪十三年（1887年）5月订有10项章程，由知县顾国浩呈报上司批准施行，并把章程刻在石碑上，永久留传。

（七）五源书院

清道光十二年（1832年）由训导朱德鈌倡导并同地方著名人士唐绍景、任良辅、王上达、王上元为首事，劝捐创建，地址在新华乡黄土坝村后山左侧田中（原沙母源），占地一亩四分六厘，系周台坝村周天福、周末祥兄弟捐献。其捐献主要来自龙窝源、平石源、三辇源、沙母源、倒水源等自然村的热心教育者及广大群众，故名五源书院。原院有正院一间，立孔子牌位，为先生讲学之所；左厢书楼一间，是藏书之地；左厢为先生寝室和厨房。天井两旁是学生宿舍，废科举后改称五源书房。民国以后称五源学堂，1929年后改称五源小学校、五源国民基础小学校等。1949年解放后，称坪源小学。1957年校舍拆迁另建坪源完小，历时120多年。

道光十四年（1834年），翰林院编修广西学正池春生拨藏书39部共822本给该书院，供师生诵读。讲学内容包括《四书》《五经》《尔雅》《朱子春秋》，以及5种遗规。光绪年间书院改学堂后，开设国文、算学、史学、地舆学、交际大全等科。入书院就读的全是五源地区各私塾选拔出来的优秀瑶族学童。书院设山长1人（最后一任山长是蒋士书），还有掌教等人负责书院的管理与教学。每届3年由讲学先生按成绩优劣，选送最优者到县城考秀才。过去瑶族地区的学生中，考中县学者寥寥无几，为此道光十五年（1835年）特准五源地区每届添设新童2人，专招该地区学童。书院置有学田，其收入为师生生活费用的资金。

三、县学

据《大明一统志·平乐府》记载：富川县学在县治西南（钟山镇），明洪武二十五年（1392年）建立。明洪武二十九年（1396年），县治从钟山镇迁到今富川县城，县学建于城外西南郊的文庙内，其门、庑、堂、厨、库等均齐备。明正德元年（1506年）又迁到新城内北隅，以后历经沧桑，几经修建，各种设备较为完善，成为一大建筑群。明末屡遭兵燹，已残缺不全，到清顺治十四年（1657年），知县雍恭主持重建县学，但还没有全部恢复原貌。到清康熙十年（1671年）知县刘钦嶙教谕颜以庄，主持重建启圣祠外的明伦堂、尊经阁、名宦乡贤二祠、教谕廨等。以后几经修建。其建筑及设施较为完善，成为儒学署、文庙、明伦堂三大部分结合的一大建筑群，称学宫。到民国时县学房舍设施拨归富川县立初级中学管理，其建筑保存完好。解放后，借作其他部门使用，至今还未归还。现仅保留大成殿，其他建筑都遭到毁坏。

县学制定有学规、学额、考试、经费等一系列的实施办法。

（一）学规

富川县学将生员集中统一住宿、开膳，统一教习，统一考试等。但清末允许生员回家吃宿，只要求按时参加各种考试，这时的县学则变成有名无实，教学学风日衰。县学的必修课以《四书》为主，《五经》为辅。此外，还有《史记》《资治通鉴》《古文观止》《唐宋八大家文钞》《楚辞》《唐诗三百首》等，以上书籍既可精读，又可略读。

（二）经费

富川县学设立膏火（膳食）制度，食廪者叫作廪膳生员，由官府给予每生月食米六斗，有司给予鱼肉。到清代，每生每年发廪饩银四两，廪膳增广，以岁科两试等第高者补充。富川县学经费来源有五：一由国库每年拨廪生白银四两；二置学铺收租银；三收学田纳租禾（米）；四收地租纳银；五新纳新编粮银。县学经费收支由县学专人经理，按规定范围开支。

（三）学额

明清两代科举制度规定，在正式科举考试之前，童生均应参加由主考官主持的考试，称为童子试（童试）。在清代，童生只有经县署考试合格，获得秀才资格，才能参加乡试、会试、殿试的逐级考试，童生也只有取得秀才资格，才可以进入地方州县学为生员，因此，考中秀才也叫入学。生员在学并非以读书课业为主，而主要任务在于参加考试，以取乡试资格。

生员分为3等：成绩最好的为廪膳生员，简称廪生；其次是增广生员，简称增生。廪生、增生均有一定的名额。在府州、县学定额之外，增收附于诸生之末者，称为附学生员，简称附生，初入学者，只称附学。士子末入学者，通称为童生。《富川县志》（光绪版）记载：明代，富川县学的学额为：岁考取进生员18人，科考取进生员18人，廪生20人，增生20人。清代，岁科两考始定各12人，后增至各15人，廪生20人，增生20人。另外，岁考取进武生15人。清道光十五年（1835年），特准五源地区增加新童2人。岁科两考每考荐1人为贡生生员。附学生员名额无定数。

（四）考试

县学有月考、季考、岁考、科考。月考、季考由县学教官主持。岁考、科考由省提学官主持。岁考按成绩分六等，一、二等给予奖赏，三等享受一般的待遇，四等以下分别给予惩责，降级除名等处分。继取一、二名为科举生员，科考则只提取岁考一、二等生员加以复试，仍分六等，精选1人，时有2人为科举生员获乡试资格。此外，还有一些规定：如生员就乡试者，有司于六月朔择吉日开宴，鼓乐相送，各给盘费。举人给牌坊银二两，举人会试每名给长夫银十二两七钱八分六。岁贡牌匾花银二两五钱，乡饮2次，共花钱五两。

富川县历代进士、举人、贡生统计如表28-1所示。

表28-1 富川县历代进士、举人、贡生统计

单位：人

朝代	进士	文举	武举	贡生	备注
唐	3				毛自知开禧元年（乙丑）（1205年）状元 解元1人 解元2人
宋	24	12			
元	1	2			
明	4	59	2	128	
清	2	32	36	202	
合计	34	105	38	330	

第29章 普通教育

第一节 幼儿教育

1938年，在县城首创幼稚园1所，招收1个班，入园幼儿43人（男22人、女21人），保姆2人。1939年上半年，幼稚班附设在富阳中心校，保姆2人。1944年因日军入侵停办。1946年复办，保姆3人，入园幼儿36人。

解放后，于1954年在古城中心校创办附设幼儿园，招幼儿30人，设主任1人，教养员2人。1958年，全县出现各行业、各大队、各村街大办幼托热潮，把所有幼儿集中教育和管理。1962年8月，在县城三界庙开办幼儿园1所，入园幼儿30人，教养员3人。同时在朝东、福利、古城等公社创办幼儿园3所，共3个班，幼儿104人，教职工13人。同年下半年撤销朝东、福利、古城幼儿园，只保留县幼儿园1所。

1974年10月，县委决定县幼儿园归属教育局管理，公社幼儿园由各公社管理。1976年1月，县委决定成立县幼托工作领导小组，由1名副书记任组长，办公室设在县妇联。同时，要求各乡各人队亦成立领导小组，提出2年内实现全县幼托化的奋斗目标。接着在葛坡林桂大队召开全县幼托现场会，在县师范开办3期幼师培训班，共培训保育员75人。同年，入幼儿园人数1755人。1977年6月，又以公社为单位培训幼师，全县合计培训235人。直至1978年，大队幼儿园（所）先后解散。

1982年，县教育局根据"幼教、普教、业教一起抓"的精神，允许一些条件较好的中心校和完全小学开办学前班，全县办有37个班，招进学前幼儿954人。以后，历年有所发展，农村幼儿教育有了很大起色，1985年，县人民政府连续3年投资20多万元，在新建街兴建县幼儿园教学大楼，共2237平方米，增添各种设备，成为一所初具规模、设备完善的幼儿园，1987年，在园幼儿达295人。是年县办幼儿园1所，单位幼儿园9所，共106个班，在园幼儿4344人（含学前班），教职工达60人（表29-1）。

表29-1　富川县若干年度幼儿教育统计

年份	园数/所	班数/个	幼儿数/人	教职工数/人	年份	园数/所	班数/个	幼儿数/人	教职工数/人
1938	1	1	43	2	1976	1	0	1755	10
1946	1	1	36	3	1977	59	82	2289	108
1953	1	0	37	2	1978	11	0	425	24
1961	8	3	104	13	1980	6	27	622	41
1962	3	5	205	17	1981	2	27	671	33
1963	8	0	427	26	1982	8	42	1121	28
1964	2	2	57	7	1983	10	39	1351	27
1965	1	2	57	10	1984	12	67	2318	52
1966	1	3	108	12	1985	14	64	2121	60
1972	1	2	45	7	1986	11	107	3702	52
1973	1	2	52	7	1987	10	106	4344	60
1974	3	0	139	13	1988	12	93	2679	58
1975	19	0	657	32	1989	12	135	4832	98

注：1974年后包括学前班。

幼儿入园的年龄为：小班3～4岁，中班4～5岁，大班5～6岁（大班亦称学前班），幼儿教育以培养幼儿养成良好的生活习惯，教他们如何锻炼身体，增强体质，培养幼儿正确发音、吐字清楚、学说普通话，以及简单的计算为主；还让他们懂得一些社会和自然方面的粗浅知识，并注意发展幼儿的注意力、观察力、记忆力、想象力、思维力和语言表达能力，以及用音乐、美术陶冶幼儿的情操。

第二节　小学教育

一、发展概况

民国时期，教育发展缓慢，全县先后只在县城、朝东、麦岭、深坡街、螺峰、下城头、定山、东里、白沙等地办 9 所县立两等小学,称为一小、二小……九小。据 1930 年统计,除县立 9 所小学外,尚有区立初小 62 所及私立初等小学 71 所,共 142 所,学生 4147 人(其中公立 2665 人、私立 1482 人)。1931 年后,进行乡村政权建设,推行普及国民基础教育运动,实行强迫教育。原有县立小学已取消,私立小学(含私塾)一概停办,重新调整布局设置。1933—1940 年,各乡镇设置 1 所中心国民基础学校,每一村街设立 1 所国民基础学校。乡镇长、村街长分别兼任校长,后按新设乡镇在新华、附城、清光、古两、马山、乐里、城北、麦东等地开办 8 所中心国民基础学校。至此全县有村街国民基础小学 150 所,学生 10 576 人;有中心国民基础学校 17 所;全县总共有小学生 11 624 人,教职工 507 人。1941 年 8 月,把国民基础学校改称为国民学校,以新编乡镇命名,称富阳、城北、朝东、新华、葛坡、福利、麦岭、定东、古城、白沙等 10 所中心国民学校,简称中心校。乡公所与中心校分设办公,乡长不再兼校长;中心校长实行专任制。村街国民学校简称村校,亦设专任校长。1944 年后,由于战争影响,教育元气大伤;1949 年全县中心校共 10 所,学生约 1000 人,村校学生约 5000 人。

解放初期,仍设 10 所中心校,1952 年 9 月,富川与钟山合并,1953 年冬,富钟县有小学 507 所,783 班,学生 24 276 人,教职工 888 人。1961 年 7 月,富川、钟山分治。根据中央"调整、巩固、充实、提高"八字方针,小学教育进行撤、并、调、简整顿,撤销塘源、为丰、西屏、大围、金龙、吉山等完小,改办初小,新办柳家完小及内新、栗木岗等村校,精简教职工 111 人。1963 年又精简 133 人,全部取消民办教师,全县只有公办教师 321 人,学生 11 924 人。

1964 年,贯彻国家办学和集体办学"两条腿走路"的方针,采取多种形式办学,全县耕读小学从 1964 年的 12 个班,发展到 1966 年的 414 个班,学生从 458 人发展到 8266 人。1966 年 5 月,"文化大革命"开始,小学教育遭到严重破坏,教学质量严重低下。1967 年,全县耕读小学停办,在校小学生有 13 098 人。

1974 年,县委派出 4 名工人宣传队进驻县城两所小学,组织 2103 名贫管会员进驻各大队小学。同年,全县小学 107 所,教学点 312 个,学生 31 651 人,适龄儿童入学率达 97.49%;有公办教师 484 人,民办教师 590 人,民办教师占教师总数的 55%。1978 年后,贯彻"调整、改革、整顿、提高"八字方针,对学校设点布局做出适当调整,恢复考试制度,整顿民办教师队伍,对文化业务水平较低的教师进行考核培训，落实党的知识分子政策，开始对教师中的冤、假、错案进行平反，建立健全各项管理制度，使教育逐步走上正轨。

1984年后，按"革命化、年轻化、知识化、专业化"的要求调整小学领导班子，大力普及小学教育及改善办学条件，进行文明学校建设，加强思想政治教育，开展"创三好"培养"四有"新人活动，改革教学方法，努力提高质量，开展"第二课堂"和各种知识竞赛活动，实行分级管理，调动各方面的积极性，开展"尊师重教"活动，教育事业出现了新的局面。据1985年统计，全县共有小学131所，教学点303个，1091个班，学生27 682人，学龄儿童入学率达94.3%，教职工1327人。

1986年，继续狠抓普及初等教育"四率"（入学率、普及率、合格率、巩固率）工作，同年年底县人民政府组织9个验收小组对朝东镇、油沐乡、葛坡乡、石家乡、福利乡、新华乡、古城乡、白沙乡、富阳乡等9个乡镇进行自检验收。通过验收，均基本达到教育部颁布的标准。至此，全县13个乡镇基本达到普及初等教育标准，发给合格证书（柳家乡延至1987年4月才验收）。

1987年，县人民政府做出基础教育分级办学、分级管理的决定，规定了县、乡、村办学的职责权限，扩大乡（镇）村（街）管理学校的职责。确定富阳镇二小由县直接管理外，各村完小、教学点分别由所属村公所管理，县教育行政部门负责教学业务上的指导。1988年，为了改善办学条件，多渠道筹集资金抢修中小学危房，经过两年努力，通过了地区和自治区的检查验收，全县基本做到校校无危房。

1989年，着重抓好学校的常规管理，建立中小学生学籍卡，进行教师的职业道德教育，建立中小学教师的岗位责任制，创建文明学校，贯彻落实中小学生道德行为规范，各校面貌大为改观。全县基础教育设施和"四率"基本达到教育部颁布的标准，经自治区、地区验收后发给合格证书。全县小学发展到134所，其中中心校17所，教学点267个，教学班1199个，在校学生30 373人，教职工1332人（不含代课教师618人），如表29-2所示。

表29-2 1961—1989年富川县小学发展情况统计

年份	总人口/人	适龄儿童/人	学校/所	教学点/个	班数/个	招生数/人	入学人数/人	在校人数/人	毕业数/人	入学率/%
1961	138 669		189		486	2965		10 702	1116	

续表

年份	总人口/人	适龄儿童/人	学校/所	教学点/个	班数/个	招生数/人	入学人数/人	在校人数/人	毕业数/人	入学率/%
1962	144 323		240		479			12 585	1064	
1963	146 969		225		364	2804		11 924	802	
1964	148 533		248		428	3917		13 633	1753	
1965	155 876		254		450	3314		15 436	2296	
1966	160 776	20 352	259		471	4292	15 659	17 281	1556	76.9
1967	165 123	21 789	297		392		19 832	13 098		91.01
1968	168 128		248					13 098		
1969	171 312		313			7168		18 713		
1970	176 137	24 459	299			8786	17 790	20 185	1556	72.73
1971	181 086		106	236	619	6791		22 550	4060	
1972	186 049	25 950	106	283	788	7909		27 698	1976	
1973	190 912	27 149	107	284	910	8374	26 305	30 817	2065	96.18
1974	195 321	27 796	107	312	969	6482	27 099	31 651	2876	97.49
1975	198 306	27 581	107	315	995	6743	26 994	32 571	4026	97.87
1976	200 901	26 692	107	320	1002	5657	25 858	31 348	4744	96.87
1977	204 529	26 749	107	366	1071	5922	26 051	30 309	5172	97.39
1978	207 923	26 705	107	328	1038	6144	25 745	28 999	4761	96.4
1979	210 545	25 512	107	305	1015	5949	23 806	27 313	3544	93.3
1980	214 622	25 539	132	349	1012	5672	23 262	26 137	3239	91.08
1981	218 744	25 726	119	329	957	6317	21 675	26 169	3015	84.25
1982	222 593	25 950	121	312	935	6306	22 396	25 200	2944	86.3
1983	222 512	24 303	120	275	953	5915	22 143	26 092	2773	91.1
1984	228 844	23 253	124	308	977	5586	22 113	25 754	2976	95.1
1985	232 853	24 363	131	303	1091	6406	22 986	27 682	3405	94.3

续表

年份	总人口/人	适龄儿童/人	学校/所	教学点/个	班数/个	招生数/人	入学人数/人	在校人数/人	毕业数/人	入学率/%
1986	237 082	25 075	131	290	1104	6649	24 105	29 091	3771	96.10
1987	240 142	25 457	132	289	1147	6399	24 455	30 080	4243	96.10
1988	243 315	25 278	132	275	1154	5806	24 474	30 190	4456	96.80
1989	250 295	27 279	134	267	1199	5410	26 869	30 373	4546	98.5

注：空白处为数字缺失。

二、学制

光绪二十九年（1903年）颁布的《奏定学堂章程》规定：初等小学堂为五年，高等小学堂为四年。富川县废科举后的小学堂都按此章程施行。

1912年，教育部颁布《壬子学制》规定：初小四年为义务教育，可以男女同校；高小读三年。富川县两等小学实行"四三制"。1944年改小学修业六年，前四年为初级小学，后两年为高级小学，初小升高小要通过招生考试录取。

解放后，小学学制做过几次改革，1953年富阳小学进行五年一贯制试验，1年后停止。1961年富阳小学又招3个五年制试验班。1963年，县教育局指定富阳、福利、横山、麦岭、新华、白沙、朝东等中心校及可达矿小、荻龙完小试验六年制教学计划（即四二制）。1969年根据毛泽东同志"学制要缩短"的指示及上级通知，全县小学一律改为五年一贯制。1981年县教育局通知，全县小学五年制改为六年制，要求1984年改完。1987年春，教育局通知小学六年制复改五年制。

三、课程

1922年，取消《读经》，改为《公民训练》。1924年推行"四二"学制后，课程设有公民、国文、算术、常识、历史、地理、博物（自然）、体操、音乐、图画等。1936年，初级小学设国文、算术、音乐、图画、体育、劳作，三、四年级增加常识课，高级小学设国语、算术、公民、常识、历史、地理、自然、音乐、图画、体育、劳作等。

解放后，取消"公民"改设"政治"课，初小课程为：语文、算术、体育、图画、音乐、手工劳动、课外活动；高小课程为：政治常识、语文、数学、自然、历史、地理、农业常识、体育、音乐、图画等。

"文化大革命"期间，课程设置很不统一，由各省市自编教材。区教育厅规定：低年级课程有语文（语录）、数学、红歌、绘画、军体；高年级课程有政治（毛选）、语文、数学、珠算、写字、图画、科常、自然、军体、音乐、农业基础知识等。少部分小学还增开过英语（1984年停授）。1980年后，低年级设语文、数学、思想品德、科技、体育、图画、唱歌；高年级设语文、数学、自然、历史、地理、思想品德、法制、体育、音乐、图画、科技、劳动等。

四、富阳镇第一小学

富阳镇第一小学位于自治县旧城池内，该校前身是清乾隆十六年（1751年）创办的富江书院，是县内唯一的公立学堂。富江书院校名一直沿用至清光绪三十年（1904年），后改为县立小学堂。清宣统三年（1911年），辛亥革命成功后仍称富川县立小学堂，全校设高级小学、初级小学和女子小学各1个班，独立进行教学和管理。1922年，县属各乡办了6所小学，县政府按次序给各小学命名，原县立小学堂更名为富川县第一小学，仍分设高小、初小、女小3个部分进行教学管理。1932年，初小与高小合并教学管理；1935年女小又并入男校，同年9月更名为富川县立表证校。1937年9月，改名为富阳乡中心国民基础学校。1948年又改名为富川表证中心国民学校。

解放后，于1953年更名为富阳中心校，学生入学人数不断增加，至1964年全校入学学生数达507人，拥有教职工25人。为解决新建城区学生就近入学的需要，1965年秋县人民政府在新城区增设富阳中心校分校，从校本部分拨部分教师、4个班的学生到分校教学。1966年秋，校分部命名为东方红小学，进行独立教学管理，富阳中心校则改名为富阳小学。1981年，富阳小学改名为富阳镇第一小学，东方红小学改名为富阳镇第二小学，富阳镇第一小学之名一直沿用至今。1989年，拥有24个班，965名学生，67名教职工。

富阳第一小学，历史悠久，成为历代培养人才的摇篮。1949—1989年一直列为县重点小学，教学质量一直是县内首屈一指。特别是党的十一届三中全会后，教学成果更加突出，多年来学生毕业率、升学率都达98%左右，在各项教学竞赛中学生获省级以上奖励的有23人次，地区级的有31人次，县级的有81人次；1984—1986年连续3年荣获地区学校科技工作先进单位，1986年获自治区团委授予的"少先队振兴八桂建功先进集体"荣誉称号。多次被县、地区评为体卫工作先进集体，学生体育达标率逐年上升，1988年学生体育锻炼达标率达99％，在县内举办的历次书画、文艺、体育比赛活动中，比赛成绩多次名列全县小学前茅。1984—1989年，学校和校党支部每年都被评为镇、县级先进单位和先进党支部。

解放后，在各级党政、教育部门的重视关怀下，以及社会和学生家长的大力支持和全校师生的共同努力下，逐步改善办学条件。1983年新建一栋3层12间教室、3间教师休息室，总面积为1200平方米的教学楼；1989年又投资新建一栋4层、16套2房1厅，总面积为1026平方米的教师宿舍楼。先后添置课桌椅400套，办公桌倚35套，教学仪器逐年充实增多，为进一步提高教学质量创造了良好条件。为美化学校环境，新建一条100多米长、高2~3米左右的围墙，逐步搬掉一座2000多个方的岭坡，填平一块1000多平方米的洼池和近1000平方米的低洼运动场，同时开辟了一个小果园。1987年新建校门一座，1989年全校总面积为1.6万平方米。经过多年的精心修造，校园已成为楼房整然、场地平整、花木葱茏的良好环境。

第三节　中学教育

一、发展概况

富川县初级中学，始建于1930年春，校址在县城北隅，以令公庙、济公祠改作校舍，首届招收学生170人，有教职员12人。1934年，在校学生共2个班43人，教职工10人。次年8月，因财政困难奉令停办，校舍移作县立表证校使用。1938年春，改设富川国民中学。1946年春，又改制为富川县初级中学。1949年上半年，学生增到385人，教职工34人。1949年12月15日，中共富川区工委接收县立初级中学。

1952年9月，富川县和钟山县合并为富钟县；次年，改名为富钟县第二中学。1958年秋，开始招收高中新生1个班（1年后拨到富钟县一中就读）。1960年又招高中2个班，从此，富钟县第二中学成为完全中学。同年秋天，在福利、朝东、葛坡各开办1所初级中学，各招初中新生2个班。1961年7月富川钟山分治，随之将富钟县二中改名为富阳中学。1962年秋，朝东、葛坡中学停办，学生转到富阳中学就读。1964年1月，富阳中学改称富川中学。1969年，福利中学开始招收高中班。

1970年，初中发展至8所，大队小学开始办附设初中班9处，随后逐年增加，全县107个大队，有附设初中班102处。1972年，福利中学改名为福利高中，公社中学发展至14所。1973年，高中发展到6所，公社中学只招初中班的有10所。1974年，高中发展至7所，只招收初中班的仅有9所，1981年教育结构改革后，富川中学改为富川高中，不再招初中班。1985年，福利初中与福利高中合并为福利中学，只招初中班，由福利乡人民政府领导。1987年4月，朝阳中学改称为富川民族中学（属完全中学），至此全县有高中1所、完中1所、初中14所（表29-3）。1989年富川县普通中学情况，具体如表29-4所示。

表29-3 1961—1989年富川县普通中学发展情况

年份	学校数/所			在校学生数/人			招生/人		毕业/人		备注
	合计	高中	初中	合计	高中	初中	高中	初中	高中	初中	
1961	4	1	3	843	114	729	40	180		219	
1962	3	1	2	1012	148	864	45	187	35	183	
1963	2	1	1	893	44	765	47	276	50	237	1967年、1968年初高中未招生
1964	2	1	1	649	605	128	39	250	99		
1965	2	1	1	849	131	718	46	275	41	132	
1966	2	1	1	968	129	839	45	338	42	190	
1967	2	1	1	973	125	848			39	222	
1968	2	1	1	936	149	787					
1969	3	1	2	1598	137	1461	137	1090	297		
1970	10	2	8	2761	663	2098	637	1292	314	786	1988年在校学生中有少数民族5862人
1971	15	2	13	4508	914	3594	349	1713	312	399	
1972	16	2	14	4370	1239	3131	909	1616	430	1787	
1973	16	6	10	4782	1405	3377	505	1751	325	1516	
1974	16	7	9	5722	1484	4238	981	2580	889	1524	
1975	16	9	7	8278	1883	6395	923	3811	501	1424	
1976	16	11	5	11 754	2893	8861	1985	4903	1021	2232	

续表

年份	学校数/所			在校学生数/人			招生/人		毕业/人		备注
	合计	高中	初中	合计	高中	初中	高中	初中	高中	初中	
1977	16	14	2	14 179	4125	9964	2241	4818	1425	3515	
1978	16	14	2	14 277	4291	9986	2269	4957	1941	3884	
1979	16	8	8	9893	2823	7070	1038	2584	2023	3116	
1980	17	5	12	6536	1548	4988	507	2007	1608	3645	
1981	17	2	15	5663	1034	4629	366	1409	646	910	
1982	16	2	14	5341	847	4494	266	1918	310	1143	
1983	16	1	15	5276	864	4412	301	1771	284	792	
1984	16	1	15	5618	854	4764	248	1567	252	606	
1985	16	1	14	6265	890	5375	320	2010	279	1162	
1986	15	1	14	7015	951	6064	366	2150	263	1271	
1987	16	2	14	7843	1024	6819	360	2558	256	1322	
1988	16	2	14	8821	1142	7679	401	2770	288	1607	
1989	16	2	14	8896	1217	7679	451	2792	360	1680	

表29-4 1989年富川县普通中学情况

学校名称	班数/个		学生数/人		校舍面积		专任教师/人
	高中	初中	高中	初中	总面积/亩	建筑面积/平方米	
富川高中	22		950		130	16 155	80
民族中学	6	16	300	1097	60	9248	46
富川初中		21		1192	39.6	22 741	63
朝东初中		13		434	50	4291	27
龙归初中		6		262	15	1751	11
城北初中		12		598	39.9	2576	32

续表

学校名称	班数/个		学生数/人		校舍面积		专任教师/人
	高中	初中	高中	初中	总面积/亩	建筑面积/平方米	
麦岭初中		12		526	31.49	3564	27
葛坡初中		9		417	25	3491	23
石家初中		6		220	13.4	2005	14
福利初中		10		531	45	5223	39
新华初中		7		226	40	2900	14
柳家初中		7		209	50	2349	18
白沙初中		5		167	15	1883	11
古城初中		11		409	56	4126	24
莲山初中		14		447	35	4763	28
富阳初中		8		381	50	3560	22
合计	28	157	1250	7166	695.3	90 626	479

二、思想教育

1931年，国民政府颁布《三民主义教育实施原则》，以"忠孝、仁爱、信义、和平"作为思想教育内容，同时开设《党义》课，进行一党专制的教育。1940年后，利用公民课进行三民主义教育，以"礼、义、廉、耻、忠孝、仁爱、信义、和平"（简称"四维""八德"）教育学生，童军训练以"智、仁、勇"为内容。学校设训育主任，班设导师，每周举行总理纪念周，结合进行对一个党（国民党）、一个领袖（蒋介石）、一个主义（三民主义）绝对服从和抗战建国的教育。1945年前后，曾有进步教师在校揭露国民党消极抗日、积极反共的阴谋，与"戡乱救国"针锋相对，宣传进步思想，抵制反共宣传。

解放后，废除了民国时期的党义和公民课，结合当时剿匪、支前、减租退押、土地改革、抗美援朝等中心任务，进行思想教育。1953年，结合"三反""五反"运动，对学生进行拒腐蚀教育，积极宣传、贯彻毛泽东同志提出的"身体好、学习好、工作好"的指示。1955年，结合《中学生守则》进行"五爱"（爱祖国、爱人民、爱劳动、爱科学、爱护公共财物）教育。同时，积配合农业、手工业、私营资本主义工商业社会主义改造进行教育。

1957年,积极贯彻毛泽东同志提出的"我们的教育方针,应该使受教育者,在德育、智育、体育几方面都得到发展,成为有社会主义觉悟的、有文化的劳动者"教育方针,同时也进行正确对待升学与就业两种准备的教育。

1958年,对学生进行总路线、"大跃进"、"人民公社"教育,通过大办工厂、农场、参加大炼钢铁,贯彻"教育必须为无产阶级政治服务,必须与生产劳动相结合"的方针。

1963年,响应毛泽东同志提出的"向雷锋同志学习"的号召,积极开展学习雷锋活动,对学生进行助人为乐、刻苦学习的教育。组织学生进行厂史、村史、家史调查、写作,以提高学生的阶级斗争觉悟。1964年,学校开展向解放军学习,向王杰学习的活动。

1976年10月,打倒"四人帮"后,通过揭批"四人帮",肃清极"左"思潮影响。1978年12月,党的十一届三中全会后,对学生进行"四项基本原则"教育,1982年,开展"学雷锋、创三好、树新风""五讲四美、三热爱"活动教育。1985年,把培养"有思想、有道德、有文化、有纪律"的"四有"新人,作为重要的政治思想教育内容。1987—1989年,对学生进行坚持四项基本原则、反对资产阶级自由化教育。

三、学制、课程

(一)学制

民国时期,初中修业年限为3年,国民中学前期班年限为2年。

1950—1968年,根据教育部《关于改革学制的决定》,初、高中分段,修业年限各为3年。1969年,根据"学制要缩短"的指示,高、初中试行二二分段制,修业年限分别为2年。1975年,富川中学初中部开始恢复3年制,全县高中仍为2年制。1981年,初、高中全部恢复3年制,至今仍为"三三制"。

(二)课程

1930—1935年,初级中学开设的课程有国文、算学、英语、公民、卫生、体育、历史、地理、图画、音乐、植物、动物、化学、物理等科。

1940年,国民中学前期班开设的课程有国文、算术(包括珠算)、代数、平面几何、社会(包括史地)、物理、化学、教育概论、教育心理、童军、劳作、社会服务、音乐、图画、地方建设等科。

1946—1949 年，初级中学开设的课程有国文、英语、公民、历史、地理、动物、植物、理化、图画、音乐、劳作、体育、生理卫生、代数、几何等科。

解放后，首先废除民国时期开设的公民、军训、童军等课程。1950 年 8 月，教育部颁布的《中学暂行教学计划（草案）》中规定，初、高中开设政治、语文、数学、自然、物理、化学、历史、地理、外语、体育、音乐、美术等科。1952 年，自然改称生物，但内容不变，1954 年，把生物中的"生理卫生"部分另开卫生常识。

1955—1956 年，政治课中的《中国革命常识》改为《政治常识》。1956—1957 年，初中语文分为文学、汉语两科。1958 年，增设劳动课、农业生产知识、应用文等课程。

四、富川高中

位于县城北隅，前身是富川县初级中学，创建于 1930 年春，以令公庙、济公祠改作校舍，首任校长是毛振荣。1935 年 8 月，因地方财政困难停办。1938 年春，又在原校址开办改为富川国民中学，校长是龚家玮。1946 年春复改为富川县初级中学。到 1949 年上半年，在校学生增到 385 人，教职工 34 人。从开办到 1949 年，共计初中毕业 7 个班，师训两班、简师两班、国中 7 班，共毕业 816 人。1941 年后，有进步教师童耀华、阳林芬等，先后在校宣传抗日和共产党抗战胜利后的主张，深受学生欢迎，先后有何谓平、周绍华、毛义允、何庆义等学生参加地下革命活动。1947 年秋，进步教师毛文端从穗回富中任教，将中共刊物不断输入富中。1949 年春，地下共青团员蒋敏回富中任教，在校正式建立了地下活动据点，组织进步师生开展革命活动，为配合解放军解放富川做出了积极贡献。

1949 年 12 月 15 日，中共富川区工委派毛凡龄等接管富中，首任校长是蒋宗周。1952 年 9 月，富川与钟山合并为富钟县，学校次年改名为富钟县第二中学。1958 年秋，开始招收高中新生一班（1 年后转到富钟县一中就读），1960 年又重新招收高中班，从此成为完全中学。1961 年 7 月，富川、钟山分治，按所在地地名改名为富阳中学。1964 年元月依县命名为富川中学。从 1958—1965 年末，初中已毕业 40 个班，高中毕业 5 个班。20 世纪 60 年代总计考入高等学校 27 人，考入中专 103 人。

1969 年，初、高中学制由 3 年改为各 2 年。

1975年秋，初中恢复三年制。1977年恢复高校招生统一考试。1978年12月，党的十一届三中全会后，通过拨乱反正，教学秩序开始好转。1981年，停止招初中，改名为富川高中。截至1989年，全校拥有22个班（其中补习班1个），在校学生1148人（其中补习生198人），教职员工106人（其中获高级教师职称的17人、获一级教师职称的36人、获二级教师职称的24人、获三级教师职称的8人、未评定职称的教师10人、工勤人员11人）。杨永济于1984年被评为全国千名优秀体育教师之一，石秀龙于1986年被评为全国教育系统劳动模范，朱启毅于1989年被评为特级教师。另外，李孝洪、李康林被评为省级优秀教师。

1950—1989年总共培养学生11 847人，为大专院校输送新生744名，升入中专的有432名，其中1985—1988年升入大专院校的有368名、升入中专的有205名。多年来在科技、体育、学科竞赛中，有4人获全国青少年科技作品展览评比一等奖，1979年本校的鲤鱼山考古科技荣获全国中学组第一名，获金质奖章一枚。另外，还有3人被评为自治区优秀学生干部，7人被评为自治区"三好学生"。教学科研成果，石秀龙、张牧、陈细珠等在省级以上报刊发表教学论文共12篇。1980年新建1幢3层12套的宿舍大楼，1983年新建1幢3层12间教室的教学大楼，1985年新建1幢3层12间教室的教学大楼。1986年又新建1幢拥有20套住房的教工宿舍大楼，还改建1幢15套住房的教工宿舍楼、1幢288平方米的学生膳厅。1987年新建1幢1870平方米的教学试验大楼，同时重修校门，铺设校内水泥路，围好12 710平方米的大操场和7061平方米的果园。1988年，新建1幢2234平方米计70间的学生宿舍楼。学校共计图书2万册，物理仪器624件，化学仪器1503件，生物仪器124件，电脑13台，电影放映机1台，电视机2台，大、小收录机共10台。1988年建起语音室和电脑室，还添置大批体育器材。学校设有修理部、冰室各1间，砖厂、商店各1个，鱼塘23亩，板栗园10亩，学校占地总面积为130亩。1988年8月，该校被评为自治区文明学校。

第30章　多样化教育

第一节　民族教育

本县境为瑶族聚居区域，至1989年，瑶族人口占全县总人口的48.94%。由于瑶族大多居住在县域边远山区，历来除深受封建王朝的政治压迫、经济剥削和民族歧视外，教育事业也处于落后状态。

解放后，在党的民族政策指引下，分别在边远民族聚居区和分散居住区设立小学教学点，解决了少数民族子弟就近上学问题，同时鼓励平地教师上山任教，工资浮动一级，师范招生定点在边远民族山区；允许不足班额的分校开班，开展复式教学研究，调查民族地区教育事业状况等，从而使县内民族普及教育有了较大的发展。特别是党的十一届三中全会后，为优化民族教育，1985年分别在富川高中、富川初中试办民族初、高中班，在新华中心校设置民族高小寄宿班。由于对民族班的学生在生活上给予了一定的补助照顾，老师加强了因材施教的措施，民族学生学习上进步快，取得了一定的成绩，为发展各级民族教育探索了经验。富川初中试办的两届2个班民族班，共100人，毕业率100%，升学率分别为80%和70%；富川高中试办的两届2个民族班，共99人，学制定为4年，读满3年后参加高等院校招生统考，未考取者继续读一年，毕业率为100%，升学率分别为55.1%和50%。1987年秋兴办县民族中学，初、高中民族班招生、教学工作由民族中学具体实施。

一、新华民族高小寄宿班

新华乡是县内瑶族聚居区之一，1985年全乡总人口15 916人，瑶族人口占99.87%。为提高这一地区瑶族人民的文化，优化民族教育，提高教学质量，从1985年起，在新华中心校内设置民族高小寄宿班，每年招收2个班，在校学生保持4个班200人。学生来源主要是新华、福利、莲山、古城等乡的小学四年级，从瑶族学生中择优招收到寄宿班再学习2年，作为高小毕业。

寄宿班的学生每月发生活费10元，每年发服装费60元，从经济上扶持瑶族学生，使他们安心学习；在课程设置上除与普通小学一样外，利用周会的时间经常对学生进行民族政策和民族团结教育，使学生充分认识党的民族政策和民族团结的重要性，充分认识党的民族政策的正确性，以及党对少数民族的关怀照顾，从而激发他们奋发学习的积极性，学习成绩不断提高。从开办起至1989年，共毕业学生8个班400人，毕业率达100%；升入初中396人，升学率达99%。

二、县民族中学

县民族中学的前身是朝阳初中。县人民政府于1987年4月21日，以富政发〔1987〕76号文件发出《关于将朝阳初中改办成县民族中学的决定》。1987年秋开始招收高中班。县民族中学有民族高中、初中班，初中重点班和体育班，均面向全县招生，普通初中班面向富阳乡河东片招生。

县民族中学民族班的学制初中三年，高中四年，民族高中班读完三年级后可参加高考，未考上的继续留读一年，次年再参加高考。课程设置与普通中学相同，但增加了民族传统体育，如射弩、抛绣球等。民族班初、高中学生每月发给生活费15元，每年发服装费60元，从生活上扶持少数民族学生。

民族中学根据民族特点和学生的具体情况，采取科学方法管理学校，使学校各方面的工作很快走上正轨，逐步形成良好的教风、学风。瑶族教师黄万星撰写的《浅论少数民族青年成才的外因》于1987年发表在广西《青少年研究》刊物上，《瑶族地区中小学生辍学的原因及对策》于1989年发表在《四川民族教育》上。黄万星、陈宗现、黄日斌、何小燕等共同撰写的《初中语文阅读检测指导》一书，于1989年由北京对外经济学院出版社出版。1989年，该校学生参加《中学理科》编辑部举办的中学数学会考题选自测通讯赛，荣获集体奖。

为使民族中学逐步成为一所初具规模的中等学校，县人民政府从1986年起，每年都从县财政划拨专款基建费。1986年、1987年两年共计拨校舍基建款16.13万元，于1987年8月建成第一幢具有民族风格的4层16间教室的教学大楼。1988年和1989年又分别拨款11.37万元和15.31万元，兴建4层16间教室的教学楼、4层24套（其中3房1厅8套）教工宿舍楼和学生宿舍楼各1幢，楼房主体建筑达6112平方米。校内操场经过几次拓平，已扩大至4500平方米，学校还办有印刷厂、珠绣厂各1个。全校占地总面积为82

亩。教学设备不断充实和完善，1989年有图书6150册及价值2.4万元的各种教学仪器设备。初中教学学生演示开出率达100%，高中教学学生演示开出率达90%。

1989年，全校有教职工110人，其中少数民族教职工62人，占教工总数的56%；获得高级教师职称的有3人、一级教师职称31人、二级教师职称25人、三级教师职称18人。全校有教学班22个，其中高中6个班、初中16个班；在校学生达1397人，其中属少数民族学生达1007人，占学生总数的72.8%。

三、培养民族教师

努力培养一支土生土长的懂得民族学生特点的、热爱民族教育的民族教师队伍，是搞好民族教育、提高教学质量的保证。解放后，通过送去各级学校培养、在职进修、脱产短期轮训、鼓励自学成才等渠道，少数民族的小学教师增至825人，占小学教师总人数的68.7%；普通中学少数民族教师增至223人，占中学教师总数的38.2%，在机构改革、调整领导班子中有55名教师提升为中小学领导，占学校领导干部总数的20%，一批优秀的民族教师正在成长。

四、关心民族学生

县教育行政部门要求教师重视民族学生的感情教育，积极培养师生之间的感情，教师爱学生，学生敬教师，不少学校由于有了情感融洽的新型师生关系，校风、学风都比较好，促进了教学质量的提高。全国优秀班主任、新华龙集小学瑶族教师莫继凤关心学生的疾苦，自己出钱为生病的学生买药，亲自到学生家里督促学生服药，关心学生胜过父母，在学生中享有崇高的威望，1984年她所在的学校被评为县民族团结先进集体。柳家乡大湾山小学校长麦庆华（汉族），为了增进与瑶族学生间情感，亲近学生，学会讲瑶话，为了抢救一个误吃蚂蟥而生病的瑶族学生，他在学生家里守护3个晚上，终于钳出蚂蟥，解除学生的痛苦。朝东中学从领导到教师，对从山区石林、高宅、黄沙来的瑶族学生，生活上多方照顾，允许带玉米交给膳团，允许打油茶，借给棉衣、棉被、蚊帐，使他们在校安心学习。

第二节 师范教育

一、普通师范

富川办师范始于 1914 年，称县立小学教员讲习所，学制一年，培养民国改制后的小学师资。1924 年，开办师范人员讲习所，招收两年制的学员 1 个班，校址在城内三界庙，1927 年改名为富川师范人员养成所。次年又招收两年制学员 1 个班 50 人。1933 年，在富川县立初级中学附设四年制简师班 1 个，一年后因财政困难停办。1940—1941 年春，在富川县立国民中学附设一年制师资训练班 2 个。1943 年，在富川县立国中招收两年制简师班 1 个，1945 年又招收三年制简师 1 班。

1952 年 10 月，富川县立初中招收一年制速成师范班 1 个，学生 45 人。1958 年，为适应"大跃进"教育大发展的需要，成立富钟县师范，先招收短师班，后招收三年制中师班、幼师班各 1 个，中师班至 1961 年根据国民经济调整方针，拨到地区八步师范就读。1972 年，成立富川师范，借用富川中学校舍，招收两年制师范班 2 个，学员 80 人。1974 年，富川师范从富川中学分离出来，独立办学，开始招收民办教师转公办教师的两年制中师班，但校址仍在富川中学内。1976 年将师范合并到县"五·七"大学，作为该校的师范部，地址在原县党校旁边。1978 年秋，富川师范始定点在城郊嚓高岭脚新建校舍。1979 年秋，为地区开办二年制民族中师班 1 个，在本县招收两年制普通班 1 个。以后又陆续招收两年制的中师班，截至 1981 年，富川师范共招收两年制中师班 9 个，毕业 337 人。自 1983 年秋起，中师班停止招生。

从 1972 年开办起至 1985 年上半年，先后招收在职教师短训班 34 期，学习期限半月至 1 年不等，共培训学员 2078 人次。1985 年 5 月，经自治区人民政府备案，富川师范改名为富川瑶族自治县教师进修学校，同年秋招收两年制在职教师进修班 2 个共 89 人。截至 1988 年年底，先后从在职的公办或代课教师中招收进修班 3 个，学员 138 人，教职工 32 人。1989 年毕业 1 个班 48 人，在校学员 220 人，教职工 31 人。

1989 年，富川教师进修学校有高级讲师 1 人，讲师 5 人，助理讲师 4 人。学校占地面积 25 亩，建筑面积 3544 平方米，有 3 层 12 间教室的教学大楼及

3 层 12 套（二房一厅、三房一厅各六套）的教师宿舍大楼各 1 幢，有初具规模的仪器室、实验室，设有放像机、摄像机，教学和生活设施日臻完善，已逐步成为富川小学教师的培训基地。

二、函授师范

富川小学教师业余进修，原是由地区八步师范负责辅导，1956 年 10 月，成立了富钟县教师业余进修学校，校址附设在钟山镇城厢中心校，专任教师 5 人，面向 5 个区招生，开设 5 个初师班，学员 192 人。1958 年 9 月，改名为富钟县函授师范，将原八师在县内开设的 10 个中师函授班，全部交由县函授师范接办，初、中师函授学员增加到 417 人。初师班学完语文、数学双科结业的有 117 人，中师班在全县 9 个公社，开设 16 个授课站进行巡回面授。1961 年 7 月，富川钟山分治，富川另开办富川函授师范，地点先借用富阳中学校舍，后并于县教研室，负责原富川片的 4 个公社，在每个中心校所在地开设一个函授点。1962 年后，函授教师分别到所负责授课点进行教学。1970 年后，原函授教师先后调到中、小学任教。

1979 年富川县函授教育正式恢复，在教研室专设一个函授组，当时只有教学人员 2 人。教材未定型，仅开《教材教法》和《心理学》两科。1980 年增加教学人员至 4 人，开展数学单科教学，学员有 347 人。1981 年，函授组拨入富川师范。1983 年数学单科结业 34 人，同年秋开始语文单科教学，至 1985 年结业的学员有 110 多人。1985 年 5 月，函授组划归富川教师进修学校，1988 年招收学员 80 人，1989 年招收学员 32 人。

第三节　职业教育

一、农业中学

1956 年为适应农业发展的需要，在富阳等中心校附设民办初中班六个，在校学生 280 人，但大部分班级只办半年或一年就停办了。1958 年，人民公社化后，各公社办起农业初中，有福利、朝东、城北、麦岭、古城等地 5 所初中，在校学生 243 人。1959 年，地区在福利农中召开办学现场会。随着国民经济的调整，1962 年仅保留福利、古城两所农中，同年两所农中毕业 37 人，招生 40 人，在校学生 102 人，有教师 5 人。1963 年招生 90 人，在校学生113人，教师6人。1965年，随着国民经济的恢复及两种教育制度的进一步推行，农业中学发展至8所14个班，学生553人，专任教师15人，兼任5人。同年，在天堂岭林场开办富川县农业技术学校，同年招收农业、林业各1班共84人，教职工5人，学制3年，社来社去，不包分配。次年该校增招1个班，在校学生129人，教职工7人。

1966年，农中增至14所，共25个班，学生1118人，毕业23人，教师增至35人。1967年，农中仍为14所25个班，在校学生减至852人，教师增至37人。1981年，只保留富阳、古城2所，配备公办教师21人、民办教师3人，开办4个班，学生171人。同年农业初中毕业42人，农业高中毕业109人。次年缩为3个班，在校学生106人，农业初中毕业30人，农业高中毕业26人，教师19人。1983年，农中仍为3个班，另外，在富川高中招收职业高中班1个44人（一年后转为普通高中班）。农中在校学生124人，公办教师21人、民办教师2人。1984年，富阳农中停办，只保留古城农中1所，在校学生91人，公办教师9人、民办教师8人。1985年5月，县人民政府决定将古城农中升格为"富川瑶族自治县农职业中学"，直属县领导，是年有4个班共213人，毕业26人，教职工23人。

二、富川农职业中学

原名横山"五·七"中学，创办于1978年。1980年改为古城农中，1985年5月，县人民政府决定将其改为县农职业中学，此后便向全县招收初中毕业生，从县内中考中录取学生，学制也由2年改为3年。1985年秋，开始招收2个班，在校学生100人。1989年发展为3个年级5个班，在校学生124人，教职工27人，其中一级教师5人、二级教师13人、三级教师3人、未评级6人。

学校设在离县城6千米的古城乡横山街，占地面积34.5亩，建筑面积3156平方米，其中教学楼720平方米，师生宿舍2136平方米，校办工厂、猪场300平方米，实验鱼塘2.4亩。1989年，试验农场10亩，以种植水稻为主。

学校开设课程，文化课有政治、语文、数学、物理、化学、生物、体育，采用全国统编的职业高中教材。专业课有水稻栽培、烤烟种植、果树栽培、蚕桑种植及养蚕、畜禽养殖、水产养殖、农机修理、家电维修等。

为提高教学质量，学校采取教学、科研、生产相结合的教学方法，1986年种植专业班的师生在苎麻无性繁殖方面获得成功，获地区科技成果二等奖。为解决尼罗罗非鱼在富川不能越冬的难题，养殖专业班的师生想方设法于1989年利用地下井泉水的恒温性能，使尼罗罗非鱼在井下越冬，此项试验获得地区科技成果一等奖，自治区科技试验成果二等奖。

1985—1989年，共毕业184人，升入高等学校5人，升入中专3人，大部分毕业生回到农村为科技兴农、振兴富川经济而奋斗。白沙乡的黄志春毕业回乡后开展综合养殖，年收入达万元。果树专业班的陈序福，毕业回到油沐乡后开展科学种果，带领群众绿化荒山，深受群众好评，同时受到当地政府的表扬。

1985—1989年，该校还办水产短训班7期，培训学员265人，办果树栽培培训班1期，学员46人，水产教师下乡辅导养鱼专业户400多户（次），为群众开办防治鱼病药方1400例，深受群众欢迎。

第四节　成人教育

一、扫盲

1932年，有县办民众学校6所，区办民众学校33所。入学人数1298人，教师69人。次年入学人数下降为375人，教师15人。

1935年，民众学校入学人数1000人，约占青壮年文盲、半文盲总数的4%。1936年10月，富川制定《实施强迫教育补充办法》后，更加重视成人教育的推行。1939年，广西推行成人教育年。富川全年开办4期成人班，共879个班，入学人数达36 497人，占全县人口的36.5%，结业人数33 945人，参加教学的教师442人次。此后一些地方仍有办班，如1944年8月，在古城碧浪村国民基础学校举办了1期初级妇女扫盲班，但全县大量的文盲仍未扫除。

解放后，1950年始投入冬学运动，组织壮、青、少年文盲入夜校、上冬学。1950年5月，富川县人民政府发布《工农业余教育暂行实施办法》，规定首先着重对工农干部和积极分子的教育，有条件的地方推广到迫切要求入学的工农群众。1953年创办民校，扫盲的主要对象是青少年，当时各区配扫盲专干，各小乡配民校校长，课程由当地的小学教师兼任。县成立扫盲指挥部，分级领导，各尽其责。

1953—1955年，县设扫盲办公室，富川片设扫盲中心校，总管富川片扫盲工作，办公室设在富阳镇镇政府，各区设扫盲专干。当时富川片有50多个扫盲班，利用晚上上课，教师是尽义务的。1956年11月在县城召开全县扫盲工作会议，全县掀起了扫盲高潮。1958年，全民"大办钢铁"后，名义上是工地学，晚上学，实际处于半停滞状态。1960—1962年是国民经济三年困难时期，成人教育处于停滞状态。1963年，国民经济开始复苏，成人教育又被重视起来，至1965年，教育局配备2名扫盲专干，全县办有业余初中班7个，学生118人；业余小学班30个，学生687人，扫盲人数393人。

1966年，随着"文化大革命"的开始，以扫盲为主的文化夜校，改为政治夜校，以学政治为主，参加学习的有6456人（其中有少数下乡插队知青），扫盲教师有30人。1972年后，各公社配齐了扫盲专干。1973年，开办扫盲班101个班，入学人数3830人，结业150人。1977年开办扫盲班233个班，入学人数达6860人，结业人数随之增多。

1980年秋，遵照国务院《关于扫除文盲的指示》，县教育局先后组织100多人的扫盲工作队，先在富阳乡西屏做试点，然后分片铺开，同年有西屏等8个大队脱盲。1981年又有5个大队脱盲，有扫盲班235个，学员4253人；业余小学18个班，学生414人；业余技校2个班，学员65人。1983年，富阳、古城、城北、柳家等，经验收确定为基本无文盲公社。1984年，入学人数5768人，结业1954人；1985年11月中旬，经地区扫盲检查验收，全县13个乡镇、145个村街平均非文盲率为91.3%，已达自治区脱盲标准，为此，获自治区发的"基本无盲县"奖状。1985年，农民业余小学发展到176个班，在校学生3001人，脱盲人数4886人，兼职教师176人。1988年，发展农民文化技术培训学校14所，教学点31个，在校学生1730人，农民初等学校12所，教学点13个，在校学生393人。1989年，农民文化技术培训学校14所，教学点13个，在校生1060人；成人初等学校19所，教学点42个，在校学生3465人；成人扫盲学校7所，教学点29个，在校学生775人。

"五·七"大学，创办于1976年秋，校址设在莲花塘"五·七"干校内，由"五·七"干校、党校和富川师范几部分组成。校长和总支部书记由一名县委副书记兼任。同年招收为期一年的社来社去不包分配的农业班2个，共100多人，次年毕业。1977年，招收为一年的社来社去不包分配的农机班2个，共109人。全校教职工13人，专任教师7人。1978年秋，富川师范迁回县城独立设校，"五·七"大学随之解体。

二、函授教育

县内有高校函授生是在20世纪60年代初期,1962年考入广西师院(今广西师大)函授学习的有中文系2人,数学系3人。"文化大革命"开始后即中断。1979年秋,广西师院、广西民院、广西教育学院分别在县内招收数学、物理、化学、中文、英语等科函授生,经考试入学后,在职学习,每学期由地区函大辅导站教师辅导一次,到1984年,数学系毕业8人、物理系2人、化学系5人、中文系17人、英语系5人。

1981年,广西师院在县内招收中文本科学员2人,1984年毕业。1983年,广西师大在县内招收政治本科学员9人,1986年毕业。1986年后,本科学员主要由广西师大、广西教育学院、广西民院招收。专科学员主要由梧州地区教育学院招收。1986年、1989年,广西教育学院招收地理专科2人,广西民院招收数学专科4人、政治专科1人、中文专科7人、本科1人,广西师大招收英语本科2人、化学本科1人、体育本科2人、政治本科2人、史地专科1人,南宁地区教育学院招收地理专科生1人,梧州地区教育学院招收教育管理本科1人、政教本科1人、地理本科1人、中文本科1人,区教育学院招收英语本科4人、政治本科9人。1988年开始,中华会计函授总校梧州分校在富川开设函授招收学员79人,以后每年新招一班,1989年已毕业47人。

三、电视大学

县内电视大学教育,是从1985年9月开始,县职教办在县内通过入学考试,招收3个班,其中中文2个班,92人;法律1个班,51人。学员以在职业余自学为主,除了接受电视教学外,还聘请中学和教师进修学校及各部门一些理论、业务水平较高的人员为辅导教师,每月上1~2次辅导课,并布置检查学生的作业,每学期进行一次段考和期考。1988年,县内招收3个电大班,120人,其中政治1个班,43人;法律1个班,44人;财会1个班,33人。同年,有105个学员毕业,其中绝大部分人成了单位的业务骨干,有的还提拔为领导。

四、高等教育自学考试

高等教育自学考试,是由考生自选专业报考,通过业余自学有关专业的大专课程,参加每年上半年和下半年定期举行的考试,每及格一科发给单科合格证,当应考科目全部及格后即准予毕业,是国家承认学历的一种自学考试制度。考试由自治区自学指导委员会委托主考院校命题,考场设在县城,每半年考一次,由县教育局招生办组织考试,地区以上指导委员会组织评卷,自治区自学指导委员会和主办院校发给文凭。

富川县高等教育自学考试于1984年下半年正式开考,首届报考人数125人,报考科目有283科,其中有86人及格(表30-1)。此后,报考人数、科目、及格人数逐年递增。1987年下半年,开考专业有党政、中文、政治教育、哲学、数学、统计、工业管理、物价、法律、会计等10个专业。其中,政治教育、法律专业报考人数最多,其次为中文、党政专业。考生主要来自在职干部,其次为工人,还有待业青年和少量农民。从开考至1989年,全县获得大专文凭的有368人。

表30-1 1984—1989年富川县高等教育自学考试情况

年份	报考人数/人	报考科目/科	及格科目/科	及格科目率/%
1984下半年	125	283	86	30.29
1985上半年	223	465	108	23.23
1985下半年	245	473	134	28.33
1986上半年	254	481	141	29.31
1986下半年	277	469	184	39.23
1987上半年	283	491	175	35.64
1987下半年	292	471	183	38.85
1988上半年	391	485	178	36.70
1988下半年	410	941	207	22.00
1989上半年	364	736	195	26.49
1989下半年	269	632	173	27.37

第31章　师资队伍和教学研究

第一节　教师队伍

一、教师来源

明清时期，官办书院、县学、社学由"官绅会同商定"，"延请品学兼优、经学宏通"的儒士为讲习，各乡村的私塾则由学东自由延请塾师，也有少量的儒士在家设馆收徒。例如，宋嘉定十四年（1221年）朝东秀峰村毛基"创书院于江东敞马帐授生徒。"毛奎曾建"书院以授生徒"。清末，废科举兴新学，举办高等、初等学堂。校长及教师由地方绅士推荐，劝学所提名，呈报学历表，由县署批准下委任状。

民国初期，教师由督学局、教育局提名，县政府委任，选用简师毕业生及初级中学毕业以上学历者任职。1933年2月，省教育厅训令规定"由省政府委员会任命省、市、县立小学校长"。1936年，富川县实施《强迫教育补充办法》规定"各级基础学校校长、教员，除尽先委用干训毕业生外，再遴选受过中等教育以上并经审查合格者充任"。当时富川17个乡（镇），每乡（镇）设一所中心国民基础学校，由乡（镇）长兼校长。村（街）基础学校都由村（街）长兼校长。1941年8月后，乡公所与中心校分设办公，校长实行专任，不再由乡长兼任。村校称为村国民学校，开始设立专任校长。

1950年1月，富川县对原有学校的教职员工，除少数反动分子外一律留用，同时在社会上招收了一部分社会知识青年，通过短期政治业务学习后，分配到学校工作。此后，富川县的教师，主要靠各级师范专业学校输送。但随着教育的发展，公办教师严重不足，亦从社会上招收部分民办教师和代课教师。

二、教师培训

清末民初,废科举、兴学堂。为适应教育的需要,1919年,富川县城内设立小学教员讲习所。1924年,在县城三界庙开办师范人员讲习所,主要培养、培训新学堂师资。1934年,为大办成人教育,开办成人师资训练班2期,学员100多人。

解放后,为适应新中国教育发展的需要,采取了多种方法培训提高在职教师,利用寒、暑假,开设各种短训班、讲座,对教师进行短期培训。1952年10月,在富川县立初中招收一年制速成师范班1个,学生45人。1958年7月,大力发展教育,成立了富钟师范,招收短师班1个。1972年,富川师范成立。先后开办小学行政干部、英语、汉语拼音及初中语文、数学、理化等短训班34期,培训学员2078人。

除开办短训班外,每年都从学校中选送少量的教师到高等院校进修学习,学习时间一般为半年或一年。1985年5月至1987年年底,县教师进修学校先后从在职的公办教师和代课教师中招收进修班3个,学员134人。还动员有条件的教师考成人高校或教师进修学院。

三、教师待遇

《富川县志》(光绪版)记载,明清时期官办县学、书院的教谕、训导、山长的俸薪由县衙开支。县儒学教谕、训导年俸银40两,门役年工食银6两;私塾、义学塾师薪俸则由乡间有名望的士绅组织学董,邀集同村或邻村入学童生家长商讨确定入学童生的租谷,以供塾师薪俸,年终付清。清光绪三十三年(1907年),新华龙集私塾塾师年资120毫银圆。

1933年,县督学薪俸480元(国币)。1934年,全县有教职员255人,月薪不满6元(银圆,下同)的有69人、6~9元的有131人、10~11.9元的有8人、12~13.9元的有38人、14~15.9元的有8人、22~23.9元的有1人。1941年,初中教师每人每月薪俸在230~240元(国币)。

解放初,村校教师仍执行由地方事业粮支给薪俸,月薪100~150斤禾把。1952年1月9日,富川县人民政府决定,村校教师统一由县财政按月支付大米150~200斤,每月底按照学历、工作能力、服务热情及学习等情况自报公议,民主讨论通过,报乡人民政府审定,经区人民政府批准执行。同年县人民政府按照中央"关于调整中、小学教职员工资标准"的通知精神,采用薪分制，规定小学（含幼儿园）教职工人均薪分按120分（每分值约2角左右）发放。1956年，全国实行工资改革。县人民政府遵照全国工资改革精神，在全面提高教职员工工资的基础上，给予全县中小学教师重新评定工资级别，进一步贯彻按劳取酬的原则。取消物价津贴制度，实行货币工资制。改革调整后，中小学教职员工资平均比原来的物价津贴制提高了33%。中、小学教职员工的工资分为行政和教师级别，各分10个档次，县内评定小学校长行政级5级为最高级，金额为66元，最低9级的为41元；评定小学教师级5级为最高级，金额为50元；最低级10级，金额为27.5元。

1963年，随着全国工资的调整，全县教育系统又进行一次工资调整，除个别少数特殊情况得不到升资外，95%以上的教职工都获得升级和套级，工资收入都得到相应提高。1969年，公办小学下放到大队管理，同年6月小学教师工资实行民办公助。民办部分的工资来源：一是记劳动工分，年终按照所在大队、生产队的工分值统筹付给教师；二是固定民办统筹金额，按月支付或年终结算付给。

1979年，全县调整了40%的教职工工资，同时实行班主任津贴，小学班主任按每班每月5元发给，中学班主任按每班每月7元发放。全县按此规定提取数额，实行在职全体教职员工均享受的办法，平均每个教职工每月享受班主任津贴2.7元。

1981年和1983年，随着国民经济的不断发展，对全县教职工普遍分别给予增资、套改一级。1985年又对全县教职工普遍增资一级，同时对中小学教职员工实行山区技术津贴，按工作年限每月给予3~10元的津贴费，中专毕业生当年享受5元，毕业10年后享受7元的津贴费；大专毕业当年可享受7元，毕业10年后享受10元；无专业文凭的工作5年可享受3元，毕业10年后可享受7元。1986年后，又给教职工实行教龄津贴（5~10年每月享受3元，10~15年每月享受5元，15~20年每月享受7元，20年以上每月享受10元）。

解放后，广大教职工除在经济生活上享受应有的待遇外，政治地位上也在不断提高。在县委和学校党组织的重视关怀下，教职工队伍中不断发展党员，以增强党对教育的领导，1989年，全县教职工队伍中有党员438人，占教职员工总数的14.55%；各级各届党代会、人代会都有一定比例的教师代表参加。1984年，县教育局给工作30年以上的教师隆重地颁发荣誉证书、纪念章。1985年给工作25年以上的教师颁发荣誉证书、纪念章。同年，县人民政府遵照上级指示，以每年9月10日定为教师节，在整个社会上形成尊师重教的良好风气。

第二节 教研活动

1937年，有表证校教师兼各中心校辅导部主任。1941年后，各中心校又设专职辅导主任，负责辅导各村校教学工作，但未正常开展教研活动。

解放后，各级教育领导部门对教学研究工作逐步重视，首先是学习老解放区的教学经验和方法。1953年，开始学习研究苏联凯洛夫的教育学，在教学中主要学习"五大教学原则"（直观性、自觉积极性、系统性、量力性和巩固性）和课堂教学的"五个环节"（组织教学、复习旧课、讲解新课、巩固新知识、布置作业）。通过学习，县、乡、校还采取组织听课、观摩、示范，积极推广运用这些原则和方法，对改革旧的教学方法、提高教学水平起到一定的作用。

1955年7月，县成立教研室后，更全面、系统地指导全县的教学研究工作。1957年，开始学习、推广毛泽东同志提倡的"十大教授法"，针对教学中"满堂灌"现象，对提倡"启发式，废止注入式""什么是启发式教学""怎样进行启发式教学"等专题进行讨论，并在富阳小学等校举行观摩课，以点带面，进行推广。1958年，教学上要求"结合实际，突出政治"，致使一些科目牵强附会，带上政治尾巴。1960年强调"精讲多练"，为此举行了阅读、作文、写字等语文系列公开课。1962年，曾举行过全县复式教学研究课和数学对比公开课。1963年，主要是纠正把语文课上成政治课，贯彻"文道结合""以文载道"，推广"串讲分析"的教学方法，理论联系实际，举行全县教学、阅读公开课，并请有丰富教学经验的教师作"文道结合"的专题讲学。1964年，曾举行过周会课教研活动，开展讲故事活动，推动学习雷锋活动的开展。同年，教研室的领导亲自上《金色的鱼钩》一文，作为"文道结合"的示范课，同时还举行识字研究课。1965年年末教研室人员分别调到区或学校。

1972年8月，教研室机构恢复，改名为教改组，重新恢复教研活动。首先在城北中学、城北中心校抓教学改革试点，研究如何抓语文"双基"训练，举行小学语文教学研究课。同年11月，配合地区教研室在城北泗源小学抓普教试点，并召办现场会。1973年4月，在朝东、城北中心校召开数学、语文教学经验交流会，交流如何进行基础知识教学和基本技能训练，以及怎么运用启发式教学方法。1974年10月，分别在富川中学、麦岭中学召开开门办学、"批林批孔"经验交流会。全县开办笔珠结合教学实验班124个。1975年全县高中分片下农村普查土壤共18万亩，除取样化验外，还绘制了分类图。朝东、麦岭、城北、福利、富川中学等，建立为农业服务的气象哨，教学纳入"学大寨"的轨道。1976年10月，打倒"四人帮"后，教学秩序逐步恢复正常，教学研究也开始恢复以教学为中心的活动。1977年恢复高考制度后，以提高教学质量为中心的活动更加活跃。1978年3月召开高中毕业班作文教学研究会，传达邓小平关于教材问题的指示，让有经验的教师作学习中学语文教学大纲的发言，并举行公开课。教育局和教研室作统考质量分析监提出当前教学的意见。接着举行小学识字教学研究会，请10多名有教学经验的教师介绍经验，还有4名教师上公开课，并组织部分教师到湖南零陵地区学习电化教学的经验。同年4月组织骨干教师编写《小学教学双基纲要》，5月分别召开高中高考数学、物理、化学复习会议。

1979年，召开中、小学作文教学研究会。对初中部，侧重研究作文教学的重点及培养用词造句、布局谋篇和观察分析事物的能力。对小学三、五年级，则具体研究作文的命题、指导、讲评几个环节。8月，开办为期10天的附设初中数理化教师学习会，学习和疏通数理化教材；接着举办为期半月的中小学体育教师学习班，使体育教师掌握体育的基本训练和基本技能；随后又召开中小学语文、数学研究会，会上结合学习外地的先进经验，理论联系实际，让一些老师上研究课，大家进行评议、探讨。

1980年1月，召开高中毕业班教学工作会议，传达地区高考复习会议精神和到湖南祁东考察情况，总结1979年高考工作经验、提出1980年高考复习的意见。接着举行高中毕业班政治教师会议，研究和讨论1980年高考政治复习和指导工作。3月上旬和下旬，分别召开高考复习会议，传达地区、自治区高考复习会议精神，教育局提出复习要求和意见。4月召开中小学语文教学研究会，并分别听取10名教师的语文课，着重讨论：①不同体裁的课文，采用不同的教学方法；②以教材为中心，以课文为依据，精心设计教学内容；③以课堂为教学中心，向45分钟要质量；④阅读和写作相结合，组织语文教学等内容。10月，举办中学数学教学研究会，听公开课，研究如何提高数学质量问题。

1981年9月，召开英语教师座谈会，研究如何提高英语教学质量问题，接着召开小学一年级语文试验班教师会，有12个试验班的教师发言，总结交流经验。11月，举办小学语文教研组长培训班，请桂林民师教师陈图凤作"语文教学与智力开发"专题报告，3名教师上公开课，1名老师作"怎样做一个语文教师"的专题发言。

1982年，组织小学教师26人去桂林民师附小考察听课，首次观看特级教师的教学录像课。1983年4月，县召开小学三年级语文、数学教学研究会，传达自治区、地区有关这两科研究会的精神，有6人在会上发言。会议内容是解决三年级语文、数学成绩大幅下降的问题。5月，召开中小学数学教学研究会，其中初中有2人上公开课，有6人介绍经验，小学有2人介绍经验。1984年4月，举行全县小学语文、数学青年教师优质课竞赛，使青年教师在业务上不断精益求精。

1985年，小学语文以读为主，以学生为主，以培养学生自学能力为主，作为研究重点。数学着重抓"少、精、活"的研究，如何培养学生在解应用题的过程中的思维能力。中学组抓基础年级和起始年级的教学，加强各校理化实验室的建设。4月、5月，分别举行全县小学语文、数学研究课，召开全县初中数学研究会，中小学语文教研组长会，中小学音乐教研会，举行初中英语优质课竞赛。10月召开中小学体育教研会，进行优秀体育课竞赛和优秀体育论文评选。当年，莲山实验小学进行"注音识字，提前读写"的试验，富川初中开办试验班，全县性的教研竞赛活动达20多次。1987年4月，县教研室召开中学语文教学研究会。接着，又召开初中英语教学研究会，会上地区教育学院英语科主任卓汉民做学术报告，并观摩富川初中的英语课，交流教学经验。

1988年，召开全县中小学教导主任会议，研究如何抓教学和教学改革工作。小学组自下而上开展语文、数学青年教师的优质课竞赛；中学组举行全县初中英语入门、语文问题和作文指导；数学组召开大型研讨会。研讨教学改革要从实际出发、要抓紧常规教学、要向45分钟要质量等问题。此外，还组织各校师生参加地区、自治区的一些学科竞赛。

1989年，中学组重点抓各学科的教学改革实验及青年教师的优质评比。上半年进行全县中年教师语文、数学优质课评比，有52名教师参加。下半年组织全县理化教师优质课评比，在莲山初中一个班，进行数学科使用自学辅导实验教材的试验。小学组在镇二小开发作文一条龙试验活动，古城乡教委办联合在古城塘贝完小开展一次三年级语文教学研究课和五年级数学"比例"两种教法的对比试验。其他各乡也同样组织开展研究课、示范课。通过坚持多种不同类型的教研活动，小学、初中、高中的教学质量有了明显提高，20

世纪60年代考上大专仅27人、考上中专103人；70年代考上大专338人、考上中专585人；80年代考上大专743人、考上中专1346人。

1953—1989年富川县小学教师发展情况如表31-1所示。

表31-1　1953—1989年富川县小学教师发展情况

单位：人

年份	总计/人	公办教师/人	民办教师/人	代课教师/人	备注	年份	总计/人	公办教师/人	民办教师/人	代课教师/人	备注
1953	888	849	39			1972	947	502	445	14	
1954	951	901	50			1973	1064	507	557	11	
1955	908	831	77			1974	1074	484	500	13	
1956	1009	997	12			1975	1159	514	645	9	
1957	1065	1042	23			1976	1133	514	619	7	
1958	1405	937	468			1977	1243	455	788	6	
1959	1937	1546	391	51		1978	1277	530	747	1	
1960	1558	1187	371			1979	1503	667	836	12	少数民族725人 少数民族825人
1961	581	581				1980	1593	740	853	2	
1962	563	563		104		1981	1396	829	567	11	
1963	559	559				1982	1436	969	467	18	
1964	545	545		89		1983	1390	944	446	41	
1965	582	582				1984	1383	946	437	62	
1966	530	530				1985	1296	1296		355	
1067	575	575				1986	1379	1379		382	
1968						1987	1327	1327		447	
1969	657	657				1988	1286	1286		495	
1970	630	630				1989	1255	1255		560	
1971	693	445	248	21							

注：1952—1960年是富钟县教师数量；总计数不含代课教师。

1961—1989年富川县中学教师发展情况如表31-2所示。

表31-2 1961—1989年富川县中学教师发展情况

单位：人

年份	教职工合计	专任教师			代课教师、民办教师	备注
		其中小计	高中	初中		
1961	66	52	3	49		
1964	66	46	13	33		
1971	214	163	12	151	3	
1972	268	203	62	141	18	
1973	274	218	59	159	22	
1974	271	207	57	150	24	
1975	426	353	82	271	90	
1976	669	609	109	500	290	
1977	747	700	195	505	275	
1978	764	711	193	518	297	
1979	607	437	143	294	146	
1980	482	328	99	229	50	
1981	530	337	82	255	30	
1982	506	333	85	245	23	
1983	500	301	60	241	27	
1984	530	411	61	350	18	
1985	584	414	71	343		
1986	591	394	70	324	27	
1987	637	444	89	355	38	
1988	683	486	96	390	33	
1989	715	479	98	381	49	

1989 年富川县教师政治文化素质及职称情况如表 31-3 所示。

表 31-3　1989 年富川县教师政治文化素质及职称情况

单位：人

类别	教师数		职称				文化程度					共产党员	共青团员
	总数	其中代课教师	高级	一级	二级	三级	大学本科毕业	大学肄业二年以上	专科毕业	中专毕业高中毕业	高中肄业初中毕业		
高中	201	2	22	70	45	21	69	30	73	25	4	173	
初中	551	72	3	95	92	115	12	1	287	251			
小学	1815	560	164	619	361	44			46	1247	455	265	350

注：①此表含学校行政人员在内；②小学教师中有 67 人系初中以下文化程度。

1960—1989 年富川县获奖教师如表 31-4 所示。

表 31-4　1960—1989 年富川县获奖教师一览

姓名	单位	荣誉称号名称	年份
黄盛忠	富川初中	区文教先进工作者	1960
黄凤琴	富阳镇二小	区五好教工	1971
蓝元立	富川高中	区优秀工会积极分子	1971
何华堂	古城乡大岭完小	区先进教育工作者	1981
唐显玲	葛坡初中	全国新长征突击手	1982
		全国三八红旗手	1982
		区模范班主任	1983
杨永济	富川高中	全国千名优秀体育教师	1982
		区体卫工作先进个人	1986
赖兆雄	富阳镇一小	区优秀少先队辅导员	1982

续表

姓名	单位	荣誉称号名称	年份
何学初	富阳镇二小	区先进少年儿童工作者	1983
冯树泉	富阳镇二小	区先进工作者	1983
周真美	富阳镇一小	区优秀班主任	1983
廖成明	富阳镇二小	区优秀教工	1984
莫继凤	新华乡龙集小学	全国模范班主任	1984
黄瑞洪	县教研室	区优秀科技辅导员	1984
蒋名引	富川初中	区青少年科技优秀辅导员	1984
			1986
龙斌	富川初中	区青少年科技优秀辅导员	1986
石秀龙	富川高中	全国教育系统劳动模范	1986
彭福军	富川初中	区爱科学活动先进个人	1986
孟子龙	富川高中	区青少年爱科学活动先进个人	1986
陈英杰	富川高中	全国优秀教师	1989
黄存贵	镇二小	全国优秀教师	1989
李孝洪	教育局	全国优秀教师	1989
		区优秀教师	
李康林	富川高中	区优秀教师	1989

第32章 经费、设施和勤工俭学

第一节 教育经费

明清时期,官办学堂的办学经费以拨庙产、收屠捐、充匪产为大宗。学堂一般都设有学田和学铺,以学田租谷和学铺租银加以补充,不足部分则由县署拨给。私立学堂则由民众自己筹措资金,建好校舍,聘请老师。清道光十二年(1832年),富川训导朱德鈇劝捐创建五源书院,由东五源数千人家,捐钱千余贯,除建室工费外,余额即买学田,永为师生膏火。清道光十三年(1833年)朱德鈇又倡首捐俸,计捐钱五百余千文,创建蒙泉义学,余钱则典置义产,永为师生膏火。据《富川县志》(光绪版)记载,富江书院旧收田租钱109 200文、禾3650斤。清光绪十六年(1890年),富江书院又增收田租谷2560斤,本色米一斗一升八合七勺、银九分五厘。县令顾国浩又将大岭煤厂每年缴县税钱240千文拨为书院公用。书院收的租粮、税银等用于支给山长修学铺之用及院内各项开支。

民国时期,富川教育经费主要靠收学费、田地租、房屋租、基金利息、附捐和杂收及公款等开支。1930年,富川初级教育经费岁入31 532元,岁出34 915元;1931年,岁入经费34 757元,岁出34 915元;1931年,省府规定各县金库由各县统一收支。富川县共收学费3360元,支出文化费26 500元,支出各校经费25 380元。国民基础学校设备费880元(以上为毫洋)。1934年,收入学费6026元、公款12 545元、田地租1958元、房屋租86元、利息1358元、附捐4613元,合计收入经费26 586元,支出26 536元。1935年,富川初等教育经费收入共30 086元(其中,中央补助2219元、省拨1380元、县拨22 087元、各校自筹4400元),支出经费55 162元(其中,薪俸42 456元、杂费7196元、设备费1670元、临时费3840元)。此外,富川表证学校由省委派教职员3人,省拨经费2227元。1939年,富川筹办县国民中学,经呈奉省府核准,由县征各费下提拨400元做筹备费,并从该年度起,附加二成田赋，约 4500 多元，由 1940 年起，在屠宰税增加率项下，提拨 2600 元以充建校之用，不足部分另设法筹补。1941 年，省拨经费 2227 元（以上为国币）。

解放后，教育经费主要靠各级财政拨款、学生缴交学、杂费、群众自筹经费及学校开展勤工俭学等方面解决。随着国民经济的发展，教育经费的投资比重逐年增加，教学条件和环境也日趋改善。1952 年 9 月，富川、钟山合并为富钟县，当时全县财政总支出 1 220 498 元（旧版人民币），其中教育经费支出 177 844 元，占全县财政支出的 14.57%。1961 年 7 月，富川与钟山分治后财政较紧，1961 年，富川县财政支出 1 508 100 元，教育经费支出 140 430 元，占县财政支出的 9.31%。

党的十一届三中全会后，各级政府对教育的投资比例明显增加，1979 年，富川县从财政收入中拨款 11 万元，兴建高中教学楼。1980 年又拨款 11 万元，兴建高中第 2 幢教学楼。同年，全县财政支出 729.69 万元，教育经费支出 168.76 万元，占全县财政支出的 23.13%。1983 年，中央拨出专款，大力发展基础教育，采取"三个一点"（上级拨一点、县财政补一点、群众筹一点）的办法，努力解决基础教育办学条件。同年，中央投资 18 万元、自治区投资 7 万元、县财政投资 21 万元，兴建富川高中宿舍楼及富阳镇一小、古城中心校、莲山中心校等 4 幢楼房。1984 年，中央投资 34 万元、自治区投资 16 万元、县财政投资 44 万元，兴建了县初中、朝东中心校等 7 幢教学楼及 1 幢宿舍楼。1985 年，中央投资 27 万元、自治区投资 18 万元、县财政投资 38 万元，兴建了富川高中、富川初中等 8 幢教学楼。1986 年，中央投资 17.5 万元、自治区投资 38.5 万元、县财政投资 80.2 万元、乡级农民集资 18.4 万元，兴建了 8 个完小点及富阳镇二小等 12 幢教学楼及 2 幢宿舍楼。同年，全县财政总支出 1465.56 万元，教育经费支出 495.80 万元，教育经费支出占县财政支出的 33.83%。1987 年，中央投资 20.8 万元、自治区投资 30.2 万元、县财政投资 63 万元、乡级农民集资 22.5 万元，兴建了县民族中学教学大楼、县农职中学教师宿舍楼、莲盘中学、石家中学及 12 个完小共 17 幢教学楼房，建筑总面积 9191 平方米。1988 年中央投资 7 万元、自治区投资 25 万元、县财政投资 20 万元。1989 年，中央投资 129.3 万元、自治区投资 14.77 万元、县财政投资 290.8 万元。

1988 年、1989 年，为解决县内中小学危房维修的资金问题，全县掀起了为抢修中小学危房集资热潮。两年全县共集资 602 万元，其中，县财政安排维修经费245.28万元、乡财政安排维修经费81.75万元、单位集体集资11.38万元、干部群众集资102.15万元、征收学生修建经费72.8万元、其他集资(包括投工、捐料)88.64万元。投入抢修中小学危房的钢材35吨，水泥452.3吨，木材67立方米。1989年，全县已完成抢修中小学危房57 290平方米，其中严重危房已全部推倒，并按计划回建13 779平方米，修建好一般危房43 511平方米，新建校舍8642平方米，其中兴建钢筋混凝土教学楼、宿舍楼10幢，面积共5673平方米。至此，全县抢修中小学危房任务按计划完成，经自治区检查验收合格。在抢修危房的同时，还进行了校舍的更新改造工作。据不完全统计，全县中小学修理油漆门窗1939个，粉墙批搪10 636平方米，铺垫水泥地板32 924平方米，新建校门22个，建围墙6467米。

在抢修中小学危房过程中，各级党委和政府把抢修中小学危房摆上自己的主要议事日程，采取领导分片包干方法，并把抢修中小学危房作为考核干部和目标管理责任制的一项重要内容，形成了一个全党全民抓抢修中小学危房的好局面。富阳乡北溪冲瑶族群众，为了维修好校舍，除筹集现金8600元外，还组织全村99个劳动力连续工作22天，帮学校运建筑材料，平整地基，并兴建教室2间、宿舍2间、厨房2间，面积共164平方米。葛坡乡宅祥村党支部书记廖忠财在集资抢修中小学危房中带头集资1500元，在他带动下，全村集资3.23万元，建教室41间、教师宿舍9间，面积共478平方米；他还带领几位群众烧了一窑石灰，供学校粉刷教室、宿舍用。当他看到学校缺少课桌椅时，又亲自动手，为学校做课桌椅20套。廖忠财热心办学助学一时被传为佳话。祖籍在石家乡石枧圳的香港同胞林增森回乡探亲，也为本村小学抢修危房捐款1270元。

1952—1989年富川县教育经费支出如表32-1所示。

表32-1　1952—1989年富川县教育经费支出统计

年份	教育经费支出		年份	教育经费支出	
	金额/元	占县财政总支出/%		金额/元	占县财政总支出/%
1952	177 844	14.57	1956	592 879	24.51
1953	334 332	37.18	1957	668 524	25.57
1954	354 692	32.09	1958	696 918	18.21
1955	352 347	30.49	1959	677 636	15.15

续表

年份	教育经费支出		年份	教育经费支出	
	金额/元	占县财政总支出/%		金额/元	占县财政总支出/%
1960	731 900		1975	859 341	11.91
1961	140 430	9.31	1976	902 575	19.38
1962	290 021	16.43	1977	925 581	19.93
1963	305 774	13.86	1978	1 205 496	15.71
1964	357 074	13.43	1979	1 269 553	21.03
1965	348 219	14.32	1980	1 687 600	23.47
1966	303 266	12.54	1981	1 748 000	16.75
1967	464 609	17.85	1982	1 972 600	15.99
1968	344 934	8.26	1983	2 428 478	19.67
1969	417 924	14.67	1984	3 143 112	25.30
1970	453 990	12.76	1985	4 325 488	19.91
1971			1986	4 957 995	33.82
1972	627 647	10.96	1987	6 938 185	17.56
1973	797 655	14.31	1988	8 784 000	22.25
1974	796 551	12.82	1989	10 247 000	20.57

注：① 1952—1961 年为富钟县统计数。② 1971 年统计数失散。③教育经费支出包括中央、自治区、县财政三级拨款。

第二节　教育设施

明清时期，县内书院有诗、书、经、典达数千册。例如，五源书院共有书籍 39 部，822 本。五源书院有正院 1 间，立有孔圣先师牌位，为先生讲学之所；右厢建书斋楼房 1 间，为藏书之地；左厢为先生寝室、厨房。富江书院为官办学校，既是讲学之地，又是藏书之所，书院共有四书五经等藏书

43套。

民国时期，县内小学的教学设备非常简陋，多用庙堂、民房等为校舍，课桌凳参差不齐，教室门窗残缺不全，光线昏暗，教学仪器极少。1930年，富川创办初中时，化学实验只能由教师做一些制取氧气及部分有硫酸与金属化合的演示试验。

解放后，教学设备逐渐补充完善。1964年，区教育厅、财政厅追加县内重点小学设备费3500元。1979—1987年，全县共建新教学楼及教工宿舍楼53幢，总面积42 207平方米。1986年年底，全县建有电化教室1间，有录像机、放像机各1台，彩色电视机2台，黑白电视机18台，电子计算机2台，各种电教录像带一批，收录机43台，三用扩音机30台，电唱机44台，喇叭69个，照相机8架，幻灯机35台，投影仪29台，电子琴4台，手风琴6台，脚踏风琴23台，共计价值8.82万元。全县教育系统藏书4万多册。1989年，富川高中增建语音室、计算机室各1间，配置电子计算14台；富川初中配置电子计算机1台；全县增置电视摄像机2台，放像机19台，电影机3台。

第三节　勤工俭学

20世纪20年代中期，大多数学校都开辟有林3～5亩不等，主要由村民开辟，种上桐树，然后由学校管理，收入做学校经费，但一般有始无终。

解放后，为了从小培养学生的劳动习惯，教育学生做一些自我服务性的劳动，开始是种菜、植树、砍柴、拾稻穗、拣茶果等。1958年，在全民大办钢铁运动中，从小学中年级起到中学的学生，都分别去伐木、砍竹、烧炭、运矿石或炼钢。随之各校大办工厂、农场，开展大种大养。富阳中学（今富川高中）办有小工厂5个，农场22亩，试验田7亩，养猪30多头，还有养鸡场等。1960年后，大种大养持续，零星小工厂陆续停办，主要以农场为勤工俭学基础。1969年全县学校收获粮食7420千克，农业总产值8055元，纯收入5793元。

1970年后，为了贯彻"五·七"指示，开展"学工""学农"，勤工俭学又掀起高潮。1973年，收获粮食136 665千克，瓜菜323 717千克，其他经济作物116 511千克，青、黄麻242 984千克；养猪309头，农业总产值105 205元，纯收入79 642元；工业开始发展，纯收入1200多元。1974年，勤工俭学纳入"农业学大寨"的轨道，中小学校领导到浦北、北海参观学习后，大张旗鼓地开展学朝农（辽宁省朝阳农学院）、学浦北活动，大搞"开门办学"，搞场校合一。大面积的农场、林场、茶场纷纷办起来，还办有高产田、试验田。1976年，农林场面积发展到3215亩，粮食产量达97 076千克，纯收入52 193元。

1978年，开始缩小校办农场规模，由开展以种养为主的勤工俭学活动，转向以讲求经济效益的校办工厂、商店为主的勤工俭学活动。同年，校办农林场缩小至700亩，生产粮食5751千克，养猪养牛63头，校办工厂3个，总产值54 172元，纯收入38 075元。

1982年1月，县勤工俭学领导小组成立，办公室设在教育局，设专职干部1人，兼职2人，具体检查、指导各校勤工俭学工作。1985年秋，县勤工俭学服务公司成立，各乡镇设服务部，对各校勤工俭学活动进行业务指导和经费扶持。此后，经济效益逐年增加。1986年，校办工厂发展至12个，职工37人，纯收入49 170元；农场2849亩，纯收入40 735元；其他收入135 000元；各项纯收入总计由1981年的53 900元，增至224 905元。1987年，勤工俭学收入31.4万元；1988年，收入42.5万元；1989年农业产值9.4万元，工业产值57万元，第三产业及其他营业额205万元，纯收入42万元。

富川瑶族自治县（1990—2005年）[1]

1990—2005年，全县教育迅速发展，教育通过"两基"评估验收，即基本扫除青壮年文盲、基本普及义务教育。恢复"六三三"学制，即小学六年、初中三年、高中三年。教育体制管理经历从县管到乡镇管理再到县管的过程。学生人数逐年增加，教师队伍不断壮大，教师学历水平逐年提高，从1991年起教师实行职称改革，教师工资按职称级别领取。

20世纪90年代，按照《中华人民共和国教育法》《中华人民共和国义务教育法》《扫除文盲工作条例》，以及党的十四大提出的"到本世纪末，基本扫除青壮年文盲，基本实现普及九年义务教育"的目标要求，积极抓好"两基"教育工作，县教育事业得到不断发展和提升。1998年通过自治区级和国家级扫除青壮年文盲工作评估验收，被授予"全国扫盲先进县"称号；1999年12月通过自治区"两基"评估验收；2002年通过自治区"实验教学普及县"评估验收；2003年通过自治区"两基"复核。

2002年，撤销乡镇教育委员会办公室，成立教育站。2003年，根据自治区有关文件要求，教育收归县管，撤销教育站，改为中心小学，由县教育行政部门直管，实行"在国务院领导下，由地方政府负责，分级管理，以县为主的管理体制"。2002年，县教育局与科技局合并为教育和科技局。

全县中、小学校合理布局，保证每个乡镇都有1所初中，每个行政村都有1所完全小学，实现了分区就近入学，满足普及九年义务教育的需要。据综合统计表明，全县幼儿入园率为33.7%；小学适龄儿童入学率达99.5%，小学在校生辍学率为0.8%，小学升学率为100%；初中阶段适龄少年入学率达98.03%，初中在校生辍学率为1.86%，初中毕业生升学率为62%；高中在校生占全县人口的1.08%。

---

[1] 富川瑶族自治县地方志编纂委员会.富川瑶族自治县志（1990—2005）[M].北京：中国文史出版社，2020：406-430.

教育教学质量不断提高，中考成绩连续多年各科平均分前 10 名人数均列全市前茅。据 1990—2005 年的中考综合统计，录取中师、中专考生 4464 人，高考上线人数逐年增加和上升，全县高考录取进入高等院校达 5507 人。2005 年，肖艳银、白梅林分别荣获贺州市高考文科、理科最高分。

第33章 机构

第一节 县教育局

1988年，县教育局行政编制13人，事业编制31人，编制合计44人，实有51人。1990年6月，增加事业编制2人，编制合计48人，实有46人。1994年7月，事业编制人员分开另立编制证。教育局核定行政编制13人，实有10人。

1997年5月，县教育局内设秘书股、人事纪检监察股、普通教育股、成人教育股、职业教育股、财务股6个股室；核定机关行政编制12人，其中局长1人，副局长2~3人，正副股长6人；核定机关事业编制1人。编制合计13人，实有14人。1999年12月，编制合计13人，实有15人。

第二节 县教育和科技局

2002年，教育局、科学技术局合并，组建县教育和科技局。将全县职业中等专业学校教学计划、高中新生入学资格审查及学生学籍管理等职能下放给学校；将教育管理决策的前期研究、教育研究、素质教育、信息技术教育、教育考试、勤工俭学、科技情报及科技实验等一些业务性、技术性、辅助性工作转移到机关的事业单位。内设办公室（秘书股）、人事纪检监察股、基础教育股、成人教育股、职业教育股、财务股、基建股、改善办学条件办公室、教育督导室、科技管理股、科学技术普及股、科技市场管理股12个股室。核定行政编制15人，其中局长1人、副局长2~3人、股长11人，后勤服务事业编制1人，编制合计16人，实有13人。2005年，编制合计16人，实有13人。

1990—2002年历任县教育局局长：黄建益（壮族，1990年1月至1990年3月），李孝洪（瑶族，1990年3月至1994年3月），钟子盛（1994年3月至2002年3月）。

2002—2005年历任县教育和科技局局长：盘川宁（瑶族，2002年3月至2003年9月），何游芳（瑶族，2003年9月至2005年12月）。

第34章 基础教育

第一节 学前教育

一、发展概况

自1990年以来,民办学校、民办幼儿园从无到有,从少到多。20世纪90年代初,各乡镇只有机关幼儿园,在园幼儿不足300人。到2005年,全县已有民办幼儿园10所,在园幼儿近2168人,保教人员100人。

二、学前教育

1990年,全县继续贯彻落实国家学前教育发展方针,实行国家、集体、个体共建举办学前教育,同时鼓励有条件的中心小学(含县一小、县二小、县三小)和村完全小学开办学前班。据2005年统计,全县有幼儿园26所(其中社会力量办园14所),在园幼儿2543人,3~6周岁入园率为31.85%。其中,城市3~6周岁儿童入学率为90.1%,农村学前一年受教育率为71%,6周岁入班率达90%。基本普及学前一年教学,实现乡镇有幼儿园、村完全小学有学前班的目标。

全县幼儿园学制为3年,分小、中、大班设置,一般3周岁幼儿入园为小班,4周岁幼儿为中班,5周岁幼儿为大班,实行早送、晚接全日制管理。采用自治区幼儿园适应性发展课程教材进行教学,课程内容全面,相对可划分为健康、语言、社会、科学、艺术5个领域。

全县学前班学制为1年,办学形式为走读制,招收5~6周岁的幼儿入学,全部附设在各中心小学(含县一小、县二小、县三小)和村完全小学,采用自治区统一教材进行分科教学。

1990—2005年富川县幼儿园、学前班情况如表34-1所示。

表 34-1 1990—2005 年富川县幼儿园、学前班情况

年份	幼儿园/所	学前班/所	在班幼儿数/人		教职工数/人	保育员数/人	备注
			幼儿园	学前班			
1990	13	124	470	2942	77		
1991	9	145	615	3054	53		
1992	12	135	609	3125	81		
1993	10	146	616	2946	66		
1994	10	138	743	2773	69		
1995	8	111	561	3878	74		
1996	8	127	715	3924	93	2	
1997	7	125	602	3969	76	13	
1998	7	134	630	3922	100	11	
1999	8	122	652	4638	91	19	
2000	7	191	705	4209	79	19	
2001	7	194	723	3783	85	19	
2002	10	120	729	3390	85	18	
2003	12	99	856	2798	79	21	
2004	12	105	987	3626	80	21	
2005	12	98	1126	3875	80	21	

1990—2005 年富川县社会幼儿园情况如表 34-2 所示。

表 34-2 1990—2005 年富川县社会幼儿园情况

单位：人

名称	园址	创办时间	在班幼儿数	教职工数	保育员数
鹏程幼儿园	县城凤凰路	1998 年 3 月	186	7	2
麦岭童乐幼儿园	麦岭镇麦岭街	2000 年	139	3	2
朝东世纪幼儿园	朝东镇朝东街	2000 年 9 月	84	3	1
葛坡盼盼幼儿园	葛坡镇葛坡街	2002 年 9 月	224	8	3

续表

名称	园址	创办时间	在班幼儿数	教职工数	保育员数
莲山小天使幼儿园	莲山镇莲山街	2003年	85	4	0
福利明星幼儿园	福利镇福利街	2003年8月	155	7	0
莲山新高幼儿园	莲山镇莲山街	2003年9月	112	6	1
朝东小天使幼儿园	朝东镇朝东街	2003年9月	48	2	1
城北阳光幼儿园	城北镇城北街	2003年9月	88	3	1
白沙小精灵幼儿园	白沙镇白沙街	2004年2月	110	4	0
柳家小精灵幼儿园	柳家乡柳家街	2004年3月	107	6	0
新华双语幼儿园	新华乡新华街	2004年3月	195	6	2
城北童心幼儿园	城北镇城北街	2006年3月	180	5	2
瑞光幼儿园	县城瑞光路瑞光公园	2006年9月	455	19	2

三、幼儿园选介

富川县第一幼儿园

富川县第一幼儿园于1961年建立。1990年全园占地面积5520平方米，建有教学楼、综合楼和教师宿舍房，面积共5520平方米，绿化覆盖面积达15%以上。2005年建有教学楼和综合楼，建筑面积5270平方米，草地面积540平方米，绿化覆盖面积达25%以上。建有综合楼、文化长廊、塑胶操场、人造草地、多功能楼（内设多媒体教室、计算机备课室、幼儿多功能活动室、阅览室、科学活动探索室、体育活动室、音乐舞蹈室、绘画室），设置多组大型玩具器。1990年，全园有教职工37人，其中在编人员32人、非在编人员5人；专任教师27人（其中非在编人员4人），管理人员3人，财务人员2人，后勤人员5人（其中非在编人员1人），中专学历31人。园内设有党支部、工会组织、教研组、财务组、后勤组等管理部门。全园开设10个班（其中大、中、小班各3个班，1个托儿班），在园幼儿380人。2005年，全园有教职员工55人，其中在编人员39人、非在编人员16人；专任教师26人（其中非在编人员4人），管理人员3人，财务人员2人，保健人员1人，后勤人员10人（其中非在编人员6人）；专任教师本科学历14人，专科学历11人。园内设有党支部、教代会和工会组织、园务会、教研组、保育组、财务组、后勤组等管理部门。全园开设12个班（其中大、中、小班各4个班），在园幼儿430人。1990—2005年，每年维持在12个班，学生在360~400人。

富川县第一幼儿园不断深化教育改革，开设"幼儿听读游戏识字教育""幼儿礼仪教育研究""情景式数学教育研究"等课题研究。注重多方面培养幼儿智力、兴趣、动手、动脑能力及良好的生活习惯、行为品德。在园幼儿分别组织参加中国、新加坡少儿书法摄影比赛，全国少儿书法美术"双龙杯"比赛，贺州市书画比赛，成绩优秀。教师舞蹈队曾独立承担县首届春节联欢晚会和"电信杯"文艺晚会所有舞蹈节目。2003年，富川县第一幼儿园被自治区评为"巾帼文明示范岗"，2005年被评为"爱国启蒙教育先进幼儿园"。

第二节 九年义务教育

一、小学教育

（一）乡镇教委办

乡镇教委办负责本乡镇各初中、小学的教育管理工作，2002年撤销，成立教育站。2003年根据自治区有关文件要求，教育收归县管，撤销教育站，改为中心小学，由县教育行政部门直管。

（二）中心校

根据《国务院办公厅关于完善农村义务教育管理体制的通知》（国办发〔2002〕28号）和《广西壮族自治区人民政府办公厅关于完善农村义务教育管理体制的通知》（桂政办发〔2002〕156号）精神，2003年撤销13个乡镇教育站，原教育站的管理职能转移到中心校，各乡镇中心校同时接受乡镇党委、政府和县教育行政主管部门的领导，受县教育行政主管部门的委托，直接行使对本乡镇中心校本部及以下所有学校的管理权和领导权。

（三）小学及教学点布局与调整

1990年年底，全县有小学401所（个），其中，中心校17所、完小115所、教学点269个；教学班1326个（其中复式班178个），在校学生35 613人。1991年9月，县第三小学招生。1991年后，根据生源的变化情况，积极稳妥地进行小学布局调整。1992年撤并1个教学点，1996年撤并1个教学点，2002年撤并1个完小和24个教学点；2003年撤并29个教学点；2005年又增设3个教学点。截至2005年年底，全县小学共254所（个），其中，中心校15所、完小112所、教学点127个（表34-3）。

表34-3 1990—2005年富川县小学教育基本情况

年份	学校数				教学班/个		学生数/人	教职工数/人			
	总计/所（个）	其中			总数	复式		总计	其中		
		中心校/所	完小/所	教学点/个					公办教师	民办教师	代课教师
1990	401	17	115	269	1326	178	35 613	2921	2597		324
1991	401	17	115	269	1326	178	35 712	2765	2450		315
1992	400	17	115	268	1326	178	36 419	2746	2439		307
1993	400	17	115	268	1326	175	36 117	2734	2431		303
1994	400	17	115	268	1324	174	36 815	2719	2419		300
1995	400	17	115	268	1324	174	34 483	2683	2392		291
1996	399	17	115	267	1323	171	36 671	2671	2381		290
1997	399	17	115	267	1322	160	36 378	2653	2365		288
1998	397	17	113	267	1393	156	37 391	2630	2345		285
1999	397	17	113	267	1420	127	39 362	2622	2340		282
2000	397	17	113	267	1370	118	39 835	2379	2001		378
2001	397	17	113	267	1307	96	40 851	2566	2295		271
2002	372	16	113	243	1294	92	41 775	2419	2210		209
2003	343	16	113	214	1202	70	41 209	2370	2168		202
2004	241	15	112	114	1154	58	36 721	2307	2120		187
2005	254	15	112	127	1154	57	33 699	2095	2022		73

1990—2005年富川县小学教育普及情况如表34-4所示。

表34-4 1990—2005年富川县小学教育普及情况

年份	7~12周岁人口入学率			在校学生辍学率		学生毕业率	
	适龄儿童人口总数/人	入学人数/人	入学率/%	学年初在校数/人	辍学率/%	学年初在班数/人	毕业率/%
1990—1991	36 898	33 946	92	35 712	5.7	7142	100
1991—1992	36 983	34 764	94	36 419	5.4	7254	100
1992—1993	37 813	35 922	95	36 117	4.8	6020	100
1993—1994	37 573	36 183	96.3	36 815	5.3	5836	100
1994—1995	37 894	36 227	95.6	36 483	3.2	6081	100
1995—1996	38 313	36 551	95.4	36 671	2.7	5412	100
1996—1997	38 087	34 506	90.6	35 378	0.96	4347	100
1997—1998	36 043	35 899	99.6	37 391	1.3	4338	100
1998—1999	38 333	38 145	99.5	39 362	0.64	4121	100
1999—2000	39 425	38 372	97.3	39 835	0.66	5839	100
2000—2001	39 275	38 607	98.3	40 851	0.85	6808	100
2001—2002	39 388	38 488	97.7	41 775	0.83	5999	100
2002—2003	39 585	38 820	98.1	41 209	0.75	6929	100
2003—2004	38 023	37 685	99.1	39 596	0.8	7386	100
2004—2005	35 755	35 392	99	36 721	0.83	6976	100
2005—2006	32 511	31 759	97.7	33 699	0.81	6508	100

1990—2005年富川县中心校基本情况如表34-5所示。

表34-5 1990—2005年富川县中心校基本情况

学校名称	学校所在地	创办年份	班级数/个	学生数/人	教师数/人
县一小	富阳镇仁义街26号	1751	22	1162	71
县二小	富阳镇新建路19号	1964	28	1596	91

续表

学校名称	学校所在地	创办年份	班级数/个	学生数/人	教师数/人
县三小	富阳镇新水街三区226号	1991	24	1262	86
富阳中心校	富阳镇民族路茶家路口	1984	8	326	258
城北中心校	城北镇城北街	1956	9	228	96
朝东中心校	朝东镇朝东街718号	1925	16	674	108
麦岭中心校	麦岭镇麦岭街东区18号	1932	15	636	109
葛坡中心校	葛坡镇葛坡街10号	1959	10	399	120
石家中心校	石家乡石家社区2号	1937	7	210	76
福利中心校	福利镇福利街11号	1920	13	502	107
新华中心校	新华乡新华村委会	1933	15	526	103
古城中心校	古城镇横山街30号	1959	12	355	118
莲山中心校	莲山镇莲山街3号	1984	10	433	138
白沙中心校	白沙镇白沙街310号	1912	5	166	57
柳家中心校	柳家乡社区柳家街	1976	7	214	95
油沐中心校	油沐乡油沐村委油草村	1986	6	208	15

2005年富川县村完小、中心校、教学点一览如表34-6所示。

表34-6 2005年富川县村完小、中心校、教学点一览

乡镇	完小（教学点）名称
富阳镇	富阳中心校、下坝小学、上坝小学、大坝完小、虎头小学、竹稍完小、马鹿小学、羊公完小、矮山小学、黄龙完小、永洲小学、石家小学、江塘完小、毛家塘小学、大围完小、大坪寨小学、西屏完小、社三完小、木榔完小、涝溪完小、洋溪完小、朝阳完小、沙汪完小、铁耕完小、巩塘完小、获庆完小、山宝完小、立新完小
城北镇	城北中心校、二九小学、凤岭完小、栗木岗完小、俩潭完小、大源山小学、马山完小、六合完小、四源小学、石狮完小、谷塘完小、升平小学、杨家栋小学

续表

乡镇	完小（教学点）名称
朝东镇	朝东中心小学、豪山小学、黄宝小学、东水小学、高宅小学、石林小学、石英小学、雷子完小、龙石完小、秀水完小、民主完小、塘潭完小、石鼓潭小学、蚌贝完小、油沐中心校、黄沙小学、茶山小学、长塘小学、福溪小学、鲤鱼塘小学、水岩口小学
麦岭镇	麦岭中心校、长广小学、上百家小学、长春完小、茗山小学、新山小学、大坝完小、新造完小、小田小学、秀林完小、潮水小学、高田完小、毛田小学、石桥小学、涌泉完小、月塘完小、村黄完小、金田完小、和睦完小、三民完小
葛坡镇	葛坡中心校、极乐完小、华岗小学、岗下小学、希望小学、白芹塘小学、旌耐德电气希望小学、深坡小学、岐山小学、马坪完小、林桂完小、宅样小学、合洞完小、鹧塘小学、上洞完小、楼村完小、马槽完小
石家乡	石家中心校、泽源完小、神湾小学、龙窝完小、石枧小学、坪珠完小、坪珠小学、城上完小、曹里完小
福利镇	福利中心校、高岭小学、红岩完小、浮田完小、白竹完小、罗丰完小、排岭小学、洞池小学、花坪完小、书坪小学、横塘小学、井头完小、水头屯完小
新华乡	新华中心校、莲盘完小、坪源完小、路坪完小、金龙完小、路溪完小、湖广小学、扼下小学
莲山镇	莲山中心校、新庄完小、彭安涛希望小学、秋鱼小学、洋狮完小、沙石小学、莲山完小、洞口完小、山口小学、田枧小学、龙山小学、沙洲完小、军田小学、金峰完小、洪水源小学、罗山完小、栗下小学、青草小学、东岭小学、下坝山小学、深井小学
古城镇	古城中心校、山田完小、大岭完小、杨村完小、高路完小、塘贝完小、秀山完小、红岭小学、桂洪小学、蒙家小学
白沙镇	白沙中心校、井山希望小学、木江完小、繁田小学、鸡岭小学、茶青完小、坪江完小、干别小学
柳家乡	柳家中心校、风岭小学、洞井完小、大中屯小学、洋新完小、大田小学、龙岩完小、石坝完小、龙头小学、新石完小、长源冲小学、岭磅小学、长溪江完小、碧溪山小学、邓家坝小学、新岭磅小学、大湾完小、牛塘小学、高山冲小学

（四）学制、课程

小学开设语文、数学、思想品德、音乐、美术、体育（健康）、地理、劳动（后改成劳技）、少先队活动等课程。2004年2月，富川县被自治区教育厅确定为自治区基础教育课程改革实验县。在课程设置、基础教育考试制度与教师评价体系等方面进行改革探索。

（五）小学教研

1995年，县一小刘阳、县三小黄世文参加梧州地区首届小学教师基本功比赛分别获二、三等奖。2000年，组织县三小学参加全区"创新教育"课题研究，在全县大力推广并在各乡镇小学进行创新教育优质课比赛。同时县教研室组织"素质教育教研组"到各乡镇中小学听课，做教学指导，探索符合素质教育要求的教学新模式。2001年承担自治区"A—40样本学校质量调查"课题研究和地区"大面积提高教学质量"课题研究，并取得明显成效。2001年12月，邀请自治区小学教师培训中心的5名专家到富川讲学，传授先进的教育观念、教学手段及教育方法，使广大小学教师开阔视野。2002年，开展"送教下乡"活动，县教研室组织骨干教师先后到富阳、石家、麦岭等乡镇小学为教师上示范课或进行讲座。2003年县三小邓丽霞、杨新枧参加贺州市青年教师基本功比赛获得一等奖。2004年，实施小学新课程改革，有县城小学3所、农村中心小学13所、完小110所、村教学点172个的一年级共299个教学班，6272人进入课改实验。2004年6月22—23日，中央教科所教授范嘉忱、陈志强为全县小学教师进行新课标新教材培训，参加人数达873人次。7月14—15日，柳州市教科所所长胡丽萍一行来富川讲学，向全县1310名教师传授新知识。2005年，邀请教育科学出版社的专家到富川进行新课标新教材培训，有600多名教师参加了听课学习，成功举办了全县第一届小学教师基本功大赛，全县有32名优秀教师参加了这次比赛。

二、主要小学简介

（一）县第一小学

创办于清乾隆十六年（1751年），原名"富江书院"，原址在富阳镇东门南侧（原县防疫站内），新中国成立后改称富阳小学。2003年7月更名为县第一小学。学校占地面积1.7万平方米，建筑面积6148平方米，教学楼2栋，综合楼2栋，学生宿舍楼1栋，C级学生食堂1个。设有多媒体教室、计算机室、教师电子备课室、音乐室、图书室、阅览室、实验室、科技室、少先队室、仪器室、财务室。校内设有2100平方米的小型足球场1个，能开设4道

60米跑道和200米环行跑道，沙坑2个，篮球场3个，室内排球场1个，室内乒乓球室1个，室外有预制固定乒乓球台、单杠、双杠等体育设施。2005年，全校有教职工68人，其中男20人、女48人。专任教师60人，其中本科18人，占专任教师的30%；专科36人，占专任教师的60%；其余10%为中师学历。副高级职称2人，中级职称52人，助理级职称6人。学校领导班子设正副校长3人，正副教导主任3人，正副总务主任2人。全校共开办25个教学班（其中3个学前班），在校学生1337人（学前儿童162人）。

学校德育以感恩教育为突破口和切入点，延续"让我们的校园充满爱"的主题活动，以"学雷锋活动月"国际儿童节为契机，开展以"关爱留守儿童""关爱老人"为主题的教育活动。培养学生语言文明、行动规范、思想向上、热爱学习的良好习惯。抓好教师常规管理，注重教师培训，建设一支政治素质过硬、业务素质强的教师队伍。深化课题研究，抓好经典诵读课题研究的指导和监督。把每天坚持诵读经典20分钟形成制度，经典诵读与写作、绘画、阅读等结合起来，举行"我与经典的故事"作文评比、诗配画手抄报评比，举办庆祝"六一"经典诵读成果展示。指导学生收集、诵读与春、夏、秋、冬季节有关的中国古典诗词，让学生在日常诵读经典过程中得到熏陶和启发。

县第一小学先后荣获国家级经典诵读课题科研成果一等奖、自治区教育厅"少年科技创新大赛"优秀组织奖、贺州市中小学广播体操比赛一等奖、贺州市未成年人思想道德建设工作先进单位。

（二）县第二小学

创建于1964年，原名富阳中心校分校。1966年更名为东方红小学。1981年改称"富阳镇第二小学"。1983年，改称"县第二小学"，属县直小学。至2005年，学校占地面积1万多平方米，建筑面积5261平方米，其中教师办公室392平方米、普通教室2921平方米、实验室56平方米、图书室100平方米、微机室72平方米。全校有教职工86人，其中本科毕业1人、大专毕业70人、中师毕业15人；在职就读本科毕业15人，教师学历达标率为100%，校长培训合格率为100%。学校设校长1人，副校长2人，教务主任1人，副主任2人。全校有教学班33个，在校学生1921人。1994年县第二小学被评为广西壮族自治区文明单位和梧州地区青少年科技活动示范学校，1996年荣获第十一届（双龙杯）全国少年儿童书画大赛优秀集体奖，1998年被评为广西壮族自治区文明学校，2003年被评为广西壮族自治区先进学校。2005年，先后获得全国"读书读报先进单位"、全国"优秀少先队大队"、"全国中小学图书馆先进集体"、全国小学"语文研究与应用基地学校"、全国青少年"英雄中国读书教育活动发行先进单位"、自治区"贯彻体育卫生工作两个《条例》优秀学校",自治区"绿色学校"、自治区"基础教育科研工作先进学校"、自治区"语言文字规范化示范学校"、自治区"交通示范学校"、自治区"科普示范学校"、自治区"文明学校"、自治区"爱国卫生先进单位"、自治区"巾帼文明岗"等称号。

(三)县第三小学

创建于1991年,学校占地面积18 035平方米,建有教学楼2栋,建筑面积2556.5平方米;综合楼1栋,建筑面积924平方米;教师宿舍楼2栋,建筑面积4004.5平方米,合计为7485平方米,围墙420米。学校设有多媒体阶梯教室、教师办公室、仪器室、计算机室、少先队队室、体育教材室、图书室、卫生室、舞蹈室、实验室、展览室、电教室等,校园内设有文化长廊148平方米,运动场5400平方米,绿化面积2050平方米,为自治区级绿色学校。

2005年,全校配备教职工83人,其中学校行政教学领导5人(校长1人、副校长4人),专任教师67人,干部1人,职工10人。教职工中获副高职称2人,小学高级教师职称61人,小学一级教师9人。专任教师中本科学历的有11人(其中有1人在读研究生),大专学历49人,中师学历12人,学历合格率达100%。

三、初中教育

(一)学校设置

1990年,全县有初级中学17所,教学班217个,在校学生7902人,有教职工890人(其中公办教师814人、代课教师76人)。1997年,在普及九年义务教育的推动下,按照1.5万~2万人口办一所初中的要求,结合实际情况,逐步调整初中设置布局,初中调整为16所,1999年通过自治区"普及九年义务教育"工作的评估验收。2001年调整为15所初中,顺利通过梧州地区"两基"复查。2002年增设县二中1所,2003年增设阳光实验学校1所。2004年,油沐初中撤销,并入朝东初中和麦岭初中。截至2005年,全县初中17所,教学班315个,在校学生达18 667人,比1990年增加10 765人,增长1.36倍(表34-7)。17周岁人口完成入学率达84.9%。

表34-7　1990—2005年富川县初中教育基本情况

年份	学校总数/所	教学班数/个	在校学生数/人	教职工数/人	其中		
					公办教师	民办教师	代课教师
1990	17	217	7902	890	814		76
1991	17	217	8790	909	836		73
1992	17	215	9154	910	835		75
1993	17	218	9843	920	842		78
1994	17	220	10 073	930	850		80
1995	17	220	10 878	940	868		72
1996	17	220	10 595	970	905		65
1997	16	236	12 333	968	898		70
1998	16	275	13 508	973	911		62
1999	16	276	13 886	977	917		60
2000	16	274	13 792	985	927		58
2001	15	276	13 855	970	918		52
2002	16	281	15 204	982	927		55
2003	18	307	17 010	990	940		50
2004	18	315	18 406	995	943		48
2005	17	315	18 667	946	942		4

2005年富川县初级中学一览如表34-8所示。

表34-8　2005年富川县初级中学一览

学校名称	学校所在地	创办年份	班级数/个	学生数/人	教职工数/人	备注
麦岭镇初中	麦岭社区30号	1962	18	1027	55	
阳城中学	古城横山街	1958	4	224	23	

续表

学校名称	学校所在地	创办年份	班级数/个	学生数/人	教职工数/人	备注
朝东镇初中	朝东街750号	1959	22	1191	81	
福利镇初中	福利香草坪社区1号	1961	11	556	57	
葛坡镇初中	葛坡街7号	1965	12	611	61	
莲山镇初中	莲山街3号	1969	21	1247	81	
富阳镇初中	富阳镇社三村	1970	25	1468	102	
新华乡初中	新华乡新华街二区70号	1970	12	620	38	
柳家乡初中	柳家社区5号	1970	10	582	47	
城北镇初中	城北街	1970	12	625	57	
白沙镇初中	白沙街390号	1970	10	531	44	
石家乡初中	石家社区24号	1971	12	609	44	
县一中	文教路30号	1972	44	2879	170	
兴富中学	文教路150号	1992	6	258	30	
县二中	文教路67号	2002	20	1283	91	
阳光实验学校	文教路77号	2003	6	332	32	

1990—2005年富川县初中教育普及程度情况如表34-9所示。

表34-9　1990—2005年富川县初中教育普及程度情况

年份	13～15周岁人口入学率		在校学生辍学率		学生毕业率		17周岁人口完成率	
	适龄人口数/人	入学率/%	学年初在校人数/人	辍学率/%	学年初在班数/人	毕业率/%	适龄人口总数/人	完成率/%
1990—1991	12 562	62.9	7902	9.8	2851	92	4732	69.1
1991—1992	13 852	63.4	8790	9.5	3124	93	4980	70.9

续表

年份	13～15周岁人口入学率		在校学生辍学率		学生毕业率		17周岁人口完成率	
	适龄人口数/人	入学率/%	学年初在校人数/人	辍学率/%	学年初在班数/人	毕业率/%	适龄人口总数/人	完成率/%
1992—1993	14 673	62.4	9154	9	3053	96	4963	73.2
1993—1994	13 560	72.6	9843	82	2995	94	4563	76.9
1994—1995	12 893	78.1	10 073	7.5	3213	97	4384	79.3
1995—1996	13 120	82.9	10 878	6.2	3459	95	4236	82.9
1996—1997	12 329	85.9	10 696	5	2988	96	4677	84.2
1997—1998	12 434	87.3	12 333	4.5	3593	96	5190	83.9
1998—1999	12 459	89.1	13 508	3.5	4697	96	4696	83.9
1999—2000	14 785	93.9	13 886	3.2	3929	97	4827	84.9
2000—2001	15 562	93	13 792	3.4	4112	98	4410	84.4
2001—2002	16 546	94	13 855	3	3707	97	5173	85.2
2002—2003	16 049	94.7	15 204	2.8	3953	97.8	5200	85.7
2003—2004	14 713	95	17 010	3	4798	98	5740	85.9
2004—2005	15 265	96.6	18 406	2.8	5091	97.5	5990	85.4
2005—2006	16 220	98.1	18 667	3.1	5583	97	5811	84.9

(二)学制、课程

初中学制3年。2004年2月,富川县被自治区教育厅确定为自治区基础教育课程改革实验县。在课程设置、基础教育考试制度与教师评价体系等方面进行改革探索。1990—2005年富川县初中课程计划,如表34-10所示。

表34-10 1990—2005年富川县初中课程计划

课程门类	年级	初一	初二	初三	3个年级周课时合计
	政治	2	2	3	7
	语文	6	6	6	18
	数学	4	4	4	12
	外语	4	4	4	12
	体育	2	2	2	6
	物理	0	2	3	5
	化学	0	0	3	3
	生物	2	2	0	4
	历史	2	2	2	6
	地理	2	2	0	4
	音乐	1	1	1	3
	美术	1	1	1	3
	劳动技术	1	1	1	3
周总课数		27	29	30	86

（三）中考

1990—2005年，中等学校招生升学考试工作在县招生委员会的直接领导下，在梧州地区、贺州地区招生办、贺州市招生考试院的业务指导下开展工作。2005年，全县初中毕业人数为4700人，报名参考人数为2365人，报名参考率为50.3%，录取普通高中人数为1236人，录取率为52.2%（表34-11）。

表 34-11　1990—2005 年富川县中考情况

年份	初中毕业人数/人	参考人数/人	录取普通高中人数/人	录取中师中专人数/人	录取职高人数/人	合计	录取率/%	备注
1990	3023	1634	420	117	199	736	45	
1991	3658	2600	629	147	121	897	34.5	
1992	3413	2517	467	172	100	739	29.3	
1993	3356	2186	420	177		597	27.3	
1994	3824	2413	430	242		672	27.8	
1995	3716	2276	459	343		802	35.2	
1996	3135	2276	428	439		867	38	
1997	3230	2479	462	348	25	835	33.6	
1998	2995	2383	423	512		935	39.2	
1999	3741	3253	414	497		911	28	
2000	3468	1884	469	451		920	48.8	
2001	3732	1902	526	375		901	47.3	
2002	3815	2042	548	305		853	41.7	
2003	3982	2136	639	121		760	35.5	
2004	4161	2191	852	96		948	43.2	
2005	4700	2365	1236			1236	52.2	

四、主要初中选介

（一）富川县第一中学

创建于1970年，原名富阳镇中学，1981年更名为富川瑶族自治县初中，2002年后更名为富川县第一中学。学校占地面积21 532平方米。多年来按照学校办学发展的需要，不断投入增建、改建学校基础设施资金，2005年学校总建筑面积达18 036平方米，内设学校办公室、政教处、教务处、科研处、总务处、多媒体教室、学生宿舍、教师宿舍、学生食堂，同时标准配备理化生实验装备室、图书馆、语音室、形体室、音乐室、美术教室、计算机教室

（配备计算机78台）、室内体育中心和室外篮球场等。全方位安装监控系统。全校配备教职工168人，专任教师中有中学高级教师41名，一级教师90名，全校开设42个教学班，在校学生2800人。

坚持走"以科研兴校，质量强校"的办学方针，通过狠抓常规管理，以课堂教学为主阵地，努力提高课堂教学效果。开展教师一专多能发展评价活动，教师优质课比赛活动，教师综合评价活动，把教师掌握信息技术水平和控辍保学纳入对教师的考核，推进多媒体教学的普及，确保义务教育阶段的生源。明确教师的课前"三项检查"要求和管理课堂的职责，规范领导课堂巡查制度，制定《学生学业和品德等级评定办法》，要求严格从期考成绩等级、考勤、课堂纪律和作业考评4个方面对学生的学业成绩等级进行评价，促进学风的根本转变。

注重发展素质教育，树立"价值取向决定行动方向，决定行动意志"的理念，让每个学生都看到希望，每个学生都得到发展。以社会主义核心价值体系为指导，创新德育载体，探索和创新"读经典明礼，学榜样成才"立志教育模式，学生做好明礼本记录，完善成功校友事迹展示，邀请成功人士、校友、名家到学校作成长报告，学生写感悟文章，编印《学生成长文集》，全面加强学生的思想品德和基本素养教育，使学生能走好"入主流、成大器、做大事"的第一步，培养学生"自尊、自信、谦和、健康"的人格，做好学生的行为习惯教育，强化学生行为习惯的精细化引导，矫治学生的不良行为，努力塑造学生良好的精神风貌，培养具有良好素质的学生。

办好体育、艺术、写作、演讲、摄影、计算机等各种特长培训班。通过这些锻炼平台，全校有80%的学生有一门爱好、特长，有两门专长的学生达到30%。

（二）富川县第二中学

于2002年9月成立，与教师进修学校实行两块牌子、一套人员、一套班子的管理模式。学校占地面积19 168平方米，建筑面积达11 443平方米。内设学校办公室、政教处、教务处、总务处和培训部。配备标准理、化实验室和实验装备，有多媒体教室、图书室、档案室、体育器材室、舞蹈室、计算机教育、音乐琴室、画室、学生宿舍3栋、教师宿舍等设施，校园内设有篮球场5个、羽毛球场1个。2005年，学校配备教职员工96人，其中本科学历84人，大专学历5人；高级职称教师20人，中级职称教师49人，学历达标率为100%。学校开设24个教学班,在校学生1293人。

恪守"以人为本,把学校办成师生向往、社会赞誉、充满幸福的乐园;坚持和谐发展,为学生拥有精彩人生做准备"的办学理念;秉承"立志、求实、创新"的校训,形成"严格、勤奋、文明、求实"的校风,"爱生、敬业、善导、创新"的教风和"尊师、勤学、守纪、奋进"的学风。

围绕"育人为本,质量为重,队伍为源,管理从实"的工作思路,落实"精细管理、深度研究、实效评价、内涵发展"的办学举措,制订实施教师培训和名师培养工作计划,有计划、分层次地组织新课程、新理念理论学习,外派教师交流、进修,提升教师队伍素质;制定教师综合评价体系和教师《绩效考评方案》,坚持开展教学技能竞赛、优质课比赛和优秀教师评比活动;坚持观摩性和检查性听评课制度,激励教师不断自我提高,激发教师的教学潜能;推行"集体备课,资源共享,个人加减,课后反思"的集体备课制度;开展同课异构摩课活动,推动教师间形成积极研讨、共同提高的风气,实现教师教学优化设计,提高课堂教学效率;完善学校目标管理制度,实行以目标管理为核心,建立分层管理、逐级管理、分工协作管理的体系,突出做好过程性动态性监管和终结性检查评估;认真抓好常规教学的落实检查,推行"随机督查"机制,开展学生评教和教师教学满意度测评活动,引导教师高度关注学生学情,努力提高课堂教学效果;利用《素质教育报告手册》,建立学生学业成绩、纪律考勤、生活表现、个性特性特长、潜能优势和今后发展建议等内容的学生评价指标体系,引导学生全面、健康成长;完善班级量化考核制度和《校风校纪量化管理办法》,完善《文明班、文明宿舍评分标准》,促进优良班风、校风的形成。根据学生的实际情况制定培优补差目标,成立各种学习辅导小组,进一步提高全体学生的学习效率。

五、普及九年义务教育

1990年12月,经自治区教委、地区教育局检查验收,普及初等教育。1992年,小学毕业生升初中的升学率达71.8%。1999年,普及九年义务教育通过自治区级评估验收。

第三节 高中教育

一、学校设置

1990年，富川县有高中、民族中学2所，教学班级43个，在校学生1606人，教职员工281人。1992年后，根据《中国教育改革和发展纲要》"调整布局、稳定规模、稳定发展普通高中教育"的精神，注重控制高中适度规模和提高教育教学质量，在校高中生每年保持在2000人左右。

1999年后，按照"加快高中发展步伐，全面提高教育质量"的办学原则，富川县委、县人民政府和教育部门多方筹措资金，在县高中、县民族中学改建、增建学校基础设施，不断增加高中招生容量。2003年11月，县高中、县民族中学通过自治区普通高中一级学校评估验收。2004年12月，县人民政府向市教育局、自治区教育厅作了富川瑶族自治县高中创建自治区示范性普通高中立项的请示，制定了创建规划。2005年，全县高中教学班达82个，在校学生达4333人，比1990年增加2833人，增长1.7倍，教职工达334人（表34-12）。

表34-12　1990—2005年富川县高级中学基本情况

年份	学校数/所	教学班数/个	在校学生数/人	教职工数/人	备注
1990	2	42	1500	214	
1991	2	43	1710	214	
1992	2	49	1840	214	
1993	2	48	1930	214	
1994	2	44	1900	214	
1995	2	37	1850	219	
1996	2	38	1722	228	
1997	2	39	2008	246	
1998	2	47	2254	265	
1999	2	48	2254	260	

续表

年份	学校数/所	教学班数/个	在校学生数/人	教职工数/人	备注
2000	2	54	2467	259	
2001	2	55	2588	259	
2002	2	55	2731	262	
2003	2	66	3153	265	
2004	2	62	3142	243	
2005	2	82	4333	243	

二、学制、课程

高中学制3年，课程有政治、语文、数学、英语、物理、化学、生物、历史、地理、体育、信息技术等，采用全国统编的高中教材，高考分文科和理工科。文科课程主要有语文、数学、英语、政治、历史、地理；理工科的课程主要有语文、数学、英语、物理、化学、生物。

三、高考

1990—2005年，每年都成立县招生考试委员会和招生办公室，具体负责每个年度的高考事宜。全县普通高中高考录取本科2543人、专科3829人，历年高考中先后有被清华大学、北京大学、中国人民大学、中国科学技术大学、上海交通大学、中山医科大学等全国重点大学录取。

2005年，全县高考报名1458人，录取912人（其中本科411人、专科501人），录取率达62%（表34-13）。

表34-13 1990—2005年富川县高考录取人数

单位：人

年份	报考人数	上线人数				录取人数		
		合计	其中			合计	其中	
			一本	二本	三本		本科	专科
1990	446	119	34	64	21	178	52	78
1991	452	125	41	67	17	185	56	79

续表

年份	报考人数	上线人数				录取人数		
		合计	其中			合计	其中	
			一本	二本	三本		本科	专科
1992	603	141	43	71	27	203	62	80
1993	701	295	68	109	118	362	121	163
1994	852	328	72	113	143	437	148	191
1995	1046	225	69	92	64	341	117	136
1996	684	286	73	120	93	320	123	159
1997	728	249	62	112	75	340	94	218
1998	689	332	59	181	92	288	89	178
1999	642	341	67	160	113	344	108	226
2000	670	323	69	161	93	378	136	232
2001	771	397	78	164	155	517	159	358
2002	796	412	79	187	146	445	206	239
2003	1091	575	98	296	181	623	240	383
2004	1326	745	112	308	325	999	391	608
2005	1458	795	120	322	353	912	411	501

四、高中学校选介

（一）富川高级中学

富川高级中学，原名富川县立初级中学，创建于1930年，坐落在明城池西北隅。1952年9月，富川与钟山合并为富钟县，更名为富钟县第二中学，1958年开始招收高中学生，成为完全中学。1961年7月，富川与钟山分治，学校命名为富阳中学，1964年1月更名为富川中学。1981年停招初中学生，成为富川高级中学，简称富川高中。学校占地面积11.534万平方米，2004年开始制定规划创建自治区级示范性普通高中。2005年，学校总建筑面积达5万多平方米，基础设施较为完善，有教学楼、学生宿舍楼、学生膳厅、教师住宿楼、多媒体教室，教学仪器配备较齐全，现代化教学设施较雄厚，体育设施有足球场、田径跑道、室内体育设施等。校内分设党政办、政教处、教务处、科研处和总务处5个办处，全校开设42个教学班，在校学生2268人。配备教职工129人，其中专任教师112人（其中特级教师1人，高级职称教师30人，中级职称教师75人），教师学历合格率达100%。

重视素质教育，着眼培养新世纪人才，除抓好常规教学外，学校开设体育训练班、美术培训班、科技小发明组、研究性课题组及第二课堂等。要求每个教师每个学期写教育教学论文1篇以上交教务处。教师教育教学论文不断在省级以上刊物发表刊登，2005年教师在省级以上刊物发表的论文达21篇，教育科研课题自治区级立项2个，市级立项6个。普通高考上线考生逐年增多，上线率逐年提高。

（二）富川县民族中学

富川县民族中学原为富阳公社办的朝阳中学，1987年4月，更名为富川县民族中学，属县直属全日制完全中学，开始招收民族高中班学生。学校占地面积6.2万平方米。学校围绕"四园"建设（民族团结、设施完善的"家园"；教学严谨、学风扎实的"学园"；身心健康、团结和谐的"乐园"；环境优美、精神文明的"花园"）科学规划，多方筹措资金，狠抓基础设施建设，办学条件不断改善。2005年，学校总建筑面积近1.6万平方米。学校内设办公室、政教处、教务处、科研处、总务处，有多媒体教室，安装了远程视频系统，建有1个现代化学生微机室，配备计算机73台，体育设施较完善，有室内体育室和县高级中学室外篮球场等，全校开设40个教学班，在校学生2032人，其中少数民族学生占74%。配备教职工162人，专任教师142人（其中研究生学历4人，高级职称教师40人，中级职称教师78人），广西21世纪园丁工程B类人才4人，县优秀科技人才2人，县优秀科学带头人10人。

经过多年的办学实践，学校逐步形成"以人为本，育人为先，特色办学，和谐发展"的办学理念，"团结、勤奋、从严、律己"的校风，"敬业、严谨、善导、求精"的教风，"团结勤奋、从严律己、上进好学、专心刻苦"的学风。文科教学师资配备较雄厚，历年文科高考成绩优势明显。学校突出控辍保学工作，针对学生基础差、底子薄的特点，在教育上坚持从基础做起，稳步提高，抓住重点，力求突破。对家庭经济困难学生实行缓交或免交政策，制定学习奖励机制，要求班主任做好学生思想工作，积极与学生家长沟通联系，力争不让学生因经济问题或学习差而辍学。创造适合学生自身发展的空间，积极推进素质教育，始终坚持以教育教学质量谋发展作为强校之本。先后为中国人民大学、武汉大学、澳门科技大学、厦门大学、上海交通大学、中山医科大学、中国科学技术大学、上海外国语大学、中国公安大学等各类大专院校输送2200多名学子。

第四节　中等职业教育

1990年，县职业教育的重点是办好县农职中。县农职中成立于1985年，占地面积34.5亩，建筑面积达3156平方米，其中教学楼720平方米，师生宿舍2136平方米，校办工厂、养猪场300平方米，试验农场10亩，实验渔场2.4亩，学校开设文化课程和专业课程。文化课有政治、语文、数学、物理、化学、生物、体育，采用全国统编职业高中教材。专业课有水稻栽培、烤烟种植、果树栽培、蚕桑种植及养蚕、畜牧养殖、水产养殖、农机修理、家电维修等。

1990年后，在原有设计培训办班的项目基础上，逐步创新增加培训办班项目，从1997年起，和广西职业技术学院联合开设成人函授班。2005年，县职业教育中心学校占地面积120亩，校舍使用面积20 000多平方米，学校拥有计算机、电衣车100台、电子电器50多台（套）、电器维修工具齐全、配备各类教职工127人，设有电器应用与维修、电子技术应用、计算机技术应用、数控技术应用、服装设计与工艺、汽摩运用与维修、多种经营种养等专业。2006年12月，在原有县农职业中学的基础上，将古城初中并入，形成职教中心的职教人员班底和大校园格局，再将有关部门设置的县农机校、县进修学校、县卫校、县农广校、县劳动人事保障局劳动力培训中心、县财政局财会培训中心、县妇联家政学校、县扶贫办扶贫培训基地等并入，形成融学历教育、职业技能培训、在职人员业务提高培训、农业技术推广培训，集教学、实习、培训为一体，具备教学与生产结合、学校与企业合作功能的综合性县职业教育中心学校，隶属县教育局和科技局管理，核定为正科级事业单位。

第35章 多样化教育

第一节 成人教育

一、扫盲教育

1985年后,县教育局继续抓好成人扫盲工作,控制新文盲的产生,进一步组织农村初等小学和文化技术培训学校,巩固和提升扫盲成果。到1989年,全县有成人扫盲学校7所,教学点29处,在校学员775人;成人初等学校19所,教学点42处,在校学员3465人;农民文化技术培训学校14所,教学点13处,在校学员1060人。

据1990年全国第四次人口普查时认定,全县尚有青壮年文盲9034人。县教育部门继续抓好县内成人扫盲工作,不断巩固提高扫盲成果。到2005年,全县成人文盲中除259名丧失学习能力的文盲(其中女性131人)外,其余全部脱盲。

二、成人文化技术学校

1990年后,为巩固扫除文盲教育的成果,县教育局在继续抓好成人扫除文盲的基础上,积极开展成人文化技术学校的组建和管理工作。

根据自治区关于贯彻执行《乡(镇)农民文化技术学校暂行规定》的实施办法,为进一步规范乡(镇)成人文化技术学校的建设和管理,1991年10月全县14个乡(镇)均成立乡(镇)成人文化技术中心校,其建制与乡(镇)中心小学相同,全县144个村(街)也相应成立成人文化技术分校,校牌、印鉴统一由县教育局制发。成人文化技术中心校有单门独院和附属在乡(镇)全日制中心校内的2种办学形式。单门独院建立的成人文化技术中心校有新华、莲山、白沙、古城、富阳、福利、葛坡、麦岭、油沐、朝东、柳家等乡(镇)成人文化技术中心校;城北、石家、富阳镇成人文化技术中心校,分别附属在城北、石家、茶家全日制中心校内。村（街）成人文化技术分校除少部分设在村委会外，大部分设在村完全小学内，实行"一所学校，两块牌子"的办学模式。

1989年，全县成人文化技术学校覆盖率达100%，每所成人文化技术学校都配备有教室、课桌椅、图书、电视机、影碟机等设施。各级成人文化技术学校都设校务委员会，配有校长、兼职教师。兼职教师一般由有关部门的科技人员和全日制学校老师兼任。全县成人文化技术学校，协同各级各部门举办的技术培训，培养了一批专业户、致富能手和经济发展的带头人，推动了全县农村经济的快速发展。1998年，扫盲工作顺利通过国家验收。

三、高等教育自学考试

根据上级教育部门的有关规定，富川于1984年下半年开始举办高等教育自学考试，各行各业普通公民，不限年龄、学历和名额，通过业余自学有关专业的大专课程教材，自愿报名均可参加考试。每年上半年和下半年各举行一次考试。每及格一科发给单科合格证，当应考科目全部及格后即准予毕业，由有关主考院校发给大专或本科毕业证书。高等教育自学考试由县教育局招生办公室负责接纳报名，分发教材和组织考试。试题来源于教育部和自治区招生考试院。先后开考的专业有：党政、汉语言文学、政教、英语、数学、统计、工业经济管理、法律、会计、财政、税收、行政管理、法律司法等。考生考试各科及格后，由广西大学、广西师范大学、广西师范学院、广西民族学院等主考院校发给大专或本科毕业证书。1990—1995年每年开考2次，1996—2005年每年开考4次，考点设在贺州市，总共有150人获得学历证书。

四、成人高校招生考试

成人高校招生考试工作由县教育局招生办公室负责报名，分发教材和组织考试。试题来源于教育部，评卷由自治区招生考试院负责，有关院校负责录取和实施教育，合格者由负责教育的院校发给毕业证书。录取考生分为离职到院校学习和在职函授学习（自学为主、定期面授辅导、有关院校组织评审）2类。承担学生脱产学习教育的院校，原来主要有广西教育学院、玉林市师范高等专科学院等，1990年后，全国成人高等院校招生规模扩大，报考成人高校人次不断增多。1990—2005年，报考成人高校7609人，其中专科3894人次，本科3715人，相关数据如表35-1所示。

表35-1　1990—2005年富川县报考成人高校情况

单位：人

年份	报考人数	本科	专科	录取人数	本科	专科
1990	398	155	243	312	81	231
1991	451	190	261	333	88	245
1992	475	198	277	347	101	246
1993	493	201	292	405	135	270
1994	489	228	261	408	158	250
1995	509	203	306	442	162	280
1996	588	300	288	464	198	266
1997	675	325	350	545	210	335
1998	588	285	303	504	201	303
1999	519	265	254	459	205	254
2000	563	308	255	516	261	255
2001	455	295	160	415	255	160
2002	386	203	183	368	185	183
2003	351	188	163	308	145	163
2004	336	181	155	314	166	148
2005	333	190	143	323	180	143

第二节　希望工程

1993年，富川利用外资10万元，自筹资金10万元，在葛坡镇建成全县第一座希望工程教学楼，建筑面积1120平方米。1996年，又利用外资10万元，自筹资金13万元，在白沙镇井山完小修建教学楼742平方米；同年，社会人士李培捐资6万元，自筹资金5万元，在莲山镇山口小学修建教室316平方米。进入21世纪后，县内希望工程得到迅速发展。不少知名人士、集团、公司捐资助力富川教育，修建希望工程小学。至2005年，全县共修建希望工程中、小学11所，总建筑面积7016平方米，工程造价315.6万元（其中境内、境外捐资192.6万元，自筹资金123万元）。1990—2005年富川县希望小学情况如表35-2所示。

表35-2 1990—2005年富川县希望小学情况

学校名称	捐建时间	建筑面积/平方米	自筹资金/万元	捐助资金/万元	捐建单位或个人
葛坡镇希望小学	1993	1120	10	10	外资
白沙镇井山完小	1996	742	13	10	外资
莲山镇山口小学	1996	316	5	6	李培
朝东镇岔山小学	1999	480	5	20	由团县委实施
朝东镇秀水完小	2002	522	15	10	邵逸夫
莲山杨家完小	2003	732	25	25	彭安涛
麦岭镇涌泉完小	2004	633	10	20	自治区烟草总公司
白沙鸡岭小学	2004	331		14	宝陈美珍
城北杨家栎小学	2005	466		27.6	蔡悦纯
柳家乡洋新完小	2005	673	10	20	荣宝昌
莲山洞口完小	2005	1011	30	30	台塑集团
合计		7026	123	192.6	

第36章 教师队伍

第一节 教师结构

1990—1999年，教师队伍文化素质参差不齐，学历达标率偏低，民办代课教职工比例偏大。因学校大中专师范毕业生不断补充，教师学历水平每年逐步提升，代课教师通过培训提高转为公办教师，代课教师逐年减少。1990—1991学年，全县幼儿园教职工108人，中师高中毕业的77人，初中及以下的31人。小学教职工1712人，其中专任教师1094人，代课教师618人；教师学历：中师（高中）毕业818人，初中毕业228人，初中以下48人，合格率74.78%。初中教职工598人，其中代课教师86人，专任教师458人，专任教师中本科学历25人，专科213人，中师及以下205人，合格率51.97%。高中教职工148人，专任教师106人，其中本科学历70人，专科学历33人，高中毕业3人，合格率66%。职业高中教职工28人，其中专任教师17人，本科学历4人，专科学历11人。

1994—1995学年，全县幼儿园教职工80人，中师高中毕业的有63人，初中及以下的17人。小学教职工1518人，其中代课教师500人，专任教师1238人，教师学历为大学本科学历2人，专科毕业44人，中师（高中）毕业852人，高中毕业238人，初中以下102人，合格率91.76%。初中教职工643人，其中代课教师43人，专任教师523人，专任教师学历本科32人，专科331人，中师及以下160人，合格率69.4%。高中教职工165人，专任教师113人，其中本科学历79人，专科学历32人，高中毕业2人，合格率69.9%。职业高中教职工53人，其中专任教师33人，本科学历7人，专科学历21人。

2000年开始，加强教师队伍建设，逐步调整优化教师结构。2000年全县有代课教师577人，按有关规定，3月辞退155人；2001年3月、9月，分两批共辞退代课教师223人；2005年2月采用文化考试、教学能力考核和思想品质考核的综合考评相结合的方式，录用代课教师50人为聘用制公办教师，辞退代课教师76人。1999—2000学年，全县幼儿园教师67人；小学教职工1818人，其中专任教师1545人，本科学历1人，专科学历216人，中师（高中）毕业374人，初中毕业81人，合格率94.76%，包括小学高级教师475人，小学一级教师669人。初中教职工859人，其中专任教师777人，专任教师学历本科57人，专科654人，中师及以下58人，合格率91.5%，其中中学高级教师27人，中学一级教师158人。高中教职工165人，专任教师119人，其中本科学历99人，专科学历19人，合格率83.19%，其中包括中学高级教师22人，中学一级教师42人。职业高中教职工69人，其中专任教师52人，本科学历15人，专科学历29人，包括中学高级教师3人，中学一级教师12人。

2005年，全县幼儿园公办教师79人，幼儿园民办教师64人；小学教职工2052人，代课教师65人，专任教师1848人；本科学历34人，专科学历1025人，中师（高中）毕业773人，初中毕业16人，合格率99.13%；其中小学高级教师783人，小学一级教师776人。初中教职工1084人，其中专任教师882人，专任教师研究生学历1人，本科学历207人，专科学历656人，中师及以下18人，合格率97.9%；其中，中学高级教师33人，中学一级教师315人。高中教职工261人，专任教师186人，其中研究生学历6人，本科学历176人，专科学历4人，合格率97.8%；其中中学高级教师25人，中学一级教师100人。职业高中教职工58人，其中专任教师50人，本科学历15人，专科学历29人，中学一级教师12人。

第二节　教师培训

针对全县教师队伍素质参差不齐的情况，县教育局大力组织教师培训。以脱产进修、在职函授自学考试、专家讲座等形式，提高教师的思想素质、教学业务水平和学历层次。坚持"先培训后上岗，不培训不上岗"的原则，组织教师参加国家、自治区和市组织的教师进修、函授、自学和课改培训。充分利用"二十一世纪园丁工程""义教工程"和"西部地区农村寄宿制学校建校工程"师资培训的契机，选拔教师参加各类培训学习。培训人员的选拔，从偏重于重点中小学逐步适当地向农村中小学教师倾斜，为农村中小学培养学科带头人。

1990—2005年，全县选派1195人次参加上级教育部门举办的学校中层以上领导培训班的学习，不断提高学校领导的理论和业务水平。2005年，全县小学正副校长174人和中学正副校长55人全部参加岗位培训，并取得合格证书，合格率为100%。全县中小学教师参加各类学习达9300多人次；选送到市级以上举办的学科骨干业务培训班学习的教师达3954多人次；参加B类、C类人才培训270多人次。同时，按照新课改的要求，在全县中小学教师中开展新课改培训65期（批），邀请课改专家到富川进行新课改专题讲座13次。组织教师职务培训、计算机培训3051人次。先后举办骨干教师培训、新教师培训、普通话培训等，参加培训人数达2722多人次。组织提高学历教育培训，参加高中起点升专科的学习人数达704人；参加专科升本科的学习人数达312人。通过在职学历教育的培训，至2005年，全县专任教师学历层次有所提高，高中专任教师达标率为95%；初中专任教师达标率为97%；职教中心专任教师达标率为90%，小学专任教师达标率为96%。教师队伍业务素质不断提高，相对稳定的教师队伍基本形成。

第三节　教师待遇

一、经济待遇

1990年后，全县对教育的投入做到"三个增长"，全县教职员工工资做到每月按时足额发放，年终考核有职称的教职工还发放第13个和第14个月奖励工资。参照国家公务员的增资情况，按照上级有关政策规定都按时给予全县教职员工增资。教职员工工作年满30年退休后享受在职时的全额工资。1991年工资改革后，教师的工资由职务工资（按职称及档次）、级别工资（职务工资除以70%乘以330%）、教龄工资（1~5年3元、6~7年5元，10年以上10元）、教师津贴（职务工资+级别工资后乘以10%）、艰苦山区补贴这些项目组成。1991—1995年，刚参加工作的教师每月约200~250元左右，老教师看职称，小学高级教师（中学一级教师）每月约300~350元。1998—2000年，因每年的工资不断提高，达到500元左右。2005年，达到700元左右。教师工资与公务员工资无区别。年终奖励是13个月的基本工资。

二、政治待遇

全县广大教职员工除在经济上享受应有的待遇外，政治地位也不断提高。至 2005 年，全县教职员工中有中共党员 1033 人，占教职员工总数的 34.6%。1990—2005 年，全县教职员工中被评为全国模范教师、优秀教师、先进个人 7 人次；评为自治区特级教师、优秀教师、优秀教育工作者、优秀班主任 18 人次；被评为"广州助学基金"八桂优秀乡村教师 16 人次；评为市先进教育工作者 18 人次；县先进教育工作者 280 人次。每年教师节，县乡镇领导都到有关学校进行慰问。

第37章　经费和设备

第一节　教育经费

1990年，全县教育经费的来源以各级财政拨款为主，以多渠道筹措为辅。包括各级财政拨款、教育费附加、社会集资、个人捐资、学杂费收入等。1990至2000年，财政性教育经费投入分别为：1990年1193万元、1991年1235万元、1992年1385万元、1993年1378万元、1994年1758.8万元、1995年1902万元、1996年1758万元、1997年1870万元、1998年2723万元、1999年2428万元、2000年2637万元。

教育经费的使用包括事业经费支出和基建支出。事业经费支出包括个人支出和公用支出两个方面。个人支出指用于教职员工的个人部分（基本工资、社会保障、福利费等）和用于学生个人部分（助学金、奖学金）；公用支出指用于公务费、设备购置费、修缮费、业务招待费及其他属于公用性质的经费支出。基建支出属于基本建设投资范围，列入各级计划部门基建计划，由县教育部门和有关单位批准后用于教育基建拨款和其他自筹资金安排的基本建设支出。用于事业的经费主要来源于财政拨款，公用支出的经费基本来源于收取学生学费和杂费。

2001年后，县委、县政府向上级争取"国家二期贫困地区义务教育工程""基层基础设施教育工程""西部地区农村寄宿制学校建设工程""农村中小学远程教育项目工程"，以上4个项目工程资金总计为4191万元。同时提倡捐资助学，改善办学条件。2001年后，未出现拖欠教师工资的现象，全县教职员工工资做到每月足额发放。2002年，全县中学教职工工资收归县管，由银行统一代发到教师个人账户。

全国农村税费改革后，2003年取消农村教育费附加，教育经费来源有所减少。县委、县政府对全县教育的投入仍然做到"三个增长"，义务教育阶段学校都按国家规定实行"一费制"收费。

1990—2005 年，各级财政教育拨款 4.4405 亿元，教育费附加拨付 2221.4 万元，社会集资 2712.7 万元（表 37-1）。

表 37-1　1990—2005 年富川县教育经费收入情况

单位：万元

年份	合计	各级财政拨款	教育费附加	社会集资	学杂费收入
1990	1497	1193	30	232	42
1991	1579	1235	41	256	47
1992	1975	1385	211	326	53
1993	1563	1378	34	31	120
1994	2089.7	1758.8	182.4	40.1	108.4
1995	2514	1900	356	95	163
1996	2659	1758	58	617	226
1997	2845	1780	119	605	341
1998	4314	2723	666	459	466
1999	3112	2428	395	17	272
2000	3291	2632	96	14	549
2001	5213	4482		2	729
2002	5639	4520	32		1087
2003	5961	4462		9	1490
2004	7079	5430			1649
2005	7904.6	5340		9.6	2555
总计	59 236.3	44 404.8	2220.4	2712.7	9897.4

1990—2005 年，教育经费总支出 5.821 亿元，其中教职员工工资 4.0087 亿元，公用费 1.3581 亿元，修缮费 3360.32 万元，购置费 1180.5 万元（表 37-2）。

表 37-2　1990—2005 年富川县教育经费支出情况

单位：万元

年份	合计	教师工资	公用经费	修缮费	购置费
1990	1497	1056	419	22	
1991	1579	1089	465.5	24.5	
1992	1909	1114	745	39	11
1993	1615.9	1223	371	19	2.9
1994	1131.7	1034.1	76	10	11.6
1995	1648.5	1501.5	59.4	87.6	
1996	2835	1758	908.1	168.9	
1997	3028	1780	867.44	285.56	95
1998	3063.4	2119.4	554.8	304.2	85
1999	3497.2	2226.2	706.5	370.5	194
2000	3496.4	2516.4	788.2	134.8	57
2001	5417.7	4262.7	918.5	138.5	98
2002	6087.3	4433.3	1367	148	139
2003	6238.8	4403.8	1255.8	449.2	130
2004	7517	4757	2093.44	472.56	194
2005	7648.1	4813.1	1986	686	163
总计	58 210	40 087.5	13 581.68	3360.32	1180.5

第二节　校舍设施建设

1990 年后，各级财政不断加大教育资金的投入，社会对教育发展的捐助不断增多，全县中小学校舍的维修、改建、新建逐年发展。1992 年，全县学校有教学楼和宿舍楼 101 幢，面积 54 278 平方米。2002 年，增加到 206 幢，面积 167 585 平方米。2001 年开始，实施"国家贫困地区义务教育工程"，

2005年结束，土建项目投入资金856.8万元，建筑面积17 136平方米。2004年开始，实施"农村寄宿制学校建设工程"，改扩建19所农村寄宿制学校。1990年，投入资金91.3737万元，面积8306.7平方米，主要建设富川高中宿舍楼、城北初中教学楼等17所学校宿舍、教学楼。1991年，投入资金90.1488万元，面积7512.4平方米，主要建设莲山初中教学楼、麦岭初中教学楼等9所学校教学楼。1992年，投入资金56.3271万元，面积5120.65平方米，主要建设朝东初中、福利初中等5所学校教学楼。1993年，投入资金96.2390万元，面积7403平方米，主要建设葛坡初中、二小、一中等8所学校教学楼。1994年，投入资金53.3877万元，面积4106.75平方米，主要建设富阳初中、杨村完小等5所学校教学楼。1995年，投入资金85.7430万元，面积4763.5平方米，主要建设三小、秀水完小等6所学校教学楼。1996年，投入资金153.8475万元，面积6153.95平方米，主要建设坪源完小、秀林完小、罗峰完小等11所学校教学楼。1997年，投入资金420.8737万元，面积16 834.95平方米，主要建设一中、一小、新华中心校等16所学校教学楼、食堂、学生宿舍楼。1998年，投入资金1202.3474万元，面积42 940.98平方米，主要建设白沙中心校、新华中心校等59所学校教学楼、宿舍楼、食堂。1999年，投入资金227.9158万元，面积8139.85平方米，主要建设极乐完小、麦岭中心校、民族中学等10所学校的教学楼、宿舍楼。2000年，投入资金89.0955万元，面积2969.85平方米，主要建设井头完小、坪珠完小等5所学校教学楼。2001年，投入资金114.9780万元，面积3832.6平方米，主要建设金田完小、军田完小等5所学校教学楼及宿舍楼。2002年，投入资金181.7488万元，面积5679.65平方米，主要建设麦岭初中、白沙初中、二中等9所学校教学楼及食堂。2003年，投入资金697.1415万元，面积21 125.5平方米，主要建设福利初中、柳家初中、城北初中等26所学校食堂、宿舍楼及教学楼。2004年，投入资金325.9982万元，面积9313.95平方米，主要建设朝东初中、涌泉完小、富川高中等10所学校教学楼、宿舍楼、实验楼。至2005年，全县中小学校园面积达859 741平方米，校舍总建筑面积为712 044平方米。其中，普通初中校园面积372 896平方米，校舍总建筑面积121 080平方米，生均达7.97平方米；普通高中校园面积178 783平方米，校舍总建筑面积66 647平方米，生均9.2平方米；中等职业技术学校校园面积80 040平方米，校舍总建筑面积18 100平方米，生均8.62平方米。消除了D级危房，实现了班班有教室，人人有课桌，多媒体教室不断增多。全县中心校以上学校都有行政办公室、教师集体办公室、实验室、仪器室、阅览室、体育器材室、团队活动室等。完全小学以上学校均有校门、围墙、篮球场、升旗台、文化长廊等配套设施,学校硬化、绿化、美化及校园文化建设得到不断加强。

第三节 教学设施

1990年后,严格按照教育部关于中小学教学仪器设备配备要求,逐年增加学校教学仪器设备的经费投入,用于添置全县中小学校教学仪器设备。1990—1997年全县无一所学校实验室、仪器室、仪器等达标。1991年,全县小学只有图书19 400册,初中35 472册,高中21 000册;1992年,小学有图书23 425册,初中有44 372册,高中有21 875册,逐年有所增加。1998—2000年,为了"两基"达标验收,县、乡财政加大投入资金,改善办学条件。1998年,全县学校占地面积小学13所、初中11所、高中2所达标;实验室建筑小学11所、初中11所、高中2所达标;图书馆(室)、体育场面积小学12所、初中11所、高中2所达标;理科教学仪器设备小学11所、初中11所、高中2所达标;音乐教学仪器设备小学11所、初中11所、高中2所达标;美术教学仪器设备小学11所、初中11所、高中2所达标;体育器材配备小学16所、初中15所、高中2所达标;小学有图书197 695册,人均5册;初中有图书46 716册,人均8册;高中有图书27 592册。

2002年,各学校功能室和教学仪器基本配齐,小学有图书249 084册,生均6.5册;初中有图书164 774册,生均9.6册。各中心校及初中各种仪器室及仪器设备达到配备标准,通过广西壮族自治区级普及实验教学评估验收。至2005年,全县小学均配备有电化教学设备,其中农村完小以上学校按三类标准配备,县城小学按二类标准配备。教学仪器农村中心校按二类标准配备,完小按三类标准配备,县城小学按二类标准配备。全县初中学校全部配备有电化教学设备,其中农村初中按三类标准配备,县城初中按二类标准配备,以上各类学校各类标准配备齐全,配齐率达100%。据各校统计,全县小学共有图书239 147册,生均8册,初中共有图书256 059册,生均15册,达到或通过教育部2003年印发的《中小学图书馆(室)规程》的要求,基本满足中小学生课外阅读的需求。

梧州篇

本篇以时间脉络为经、县市行政区域为纬，系统梳理苍梧县、岑溪市、蒙山县、藤县4个县（市）各个历史时间的教育资料。各个县的旧式教育资料大体涉及县学、社学、私塾、义塾、书院和学官。因区域发展不平衡的原因，各个县旧式教育内容的丰富程度有差别。总体而言，旧式教育的时间跨度大，内容相对单一。新中国成立后，各个县的教育资料大体包括师资队伍、教学研究、教育的类型（基础教育、普通教育、专业教育、业余教育、成人教育）、教育经费、设备和勤工俭学、教育管理和教育机构。在中国共产党的领导下，南岭走廊各个行政区域的教育有了质的飞跃。各个年龄阶段的毛入学率大幅提升，师资队伍持续壮大，教育资源不断丰富，教育发展走上了一条持续发展的健康之路。

本篇具有以下特征。

第一，正确的指导思想。本汇编坚持以马克思列宁主义、毛泽东思想、邓小平理论、"三个代表"重要思想、科学发展观、习近平新时代中国特色社会主义思想为指导，运用辩证唯物主义和历史唯物主义的基本观点，全面、系统、实事求是地梳理梧州市行政区域内教育的历史与现状。

第二，明确的历史时限。本汇编的历史上限追溯到有信史可考的事物发端，下限迄至2005年。部分重要教育记述时间适当下延。

第三，统一的区域称谓。梧州市的行政区建制历史悠久，自三国吴黄武五年（226年）起，梧州境域就有郡、州的设置。新中国成立后，梧州境内的行政区建设历经多次变化。1997年2月，梧州地区行政公署迁往贺州并改名贺州地区［辖贺州市（县级）昭平县、钟山县、富川县］2002年6月，撤销贺州地区成立地级贺州市。原梧州地区的藤县、蒙山、岑溪划入梧州市管辖。本汇编把梧州境域统一称为梧州，苍梧县、藤县、蒙山、岑溪市（县级）做统一称谓处理。

第四，规范的记述语体。本汇篇的行文一律使用规范的语体文记述。用字、标点符号、数字用法、计量单位等按照国家有关法规和标准，本汇编采用述、记、志、传、表、录等体裁，表随文设。

第五，本汇编的纪年方法，清代以前（含清代）使用朝代帝王年号，括注公元纪年；以后用公元纪年。

第六，本汇编的教育资料主要来源于有关的档案馆、图书馆（室）藏籍和梧州市各部门单位档案室资料及地方志等，并在每一县域教育资料的开首标题处以脚注的形式注明出处。

第五部分　苍梧县教育[1]

---

[1] 苍梧县志编纂委员会. 苍梧县志[M]. 南宁：广西人民出版社，1997：623-653.

第38章 官学、书院、私学

宋代苍梧设有梧州府学和苍梧县学。府学、县学童试三年二考，招生有一定名额。苍梧童试考场设在梧州考棚街（今梧州市图书馆）处，自宋代至清末最后一科（甲辰科）科举考试，苍梧考取进士40人，举人438人（其中清代武举人30人）。还有一些未经考试，由官员从秀才中选取的"拔贡"。

第一节 官学

一、府学

梧州府学于北宋元祐年间由当时的知州张唐辅创建，初建于冰井泉北，南宋建炎三年（1129年）由知州文彦明迁往放生池南。南守绍兴二十二年（1152年），知州任诏把城东二里的神霄宫废址改建为府学。元至元二十四年（1287年），总管马麟重建。明成化十年（1474年），都御史韩雍在城东南一里左右重建，把府县学文庙合并为一，府学和县学分置正殿左右两边。清顺治四年（1647年）毁于兵，顺治十三年（1656年）重建。康熙十九年（1680年）重修。

二、县学

县学宫于宋元祐年间建于北门（今梧州市北环路）内，南宋绍兴二十一年（1151年）迁山川坛右。明成化十年（1474年）都御史韩雍迁于府学之右。清康熙三十九年（1700年），知县潘名世、教谕安自治、训导黎民表认为府县学不分，不合礼制，于是把县学改建于城东门内城隍庙西。后多次修建。1913年，县学宫改为"城厢高等小学校"。

府学、县学招生均有定额，府学文生18名，廪生33名，增广生33名，武生17名。清雍正十年（1732年），文生增多5名，武生增多3名；县学文生20名，廪生20名，增广生20名，武生15名。

第二节　书院

苍梧的书院始于明代，由山长（院长）主持，聘请名儒主讲，讲学内容主要是"四书"、"五经"、宋明理学、八股文、试帖诗等。清末，康有为曾经在广仁书院宣传教育改革等变法主张。明清两代苍梧主要的书院有：菉漪书院、东湖书院、龙泉书院、梧山书院、岭表书院（以上建于明代）、传经书院、修明书院、凤台书院、梧阳书院（以上建于清代），除修明书院设在长洲尾外，其余均设在梧州。这些书院至同治年间多已废止不存，尚存的传经、广仁书院，到光绪年间清政府改书院设学堂，全部废止。

第三节　私学

一、社学

明初，朝廷诏令各处置办社学。苍梧的社学多设在乡村，学习内容主要是《三字经》《百家姓》《千字文》等。当时苍梧县有梧州的励志、端教、西隅、养正、南隅5所社学，泗化洲的泗化社学，平乐乡（今新地）的鳌头社学，平政乡（今长洲）的兴福社学，多贤乡（今夏郢）的尚贤、古卞、榜村3所社学，须罗乡（今新地）的大观社学，冠盖乡（今大坡）的大坡社学，长行乡（今广平）的月洞社学，浔阳乡（今旺甫）的龙袍社学，吉阳乡（今林水）的栖凤、扶化2所社学，东安乡（今石桥）的司前社学，安平乡（今人和）的百合社学。以上19所社学均于明万历四十六年（1618年）由知府陈鉴创建。其后还有冠盖乡的修明社学，梧州的射圃社学、石镜学舍等。至清同治年间，社学已全部废止。

二、义学

清朝苍梧有梧州的南街义学、修明义学、四门义学，东安乡的同文义学，京南乡的尚书义学。其经费来源主要由社会集资、官吏捐俸、地方士绅捐赠、公产地税。授课内容与社学相同。至同治年间，义学多已废止。

三、私塾

苍梧私塾盛于清代,有"村塾"与"家塾"两种类型,村塾由一村或数村联办,家塾由塾师在家中设立或是富贵人家聘请塾师到家中执教。私塾又分"蒙馆"和"大馆",蒙馆招收儿童为主,教以识字、写字,课文主要是《三字经》《百家姓》《千字文》等;大馆招收青少年,以讲习为主,学习古诗词、"四书"、"五经"等课程,为科举考试培养学生。乡间的私塾多以庙宇、祠堂作为课室,学生自带课桌凳。私塾修业年限无统一规定,一般为五六年,家长可根据其家庭情况随时决定退学。收取学费也无标准,有的按家庭贫富而定。清末民初倡办学校,但私塾教育仍占较大比例。1921年,全县有初高等小学校165所,学生6997人;而私塾有304所,学生6612人,其中女塾10所,女学生363人。学校与私塾的学生数几乎平分秋色。1924年,县学务局施行义务教育,禁设私塾,但因学校无法满足学童入学要求,一些私塾仍然招收学生。1927年,全县入学儿童18 047人,其中私塾招生4182人,占入学儿童的23.17%(其中乡村私塾2780人,占乡村入学儿童20.88%)。还有半数以上的学龄儿童无法就学。20世纪30年代后期,私塾逐渐减少,有些私塾一直维持到解放前夕。

第39章　普通教育

第一节　学前教育

清光绪二十九年（1903年），县城梧州育婴堂设立蒙养院，招收3~7岁的幼儿进行启蒙教育。同年，美国基督教宣道会在梧州创办建道小学并附设幼稚园。清宣统年间，梧州讲习所附设保姆传习所，为幼儿教育培训教师，只办1班即停办。1926年，广西省立第一女子师范学校附设幼稚园。1931年，梧州模范小学附设幼稚园。至此，梧州县城有幼稚园2所、4个班，幼儿人数165人。此后，幼稚园有创有废，至1949年，全县有幼稚园3所、9个班，在园幼儿235人，其中私立幼稚园1所，幼儿77人。

1956年6月，在龙圩镇中心校旧址设立幼儿园，招收6个班，幼儿194人，教职员15人。1958年，受"大跃进"运动的影响，城乡社队设立幼托班，全县有季节性的幼托班543班，入托幼儿13 040人，幼师543人，多是选用生产队里的年轻人或老人作为幼师、保育员。1959年，入园幼儿达31 822人，入托幼儿32 799人。由于发展过快，师资无法解决，1960年经过调整，入园、入托幼儿17 898人。1962年，农村幼儿班全部停办。县办的幼儿园只有2个班，幼儿45人，教职员9人。

党的十一届三中全会以后，幼儿教育逐步恢复正常。幼儿园根据幼儿的特点，制定作息制度、食谱、游戏和教学计划，课堂教学注意兴趣性和直观性，使幼儿的德、智、体、美等几方面都得到发展。根据幼儿年龄分设小班（3岁）、中班（4岁）、大班（5岁）、学前班（6岁），学习内容有体育、语言、常识、计算、音乐、美术等课程，每节课定为10~30分钟。

1985年，各乡镇办起学前班，为小学教育打下基础。至1987年，全县有幼儿园13所、34个班，在园幼儿1117人；学前班53个班、1896人，教职工121人。1989年，乡镇及各农村的幼儿园附设在当地小学。1990年，全县有幼儿园4所、31个班，在园幼儿1392人，小学附设学前班77个班、2503人，教职工 122 人。

县幼儿园创办于 1956 年 6 月,园址在原龙圩镇中心小学校。当时由教育部门管理、拨款,招收户口在县城的 3～7 岁的幼儿 6 个班,194 人,教职工 15 人。1958 年后,只招收父母双方为国家干部的幼儿。入园的幼儿原为全托,1963 年改为日托。1978 年后,县幼儿园由县政府办公室直接管理,经费由县财政拨款。1980 年后,县幼儿园积极改善办学条件,扩建校舍,添置教具、玩具,在教学上采取多种手段和方法,重视知识性、趣味性和直观性。1990 年,全园有 12 个班,在园幼儿 538 人,教职工 48 人,保育员 8 人。全园占地面积 3252 平方米,建筑面积 3520 平方米,教室 14 间,831 平方米,幼儿宿舍 14 间,750 平方米,活动场地 1376 平方米,游泳池 1 处,55 平方米,教具、玩具一批。

第二节　小学教育

清光绪二十八年（1902 年）,清政府颁布《奏定学堂章程》,规定小学分设高等小学堂和寻常小学堂。儿童 6 岁起受蒙学 4 年后进入寻常小学堂修业 3 年,再经考试升入高等小学堂修业 3 年。其他学馆如私塾等均应按学堂课程设立修身、字课、习字、读经、史学、舆地、算学、体操、古文词、作文等科。

清光绪三十年（1904 年）,县人周之济等建议以凤台书院为校址,设立苍梧高等小学堂,同时区家彦等又倡办了城南、城北、城中 3 所蒙学堂。光绪三十一年（1905 年）,县人李大缵创办公立女子小学堂。此后陆续办起幼稚女学堂、菉漪初等小学堂、文澜初等小学堂、龙圩高等小学堂、明新（长洲寺冲）小学堂、琪山（长洲正阳）小学堂、泗洲小学堂、从新（东安沙头）小学堂等。后来一些办得较好的私塾改名为简易小学堂。光绪三十四年（1908 年）,苍梧县有高等小学堂 1 所,学生 77 人;两等（高等、初等）小学堂 2 所,学生 140 人;初等小学堂 9 所,学生 508 人;女子小学堂 2 所,学生 89 人。

1912 年,教育部颁布《普通教育暂行办法》,把学堂改称学校。县内的小学堂、蒙学堂改为高等小学校、初等小学校、国民学校。1915 年,农村区、乡纷纷设立学校。至民国 10 年,全县有高等小学 3 所,高等和国民学校（以下简称"高国合校"）9 所,国民学校 54 所,女子高国合校 1 所,女子教员讲习所附设高国合校 1 所,女子国民学校 1 所,代用国民学校 96 所,共有学生6997人，其中女生567人。1926年，县推行义务教育，小学教育迅速发展，1927年，全县有高等小学校34所，初等小学校284所。当年县城有学龄儿童7212人，入学3334人，入学率46.23%；乡村有学龄儿童35 177人，入学13 311人，入学率37.84%。

1934年，苍梧县根据《广西国民基础学校办理通则》规定，在乡（镇）一级设立中心国民基础学校，由乡（镇）长兼任校长；村（街）一级设立国民基础学校，由村（街）长兼任校长，动员学龄儿童入学和推行义务教育。当年全县有中心国民基础学校30所，国民基础学校494所，共有学生30 654人，教职员978人。1940年，学生增至40 436人。

1944年，梧州沦陷，全县各校停课，许多学校的校舍、校具被毁，损失惨重。抗战胜利后，学校逐渐恢复。至1949年上半年，全县有中心国民基础学校52所，国民基础学校328所，共有学生28 811人，教工1436人。另有私立小学9所，学生2429人，教师98人。

解放后，县人民政府根据"维持原状，逐步改造"的方针，基本上接收使用原有学校和教职员工，对教育政策、学校行政组织、经费、教材与教法作了新的规定，各校正常上课。1950年，全县有高完小32所，初级小学322所，共有学生18 138人。1951年，土地改革结束后，全县掀起办学热潮。年底，小学增至679所，学生37 492人。1952年，小学692所，学生51 083人，比1950年分别增长95.48%和1.82倍。由于发展过快，设备、师资等方面不能协调发展，一些学校的教学质量有所下降。1953年9月，对全县小学在体制结构、招生制度、教师队伍等方面进行分批整顿。1956年，全县小学166所（含少数民族小学，下同），1116个班，学生40 743人，教职员工1274人。

1958年，教育受"大跃进"运动影响，在校学生数迅速增长，学校里六年制、九年制并存。由于经费、师资缺乏，影响教学质量。1961年，贯彻中央"调整、巩固、充实、提高"的方针，把部分农村小学由公办转为民办，减轻国家负担。并动员代课教师和超龄学生回家务农，教育事业稳步发展。

1969年，县革命委员会将小学下放给街道、工厂、生产队管理，由管理单位派出毛泽东思想宣传队、贫下中农管理委员会"进驻"学校。农村教师回本大队工作，国家不发工资，由大队记工分。学生以学工学农为主。1980年，县委贯彻中共中央、国务院发出的《关于普及小学教育若干问题的决定》，制定了普及小学教育规划，调整了领导机构，提高教师待遇，逐步改善办学条件，建立健全规章制度，教育质量逐步提高。1985年，县教育局对46

所小学进行验收，全部达到普及要求，其中入学率95%，巩固率97%。之后又对夏郢、林水、新地、人和等乡（镇）小学进行验收，大部分小学达到普及要求。1990年，全县有小学236所，教学点457处，共有2205个班，在校学生61 576人，教职员2931人。当年入学率93.6%（其中县镇94.2%，农村92.3%），巩固率97.8%，毕业率93.6%，普及率91.6%。

1949—1990年苍梧县小学教育发展情况如表39-1所示，1990年苍梧县小学分布情况如表39-2所示。

表39-1　1949—1990年苍梧县小学教育发展情况

年份	学校数/所	班数/个	毕业生人数/人	招生人数/人	在校学生人数/人
1949	389				31 240
1950	354	690	825	2330	18 138
1951	679	1031	349	12 607	37 492
1952	692	1346	1071	9025	51 083
1953	421	1067	1481	11 452	40 814
1954	406	1038	1315	11 363	34 269
1955	243	1040	1466	9508	34 324
1956	166	1116	5955	12 423	40 743
1957	186	1125	7807	11 961	39 419
1958	166	1148	2995	15 349	51 829
1959	184	1148	3020	9824	47 464
1960	207	1336	3845	18 188	53 719
1961	208	1303	2710	9128	42 227
1962	298	1190			39 469
1963	507	1239	4420	8982	39 464
1964	560	1346	6950	15 544	61 751
1965	634	1415	9699	16 504	69 516
1966	487	1523			55 724

续表

年份	学校数/所	班数/个	毕业生人数/人	招生人数/人	在校学生人数/人
1967	487	1432			51 950
1968	500	1183			41 537
1969	685	1683			48 990
1970	676	1661			49 462
1971	206	1554	6585	15 828	49 581
1972	206	1895	5807	19 168	60 979
1973	209	2176	5441	18 063	69 339
1974	209	2456	6512	19 123	76 645
1975	209	2438	9014	17 017	77 930
1976	210	2471	11 782	19 055	80 702
1977	210	2430	13 962	16 961	78 236
1978	211	2348	12 923	16 764	77 445
1979	211	2328	11 269	17 220	76 763
1980	225	2316	10 052	17 158	78 115
1981	230	2348	9917	17 258	79 731
1982	231	2275	8711	17 789	76 384
1983	231	2308	9216	15 396	75 933
1984	232	2310	9805	14 597	74 778
1985	233	2292	10 788	12 099	69 615
1986	233	2251	10 728	13 713	68 161
1987	234	2263	11 496	14 653	67 679
1988	235	2195	11 009	12 553	62 484
1989	236	2208	9976	12 529	62 603
1990	236	2205	9520	11 223	61 576

注：教职工人数见第43章第一节"教师队伍"。

表39-2　1990年苍梧县小学分布情况

乡镇	学校数/所	教学点数/个	班数/个	毕业生人数/人	招生人数/人	在校学生人数/人	教职工人数总计/人	公办教师	代课教师人数/人
广平	19	34	205	1096	1288	7258	228	161	66
大坡	15	25	180	1028	826	5669	224	140	37
新地	17	24	203	962	1127	6528	270	168	39
林水	11	11	102	665	667	3915	165	112	34
人和	10	27	98	308	449	2407	132	65	8
岭脚	12	37	129	444	382	2552	143	78	
倒水	17	34	137	565	589	3316	151	76	22
长发	11	13	79	208	280	1671	94	54	14
京南	10	26	75	226	245	1379	99	53	12
狮寨	11	36	94	251	274	1596	101	69	19
旺甫	11	25	129	499	745	4031	167	120	21
夏郢	16	21	147	637	748	4390	230	152	6
六堡	16	31	101	216	293	1521	137	78	2
梨埠	12	34	109	331	571	2480	139	75	
木双	7	12	50	129	275	1236	62	29	1
石桥	13	43	148	705	1099	4639	207	106	15
沙头	20	24	163	698	975	4665	233	142	10
龙圩	5		48	519	361	2131	129	125	
佛子矿	1		5	33	29	166	17	17	3
天洪岭林场	1		2			10	2	2	
白南林场	1		1			16	1	1	
合计	236	457	2205	9520	11 223	61 576	2931	1823	309

一、学制与教学

民国初期设立的初等小学修业4年,高等小学修业3年。课程设修身、国文、算术、历史、地理、理科、手工、图画、唱歌、英语、体操等,男子加设农业,女子加设缝纫。课堂教学提倡"自动主义""教育即生活"。

1922年,施行"壬戌学制",初小修业4年,高小2年。初小开设国语、算术、社会、自然、工用艺术、形象艺术、音乐、体操等科,高小加设公民、历史、地理、卫生、自然、园艺等课程。在教学方法上对初学儿童加强直观和表演方法,对高年级的儿童多以启发思想、练习、组织、研究、创造等能力的培养。

1936年7月,对小学课程作了修订,初小开设公民训练、国语、社会、自然、算术、劳作、美术、体育、音乐等科,高小科目与初小相同。此后虽有调整,但变化不大。教学方法初级采用设计教学,高级采用自学辅导,一般注重启发式和直观教学法。

解放初,小学教育仍沿用六年四二制(初级小学4年、高级小学2年),课程设国语、算术、图画、唱歌、手工、珠算、劳作、历史、地理、自然、政治常识等。小学实施"智育、德育、体育、美育全面发展"的教育方针。1962年秋,试行五年一贯制。1954年春,复改为六年四二制,并学习苏联教育理论和教学方法,课堂教学采用"组织教学、复习旧知、讲授新课、巩固新知、布置作业"五大环节。1963年秋,贯彻全日制小学教学计划。

1966年,文化课内容以《毛主席语录》、"老三篇"(《为人民服务》《纪念白求恩》《愚公移山》)为主。1968年,小学实行五年一贯制。1971年,大搞"开门办学""走出去参观访问,请进来介绍经验",实行开卷考试。1973年,小学教材使用全国统编的十年制教材,开设语文、算术、体育、图画、音乐、自习、政治、常识等课程,算术教学实行笔算和珠算相结合。

中共十一届三中全会以后,整顿学校风气,教学秩序逐步恢复正常。课堂教学以"双基"(基础知识,基本技能)为主,有些学校辅以电化教学,开展课外学习和科技活动,培养学生的科学观念。1983年秋,再次试行六年制。1985年,因为教育经费、校舍、师资不足,再改为五年一贯制,直至1990年。所设学科有语文、数学、外语、自然、地理、历史、体育、音乐、美术等。课堂教学以"教师为主导,学生为主体,训练为主线"为指导思想,以"时间少,讲演精,方法活"为原则。

二、少数民族小学教育

苍梧主要有壮、瑶2个少数民族,共有人口2500多人,分布于广平、六堡、狮寨、梨埠、长发等乡镇的偏僻山区。解放前,少数民族地区没有学校,加上交通不便,儿童受教育的机会很少,文化落后。

解放后,各级人民政府很关心少数民族教育,在广平思化、狮寨岛朝、六堡山坪等地建立了少数民族小学。1955年,全县有少数民族小学4所,共11个班,学生122人,教师11人。县政府规定少数民族学生免收学费,还拨给少数民族教育补助费。1953年,拨给补助费463万元(旧版人民币),1955年拨给632.2万元(旧版人民币),以后每年按实际情况拨给。这些款项用于修建校舍、购置教具、学生课本、服装补助、困难补助和助学金等。1964—1965年,广平思化民族小学每位学生得到困难补助20~40元;1978年,狮寨岛朝民族小学购置蚊帐27床,解决学生住宿困难等问题;1983年,拨给六堡山坪小学5000元建新校舍,并添置棉被、蚊帐10多床。1980—1987年,县财政拨给少数民族学校的教育经费4.65万元(不含专项拨款),县委、县政府领导还经常到少数民族地区了解情况,及时解决困难。1990年,全县在少数民族地区独立设置的小学5所,在校学生350人,其中壮族180人,瑶族170人,少数民族学龄儿童入学率93%。少数民族学生考升中学,在分数等方面给予优惠。

三、龙圩镇中心小学校简介

龙圩镇中心小学校,前身是龙圩高等小学堂,创办于清光绪三十二年(1906年),以观音堂(今县幼儿园)为校舍,有庙产和学铺。民国期间,曾改名为戎城高等小学校、戎圩小学、戎城镇中心国民基础学校。1949年,全校有18班,学生800人,教师27人。1951年,迁大王山,改为龙圩镇中心小学校,1959年定为县重点小学,成为全县小学教育骨干学校。在推广普通话教学中,该校取得很好的成绩。1981年,教育部推普司和自治区教育厅到该校检查,给予很好的评价。1981—1985年,该校共举行大型公开课120次,县内各小学和梧州地区各县小学、广东肇庆地区部分小学的领导和教师3000多人次来校听课。先后被评为梧州地区"精神文明建设先进单位"、"推标先进单位"、"广播体操先进单位"和县级"双文明建设先进单位"、"植树绿化、美化先进单位"、"三优一学先进单位"、"青少年科技活动先进集体"等。1985年，经县教育局检查，"四率"达到国务院规定要求。1990年，全校有小学27个班，学生1459人；学前班4个班，学生269人，教职工共68人，学校占地面积16 188平方米，建筑面积4700平方米。

第三节　中学教育

清光绪二十二年（1896年），厘金督办谭国恩等在梧州创办中西学堂，开设国文、英文、算学等科，是广西最早的学堂。光绪二十九年（1903年），知府周天霖将其改为梧州府中学堂，有100多名学生，开设修身、国文、历史、地理、英语、算学各科。1916年，梧州府中学堂改为广西省立第二中学。1919年，县参议会、教育会等倡办苍梧县立初级中学校，校址在东较场沈公祠，当年9月招生上课。1921年因粤桂战乱影响，校务中断，1924年恢复。1934年，与省立第二中学合并称广西省立梧州初级中学校。1936年，成立县立国民中学，校址在长洲中团，后改为县立初级中学。1947年，接收省立梧州初级中学，改名县立第一初级中学。

民国时期，县内还有一些私立中学。1924年，梧州私立培正中学开学上课，1942年校舍被日军飞机轰炸，遂停办；1930年，梧州区芳浦集资在维新路（今民主路）创办私立明志中学，1933年停办；1934年，石化龙在梧州云盖山工人寄宿舍创办私立复兴中学。1937年，学校迁藤县襬州；1939年，苏民等人在夏郢乡创办私立新夏中学，政界要人李宗仁、白崇禧、黄旭初等捐款资助，1947年改为县立第二初级中学；1942年，李济深在大坡乡创办私立中山中学，1948年停办；同年，本县人士石迺文在梧州云盖山成立私立苍东初级中学。

1950年，县立第一初级中学由梧州市接管，改名梧州初级中学；县立第二初级中学由县接管，改为苍梧县立初级中学。同年，东安区群众创办私立东安中学，借用石桥中心校上课，当年停办。1951年春，中山中学恢复招生上课。

1953年秋，在龙圩大王山成立县第一初级中学，并接收中山中学学生、校具，中山中学停办。县立初级中学改为县第二初级中学（又称夏郢中学）。

1956年，县第一初级中学招收高中班学生，改名苍梧中学。同时，在原中山中学校址成立县第一初级中学（又称大坡中学、中山中学），在广平成立县第三初级中学（又称广平中学），在石桥成立县第四初级中学（又称石桥中学）。1957年7月，成立人和民办初级中学和长洲民办初级中学，1958年成立长发民办初级中学。

1960年，提倡"全党全民办文教事业，大搞群众运动"，当年新办新地、梨埠、六堡3所中学，长发、人和民办中学改为公办中学。1961年，全县有完中2所、初中9所，高中11个班、学生475人，初中62个班、学生2704人，教职工共173人。1962年，贯彻"调整、巩固、充实、提高"八字方针，撤销梨埠、六堡、新地、广平、人和5所中学，其学生分别拨入第一、第四和苍梧中学继续学习，第二中学的高中学生并入苍梧中学。调整后，全县有完中1所、初中4所，高中10个班、学生403人，初中56个班、学生2274人，教职工共228人。同年，成立龙圩镇民办初级中学、人和社办初级中学。

1969年，县革命委员会将苍梧中学、大坡、石桥、夏郢、长发5所中学的初中一年级新生下放到各大队小学作为附设初中班，这5所中学只招收高中学生。之后，县教育工作会议提出"公社办高中，大队办初中"的口号，中学迅速增加，甚至许多大队也办起了高中班。到1972年，全县15个公社除林水外，均单独办有高中学校，大队小学附设高中班教学点73个，附设初中班教学点151个。1975年，林水设立"五七"中学，招收高中学生，1977年改为林水高中。1979年，根据自治区岑溪会议提出的"压缩高中，调整初中，发展农中，加强小学"的精神，逐步采取措施，调整中学布局。1980年，只保留苍梧中学、龙圩中学、中山中学、林水中学、长发中学、夏郢中学、石桥中学7所完全中学。之后，完全中学基本稳定，初级中学有所增加（也有小学附设的初中班）。1990年，全县有完全中学7所，96个班，学生5427人，其中高中40个班、2176人；初级中学25所，313个班，学生16 593人，其中小学附设初中14处、38个班、学生1913人。全县中学有教职工共1269人。

自1977年恢复高等学校招生考试以来，县内各中学向高等学校和中等专业学校输送学生人数如表39-3所示。

表 39-3　1977—1990 年苍梧县考取大中专院校学生情况

年份	考取大专以上院校学生数/人	考取中等专业学校学生数/人	年份	考取大专以上院校学生数/人	考取中等专业学校学生数/人
1977	74		1984	91	204
1978	62		1985	137	234
1979	29	85	1986	142	263
1980	83	123	1987	119	351
1981	63	120	1988	141	366
1982	91	109	1989	72	329
1983	101	118	1990	108	245

1949—1990 年，苍梧县普通中学教育发展情况如表 39-4 所示。1990 年，苍梧县普通中学分布情况如表 39-5 所示。

表 39-4　1949—1990 年苍梧县普通中学教育发展情况

年份	学校数/所（点）		班数/个		招生人数/人		毕业生人数/人		在校生人数/人	
	初中	完中	初中	高中	初中	高中	初中	高中	初中	高中
1949	2		23						1011	
1950	1		6		44		35		214	
1951	2		8		137		23		287	
1952	2		12		450		27		616	
1953	2		16		321		51		826	
1954	2		19		282		90		920	
1955	2		19		440		336		961	
1956	4	1	32	2	1046	107	253		1721	107
1957	6	1	41	4	737	100	236		2159	205
1958	4	2	44	8	1054	177	365		2299	367
1959	6	2	58	8	1133	145	744	94	2948	386

续表

年份	学校数/所（点）		班数/个		招生人数/人		毕业生人数/人		在校生人数/人	
	初中	完中	初中	高中	初中	高中	初中	高中	初中	高中
1960	8	2	62	11	1437	251	492	80	3116	532
1961	9	2	62	11	607	121	772	130	2904	475
1962	4	1	56	10	465	88	838	123	2274	403
1963	7	1	44	8	895	141	620	166	1710	340
1964	7	1	49	7	955	88	324	113	2122	310
1965	4	1	42	7	732	90	332	81	1988	317
1966	4	1	43	7					2417	317
1967	4	1	39	7					2010	317
1968	4	1	31	5						
1969	145	9	292	42	8556	1603			10 647	2104
1970	158	11	308	54	5230	1480		206	11 974	2816
1971	168	11	328	63	5556	1999	2428	1481	10 690	3431
1972	151	14	319	67	5212	1838	4686	1385	10 470	3783
1973	148	14	319	68	4866	2067	4669	1915	10 179	3861
1974	155	14	338	72	5876	2040	4670	1772	10 762	4076
1975	187	38	415	106	8178	3477	4755	1925	14 337	5728
1976	214	14	524	175	11 325	4341	4961	1973	19 542	7072
1977	214	16	578	214	12 150	4937	7639	2995	23 452	9116
1978	201	20	576	159	10 558	3659	9535	3183	23 615	8323
1979	26	20	509	114	9099	2376	9379	3269	20 849	5834
1980	16	7	409	82	6421	1503	6664	2727	17 455	4127
1981	18	7	316	54	4431	1092	3817	2046	13 941	2730
1982	19	7	266	54	4557	822	2653	936	12 072	2515
1983	19	7	245	53	4457	771	3071	710	11 630	2436

续表

年份	学校数/所（点）		班数/个		招生人数/人		毕业生人数/人		在校生人数/人	
	初中	完中	初中	高中	初中	高中	初中	高中	初中	高中
1984	19	7	250	49	4404	772	3175	847	12 115	2152
1985	21	8	255	50	4756	726	3378	740	12 311	2128
1986	23	7	256	43	5194	612	3291	642	13 088	1925
1987	25	6	269	41	5151	718	3530	678	13 941	1929
1988	24	7	273	42			3786	606	14 015	1808
1989	23	7	273	41			3848	559	14 051	1732
1990	25	7	313	40			3947	539	16 593	2176

注：教职工人数见第42章第一节。

表39-5　1990年苍梧县普通中学分布情况

乡镇	学校数/所	班级数/个			学生人数/人			教职工人数/人		
		初中	小学附设初中班	高中	初中	小学附设初中班	高中	教职工总人数	专任教师	代课教师
全县合计	32	313	38	40	16 593	1913	2176	1269	1036	46
大坡	2	36	12	6	1899	614	222	105	85	6
广平	1	26	8		1480	412		61	52	8
新地	3	22			1222			76	73	5
林水	2	31	9	3	1586	436	136	100	86	6
人和	1	12			514			51	39	3
岭脚	1	13			776			42	35	7
倒水	1	17	3		926	125		53	43	3
长发	2	14			639			59	48	2
京南	2	9			397			41	46	1
狮寨	1	8			376			36	29	
旺甫	3	15			771			63	53	

续表

乡镇	学校数/所	班级数/个			学生人数/人			教职工人数/人		
		初中	小学附设初中班	高中	初中	小学附设初中班	高中	教职工总人数	专任教师	代课教师
夏郢	3	27		4	1380		150	120	101	1
六堡	1	9			401			34	27	
梨埠	1	10			590			39	36	
木双	1	6			294			22	17	1
石桥	2	23	6	4	1285	326	202	95	77	1
沙头	1	9			510			36	30	
龙圩	3	25		23	1537		1466	233	156	2
佛子矿	1	1			32			3	3	

一、学制与教学

1919年，县立初级中学学制4年，开设修身、国文、外语、历史、地理、算学、博物、化学、法制、经济、图画、手工、乐歌、体操等课程，女生加课家事、园艺、缝纫等。当时学校受新文化运动及"杜威教育学"（即"教学即生活"、"学校即社会"）的影响，提倡"从做中学"，教学方法趋向启发式的自动主义。1924年，县立初级中学学制改为3年（沿用至新中国成立），并试行"教、学、做"三结合的教学方法。1929年，实行学分制，设党义、国文、外语、历史、地理、算学、自然、生理卫生、国画、音乐、职业科目，总计180学分。1933年，县立初级中学规定，学生学业成绩考查有临时考查、小考、学期考试、毕业考试4种，学年考试3科以上不及格者令其留级，前3类考试成绩与毕业考试成绩合并作为该生之毕业成绩，不及格者允许补考一次。

1938年，县立国民中学试行90分钟制（每节课），课堂内容有复习旧课、介绍新课、辅导学生自习新课等，使学生有讨论和质疑问难的机会。

1940年以后，县各中学开设的课程有：公民、体育、童子军、国文、外国语、算学、博物、生理卫生、化学、物理、历史、地理、劳作、图画、音乐、选修等，沿用至1949年。

新中国成立后，县各中学实行新民主主义教育，高、初中学制各3年，设置的课程有：政治、语文、数学、物理、化学、历史、地理、英语、自然、体育、音乐、美术等，以后变化不大。1953年，学习普希金、凯洛夫的教学法，运用"直观性、系统性、量力性、巩固性、理论联系实际"的原则，采取"组织教学、复习旧知、讲授新课、巩固新知、布置作业"五段教学法及以"教师为中心，课本为中心，课堂为中心"进行教学。

1957年，中学语文试验"抛纲、自学、讨论、小结"四步冲程教学法，并结合生产劳动进行现场教学。

1968年复课后，以政治教育为主，语文课以《毛主席语录》及报纸杂志的社论文章作为教材，体育课改为军体课。数学及自然科学课则采取实用主义教学：做什么，学什么。1972年，实行开门办学，开卷考试，各校的课程自行其是，无统一要求。中学学制改为4年（高、初中各2年）。

1977年恢复高考制度，各校恢复原来课程，并逐渐恢复6年学制（高、初中各3年）。高中班根据高考要求，可选学文科、理科，高二年级起理科班不授历史、地理，文科班不授物理、化学、生物等课程。在教学方法上，要求教师抓好备课、讲课、布置作业、批改作业和课外辅导几个环节，对学生则要求做到预习、复习、完成作业、小结等，因材施教，培养学生独立思考能力。

1981年，各校学习教育家魏书生、章保罗的教学经验，各科制订出教学计划，抓好"双基"（基础知识，基本技能）教育，以"少、精、活"为主。1984年，邓小平提出"教育要面向现代化，面向世界，面向未来"，各中学实行"以教师为主导，学生为主体，训练为主线"的教学方法，同时开辟第二课堂活动，组织各种文艺小组、科技小组等，培养学生的各种兴趣。至1990年，各校教学以探讨课堂改革为主，抓好教学效果的检查工作。

二、思想品德教育

民国时期，中学设有公民道德、童军、军训等课程。抗日战争爆发后，各校每日进行朝会问答，开展爱国抗日的思想教育。

解放后，各学校以马列主义、毛泽东思想的政治观点对学生进行国际主义、爱国主义、革命英雄主义教育。要求学生"身体好、功课好、品行好"。1963年，毛泽东提出"向雷锋同志学习"，县内各校纷纷组织学生做好事，开展批评与自我批评，以实际行动学习雷锋。

1977年，邓小平提出"尊重知识，尊重人才"，县各中学教育学生勤学、守纪、热爱祖国，并结合时事进行政治教育和共产主义教育。1982年，各校师生开展"学雷锋，创三好"、"五讲四美"（讲文明、讲礼貌、讲卫生、讲秩序、讲道德，心灵美、语言美、行为美、环境美）"三热爱"（热爱祖国、热爱社会主义、热爱中国共产党）的教育活动，各校学生积极行动，涌现出不少积极分子和文明标兵。在每年的植树节（3月12日）中，学生积极植树栽花，美化环境。

1984年，各校对学生进行"有理想、有道德、有文化、有纪律"的教育，并开展"三好学生""优秀班干部""优秀团员"的评选活动。1985年，县城师生听取法卡山英雄模范汇报团的报告，各校掀起"学英雄"活动。

1986年以后，各校开展反对资产阶级自由化的教育，要求学生从思想、行动上坚持四项基本原则，坚持改革开放。并组织学生学习《邓小平文选》，使学生树立正确的人生观，适应改革开放的形势。

三、中学简介

（一）苍梧中学

苍梧中学建于1953年，设在龙圩大王山顶，初名苍梧县第一初级中学，同年接管中山中学作为学校分部，共有8个初中班，学生396人，教职员24人。1956年，开始招收高中学生2班，改名为苍梧中学。1958年，兴建科学馆、理化仪器室和实验室等。1962年，人和中学全部学生和第二中学高中部学生并入，共有初中15个班、578人、高中10个班、403人，教职工82人。

1973年，与龙圩中学合并，1978年分立，并停止招收初中学生。同年，自治区革命委员会批准为县重点中学。1980年，改高中二年制为三年制，并复招初中2个班。学校在抓好基础教育的同时，积极开辟第二课堂，扩大学生的知识面，1980—1987年，多次在全国、自治区、地（市）、县举办的科技作品展览、航空电动车辆表演、爱科学活动月、"三小"（小论文、小创作、小发明）活动、全国"创造杯"少先队活动、全国红领巾读书读报奖活动、《我的老师》征文比赛等活动中获奖，其中获全国奖励13人次，获自治区级奖励29人次，获地（市）级奖励51人次，获县级奖励8人次；在全国"创造杯"少先队活动竞赛中获集体奖1次，获自治区级集体奖3次，获地（市）级集体奖1次。1990年，全校有高中17个班，学生950人；初中3个班，学生210人；教职工113人。学校占地面积8700多平方米，校舍建筑面积10 095.6平方米，藏书15 000多册，教学仪器、体育卫生设备基本达到规定要求。

（二）龙圩中学

龙圩中学前身是龙圩镇民办中学，创办于1962年6月。初借龙圩镇高冲街小学上课。当年招收初中1个班、16人，高小1个班、28人。1964年，镇党委和政府发动群众捐钱出力，在井冲新建校舍，并于同年秋落成上课，当年有初中2个班、100人。1965年，改称龙圩镇工读学校。1968年8月，在龙圩大王山顶筹建新校舍，改名"东升中学"。1970年，复改为龙圩中学，有初中10个班、550人。1973年，与苍梧中学合并，1978年分开，改名苍梧县龙圩中学。1983—1987年，学校组织学生参加全国体育通讯赛和自治区、地（市）、县举办的中学生田径运动会，取得较好的成绩。其中获全国奖励2人次，自治区级33人次，地（市）级13人次，县级105人次；在科技竞赛中，获自治区级奖励7人次，地（市）级8人次，县级19人次；学科竞赛中，获全国奖励1人，自治区级8人次，地（市）级1人。1987年，开始招收职业高中1个班，学生50人。1990年，全校有高中6个班，学生516人；职业高中4班，学生219人；初中20个班，学生1206人；教职工113人。学校占地面积18 199平方米，建筑面积8335平方米。藏书1万多册，教学仪器300多件。体育场地与苍梧中学、苍梧师范共同使用。

（三）中山中学

1939年，李济深捐献部分田产，由其兄李少轩在大坡乡筹建学校，各方人士献粮捐款，解囊相助，命名为中山中学，1942年，建成并招生上课。1948年，学校停办。1950年11月恢复，1951年春复课。1953年秋，学校迁龙圩，并入苍梧第一初级中学，1956秋，迁回大坡中山中学原址，更名苍梧县第一初级中学。1959年，改名大坡中学。1969年起，只招收高中班学生，后复招初中班。1981年11月12日，县人大常委会决定恢复苍梧中山中学的校名，并聘任李济深长子、华南农学院副院长、教授李沛文为名誉校长。1985年建成3层420多平方米的"任潮科学馆"，胡耀邦、朱学范、莫乃群题词，国内外70多个单位和个人赠送了复印机、打字机和大批图书、仪器等物品。

1990年，全校有高中6个班，学生222人；初中6个班，学生355人；教职工共47人。学校占地面积2.4万多平方米，建筑面积4448平方米，藏书7000多册，教学设备一批。

(四)夏郢中学

夏郢中学前身是私立新夏中学,1939年由乡人苏民募捐集资创办,校址设于夏郢圩北面的独岭山顶上。初办时招收初中3个班,学生150人,教职工50人。1942年,招收高中1个班,学生50人。后因经费、师资不足,不再招收高中学生。1947年,改名苍梧县立第二初级中学。1950年3月,由县人民政府接管,改为县立初级中学。1953年,复名第二初级中学。1957年,复招高中学生。1959年,改名夏郢中学。1962年,高中班并入苍梧中学。1969年,初中一年级学生下放给生产大队办,学校只招收高中班。1971年,复招初中班。1990年,全校有高中4个班,学生150人;初中7个班,学生399人;教职工共48人。学校占地面积5.6万多平方米,建筑面积7430平方米,藏书4500多册,教学仪器1700多件。

(五)石桥中学

石桥中学建于1956年,初名苍梧县第四初级中学,9月开学,招收初中3个班,学生163人,教职工12人。1959年,改名为石桥初级中学。1969年春,招收高中学生,更名苍梧石桥中学,主要招收石桥、沙头、梨埠、木双等公社的学生。1990年,全校有高中4个班,学生202人;初中5个班,学生309人;教职工共42人。学校占地面积9.9万多平方米,建筑面积5100多平方米,藏书8000多册。

(六)林水中学

林水中学建于1975年,初名林水公社"五·七"中学,招收高中1个班、35人,教师3人。借大恩大队仓库民房作教室。1977年春,公社党委发动群众献工献料,价值5万多元,在都坎村建校舍,并改名林水公社高中。1980年秋,开始招收初中班,1981年,改名林水中学。1990年,全校有高中3班,学生136人;初中7班,学生419人;教职工共52人。学校占地面积2.9万多平方米,建筑面积5414平方米。

(七)长发中学

长发中学建于1958年7月,初名长发民办初级中学。1960年秋,改为公办,更名长发初级中学,1969年秋以后,只招收高中学生。1981年,复招初中学生。1987年后,由于高中生源不足,不再招收高中学生,在校的高中二、三年级学生转夏郢中学就读。1988年,开始招收职业高中1个班,学生26人。1990年,全校有初中7个班,学生321人;职业高中3个班,学生94人;教职工共27人。学校占地面积3.3万多平方米,建筑面积3370平方米。

第40章 专业教育

第一节 师范教育

光绪二十九年（1903年），在传经书院创办梧州师范讲习所。光绪三十一年（1905年），设立苍梧县师范讲习所。同年，梧州冰井学堂改为梧州初级师范讲习所。光绪三十四年（1898年）由梧州、郁林（今玉林）、浔州、平乐四府出资合办，改名四府师范学堂。1912年，改为广西省立第一师范学校。同年，创办苍梧县城厢公立初级女子师范学校，1913年改为县立教员讲习所，1924年改名为县立女子师范学校，1926年迁到省二中（今梧州二中）处，改名广西省立第一女子师范。1929年，并入省立第二中学，成为二中的高级部。1930年，省立第二中学高级部设师范科。1936年，县立国民中学招收师资训练班3班，共150人；简易师范班2班，共100人。1945年，省立第一女子中学改为省立女子师范学校。1946年，苍梧县立国民中学由夏郢迁出，国中班改名为苍梧县立师范学校，校址设在原县立初级中学旧址（梧州大较场），开设公民、国民、教学、地理、历史、博物、物理、化学、生理卫生、体育、美术、音乐、军训、教育通论、教育行政、教材及教学法、教育心理学、测验及统计、地方自治、农村经济及合作、实习等课程，有普通师范4班、师范科1班，学生200多人，教职工29人，学制3年。1949年，县立师范学校有师范科2班，学生49人，其中女生4人；简易师范4班，学生178人，其中女生72人；教职工共35人。同年，与省立女子师范学校、平乐师范学校合并为"广西省立梧州师范学校"。

1950—1951年，梧州地区举办过几期教师讲习会，县内有525名小学教师和社会青年参加。1952年，成立苍梧县师范学校，先后在大坡、龙圩开办师资训练班、师范班共3班，141人参加。1953年秋，师资训练班学生毕业后学校即停办，师范班转入梧州师范学习。

1958年，恢复县师范学校，当年招生1班，45人。1959年，招收中师1

班、速成师范班1班，共150多人，并成立中师函授部。1962年秋，学校停办，中师函授部由县教研室接办。1972年，师范学校恢复招生，以招收民办教师为主，适当招收高中毕业生，并负担县内小学、初中教师的培训提高任务。当年，招收民师班2班，69人。1981年，全校有民师班3班，125人；小学教师培训班学员123人，教职工50人。1982年，被定为广西壮族自治区定点师范学校，并招收岑溪、藤县、昭平等县的学生，外设普通中师班，招收初中毕业生。1987年，开设函授班。1988年，招收自费生。1990年，有中师班12班，学生537人，其中自费生61人；民办教师进修班学员40人；小学教师函授班学员382人，教职工89人。学校占地面积21 500多平方米，建筑面积11 738平方米，藏书1.5万多册，有实验仪器、体育器材、教学仪器一批。

第二节　职业和技术教育

清末民国时期，苍梧县内办有蚕业、农业等职业（专业）学校，培养了大批具有蚕业、农林、园艺、织造等专业知识的学生。解放后，县内办有农业、农业机械、卫生等职业（专业）学校。1986年，新地乡办职业高中，招收初中毕业生1班，学生69人，设有文化课及畜牧兽医、果树栽培专业课。之后，县教育局在林水中学开办职业中学，沙头、人和开办农业初级中学，龙圩、长发等普通中学也附设有职业高中班。1988年，新地职业高中停办。1990年，全县有职业高中1所，3班，学生80人；普通中学附设职业高中班7班，学生313人；职业初中2所，9班，学生483人。职业初中班学习的专业课程主要有农作物栽培、家禽家畜饲养及疾病防治、家用电器维修等。县办的专业学校有县卫生学校、县农业机械学校、县技工学校。

一、苍梧县立职业学校

苍梧县立职业学校成立于1931年，校址初设长洲尾龙母庙，后迁长洲明新小学。学制2年，开设文化课和织布、织袜、染布等专业技术课，并设有织布工场、织袜工场、染色工场各1所，共培养学生256人。1936年，改为苍梧县立国民中学，改授国民中学课程。

二、苍梧县立初级职业学校

苍梧县立初级职业学校创办于 1944 年，校址设梧州富民坊太和冲。开学不久，梧州沦陷，校舍被毁，被迫停办。1945 年，恢复上课，办有农林、园艺班，学生 94 人，教职工 16 人。1949 年，已毕业学生 100 人。解放后，由梧州市接管。

三、苍梧县卫生学校

苍梧县卫生学校创办于 1961 年，校址设在苍梧县干部食堂。初办时招收 1 班，38 人。1962 年，因经费不足停办。1979 年秋恢复，校址迁凤岭街，招收护士专业 1 班，36 人，学制 3 年（本届学生毕业后不再招生）。有校长 1 人，兼职教师 5 人，经费由县卫生局拨给。学生毕业后分配到县内各公社卫生院工作。学校还举办各种医护人员培训班，1979—1990 年共培训 500 多人。

四、苍梧县农业技术学校

苍梧县农业技术学校创办于 1964 年，校址在林水公社中团村（今县农机二厂）。属半工半读中专性质，招收初中毕业生，初办时招收 1 班，48 人，学习文化课和农业知识课。学生毕业后社来社去。1968 年，全校有 4 个班，189 人，同年停办。

五、苍梧县农业机械学校

苍梧县农业机械学校创办于 1974 年，初办时借用夏郢中学校舍，1976 年迁至龙圩，主要培训农业机械技术人员。至 1990 年，该校培养中型拖拉机手 794 人，手扶拖拉机手 4600 人，农业机械修理 168 人，农业机械师资 67 人，农业机械管理人员 73 人。

六、苍梧县农业高级中学

苍梧县农业高级中学创办于 1983 年，校址设在林水公社大恩村，借用县农科所房屋。初办招收 1 个班，29 人，下半年增招 1 个班，34 人。学习文化课和作物栽培、畜牧兽医等专业知识，1986 年因校舍不足停止招生。

七、中央农业广播学校苍梧分校

中央农业广播学校苍梧分校1984年4月开办,校址附设在县农业高级中学,属业余中专性质。招收社会青年、机关干部职工、农中在校学生共67人,学制3年。开设化学、植物、生理卫生、农业经济、土壤肥料、遗传学、作物栽培等课程,由县农委、科协、农业局、教育局等单位联办。授课形式以听广播为主,兼请辅导教师授课。学习结束由中央农业广播学校印发试题,统一考试。1987年停办。

八、苍梧县技工学校

苍梧县技工学校建于1993年7月,1994年9月建成并投入使用,总投资1450万元,主要靠自筹和贷款。校址在林水镇坡尾村,是解放后广西第一所县办技工学校,校名由第八届全国人大常委会副委员长李沛瑶题写。1994年秋,在县内招生,当年招生465人。1995年,招生范围扩大到广西各地,年底在校学生836人,教职员工80人,开设车工、焊工、水泥工艺、发配电、电工、机修钳工、汽(车)摩(托车)修理、电器、动力钳19个专业。学校占地面积4.07万平方米,建筑面积1.54万平方米,运动场面积3800平方米。有车床、刨床、钻床、焊机、柴油机等机械实习设备68台(套),计算机40台,彩电33台及其他电教仪器、教具一批。

第二节 自治区(省)、地区驻县专业学校

一、广西省立第一甲种蚕业学校

清光绪三十二年(1906年),县人李衡宙、梁庭栋等禀请创办梧州中等蚕业学堂。1912年,改为广西省立第一甲种蚕业学校,分预科、本科、别科3个科,开设文化课及蚕业栽培法、蚕业解剖学、蚕体病理学、蚕种论、养蚕法、制丝法等专业课程。1924年停办,共培养毕业生500多人。

二、广西供销学校梧州分校

广西供销学校梧州分校前身为梧州地区供销学校,创办于1965年,校址在林水二顶。1968年停办。1979年,恢复并改名广西供销学校梧州分校,招

收财会、物价 2 个专业，14 个班，401 人。1983 年后，只招收财会专业，并为梧州地区各县、乡供销社培训管理人员和业务人员。至 1990 年，全校有财会专业 4 个班，211 人；财会职业中专 3 个班，164 人；教职员工 53 人，其中高级讲师 1 人，讲师 7 人，助师 14 人。学校占地面积 1.5 万多平方米，建筑面积 6930 平方米。藏书 1 万多册，有微电脑室、卫生室、图书室、资料室、运动场等设施。

三、梧州地区卫生学校

梧州地区卫生学校创办于 1962 年秋，校址在原梧州地区农校。设有妇幼医士、中医士、护士、医士、助产、放射医士专业，学制 3 年。1985 年，开始招收自费生。1986 年，只设医士、护士 2 个专业，共 9 个班、301 人。1989 年，增设妇幼医士 1 个班、50 人。1990 年，全校有学生 350 人，教职工 183 人。学校占地面积 4.8 万平方米，建筑面积 1.56 万平方米，藏书 1.87 万册。有体育设施、电教设施一批，设有附属医院。

四、梧州地区农业机械学校

梧州地区农业机械学校创办于 1975 年，校址设在林水公社。开设农业机械化、汽车拖拉机维修 2 个专业，学制 4 年。1985 年，开设汽车、拖拉机、摩托车、农用车驾驶员培训班及拖拉机、电器维修培训班。1990 年，全校有学生 200 人。学校共培训各种机动车辆驾驶员 1400 多人，拖拉机维修、电器维修 500 多人。有教职员工 55 人，其中高级讲师 2 人、讲师 7 人、助讲 25 人。藏书 1.3 万册，有各种汽车 21 辆，各种教学设备、实验设备一批。

五、广西第二经济贸易技工学校

广西第二经济贸易技工学校创办于 1978 年，初名为广西第二粮食技工学校，校址在龙圩镇下廓街，由广西壮族自治区粮食厅主办。设有粮食加工、油脂加工、食品加工、营业员 4 个专业。1986 年，开设食品加工、营销、大米加工等培训班。1990 年，全校有学生 422 人，教职工 58 人，其中高级讲师 1 人、讲师 8 人。学校占地面积 1.1 万多平方米，建筑面积 1.35 万平方米，藏书 2.58 万册。有实习工场 3 间，教学设备、实习设备一批。1994 年 3 月，改名广西第二经济贸易技工学校。

第41章 成人教育

第一节 农民教育

1927年,全县识字人数112 628人(其中女性6700人),占全县总人数的28.1%。1928年,县教育局颁行《乡村平民学校规程》,要求各乡村开设平民学校,对年长失学或无钱就学者进行教育,经费由地方筹集或私人捐助,教育局拨给一定的补助费,学生的书籍、文具由学校发给,修业期为6个月。当年全县开办平民学校35所,学员1500多人。其中,以平政乡(今梧州市长洲镇)长洲最多,有平民学校15所,学员900多人。同时,各乡村还开办不少识字班,由小学教师任教。1929年,县教育局把平民学校补助费拨转补助乡村小学教育,各平民学校停办。以后农民教育以补习班和妇女识字班为主,由各乡中心校兼办,学员中妇女占大多数。1935年,补习班和妇女识字班学员3651人,其中女学员2143人,修业期限1~2年。

1936年,省政府颁布《广西实施强迫教育办法》,规定失学成人要强迫分期学习,不就学者处以罚金,农村再次开办成人教育班。1939年11月 1940年1月,仅东安区开办成人教育班达250班,学员7783人。1942年6月,全县人口410 090人,曾受初等教育以上200 426人,占总人口的48.9%。以后,各乡中心小学每年开办2~4班成人识字班。有些乡村有私人设立的成人补习学校,如石桥培中村的培聪补习学校,吉阳乡(今林水乡)思念村的培本补习学校等。

解放后,县人民政府把筹办工农业余补习学校视为中心工作之一,规定各乡中心小学要附设工农业余补习学校,教授文化知识,宣传土改工作的内容和意义。1950年年底,全县有农民业余补习班220个班,学员8235人,其中女学员5379人,占65.32%。1951年,开展冬学运动,乡村开办识字班750班,学员26 040人。1952年秋,县成立"识字运动委员会",派5人到梧州参加师资培训,同时抽调小学教师、文化站干事共66人进行集训,之后又组织由各区积极分子222人组成的工作队,到第三区(大坡)进行试点工作,结合土改复查和各种工作进行学习。当年第三区办识字班47个班,学员2260人。全县办业余学习班(组)628个班(组)、学员12 309人,读报组123组、2481人。

1953年,县人民政府制定《工农业余教育计划》,农民教育由业余学习班转为常年民校,农民教育经常化、制度化。1964年12月,县召开扫盲工作会议,培训扫盲教师,组织农民参加扫盲学习。至1956年,共培训扫盲教师586人,参加扫盲学习的农民5.2万多人。旺甫区祝洞乡创造以唱山歌促识字的办法,当年全乡脱盲率98%。同年,县成立扫盲办公室,对扫盲工作进行正规管理。

1960年,全县参加业余学习100 808人,其中扫盲班87 952人,业余小学12 004人,业余初中852人。

1964年,县人民委员会提出"农闲多学,农忙少学,大忙放假,忙后复课"的学习原则,规定每年分冬学、夏学、秋学3个阶段,并统一规定学习内容:识字班学《群众贤文》《今古贤文》《日用杂字》;高小班学语文、算术、农村应用文和珠算;初中班学语文、算术、政治、农业知识等。

1972年,全县13~50岁的文盲有116 894人,占该年龄段总人数的59.4%。县革委会重新提出要扫除文盲,提高农民的政治文化水平。各乡村陆续开办各种业余夜校。至1976年,县办业余中学2所,学生106人;农民政治文化夜校1908所,学生82 753人。1977年,县政府增拨扫盲经费,在各乡开办业余小学,并编印《识字课本》3万册发给学员。1979年,全县12~45岁年龄段183 880人,其中文盲半文盲42 028人,占22.86%。1980年,全县开办扫盲班976个班,包教小组1971组,参加学习人数20 145人,全县脱盲公社15个,脱盲大队239个。

1984年,全县农村12~40岁年龄段193 255人,脱盲185 395人,脱盲率96%。农民教育工作逐渐转向以科技教育为主,学习农作物栽培技术和畜禽饲养技术,同时继续进行扫盲教育。当年有业余小学116个班,学员2538人;业余初中10个班,学员306人;科技班13个班,学员674人。1986年,一些乡镇开始设立农民技术培训学校,有些学校以电化教学设备对农民传授科技知识,所授内容有农作物栽培技术、经济作物栽培技术、畜禽饲养及疫病防治、小型耕作机械的使用和维修、服装裁剪技术等。1989年,县政府在县委党校成立农民中专学校,当年招收学员37人。1990年,全县有农民中专1所,学生70人;农民技术培训学校12所,43个班,学员1550人;农民技术班23个班,学员317人；成人小学班49个班，学员430人；扫盲班160个班，学员1280人。

第二节　职工、居民业余教育

1920年，县城梧州办有平民学校，吸收贫苦居民及其子女上学，教授识字、算术、常识和反帝爱国宣传等内容。后转办补习学校。1927年，在梧州各校学习的戎圩籍学生，利用暑假在戎圩开办平民补习班，有100人参加学习。1932年，梧州有补习学校16所，学员3829人。另设有劳工学院、妇女习艺所等。1933年，设立民众学校21所（其中私立8所），补习学校18所，学员共2590人。此后成人教育由一些小学兼办。

1953年，县文教部门和县总工会在龙圩中心小学设立职工业余补习学校，聘请龙圩中心小学教师上课，设有高小1班、初小4班，学习语文、算术、珠算等课程。每周上课4晚，学员为工厂工人和搬运工人。至1956年，共培训学员2500多人。1957年，改为干部职工业余文化学校，单独建有校舍。当年招收初中2个班、高小2个班、初小3个班、扫盲2个班，学员共400多人，分日夜班上课，聘请龙圩中心小学、苍梧中学教师任教。该校另办有全日制乡干部文化补习班1个班，吸收未达小学文化程度的乡长、书记脱产学习半年。还办有俄语1个班，学员56人。1957年下半年，学校停办。

1958年，受"大跃进"运动的影响，很多县直单位办起"红专大学""红专学校"，如饭店挂牌"烹饪大学"，理发店挂牌"美容学院"，电影院挂牌"电影学院"等。由于受当时"浮夸风"的影响，这些所谓学校只追求牌子大，并不讲究实际质量，学员学习也不正常，学习内容多以政治理论为主，文化技术较少。1959年后，这些"大学"相继停办。

1961年，干部职工业余文化学校恢复上课，办有扫盲班、初小班、高小班、初中班，学员200多人。

1975年，中央号召全国走上海"七·二一工人大学"的道路。县内厂矿企业开办"工人大学"，至1976年年底，县氮肥厂、水泥厂等单位办起"七·二一工人大学"8所，学生200多人，有专兼职教师68人。授课形式主要是举办短训班或技术讲座或召开批判大会。中共十一届三中全会以后，纠正了这种办学偏向，职工教育逐步走上正轨。

1983年，县成立职工教育委员会和职工业余教育办公室，管理职工教育工作。同年7月起，各乡以供销社为中心，开办25个职工学习班，学员7300多人。学习初中文化知识和业务知识，聘请当地中学教师任教，学习结束经考试合格发给毕业证书，不合格的继续学习，直至考试合格取得证书。

1989年后，梧州市财经学校、财贸学校、干部中专等中专学校在龙圩设点办班，开设财务会计、经济管理等专业，各单位在职人员及一些待业青年250多人参加学习。

第三节 成人高等教育

一、电视大学、函授大学

1984年9月，由县经济委员会主办，在原县农机局大楼开设广西广播电视大学梧州分校苍梧班，设党政干部专修班、轻工机械、制糖、机电自动化4个专业，学生76人。主要利用电视机、录音机进行教学，也聘请教师辅导。学员来自党政机关、工交、商业、财贸、金融等系统。学制除干部专修班为2年外，其余专业均为3年，全脱产学习。1985年，由于校舍、师资不足，没有继续招生。1986年，招收企业管理专业1个班，半脱产（每月集中辅导10天）学习3年，1987年后停招新生。

1985年，县教育局在教研室开办电视大学汉语言文学专业1个班，学员有乡干部、职工和待业青年等，半脱产学习3年。

此外，各单位的干部还积极报考广西广播电视大学、梧州电子工程学校及全国各地开办的函授大学。1986—1990年，全县报考电大、函授大学的人数共1146人，其中被电视大学录取251人，被函授大学录取507人。

二、高等教育自学考试

1984年，县成立高等教育自学考试工作站，负责县内报考高等教育自学考试考生的报名、成绩管理、咨询联系、发售资料等工作。考生不论职业、年龄、学历，只要按计划自学大专课程，经考试一科合格发给单科毕业证书，某专业的课程全部合格发给大专毕业证书。1984年，全县参加自学考试人数100多人，1985年增至349人。开设有党政干部基础科、汉语言文学、英语、哲学、数学、政治教育等专业。1986—1990年，全县报考自学考试人数共1031人，单科合格897科次，取得大专毕业证书88人。

第42章 教师

第一节 队伍

清末，私塾学馆一般是一塾一师。官立学堂设监督、监学，由地方官府任命，教习由监督聘用。光绪二十七年（1901年）颁布《壬寅学制》，规定学堂聘用的教员须优级师范学堂毕业。

清末至民国初期，苍梧办有师范学堂、师范讲习所、女子师范学校等培训师资。当时，教员由校长聘任，小学校长由县官任命，县立中学校长由县官报省行政长官任命，省立中学校长由省行政长官直接任命。

1934年，国民学校校长由乡（镇）长、村（街）长兼任。1936年，规定中学校长资历为高等师范大学或其他大学本科毕业，并具有5年教龄以上；小学校长资历应为师范或高级中学毕业，服务2年以上并有成绩者；教员由学校聘任。聘任期一般是1年，有成绩者续聘。

解放后，人民政府接管原有学校，各校原任教师基本留用。并通过各种渠道组织进修学习，同时吸收各乡知识分子进行培训，充实教师队伍。1950—1951年，举办2期教师讲习会，参加人数共525人。1952年，全县教师人数达1540人，比1950年增加1566人。1954年，调整教师队伍，对不称职、政治不清楚、身体不健康的教师进行调动或撤换。经过整顿，全县有教师1393人。

从1953年起，县教育部门每年选送一批中小学教师到广西省（壮族自治区）教师进修学院、梧州师范、玉林师范、八步师范等院校进修，各乡教育组也常用寒暑假举办短训班，组织教师学习教学大纲，教材教法等。

1958年，恢复苍梧师范学校，所毕业的学生，全部回县内各中小学任教。1962年，县师范停办后，教师主要是招收社会青年或上山下乡知识青年作为民办教师。1972年，县师范恢复，主要招收民办教师进修，毕业后转为公办教师，回原校任教。

1979年后,每年都有师范院校或其他大中专院校的毕业生分配到县内各校、幼儿园任教。同时从社会知识青年中招收民办教师和代课教师,并陆续把一些工龄较长,有一定成绩的民办教师和代课老师转为公办教师。

1950—1990年,苍梧县各类学校教职工人数情况如表42-1所示;1991年前,苍梧县小学专任教师学历情况及中学专任教师学历情况分别如表42-2、表42-3所示。

表42-1 1950—1990年苍梧县各类学校教职工人数情况

单位:人

年份	合计	师范	中学	民办	代课	小学	民办	代课	幼儿园
1950	974		20			954	624		
1951	1230		33			1197	719		
1952	1540		43			1497			
1953	1385	10	60			1315			
1954	1393		70			1323			
1955	1389		76			1313	7		
1956	1384		110			1274	88		
1957	1516		178			1338	33		
1958	1537		199			1338	33		
1959	1534	11	190			1333	58		
1960	1852	14	213			1625	95		
1961	1893	15	246			1632	80		
1962	1651		228			1423	46		
1963	1723		196			1527	152		
1964	1864		188			1676	253		
1965	1929		184			1754	308		
1966	2113		192			1921	381		
1967	1530		194			1336	290	174	

续表

年份	合计	师范	中学	民办	代课	小学	民办	代课	幼儿园
1968	1234					1234	276	153	
1969	1925		690	157		1235	245		
1970	2656		790	177		1866	666		
1971	2354		865	259	52	1489	670	222	
1972	3130	14	997	310	8	2119	950	54	
1973	3315	14	926	295	1	2375	1161	75	
1974	3403	13	925	298	19	2465	1305	69	
1975	3849	18	1180	493	7	2651	1461	34	
1976	4272	20	1457	686	13	2759	1761	37	
1977	4743	25	1842	901	12	2876	1869	46	
1978	5380	29	1840	876	8	3511	2499	33	
1979	5113	34	2007	988	4	3072	1808	32	
1980	4921	40	1569	595	2	3312	1936	31	
1981	4679	50	1280	272		3285	1763	32	64
1982	4409	56	1166	142	2	3122	1568	25	65
1983	4437	57	1068	86	3	3250	1653	23	62
1984	4465	65	1132	117	1	3195	1633	5	73
1985	4753	63	1244	154	3	3354	1586	1	92
1986	4444	57	1195	134	9	3095	1054	80	97
1987	4693	64	1307	114	27	3201	1478	230	121
1988	4288	74	1131	110	8	2993	1215	177	90
1989	4448	86	1283	132	14	2959	1187	269	120
1990	4411	89	1269	116	46	2931	1108	309	122

表 42-2 1991年前苍梧县小学专任教师学历情况

单位：人

年份	中师、高中毕业以上	中师、高中肄业，初师初中毕业	初中肄业以下	合计
1952	133	751	583	1467
1957	167	996	163	1326
1963	424	722	365	1511
1981	1474	1034	392	2900
1985	1549	1012	290	2851
1990	1705	687	158	2550

表 42-3 1991年前苍梧县中学专任教师学历统计情况

单位：人

年份	大学本科毕业以上	大学专科毕业和本科肄业2年以上	大学专科肄业未满2年	中专高中毕业	中专高中肄业以下	合计
1950	11	5		2	2	20
1957	18	34	9	38		99
1963	55	47	5	14	3	124
1981	66	143	49	575	206	1039
1985	82	197	13	562	133	987
1990	113	282	34	538	69	1036

第二节 待遇

一、社会地位

1950年，苍梧县召开第一届各界人民代表会议，有10名教师参加，其中2人被选为常务委员会委员。以后每次召开人民代表大会都有一定数量的教师参加。如1985年，县第八届人民代表大会，有10名教师参加，其中1人当选为县人民代表大会常务委员会委员，1人当选为出席自治区人民代表大会代表，4人当选为出席梧州市人民代表大会代表。历届政协委员会议中，也有一定数量的教师当选为政协委员。如1985年县政协第二届委员中有教师19人，其中1人当选为县政协副主席，1人当选为梧州市政协委员。

1955年，县召开第一届优秀教育工作者会议，选出县级优秀教育工作者167人，出席容县专区优秀教育工作者会议代表33人，出席广西优秀教育工作者会议代表7人。至1990年，共评出县级优秀教育工作者（先进教师）2000多人次，地区（市）级优秀教育工作者（先进教师）150人次，省（区）优秀教育工作者（先进教师）13人次，全国优秀教育工作者（辅导员、劳动模范）13人次。

1956年，苍梧中学建立全县教育系统第一个中共党支部。年底，全县中小学教职工有党员46人。以后，各小学以学区为单位，中学以学校为单位，陆续建立党支部，不断发展党员。同时，各校建立共青团支部，在青年教职工和学生中发展团员。1990年，全县教育系统有党组1个，党支部73个，党员1370人。

从1985年开始，全国人大常委会每年9月10日为教师节。节日期间，县、乡领导对各校教师进行慰问，商业部门为教师提供优惠价商品。

二、生活待遇

清末，书院山长（院长）年束修银120~240两，月薪6000文；教师聘仪1200文，月薪7000文。所教学生成绩优秀者，另发给奖金800~2000文。宣统二年（1910年），县小学堂按职级支薪。教员职别薪级情况如表42-4所示。

表42-4　宣统二年（1910年）苍梧县小学堂教员薪级情况

单位：元（大洋）/月

职别	职级								
	一	二	三	四	五	六	七	八	九
本科正教员	30	25	20	18	16	14	12	10	8
专科正教员	24	20	16	14	12	10	8	6	4
副教员	14	12	10	8	6	4			
临时教员	12	8	6	4					

1933年6月以前，县各中学教师薪金，采取按时计俸制。初中及前期师范学校教师，每周一小时月支6元；职员薪俸，则按各校学生班级数多少分级定薪。7月以后，改为分级计俸制。中学教职员分为12级，按级支薪。校长及专任教员最高薪额170元（国币），最低薪额70元，级差10元。教员任课不及规定钟点者，则退级支薪。

1948年，县行政会议决定：中心校长月支稻谷350斤，教职员250斤。县立中学校长月薪420元，折谷930斤。各主任月薪280~360元不等，教师140~240元不等。

1949年，发给教职员特别办公费，校长每月稻谷100斤，教务、训育、体育、事务主任每月稻谷80斤。

解放初期，中心校教职员每人每月发给大米100斤，中学教员略多一些。

1954年，中小学教师实行工资分制度。校长、教导主任最高分180分，最低分75分，平均105.8分；教职员最高分130分，最低分75分，平均97分。每分值人民币0.2473元。

1956年，实行工资改革，县各中小学教职工普遍提高工资。中学校长64~82元，教师39~57元；中心校校长51.5~57元，教师35~43.5元。

1959—1963年，调整低薪教职员的工资。1959年，普通中学调整面为4%；1960年，普通中小学调整面为25%；1963年，县教育系统教职工调整面为40%。

1966—1976年，教职工的工资基本上没有得到调整，只在1971年对少数工龄长，工资低教职工的工资作了调整。

1977年，按劳动态度，技术高低，贡献大小进行考核，并以此作为依据，调整教职工工资。县教育系统40%的教职工工资得到调升。

1981年，提高中等专业学校和各中小学教师部分级别工资标准，普遍提升一级，并增加民办教师的补助费，平均每人每月增加50元。

1985年，教职员工资分为基础工资、职务工资、工龄津贴、奖励工资4个部分。工龄长、贡献大的教师工资相应得到提高。另外，根据教师从事教育工作的年限，每月发给3~10元教龄津贴。

1987年，教师实行职称评聘制度，全县中小学教师评为高级职称448人（其中小学393人），中级职称1966人（其中小学1679人），初级职称1482人（其中小学811人）。职称任职时间从1985年7月1日算起。同年，取得职称的教师套入相应职务最低档工资。公办教师工资提高10%。参加调整人数3059人，人均月增资7.87元。

1989年，对部分工龄长、工资低教职工工资作了调整。

1990年，苍梧县各类学校教师基础职务工资如表42-5所示。

教职员工的公费医疗等福利待遇，与机关工作人员相同。

三、教学研究

解放前，县内无教研机构，有时由教育局或学校组织一些讲习会。解放初期，各学校自行组织教研活动。1954年2月，县成立教学研究组，1955年改为教学研究室，以小学教学研究为主。"文化大革命"前期，活动停止。1970年恢复教研机构，县、公社均有教育改革小组。1975年，县教育改革小组复名教研室，并不断充实教研人员。1979年3月，公社教育改革小组改为教育组，成为公社教育行政机构。1985年，县教研室有专职教研员15人，设中教、小教、业教、电教、后勤等小组。同年成立教育学会，有会员86人。学会成立后，会员就"普及九年义务教育""中等教育结构改革""师范队伍建设""加强学校思想政治工作"等问题进行探讨，撰写了论文。

表42-5 1990年苍梧县各类学校教师基础职务工资级别情况

职务	工资/元																	
	190	180	170	160	150	140	131	122	113	105	97	89	82	76	70	64	58	52
中专高级讲师 中学高级教师	一	二	三	四	五	六	七	八										
中专讲师 中学一级教师 小学高级教师					一	二	三	四	五	六	七							
中专助理讲师 中学二级教师 小学一级教师								一	二	三	四	五	六	七	八			
中学三级教师 小学二级教师											一	二	三	四	五	六		
小学三级教师													一	二	三	四	五	六

注：工龄工资按工龄长短发给，每增1年龄，月增工资1元；奖励工资按级别每月发给50～80元。

第43章 教学研究

第一节 教材教法研究

1928年，县教育局召开小学教员暑期讲习会，有300多人参加，研究党义教材及教育法令。1935年，县第三科召开国民基础学校暑期讲习会，参加人员有校长、教员等共165人，主要研究改良教授方法。此外，当时的《苍梧日报》等报刊开辟了《苍梧教育》专栏，刊登教育论文和报道苍梧教育教学等情况。

解放初，各校开展教学研究活动，经常组织教师座谈、讲演、参观、听课。1953年，县教研组组织教师学习苏联的课堂教学原则和教学法，推广课堂教学五个环节（组织教学、复习旧知、讲授新课、巩固新知、布置作业）和五级记分法，运用启发式教学，并注意贯彻教学与生产、政治、实践相结合的原则。1955年后，重点研究小学语文及算术的教学任务和教材教法，以及复式教学方法。20世纪60年代初，县教研室协助梧州地区教研室开展中学古典文学教学观摩课活动，并强调加强基础知识教学和基本技能训练，研究改进教学方法，减轻学生课业负担过重等课题。

20世纪70年代初，教研活动恢复。各中小学实行教学改革，研究启发式教学，提倡精讲多练，贯彻理论联系实际的原则。1975年，开展笔（算）珠（算）结合教学研究，并在全县推广。1977年，恢复高考制度后，在小学教学中主要抓语文科、数学科的研究，语文科抓识字教学、三类课文教学、作文教学，数学科抓口算教学、应用题教学的研究。1978年，教育部颁布全日制十年制教学大纲，县教育局统一购买发至各校，组织教师认真学习，要求教师根据大纲进行教学。同时重视学生的思想品德教育，利用各学科的特点，联系实际，提高学生的政治思想素质。1980年后，教学研究工作围绕"掌握教材，改进教法，加强基础，发展智力，培养能力"的原则，着重教材教法的研究。教师要以预习、备课、板书设计、利用图表等灵活的教学方法，代替以前"满堂灌"的教学方法。并在夏郢、长发等地召开教学经验交流会，研究语文的字、词、句、阅读、写作教学，数学的计算能力和解题能力的教学。1983年，梧州地区在苍梧召开教学经验交流会，强调教师在上课前一定要备课，明确目的，突出重点，灵活多样，因材施教；上课时生动活泼、语言精练；上课后对差生辅导补课。同时加强"双基"（基础知识、基本技能）教学，提高教学质量。

1985年，邓小平同志提出"教育要面向现代化，面向世界，面向未来"的教育方针，全县各校组织教师进行学习，并分片召开教研会议。抓初中教学的薄弱环节，防止初中学生的成绩分化；探讨小学语文教学的读写结合和注音识字，小学数学中的解题方法和逻辑思维能力。组织老师到南宁等地学习先进教学经验，同时在全县小学开展评选"教坛新秀"活动，评出96名教坛新秀。1987年后，教研工作面向农村中小学。以新夏小学、倒水初中为联系点，课堂教学以"教师为主导，学生为主体"和"少、精、活"为原则，改革封闭型的教学思想和教学方法。在旺甫初中召开英语教研会，在县城召开化学研讨会，在新地初中召开语文教研会，在大坡开展语文、数学教研活动，举行小学语文、数学知识竞赛。在教研活动中，各学校教师积极撰写教研论文，至1990年，在自治区（省）级以上报刊发表的教研论文20多篇。县教育部门出版的刊物有《苍梧文教通讯》《苍梧教育》《苍梧教育简报》，报道各校教育工作动态，交流教学经验。

第二节　推广普通话教学

1956年春，县教育科贯彻教育部《关于在中、小学和各级师范学校中大力推广普通话的指示》，选送4位教师到南宁学习语音，学习结束后在龙圩、长洲、林水等学区举办语言训练班，培养语音教师300多人。1959年，抽派各小学的语文骨干教师到县城学习，在学校推广普通话。至1966年，全县小学语文教师半数以上受过普通话语音训练，小学从一年级开始学习汉语拼音，大多数中小学语文课用普通话进行教学。

"文化大革命"期间，推广普通话工作停顿，1978年恢复。1979年在龙圩举行全县初中、小学学生普通话比赛，参赛人数120人。参赛者朗读自编的短小精悍的文章，以语音、声调、内容评分，并把龙圩镇中心小学定为全县推广普通话重点小学。1984年，教育局派出教师到黑龙江省佳木斯市第三小学学习"注音识字，提前读写"教学经验，并在全县推广。1985年，县属高完中和各乡(镇)教育组主要领导干部举行普通话比赛。1990年，全县乡(镇)中学、中心小学基本上采用普通话教学。

第三节　电化教学

　　1958年，县师范学校函授部曾采用广播收音教学。随后，苍梧师范、苍梧中学等校利用幻灯、电唱机、广播、录音机(圆盘式)进行教学。"文化大革命"期间电化教学停止。1979年，县教研室设立电化教学小组，配备专职人员。以幻灯教学为主，在龙圩镇的5所小学、大坡中心小学、夏郢新夏小学、苍梧中学、苍梧师范等学校进行电化试点教学。1980年，教育部门派人学习电影放映技术，然后组织一些科技片到各中小学巡回放映。1984年，县教育部门采取民办公助的办法，购置一批幻灯机、投影机、录音机、电影机、电视机等电教设备，制定县、乡两级电视教育大纲，推广电化教学。在英语教学中，普遍采用录音机辅助教学，不少学生自己购有录音机学习英语。

　　1985年后，县电教组经常摄制县内优秀中小学教师课堂实况录像，在教学研究会及各学校播放。1987年6月，县教育局建立卫星电视地面接收站，录制各种教学片，开设电视中师班，用电视录像片授课，全县共有744人参加学习。1987年，全县教育系统有幻灯机48台，录音机108台，电影机4部，录像机27台，电视机24台，摄像机1台，电子计算机14台。

第44章 教育管理

第一节 机构

清末,县教育行政机构称儒学署,设教儒、训导各1人,教儒管理学生,训导管理教学工作。光绪三十三年(1907年),儒学署改为劝学所,设总董1人,各学区设劝学员1人。1912年,劝学所改为教育公所。1914年,复改为劝学所。1921年,改为地方教育局。1923年,改为劝学所。1924年,改为学务局。1925年,改为教育局。1933年,改为县政府第三科,设科长、督学、科员、办事员、录士等。后几经变更,1947年8月,改为教育局。

解放后,县人民政府接管教育局。1950年,改为文化教育科,设副科长1人,督学、干事若干人。1956年,文化、教育分科;1958年,2科合并;1963年,再次分开。1966年"文化大革命"开始后,教育机构陷于瘫痪状态。1968年,教育工作由县革命委员会政治工作组负责。1972年4月,设立文化教育局,12月分为教育局、文化局。1990年,教育局设秘书、人事、教育、计财、勤工俭学5个股,下辖教学研究室、业余教育办公室、招生办公室、中小学校校舍基建维修办公室、教育服务公司、电化教学站、各乡镇教育组等机构。

第二节 经费

清末,教育经费来源于学田、铺地、祠庙的产业收入,存款利息,官款拨给,公款提充,学生缴纳,各种捐税等,用于教职员的薪金、伙食,教具、图书购置,校舍修缮等。如表44-1所示为光绪三十四年(1908年)苍梧县教育经费收支情况。

表 44-1 光绪三十四年（1908年）苍梧县教育经费收支情况

单位：元（银圆）

收支项目	收入金额	支出项目	支出金额
产业收入	2062	职员薪金	1949
存款利息	341	教员薪修	6732
公款提充	5919	租息粮税	228
官款拨给	6962	仆役工食	1032
学生缴纳	313	服食用品	1779
派捐	90	图书标本仪器	309
乐捐	46	营建修缮	526
		杂用	1806
合计	15 733		14 361

新中国成立前，各学校有学田、旱地、铺屋、祠庙、林木等产业，每年收回一定的租金作为办学经费。例如，1921年，县立中学年收田产租谷520担（每担约100斤），租金银3453元又303两，还有观音堂铺地13间（租息未详）。县教育行政部门还可以经营部份捐税作为教育经费。1927年，县教育局经营的捐税24项。学产收入、捐税收入、官府拨款、地方自筹、私人捐献等，是民国时期教育经费的主要来源。经费由教育行政部门统一管理支配。如表44-2所示为1932年苍梧县教育经费收支情况。

表 44-2 1932年苍梧县教育经费收支情况

单位：元

收支项目	收入金额	支出项目	支出金额
附加捐	43 858	行政费	17 688
租息	13 459	中等教育费	63 580
杂捐	112 618	初等教育费	83 128
学产收入	8600	社会教育费	9858
省款补助	6700	其他教育事业费	2312
合计	185 235	合计	176 566

解放初期，县教育经费仍以学产收入为主。与梧州市分治后，梧州市接管市内的各校学产，县接管乡间学田，年收租谷7.5万千克，另由梧州市

将其接管的校产收益的60%（旧版人民币1500万元）按月拨给县教育局。1952年以后，公办学校经费以国家财政拨款为主，并辅以勤工俭学、收缴学费等。民办学校以地方自筹、单位和群众集资为主，国家给予一定的补助。对边远山区和少数民族地区，县财政每年拨给一定数量的办学补助费。中共十一届三中全会以后，教育经费逐年增多。教育经费主要用于教职工工资、福利及业务费、助学金、购置设备、修建校舍等。

1950—1990年，苍梧县地方财政教育投资情况如表44-3所示。1991年前苍梧县教育事业费支出情况如表44-4所示。

表44-3　1950—1990年苍梧县地方财政教育投资情况

年份	全县财政总支出/万元	教育经费金额/万元	教育经费占比/%	年份	全县财政总支出/万元	教育经费金额/万元	教育经费占比/%
1950	21.70	4.40	20.28	1970	393.20	103.75	26.39
1951	29.79	5.39	18.09	1971	473.39	108.11	22.84
1952	86.01	24.70	28.72	1972	564.79	173.89	30.79
1953	105.79	53.73	50.79	1973	546.85	150.15	27.46
1954	103.48	48.12	46.50	1974	623.42	173.50	27.83
1955	112.26	48.26	42.99	1975	576.29	172.62	29.95
1956	179.13	72.37	40.40	1976	638.09	183.17	28.71
1957	193.96	80.28	41.39	1977	650.40	199.18	30.62
1958	303.63	71.74	23.63	1978	782.18	236.04	30.18
1959	426.20	73.36	17.21	1979	911.85	279.63	30.67
1960	541.21	111.45	20.59	1980	1107.52	355.44	32.09
1961	357.77	85.41	23.87	1981	1237.61	377.46	30.50
1962	269.62	84.01	31.16	1982	1276.61	448.02	35.09
1963	290.67	83.89	28.86	1983	1320.99	433.80	32.84
1964	341.26	97.04	28.44	1984	1356.70	546.87	40.31
1965	515.83	105.35	20.42	1985	1666.79	649.05	38.94
1966	368.03	117.82	32.01	1986	2450.35	719.93	29.38
1967	385.04	127.03	32.99	1987	3084.01	843.77	27.36
1968	359.23	106.79	29.73	1988	3956.00	1094.10	27.66
1969	414.19	104.42	25.21	1989	4650.00	1105.18	23.77
				1990	5666.00	1299.31	22.93

表 44-4 1991 年前苍梧县教育事业费支出情况

单位：万元

项目	1965	1970	1975	1980	1983	1985	1988	1990
工资	78.61	86.04	89.99	136.45	176.82	253.73	388.90	426.86
补助工资			13.06	43.33	61.13	103.30	353.90	400.33
职工福利				7.47	19.31	22.82	50.60	100.69
离休退休费				2.66	8.80	30.65	90.40	142.38
助学金	1.71	1.86	4.64	12.47	12.94	12.88	15.00	18.75
公务费	1.91	4.80		10.35	7.41	6.57	7.50	22.80
购置费			8.62	3.64	7.17	6.42	10.50	15.20
维修费	5.39	2.50	4.63	50.09	62.79	47.78	61.70	89.19
业务费				28.61	17.09	27.74	44.90	27.52
业余教育费				1.17	3.41	2.77		
少数民族教育费				3.5	3.5	3.5		
民办补助费	1.92	2.85	27.81	53.00	58.80	83.05		
其他	15.81	5.70	23.87	2.70	4.63	47.84	70.70	55.59
合计	105.35	103.75	172.62	355.44	443.80	649.05	1094.10	1299.31

第三节 设施

一、校舍

清末民初，书院、学堂、学校多以庙宇改作校舍，有的利用旧学址（原书院、学堂、社学、义学等旧址）、公共场所或借用民房作校舍。1927年，全县乡村小学275所，利用庙宇、社坛改作校舍的有133所，占48.36％。1931年以后，中小学校陆续改建、扩建校舍。例如，1940年，私立新夏中学建有教室7间，学生宿舍3间，教师宿舍20间，另有礼堂、图书馆、校长办公室、教师工作室、医疗室、食堂、浴室、碾米厂、环山跑道、运动场等。

抗日战争时期，许多校舍被日本飞机炸毁或烧毁，县国民中学、职业学校的校舍几乎沦为平地,村街小学校舍被毁45所。抗日战争胜利后,学校以竹茅搭盖临时校舍,或借用民房、商店作校舍。

解放后,县人民政府对中小学校舍采取重点建设和局部维修相结合的办法,每年拨出一定的基建经费,并发动群众捐款、献料、投工,新建、扩建中小学校舍。1965年,全县中学校舍建筑面积22 114平方米,小学校舍建筑面积75 229平方米。1978年,全县中学校舍建筑面积32 877平方米,小学校舍建筑面积115 732平方米。由于这些校舍多为砖木结构,相当部分使用泥砖,甚至有用茅草搭盖,加上年久失修,已有很多成为危房。1985年,县教育局成立"中小学校校舍基建维修办公室",对中小学校舍进行调查、鉴定,重点做好危房的维修、重建工作。各级政府在资金等方面给予大力支持,并发动单位、群众集资。1986—1990年,全县投资2153.3万元抢修中小学危房,其中社会集资1627.67万元,地方财政补助341.33万元,上级拨款75万元,勤工俭学提成109.3万元。推倒重建校舍82 429平方米,扩建校舍18 950平方米。1986年、1990年苍梧县中小学校舍情况如表44-5所示。

表44-5　1986年、1990年苍梧县中小学校舍情况

单位:平方米

年份	学校类型	校舍建筑总面积	按用途分				按房屋结构类型分			平均每生占有校舍面积
			教学及办公用房	学生生活用房	教工生活用房	其他福利用房	砖混结构	砖木结构	其他结构	
1986	中学	54 182	22 386	15 590	11 086	5120	12 362	40 960	860	5.2
	小学	211 746	151 687	17 019	32 954	10 086	9005	202 495	246	3.16
1990	中学	95 858	41 860	30 750	10 117	13 131	65 127	30 731		5.41
	小学	257 011	179 854	15 978	34 684	26 495	122 380	134 631		4.17

二、教学设备

民国时期,中小学教育开始采用讲示结合的方法,加强直观效果,一些学校购置有实验仪器、挂图等。1933年,县立中学有各类藏书2727册,物理仪器150件,化学器械200件,化学药品250种,农科设备有锄、铲、斧等,体育设施有铁球、铁饼、跳高架等。其他学校也有一定的设施。1942年,教

育部规定国民学校初步设备标准，但因教育经费不足，大多数学校不能达到规定标准。

解放初期，群众支持办学情绪高涨，自筹资金置办课桌、凳，制作教具。1954年，全县文教事业展览会展出自制教具820多件，其中有手摇生字机、单字造句牌、挂图、片卡、计算仪器、地球仪、三球仪、显微镜、放大镜、电动机、发电机等。1957年，县人民委员会规定中学教学设备购置费为高中每生0.2元，初中每生0.15元，并规定学费、杂费可用于购置体育器械、医疗器械、报刊图书、文娱设备等。1972年以后，采取财政拨款、群众集资、学校在学杂费中提留部分的办法，购置图书、仪器、教具等。1973年，拨给中学设备购置费16 460元。1974年，拨给中学设备购置费94 822元。1975年，拨给中学设备购置费86 180元。1982年，拨给中学设备购置费78 335元，1986年，拨给中学设备购置费94 770元。

1980年以后，全县中小学分为三类标准配置教学设备。中学一类标准有苍梧中学和龙圩中学；二类标准有5所完全中学及乡镇所在地的初级中学，二类标准为设在村级的初级中学；小学一类标准为龙圩中心校，二类标准为龙圩镇各小学及学区中心校，三类标准为村级小学。据以后跟踪调查，一、二类标准的学校基本能按照规定配置设备，完成教学计划中的教学实验，三类标准的学校经济困难，达到要求还有一定难度。

第45章　勤工俭学

民国时期，县内各中学开设有农业园艺等课程，并购置有农具，有些学校设有工场、实验农场、饲养场等，供学生实习和劳动之用。

1940年，新夏中学办有碾米厂、养猪场等，并组织学生栽种红薯、木薯、甘蔗等农作物，以增加学校收入，补充办学经费之不足。

解放后，各校贯彻教学与生产劳动相结合的方针，积极开展勤工俭学活动。1957年，县第一初级中学组织170多个学生利用寒假做搬运，收入2300元。还办有小农场，栽种蔬菜、木瓜、芭蕉等农作物，并在老师的指导下，制作教具39件。

1958年3月，自治区在县第一初级中学召开勤工俭学现场会。全县中小学掀起种养热潮，垦荒办小农场、种高产试验田、饲养家禽家畜等。9月，在"大跃进"运动的影响下，全县中小学师生停课参加大炼钢铁运动，或者到农村社队协助秋收冬种等。

1960年，各校提出"以场（厂）养校，实现自给或半自给"的口号，不少学校办起小型工厂、农场、果园等。

1970年，全县中小学共办小型工厂29间，耕作水田面积570亩，旱地1578亩。苍梧中学办的赛塘农场年产稻谷5000多千克，并办有食用菌厂、"九二〇"菌肥厂。

1972年，大坡中学师生在公社、大队拨给的545亩山地上种杉苗3.8万多株，竹子1.6万株。1982年，该校的杉、竹林照片在全国勤工俭学成果会上展出。

1974年，县强调教学工作要与"三大革命"（生产斗争、阶级斗争、科学实验）运动相结合，把学校办到社会去。于是，校办和厂、校、队挂钩的勤工俭学活动迅速发展。全县中小学办小工厂43间（组），挂钩厂30间，挂钩队342个，自办小林场、小农场101处，小饲养场30个；种植水稻试验田420亩，油茶6335亩，甘蔗、黄麻等作物23 316亩，造林2169亩，养猪285

头。另外，还种植有西瓜、黄豆、茶叶、八角、香蕉等经济作物，养有蜂、鱼等。当年，全县中小学勤工俭学收入11.46万元。人和公社流山小学外河分校利用勤工俭学收入辅助办学，4年不收学费。其他学校也不同程度地解决了一些学杂费用。

1976年，提倡"教育学大寨"，不少学校购置了柴油机、碾米机、粉碎机、手扶拖拉机等，加工农副产品，代耕和运输。全县校办工厂15间，年总产值1.8万元，纯收入0.56万元。校办农场7937亩，林场5815亩，果场1334亩，年产粮食（包括捡粮）27万多千克，农副业纯收入8.68万元。其他勤工俭学收入12.29万元。

中共十一届三中全会以后，坚持以教学为中心，合理安排教学与勤工俭学的时间。1980年，成立教育服务公司，负责全县各校的勤工俭学工作。1982年，全县勤工俭学纯收入14.1万元。旺甫教育组、倒水东阁分校、夏郢中学被梧州地区评为勤工俭学先进集体。1986年，中山中学被自治区授予"勤工俭学先进单位"的称号。

1990年，全县有校办8间；小型水电站1处；校办商店17间；校办农场、果场、林场共2443.55亩，种植果树1.6万株，林木13.54株，其他作物868.56亩；另有养鱼、养猪、养鸡等各种养殖业。

第六部分　岑溪市（县级）教育

---

① 岑溪市志编纂委员会.岑溪市志（县级）[M].南宁：广西人民出版社，1996：780-811.

岑溪于唐武德五年（622年）创建县学。宋、元、明、清时期，除县学外，还有社学、义学和书院。据不完全统计，元、明、清三代全县有进士13人、举人78人；武进士1人、武举5人。光绪末年废科举，地方热心教育的有识之士，纷纷倡办学堂。光绪三十四年（1908年），全县有高等小学堂1所，两等小学堂1所，初等小学堂69所，学生2028人，校数、学生数均为全省各县之冠。1912年，改学堂为学校。1913年，创办岑溪中学。1921年前后，军阀混战，盗匪横行，瘟疫、天灾频仍，不少学校无法开学，学校教育受到严重的干扰。1930年后，广西政局较为稳定，学校得以恢复并有所发展，特别是抗日战争时期，岑溪县成为既与敌占区接近又相对稳定的后方，教育在困难的条件下发展，私立初中增加了5所，岑溪初级中学增办高中班，改为完全中学。

1950年，省人民政府成立后，接管原有的公办中小学。土地改革后，翻身的农民群众迫切要求学习文化，不但中小学迅速发展，成人教育也普及农村。1958年，贯彻党的"教育为无产阶级政治服务，教育与生产劳动相结合"的方针，在"大跃进"的形势下，社队办农林业中学和幼儿班，小学附设初中班，师生过多地参加社会活动和生产劳动，教学秩序曾出现一些不正常状态。1961年，贯彻中央"调整、巩固、充实、提高"的方针，停办一批办学条件不足的中学，整顿教学秩序，使学校教育纳入正常发展的轨道。1978年，中共十一届三中全会后，拨乱反正，贯彻中央"调整、改革、整顿、提高"的方针，调整学校布局，整顿教学秩序，改革教学制度、内容和方法，逐步提高教学质量，并发展学前教育、小学教育、职业技术教育和成人教育。1980年，基本扫除少、青、壮年文盲。1984年，普及了小学教育，成为广西第一批普及小学教育的2个先进县之一。1985—1989年，连续多年发动群众，全面抢修学校危房，扩建新校舍，更新和增置教学设备，大大改善了学校环境和教学条件。

从1977年全国高等学校和中等专业学校恢复招生考试制度至1994年止，全县考上大专学校的有2927人，考上中专的5369人。解放后，获博士学位的5人，其中1990年6月获英国里丁大学博士学位的卢江，继续在美国康奈尔大学从事博士后研究工作。

第46章 学塾、书院

第一节 学塾

一、县学

县学创建于唐武德五年（622年），宋、元、明、清历代继续开设。学宫曾多次迁建，明天启元年（1621年）迁至县衙署后面。其后，文庙、名宦祠、乡贤祠、明伦堂、文昌宫、启圣宫等都集中建立在一起。

明、清时期，县学由教谕、训导掌管。县学在学生员（秀才），每月一次或朔、望各一次，由教谕或训导于明伦堂宣讲儒家经典及皇帝训谕，每季考试一次。其教育宗旨是"全要养成贤才，以供朝廷之用"。生员可食廪，免丁粮，地方官以礼相待。雍正年间，岑溪额定县学8名，廪膳生7名，增广生员7名，附学生员若干名，两年1贡。光绪末年废科举裁撤县学。

二、私塾

私塾的开设应比县学更早，但历来缺文字记述资料。据民间调查，清代的私塾，就办学形式来说，大多数是塾师设馆授徒，也有少数是私人、宗族筹设，延师授业的。就教学内容来说，有蒙馆、中馆、大馆之分。蒙馆教材有《三字经》《千字文》《百家姓》《声律启蒙》等，教师只教认字、朗诵和习字。中馆教《故事琼林》《增广贤文》《韵对屑玉》《酬世大全》等，教师教读课本，略加解释，并指导写作对联、帖式及社会应酬文字。大馆教"四书""五经"《古文观止》《千家诗》等，教师逐词逐句详解，并指导学生作文（八股文、策论、诗对）。教师一般为在乡的秀才。私塾无一定的修业年限，也无固定长期办学的地点，县内较大的村庄都曾开设过私塾。

民国时期还有不少私塾，但教材教法有所改良，减少了一些旧学的内容，增设了算术等科目。1932年，政府明令取缔私塾，一部分私塾则以补习班的面目出现，一部分经政府立案改为代用小学。1934年，全县还有私塾18

所，学生 812 人。归义镇民国时期曾开设蒙馆 9 所，中馆 8 所，大馆 11 所，补习班或专修班 5 个班。

三、社学

明代岑溪有社学 7 所，一在城东关帝庙旁，明万历二十八年（1600 年）知县曾莘建。其余 6 所是城北的"登龙"、下化乡义峒的"辅仁"、中里河口的"凌云"、西乡龙塘的"升阶"、归义乡的"归义"、连城乡的"永平"。"凡近乡子弟年十二以上，二十以下于农闲时入学肄业"，社师优免差役，并量给廪饩养赡。

四、义学

岑溪义学均官办。清雍正十二年（1734 年）知县李旭捐建义学一座于县署照墙右边。乾隆三年（1738 年）知县何梦瑶奉旨开设瑶壮义学 3 所于大、水汶和南渡圩，由藩库年支延师束修银各 12 两。清乾隆七年（1742 年），知县刘廷栋捐款重修城东义学，名为蒙馆义学；同时，另在文昌宫左首建经馆义学 1 所，仍由藩库开支延师束修。

第二节 书院

明、清时期，县内曾开办书院 6 所，多为民办，入学的有秀才和修完大馆课程准备科举考试的学子。执教者有贡生、举人、进士。

一、书院概况

（一）橘园书院

明嘉靖三十八年（1559 年），爱士如子的县教谕李时（号橘园）在任病故，士子特于学宫旁建橘园书院纪念。隆庆四年（1570 年）其子李良臣任监察御史，到广西监临试事，亲至岑溪为书院捐置学田。

（二）文昌书院

明崇祯十二年（1639 年），知县卢日就在文昌宫设立文昌书院。清康熙四十三年（1704 年）知县张义重修。

（三）文公书舍

清康熙六年（1667年），大隆乡绅黄应宣等倡办文公书舍于福隆围，有文公会田奉祀韩昌黎及供学子灯油、笔墨等费用。

（四）皇华书院

清同治元年（1862年），改经馆义学为粤岑书院，后改名为皇华书院，院址靠县署西壁，平时设坛讲学，每逢县试，用作童生应试场所，故俗称书院文场。进士叶灿章、冯锡璂、严钦等曾讲学于该院。光绪末年，废科举后改设师范传习所。

（五）永业书院

清光绪十七年（1891年）永业乡陈永波等倡议捐建永业书院于筋竹圩，筹集5000银圆，并捐集大石仓、黄陵仓、悦善仓的租谷作为建院和办学的基金，光绪二十四年（1898年）开馆。宣统二年（1910年）改办永业高等小学堂。

（六）藜经书院

明代《梧州府志》只记其名，建废年月不详。

二、进士名录

熊天锡，归义乡人，元至元年间中式。

熊天瑞，归义乡人，元至顺年间中式。

钟　贤，归义乡人，明洪武辛亥科中式，官至山东副使。

梁　仪，永业乡人，明洪武辛未科中式。

叶灿章，上化人，清咸丰壬子科中式，官至临安知府。

高继光，归义乡人，清同治甲戌科中式。

严　钦，归义乡人，清光绪丙子科中式，官至礼部主事。

严　镇，归义乡人，清光绪丁丑科武进士。

杨超松，连城乡人，清光绪丙子科中式。

冯锡璂，上化人，清光绪甲午科中式，官至内阁中书。

黎效松，三堡人，清光绪戊戌科中式。

陈树勋，永业乡人，清光绪癸卯科中式，钦点翰林。

李文诏，归义乡人，清光绪癸卯科中式，官至知县。

第47章 普通教育

第一节 学前教育

一、幼儿园（班）

1938年，环城、常宁两乡（今岑城镇）先后各办幼稚园1所，入园幼儿共50多人，园址都是利用旧祠庙，有椅子、积木、图书等简单的设备，后因人员编制不落实，改为附属于各该乡中心校称幼稚班。教学活动主要是讲故事、唱歌、舞蹈、绘画、折纸和游戏。1949年秋停办。

1955年秋，文教科拨出岑溪中学的一部分旧校舍开办县直属幼儿园（以下简称县幼），入园幼儿36人，日托，教职员工共4人。1956年，农业合作化后，部分农业生产合作社开始办幼儿园（班）。1958年，人民公社和生产大队因陋就简，普遍开办幼儿园（班），全县共办836个班，入园幼儿18 784人；1960年，增至19 948人。后因农村经济出现困难，农村幼儿园（班）陆续停办。1961年，经过大幅度调整，全县只保留幼儿园7所、10个班，入园幼儿356人。1965年，在县城增办县直第二幼儿园。1971年，县幼复办。1975年5月，县商业局和供销合作总社在县城合办商业幼儿园，有2个班，入园幼儿60～80人。1976年，县妇联举办农村幼师学习班，培训幼师80人，农村幼儿园（班）发展至463个园（班），入园幼儿11 890人。1980年后，农村逐步实行家庭联产承包责任制，社、队集体的幼儿园（班）锐减，但企事业办的幼儿园（班）却有所增加。1986年，全县有幼儿园25所、37个班，959人。不久，企业办的幼儿园，由于经费和设备不足，有的联办，有的停办。1990年，有县直属幼儿园、县党政机关幼儿园、商业幼儿园、河三矿幼儿园及乡镇集体办幼儿园共9所，入园幼儿925人。

1955年秋创办县直属幼儿园，由文教科直接管理。教学活动分大、中、小班，设备逐年增置、更新，床、椅、桌完备，每个课室有风琴、录放机和多种玩具、图书,活动场所有滑梯、攀登架、转盘、荡椅、荡船、跷跷板等设置。该园除了搞好本园工作外,还接受县妇联和教育局的委托,分期分批培训乡村及企事业幼儿园(班)幼师200多人,并对其他园进行辅导。1981年以来,该园3次被评为县和地区的先进集体。1987年,技术职称评定,获幼教高级6人、一级9人、二级6人。1990年,发展至11班,入园幼儿470人,教职工33人。在教师中幼师、幼专、中师毕业的18人。全园面积2734.6平方米,建筑面积2931平方米。

二、学前班

1978年,南渡公社西竹小学首先办起学前班1班,收录6岁的学龄前儿童44人上学。1985年,全县有学前班29个班、713人。1990年,达172个班、5196人。教学时间少的几个月,多的一年。教学的基本要求是使入班儿童逐渐习惯学校集体生活,学会汉语拼音,认识字的部首偏旁、笔顺和20以内的加减计算,多数采用自治区编印的学前班课本,亦有部分学校根据自己的实际情况自编自选教材。教师多数由小学教师兼任,少数另聘民办教师,经费主要靠学费收入解决。1978—1990年,全县共办学前班758个班,学童27 177人。

第二节 小学教育

一、发展概况

光绪二十九年(1903年)清政府颁布《奏定学堂章程》后,岑溪县有识之士陈香菊、陈杰兴、刘应、甘茂斋等纷纷倡办学堂,最早办的一批是县城的官办高等小学堂、城厢街的宗仁初等小学堂、筋竹街的开明初等小学堂、双松村的作新初等小学堂(后改为两等)、樟木街的明德初等小学堂、归义乡的启仁初等小学堂、永固村的永固初等小学堂。至光绪三十四年(1908年),全县有高等小学堂1所,两等小学堂1所,初等小学堂69所,学生2028人。执行癸卯学制,修业年限初等小学5年,高等小学4年。开设的课程,初等小学有修身、读经、讲经、国文、算术、地理、历史、格致、体操,另有唱歌、图画、手工为随意科;高等小学有修身、读经、讲经、中国文学、算术、历史、地理、体操，另有格致、手工、农业、商业为随意科。

1912年，改学堂为学校，废除读经讲经，加授公民课。1914年，宗仁小学附设女生班。1915年，单独开办岑溪女子学校。1921年前后，军阀混战，土匪横行，灾疫频仍，学校教育受到严重干扰，有的学校师生被匪绑架勒索，因而不少学校被迫停课达数年之久。1926年，匪乱基本平定，学校逐渐恢复，当年有区立高级小学5所，两级小学4所，女子小学1所，初级小学69所；私立两级小学1所，初级小学24所，学生共6168人。1934年，各乡政府所在地的小学改称中心国民基础学校，冠以乡名，乡长兼校长；各村小学称国民基础小学校，冠以村名，村长兼校长。1935年，全县有学龄儿童27 083人，失学儿童18 447人，学生11 159人，其中在学学龄儿童8636人，学龄儿童入学率为31.9%。1946年，有小学203所，学生18 239人，学龄儿童入学率为40%左右。1949年秋，有完全小学23所，初级小学332所，学生17 179人。

民国时期的学制和课程有多次变更。1913年，执行"壬子癸丑学制"修业期限初等小学4年，高等小学3年。初等小学课程设修身、国文、算术、体操、唱歌、图画、手工；高等小学课程设修身、国文、算术、历史、地理、理科（含动物、植物、矿物和自然现象）、英文、体操、图画、唱歌。1925年，执行"壬戌学制"，高小修业期限改为2年，精简了一些课程。1936年，初等小学开设国语、算术、常识、唱游、手工；高等小学开设国语、算术、历史、地理、自然、卫生、公民（后改为国语、算术、自然、社会）、音乐、体育、美术、劳作。

1950年1月，县人民政府成立后，接管原有的公办学校，但有部分学校受残匪干扰无法开学，当年秋复课的有中心校19所，村小学306所，495个班、13 440人。学校根据党的方针政策，结合中心工作，对学生进行德、智、体全面发展的教育，并禁止体罚学生，德育以"五爱"教育（爱祖国、爱人民、爱劳动、爱科学、爱护公共财物）为主。1952年秋，各村小学改为国家办。1953年，工农子女入学增多，糯峒、三堡两区划归岑溪，全县小学增至514所、1071个班，在校学生35 636人。同年，把春秋二季招生改为秋季招生。1954年，贯彻中央"整顿巩固，重点发展，提高质量，稳步前进"的方针，整顿教师队伍，调整学校布局，制订了五年发展计划。1955年有小学361所，学生33 872人。同年，贯彻执行教育部制订的《小学生守则》，加强品德纪律教育。1958年，在"大跃进"的形势下，贯彻毛泽东提出的"我们的教育方针，应该使受教育者在德育、智育、体育几方面都得到发展，成为有社会主义觉悟的有文化的劳动者"的指示和"两条腿走路"的办学方针。民办学校（社、队集体办）迅速发展。1960年年底，全县有小学590所，其中公办完全小学106所，初级小学264所，民办高级小学11所，初级小学209所。在校学生共54 645人，适龄儿童入学率为88%。1958—1960年，学校大搞勤工俭学、办工厂、农场，并参加大炼钢铁，正常教学秩序受到影响。

1961—1962年，贯彻中央"调整、巩固、充实、提高"的方针，劝退一批超龄生参加农业生产。1962年秋，全县有小学596所、1293个班，在校学生44 508人。1963年，执行教育部拟定的《全日制小学暂行工作条例（草案）》，确立了学校教学秩序，坚持以教学为主。同时，各校响应毛泽东"向雷锋同志学习"的号召，学习雷锋完全彻底为人民服务的高尚道德品质，师生为人民做好事蔚然成风。1964年秋，贯彻刘少奇提出的关于"两种劳动制度，两种教育制度"的指示，发展耕读小学班，吸收不能全日上学的儿童入学，学习半天。耕读班大多数是在全日制小学内附设，也有少数是单独开设的。1965年，有学校497所，在校学生增至67 435人。

1968年秋，小学下放给大队办，由贫下中农委员会管理学校，学校成立"革命领导小组"，公办教师各归原籍重新安置。1969年秋，《人民日报》发表"读小学不出村（自然村），读初中不出队（大队），读高中不出社（公社）"的口号，各个大队所在地小学都办戴帽初中班，大量小学教师充任中学教师，造成小学、中学教师和校舍、设备均不相适应的局面。其后，又在"全国学朝农""广西学浦北"的口号下，大搞开门小学，以劳代学，削弱文化教学，批判"智育第一"，强调阶级斗争，批"师道尊严"，致使教师教学无所适从，学生也无心向学。1976年，全县小学668所，在校学生87 278人。

1977年，学校逐步拨乱反正。1979年，贯彻教育部新颁布的小学生守则，进一步对学生加强法纪和思想品德教育。同年贯彻中央"调整、改革、整顿、提高"的方针，整顿教学秩序，调整学校的布局。调整后有中心小学44所，村小学288所，分校（教学点）399处，年末在校学生81 807人，其中女学生36 788人，学龄儿童入学率为93.1%。1980年，县教育局遵照国务院《关于普及小学教育若干问题的决定》，制订了《岑溪县普及小学教育规划》，加速普及小学教育的进程，同时学校积极开展"五讲"（讲文明、讲礼貌、讲卫生、讲秩序、讲道德）、"四美"（心灵美、语言美、行为美、环境美）、"三热爱"（热爱祖国、热爱社会主义、热爱中国共产党）、"创三好"（身体好、学习好、工作好)等一系列活动。1981年,附城中心小学被评为自治区青少年"五讲四美"先进集体。1983年,全县有学雷锋小组4000个,做好事的有22.5万多人次。1984年12月,自治区政府组织各地、市、县负责教育的同志成立联合检查团,对岑溪普及小学教育情况进行全面检查验收,全县小学277所,分校364处,在校学生97 486人,入学率为97.8%,学年巩固率为99.2%,毕业率为96.4%,普及率为98%,"四率"超过教育部颁发的普及小学教育的标准。自治区人民政府给岑溪县颁发了普及初等教育合格证书,成为当时全区普及小学教育2个先进县之一。1990年,全县有小学283所,分校313处,学生84 049人,其中女学生38 024人,占小学生总数的45.2%,学龄儿童入学率为97.9%。

解放后,1950年废除民国时期的公民课。1950年下半年起,采用全国新课本,学制仍沿袭"四二"制(初小四年,高小二年)。1952年,县文教科制订《小学暂行教学计划》,一、二年级设语文、算术、唱游、图画、手工;三、四年级改唱游为音乐、体育;五、六年级设政治、语文、算术、历史、地理、自然。1953年,试行五年一贯制,一年后根据第二次全国教育会议精神,暂缓推行。1956年,五、六年级增设农业基础知识。1957年,各年级均增设周会课,六年级还增授乡土教材。1969年,改学制为五年一贯制,直至1978年县才制订了统一的教学计划:一、二年级开设语文、数学、思想品德、体育、音乐、美术;三、四、五年级增设外语(大多数学校因缺外语教师,无法执行);五年级增设自然。1981年,按照教育部颁发的教学计划执行,小学一律开设历史、地理课。1984年秋,全县小学一律从一年级起实施六年制,但不再分高初级,采用全国统一课本,按教育部颁发的教学计划执行。

1985年,附城中心小学创办一班特殊儿童教育试验班(弱智儿童班),录取智商25~70度的儿童12人,学制8年,因人个别施教,要求毕业时达四年级的文化水平。

1991年前岑溪县小学教育阶段发展情况如表47-1所示。

1984年岑溪县普及初等教育"四率"情况如表47-2所示。

1990年岑溪县小学分布情况如表47-3所示。

第六部分 岑溪市（县级）教育

表47-1 1991年前岑溪县小学教育阶段发展情况

年份	学校数/所	班数/个	在校学生数/人	招生数/人	毕业生数/人	教职工数/人	备注
1908	71		2028				
1931	102		6112				
1936	203		13 613				
1949	355		17 179			379	
1950	325	495	13 440			471	其中高小24所，37个班，学生816人
1953	514	1071	35 636	2685	1695	1282	其中高小50所，134个班，学生4721人
1958	634	1627	59 587	26 971	9276	1942	其中高小101所，236个班，学生12 249人
1963	516	1249	44 491	17 231	7520	1456	其中高小107所，221个班，学生8352人
1969	652	1558	53 476	16 972	2492		是年学制改为五年一贯制
1973		2179	77 748	22 235	8623		
1976	668	2691	87 278	16 714	13 257	2933	其中民办教师1813人
1980	652	2429	84 453	18 127	11 686	3519	其中民办教师1793人
1984	641	2704	97 468	18 611	14 321	3282	其中民办教师1883人
1990	596	2952	84 049	14 652	10 281	3838	其中民办教师1770人

表47-2 1984年岑溪县普及初等教育"四率"情况

乡镇	适龄儿童入学率			学年巩固率			应届毕业生毕业率			初等教育普及率		
	适龄儿童数/人	已入学人数/人	入学率/%	上学年初学生数/人	本学年初学生数/人	巩固率/%	应届毕业生数/人	毕业人数/人	毕业率/%	12~15岁总人数/人	已受小学教育人数/人	普及率/%
合计	73 054	70 987	97.10	103 019	97 486	99.2	14 326	13 814	96.4	62 808	61 596	98
樟木	5944	5823	97.90	7918	7529	98.8	1071	1018	95.1	4766	4669	98
马路	3322	3239	97.50	4638	4532	98.7	626	612	97.8	2834	2795	98.6
南渡	9252	8861	95.70	12 256	11 891	99.3	2042	1967	96.3	8282	8049	97.1

续表

乡镇	适龄儿童入学率			学年巩固率			应届毕业生毕业率			初等教育普及率		
	适龄儿童数/人	已入学人数/人	入学率/%	上学年初学生数/人	本学年初学生数/人	巩固率/%	应届毕业生数/人	毕业人数/人	毕业率/%	12~15岁总人数/人	已受小学教育人数/人	普及率/%
吉太	989	971	98.10	1451	1272	98.6	271	260	95.9	904	886	98
水汶	5595	5494	98.10	8208	7317	99.1	1571	1530	97.4	5273	5196	98.5
大隆	2953	2893	97.90	4270	3871	97.7	705	684	97	2952	2901	98.7
梨木	4750	4607	96.90	7042	6738	98.3	834	819	98.2	4027	3969	97.9
大涟	4223	4115	97.40	5928	5630	98.5	816	795	97.4	3744	3697	98.9
筋竹	4453	4325	97.10	5939	5866	99.4	701	680	97	3417	3336	97.6
诚谏	4626	4419	95.50	6333	6154	97.8	609	560	92.7	3796	3691	96.7
归义	6691	6569	98.10	9106	8560	98.9	1318	1299	98.5	5479	5397	98.8
糯垌	6260	6025	96.20	9223	8832	98.4	1117	1078	96.5	5140	5044	98.2
安平	2604	2524	96.90	4235	3882	99.2	612	585	95.6	2516	2481	98.1
三堡	5939	5778	97.20	8192	7874	98.7	943	872	92.5	5165	5044	97.1
波塘	3827	3739	97.70	5646	5597	99.3	619	588	95	3163	3114	97.9
岑城	1616	1605	99.30	2434	2441	99.8	471	467	99.1	1350	1327	98.3

说明：

①"四率"各数于1984年12月经自治区组织各地市、县负责教育的领导同志成立联合检查团检查核实。

②在全县适龄儿童中有弱智丧能和聋哑残儿童477人，不列为入学率计算数。

③表中的南渡镇含今南渡镇和昙容乡。

表47-3 1990年岑溪县小学分布情况

乡镇名	村街数/条	校数/所			学生数/人	入学率/%	中心校址
		中心校	村校	分校			
县直		2		1	2955	100	县城工农路、大中路
岑城	9	2	3	1	2957	99.5	樟木街、甘冲村

续表

乡镇名	村街数/条	校数/所			学生数/人	入学率/%	中心校址
		中心校	村校	分校			
樟木	11	2	9	31	4398	97	木埌𨞞村、上奇村
归义	23	4	19	41	7262	98	新圩、荔枝村、石坡村、永和村
大涟	15	3	12	20	4824	95.2	大涟圩、古味村、新村
筋竹	18	3	16	11	5321	96	筋竹街、罗敏村、双担村
诚谏	20	3	17	16	5072	93	诚谏街、大新村、沙田圩
梨木	17	3	14	25	5436	98	梨木圩、河木圩、高围村
大隆	15	2	13	10	3542	97.3	西宁村、车滩村
水汶	23	4	19	20	6590	99.2	水汶街、南六村、大南村、三村
马路	9	1	8	14	3928	97.6	马路圩
南渡	21	4	19	27	6665	99.3	南渡街、盘古圩、文新村、高垌村
昙容	11	3	8	14	2961	100	昙容圩、大和村、岭腰村
吉太	5	1	4	12	803	97	吉太圩
糯垌	21	3	18	11	7516	100	糯垌街、新塘圩、昙海村
安平	17	2	14	11	3148	100	太平圩、白板村
三堡	25	3	22	30	6296	99	三堡街、新安村、沙村
波塘	17	3	14	18	4024	98.1	波塘街、合水村、蛟塘村
河三矿			1		351	100	
合计	277	48	230	313	84 049	97.9	

二、部分小学简介

（一）附城中心小学

附城中心小学前身是清光绪三十二年（1906年）创办的宗仁初等小学堂和1913年创办的上化高等小学校，1936年两校合并为环城中心国民基础学校，校址在县城古文庙。1942年，改名上化乡第二中心小学校。1946年，改名表证中心小学校。1949年，有高初小各4班，学生400人左右。1950年秋，改名为附城中心小学校。1957年，迁至城西岑溪中学旧校舍。1989年，分建附城第二中心小学。1990年，该校有校园面积20亩，建筑面积8842平方米；学前班5班、学童286人；小学45个班、学生2173人；教职工117人（其中特级教师1人，高级教师9人，一级教师51人）。自解放以来，该校是县教学改革的重点学校。升学率居全县之首，对全县教学改革起了积极的推动作用。1960年，评为自治区先进学校，其后屡获县和地区的奖励；1986—1988年先后被评为"全国教育系统先进集体"、自治区"先进单位""文明单位""文明学校"。学校领导和教师获全国奖励的7人次，获自治区奖励的7人次。1985年，中南五省区举行三年级数学通讯赛，该校10名学生参赛，有9人进入县内前10名，4人进入梧州地区前5名，余恒获自治区和中南五省区一等奖。

（二）南渡中心小学

南渡中心小学前身是创办于1913年的西、南两乡联办高等小学校，校舍在南渡街邓公庙，现在学校还保存雕刻有金龙的格木柱庙亭古迹。1933年，改为南渡中心小学。解放后，学校致力于初等教育的普及、教学改革和学校建设。1987年，学校少先队获全国各族儿童"勤巧小队"友谊赛二等奖，自治区教育委员会授予文明学校称号。1979—1990年，勤工俭学纯收入53万元，主要用于校舍建设，校具、图书、仪器购置和师生的奖励、福利等项，既改善了学校环境和教学条件，又安排了教工家属和南渡镇待业青年150多人就业。1983年后，连续6年被评为自治区"勤工俭学先进单位"，1988年被评为"全国勤工俭学先进单位"。1990年，该校有小学14个班、学前班2个班，学生共910人，教职工32人。校舍建筑面积5198平方米。

（三）木郎中心小学

木郎中心小学前身是创办于1932年的城严村小学。1990年，有小学15个班，学前班2个班，附设初中班3个班，共有学生843人（其中初中148人）。学校教育注重学生德、智、体、美的全面发展，经常对学生进行革命传统教育。1987年，获自治区第五届"青少年爱科学月活动先进单位奖"、1988年获"全国红领巾中小学建设竞赛优秀奖"、1989年获"全国中学少先队创造性活动创造杯奖"、1990年共青团广西区委授予该校少先队"学赖宁红旗大队"称号，岑溪县评该校为"文明建设先进单位"、"学雷锋先进集体"。1984—

1990年，共获全国、自治区、地区和县各级奖励34次。

1990年，有校园面积8647平方米，建筑面积3450平方米，体育场地2335平方米，校容校貌整洁，为果园式、花园式的学校。自治区抢修中小学危房检查验收组领导为该校题词："伟大工程，气魄宏伟，设计精心，远景喜人，人才辈出，锦绣前程。"

（四）金鸡村小学

金鸡村小学原在金鸡、丁兰、云驮3个自然村开设小学3所，1956年合并为1所，校址在中心的金鸡村。1990年，有学前班2个班、小学14个班、附设初中1个班，学生共767人，教师26人村党政领导和群众热心办学，先后从村企业收益中拨款138 000元，群众捐资48 622元建校舍、改善设备，新建钢筋水泥教学楼1200平方米，校园面积扩至3200平方米。勤工俭学基地有水田、旱地、鱼塘共十多亩。校内设革命传统教育室。1985—1990年，4次被评为县文明学校和教育系统先进单位。

（五）路台小学

路台小学该校是县容乡六合村的一所分校，创办于1950年。路台群众尊师重教，热心办学。学校曾三次迁移，但环境和校舍都不合理想。1985年，村干发动群众捐款、捐工、献料，选择环境幽雅的溪畔，建起新校舍，有3个教室及教师宿舍、办公室、阅览室、体育室，并在学校前面开辟500多平方米的小园地，设置有凉亭、石台、石凳、沙池、爬竿、单双杠，供学生课余休息活动，自治区教育委员会领导蒙萌昭到该校视察时，亲题"儿童乐园"横额。勤工俭学基地有水田1亩，油茶林1.5亩、山地30亩，年收入1000元。1990年，在校学生58人，分3个班教学，适龄儿童入学率100%，教风学风良好，升学率达80%以上。

第三节　中学教育

一、发展概况

1913年春，创设岑溪中学于县城皇华书院内，招收四年制男生1个班、60人，其后每年招生1班。1924年，改为三年制。1925年，改名为岑溪县立初级中学。从1929年起，春秋二季各招生1个班。1930年，开始招收女学生。1932年，永业乡陈树勋等倡议利用原永业书院基金、院舍，开办私立永业初级中学，当年招生2个班、120人。1933年，县立初级中学学生329人，私立中学学生100人。1935年，县政府把永业初中办学基金拨充乡村公所经费，学校停办，改为筋竹补习学社，仍授初中课程。

  1938年冬，日本侵略军占领广州后，岑溪县成为既接近敌占区又相对稳定的后方，中学教育在特殊的条件下发展。梧州初中迁移至三堡区平山乡（当时属藤县）借民房、搭草棚上课。随着日军占领区的扩大，在敌占区或敌占区附近工作的岑溪籍中、高级知识分子和青年学生，大批回转家乡，还有一批广东的知识分子避难到岑溪。1940年，经陈树勋、陈植廷等与政府交涉，收回校产，恢复私立永业初级中学，招生2个班。1943年春，南义乡古太村黄炳桐、黄炳钿等倡办私立古太初级中学，招生1个班；同年秋，容新乡莫志贞等倡办私立文德初级中学于南渡圩，招生1个班。1944年秋，北梨乡李诗侯、李振钰等倡办私立宏汉初级中学于梨木，招生2个班；同年秋，岑溪初级中学改为完全中学，招高中新生1个班。梧州初中、藤县初中分别迁至古太、平山上课。1945年春，广州私立南武中学朱英和等部分教师避难来岑，得到地方人士的大力支持，在归义上乡罗平村开设南武中学分校，招高中1个班，初中2个班。同年秋，抗日战争胜利后，所有外地迁来的中学，先后迁回原地。1946年，全县有县办完全中学1所，私立初级中学3所，学生共1064人。

  解放后，县人民政府接管学校，公私立中学全部复课。1950年末，有公办完全中学1所，私立初中3所，在校学生828人。1951年春，私立文德、古太初中合办，改名为私立文德古太联合初级中学。1952—1953年，私立文德古太联中和永业初中先后改为公办，分别命名为岑溪县第二初级中学、岑溪县第一初级中学。教师在县党委和政府领导下进行思想改造，学习老解放区和苏联的教育教学理论与经验，改革教学。1956年，于四区大隆、七区新圩、九区三堡增办初级中学各1所，分别命名为岑溪县第三初级中学、第四初级中学、第五初级中学，共招新生9个班、450人。全县年末有完全中学1所，初级中学5所，高中学生7个班、336人，初中学生43个班、2390人。1958年，随着工农业生产建设的"大跃进"，一中、二中始招高中新生各2个班，大跃进公社于水汶创设社办跃进中学，岑溪中学改为岑溪大学，开设机械、化工、农艺、艺术4个大专班，学生200人；原中学班改为附属中学，学生1412人。同时，各中学大搞勤工俭学，办农场、饲养场、工厂和大炼钢铁。1959年，停办岑溪大学，恢复岑溪中学。是年，全县有县办岑溪中学、筋竹中学、南渡中学等完全中学3所，第三初级中学、第四初级中学、第五初级中学3所，在校学生高中13个班、631人，初中56个班、2912人；民办水汶华侨初中1所，学生245人。1960年秋，于马路、波塘、糯峒、水汶、诚谏、大等公社，各开设县办初级中学1所，全县各中学统一冠以所在地地名为校名。年末，全县在校学生高中13个班、754人，初中71个班、3574人。1962年秋，贯彻中央"调整、巩固、充实、提高"的方针，波塘、马路、糯峒、诚谏、大等5所新办初中停办；南渡、筋竹2所中学的高中班先后于1962年、1963年停招新生，旧生调拨至岑溪县中学；同时，各校动员一批超龄生回乡参加农业生产。调整后，1964年全县有完全中学1所，初中5所；高中学生355人，初中学生1750人。这一阶段，开展了以"加强基础知识传授与基本技能训练"为中心的教学改革。

1968年复课，部分大队自办初中班（附设在小学内），招生89个班、4195人。1969年春，扩大到社社办高中，队队办初中，全县高中17所，学生1259人；初中255所，学生18 774人。招生改考试制度为推荐制度或考试与推荐相结合制度，属于哪一级管理的学校就由哪一级革命委员会（或革命领导小组）批录新生，修业年限改为高、初中各2年。1978年，中共十一届三中全会后，拨乱反正，整顿教学秩序，恢复招生考试制度，这一年全县在校学生高中有7598人、初中有28 086人。1979年，贯彻中央"调整、改革、整顿、提高"的方针。1980年初步调整后，保留大队联办初中73所，公社属初中8所，矿办初中1所，县属完全中学9所，学制恢复高中、初中各3年。1981年，为适应县城人口增长的需要，增办城关初中（1984年改为完全中学）。1988年，调整、整顿工作基本完成。1990年全县有高中9所，67个班，学生3613人，其中女生1183人，占高中学生总数的32.7%；初中11所及小学附设初中班共353班，学生17 722人，其中女生6098人，占初中学生总数的34.4%。在调整、整顿过程中，同时积极开展以发展学生智力，提高学生能力为中心的教学改革，提高了教学质量。从1977年全国恢复大、中专学校招生考试至1990年，全县各中学累计考取大专学校2073人，中等专业学校3949人。

1991年前岑溪县普通中学阶段发展情况如表47-4所示，1990年岑溪县普通中学情况如表47-5所示。

表47-4　1991年前岑溪县普通中学阶段发展情况

年份	学校数合计/所	完中	初中	班数合计/个	高中	初中	在校学生数合计/人	高中	初中	招生数合计/人	高中	初中	毕业生数合计/人	高中	初中
1913	1	0	1	1	0	1	60	0	60	60	0	60	0	0	
1933	2	0	2	8	0	8	429	0	429	50	0	50			
1944	5	1	4	20	1	19		60			60		0	0	
1949	4	1	3	6			222								
1951	3	1	2	23	5	18	1247	81	1166	636	0	636	44	8	36
1956	6	1	5	50	7	43	2726	336	2390	1498	162	1336	424	44	380
1958	6	3	3	71	14	57	3665	655	3010	1888	471	1417	536	83	453
1960	12			84	13	71	4328	754	3574	1970	277	1693	562	81	481
1965	6	1	5	52	9	43	2503	402	2101	890	131	759	448	83	365
1972	229	17	212	439	70	369	17 088	3544	13 544	8007	1636	6371	8544	1478	7066
1976	250	15	235	661	117	544	27 800	5900	21 900	15 082	3491	11 591	8401	1762	6639
1980	18	9	9	443	75	368	22 203	3712	18 491	8816	1521	7295	7649	2526	5123
1985	19	9	10	432	68	364	19 660	3153	16 507	7078	1135	5943	5089	1006	4083
1990	20	9	11	420	67	353	21 335	3613	17 722	8336	1469	6867	6609	809	5800

说明：1972—1976年，各大队办的初中计在校数内。1980—1990年，小学附设的初中班不计校数、但班数、学生数、毕业生数均已统计于表内。

表47-5　1990年岑溪县普通中学情况

校名	初中 班数/个	初中 学生数/人	高中 班数/个	高中 学生数/人	教职工数/人	校园面积/亩	建筑面积/平方米	开办时间/年	所在地
合计	168	10 196	67	3613	862	697	104 975		
岑溪中学	10	497	18	1033	111	200	16 631	1913	城北山枣顶
城关中学	9	602	7	407	56	35	8551	1981	甘冲村

续表

校名	初中		高中		教职工数/人	校园面积/亩	建筑面积/平方米	开办时间/年	所在地
	班数/个	学生数/人	班数/个	学生数/人					
樟木中学	7	384	7	343	56	81	6375	1968	上奇村
南渡中学	7	379	7	375	55	24	5843	1943	南渡街
水汶华侨中学	7	498	5	275	47	25	7455	1958	水汶街
筋竹中学	8	464	6	340	55	61	7170	1931	筋竹街
归义中学	8	467	6	274	52	21	7600	1956	新圩街
糯峒中学	6	397	7	362	43	13	4852	1960	糯峒街
岑城中学	7	457	4	204	42	25	3252	1969	岑城樟木街
大隆初中	9	556			31	40	5700	1956	西宁村
三堡初中	9	588			32	10	3300	1956	三堡街
马路初中	9	611			34	18	3194	1960	马路街
大涖初中	8	471			28	5	2478	1960	古万村
诚谏初中	15	874			53	13	6785	1960	诚谏街
波塘初中	9	567			32	5	2700	1960	波塘街
梨木初中	11	725			35	50	3540	1960	梨木圩
吉太初中	5	252			15	6	1612	1969	吉太圩
昙容初中	9	512			32	43	4200	1987	昙容圩
安平初中	12	763			42	20	3604	1969	太平圩
河三矿初中	3	112			11	2	133	1968	河三村

说明：本表初中学生数不含小学附设初中班的7526人。

二、学制与课程

1913—1923年，执行教育部颁布的壬子学制，中学修业期限为四年，不分高初中。开设修身、国文、英文、历史、地理、数学、博物、理化、法制经济、图画、手工、乐歌、体操。1923年，改修身为公民、国文为国语。1924年秋季，开始执行壬戌学制，中学分高中、初中两级，修业年限各三年。岑溪初级中学课程设社会科（含公民、历史、地理）、言文科（含国语、英语）、算学科、自然科、艺术科（含图画、手工、音乐）、体育科（含生理卫生、体育）。1928年，执行广西省教育厅规定，必修科目为国民训练、言文、数学、自然、农科、社会、艺术、体育卫生、家事。1932年，执行教育部颁发的中学正式课程标准，初中开设公民、党童军、国文、英语、算学、物理、化学、历史、地理、植物、动物、体育、卫生、劳作、图画、音乐。1934年，岑溪中学开始实行军训，增加军事训练课程。1937年，全面抗日战争开始，为加强抗日救国知识与技能训练，加授战时救护、防空常识。

解放初，遵照中央人民政府政务院《关于改革学制的决定》，中学学制仍为6年，高中、初中各3年。废除公民、童子军、军训，开设以新民主主义和社会发展史为基本内容的政治课。1950年秋，初中开设政治、语文、数学（算术、代数、几何）、自然、化学、物理、历史、地理、外语（英语、俄语）、工农业基础知识、体育、美术；高中减少自然课，增设生物、制图课。1951年秋，取消政治课名称，初中讲授时事政策、中国革命常识，高中讲授时事政策、社会科学基本知识、中国人民政治协商会议共同纲领。1953年，自然、生物课合称生物课（内含动物、植物、人体解剖生物学和达尔文主义基础）。1954年，初中停授外语课，初中一年级增设卫生常识课。1955年秋，初中的中国革命常识课改为政治常识，高中的社会科学基本知识改为社会科学常识，共同纲领课改为中华人民共和国宪法课。1956年秋，语文课分为汉语、文学2课。初中三年级增设工农业基础知识课。1957年秋，初中取消卫生常识课，高中停授达尔文主义基础和制图课，恢复政治课。初中一、二年级讲授青年修养，三年级讲授政治常识；高中一、二年级讲授社会科学常识。三年级讲授社会主义建设。1958年秋，汉语、文学合并为语文课，三角、几何、代数合并为数学课，政治课改为社会主义教育课，增加生产劳动课。1959年秋起，初中逐步恢复开设外语课（英语或俄语）。1960年秋，初中一年级数学课的算术内容，下放到小学讲授。1963年秋，执行教育部颁发的新教学计划，适当提高语文、数学、外语的教学要求；历史、地理、生物避免不必要的循环重复；政治课内容按年级分别讲授道德品质、社会发展简史、中国革命和建设、政治经济学常识、辩证唯物主义常识。

1969年，高中、初中学制均改为二年，课程设置紊乱。1970年，音乐、美术改为革命文艺课,物理、化学、生物改为工业基础知识、农业基础知识,体育改为军事体育,取消历史、地理课。在实际教学中,各校对设置的课程可随意增删。1975年学朝阳农学院的"经验",以三机一泵(柴油机、电动机、拖拉机和水泵)为物理教材,以化肥、农药、土壤分析为化学教材,大搞开门办学,以社会为课堂,师生都到工厂、农村去学工、学农,劳动和政治活动时间约占教学时间的一半。1977年,逐步恢复"文革"前的课程。1982年下学期开始,执行部颁全日制六年制中学教学计划(试行草案)。1984学年度开始,对教学计划再次进行调整,每周课程设置如表47-6所示。

表47-6　1984年岑溪县普通中学每周课程设置情况

学科	初中周课时			高中周课时			学科	初中周课时			高中周课时		
	一	二	三	一	二	三		一	二	三	一	二	三
政治	3	3	3	3	3	3	劳动技术教育	1	1	1	2	2	2
语文	6	6	6	5	5	5	体育	2	2	2	2	2	2
数学	5	6	6	5	6	6	音乐	1	1	1			
英语	5	5	5	5	5	4	美术	1	1				
物理		2/3	4/3	4	4	5	合计	32	33/34	34/34	32	33	33
化学			3/4	3	4	4							
历史	3	2		3			课外活动 自习	3	3	3	4	4	4
地理	3	2			2		体育活动	2	2	2	2	2	2
生物	2	2				2	班会团队活动	2	2	2	2	2	2
生理卫生			2				科技文娱活动	1	1	1	1	1	1

三、部分中学简介

（一）岑溪中学

岑溪中学创办于1913年,初办时是旧制(四年制)中学,1925年改为县立初级中学,学制三年。1944年秋,发展为完全中学。民国时期该校共招收初中49个班,高中14个班,师范12个班,学生约4000人。1936年,教师苏德森(中共地下党员)、学生唐健(地下交通员)参加了岑溪地下特支的革命活动。大革命时期桂东南农民运动领导人林培斌、李植华，参加二万五千里长征的李爱群，抗日战争将领高致嵩，著名的矿冶学教授陈展猷等均肄业于该校。

新中国成立后，学校规模迅速扩大，1957年发展至高中7个班，初中16个班，学生共1163人，学校由城内迁至城北甘冲村山枣顶新校舍。1960年，该校被评为全国先进集体。梧州专署副专员李凌霄视察该校时亲提"团结、紧张、严肃、活泼"，以抗日大学校训为校训。1978年春，被定为自治区、地区和县三级重点中学，地区和县教学研究观摩会常在该校召开。1980年，被定为自治区体育传统项目学校。1982年，被评为自治区先进集体。1986年9月上旬，中共广西壮族自治区党委书记陈辉光到该校视察。1990年，该校有高中18个班，学生1033人；初中10个班，学生497人。领导和教师有4人被评为全国优秀教师、先进教育工作者，3人被评为自治区先进教育工作者。学生历年参加省（区）级和全国性的各学科及体育竞赛，获奖的118人次，其中获全国性竞赛奖45人次。1977—1990年，高中毕业生考上大专学校的1263人、中等专业学校的705人。其中，何千山、梁汉华分别留学日本、美国获得博士学位。全校教职工111人，在94名教师中，特级教师1人，高级教师22人，一级教师37人。

1990年，校园面积200亩，建筑面积16 631平方米，体育场地25 000平方米，校内绿树成荫，环境幽雅。主要教学设备有图书14万册；理化、生物仪器可按教科书要求进行分组实验；电化教学有电脑室、电影机、录像机、彩色电视机等。

（二）筋竹中学

1931年，陈树勋等倡议利用原永业书院的基金、院舍创办私立永业初级中学，校址在筋竹街。翌年开始招生二班，120人。1953年，改为县办，命名为岑溪县第一初级中学。1958年，增设高中班，改名筋竹中学。1990年，有高中6个班、340人，初中8个班、464人。1978年以来，6次被评为县教育先进单位、文明学校。1988年，被评为自治区文明学校。该校办学60年来，学生逾万，中国科学院力学研究所激光实验室主任陈海韬、自治区五金矿产进出口公司总经理李树荣等都曾肄业于该校。1977—1990年考上大专学校的140人，中等专业学校的256人。

（三）南渡中学

1943年，创办古太、文德两所私立初级中学，于1951年春合并为私立文德古太联合初级中学，校址在南渡街。1952年11月改为公办，命名为岑溪县第二初级中学。1958年秋，始招高中2班，代培中师2班，改名南渡中学。1959年秋，中师班拨归岑溪师范。

1961年，高中第一班毕业，50%多的毕业生考上大专院校。1990年，初中7个班，学生379人；高中7个班，学生375人，教职工47人，校园面积24亩，建筑面积5843平方米。该校培养的学生已逾万，其中北京有色金属研究所高级工程师吴享南、无线电通讯部第七研究所高级工程师黄均昌、桂林军分区政委侯兆强、英国里丁大学博士卢江等均曾肄业于该校。

（四）水汶华侨中学

1958年秋，水汶侨乡创办民办跃进初级中学。1960年，由政府接管，改名水汶初级中学，在水汶街对岸的松山坡另建新校舍。1969年，改为水汶高中。1978年，增招初中班，改名水汶中学。1983年，自治区拨款兴建教学大楼，定名为水汶华侨中学。1990年，该校有高中5个班，初中班7个班，学生773人，其中侨眷占40%多；教职员工47人，其中归侨、侨眷15人，占32%。初中升学考试成绩连续多年居县内乡镇中学的前列，1977—1990年侨眷毕业生升上大中专学校的56人。1990年，学校占地25亩，校舍建筑面积7455平方米。

（五）城关中学

城关中学位于县城西北山枣顶西侧，紧邻岑溪中学，1981年秋开办，招收初中新生，1984年秋招高中新生。1990年年底，全校有初中9个班，学生602人；高中7个班，学生407人，教职员工56人。学生95%以上是县直机关干部职工子弟，全部走读。1984年和1987年2次组织参加县的智力竞赛，均获一等奖。1989年，周云军获全国中学生数学竞赛三等奖。1989年，学校被评为广西壮族自治区爱国卫生先进单位。1990年，校园面积35亩，建筑面积8551平方米，体育场地2500平方米。

第48章 职业技术教育

第一节 师范教育

岑溪县最早的师范学校是清光绪三十一年（1905）在县城皇华书院开设的师范传习所，共办短训班4期，为新办学堂培养了一批教师。1920年秋，岑溪中学附设师范班1个班，以后不定期招生，学制有一年制的简易师范班、师训班和四年制的中师班。截至1949年，该校共附设师范班12个班，学生500多人。1948年，县政府利用原私立宏汉中学校舍开办岑溪县师范学校，招生2个班，次年停办，学生拨归岑溪中学附设师范班。

1950年，岑溪中学附设的2个简易师范班调拨给梧州师范。1952年，岑溪中学附设初师班及师训班各1个班。1957年，教育科主办教师业余进修学校，用巡回讲课方式，定期分别组织小学教师集中学习，按程度分班（组）学习中师或初师课程，参加学习的教师1300多人。1958年秋，南渡中学附设中师班2个班，招生70多人。

1959年秋，在城北大化坡建房创办岑溪师范学校，接收南渡中学附设的中师2个班，另招半年制备师班2个班、120人，小学教师进修班1个班、50人。1960年春，开办中学教师进修班1个班、45人，学习时间半年。当年暑假，开办中学英语教师培训班，聘请广西大学教授周其勋夫妇主讲。同年秋，招收2年制初师班2个班，共100人；中师班1个班，共50人。1962年秋，师范学校停办，1972年复办。1972—1981年，该校共招收两年制中师15个班、602人，举办中小学教师进修班12个班、500人。1981—1982年开办中小学行政干部训练班5个班、205人，学习3个月至一年。同期轮训在职小学教师402人，学习时间半年至一年6个月；培训代课小学教师139人；利用寒暑假办小学教师语音学习班，学员500多人。

1983年秋，岑溪师范学校改为岑溪县教师进修学校。1983—1989年，开办两年制中师进修班11班，毕业369人；寒暑假组织未达合格学历的教师参加文化补习班，共办8期，学员1020人，其中940人通过自治区"专业合格证书"考试，达到合格的学历；开办卫星电视中师班（不脱产）7个班，毕业230人；招收初中英语教师培训班1个班、60人，学习一年，毕业后安排为村联办初中代课教师；接受梧州地区电视大学分校委托，招收全日制电大中文班18人，学制三年，毕业后安排任初中语文教师。

教师进修学校及其前身岑溪师范学校设有中师函授部（在师范停办期间，该部附设在县教研室），1981年前，函授部教师编印教材分片巡回面授。1981年后，每乡镇教育组配备函授教师2人，定期定点面授。1981—1985年，经考试语文科结业880人，数学科结业490人，语文、数学双科结业的368人。1988年年底，该校还有中师函授学员1519人。

岑溪县教师进修学校1990年校园面积27亩，建筑面积6778平方米。教师16人，其中有高级讲师2人，讲师6人，助理讲师2人。有图书12 000册，电化教学仪器12件，钢琴等乐器126件，体育器材180多件。1984—1988年，先后3次被评为自治区"文明卫生先进单位""推广普通话先进单位""爱国卫生先进单位"。

第二节　农林业中学

一、农林业中学

1958年，随着"大跃进"的形势，全县12个人民公社创办农林业初中23所，招生1800多人。1959年，发展到40所，在校学生2909人，其教育目的是培养具有相当于初中文化水平和一定生产劳动知识技能的农林业劳动者。课程开设政治、语文、数学和农林知识，教材自选自编，半耕半读。校舍多是利用旧公房或自建简易平房，坚持艰苦奋斗，自力更生的办学原则。规模较大的高益农业初中，有5个班学生250人，教师12人，坡地30亩，水田60亩，养猪50头，鸡鸭6000多羽。1960年，由于农村经济出现困难，大部分农林业中学停办，年底保留有17所，学生1285人。1962年全部停办。1964年后，随着农村经济的好转，广大群众和干部积极响应中央关于"试行两种劳动制度，两种教育制度"的号召，农林业中学又有所恢复和发展，1966年，全县共办164个班，学生5733人。教学采用自治区编的农中教材，开设语文、数学、农知等科,安排2/3的时间学文化课,1/3的时间学农林业技术和生产劳动。各校均由公社和大队划拨生产劳动基地,少的有几亩,多的有几十亩。1969年,生产大队普遍开办初中班,农业中学纷纷停办或转为普通初中。最后,只有南渡"五·七"中学(由南渡农中改名)坚持办下去。1970年秋,根据毛泽东"五·七"指示精神,16个人民公社都办了"五·七"中学,还有14个大队办了"五·七"班,学生共2362人。"五·七"中学招生的对象是具有初中文化程度的青少年,修业时间2年,半耕半读,其办学宗旨是为农村培养具有相当于高中文化程度和一定专业知识的劳动后备力量。开设的课程主要有政治、语文、数学、物理、化学、生物和农林专业基础知识。此外,有的学校还根据实际情况,开办一年、半年甚至几个月的短训班,如农机、机电、财务会计、赤脚医生、兽医、服装裁剪等,为办综合性的职业技术学校作了初步的尝试。

1978年后,"五·七"中学先后改名农业中学,但仍上普通中学课程。实行农业生产承包责任制后,大队办的农林业中学陆续停办。1984年,全县只保留了县农中、归义农中(原新圩农中)和南渡农中3所,共有农业高中班5个班、202人;农业初中班12个班、533人。1988年秋,根据县政府的指示,这3所农中先后改为综合性的中等职业技术学校。

二、归义农业中学简介

1959年开办新圩农业初中,1970年改名新圩"五·七"中学,师生自己动手建校于新圩公社山庄,山庄拨地十多亩作为学校生产劳动基地,公社党委书记兼任校长。1978年,复名新圩农业中学,至1979年共办农业、农电、农机、农医、卫生等13个专业班,学习时间有两年、一年、半年3种,聘请20多位技术课教师。该校先后毕业学生580人。其中,回队当拖拉机手、医生或卫生员的40人,任农业技术员的49人,任大队和生产队干部的42人,还有的参军、升学、当工人,其余大多数是自谋职业,成为各种专业户。1984年,改名归义农业中学。

第三节 卫生教育

1952年,县卫生院培训妇幼保健员10名,学习药物、助产及妇幼保健卫生知识，时间半年。1958年8月，在县卫生防疫站内开设岑溪县卫生学校，招收新生86名。1960年秋，招收护士班新生29名，学校领导和教师均由县人民医院在职人员兼任。一年后停办，学生转至梧州地区卫生学校继续学习。1965年秋，自治区卫生厅委托岑溪县人民医院开办护士班，从岑溪、苍梧、藤县招收新生30名。1971—1972年，又开办2个班，从梧州地区各县招收新生60名，学习时间均为2年。1978年8月，恢复岑溪卫生学校，校址在北山。截至1989年，该校共办20班，培养卫生医护人员919人。1990年秋，于县城西郊关塘另建新校，校园面积5400平方米，开设乡村医生学习班5个班，学员317人，教职工12人。

1953—1990年，县、社、乡镇各卫生单位，采取多种形式，开办各种卫生技术训练班，培训了大批农村医生、卫生员、接生员。

第四节　综合教育

一、岑溪县社会主义建设学校

1964年，县委和县政府主办，收录各区公社推荐的具有初中或高中毕业程度的农村青年入学。当年7月开学，利用原岑溪师范的校舍，先后招收一年制农业班、林业班、会计班、商业班和三年制的中医班、农林中专班等共15个班，学生558人，学习政治、文化和专业技术，教学和生产劳动时间各半，实行军事管理。生产劳动主要是进行天星山庄建设，庄校统一领导，教师由各有关业务部门调配，经费由县财政和有关部门筹集。学生全部结业，除商业班由商业部门分配外，大部分回原籍由社、队安排工作。1968年4月停办。

二、岑溪"五·七"大学

由县党委和政府主办，1976年11月开学，校址在糯垌公社地麻大队的跑马岗，当年招收半年制农业班、财会班和两年制农机班、赤脚医生班各1个班，学生200人，教职工25人。教学和劳动时间各半，办有农场和小五金厂，农场基地200多亩，主要种植水果、茶叶和花生。1979年，改为县农业中学，1983年迁至天星水库。

三、职业中学

1988年秋,县政府决定把县农中、南渡镇农中、归义镇农中分别改为县职业中学、南渡镇职业中学、归义镇职业中学。设职业高中班和职业初中班,分别选授高、初中基础学科的教材,技术课开设有果树栽培、畜牧兽医、农林技术、科学养鸡、食用菌栽培、摄影、绘画、油漆、服装剪裁、家用电器和钟表修理等。1990年,全县职业中学有职业高中班8个班、249人,初中班12个班、536人。

四、南渡镇职业中学

南渡镇职业中学前身是1964年南渡区主办的南渡初级农业中学。初办时每年招收初中新生2个班。1966年,改名南渡"五·七"中学。1967年,增招二年制的农业高中班,迁往南渡街西郊菠萝山的新建校舍。1970年,被评为自治区先进单位,并被定为自治区、专区和县三级重点学校。自治区教育厅(局)领导曾4次到该校视察,并拨款50 000元给学校扩建校舍,增置设备。1988年,改名为南渡镇职业中学。1990年,该校有职业高中4个班、144人,初中6个班、218人,教职工46人;校舍建筑面积3140平方米。

该校先后办了农业、养殖、畜牧兽医、农机、机电、中西医、妇幼保健、服装裁剪、家电维修等十多种专业技术班。学制长短结合,视实际需要而定。1964—1990年,共培养了两年制和三年制的专业技术人才2300人,短训专业技术人才1646人。其中,毕业后任公职的640多人,大部分自谋职业,有的已成为乡镇企业骨干或专业大户,群众称该校为"土才子的摇篮"。

学校先后开辟劳动生产基地80多亩,养猪、种茶、种果及其他经济作物;办起瓶盖厂、碾米碎粉厂、锣板厂、木器加工厂、玻璃纤维厂、酒厂等。历年从勤工俭学收入中共投资20多万元扩建校舍、增置设备,校办工厂共有电动机、发电机、柴油机、冲床、车床、抽水机等动力和工作机械25台,曾多次被评为自治区、地区和县的勤工俭学先进单位。

第49章 成人教育

第一节 农民教育

1934年,县政府根据广西省政府的指示,拟订县的成人教育条例,"凡年满18～45岁的男女失学成人及尚不能阅读并了解部分《民众学校课本》一、二册课文者,应一律入学。"当年办起民众学校8所,专、兼职教员33人,学生251人。抗日战争时期,政府为了发动民众抗日,加强了成人教育,各村都开办成人夜校,由村干部督促入学,以《民众学校课本》为教材,免费发给学生,有的区还自编补充教材,教师由国民基础学校教师兼任。参加学习的有成年男女,还有不少是失学的少年儿童。办学期间,广西学生军来到岑溪,到农村宣传抗日,为成人班读报、讲时事、教唱抗日歌曲(表49-1)。抗日战争胜利后,由于内战,农民教育停止。

表49-1 岑溪县抗日战争时期成人夜校每周课程安排情况

时间	科目						
	星期一	星期二	星期三	星期四	星期五	星期六	星期日
25分钟	纪念周	抗战讲话	时事报告	抗战讲话	时事报告	抗战讲话	时事报告
25分钟	国语	国语	国语	国语	国语	国语	国语
25分钟	国语	抗战歌曲	习字	抗战歌曲	习字	抗战歌曲	集会活动

1950年冬,各村农会开办常年民校或冬学班387个班,上学的农民有15 939人。以识字为主,有的还教珠算。1952年,开办速成识字法培训班,先后分3批培训师资352人,以一、二区为试点,推广祁建华速成识字法,参加学习的2390人,学习两个半月,识字达到1000个。但在居民分散的山

区此法不易推广，仍以常年民校和冬学班为主。1955年冬，县政府设立扫除文盲办公室，抽调公办教师9人担任9个区的扫盲专职干部，运用点面结合的方法，大力开展扫盲工作，做到每个学习班落实课室、教师、教材和学习制度。当年参加农民业余学校学习的有3999人，参加扫盲班学习的有50 155人。1957年底—1958年，"大跃进"时期，要求在短期内扫除文盲，33个学区都配备了扫盲专职干部，小学教师和社、队干部积极发动和组织社员学习。语文是根据当时的形势自编《农民识字课本》《三字经》《百家姓》，数学有珠算和四则运算。学习方法以课堂教学为主，结合见物识字法，做田头识字牌，在田间休息的时候分散学习。当时全县有青壮年文盲77 268人，参加学习的有71 208人，占文盲总数的92.2%。1959年，业余小学班有38 742人，业余初中班有2273人。就地聘用小学教师负责辅导工作。

1977年，全县人口526 665人，其中少青壮年文盲24 714人，半文盲45 009人，共占总人口的13.2%。1978年，恢复扫盲工作。至1980年参加扫盲学习班的38 520人，脱盲的25 675人，少、青、壮年文盲、半文盲减至总人口的9.23%，梧州地区教育局发给"基本无盲县"合格证。1981—1987年，各乡镇一手抓扫盲扫尾工作，一手抓业余小学、初中和科技班的建设。1989年，有15个乡镇办起农民文化技术学校，203个村办了分校。乡镇的文化技术学校都有自己的课室、办公室、实验实习场地和教师住房，能开展多种科技研究学习活动。开办较早的大隆乡，1987年年底已办18期快速养猪技术班，参加学习的有863人，当年末该乡生猪存栏12 464头，比上年增长26.6%。

1988年年底，各乡镇加强成人教学中心、电化教学中心和实验教学中心的建设。1990年年底，14个乡镇的"三中心"已建有教学楼、办公室、图书资料室，其余3个乡正在建设中，建筑总面积12 678平方米。1981—1990年岑溪县农民教育情况如表49-2所示。

表49-2　1981—1990年岑溪县农民教育情况

年份	脱盲数/人	业余小学班		业余初中班		业余科技班	
		班数/个	人数/人	班数/个	人数/人	班数/个	人数/人
1981	1766	109	2885	7	176	42	1927
1982	2352	176	4885	18	715	56	2156

续表

年份	脱盲数/人	业余小学班		业余初中班		业余科技班	
		班数/个	人数/人	班数/个	人数/人	班数/个	人数/人
1983		176	4805	17	625	56	2310
1984		349	6124	7	235	184	2834
1985	809	345	4687	10	326	20	650
1986	308	57	987	41	1066	106	3899
1987	819	74	1505	5	190	210	5605
1988	40		1096				11 778
1989	1774						44 705
1990	880						55 378

第二节　职工教育

1953年，岑溪县总工会开办县直属机关职工业余文化夜校，招收扫盲班1个班，高小班1个班，对象是未达小学程度的职工，学员百余人。每周上政治课一节，文化课4节。1955年，成立职工业余学校，有中级班学员32人，初级班学员46人。1956年，增至8个班，学员386人，专、兼职教师20多人。教学时间早晚各1节，建立有严格的学习和考试制度。1958年停办。1959—1960年，"大跃进"期间，县机关和工厂曾办过业余红专大学、业余工业大学，只挂牌子，没有什么实际的教学活动。

1982年，县人民政府设立职工教育管理委员会，下设办公室主持日常工作。根据全国职工教育管理委员会、教育部、国家劳动总局、中华全国总工会5个部门联合发出的《关于切实搞好青壮年职工文化、技术补课工作的联合通知》，组织未达初中毕业程度的职工进行补课，以自学为主，由各单位配备兼职教师辅导。1982—1985年，全县青壮年职工应参加文化补课的2465人；经补课考试合格的2199人，占应补课人数的89.2%；应参加技术补课的1926人；补课后经考核合格的1812人，占应补课人数的94.1%。

1985年后，职工教育有函授、自学考试、电化教学、短期训练等多种形式。由县招生办公室组织的高等学校自学考试,截至 1990 年,已毕业 93 人,取得单科合格的 3125 人。参加中等专业学校自学考试毕业的 23 人。1985—1990 年岑溪县职工教育人数情况如表 49-3 所示。

表 49-3 1985—1990 年岑溪县职工教育人数情况

年份	文化学习/人				技术学习/人			
	高等教育	中专教育	高中教育	初中教育	岗位职务	中等技术	初等技术	其他
1985	586	172	251	321	191	11	225	
1986	587	61	179	58	164	285	78	50
1987	485	980	91	200	140	468	729	89
1988	477	568	171		843	729	255	72
1989	476	416	224		1131	158	919	
1990	486	356	236		1222	255	623	

第50章 教师

第一节 队伍

明、清时期的书院、私塾、义学、社学，一般每所只有一两名教师，由主办者聘请进士、举人、生员等担任。清光绪末年，兴办学堂，校数增多，规模扩大，且分班、分科教学，需要增加不少教师。当时除了师范传习所培养一批教师外，一些举人、生员等仍被聘任为教师，数量无资料可考。

民国时期，小学教师主要由中学、师范和旧制高小毕业生充任。中学教师大部分有大专文化程度，有少数是中学或中专程度的，还有个别文科教师是老秀才。1933年全县有小学教师287人，县立中学教职员19人，私立中学教职员7人。1949年有公办小学教师379人，公立中学教师56人，私立中学教师26人。

解放后，随着教育事业的发展，教师队伍不断扩大，采取在职自学、假期培训、整顿和有计划地安排离职进修等多种措施，提高教师的政治、文化和业务素质。1954年，有小学教师1213人，其中大专文化程度16人，占1.3%；中专40人，占3.3%；初师71人，占5.9%，高中194人，占16.0%；初中550人，占45.3%；小学342人，占28.2%。1983年，县教育局对全县中小学教师进行全面考核，小学公办和民办教师3881人，胜任的有748人，占19.3%；基本胜任的有1929人，占49.7%；教学有困难的有1083人，占27.9%；不胜任的有121人，占3.1%。公办中学教师540人，胜任的有211人，占39.1%；基本胜任的有236人，占43.7%；不胜任的有93人，占17.2%。1987—1989年中小学教师参加技术职称评定的4346人，其中获中学教师高级职称的66人（含特级教师4人），占1.52%；获中级职称的（小学高级、中学一级）780人，占17.95%；获助师级的（中学二级、小学一级）2723人，占62.66%；获技术员级的（中学三级小学二、三级）777人，占17.88%。1991年前岑溪县中小学教师人数情况如表50-1所示。

表 50-1　1991 年前岑溪县中小学教师人数情况

单位：人

年份	合计	中学教师	公办教师	民办教师	小学教师	公办教师	民办教师
1950	544	73	45	28	471	471	缺统计数
1953	1381	94	94		1287	1287	缺统计数
1958	1223	181	181		1042	1042	缺统计数
1976	4363	1430	758	672	2933	1120	1813
1980	4812	1573	1256	317	3239	1446	1793
1985	4423	1212	1212		3211	1768	1443
1990	4751	1453	1354	99	4298	2528	1770

说明：1958 年各公社和生产队已聘有大量的民办教师，但全县没有全面准确的统计资料。

第二节　待遇

一、经济待遇

明、清时期，教师的修金不一，有的以谷米支付，有的以银两支付，由聘者与受聘者商定。乾隆初年，县教谕、训导的年俸银各 40 两，官办的瑶壮义学、蒙馆义学、经馆义学，岁支延师束修银每人 12 两。

1928 年，国民政府制定《小学教员薪水制度之原则》，规定按教员本人"两倍衣、食、住（以舒适为度）三事所费为最低限度之薪水"，岑溪县未能按此规定执行，大多数教师月薪 6~15 元（国币）。据《广西教育概况》统计，1933 年，岑溪县小学教师 230 人，其中月薪 1~5 元的 24 人，6~10 元的 149 人，11~15 元的 11 人，16~20 元的 23 人，21~25 元的 20 人，26~30 元的 3 人。高小教师人均工资 18 元，初小教师人均工资 8 元左右（当时稻谷每担 6 元左右）。1938 年 8 月，《广西公务员俸给表》规定中学教职员的工资等级分为 13 级，校长最低工资为 8 级（国币 70 元），最高工资为 1 级（110 元），专任教师工资最低为 13 级（45 元），最高工资为 1 级（110 元），县公办中学按此规定执行。1947 年后，通货恶性膨胀，教师工资难以维持个人日常生活，当局决定，以稻谷支付教师工资；小学教师月支100～250市斤，中学教师月支500～800市斤。来源是在学生中征收学米学谷，不足开支部分，中学、中心校高级教师由县拨给，初级教师则由各村街在校产和村仓谷补助。

解放初没有统一的工资标准，小学教师月支稻谷50～100千克，中学教师月支大米75～150千克，保障教师最基本的生活需要。1952年秋，按国务院颁布的统一工资标准，教育部门实行工分制，教师评定工分后，按国家公布的工分值发给工资。1956年秋，改为工资制，按中、小学分级评定工资。当时实评小学教职员最高72元，最低29.5元；中学教职员最高80.5元，最低34元。1959年作了一次小调整，1963年调整幅度很大，超过90%的教师工资都提高一级。1979年后，对教师工资曾多次进行调整，大多数教师都提高两级以上。1981年起，增发班主任津贴。1985年，教师增加工龄工资和教龄工资，工龄工资按工作年限每年递增0.5元，教龄工资按教龄长短分5元、7元、10元三级。1987年起，发给教师附加工资，按教师基本工资增加10%；同年，评定教师技术职称后，按职称进行工资调整。此外，发给书刊、洗理、物价等各种补贴。福利待遇有公费医疗、探亲假、困难补助、离退休生活费、亲属丧葬补助、遗属抚养补助等。

民办小学教师的报酬在1982年前实行民办公助，由生产队记给教师同等劳动力社员的工分，国家另给适当的补助款，补助款曾多次提高，1982年每人每月补助17.5元。农业实行联产承包责任制后，各地民办教师的报酬差距较大，甚至有的不落实。为了解决这个问题，从1982年9月起，实行民办教师工资全县统筹，经过考核按级付酬。1985年，一级52元，二级49元，三级46元，四级42元。此外，各项补贴和10%附加工资与公办教师同等享受，口粮则由生产队分给一份责任田解决。对教龄较长、工作表现好的民办教师，政府积极培养提高，逐步转为公办教师，1985—1990年民办教师转为公办教师的有755人。

二、政治待遇

在科举制时代，教师位列君、亲之后，尊称为"先生"，在社会上有较高的地位，逢年过节，家长敬请先生到家作客；群众有寿诞、婚、丧等大事，请先生写对联、礼帖和主持仪礼；地方有纠纷发生，请先生评理、调解或仲裁；学生考取功名或做官，回乡也忘不了拜候老师。

民国前期，仿效欧美国家，把教师列为雇员，称之为教员。1939年起，国民政府定8月7日（孔子诞辰日）为教师节。1937年实行征兵制，教师任职期间免征。

解放后，共产党和人民政府对教师十分重视和关怀，尊教师为人类灵魂的工程师，为教师举办各种学习班，进行政治思想和政策、形势教育。让教师参加土地改革、抗美援朝、"三反"、"五反"、农业合作化等社会活动，组织教师参加教育工会，在学校中建立党、团组织并吸收一批教师参加中国共产党和中国共产主义青年团。

1978年，中共十一届三中全会后，拨乱反正，对错划的右派分子全部给予平反；对"文革"中的冤假错案全面复查、平反和恢复名誉；经济受损失的，给予适当的赔偿。第六届全国人民代表大会常务委员会第九次会议决定，自1985年起，每年9月10日为教师节。广西壮族自治区政府对从事教育工作20年以上的教师颁发荣誉证和纪念章。此后，每逢教师节，县及乡镇党委、政府都主持召开庆祝大会或教师代表座谈会，表彰优秀教师，号召社会尊师重教，并对教师发给一定的慰问品（金）。

解放后，教师获得了参政、议政权。1950—1990年，从教师中提拔为领导干部的，厅级2人，处级20多人，科局级100多人。教师当选为广西（壮族自治区）人民代表大会代表6人，县7~10届人民代表大会代表67人，其中任副主任2人、常委3人（1~6届缺统计资料）。任县政治协商会议第1~4届常委的12人次（其中任副主席3人次）。

对优秀教师，先进工作者，国家、自治区、地区、县和乡镇给予奖励。1955—1990年，获优秀教师、先进教育工作者奖励的，国家级20人次，自治区级46人次，县和乡镇奖励的人次，数以千计。1990年，全县教职工中有中共党员1018人，占总数的21.43%；共产主义青年团团员1112人，占总数的23.4%。

第51章 教育经费和学校设施

第一节 经费收支

乾隆初年，县藩库每年仅支瑶壮义学三所的延师束修银36两，书院则由热心教育的地方人士筹集基金、购置学田，以租谷收入作为办学经费。当时全县共有学田二顷二十三亩四分三厘多，岁收入租粮米37石。清光绪末年，兴办学堂，所需经费随之大量增加。光绪三十四年（1908年）岑溪县学务岁入岁出情况如表51-1所示。

表51-1 光绪三十四年（1908年）岑溪县学务岁入岁出情况

岁入		岁出	
项目	金额/银圆	项目	金额/银圆
产租	123	职员薪金	552
官款拨给	779	教员薪金	3450
公款提充	1861	仆役工食	500
学生缴纳	3476	租息粮税	2
派捐	146	服用食品	259
乐捐	159	图书标本仪器	264
		营造修缮	232
		杂用	596
合计	6544	合计	5855

注：当时中国是以银本位制度为基础的，银圆是流通货币。以当时的银价计算，一两银圆约等于37克纯银，而1元纸币相当于1克纯银。因此，一两银圆相当于37元纸币。

1925年起,各乡小学改为区立,经费的主要来源有:地方公款、学田租、庙田租、学费;有条件的还在学校所在地的圩市内收公秤费、摊位捐、木筏捐等。

1930年,县第一次行政会议决议,县教育经费的筹集办法:①中学生每年收学费20元;②向耕农收生谷捐,每百斤生谷抽2斤;③在田赋册征粮附加3%。1931年,初等教育经费统计,每个学龄儿童平均占经费7.63元,民众每人每年平均负担教育经费0.26元。全县172 391人,总负担为44 821.66元。1933岑溪县初等教育收支情况如表51-2所示。

表51-2　1933年岑溪县初等教育经费收支情况

单位:国币元

收入			支出		
项目	金额	占收入/%	项目	金额	占支出/%
学费	11 246	31.74	教员俸给	25 677	71.86
公款	2367	6.68	职员俸给	1110	3.11
田地租	9613	27.13	图书	1283	3.59
房屋租	202	0.57	仪器标本	864	2.42
存款利息	506	1.43	办公杂支	6798	19.02
附捐	8295	23.41			
其他	3198	9.03			
合计	35 427	100	合计	35 732	100

1933年,岑溪初级中学经费的总收入为7674国币元。

1934年,田赋附加15%拨为地方教育经费,当年县地方财政收入为63 120国币元(含学租、学费收入在内),支出教育行政费1710国币元,中学经费10 856国币元,中心小学经费15 819国币元,国民基础学校经费12 024国币元,其他文化教育经费2783国币元。以上各项合计43 192国币元,占地方财政总收入的68.4%。

1946年以后,教育经费甚微,加上恶性通货膨胀,教师薪俸无保障。为维持教师最低生活,学校改收学谷,每学期每生初中收250市斤,高中收300

市斤，高级小学收 75 市斤，初级小学收 50 市斤（村小学如有校产收入够开支的可免收）。

解放后，1950 年县人民政府刚建立，教育经费尚无计划开支，根据学校实际需要，酌情拨给，主要支出是以粮谷支付公办教师生活费用。1951—1953 年，教育经费中学由专区统筹，中心校由县统筹，村小学由各乡在征收的夏秋两季教育粮中统筹，不足部分再由村农民协会筹拨。1954 年，取消教育粮，教育经费列入国家预算，由县财政统一拨款。1957 年，开始兴办民办学校（农业生产合作社办），这类学校的经费来源一是主办单位筹措，二是收学生学费，三是勤工俭学收入，四是国家根据需要与可能酌情补助。1982 年起，民办教师工资由教育部门在全县范围内统筹统支，其办法是国家补助民办教师工资每月人均 17.6 元，不足部分，向学生收统筹费，每生每学期小学收 1.5 元，初中收 2 元，高中收 2.5 元。1986 年起，增收民办教师统筹费，每学期小学每生收 3 元，中学每生收 4.5 元。1951—1990 年岑溪县财政拨支教育经费情况如表 51-3 所示。

表 51-3 1951—1990 年岑溪县财政拨支教育经费情况

单位：万元

年份	拨款数	占县财政总支出 /%	年份	拨款数	占县财政总支出 /%	年份	拨款数	占县财政总支出 /%	年份	拨款数	占县财政总支出 /%
1951	19.4	35.2	1961	87.51	23.4	1971	129.88	24.2	1981	436.87	31.3
1952	53.24	49.6	1962	84.63	31.87	1972	174.62	26.7	1982	466.87	35
1953	63.84	40.9	1963	83.18	28.1	1973	174.44	30.5	1983	466.7	33
1954	48.84	46.6	1964	95.56	27.1	1974	190.35	28.3	1984	531	30.8
1955	52.22	42.6	1965	101.1	33.6	1975	195.5	23.6	1985	702.52	33.4
1956	70.2	41.6	1966	116.06	34.8	1976	205.58	26.9	1986	845.57	28.6
1957	85.9	37.2	1967	129.56	33.2	1977	219.77	29.3	1987	988.62	28.7
1958	76.3	26.8	1968	110.3	31.7	1978	269.73	27.6	1988	1117.94	27.7
1959	85.15	22.6	1969	107.25	21	1979	323.7	27.5	1989	1223.84	25.3
1960	118.14	21.2	1970	102.71	21.1	1980	393.93	27.8	1990	1386.6	24.2

第二节 校舍

清末及民国时期的学堂、学校绝大部分都是利用旧祠庙略加改建扩建而成，县城的表证中心校和岑溪中学，大部分是明伦堂、启圣宫、文昌宫、城隍庙、书院文场、宋公祠等旧建筑，新建的不多。解放后，走群众路线，贯彻"两条腿走路"的办学方针，20世纪50年代至70年代，国家拨款。群众捐工献料，师生勤工俭学，改建和扩建了不少新校舍，多是因陋就简建起来的。至20世纪80年代初，出现不少危房。从1980年起，县、乡、村采取积极施，筹集资金抢修危房，增建新房。1982年年底统计，全县共集资285.583万元，其中区教育厅拨28万元，县财政拨35万元，教育事业费节支24.56万元，社队群众捐献139.583万元，学校自筹58.44万元（表51-4）。一般维修面积16 800平方米，新建砖木结构平房5880平方米。钢筋水泥结构楼房施工面积38 420平方米，竣工面积14 535平方米。1983年，全县中小学校舍总面积达380 450平方米，其中1978年中共十一届三中全会后新建的面积42 756平方米，占校舍总面积的11.24%。

1985年，县成立抢修中小学危房领导小组，从1985—1989年2月，全县集资总额2145.3万元，拆除严重危房45 622平方米，维修一般危房176 104平方米，回建校舍50 675平方米，扩建校舍77 730平方米（其中不少是2~4层的楼房），铺水泥地板176 948平方米，更新门窗25 819平方米（表51-5）。

表51-4 岑溪县若干年份修建校舍集资情况

单位：万元

年份	当年小计	教育部门及县财政拨款	乡镇拨款	村拨款	群众自筹	捐工折款	捐料折款	学校自筹
1982	285.583	87.56			139.583			58.44
1985	90.9	47.8	2.7	6.3	10.4	10.1	3.5	10.1
1986	137.9	36	6.8	14.1	28.2	12.3	9.8	30.7
1987	338.1	75	17.9	34.6	106.2	18.7	21.7	64
1988	1578.4	41.3	51	143.2	569.2	305.7	231.6	236.4
合计	2430.883	287.66	78.4	198.2	853.583	346.8	266.6	399.64

表 51-5　1990 年岑溪县各类学校校园校舍面积情况

类别	学校数（含分校）/所	容纳学生数/人	校园面积/平方米	平均每生占有/平方米	建筑面积/平方米	平均每生占有/平方米
小学	596	96 771	1 703 163	17.6	375 616	3.88
中学	20	13 809	464 669	33.65	139 558	10.1
职中	3	785	271 306	345.6	9150	11.66
合计	619	111 365	2 696 397	25.4	524 324	4.94

说明：小学校舍为小学班、学前班和附设初中班共用，故小学的学生数含这 3 类学生在内；中学的学生数已减除小学附设初中班学生 7526 人。

第三节　教学设备

解放前和解放初期，学校最基本的设备课桌椅陈旧残破，数量不足，有的学校学生自带桌椅或用砖头架木板来代替。1952 年后，逐步购置更新，但因入学人数激增，课桌椅仍不能满足需要。1980 年后，发动群众捐款、捐工献料，到 1988 年实现学生人人有课桌椅，并且部分是全新的单人桌椅。

民国时期，岑溪中学图书馆的藏书有 1 万多册，生物仪器最贵重的是一台显微镜，理化仪器有磁铁、天平、试管、试纸之类，实验时只能由教师在课堂上做演示实验。解放后，教学仪器设备逐年增加，公办中学校校有图书馆、阅览室、实验室。岑溪中学图书藏书 23 万多册，其他各中学藏书亦在一万册以上。中心小学校校有图书室，附城中心小学藏书 4700 多册，其他中心小学藏书亦在 1000 册以上。村小学设有阅览室，一般藏书有 500～1000 册。1990 年，全县中小学共有实验室 46 间，总面积 2790 平方米；仪器室 18 间，总面积 2752 平方米。教学仪器总值 81 万元。中学实验开出率，初中为 100%，高中达 90% 以上。电化教学设备有彩色电视机、电影放映机、幻灯机、录像机、计算机、录放机等，岑溪中学还建立了计算机室，县教研室电教仪器组建有卫星电视接收站，收录和转播中国教育电视台的电视节目。

体育设施方面，1990 年中心小学和大部分村小学，都有篮球场、乒乓球场、沙池、短距离跑道，有的还有排球场、单双杠、垫子、爬竿、滑梯等设施。中学有体育场地 105 200 平方米，平均每生占有 4.93 平方米；有篮球、足球、排球、羽毛球、乒乓球、门球等各种球场 195 个，跑道 6400 米，沙池 43 个；铅球、铁饼、手榴弹、标枪等各种投掷器具 535 件；跳箱、垫子、木马、木山羊、单杠、双杠等体操器械 347 件。

第52章 勤工俭学

1933年1月,在岑溪县第一次县政会议中,县政府秘书、教育局长、自治区筹委会代表等联名提出《拟提倡工读教育养成勤俭之风案》,倡议自校长至学生实习种植蔬菜、洗衣、理发等事,经会议全体通过。岑溪县立初级中学、私立永业初中和部分中心校办了农场或园艺场,每周安排劳作时间一节课,种植蔬菜及花果等园艺作物。

解放初,本着"自力更生,勤俭办一切事业"的原则,诸如修建校舍、捡拾禾穗、修理课桌椅等勤工俭学活动,已普遍在学校中开展。1955年后,逐渐增加种养等勤工俭学项目。1958年,在"大跃进"的形势下,全县中小学办农场、花果山、饲养场和工厂。岑溪中学在校园及周围的空地上建7座炼铁土高炉,开荒种花生、红薯、木薯、玉米、南瓜、蔬菜,养猪270头,鸡1400羽,收获花生油460千克,南瓜9000千克,玉米3500千克,蔬菜自给有余,有一株产块根50多千克的木薯,1959年送自治区勤工俭学展览会展出。1960年,该校被评为全国先进单位,党支部书记兼校长董振胜代表学校出席全国文教群英会。农业中学种养的更多。1959年后的三年经济困难时期,师生继续发展种养,生产劳动时间大大超过了原定教学计划的安排。

1971年,学校贯彻毛泽东主席的"五·七"指示和《全国教育工作会议纪要》的精神,开展学工学农活动,开荒种地、养猪、采松果、种茯苓、捡粮等。1971年,全县学校卖给国家的产品有松米15.45万千克、茶叶4.55万千克、桐果1万千克、甘蔗5.53万千克、蔗糖2.85万千克、稻谷7.85万千克、木薯17.85万千克、小麦27万千克、花生8.5万千克、黄豆3725千克、药物2.7万千克。1974—1975年,教育学大寨、学朝农、学浦北,中小学造田造地、大种大养、大办工厂。1976年,全县各类学校共有农场4426亩、林场11 522亩、果园2366亩、养猪1635头、牛24头,产粮412 576.3千克,收入217 296元;校办工厂69间,年产值143 945元。

1977年后,教学秩序逐步恢复正常,种养规模缩小。1977—1980年,全县学校共产粮81.5万千克，勤工俭学总收入为171.3万元，纯收入107万多元。其中，修建校舍7300平方米，费用293 170元；支付民办教师工资298 600元，口粮66万千克；增置教学设备108 041元；垫付减免学生学费61 284元；扩大再生产213 410元；师生福利费39 000元，奖励费65 000元。有79个大队的民办教师（占全县民办教师总数32%）工资，除国家补助的部分，其余全部由学校的勤工俭学收入支付。

1980年10月，成立岑溪县勤工俭学联合公司，办理全县勤工俭学的供销业务。1982年，贯彻《全国中小学勤工俭学暂行工作条例》，调整了勤工俭学项目和生产劳动基地，农林场基地5513亩，种茶、桂、八角、果树、竹、杉、湿地松等经济效益较高的扎根项目，并以短养长，办苗圃、鸡场、鱼塘、食用菌种厂、编织厂、盆景、水泥制品厂、服务小店等，年产值197.06万元，纯收入72.25万元（平均每生收入6.93元）（表52-1），其中有13所学校收入超万元，收入最多的南渡中心小学纯收入48 000元。这一年县教育局被评为全国勤工俭学先进单位，自治区勤工俭学会议在岑溪县召开。勤工俭学产品桂皮、园肉、八角、柚子、软枝油茶种子、茶油、学生作业簿、铁打药丸盒等共10多种选送北京"全国中小学勤工俭学成果展览会"参展。县委、县政府明确提出学校勤工俭学的指导思想是"陶冶学生思想，培养学生技能，增加学校收入，改善办学条件"；原则是"因地制宜，发展优势，既拾'西瓜'，又捡'芝麻'，项目落实，校校开花"；措施是"政策上开'绿灯'，行动上部门配合，各方支持"。奕清小学在村公所和群众的支持下，造林230亩，收益作为办学基金。

1982—1990年岑溪县勤工俭学纯收入情况如表52-1所示，1984年县各类学校勤工俭学情况如表52-2所示。

表52-1　1982—1990年岑溪县勤工俭学纯收入情况

单位：元

年份	纯收入	平均每生	年份	纯收入	平均每生	年份	纯收入	平均每生
1982	722 500	6.73	1985	752 700	6.93	1988	2 252 000	22.74
1983	625 900	5.86	1986	925 100	8.56	1989	2 230 000	23.92
1984	682 300	6.20	1987	1 243 300	11.8	1990	2 350 000	22.13

表52-2　1984年岑溪县各类学校勤工俭学情况

校别	工厂			农林场				纯收总计/万元	平均每生收入/元	收益分配合计/万元	发展生产基金	改善办学条件	师生集体福利	师生奖励费	学生生活补助	其他
	厂数/家	总产值/万元	纯收入/万元	面积/亩	粮食总产/万千克	纯收入/万元	其他收入/万元									
总计	36	178.72	22.78	7700	16.79	12.32	33.13	68.23	6.20	60.12	11.57	26.12	6.02	8.53	4.51	3.37
小学	28	163.17	19.76	6100	16.08	9.25	18.67	47.68	4.89	42.49	7.82	18.64	3.67	6.17	3.54	2.65
中学	5	13.94	2.86	300	0.68	2.84	13.14	18.84	11	16.07	3.34	6.87	2.17	2.19	0.86	0.64
农职中	2	0.97	0.12	1300	0.03	0.23	1.12	1.47	20	1.32	0.41	0.47	0.13	0.12	0.11	0.08
教师进修学校	1	0.64	0.04				0.20	0.24	12	0.24		0.14	0.05	0.05		

第53章 管理

第一节 行政管理

明、清时期，县设儒学署为教育行政机构，由教谕主管，训导佐之。其职责主要是主管文庙祭祀、管理县学、教育和考核生员，并保荐合格生员参加乡试。

清光绪三十三年（1907年），根据学部奏定的《劝学所章程》，裁撤儒学署，县设立劝学所，有学务总董1人，视学员2人；每乡设一学区，每学区有视学员1人，负责学区的学务检查和监督。宣统二年（1910年），学务总董改称劝学长。劝学长主要任务是管理官立学堂和劝诱地方人士开办学堂，改良教育，审批私立学堂和改良私塾。关于办学的具体事宜，则由主办者自行管理。

1923年，劝学所改为教育局，设局长1人，视学员2人，办事员3～4人。1930年，视学员改称督学，巡回视察小学，对教学进行检查监督。1933年，裁撤教育局，教育、文化的行政事务由县政府第三科负责。该科设科长1人，督学2人，科员1人，办事员2人。县属各区设教育委员会，管理区内教育、文化行政。1934年起，乡长兼任中心国民基础学校校长，村干部兼村国民基础学校校长，由基层行政官员直接管理学校。1948年，县政府第三科并归第一科，设专人管理。

1950年，县人民政府设立教育科，科长1人，科员2人。1951年，改为文教科，总管文化和教育。1956年，县人民委员会文化、教育分科，但各区公所仍由文教助理总管文化教育。1958年，文化科、教育科合并为文教局。1961年为文教科。1963年，文化、教育再分别设科。1968年，裁撤教育科，教育行政工作归县革命委员会政工组教育小组管理，各公社教育组同时改为教改组。1972年，设教育局。

1987年，改革教育管理体制，实行分级办学，分级管理。教育局设秘书、政工人事、计财三股和招生办公室。县管高完中、职业中学、教师进修学校、重点中心小学和县直属幼儿园；乡镇成立教育委员会，管理乡镇初中、小学和成人学校，具体工作则由乡镇教育组执行。每乡镇教育组配备5~8人。

第二节　教学管理

科举时代，教学由主办者自行管理。民国时期，由视学员或督学巡回视察，了解学校办学情况和教学计划执行情况，1927年秋，省视学员曾到县视察中小学学务。

解放初期，以中心小学为中心划分学区，学区内村小学的教学管理由中心校长负责。当时的管理工作主要是听取各村小学的汇报，传达上级的指示，星期天组织教师集中学习党的教育方针、政策、学习老解放区和苏联的教学经验并举行观摩课。中学由专区教育局（科）管理。

1954年，设立教研室，当时无专职人员，由教育科指定附城中心小学校长兼理，不定期出版《岑溪教育通讯》，交流教学经验和报道教育动态。1956年，教研室配备专职人员4~5人，定为教育科下设的二层事业机构，管理小学教学。1959年，增加中学教育和幼儿教育的教研员，分为中教、小教和幼教3个组，不定编，教研员经常保持10人左右。其工作面向学校：每学期进行一两次面上调查或重点检查教育普及情况、学校教学情况和教研活动的开展情况；到重点学校组织教师开展教学改革专题研究活动；召开县的教研会议，组织现场观摩教学，推广教学经验；编印《岑溪教育》期刊；协助教育行政对教师和学生进行考核，检查教学质量。

1978年，拨乱反正后，进一步充实教研人员，配备有中小学各基础学科和体育专职教研员，1990年，教研室编制人员26人。

第七部分 蒙山县教育篇

蒙山县（1990年前）[①]

第54章 管理机构和学校分布

明成化间，蒙山县始设学宫。清顺治年间建学正署，县内仅有书院一间，少数村民子弟只能进私塾读一两年书而已。光绪末年，书院改为学堂。民国初期，县内逐渐兴办新学，建立初、高等小学，但校舍大多以庙宇充当。1930年，全县有高小8所，初小121所，并正式始建中学一所。解放后，教育事业虽经曲折，但仍有较大发展，人民文化水平有了显著提高。

第一节 管理机构

蒙山县明朝称永安州。明成化十三年（1477年），首任知州闭鲁兴行修学，兼任学官。万历年间，州学中开始设立学正。清顺治十三年（1656年），州内建造学正署，作为教育管理的专门机构。康熙四十七年（1708年），并设训导一职。光绪三十年（1904年），州内设立学务公所，有所长及董事等员。光绪三十一年（1905年），裁撤学正与训导，次年把学务公所改为劝学所，设总董（兼督学）及劝学员各1人，各学区下设学董及村董，在州牧的监督下管理全境学务，宣传兴办新学。民国初期，教育管理尚沿袭清朝旧制。至1916年，取消总董职衔，仍设劝学所。劝学所有所长1人，劝学员2人，并在每一行政区及学区分别设学务委员和办学员各1人。1925年，劝学所改为教育局，设局长1人，视学、导学各1人。1928年10月，局内增设办理文牍庶务人员2名。1932年，局内分设两课，设课员2人。一课负责管理教育行政事宜，二课负责教育业务事宜。尔后，县设立教育委员会，裁撤教育局，

[①] 蒙山县志编纂委员会.蒙山县志［M］.南宁：广西人民出版社，1993：480-504.

在县政府内设教育科。教育科设科长1人，督学1人，科员2人。1936年，奉省府命令，实行政务、民团、教育的"三位一体"管理办法，裁撤县督学，改设乡村政务督察员负责乡村的政务、民团、教育工作。1938年4月，裁撤乡村政务督察员，由县府第三科负责教育行政管理工作。1940年，复设县督学。次年，复设教育科。

1949年12月，县人民政府成立，设文化教育科。1953年，各区配备文教助理员。1954年5月，文教科分为文化科、教育科。1955年9月18日，设立县教学研究室（简称教研室）。1956年春，各区设教学辅导员。1958年9月，文化、教育、卫生三科合并，统称文教卫生科。次年10月，文教卫生科再次分开，设教育科。1962年1月，教育科复与文化科合并，改为文教科。1963年7月，文化、教育再次分开设科。1964年2月，文化、教育又并为文教科。1968年4月，县革命委员会成立，内设教育小组，隶属于政工组。1969年，各公社设教育组。1974年4月，教育小组改为教育局。1987年，教育局设人事股、教学股、后勤股，另设督导1人。1989年年底，有局长1人，副局长2人，党组副书记1人，其他干部4人。教研室人员28人，其中主任1人。教研室人员中，有中学高级教师1人，中教一级3人，中教二级5人，小学高级教师10人，小学一级教师6人，助理会计师1人。

第二节 学校

一、学宫、书院、私塾

（一）学宫、书院

蒙山县唐朝已建有孔夫子庙。明成化十三年（1477年），设置永安州，从州内选择优秀儿童入学，全县学风渐兴。随后，知州彭栗在州城内西侧建文庙作学宫，亲任学官，还亲自给生员讲课。嘉靖年间，战事频仍，社会动荡不定，学宫毁于兵燹，州内塾庠不振。万历四年（1576年），知州廖宪在修复官署的同时，在州城外东南辟地另建学宫，学务得以恢复。万历三十六年（1608年），学宫倒塌，知州王汝服请上面拨来款银，并在州中发动募捐，复建建宫。后聘塾师相继执教，学务成效颇显，到省城参加乡试生员及乡试考中者有所增多。明末清初，学宫再次毁于兵燹。清康熙五年（1666年），知州邓林尹重建先师庙、启圣祠、灵星门，并在城内官署大堂背后之偏东，建三间作书院，名为"众春书院"，由邑中有名望的学者在这里讲学。康熙十一年（1672）年，知州何呈秀再建明伦堂，改善州中学务校舍设施。越几年，地方战事再炽，州中学务再度颓废。康熙十八年（1679）年，知州丁亮工与州中士绅商议，倡捐款银，修复明伦堂、尊经阁，始建正殿及两庑，购"五经"藏于尊经阁，颁布乡约16条，改原众春书院为仕优园。又在尊经阁下设义学，由王如辰任督学，聘请邓青螺为塾师，对生员给以廪膳。开设帖恬辞章及童蒙诵记，讨论古今，讲释经义。学习结业，从生员中选拔优秀者为"社师"。这些人获得在社学中任塾师的资格。康熙四十七年（1708年），学宫再度倾圮、颓坏，知州陈大犟与士绅商议，把学宫由城外迁回城内，并创复义塾，前是大门，中作讲堂，后为寝室，左右为庑舍，共10楹。次年落成，复设为书院，取名"眉江书院"，并置买水田41丘，年租谷2千斤，供书院作义学经费。雍正二年（1724年），知州吴琦重修眉江书院，并适当扩建。咸丰元年（1851年），太平军攻取永安州城，城内外一切庙宇、学务场所及藏书均被认作妖宇、妖书捣毁焚烧，眉江书院改作讲道场所。同治五年（1866年），知州刘深倡导募捐，依原旧址重建各庙宇，把书院、文庙、文昌阁等陆续修复。在原常平仓址，改建儒学副署，工程甚大，至同治十年方竣工，门墙栋字焕然一新，书院与庙宇始分立，书院四旁为学舍，讲台居其中，藏书铺舍亦建于内。光绪十四年（1888年），学宫再次重修。光绪二十四年（1685年）—二十六年（1687年），聘请解元举人孔庆麟掌教眉江书院。光绪二十九年（1903年），清廷下令废除八股，眉江书院即改为成达学堂。

据旧志载，明、清时期永安州有贡生、廪贡、附贡共145人。清代时，永安州有300人被录取为生员，进入书院读书。文武生的学额是：岁试录取文生员15名，武生员15名，科试录取文生员15名。优贡的学额是：顺治二年（1645年）及康熙二十四年（1685年）议准，府学选送2名，州县学选送1名。贡生的学额是：3年1名。拔贡的学额是：康熙年间每12年举行一次，府学2名，州县学各1名。雍正六年（1728年），改为6年举行一次。乾隆七年（1742年）复改为每12年举行一次。嘉庆五年（1800年），奏裁武生3名，廪生、增生各6名。

（二）考试

清代，童试试场设在考棚（现公安局处），所有儒童或童生都有资格参加。考生先集中于考场外，经监考官检查身上确无作弊东西（书、字条等）后，方可进场。考场设置是：每考生一间小房，里面除考试需用文具外，别无他物。经考试合格，便录取为书院生员。省城举行的乡试，则是选拔优等生员参加。明清时期，蒙山县参加乡试中举的有20人。其中，光绪己卯科（1879年）乡试中，孔庆麟得中解元。清朝时，蒙山县先后有陈齐登、范云梯、萧韶美等人赴京城参加会试，范云梯殿试时因病不能应试。雍正二年（1724年），陈齐登考中二甲37名进士。

（三）书院经费

书院每年田租24 000多斤，易为银两。另规定各新迁入籍的人家，要捐银10两给书院；如无捐者，其子孙在书院读书的津贴费及应举时的宴请费完全由自己支付，书院永无支给。举人入京会试及拔贡入京朝考，书院均帮路费银40两；生员赴省乡试，书院帮宴请银4两；新生入学，书院帮束金银4两；书院考试成绩超等者，每名奖膏火（津贴费用）钱1100文；成绩特等者，每名奖800文；童生上取者，每名奖800文；中取者，每名奖400文。清嘉庆时期，举人建造宅第，书院帮银20两，在地丁银动支。

（四）私塾、私学

县内私塾，唐开科考试时即应运而生。明清时期发展较快。清朝乾隆年后，大多数乡村皆办有私塾，其形式多种多样，有的是用家族祠堂的公田租谷收入聘师执教，族中子弟免费就读的；有的是富户聘师在家开办，供其子弟及亲朋子弟就读的；有的是几户或十几户人家捐款聘师以庙宇作教室办的；还有的是乡里有学问的人自招学生开教馆的。那时，大多数人民生活贫苦，无力供子女上学，故就学儿童比例极少，能深造上进的，几乎全是殷富人家的子弟。塾师一般由具有秀才资格以上的人担任。私塾开设的课程，启蒙读《三字经》《四字经》，继而读《成语考》《千家诗》《故事琼林》等，但无统一的规定。县内较有名气的私塾有：清道光年间黄村黄立林在家中办的"映雪轩"私塾；光绪年间，黄冠英在寺村办的私塾；姚荫南在东乡大塘办的私塾；余肇宣在新开村办的私塾；关玉臣在三石村办的私塾；黄子敬在黄村办的私塾；莫子恒在莫家村办的私塾；姚廷珠在寺村开办的私塾；晚清时期,在县城节孝祠开设的女子私塾;民国初年,陈子标在县城陈氏祠堂(现县大礼堂对面处)开办的私塾;县城蒙伯卿在家中开办的私塾;吴小春在县城吴氏祠堂(现县人民武装部一带)办的"专修馆"。清朝时,私塾诸生学满3年后,可参加童试,考取生员到书院进读。民国初年,私塾期满的学生可进读专修馆。1935年,蒙山县仅存一间私塾,学生15人。到1947年,县内私塾才最后消失。明清时期永安州拔贡名单及科第举人情况如表54-1和表54-2所示。

表54-1 明清时期永安州[①]拔贡名单

朝代	姓名	时间	
		原历	公历
明代	莫逊佐	万历四十年	1612年
	黄暐远	崇祯年间	
清代	蒋允旦	康熙年间	
	陈诗	雍正元年	1723年
	莫若琇	嘉庆二十三年	1818年
	莫拱辰	道光十七年	1837年
	莫世堉	道光二十九年	1849年
	莫世楷	咸丰十一年	1861年
	黄凤麟	光绪十一年	1885年
	范云梯	光绪二十三年	1897年

表54-2 明清时期永安州科第举人情况

朝代	姓名	中举时间		任职情况
		原历	公历	
明代	程英	弘治二年	1489年	
	莫逊仕	万历二十二年	1594年	辽东自在州知州等职
	欧凌霄	万历二十五年	1597年	安庆通判
	徐仕龙	崇祯九年	1636年	

---

① 永安州,明清时期的蒙山县名称。

续表

朝代	姓名	中举时间		任职情况
		原历	公历	
清代	蒋进	康熙八年	1669年	
	邱上云	康熙八年	1669年	
	刘中桂	康熙三十五年	1696年	
	陈凝	康熙四十一年	1702年	海澄县知县
	王念璋	康熙四十四年	1705年	永福县教谕
	黄三召	康熙五十年	1711年	
	蒋曾羽	康熙五十三年	1714年	
	陈齐登	康熙五十六年	1717年	
	杨文权	乾隆二十七年	1762年	上林县教谕
	曹焯	乾隆三十年	1765年	
	袁馆	乾隆四十八年	1783年	来宾县训导
	刘三连	乾隆年间		
	陆宁	嘉庆五年	1800年	浙江司库大使
	莫若琇	嘉庆二十三年	1818年	梧州等训导、湖北咸宁知县
	莫若玑	道光二年	1822年	
	杜隆瑜	道光十一年	1831年	
	李公善	道光年间		
	冯汝修	同治六年	1867年	湖南清泉嘉禾知县
	陈培寿	同治十二年	1873年	宣化县教谕
	孔庆麟	光绪五年	1879年	掌教眉江书院
	李盛春	光绪十四年	1888年	
	李清华	光绪二十年	1894年	
	黄榜标	光绪二十年	1894年	梧州军政府长、陆军少将
	姚廷珠	光绪二十年	1894年	
	萧韶美	光绪二十三年	1897年	兴业县长、蒙山中学校长、蒙山修志局局长

二、幼儿园

（一）幼儿园发展概况

1937年，县城始建幼稚园，地址在原县立女子小学旧址，配备主任1人，保姆1人。第二年招收幼儿60人，第三年扩大招生至90人。入园的儿童一般在4～6周岁，每班定额为30人，早上由家长送来，晚上接回家。当时进入幼稚园的，都是士绅及富家的子女。幼稚园的教材是当时发行的《幼稚园读本》，辅以唱歌、游戏、写字及手工劳动。1944年，日本侵略军侵占蒙山县，幼稚园停办。

1955年9月，蒙山中学附设一个幼儿班，大多数是教工子女。1958年，县幼儿园正式成立，有主任1人，教师6人，保育员3人，炊事员2人，招收幼儿3个班，分大、中、小班。当年，各行各业都在"大跃进"，各公社生产队也纷纷办起幼儿园，教师由生产队选派。这年，全县办起幼儿园151所，有幼儿教师及保育员204人，入园幼儿达4710人。次年，国民经济进入困难时期，全县所有队办幼儿园均停办。1967年，县幼儿园停办。1969年，一些生产队办起了红幼班，教师由生产队稍有文化的女社员担任，领取生产队的工分报酬。1972年，县幼儿园复办，1978年地址迁到民主街原武装部宿舍，有主任1人，教师3人，当年招收双职工子女57人入园。1979年11月，中共中央、国务院转发《全国幼托工作会议纪要》后，蒙山县幼儿教育事业有了新的发展，除县办幼儿园外，文圩、新圩、陈塘、黄村等乡镇，也办起了幼儿园。1980年，全县有幼儿园5所，共10个班，有教职工23人，入园幼儿372人。1989年，幼儿教育事业进一步发展，全县有幼儿园10所，教职工86人，其中专职教师71人，有57个班，幼儿2356人。

（二）县幼儿园简介

1958年，创办县幼儿园，地址设在今县政府车库（原文庙）处，1967年停办。1972年9月复办，园址在原师范（今武庙右侧）处，1978年9月迁到今地（原民主街县武装部宿舍）。1982年，园址正式划归县幼儿园所有，占地850平方米。当年，建起了教学大楼一幢，有教室9间，全园建筑面积达600平方米，另有活动场地一块。有5个班，学生189人；主任1人，教师4人。1989年，学校增至9个班，有学生335人，有主任1人，教师及保健员共31人，其中教师19人，全部系中师、高中毕业。专任教师中，获得小学一级教师职称的有5人，二级教师的有2人，三级教师有3人。课程设置有：识字、故事、常识、儿歌、计算、美工、音乐、体育、游戏。玩具有：大象三滑梯、龙船、水车、双头马、攀登架、转盘车、小汽车。教具有：手风琴2部、脚踏风琴2部。幼儿园设医务室，有兼职医生1人。入园对象是：县直属单位职工年满4周岁的子女。

三、小学

（一）小学发展概况

光绪二十九年（1903年），永安州眉江书院改为成达学堂，这便是新学的开始。但学堂里书院旧习未改，农家子弟因贫来去无常，绅商之家又嫌学堂简陋，不愿送子弟前往就读，学生人数时多时少。光绪三十一年（1905年），州官肖立炎及地方乡绅捐助，在原书院后座增建校舍，再改成达学堂为永安州两等小学堂，前来就学的人统称学生。光绪三十四年（1908年），永安州共分五区，除州办的两等小学堂外，第一、二、四区共办起4间初等小学堂，学生218人。第三、第五区已筹有办学款项，因教员难得，未成立学堂。宣统元年（1909年），州内办学风气渐开，全州共建官立学堂16所，另有私立小学20所，各小学堂学生共达1360人。学堂的校舍，大多因陋就简，用当地祠堂、庙宇充当。宣统二年（1910年），在州城泗洲寺办起了城南初级小学堂，在土地庙办起了城北初级小学堂，在通文街东关庙办起了城东初级小学堂，在佐罗庙办起了城西初级小学堂。1913年，学堂改称为学校。蒙山县两等小学校裁初小，改办成蒙山县立高等小学校，学校被树为县内学务典范。自是年起，全县办学空气益盛，尤以县境北部的古排、新圩、四联等乡村办学成绩较为显著。新圩乡山柏村利用雷王庙设学，其他凡设有学校的附近乡村，私塾的学童也逐渐转入学校，依原劝学所确定的办法进入相应的年级就读。1915年，各初等小学校依上级指令一律改称国民学校。1917年，在县城外东南侧的"昭忠""节孝"祠旧址，开办一所女子小学，定名为蒙山县立女子初级小学校。后招收高级班，改称蒙山县立女子小学校。1919年，全县已有县立高等小学和第四区（新圩）区立高等小学2所，共有学生169人；另有国民学校（即初级小学）88所，学生3081人。这时，县内学务开始向南面山区延展，在陈村塘附近的私塾也合到当地新近建成的三清庙，成为陈村塘初级小学校。1921年，县小学教育事业进一步发展，西河区新村村公所发动民众献工献料，建成新村初级小学校；文圩区民众把大寺庙神像搬掉，改建成第二区区立高等小学校。1926年，黄村乡民众把旧乡公所后的公房改建成第三区区立高等小学校。是年，县立高等小学停止招生，集中力量办师范讲习所及区乡小学。1930年，偏僻山区夏宜村也以民房改作教室办成初级小学；樟村也在地方士绅的倡议下，附近8村民众捐资献料，建成升平村国民基础学校。这年，全县初级小学增加至121所，学生5118人；高级小学8所，学生564人。当时，全县总人口89 875人，已入学儿童5682人，儿童入学率居全省第16名。1934年，水秀村民众以十佛庙作教室，办成水秀中心校；东平大塘村民众亦在盘古庙办起了高小班。1935年，县设立强迫入学委员会，贯彻国民政府颁发的《强迫入学条例》，规定开学后适龄儿童尚未来校者，则对其家长或监护人处3元以下的罚款；无法缴纳罚金者，可用劳工相抵，每个劳工可抵罚款0.5元。同时，对有条件兼办高级班的国民基础学校，县府给设置高级班，也让一些村街学校设立分校。这年，全县中心校增至15所，初级小学增至154所，全县在校小学生达7505人，占全县学龄儿童总数的73.7%。1936年，新开村民众捐资献料，把六吉冲口的邓公爷庙拆掉，建成新开中心国民基础学校；佛子村在廖家祠堂、大明村在高天庙、夏龙村在本村也分别办起了初级小学。1941年，古排马云青利用自己的房屋作为教室，办起云青小学一间，吸收邻近村民子弟入学。1944年冬，日本侵略者入侵蒙山，有49所学校遭受破坏，教育事业元气大损；光复后，经各方面努力，才得复苏。1949年，全县有中心校17所，教职员147人；村街立初级小学141所。

解放初期，土匪猖獗，全县小学只有45所学校开始上课，学生1605人，教师85人。经过清匪反霸、土地改革，人民安居乐业，小学教育事业随之得到较大发展。1953年，全县有小学138所，在校学生13 071人。是年冬，开展整顿小学工作，调整小学布局，健全各项规章制度。1960年，我国国民经济于处困难时期，小学教育也作相应的调整，将古定、荷村、新村、新联、庆龙、大莫、罗应等6所完小，改为初级小学；又将其余的26所完小，合并为22所，增设乡小6所。1962年，撤销程村分校、白竹分校、大岭分校、长坪分校、青州古崩分校、道冲二校、中垌分校、中村分校。1964年，贯彻"两条腿走路"的办学方针，采取多种形式办学，全县办起了早、晚班的耕读小学343所，360个班，有学生7274人。耕读小学办起后，全县学龄儿童入学率由55%上升到89%。1966年秋，全县小学"停课闹革命"，取消考试制度，小学升初中由贫下中农推荐。1967年，小学"复课闹革命"，耕读小学停办。1969年1月，公办小学下放到大队办，小学教师全部回到原籍大队学校任教，分配到生产队同社员一起领工分（不足工资部分由国家教育经费补贴），称"民办公助"。同时，小学校点增多，教师严重不足，因此大量吸收民办教师。1972年1月，小学公办教师恢复工资制，不再在生产队领工分。1978年，恢复考试制度，全县小学贯彻"调整、改革、整顿、提高"的八字方针，对学校设点布局作适当调整，整顿民办教师队伍，对文化及业务水平较低的教师进行培训，小学教学逐步按照自己的规律进行。1985年，县教育部门重新确定中心校的资格，增加了一些中心小学校。当年，全县有中心校16所，完小51所，教学点105个，达到普及初等教育的基本要求，由自治区人民政府发给"普及初等教育合格证书"。至1989年，全县有小学74所，教学点76个（表54-3）。其中，中心校23所，分别为蒙山镇一小、二小、文平、大塘、古排、水秀、新圩、四联、文圩、大明、大龙、安富、壮村、长坪、黄村、百合、新开、汉豪、白竹、陈塘、下漂、寺村、夏宜。

（二）学制

光绪三十二年（1906年），按清朝学部的《重定学堂章程》规定：永安州两等小学堂中的初小学制为5年，高小学制为4年。宣统二年（1910年），初等小学学制由5年改为4年。1913年，县高等小学学制为3年，初等小学学制仍为4年。1922年，高等小学校改称高级小学校，学制为二年。此种学制一直沿用到解放初。解放后，小学实行6年制（四二制，即初小4年，高小2年）。1970年3月，改六年制为五年一贯制。至1989年，全县小学仍沿用这种学制。

（三）课程设置

清朝末年，永安州两等小学堂中的初中设修身、读经讲经、中国文字、算术、历史、地理、格致、体操等科；高小开设修身、读经、讲经、中国文字、算术、历史、地理、格致、图画、体操等科。除此，视教员配备情况，有时尚开设手工、农业、商业等科。1912年，县内各初等小学开设修身、国文、算术、手工、图画、唱歌、体操，并将清末的格致改称"理科"。1922年，初小设国语（包括作文、写字）、算术、社会、音乐、体育、形象艺术；高小加设卫生、公民、历史、地理、自然、美术。1929年3月，公民课改为党义课。1932年，小学课程有：公民、卫生、体育、国语、算术、社会、自然、劳作、美术、音乐、历史、地理。这些课程设置一直沿用至1949年。

解放后，小学取消公民课。20世纪50年代，初小的课程主要有语文、算术、体育、图画、音乐、手工、课外活动，高小开设课程有语文、算术、

表 54-3 1989年蒙山县小学情况

乡（镇）	校数/所	教学点/个	班数/个	人数/人	一年级 班/个	一年级 人数/人	二年级 班/个	二年级 人数/人	三年级 班/个	三年级 人数/人	四年级 班/个	四年级 人数/人	五年级 班/个	五年级 人数/人	复式班/个	学龄儿童入学率/%
合计	74	76	668	19 670	140	4429	129	4080	119	3960	121	3883	115	3318	44	98.5
蒙山镇	9	10	116	4465	26	956	26	961	21	905	21	893	21	750	1	99.7
西河乡	13	14	123	3524	26	751	24	735	22	713	23	715	21	610	7	99
新圩乡	9	6	71	2047	15	493	12	410	12	391	13	386	14	367	5	99.2
文圩镇	10	12	101	3511	21	800	19	688	19	691	19	711	18	621	5	98.3
黄村乡	10	11	81	2191	16	531	14	485	13	425	15	412	14	338	9	97.1
汉豪乡	6	8	56	1218	13	294	12	240	11	263	9	243	9	178	2	98.47
陈塘镇	9	11	78	1870	15	434	15	405	14	394	12	346	12	291	10	98
长坪乡	2	4	14	290	2	53	1	54	1	64	3	67	2	52	5	97
夏宜乡	6	0	28	554	6	117	6	102	6	114	6	110	4	111	0	98

自然、历史、地理、农业常识、体育、音乐、图画。1955年8月，全县小学教师集中县城学习汉语拼音知识，下半年全县小学语文课增加拼音教学。1966—1976年，课程开设不稳定，一、二、三年级课程先后有语文、算术、体育、唱歌、绘画、军事体育；四、五年级课程先后有语文、算术、珠算、写字、图画、科学常识、军事体育、自然、音乐、毛泽东思想、农业基础。20世纪70年代末期，一、二、三年级课程有语文、算术、体育、唱歌、图画、劳动、课外活动。四、五年级课程有语文、算术、自然、地理、历史、政治、唱歌、图画、体育、劳动。20世纪80年代，一、二、三年级有语文、算术、体育、图画、唱歌、思想品德，四、五年级课程有语文、数学、自然、地理、历史、体育、音乐、图画、思想品德、劳动。

（四）成绩考核与升留级制度

永安州成立两等小学堂后，实行临时考，每日举行一次。另外，分别举行学期考试、学年考试及毕业考试。以100分制记分，主科成绩60分及以上者为及格，可升级；59分及以下者为不及格，留原级；不满20分者令其退学。民国时期，清末的小学考试制度基本沿袭下来，考试权限由学校自行掌握，方式以笔试为主。学年考试和毕业考试，凡成绩达60分及以上者为及格，准予升级或毕业；凡一科不及格者，可补考一次；补考及格者准予升级或毕业。凡期考、年总评或毕业总评，有2科主科或3门以上非主科不及格者或一门主科加2门非主科不及格者，给予留原级。当时，留级面没有严格的限制。解放初期，小学对学生的成绩考核，基本上沿袭民国时期的做法，分平时考查（课堂提问、单元测验等）、期中考试、期末考试。1953年，记分采取5分制，1分、2分为不及格，3分为及格，4分为良好，5分为优秀。1960年，恢复100分制记分。语文、数学为主科，其他为副科。主科补考后仍有一科以上（含一科）不及格者则予留级，副科有2科以上（含2科）补考不及格的亦予留级。1966年8月后，学校取消升学考试制度，各科学习成绩考核制度亦被废除。1972年7月，全县小学恢复考试制度。1973年8月，掀起反击所谓"右倾翻案风"，小学原考试制度又被废除，由闭卷考试改为开卷考试，允许学生看书，自由讨论。1976年11月，原考试制度才逐渐恢复起来。1984年，县教育部门规定：每班学生留级面不能超过5%。升初中考试，由地区统一命题，先择优录取县中学的新生，然后再由各乡（镇）录取乡（镇）中学的新生。至1989年，仍按此办法执行。

（五）思想教育

清朝末年，教育以"忠君、尊孔、尚公、尚武、尚实"为宗旨，其思想教育全为维护封建道德和君主制度服务。1912年，小学推行"注重道德教育，以实利教育、军国民教育辅之，更以美感教育完成其道德"的教育宗旨。12年，韦杰三等人回县任教，在县立高等小学校宣传马列主义，提倡民主、自由、博爱，宣传妇女解放。1931年，蒙山县各学校进行"一个党、一个主义、一个领袖"的教育，均以"礼义廉耻"为校训。

解放后，学校的思想教育内容基本上随着历次政治运动内容的变化而变动。1950年，小学普遍进行"五爱"（爱祖国、爱人民、爱劳动、爱科学、爱护公共财物）教育，对学生进行"抗美援朝，保卫国家""拥护世界和平"的教育，向学生宣传黄继光、邱少云、罗盛教的英雄事迹，在学校中广泛开展国际主义、爱国主义、革命英雄主义教育。1953年，学校开展贯彻毛泽东关于"身体好、学习好、工作好"的"三好"指示活动，号召学生争当"三好学生"。1957年，学校贯彻执行毛泽东主席提出的教育方针："我们的教育方针，应该使受教育者在德育、智育、体育几方面都得到发展，成为有社会主义觉悟的有文化的劳动者。"1958年，贯彻"教育为无产阶级政治服务，教育与生产劳动相结合"的方针。1963年，学校掀起学习雷锋活动的高潮，学生做好事不留姓名。1964—1966年，学校开展学习毛泽东著作、学人民解放军活动。1979年，结合贯彻《小学生守则》，对学生进行共产主义思想和品德教育。1981年，对学生进行"坚持四项基本原则"（坚持社会主义道路、坚持人民民主专政、坚持中国共产党的领导、坚持马克思列宁主义、毛泽东思想）教育，并把政治课改为思想品德课。1983年，开展"五讲四美"（讲文明、讲礼貌、讲卫生、讲秩序、讲道德，心灵美、语言美、行为美、环境美）、"三热爱（热爱祖国、热爱社会主义、热爱中国共产党）"活动。1986年起，学校引导学生再次广泛开展学雷锋活动，为五保户送柴、挑水。1989年，号召学生学习赖宁的光辉事迹，争做有理想、有道德、有文化、有纪律的一代新人。1989年，安富小学汤展中被评为全国百名好儿童，获"好学奖"。

（六）教学方法

1917年后，县立高等小学国文科开始选授日常应用文，作文命题以记述人或事为主。1929年，始教语体文，算术中的笔算、珠算，按当地情况拟些算题，以便实用，还在课堂上指定学生登台演算。自然课开始推行直观教学，采集实物，制作标本，利用多种教具帮助教学。但整个民国时期，多采用"注入式""满堂灌"的教学方法，先生讲，学生听。朗读课文采用唱读法，语文注重背书、默写，学生在限期内背不出者，要受"训夜"（即放学后留在教室读书或写字，或罚站、罚跪等），默写课文错一个字被打两板手掌，错10个字以上者，手掌往往被打肿。

  1951年3月，小学注意培养学生的读、写、算的能力，使学生具有浅近的自然知识和社会知识，在教学中采用"启发式"的方法。1952年，学校照搬苏联的教学经验，强调课堂教学要有5个环节（组织教学、检查旧知识、讲授新知识、巩固新知识、布置作业）。每周星期六下午，小学以学区为单位，集中教师研究教学问题。1953年11月，各科成立教学研究小组（教研组），实行教师集中备课并写出教案，订出课程表和教学进度表，健全学校的各种规章制度，认真批改作业。学校领导开始重视课堂听课、检查教案及作业批改情况，有计划地组织教师上公开课、研讨课。1957年，全县小学要求课堂教学加强思想性，数学教学要结合生产、结合政治、结合实际；语文教学要结合课文突出政治思想教育。由于强调教育与生产劳动相结合，1958年后，学校劳动过多，影响了教学计划的完成。1960年，蒙山县强调学校的教学工作要坚持政治挂帅，提出大破资产阶级"量力性"观点，大立革命主观能动性观点，大破语文课"四脱离"（脱离生产劳动、脱离社会斗争、脱离学生思想、脱离生活实际）的教学方法。1962年，每节课为45分钟，强调语文、数学要落实"双基"（基础知识、基本技能）教学，讲清概念，推行"串讲法"，重视字、词、句教学。1965年，小学强调教学要紧扣教材，按照教学大纲要求，联系学生实际，抓重点、难点进行分析讲解，强调边讲边练、精讲多练、讲练结合、课后熟练巩固等教学方法。1966年冬至1976年，强调"开门办学"，理论联系实际，"请进来，走出去"，各学科原系统的教学方法被打乱，基础知识受削弱。1978年，恢复了正常的教学秩序，使用的是全国通用的小学教材。但随着考试制度的恢复，全县小学出现了片面追求升学率的现象，忽视了政治思想教育和体育的教学。1984年秋，蒙山镇小学一年级开始进行"拼、注、提"（即提前进行读写训练）语文教学试验，效果显著。随后西街小学、文圩小学也进行这种教学试验。1985年后，学校要求教师吃透教材，教学采用"启发式"，做到精讲多练，因材施教，循序渐进，注意培养学生独立思考能力。1987年11月起，强调极大地提高课堂教学效果，使学生有时间有精力进行全面提高素质的活动。作业在课堂上完成，不准加重学生负担。至1989年检查，大部分教师受升学率压力的影响，仍大量布置学生的家庭作业。

（七）蒙山镇第一小学简介

蒙山镇第一小学是县城的重点小学，其前身是清宣统二年（1910年）始办的城南初等小学堂，当年的校址是原永安州城南泗州寺。有学生100多人，教员3人，学制4年。民国初年，学堂改称学校，该校称为蒙山县第一区城南小学校。1925年，开始招收高级班，学制2年。1935年，更校名为蒙山县城厢、西河、东平三乡联合中心小学，教师由3个乡推荐，经县府选定委派。1937年，县立女子小学与该校合并，复校名为城南小学，有学生600多人，教师20余人。1938年，全校共有12个班，学生600多人，教师19人。解放后，该校定名为蒙山县城厢中心小学（简称"城小"）。1952年冬，学校扩至24个班，学生1160人。1960年，县城另立永安小学，县直属机关干部的子女及一些街道居民的子女进入永安小学读书。至此，城小只有13个班，学生624人。1979年，永安小学停办，城小增至18个班，学生943人，校名更改为蒙山镇中心小学。1981年，县府拨款及干部、群众捐资41万多元，兴建了一座钢筋水泥结构的五层教学大楼，建筑面积为3647.7平方米，改善了教学条件。当年年底，该校被评为自治区"五讲四美"活动先进集体。1983年，被评为梧州地区少年科技活动先进单位。1986年，教师刘梦蟾被评为全国教育系统劳动模范。1987年，有毕业生258人，初中录取199人，升学率为77.13%。当年秋，学校复称蒙山县城厢中心小学校。1989年9月，再更名为蒙山镇第一小学，该校教师邓兴美被评为全国优秀教师。1987年年底，学校占地面积7500平方米，建筑面积4764平方米，活动场地5848平方米。全校有学生28个班、1576人，教职工共76人，其中专任教师68人。专任教师中，具有中师、高中毕业以上学历的55人，初师、初中毕业的9人，初师、初中肄业及以下的4人；被评为小学高级教师20人，一级教师32人，二级教师12人。

四、中学

（一）中学发展概况

1924年，县内高级小学毕业生年达600多人，县乡士绅及民众纷纷倡导和要求兴办中学。于是，县知事陆盛典召开县教育会议决定，将县立高等小学开办为初级中学，是年开学招生。但学校未获省政府批准，被迫于1926年停办，转办师范讲习所，将原在校的初中学生改编为学员。1929年秋，省府对县办中学不再严格控制，县教育行政会议决定，恢复县立初级中学。是年冬，通过考试，录取学生2个班，共120人。次年春入学，称第一班、第二班，这是县立初级中学的正式开端。自此，每年均春季招生。1931年，县立初级中学奉准备案。其时，有校长和教师共7人。1948年，学校开办7个班，附设师范2个班。1944年秋，私立"元春纪念中学"成立，招收新生3个班，学生120人，有教师5人，校址设在武功书院（今蒙中学生宿舍处）。上课2个多月后，日本侵略军入侵蒙山，学校疏散。光复后，学校复课。1946年，原校舍不复使用，即迁往县中山公园，以文奎楼及福善庙为校址。1948年秋，私立元春中学因经费不足而停办。民国时期，有不少学生去国外留学，具体情况如表54-4所示。

表54-4　新中国成立前蒙山县留学生名单

姓名	性别	籍贯	留学国家	姓名	性别	籍贯	留学国家
黄明	男	蒙山镇文平村太阳桥	美国	钟文堦	男	西河乡文尔村	日本
龙承德	男	夏宜乡六海村	美国	陈明任	男	新圩乡新圩村	美国
莫明琥	男	夏宜乡六海村	日本	陈明重	男	新圩乡新圩村	美国
陈文奇	男	文圩乡屯治村	法国	陈明致	男	新圩乡新圩村	美国

解放后，中学教育事业获得较大发展。1950年，蒙山只有县初级中学1所，6个班，学生104人。1956年秋，蒙山中学始增设高中，成为完全中学，有20个班，学生1101人，教职工共66人，其中专任教师42人。同时，在文圩和黄村办起2所初级中学，分别定名为"蒙山县第一初级中学"和"蒙山县第二初级中学"。这年春，西河、新圩、文圩、黄村、陈塘分别兴办民办初中，至同年秋撤销。1958年，全县掀起"大跃进"高潮，各公社均办起了民办中学、农业中学；1959年后，随着国民经济进入困难时期，这类一哄而起的学校，随之消失。1962年，蒙山一中停办，并入蒙山中学。此时，全县只有蒙山中学及二中2所中学。至1968年，各公社农中便陆续停办。1969年，为跟上"教育革命"的形势，县里提出"读初中不出大队，读高中不出公社"

的办学原则，于是，蒙中解体，蒙山镇、西河、文圩、黄村、陈塘、新圩、夏宜、长坪等公社在秋季均开办高中，而初中班由各大队小学附设。至1979年7月，全县有53个大队小学附设初中班共650个班，学生5096人，多数教师从小学教师（中专、高中毕业）中抽来充任。1979年秋，收缩了初中设点，撤销小学附设初中班和社办高中，只保留蒙山中学一所完全中学。1985年，县办起职业中学1所，面向全县招生。1989年，全县有完中及初中共10所，发展到147个班，中学生7214人（其中高中18个班，学生854人），教职员工523人，其中专任教师432人。

（二）学制

民国时期，初中学制为3年。1950—1969年，普通中学学制为6年，即"三三制"，初中3年，高3年。1970年3月，由"三三制"改为"二二制"，即初中2年，高2年。1980年上半年起，学制恢复"三三制"，一直沿用至今。

（三）课程设置

蒙山县初级中学初办时，一年级开设公民、国文、算术、英文、历史、地理、植物、体育、音乐；二年级增设矿物、生理卫生、几何、代数、物理；三年级增设化学和简单三角。1933年，初中一年级设国文、算术、英语、公民、卫生、体育、历史、地理、图画、音乐、童军训练、植物、矿物；二年级增设化学、物理，不再设植物、矿物；三年级下学期不再设公民、卫生、童军训练、图画、音乐。中学所选的教科书，由各科教员自行决定，大多是舍难取易，因而教学质量较低。当年，首届学生参加桂林会考区举行的"广西中学生毕业会考"，结果获准毕业的学生只有1人。1938年，体育与童军训练合并教学；二年级增设动物。中学整个课程设置偏重于战时教育，分为六大类，即：精神训练、体育训练、科学训练、生产劳动、特殊教学与战时服务训练。1946年起，依教育部规定，蒙山中学把英语复列为必修科。

1950年年初，废除公民、童军课程，开设社会主义发展史、时事政策。同年8月，蒙山县初中开设政治常识、语文、卫生、物理、图画、音乐、体育、代数、几何、历史、时事政策、算术、英语、地理、化学。1958年，每周增设1～2节劳动课，语文科另补充10～30篇反映"大跃进"形势的文章和部分应用文。高中二年级数学把几何和三角合并起来；初中几何精简了轨迹，代数精简了不等式，算术在初中一年级上学期授完，下学期教授代数。同时，各年级补充了反映"大跃进"成就的例题，增设农业生产知识课。但实际上劳动过多，授课计划不能完成。1963年秋，全日制中学政治课内容按年级分别开设道德品德教育、社会发展简史、中国革命和建设、政治经济常识、辩证唯物主义常识等课程。1966—1969年，政治课以《毛主席语录》和毛泽东其他著作为教材，将体育课改为军训课。1970年，课程保留语文、政治、数学3科，物理、化学、地理、历史、英语不再单独开设，而增设工基课和农基课。1972年秋，高中开设政治、语文、数学、物理、化学、农业知识、体育等课程；初中开设政治、语文、数学、物理、化学、历史、地理、英语、卫生、农业知识、体育、音乐、图画等课程。1977年，按照教育部规定，初中开设政治、语文、数学、英语、物理、化学、生物、历史、地理、体育、音乐、美术、卫生等科。1980年，高中实行文、理分科，根据高考需要有侧重地选修学科课程。1981—1985年，蒙山县高、初中的数学复分为三角、几何（包括解析几何、立体几何、平面几何）、代数3科。初中的政治课停授科学社会常识，分别改授《青少年修养》和《法律常识》。1989年，初中开设语文、政治、数学、物理、化学、动物、植物、生理卫生、体育、英语、劳动技术、历史、地理；高中课程与初中基本相同，但不设动物、植物、生理卫生，而增设生物、微机课。

（四）考试与升留级制度

1933年，学校每学期均举行"月考"及"期考"。修业期满，单独举行毕业考试。凡主科有2科不及格者准予补考一次；补考后仍不及格；或者虽补考及格，但操行成绩不及格者，作留级或肄业处理。

解放后，中学生的成绩考核和升留级制度进行了改革，1950—1965年中学的成绩考核以段考为主，对学生也进行课堂提问、单元测验、背诵、朗诵等考查，记分采用100分制。1953年9月，采用5分制。1965—1966年，每期举行段考和期考，规定主科有2科不及格者留级，副科有3科不及格者留级。语文、数学、政治、外语、物理、化学均为主科，其余为副科。1966年秋，废除考试制度和升留级制度。1972年7月，曾恢复过考试制度。1973年8月，又由闭卷考试改为开卷考试。1977年，再恢复考试制度，1977—1989年，录取到大专院校、中专院校的人数情况如表54-5所示。1979年，自治区教育局规定，学业成绩考核包括平时考查和考试，每学期安排段考、期考各一次。政治、语文、外语、数学、物理、化学等科目进行期考，其他科目仅作考查。期终成绩不及格者在下学期开学前，统一进行补考。不及格者经一次补考后，仍有3科副科或2科主科不及格者，予留原级。成绩特优的学生，经本人申请，教师推荐，学校批准，可参加高一年级的期考，成绩优良者，准予越级升级。毕业考试主要是考核毕业学期开设的科目内容。学生修业期满，各科及格或经补考后及格者，准予毕业，发给毕业证书。毕业考试有的科目不及格，经一次补考后仍有一科以上不及格者，不予毕业，发给结业证书。1984年，县教育局规定，留级生不得超过本班学生总数的5%。至1989年，仍按此规定执行。

表54-5　1977—1989年蒙山县考取大、中专院校人数情况

单位：人

年份	考取大专院校人数	考取中专人数	备注	年份	考取大专院校人数	考取中专人数	备注
1977	48			1984	45	63	部分中专开始在初中毕业生中报收
1978	19			1985	74	118	
1979	32			1986	78	106	
1980	57			1987	80	85	
1981	26			1988	84	50	
1982	51			1989	61	57	
1983	67	57					

（五）思想教育

1931年，初中用"忠孝、仁爱、信义、和平"教育学生。1934年，在组织学生军训时，要求学生树立"智、信、仁、勇、严"的武德。1936年2月，规定以"礼、义、廉、耻"为校训，每天早操集队举行升旗礼，下午4点举行降旗礼，并由校长对学生训话；3月，在孙中山补签遗嘱后，规定每周星期一早上兴行总理纪念周，集体朗读孙中山总理遗嘱。然后，结合三民主义、建国方略、建国大纲、军事、政治、经济及国际形势进行训述。1938年，将抗战建国纲领编作公训科教材。这年，中共党员曾世钦（现名曾诚）来蒙山中学任教，宣传抗日救亡，讲述毛泽东的《论持久战》，发动进步师生批判"亡

国论""速胜论"。1942年,桂林"七·九"事件发生后,一批中共地下党员刘彦邦、吴师光等先后至蒙中任教,宣传进步思想。1948年,黄瑞麟到蒙中任教,同萧德浩等人一道开办"育英补习学社",有4个教学班,对学生宣传革命思想,抵制国民党当局对学生的反共宣传。

解放后,学校结合当时的剿匪、支前、土地改革和抗美援朝等中心任务,对学生进行政治思想教育。1952年,学校对学生进行"五爱"(爱祖国、爱人民、爱劳动、爱科学、爱护公共财物)教育。1957年,贯彻毛泽东提出的教育方针,教育学生正确对待升学和就业。1958—1959年,对学生进行总路线、人民公社、"大跃进"和"反对资产阶级右派"的教育,组织学生参加校办工厂、农场的劳动,参加"大办钢铁"运动。1963年,学校引导学生响应毛泽东提出的"向雷锋同志学习"的号召,对学生进行助人为乐、刻苦学习的教育,开展社会主义教育运动,组织学生进行厂史、社史、村史、家史的"四史"调查,以提高学生的阶级斗争觉悟。1964年,学校开展向解放军学习、向王杰学习的活动。1981年后,对学生进行"坚持四项基本原则"的教育,并开展"五讲四美"活动。1982—1988年,由于片面追求升学率的影响,各学校重视学科教学,而忽视了对学生进行集体主义、爱国主义的思想教育和劳动教育,学生纪律松懈。

(六)教学方法

民国期间,在教学方法上,教者多采用注入式,学生静坐听讲,处于被动地位。理化生物等自然科的实验,一般只由教师在讲台上演示,学生很少有实验机会。学生采集并自制生物标本、集体研究教材、讨论教法的情况很少,特别是实行教员审查考核之后,彼此保守,均各顾考绩,忽视教学研究。但是,在中学里也有教学得法的教师,也有好的教法。

解放后,中学教学进行了一系列的改革,方法多次更换。1952年5月,学习苏联的教学方法,推行凯洛夫的"五大教学原则"和课堂教学的"五个环节"的教学法。初中强调教师要写好教案,熟悉教材,教案要经过同级同科教师的讨论研究,校长审批,甚至通过试讲,才能正式上课。教案包括教学目的、课文分析、教学节数的安排、教学过程、教具的准备等方面。1958年,全面贯彻"教育必须为无产阶级政治服务,必须同生产劳动相结合"的方针,学校的教学工作与生产劳动并重,增加了劳动时间,减少了文化课的授课时间,教学计划受到冲击。1959—1960年,中学使用部分自编的乡土教材，如如何种试验田、如何炼钢铁、如何修建小水电站等。1959—1965年，在教学方法上曾进行过多次尝试，有时师生集体备课、让学生上课，贯彻"能者为师"的做法，有时组织学生实地上课。作文教学有时也采取学生自己写，学生自己批改的做法。1959年秋，梧州地区教育局曾在蒙山中学召开教学改革座谈会，推广蒙山中学读读议议的"讨论教学法"。1962年，语文教学推行"串讲法"，重视字、词、句教学。1972年，中学实行"开门办学"，采取"请进来"（请老农、老工人到学校上阶级教育课或农知课）、"走出去"（走出校门到生产队、工厂接受贫下中农、工人的再教育），到社会去搞调查，帮助生产队建小水电站、修水利、安装水轮泵、安装电灯等。1983年后，在教学方法上强调抓住教学大纲，重视课本知识和采用多种方法教学。在此期间，加强了学生智力的开发和分析能力的培养。还采取电化教学的手段。至1989年，中学推行程序教学法，并加强了电化教学，增加电化教学设备。例如，蒙山中学，电化教学的设备有录音机、录像机、录像投影机、16毫米电影放映机，还有微型计算机8部。蒙山中学初中部及蒙山镇一中进行数学的启导法教学。

（七）蒙山中学简介

蒙山中学（简称"蒙中"）创办于1930年2月，当年招生2个班，以后每年春季招生。1936年，校长发动师生向社会广泛筹款，先后建成教室8间，解决校舍不足问题。1937年7月7日，抗日战争爆发，全国人民奋起抗日，蒙中师生上街下乡，宣传抗日救国，方式有讲演、唱歌、演戏、出墙报、刷写标语等。次年秋，有安徽、河南等沦陷区的70多名"难童"疏散到蒙山中学读书。南宁沦陷后，常有敌机轰炸本省城镇，有一段时间，学校实行流动教学，到西河桐油坪松林里上课，全校师生早出晚归。1944年秋，日本侵略军占领桂林，逼近蒙山县城，蒙中师生紧急动员，迅速将学校的部分图书、仪器等，疏散到石柱、二麓等村庄农户存放，使之保存了下来。县城沦陷时，敌伪军盘踞蒙中，课桌、板凳、架床及未搬去的仪器等财产遭破坏严重。1950年1月5日，县人民政府通知蒙中开学复课。其时，学校有6个班，学生104人，教职工13人。学生来源仍是蒙山县各地及昭平县仙回等地区，大部分是工农子弟。1956年秋，蒙中开始增设高中班，校名定为广西省蒙山县中学。1960年，蒙中被评为自治区先进单位，支部书记范建德作为先进集体代表出席全国群英会。1962年，文圩初级中学4个班全部并入蒙中。1968

年9月，蒙中成立革委会。1969年3月4日，工人、贫下中农宣传队进驻学校。1969年上半年学校解体，图书、仪器等教学设备分到西河、文圩、蒙山镇等公社中学，学校原领导和部分教师上屯巴山"五·七"干校劳动，部分教师调到公社中学。1974年5月4日，西河高中改为蒙山县中学。次年，面向全县招生，全校有初中12个班，高中18个班。1978年，定为县重点中学。1985年，蒙山中学被评为地区科研活动先进集体。1986年，考取大专院校的学生78人，按考生比例名列梧州地区第一名。1989年，全校有教职员工144人，其中行政人员6人，工勤人员33人，专任教师105人。专任教师中，具有大学本科以上学历60人，专科37人，中专、高中毕业7人，中专、高中肄业以下的1人。其中，评为中学高级教师职称10人，一级40人，二级35人，三级4人。学校占地面积57亩，校舍建筑面积17 725平方米，有教学大楼1幢，实验室6间，图书馆1幢，体育场1个，农场1个12亩，鱼塘1个1.5亩。图书馆藏书15 000册，各种仪器28 000件。在校学生1517人，其中高中18个班，854人；初中12个班，663人。

蒙山县其他中学基本情况如表54-6所示。

五、专业学校

（一）师范学校

1926年，蒙山县开办师范讲习所。1929年，师范讲习所停办。

1952年秋，在蒙山县初级中学附设师资短训班1个班、初师班1个班。一年后，短训班学生毕业分配当小学教师，初师班学生拨到平乐师范学校就读。1959年秋，再招收速成师范2个班，100人，原定学制1年，后因师资缺乏，仅读一个学期，便分配到各小学任教。1972年8月，设立蒙山县师范学校，校址在蒙山中学旧址（今武庙玉兰树北面教室），招收第一届学生40人，有教职工8人，其中校长及教师6人，职员1人，工人1人。1973年，招收第二届学生一个班40人。1976年，招收1个班，学生50人。1978年，招收英语专业班学生1个班、28人。1979—1981年，招生对象是在职的民办教师。学习方式是：在校集中学习一两周，便回到原任教学校边上课边自学，期末回校复习考试；2年后，经毕业考试及格，准予毕业，发给毕业证书。1982—1984年，学校停止招生。1984—1985年，在教师中招收4个中师函授班，共80人。1983年，在县城北面的湄江河畔，兴建新校舍，占地5亩。

表54-6 1989年蒙山县其他中学基本情况

学校名称	班数/个	学生人数	专任教师/人 合计	学历 本科	学历 大专	学历 中师高中	学历 其他	职称 高级	职称 一级	职称 二级	职称 三级	工勤人员/人	行政人员/人	占地面积/亩	建筑面积/平方米	校址	创办时间
蒙山镇一中	18	881	56	7	20	29		2	13	24	5	7	6	29.1	2805	文平村头	1969年3月
蒙山镇二中	9	476	26	1	11	14			4	14	5	6	1	8	480	城西屯妹坪	1975年9月
文圩初中	26	1347	60	2	13	45	3		9	34	13	24	7	43	2616	文圩镇	1956年9月
黄村初中	11	512	28	1	10	14			5	16	7	4	7	30	2330	大化村	1956年9月
陈塘初中	12	586	32		9	23			8	8	11	6	4	40	3840	陈塘寺村	1969年3月
西河初中	20	965	57	1	21	35			13	27	10	21	5	50	2038	桐油坪	1969年1月
新圩初中	12	590	39		8	30	1		2	16	12	6	3	14	2500	三门圩	1969年1月
夏宜初中	6	275	17		6	11			2	10	5			6	1630	夏宜村	1969年1月
长坪初中	3	92	8		2	6			1	4	3			3	1431	沙箩	1961年1月

1985年，学校改名为蒙山县教师进修学校，在未达中师毕业的小学在职教师中招收1个班，46人。同年，梧州地区教育局在该校举办一年制速成师范1个班，学生来源于藤县、昭平、蒙山，除了脱产学习的中师班外，还办不脱产的中师函授3个班。1989年，全校教职工24人，其中专任教师18人。学校有钢筋水泥结构的教学大楼、宿舍大楼各1幢，总建筑面积3735.4平方米。

（二）农业中学

1956年春，蒙山县在西河、黄村、陈塘、文圩各开办1所农业初级中学，共招生7个班，350人。农业初中办学之始，没有校舍，西河、文圩农中借用小学校舍，黄村农中借用大化粮仓，陈塘农中借用航运站的房屋为校舍。各农业中学的办学形式是民办公助，课桌等设备由群众集资或献工献料解决，教师由县文教科选派或指定当地小学教师兼课，工资由文教科负责，校内修理和杂项开支由学生交学费解决。另外，在乡事业费中补充开支。学校行政由所在地区政府领导，由区委领导兼任校长，具体业务由文教科领导，课程设置参照普通中学而略有增删，课本由学生借用普通中学生使用过的旧课本。学校附近的农业社拨来一些田地，师生动手种植蔬菜自给。其时，遇国家粮食统购统销，粮食不丰，师生食宿在校，生活较清苦。1956年秋，文圩、黄村两区各开办一所公办初级中学，当年春季开办的民办农业初级中学随之撤销。1958年，西河、文圩、新圩3个公社又分别办起农业中学6所，共15个班，学生755人，教师18人。师资由回乡的高中毕业生担任。当年年底，全县划为4个公社，社社都办农业中学，共计10所。其中，受"浮夸风"影响，片面追求办学数量，师资缺乏，设备简陋，教学质量低下。1960年冬，全县农业中学全部撤销，教师均回农业第一线参加生产劳动。1963年秋，文圩区又办起农业初级中学一所，夏宜乡办起林业中学1所。次年，各区又陆续办起农（林）业中学。到1966年秋，全县共有农（林）业初级中学8所，这8所农（林）业中学是：夏宜林业中学、文圩农业初级中学、西河大塘农业初级中学、新圩农业初级中学、陈塘林业中学、黄村百合林业中学、西河区新联农业中学、蒙山镇工读中学。另外，县教育科还办有一所半耕半读中等技术学校，地点设在屯巴山上，在鳌山文笔脚下设有分校。1969年春，夏宜林业中学、西河大塘农业初级中学、新联农业中学、陈塘林业中学和黄村百合林业中学等学校分别与当地小学合并，在这些小学中附设初中班。文圩农中、新圩农中分别改为公社高中，蒙山镇工读中学改为蒙山镇中学。1975年9月，西河公社在桐油坪办"五·七"中学1所，招生100名，拨给耕地24亩，果园7亩；文圩公社在大龙社东坪办"五·七"中学1所，拨给耕地10亩，办学后种上果树；新圩公社在屯巴山原县"五·七"干校旧址办"五·七"中学1所，有耕地9亩，茶地67亩。1976年，蒙山镇公社在甘棠古朗办"五·七"中学1所，拨给坡地34亩；黄村公社在明觉六喇冲办"五·七"中学1所，拨给山地272亩办农林场；陈塘公社在罗应西榄冲办"五·七"中学1所，校址迁到陈塘横岭。"五·七"中学的招生，采取自愿报名加政审的办法录取。1977年，恢复考试制度，采用文化考试加政审的办法录取新生。办学形式是：半耕半读，以学为主。但实际上，学校"开门办学""学工""学农""批判资产阶级"占去大部分课时，甚至以劳代学。学校开设的课程有政治、语文、数学、物理、化学、生物、历史、地理、农业知识、音乐、体育等。使用的教材是当时广西发行的"五·七"中学试用课本。"五·七"中学教师1/3具中专或高中文化，1/3以下具大专文化。学校的校舍，除新圩"五·七"中学外，其余是教育局拨款，社队献工献料建造的。1980年10月，全县"五·七"中学除蒙山镇改为职业中学外，其余一律改为农业中学。但学生不断退学，有的改读升学补习班。到1982年秋，全县6所农业中学的学生总数只有83人。到1984年，县教育局决定停办西河、黄村和陈塘农中，把新圩农中招生范围扩大以上3个乡镇。1985年春，蒙山镇职业中学与新圩农业中学合并，校址迁至蒙山镇内。两校合并时，仅有学生39名。到4月中旬，全县农业中学统并为1所，称蒙山镇职业中学。至此，全县农业中学遂告无存。

（三）职业中学

1985年，蒙山镇职业中学改名为蒙山县职业中学。初时，借用县教育图书馆作为教室，学制3年。1987年秋，县教育局拨款20万元，购买县委党校作校舍，地址在县城西关口，占地18亩，有钢筋水泥结构的宿舍楼房1幢，教室4间，其他房间11间。学校课程设置：除开设普通中学文化课外，还开设裁缝、油漆、畜牧兽医、果树栽培、水产养殖、电器维修、家禽饲养等专业技术课。此外，学校还与校外科技人员合作，在校内开办提取胆红素、合成汽油、柴油等短期技术培训班。1989年，全校有教职工22人，其中专任教师14人，行政人员2人，工勤人员6人。专任教师中，大学本科毕业的6人，大专毕业的6人，中专或高中毕业的2人。其中，取得中学高级教师职称的1

人,一级教师3人,二级教师8人,三级教师1人。

(四)屯巴"五·七"大学

屯巴"五·七"大学创办于1976年2月,主办单位是中共蒙山县委。校址在新圩乡的屯巴山上,使用原屯巴"五·七"农中校舍。学校面向全县招生,采取自愿报名、大队推荐、学校录取的办法。学生入学不办理户口转移手续,自带粮油。学校创办之初,招收学制为1年的学生2个班。其中,1个班是农业基础专业,1个班是农机专业。课程设置有:政治、语文、数学、农知、畜牧,还兼学茶叶、药材、果树栽培等,农机专业主学农业机械。1977年2月毕业,毕业后学校不包分配,社来社去,仍回原生产队。全校有教职工18人,其中专任教师4人,另聘请农业、兽医等专业技术人员做兼职教师9人。学校有茶场100亩,水田30亩,旱地10亩,还有一套茶叶加工的机械设备,该校于1977年撤销。

(五)卫生学校

卫生学校创立于1965年,校址设在原县人民医院(洲南村)内。办学初期,县卫生局委托县人民医院主办。1975年,单独成立蒙山县抗大农中卫生学校。1976年,改称蒙山县赤脚医生学校。1979年再改为蒙山县卫生学校。1986年,共开办中医、西医、妇产、护理等各种培训班18期,870人次。1989年,有副校长1人,专职教师及工作人员8人。学校经费主要由自治区卫生厅拨给。

(六)农机校

农机校创办于1975年1月16日,校址在县城东甘棠大岭坪。1975年10月—1976年2月,举办拖拉机师资和修理工培训班,学员33人。此后几年,学校每年开办一期中型拖拉机和手扶拖拉机驾驶员培训班,每期学员2个班。1984年后,还开办汽车驾驶员训练班6个班,三轮车驾驶员训练班4个班。学校经费来源是:1984年前,由上级拨款;1984年,农村体制改革后,从学员中收费解决。收费标准是:培训手扶拖拉机学员每人收费170元,中型拖拉机学员每人收费400元,三轮运输车驾驶员每人收费350元,汽车驾驶员每人收费1800元,柴油机修理员每人收费40元,各种革新车驾驶员每人收费400元。学员必须体格检查,学成后发给实习证,再经考核合格,发给驾驶执照;如有不合格者,可继续学习、补考,直至合格。

（七）其他学校（无锡国专）

抗日战争时期，无锡国学专修学校（解放后合并为苏州大学）曾疏散到蒙山县办学。1944年7月，该校代校长冯振与一批教授及其他师生员工、家属60余人从桂林来到蒙山，借西河文尔村钟家房屋为教室上课。学校的经费，由国民党中央政府拨给。在蒙山这段时间里，学校还吸收一些当地的学生旁听。11月底，日本侵略军逼近蒙山，部分教职员疏散过昭平，代校长冯振则率领少部分员生回原籍北流继续上课。至此，无锡国专在蒙山办学历史遂告结束。

第55章 成人教育

第一节 职工教育

1950年,蒙山县始办成人夜学班,教师由小学教师兼职。1952年下半年,全县有成人夜读班33个,学员1639人。1956年6月,蒙山县干部职工参加业余学习有初中2个班,121人;高小2个班,122人,每周上课8~12小时。1957年下半年,全县开展整风"反右"运动,干部职工业余学校停课。1982年12月,县职工教育管理委员会成立,下设办公室,办公室人员从各条战线抽调。1984年9月,职工教育采取短期培训与分散自学相结合的形式进行,学完全部课程后,由地区或县教育局统一命题考试,合格者发给毕业证书。职工教育师资来源是:文化补习课聘请县教研室、师范、蒙山中学、蒙山镇中学教师上课;技术培训班聘请县糖厂、经委的工程师上课。对聘请的教师发给一定的劳务费。课程设置:初高中均有语文、数学、物理、化学、政治。班组培训以企业班组培训简明教材《班组管理知识》为主。上课无固定地点,借用县工会、师范、蒙山中学、蒙山镇小学的教室或商业局、糖厂的会议室不定。经费来源:办公费由县财政局定期拨给。办班训练费,属企业的,按职工工资总额1.5%掌握使用,在企业生产成本中开支;属行政事业的,由各单位自负。1983年以来,全县共办了初中文化补习班48个班,参加学习1476人次;高中文化补习8个班,参加学习380人次;班组培训2个班,参加学习60人次。

第二节 农民教育

一、扫盲

最早的扫盲学校是1926年4月黄成业在县城创办的平民夜校。此后至25

年，有些乡村也办过识字班，利用晚间组织学习，学员有男有女，地点多设在本村的小学校里，学习时间一两个月不等。

1953年，土改结束后，农村中陆续办起了妇女识字班。到1955年冬，全县有3所扫盲中心校，校长3人，由群众担任的教师130人，129个班，学员4063人（男1782人，女2281人）。1956年6月，县设扫盲办公室。其时，在学人数已达13 408人，完成扫盲率60%。1957年下半年，全县开始整风"反右"运动，农村扫盲工作停顿。1958年"大跃进"时，全县又开展一场轰轰烈烈的扫盲运动，提出"半个月内扫除文盲，千人教，万人学，万人教，全民学"的口号。据当年9月份文教科文件称：全县共有18 056人脱盲，占文盲总数的87.4%，基本实现无盲县，还派出代表赴京参加会议，国务院授予奖旗一面。1965年1月，全县有扫盲班614个班，15 675人，占全县文盲、半文盲总数89.6%。1973年，有扫盲校（处）234个，在学人数3951人，兼职教师44人。1978年后，全县大力开展扫盲工作，成立了工农教育委员会，办公室设在教育局内。经过努力，1979年脱盲5645人，占12~45岁文盲人数94.5%，达到国家规定的脱盲标准。1980—1985年，全县办简易小学100个班，学习人数2814人，包教点226个，参加学习723人，业余初小431个班，学员7214人，巩固率为97.7%，毕业率为89.5%，普及率为97.9%。1985年，经地区验收合格，成为地区、自治区第二批实现普及初等教育县。1988年，夏宜瑶族乡成人教育中心被评为自治区农民教育先进集体。据1989年全县文化普查，12~45岁非文盲率达99.1%。

二、文化技术教育

1977年始，办农村成人教育，进行文化技术培训，提高农民的文化科学技术水平。至1989年底，全县9个乡（镇）共有9所农民文化技术中心校，67个分校，校长9人，专职教师14人，兼职教师69人。12年来，全县共办了政治班157个班（期），参加学习14 028人（次）；业余小学563个班，参加学习11 399人；业余初中92个班，参加学习2291人；技术培训1964班（期），参加学习83 448人（次）。

第56章 教师队伍

第一节 发展概况

民国初年,各小学教员由原劝学所总董呈请知县(事)委任,私塾教师须经劝学所考核,但实际上许多教员不合格,师资业务水平低下。1926年,县开办两届2年制的师范讲习所。截至1949年,全县共有小学教师229人,中学教师39人。解放后,随着教育事业的日益发展,中小学教师队伍不断壮大。1950年,全县有中学教师13人,小学教师85人。1956年,教育事业有较大发展,师资缺乏,便从社会上吸收新教师106人。1958年,因反"右派"扩大化,中小学教师中被错划为"右派"104人,或被关押,或被清洗回家,或被监督劳动生产,造成师资紧缺。1960年,又下放59名小学教师回家参加农业生产。1962年,精简163名教师回乡。1965年,有中学教师59人,小学教师431人,耕读小学教师358人。1969—1975年期间,教育事业盲目发展,公社办高中,大队小学附设初中班,自然村办小学,教师人数猛增。1974年,全县有中学教师408人,其中民办教师91人;小学教师955人,其中民办教师592人;幼儿教师5人。1978年,重新录用在反右派运动中被错处回乡及60年代初精简下放的教职工共258人。截至1989年,全县小学教职工共1192人,其中专任教师1095人。专任教师中有民办教师338人,另有代课教师50人。全县中学教职工共523人,其中专任教师437人,专任教师中有民办教师38人。全县教师职称情况如表56-1所示,全县教职工工资基本情况如表56-2所示,全县小学、普通中学分课程专任教师学历情况如表56-3、表56-4所示。

表 56-1　1989 年年底蒙山县教师职称情况

单位：人

类别	小学					中学					教师进修学校			
	小计	高级	一级	二级	三级	小计	高级	一级	二级	三级	小计	高级讲师	讲师	助讲
人数	1151	198	399	340	214	423	18	104	205	96	11	2	4	5

表 56-2　1989 年蒙山县教职工工资基本情况

类别	人数/人	年总工资额/元	人均月工资/元	备注	类别	人数/人	年总工资额/元	人均月工资/元	备注
小学	893	1 791 920	167.22	含辅导员	教师进修学校	28	54 414	161.95	
中学	589	1 131 992	160.16		职业中学	60	113 632	157.82	含教育服务公司
教研室	64	130 140	169.45		教育图书馆	10	19 769	164.74	
幼儿园	33	50 001	126.27		屯巴茶场	6	12 511	173.76	

表 56-3　1989 年年底蒙山县小学分课程专任教师学历情况

教师情况		合计	课程名称										
			思想品德课	语文	数学	语文兼数学	自然	地理	历史	体育	音乐	美术	其他
总计		1095	19	424	322	267	9	5	1	15	9	5	19
中师、高中毕业及以上的		625	11	275	211	87	6	2		12	8	5	8
中师、高中肄业及初师、初中毕业的		329	8	120	84	102	2	3	1	3	1		5
初师、初中肄业及以下的		141		29	27	78	1						6
其他	中高师毕业的	484		5	221	168	69	3	2	6	5	5	
	取得"专业合格证书"的教师数	196		1	93	76	21	4	1				

说明：取得"专业合格证书"的教师不包括已具备规定学历的。

表 56-4　1989 年蒙山县普通中学分课程专任教师学历情况

中学类别		课程名称													
		政治	语文	数学	物理	化学	生物	地理	历史	英语	俄语	日语	体育	生理卫生	音乐	美术	职业劳动
合计		34	115	98	35	26	10	15	9	55			25	3	6	4	2
初中	小计	29	102	85	28	19	8	12	5	47			21	3	6	4	2
	高等学校本科毕业及以上的	3	6	3	1	1	2	1	1				3				
	高等学校专科毕业和本科肄业两年以上的	11	32	25	17	11	2	2		12			4	1	1	1	1
	高等学校本专科肄业未满两年的		4	4	1					4							
	中专、高中毕业的	15	57	53	9	7	4	3	4	31			13	1	5	3	
	中专、高中肄业及以下的		3					6					1	1			1
高中	小计	5	13	13	7	7	2	3	4	8			4				
	高等学校本科毕业及以上的	4	11	11	5	6	2	1	3	4			4				
	高等学校专科毕业和本专科肄业两年以上的	1	2	2	2	1		2	1	4							
总计	取得"专业合格证书"的初中教师数	2	15	14	3	2				7							

说明：取得"专业合格证书"的教师不包括已经具备规定学历的。

解放后，教师队伍中涌现出一批先进人物，获得全国先进工作者称号的有 9 人，获自治区先进工作者称号的有 9 人。1987 年，全县有 25 年以上教龄的教师 480 人（含退休）获得自治区人民政府发给的荣誉证书。截至 1989 年，先后有朱日雄、卓礼忠等人被选为自治区政协委员；莫国琏、施淑德、欧荣光先后被选为县人大常委会副主任。

第二节 教师待遇

宣统元年（1909年），永安州职员年薪金290元，教员年薪859元。1912年，教师月工资最高为100元（国币，下同），最低为20元，其中师范毕业生最少月支51元，简师毕业生月支42元，国民教育师训毕业生月支36元。还规定每月给予每名教师稻谷100市斤，最少不少于50市斤。1933年，蒙山县完全小学教职员月薪金待遇11～25元，初小教师6～15元。1943年2月，中学依照广西省政府颁发的《广西省中等学校征收学米暂行办法》的规定，除向学生征纳原定费用外，每人每期另缴学米15市斤（或缴代金），由学校分6次补助教职工。每人每次30市斤。由于通货膨胀，同年8月再次修订办法，改为每个学生每期缴纳学米30市斤，公务员子女可减半征收。1945年1月，日军侵占蒙山，公教人员生活更加贫苦，县府用广西救济分署下拨的衣食，适当补助给公教人员。

解放初期，教师的报酬支给大米。1950年3月，中学、中心校的校长月支大米120斤，主任以下教师月支大米100斤或80斤。村校教师报酬由村校自筹，一般支大米70斤。1953年3月28日，县人民政府发出"薪金制人员薪分交给标准"的文件，采用薪分制。其时，每分等于2角币值，小学校长最高达165分，最低130分，平均141分。教导主任最高达140分，最低100分，平均124分。教师最高达130分，最低80分，平均92.2分。1954年，进行工资调整，教职员工工资有所提高。1956年7月9日，根据国务院指示，县人民政府对工资偏低的中小学教职员工工资进行了调整。1963年，教育系统又进行工资调整。全县中学教职工总人数74人，升级25人，小学教职工总人数448人，升级208人，共升资210级。1977年，对相当于国家干部18级以下的教职工，按40%升级面调整工资。1978年，对成绩优异、贡献大和工资偏低的教职工，按总人数的2%升级面提升工资。1979年11月，调整40%教职工的工资，并发给班主任津贴。小学班主任每班每月5元，中学班主任每班每月7元。1981年，全县教职工普遍增资一级。1983年，进行工资套改，教职工工资普遍增资一级。1985年5月，全县教育系统1940人获增加工资，每人一级，年终并发给教职工奖金120元。另外，教学人员享受科技津贴。中专毕业工作15年以上每月7元，大专毕业以上每月10元，无中师毕业学历的七级以上教师和无大专学历的中学教师，可享受中专的技术津贴。教师还享受山区补贴，每人每月 10 元；教龄津贴：5 年以上每月 3 元，10 年以上每月 5 元，15 年以上每月 7 元，20 年以上每月 10 元。从 1985 年起，政府定每年 9 月 10 日为教师节。1987 年 10 月，全县中小学教师每人普遍获增资，增资额为每人原工资的 10%。1989 年，全县教职工有 1639 人（含部分退休人员）获增加工资（其中获增二级工资的 884 人），月增资额 19 449.5 元，人均月增资 11.87 元。

第57章 经费、设备和勤工俭学

第一节 教学设备

明清时期，蒙山县的书院有经、典、疏、鉴、诗文，达数千册。民国时期，全县小学的教学设备极其简单。1931年，蒙山中学有图书2132册，仪器300余件。1945年，日本侵略军占据蒙山中学，学校架床、图书、仪器均被焚毁破坏。

解放初期，蒙山县小学教学仪器甚少。蒙山中学连简单的实验也无法进行。1952年，蒙山中学添置3692元图书和实验用品。1953年，购置一批5000元的仪器，建起了仪器室，购置800元的广播器材，建有广播室。1958年，蒙山中学的化学仪器可分10组进行实验。1960—1978年，全县中小学教学仪器基本保持1958年的数量。1987年，教育局依靠勤工俭学自筹2.4万元购置仪器，加上上级拨款购置，本年度全县中小学校按教学大纲要求，基本配齐仪器。1989年，经自治区、地区组织检查验收，蒙山县中小学实验室建设，基本达到国家规定标准。

第二节 教育经费、校舍

一、教育经费

自1930年正式开办县立初级中学以来，学校经费除收缴学费外，主要是县款开支及省款补助解决。县款的来源主要是粮赋附加税、宾兴局出租税、陈村塘出口税，还有契税、烟税、赌、屠附加税等。当年，县财政拨给教育事业的经费是34 718元银毫。次年，全县财政收入总额为44 500余元银毫，而单拨给中学的经费34 718元银毫。1932年，县财政拨给教育的经费12 816元。1946年，全县财政收入是1 293 209元银毫，而用于教育及文化支出是

10 208元银毫。

解放后，蒙山县教育经费的来源主要是：国家拨款、收缴学费、勤工俭学、单位集资、群众捐资及献工献料。解放初期，除县立初中及18所完小、中心校的教育经费由县财政拨给外，其余各小学均由乡村自筹解决。1952年下半年起，学校经费由县财政局统一包干，不需各乡村筹集。1956年上半年创办的民办初中，经费主要由学费及群众集资、投工投料解决。1958年，全县中小学校骤增，而县财力不足，有的学校经费主要靠社队统筹和开展勤工俭学解决，县教育给予适当补助。1969年1月起，小学公办教师实行"民办公助"，即参加生产队分配，实行大寨式评工记分，不足工资部分由县教育部门补足；民办教师每月由国家补助4元。但县财政每年拨给教育部门的经费数额不变。1972年2月，小学公办教师的工资不再实行"民办公助"。1989年，县财政拨给教育事业的经费是476.1万元，为1952年的44.6倍。

二、校舍

清末民国时期，校舍多用民房、庙宇、祠堂充当。1951年后，才逐渐建些校舍，如蒙山中学除沿用解放前的校舍外，兴建了大礼堂及理化实验室和教师宿舍。1956年，新建文圩初级中学、黄村初级中学。1969年后，又陆续新建陈塘中学、新圩中学、西河中学、师范学校。校舍建得最多的是80年代，陈塘中心小学、文圩中心小学、新联完小、夏宜完小、黄村中心小学、蒙山镇城厢中心小学陆续建有钢筋水泥结构的教学大楼，校舍得到逐步更新。蒙山中学建起了教学大楼、教师宿舍、图书馆等钢筋水泥结构的楼房，其中教育图书馆建筑面积达2527平方米，前4层后7层，是全部由勤工俭学筹备资金兴建的。教师进修学校新建4500平方米的教学大楼和教师宿舍。1984年，教室部分更新的有油麻校、那六校、六埠校，共970平方米。尽管如此，由于教育经费不足，校舍年久失修，至1987年，学校尚有危房2.6万平方米。1988—1989年，县人民政府筹集各方面的资金308.48万元（其中，县乡财政支付31.55万元，单位集体捐款35.83万元，干部、群众集资79.57万元，征收学生修建费90.88万元，其他70.65万元），抢修中小学危房，其中推倒严重危房面积7762平方米，回建校舍6721平方米，新建校舍10 918平方米。1989年5月，经自治区抢修中小学危房领导小组和教育委员会检查验收，确定蒙山县为中小学基本无危房县。1990年，蒙山县被评为梧州地区抢修中小学危房先进县。1989年，全县小学校占地面积454.88亩，校舍建筑面积 84 798 平方米。全县中学校占地面积 292 亩，校舍建筑面积 39 014 平方米。但是，全县中小学教师的住房还比较简陋紧缺。

1952—1989 年蒙山县财政教育投资情况如表 57-1 所示。

表 57-1　1952—1989 年蒙山县财政教育投资情况

年份	财政总支出/万元	教育经费/万元	教育经费占财政支出/%	年份	财政总支出/万元	教育经费/万元	教育经费占财政支出/%
1952	56.95	10.68	18.75	1971	207.95	36.42	17.51
1953	47.44	20.17	42.51	1972	275.88	72.67	26.34
1954	47.03	17.86	37.98	1973	271.58	65.23	24.02
1955	56.26	18.08	32.14	1974	264.20	70.29	26.60
1956	96.34	27.02	28.05	1975	315.31	71.39	22.64
1957	91.75	31.56	34.40	1976	407.22	74.42	18.28
1958	142.74	35.18	24.65	1977	358.76	82.34	22.95
1959	172.95	40.65	23.50	1978	494.71	101.68	20.55
1960	196.83	47.69	24.23	1979	559.18	139.56	24.96
1961	125.94	33.20	26.36	1980	587.54	183.04	31.15
1962	109.96	31.07	28.26	1981	685.22	206.64	30.16
1963	121.95	29.74	24.39	1982	680.77	225.29	33.10
1964	119.34	34.21	28.67	1983	705.48	224.18	31.78
1965	169.83	35.72	21.03	1984	899.59	308.06	34.24
1966	131.36	38.40	29.23	1985	1064.26	301.50	28.33
1967	168.49	37.06	22.00	1986	1443.24	342.79	23.75
1968	140.17	36.26	25.87	1987	1746.63	395.07	22.62
1969	172.59	35.59	20.62	1988	1948.15	466.44	23.94
1970	195.02	36.37	18.65	1989	2176.40	476.10	21.88

第三节　勤工俭学

一、勤工俭学简介

解放初期，蒙山县中小学曾利用课余时间组织学生开展勤工俭学活动，如种菜、植树、挑沙建筑、开辟操场、采集树种、拾稻穗、捡茶子等。1958年，全县中小学勤工俭学活动广泛开展起来，在"大跃进"形势下，从秋季开始，大办工厂、农场。这年，全县中小学办起工厂255个，农场49个，收入98 693元。1959年，蒙山中学边上课边劳动，办农场、办猪场，养猪100多头。1974—1975年，教育纳入"农业学大寨"的轨道，全县中小学大力开展造田造地、大种大养、大办工厂活动，有校办工厂（车间）9间，产值9230元，获利3782元。农场247亩，林场61亩，果园10.7亩，粮食总产34 103千克，农副业总收入27 698元。1977年，全县中小学的勤工俭学以种为主，种水稻、甘蔗、花生等，还植树造林，有水田1867亩，林场777亩，果园84亩。是年，全县勤工俭学收入4.22万元，粮食78 072千克。1979年，成立蒙山县教育建筑队，有水工4人，木工3人。1982年，教育建筑队扩展到22人，分设计、施工、木工、机修安装、采购运输等5个组。主要设备：东风牌汽车2辆，起重机2套，混凝土搅拌机1台，电焊机、碎石机各2台，还有半机械的木工设备和预制水泥构件的机械设备固定资产15万元，能独立完成一般楼房建筑的设计、施工任务。由于蒙山县勤工俭学成绩显著，1982年5月，县教育局长范建德出席了教育部在山东召开的全国勤工俭学先进代表大会，并介绍了经验。教育部、区教育厅派员前来蒙山拍摄勤工俭学录像片，曾在中央电视台播放。1979—1984年，全县勤工俭学总收入227.66万元，平均每年纯收入37.94万元，占国家下拨蒙山县教育经费的23.05%。1985—1989年，全县勤工俭学总收入255.76万元，平均每年纯收入51.15万元。

二、县勤工俭学服务公司简介

县勤工俭学服务公司成立于1981年8月。1981—1986年，公司收入为34.09万元，主要用于修建校舍、改善办学条件等方面。1982年，该公司被评为自治区勤工俭学先进集体、全国开展勤工俭学先进单位，由教育部、国家计委、财政部、国家经委联名发给奖状。1989年，公司有干部17人，全民所有制工人11人，集体工4人，临时工18人，共50人。

公司所属单位有屯巴茶场、印刷厂、商店、招待所、食堂、水厂、电厂、基建队。屯巴茶场有茶地1000亩，固定资产50万元，每年茶叶纯收入约1万元。印刷厂有厂长1人，工人11人。设备有：铸字机1台、四开机2台、圆盘机2台、切纸机1台、多用机1台。主要产品有：作业本、信纸、信笺、稿纸、发票等，年均产值7.23万元。商店有4个门市部，售货员13人，年均收入5万元。教育招待所于1983年营业，设所长1人，服务员5人，拥有钢筋水泥结构的五楼房一幢，内设大会议室1个、小会议室2个、客房36间、餐厅1个、厨房、值班室各1间，年收入约2.5万元。水厂、发电厂设负责人1人，技术员6人。设备有60型水轮机2台，配套25千瓦发电机2台，2105柴油机组1台，15千瓦水塔1座，装机2台，年发电量为5万多度。供电单位有教育局、教研室、县师范、招待所、印刷厂、商店等教育部门单位，间或供应蒙中、职中用电，年收入2万多元。

第四节 捐资办学纪略

明万历三十六年（1608年），知州王汝服请准在州财政内开支若干钱，又首先从自己俸薪中捐献银钱，带动下属各职及县人，集资将城南已倒塌的文庙更新扩建，并亲自主持上课。

康熙五年（1666年），知州邓林尹把自己以前做官积余的资金捐献出来，又发动各界人士捐资、投工，重建先师庙与官署大堂，在大堂东侧建"众春书院"。

康熙二十年（1681年），知州丁亮工与州学正等人带头捐资，修建文庙，创建尊经阁。上藏"五经"，下办义学，又修复众春书院，改称"仕优园"。

康熙四十六年（1707年），知州陈大辇捐资购置东平里七甲古路庙背田大小共40丘，每年得租谷2千斤，作为书院教育经费。

康熙四十八年（1709年），知州陈大辇发动社会募捐，在永安城西南原学宫旧址建"湄江书院"。

乾隆年间，大明陆康出资在家办私塾，聘师任教。对亲戚中就学的贫苦子弟均给予补助学费和膳费。

道光年间，黄村黄立林（历任怀集县训导、新宁州学正）出资在家乡建校舍，取名"映雪轩"，出钱请塾师掌教，来学习的学生不收学费，还指定土地峒私产每年租谷8千斤，资助族中贫寒子弟学膳，使黄族人文称盛一时。

同治四年（1865年），学正刘卓人发动社会人士募捐，复建孔子庙，重修学正署，历时6年告竣。

光绪三十二年（1906年），州官肖立炎等人士赞助，在原书院后座增设校舍，把成达学堂改为永安州两等小学堂。

光绪年间，苏元春、马盛治合资购置《十三经注》《二十四史》《佩文韵府》等书10多套，赠给州人藏于尊经阁，供后人阅读。

1927年木护村士绅叶孚祥自行捐资及倡捐，共得学谷1200担，创办木护小学。

1931年，大明村陆超捐资，群众献工，建起大明村国民基础学校。

1936年7月，新圩杨俊昌捐赠白银200元给蒙山中学购置图书。

1937年，蒙山中学校长范中柱向社会集资，先后建起教室8间，使校容焕然一新，教育得以发展。其中，捐款最多的是文圩乡大龙村陈性山和西河乡古排村马缦卿，各人捐款1000元大洋。

1941年，古排马云青拿出200担租谷兴办云青小学。

1944年7月，无锡国专疏散来蒙山办学，文尔村钟文会慷慨借出房屋作教室及教师宿舍，并负责教师全部伙食钱粮。

1946年，文尔村钟文堦捐资，在本村开办定荣小学校，校匾请北京大学校长胡适题写。

1969年，全县公办小学下放到大队办后，除教育部门下拨少量的教育经费补贴教师工资及购买石灰、水泥、瓦外，其余均由生产队社员献工、献料建学校，几乎每个大队都建了校舍。

1983年以来，蒙山镇一小向社会募捐集资共14万元，加上财政拨款建起了教学大楼一幢，扩大校园面积，校门装修一新。

港籍作家梁羽生先生捐赠蒙山中学奖学金8000元。

港籍罗燕琼女士捐赠蒙山中学5000元，文圩初级中学2000元，大明小学2000元。港籍陈兆禧先生捐赠1000元给蒙山中学购置图书。

陆献恒向教育图书馆捐赠图书577册，肖洒捐赠545册；还有陈漫远、钟文典、萧德浩、王云高、萧辛、严晓、吴广生、黄伟、谭世贵等人各捐图书一批。

广州海军医院钟荣顺、中山医科大学李松初共捐赠书籍3000册。

1988—1989年，全县干部、群众捐款79万多元修理中小学危房。

蒙山县（1990—2005年）[①]

1988年，基础教育实行"分级办学，分级管理"，确保实现普及九年义务教育和基本扫除青少年文盲目标。

1990年，不再吸收民办教师，代课教师逐渐增多，同年开始实行教育督导。1991年，小学学制由五年改为六年，至1996年全面实行六年制。

1995年，开始对残疾儿童进行特殊教育。1990年，开始对中小学教师实行继续教育。2000年，所有民办教师全部转为公办教师。2001年，有条件的乡镇所在地中心小学从三年级起开设英语课程。

2002年，开始进行远程教育试点。2004年，义务教育小学入学率99.98%，中学毛入学率106%，通过自治区"两基"工作组评估复查验收，蒙山县成为全国第十一批"两基"教育达标县。

2005年，由于人口生育数量下降，小学在校学生由1990年19 904人减至2005年15 377人，小学教学点由76个调整至29个。初中在校生由1990年6445人增至2005年10 115人。增设私立初中1所，高中由1所增至3所。幼儿园由5所增至32所，其中私办幼儿园31所。

[①] 蒙山县地方志编纂委员会. 蒙山县志（1990—2005）[M]. 郑州：中州古籍出版社，2019：649–673.

第58章 机构和管理

第一节 机构

1990年,蒙山县教育局内设秘书、人事、计财、纪检监察、普教、体卫、成教、招生办、团工委、督导室等股室,行政编制9人。下辖教育教学研究室、电教站、教育工会、教育图书馆、勤工俭学服务公司、改善办、职教办、基建股等二层机构。

2002年,县教育局与县科技局合并,成立蒙山县教育和科技局,属县人民政府职能部门,但人员财务分开,继续单独行使原所属管理职能,教育部分内设股室不变,行政编制7人,事业编制3人。

2005年,仍为蒙山县教育和科技局。教育局内设办公室、人事、基础教育、职业成人教育、计财、招生办、督导室、团工委等股室,编制仍为行政7人,事业3人。下辖教育教学研究室、电教站、勤工俭学服务公司、工程办、改善办、教育图书馆、教育工会等二层机构,其中工程办、改善办属临时机构。

1990—1999年,县教育局设在太平天国遗址公园内。2000—2005年,局址迁蒙山镇永安街长墙巷47号(县国税局旧址)。

1990—2005年,历任局长:陆尚豪(1987年1月—1990年11月)、陈国杰(1990年11月—1997年1月)、黄超蕴(1997年1月—2001年8月)、岑中远(2001年8月—2003年8月)、李世朝(2003年8月—2014年10月)。

第二节 教育管理体制

一、教育行政管理

1990年前,全县教育行政管理以教育局为主,乡镇教育机构在辖区内配合管理。

1990—2001年，教育行政实行分级管理。即全县实行分级办学、分级管理体制。乡镇成立教育委员会，下设办公室，教委主任由镇长或副镇长担任。教师工资由乡镇政府统筹发放，乡镇内教师调动、校长任命由乡镇教委负责。全县教师调动、教师业务管理由教育局负责。2002年，实行"分级管理，以县为主"体制，全县教育管理统一由教育局负责。同年，乡镇改设中心校，履行原教委办部分职责，教育委员会亦同时撤销。

二、教师管理

按照"分级办学、分级管理"规定，乡镇教委及办公室主要管理村级小学教师及其调配，县教育局管理中心小学、初中、高中教师和县内教师调动及教师资格认定。2002年，复实行以县为主管理体制，教师统一由县教育局管理，即依法履行全县中小学教师资格认定、调配交流、招聘录用、职务评聘、培训考核、奖惩等管理职能。

三、教学研究管理

1989年前，教育局设立教育教学研究室（简称"教研室"），乡镇教育机构设有业务辅导组，学校有教学研究组（简称"教研组"）。

2002年前，教研室人员主要在县内中小学骨干教师中抽调或借调。2002年冬，教育局公开招聘中小学教研员及工作人员20名。

2003年9月，教育局成立教研室教育科研组，编制24人。设置职能机构有：中学组（语文、数学、英语、政治、物理、化学、信息技术、历史、地理、生物、艺术、体育、音乐），小学组（语文、数学、思想品德、社会、科学、艺术、体育及信息技术），资料信息组、教育科研组和财务后勤组等。

2005年，成立教育科研领导小组，基础教育科研每学科有专人分管。中小学校亦设立相应机构，基本形成县、乡镇和学校三级教研网络。

四、办学体制

从1995年秋季入学开始，小学由60年代末实行的五年制，改为六年制，分两年过渡。1995年，五年级毕业生经考试选择50%升读初中一年级，余下50%就读小学六年级；1996年，小学完成恢复六年制改制工作。1990—2005年，初中和高中仍为三年制。

五、社会力量办学

社会力量办学，是集合社会各方面力量开办学校的教育尝试，以实施职业教育、成人教育、中学教育和学前教育为重点办学形式。

1994年，湖南籍人士吴志辉在文圩镇社东坪原文圩"五·七"中学旧址创办兴蒙中学（初中），2001年，因生源减少停办。

2000年，蒙山县籍人士李世强在县教师进修学校兴办蒙山县永安高中。2005年秋，江苏省昆山市前景教育集团总裁田汝华，借用蒙山镇中学部分校舍，设立蒙山县文华实验学校。

2005年，全县民办中小学校2所，民办幼儿园31所。

六、教育督导

1990年，教育局成立教育督导室，设主任1人（由局长兼任），副主任1人，督学2人。1997年，制定《蒙山县教育目标管理评估方案》，并在1998—2005年实施中修改完善。学期末，督导室根据方案对中小学校进行督导评估。重点对办学行为、实施普及九年义务教育工作予以督导。主要检查内容为教育经费增长、教师待遇落实、校舍建设、学生流失、收费、教学管理、德育工作、体育工作等情况，并对学校提出整改意见。

七、教育投资体制

教育经费来源主要有国家财政拨款、社会团体和公民个人办学经费、社会捐（集）资办学经费、收取学生学杂费及勤工俭学收入等教育经费。1992年，开征农村教育附加费；1995年，开征地方干部职工教育附加费。2003年，停止征收农村教育附加费。2004年，停止征收地方干部职工教育附加费，同年，随税开征地方教育附加费。

1990—2000年，中小学收费有学杂费、高中计划外招生费、初中生借读费、住宿费、代收费、民办代课教师统筹费等。

2001年，除建制镇所在地学校外，其他学校实行"一费制"收费。收费标准为每生每期小学60元、初中115元。

2004年秋季学期，学校除按原一费制收费标准收费外，其他农村义务教育学校实行新一费制，只收取杂费和课本费、作业本费、住宿生住宿费。杂费收取标准：县城小学100元，建制镇中心小学90元，县城中学155元，建制镇中学140元。

1990年，县财政划拨教育经费569.50万元。2005年，县财政划拨教育经费6150.20万元，是1989年13.30倍。1990—2005年蒙山县财政教育投资情况如表58-1所示。

1995—2005年，教育费附加和教育附加费收取累计2201.25万元。县征收农村教育附加费及干部职工地方教育附加费具体数据如表58-2所示。

表58-1　1990—2005年蒙山县财政教育投资情况

年份	财政总支出/万元	教育经费	占财政支出/%
1990	2444	569.50	23.30
1991	2837.9	769.10	27.10
1992	3312	1000.20	30.20
1993	3624	1177.70	32.50
1994	3719	1266.30	34.05
1995	4570	1535.30	33.60
1996	4639	1586.20	34.19
1997	5271	1775.80	33.69
1998	6032	2556.10	42.38
1999	7415	2775	37.42
2000	7314	2845.40	38.90
2001	9951	3090.80	31.06
2002	11 095	3894.50	35.10
2003	12 138	4070.50	33.54
2004	13 725	4102.80	29.89
2005	18 108	6150.20	33.96

表 58-2　1990—2005 年蒙山县征收农村教育附加费及干部职工地方教育附加费情况

单位：元

年度	1992	1993	1994	1995	1996	1997	1998
金额	878 465	961 314	937 356	1 476 694	1 925 952	2 322 775	2 384 919
年度	1999	2000	2001	2002	2003	2004	2005
金额	2 187 701	2 541 137	2 515 749	2 619 430	200 220	557 086	503 712

八、勤工俭学

1990 年，小学逐渐开办小卖部、学前班，中学则扩大食堂、商店规模，作为学校勤工俭学收入。同年，收入 637 万元。

1991 年后，原来各校开展养猪、养鱼及拾稻穗、捡油茶果、砍柴等传统勤工俭学项目逐渐停止。1995 年，勤工俭学收入 150 万元。

1996 年后，学校勤工俭学项目只有食堂、商店、学前班和幼儿园等收入。2000 年，勤工俭学总收入 146.50 万元。2001 年后，部分学校食堂、商店对外开放。2005 年，学校勤工俭学总收入 500 万元。

第59章 基础教育

第一节 学前教育

一、幼儿园

（一）公办幼儿园

1990年，县城公办幼儿园有蒙山县幼儿园1所，设有10个教学班，在园幼儿388人，教职工36人。

1995年，县城有公办幼儿园2所，设有11个教学班，在园幼儿483人，教职工48人。

2000年，县城有公办幼儿园1所，设有15个教学班，在园幼儿514人，教职工66人。

2005年，县城有公办幼儿园1所，设有18个教学班，在园幼儿638人。其中，托儿班1个，幼儿26人；小班4个，幼儿153人；中班7个，幼儿246人；大班5个，幼儿170人；学前班1个，幼儿43人。全园有教职工74人，其中大专以上学历39人。

公办幼儿园不设寄宿，幼儿早上由父母或其他家人送来，中午在园中吃饭及睡觉，晚上再由父母或其他家人接回。

（二）民办幼儿园

1990年，全县有民办幼儿园4所，在园幼儿121人，教职工10人。其中，县城1所，1个班级，幼儿31人，教职工3人；陈塘镇1所，1个班级，幼儿25人，教职工2人；新圩镇1所，1个班级，幼儿30人，教职工3人；黄村镇1所，1个班级，幼儿35人，教职工2人。

1995年，全县有民办幼儿园7所，在园幼儿478人，教职工31人。其中，县城3所，班级9个，幼儿316人，教职工20人；陈塘镇1所，班级2个，幼儿50人，教职工3人；新圩镇1所，班级2个，幼儿35人，教职工3人；黄村镇1所，班级1个，幼儿50人，教职工3人；文圩镇1所，班级1个，幼儿27人，教职工2人。

2000年，全县有民办幼儿园12所，在园幼儿704人，教职工47人。其中，县城5所，班级13个，幼儿412人，教职工28人；陈塘镇2所，班级4个，幼儿100人，教职工8人；新圩镇1所，班级2个，幼儿40人，教职工3人；黄村镇2所，班级2个，幼儿55人，教职工3人；文圩镇2所，班级4个，幼儿97人，教职工5人。

2005年，全县9个乡镇有8个乡镇设立有民办幼儿园，共31所，在园幼儿872人，教职工69人。其中，蒙山镇13所，幼儿418人，教职工31人；西河镇6所，幼儿146人，教职工11人；陈塘镇3所，幼儿45人，教职工6人；文圩镇3所，幼儿105人，教职工9人；新圩镇2所，幼儿83人，教职工4人；黄村镇2所，幼儿36人，教职工4人；夏宜瑶族乡1所，幼儿21人，教职工2人；汉豪乡1所，幼儿18人，教职工2人。

民办幼儿园不设寄宿，幼儿早上由父母或其他亲人送来，中午在园中吃饭及睡觉，晚上再由父母或其他家人接回。

（三）学前班

1988年，长坪瑶族乡长坪小学将7周岁未入一年级就读或未满7周岁学前儿童吸收到学校就读，成为蒙山最早"学前班"。此后，县幼儿园和县城小学陆续开办学前班，使用一年级教材。当时，县教育行政部门对学前教育不作统一管理，学生入学情况不作统计与上报存档。

1990年后，由于绝大部分小学都开办学前班，学前一年教育已普及全县，教育行政部门开始对学前教育进行统一管理，规定学前班使用学前教材，每天课时4节，并开设舞蹈、游戏等活动课，教师学历要求合格（中师毕业）。

1995年，全县有学前班760个，学生2300人。

2000年，全县有学前班805个，学生22 571人。

2005年，全县有学前班84个，学生2607人。其中，蒙山镇有学前班21个，西河镇12个，黄村镇11个，文圩镇11个，新圩镇8个，陈塘镇8个，汉豪乡6个，夏宜瑶族乡6个，长坪瑶族乡1个。

二、幼儿园选介

（一）蒙山县幼儿园

蒙山县幼儿园1956年兴办，前身为蒙山县直属机关幼儿园，属公办性质，位于太平天国遗址公园内。1980年，址迁至蒙山镇民主街93号，更名蒙山县幼儿园。1982年，园址正式划归县幼儿园所有，占地面积850平方米。建筑面积600平方米，有教学楼1幢，有教室9间。

1989年，教学设备有大象三滑梯、旋转飞机、龙船（秋千船）等20多种幼儿玩具；手风琴、脚踏风琴等10多种教具；设有一定数量医疗器械和药品。课程设置有语言、计算、常识、体育、美术、音乐等6门，入园对象为县直属单位干部职工的年满4周岁子女。

1990年春季学期，有10个教学班，在园幼儿388人。教职工36人（含编外2人），其中教师24人，保育员及工勤12人。教师中，有幼儿园一级教师13人，高级教师2人。

1992年，新建1幢教学大楼。1997年，县教育幼儿园并入蒙山县幼儿园。教学班13个，幼儿596人，教职工61人。

2000年，教学班15个，幼儿514人，教职工66人。

2002年，扩建1幢5层教学楼。幼儿园占地面积1600多平方米，建筑面积约3815平方米。有幼儿戏水池、小舞台、小城堡、幼儿植物园、大型游乐城堡各1个（座），以及幼儿音体室、阅览室、科学探索室、多功能活动室等。2004年，获得"梧州市示范幼儿园"荣誉称号。

2005年，有教学班17个，幼儿638人，教职工74人。其中，幼儿园一级教师22人，高级教师10人，专职医生1人。教学设备增加电子琴、钢琴等近30种。同年，获"梧州市绿色幼儿园"称号。

（二）大风车幼儿园

2000年6月创办，属民办性质幼儿园，原名跨世纪幼儿园，园址在县城新祥和小区内，占地面积800平方米，建筑面积2000平方米。采用"情境教学、自主探索、家园合一"模式教学。有图书室、艺术活动室、幼儿生活操作室、书法室等各类专用活动室，室外有玩沙池、攀岩等幼儿体能锻炼和休闲活动设施。

2005年，有5个班，幼儿120人，教师5人，保育员5人，其他工作人员2人。

第二节 小学教育

一、学校设置

蒙山县根据地理位置、人口分布和教育资源等不同情况，在乡镇政府所在地和人口较多行政村设置中心小学，在其他行政村设置村级完全小学，在一些边远山区自然村组设置教学点。

（一）小学

1990年，全县公办小学74所，676个班，学生19 904人，教职工1030人。其中，中心小学24所，244班，学生8099人。

1992年，黄村镇良垌、六黎、六结教学点校升格为村级完全小学。

1994年，文圩镇升格河村小学。

1995年，全县公办小学80所，760个班，学生23 305人，教职工991人。同年，夏宜中心小学与夏宜中学合并，更名为夏宜瑶族乡民族学校（九年一贯制学校）后，全县中心小学减至23所。

2000年，有公办小学80所，805个班，学生22 577人，教职工1022人。

2001年，长坪中心小学由长坪村迁至原长坪中学原址办学，并实行寄宿制管理，有1~6年级6个班，148名学生。黄村镇良垌小学、六黎小学、六结小学恢复为教学点。

2004年，撤销蒙山镇莫家小学和长坪瑶族乡六坪小学，分别并入蒙山镇第一小学和长坪瑶族乡中心小学，六坪小学成为长坪瑶族乡中心小学一个教学点。

2005年，有公办小学76所（含夏宜瑶族乡民族学校小学部），607个班，学生15 377人，教职工1021人。其中，有中心小学23所，216个班，学生6580人。中心小学为蒙山镇第一小学、第二小学、第三小学、西河镇古排、大塘、安富、水秀中心小学，新圩镇新圩、壮村、四联中心小学，文圩镇文圩、大明、大龙中心小学，黄村镇黄村、黄村第一、百合、新开中心小学，汉豪乡汉豪、白竹中心小学，陈塘镇陈塘、下漂、寺村中心小学，长坪瑶族乡中心小学。

村级完全小学52所，即蒙山镇文聚、北楼、六妙、新联、高堆、甘棠、回龙小学，新圩镇双垌、坝头、谢村、古定、貌仪、六桂小学，西河镇壬山、龙蟠、福垌、桐油坪、乐拥、古娄、瓦冲、广育、文尔小学，文圩镇六夏、屯治、秀才、桃垌、大棠、木护、道义、莲塘、河村小学，黄村镇平原、明觉、六埠、朋汉、林秀、道冲小学，陈塘镇罗应、福利、青洲、沙灵、大莫、朝垌小学，汉豪乡金垌、樟村、都坡、大车小学，夏宜瑶族乡六海、高雷、能友、六洛、芦山小学。

（二）教学点

1989年，全县有教学点76个。主要设立在边远、交通不便且有一定生源的山村。1990年以后，根据生源情况逐年对教学点布局进行调整撤并。1990—1999年，教学点由76个降至62个。2000—2004年，撤并至33个。

2005年，有小学教学点29个。其中，蒙山镇有北楼义岭点、高堆德梗点、甘棠古朗点；西河镇有古排高兰点、瓦冲大坪点、福垌坡坪点、大塘镇古带、古天、毋伦点；新圩镇有双垌京柴点、壮村联山点；黄村镇有道冲中垌点；陈塘镇有陈小陈村点、青洲古崩点、福利公冲点、罗应大坪点、大莫古麻点、朝垌南叉点、上马点；汉豪乡有汉小以劳点、罗对点、樟村里樟点、金垌山塘点、金二点；长坪瑶族乡有范水点、三妹点、水井点、南垌点、六坪点。

二、特殊教育

1989年，由蒙山镇第一小学开设特殊教育班（简称"特教班"）2个，学生12人。其中启智班5人，聋哑班7人。

1995年，全县7～15周岁三类残疾儿童有226人，在特教班或户籍所在地学校随班就读166人，入学率73%。其中，听残27人，已入学16人，入学率59%；智残（包括综合残疾）172人，已入学130人，入学率76%；视残27人，已入学20人，入学率74%。

2005年，全县7～15周岁三类残疾儿童有213人。其中，在特教班就读11人，在户籍所在地学校随班就读186人，共197人，入学率92%。

三、学制、课程

（一）学制

从1991年秋季学期开始，小学从一年级开始改五年制为六年制，即一年级启用六年制教材。1996年，改制完成，全面实施六年制，至2005年不变。

（二）课程

1990年后，小学开设有思想品德、语文、数学、社会（四年级以上）、自然、体育、音乐、美术、劳动（三年级以上）等9门课程。

2001年秋季学期起，根据《广西九年义务教育课程计划》规定，小学阶段增设体育与健康、综合实践活动（三年级以上），有条件乡镇所在地中心小学，从三年级起开设英语课。

四、教学管理

1987年，县教育局根据《广西全日制中小学管理10项规定》，实施教学管理，并实践至1996年，对中小学教学实行目标管理，明确学校领导（校长、教导主任、总务主任）主要职责，同时建立考勤、学习、家访、备课、上课、听课制度。加强学籍管理，学生要建立学生手册，转学要凭学生手册办理。学生学籍档案每学期清查1次，妥善保管。每学期均对中小学校执行课程计划、贯彻教学大纲、执行教学常规管理等情况进行检查。加强学科质量评估，每学期各中小学均举行期中、期末学科质量检测，考试后由县教研室进行汇总统计成绩，并及时反馈给学校，同时要求各学校进行质量分析和总结。每年小学毕业班质量检测由县教研室做出质量分析。每年教师节都对小学毕业班质量检测和期中、期末学科质量检测成绩优秀学校和教师进行表彰。

1997—2005年，县教育督导部门牵头，先后制定《蒙山县教育目标管理评估方案》《蒙山县中小学教学有关环节要求》《蒙山县中小学教学管理指导意见》《蒙山县关于加强中小学考试管理的意见》《蒙山县中小学校素质教育水平考核评估方案》《蒙山县中小学教育教学奖励方案》《体现新课程要求的课堂教学评价办法（试行）》等教育教学管理规章制度。2005年，编印《蒙山县教育管理导航》，指导学校教育教学管理。

五、教学研究

小学教学研究主要通过县教研室小学教研组、乡镇教委办（教育辅导站）、学校三级教研网络开展教学研究活动。1990年前，主要推行上海市特级教师钱梦龙的"三为主"（学生为主体、教师为主导、训练为主线）教学思想，进行改革课堂教学结构的实验。

1990—2003年，蒙山县教研室推行"启发式""探究式""目标管理教学实验"等教学方式。同时，开展广西壮族自治区、地市、县级教育科研课题研究共4项，主要有《小学目标管理教学实验研究》《小学生心理健康教育研究与实验》等。2004年，实施课程改革后，主要开展《探索性学习》《自主性学习》等课题研究与实验。

六、实验教学

1990—2005年，按教学大纲要求，开设数学、自然课教师演示实验和学生分组实验。实验开出率均达到有关要求，并有完整记录。各学校领导定期到实验教学课堂听课，检查实验教学情况。

七、学校选介

（一）蒙山镇第一小学

蒙山镇第一小学位于县城南部胜利街134号，原名蒙山镇中心小学。2002年，更名蒙山镇第一小学。

1990年，校园面积9260平方米，建筑面积4611平方米，当年斥资5.80万元建起学校大门。有30个教学班，学生1889人，教职工80人。1992年，投资90万元新建一幢三层综合大楼，建筑面积937.50平方米。

1995年，有32个教学班，学生2100多人。

1996年，有36个教学班，学生2300多人。教职工90多人，其中大专以上学历50多人，有市级学科带头人或骨干教师2人。同年，被梧州地区授予施行《国家体育锻炼标准》先进学校。

1996年7月，被广西壮族自治区人民政府、广西军区评为拥军优属模范单位。同年8月，获全国青少年"热爱祖国、立志成才"读书教育活动组织奖。1999年，评为梧州市"梧州市先进雏鹰大队"。

2000年，有36个教学班，学生2100人，教职工84人。

2000—2003年，投资24万元续建学校综合楼第四层，投资2.80万元装修"普实"（即实验教学普及县）各功能室，投资6.30万元添置教学仪器、设备，投资16万元添置计算机33台，投资8万元开设校园网络广播，投资3万元添置图书资料1.5万多册，投资10万多元建设校园绿化带、文化走廊，改善学校食堂、办公室、教室内外环境及设施等。

2004年,被授予广西壮族自治区素质教育一级甲等学校、梧州市青少年"爱科学月"活动先进集体称号,评为广西教育科学"十五"规划课题《小学语文"听音想象作文"教学研究》实验研究先进单位。

2005年,学校有42个教学班(含4个学前班、2个特殊教育班),学生近2000人。教职工102人,专任教师95人,其中大专以上学历53人,小学高级教师50人。学校占地面积9260平方米、建筑面积6410平方米。同年,获"2004年梧州市中小学校常规管理优秀学校""梧州市'双合格'家庭教育先进集体"等荣誉称号。

(二)新圩镇双垌小学

新圩镇双垌小学位于新圩镇双垌村荷村4组,原名荷村小学。1968年,改名双垌小学。1990年,学校占地3858平方米,建筑面积998平方米。

1990—2005年,师生动手挖沙拉石,平整学校操场,多途径筹措资金,建成标准篮球场、乒乓球台,进行校道硬化。少先队设立爱心银行基金会,把每学期1次捐款存入基金会,用于资助家庭贫困学生。至2005年,已有50多名贫困家庭学生得到该项资助。学校每年举办1次"荷之香"文艺晚会,让学生德、智、体得到全面培养和发展。

2005年,有9个教学班,学生286人。教职工14人,均具合格学历,其中大专毕业4人、小学高级教师4人。

第三节 初中教育

一、学校设置

1990年,在县城设置公办完全中学1所,即蒙山中学。乡镇设置公办初级中学9所,即蒙山镇第一中学、蒙山镇第二中学、新圩中学、西河中学、文圩中学、黄村中学、陈塘中学、夏宜中学、长坪中学。除陈塘中学设在陈塘镇寺村白云岭坪、西河中学建在西河镇桐油坪村外,其余均设在乡镇政府所在地附近。全县共有131个班,学生6445人,校均规模716人,平均班额49人。

1995年,有公办初中10所(含蒙山中学初中部),民办初中1所。

1997年8月,在县城新建湄江中学。蒙山中学实施初中与高中剥离,成为一所普通高中。原初中部二、三年级学生与部分教师分流到湄江中学。

2001年,有公办初中9所(含1所九年一贯制学校——夏宜瑶族乡民族学校),民办初中1所。长坪中学因生源缺乏,撤并入蒙山镇第二中学。

2003年,蒙山镇第一中学升格为蒙山县第一中学,设高中部,成为完全中学。同时,蒙山镇第二中学更名蒙山镇中学。

2005年,由江苏省昆山市前景教育集团总裁田汝华投资,创办蒙山县文华实验学校,借用蒙山镇中学部分校舍,招收初一年级2班,初二年级1班,共67人。同年,有公办初中9所,即蒙山县第一中学初中部、湄江中学、蒙山镇中学、新圩中学、西河中学、文圩中学、黄村中学、陈塘中学、夏宜瑶族乡民族学校。共177个班,学生10 115人,校均规模1012人,平均班额57人,有公办教师540人。

二、学制、课程

(一)学制

1990—2005年,初中仍为三年制。

(二)课程

1990—2000年,课程开设思想政治、语文、数学、英语、历史、地理、物理、化学、生物、体育、音乐、美术、劳动技能等13门。

从2001年秋季学期起,增设体育与健康、综合实践活动、普通话口语训练、劳动技术和广西社会、绿色证书教材、成长教育、法制教育、民族教育等课程。

三、教学研究

初中教学研究,主要通过县教研室中学教研组和学校二级教研网络开展教学研究活动。

1990年前后,县教研室推行上海市特级教师钱梦龙的"三为主"(学生为主体、教师为主导、训练为主线)教学思想和中央教育科学研究所、《教育研究》编委卢仲衡的"自学辅导教学"教学思想,进行改革课堂教学结构的实验。

1995—2005年,教研室推行"启发式""探究式""目标管理教学实验"等教学方式,并开展6项省区、地市和县级教育科研课题研究,即《初中目标管理教学的实验研究》《初中生心理健康教育研究与实验》《新理念下的课堂教学模式、策略及方式的研究》《启发性学习》《探索性学习》《自主性学习》等。

2003年暑假，对七年级各学科教师进行新教材系统培训。2004年，举办九年级语文、数学、物理、化学、英语、政治等学科"中考复习课"比赛等活动。

四、实验教学

1990—2005年，按教学大纲要求，开设中学物理、化学、生物课教师演示实验和学生分组实验课目。教师演示实验开出率97%以上，学生分组实验开出率98%。各种演示实验和分组实验均有完整记录，学生分组实验做到熟练规范，实验完成率较好。学校领导定期到实验教学课堂听课，检查实验教学开展情况。

实验室有专人管理。仪器柜规格统一，仪器摆放整齐，以专柜分类，以标签作识；并建立有仪器设备账册，借还有据，账物相符。

五、乡土历史教育

1990—2005年，部分教师在思想品德、历史和班会课堂中，适时融入乡土历史及校史内容，在校园出版《乡土人物传略》等墙报。

每年清明节，县城及周边等学校，组织学生到烈士陵园扫墓。还以太平天国运动在永安陈列馆为爱国主义教育基地，并用《可爱的蒙山》（谭声荣等编写，广西人民出版社，1991年出版）一书作为乡土教材，对学生进行爱国主义及乡土历史教育。2004年，陈塘中学决定由历史教师何锦贤编写校本乡土历史教材，进行课题研究。

六、中考

1992年前，中考由梧州地区统一命制试题和组织考试，评卷、统分由各县组织。1993—2003年，考试时间、试题、试卷由自治区统一规定与命制，并实行初中毕业生毕业、升学合一会考，评卷和统分由地市统一组织。历年中考科目是语文、数学、物理、化学、英语、历史、地理、生物、政治（思想品德）等。

2002年前，全部集中县城考试，考点分别设在蒙山中学、湄江中学和蒙山镇一中。从2003年起，考场设在各初中学校。2004年起，由梧州市命题、组织考试、评卷和招生录取。考生分为中专、中师、普通高（职）中三大类报名，分类招生录取，考生不准跨类填报志愿。考试科目（分数）为：政治

(60)、历史(40)、语文(120)、数学(120)、英语(120)、物理(80)、化学(80),总分620分;政治与历史、物理和化学系合科考。

2002—2005年,蒙山县初中毕业生参加中考各学科综合总成绩,一直位于梧州市前列。

七、学校选介

(一)湄江中学

湄江中学位于县城湄江中路116号,1997年8月创建。建校之初,学校占地面积14 851.80平方米,建筑面积5400多平方米。面向全县招生,教学班18个,学生1000多人,教职工63人。

2005年,有教学楼2幢,宿舍公寓楼1幢,设计算机室、音乐室、美术室、仪器室等功能室。有教学班21个,学生1301人。教职工68人,其中专任教师48人,中级职称以上教师30人。

2001—2004年,学校逐渐建成教育信息资源库、校园信息技术教育网、校园广播网、有线电视网,配备"中小学数字图书馆"。教室和办公室均配备彩电与VCD,并装备校园闭路电视广播系统。拥有计算机60多台,多媒体教室4间,是梧州市现代教育示范学校。

2001—2005年,学校连续5年被广西壮族自治区科协等3个部门评为"爱科学月"先进单位。先后有7名教师,22名学生的15件科技作品获省级以上奖励。其中,学生李敏作品《简易多功能行李小推车》在广西电视台《百姓专利》节目中播出。

学校多年被评为梧州市中考成绩优秀学校,2005年中考,有2名学生并列全市中考"状元";曾获"梧州市中小学校常规管理优秀学校""广西普通中小学素质教育一级甲等学校""广西中小学德育工作先进集体"等荣誉称号。

(二)文圩中学

文圩中学位于文圩镇政府所在地,原名蒙山县第一初级中学,1956年创建。1969年,更名文圩高中。1980年,改名文圩公社初级中学。1985年,改为文圩中学,是一所全日制乡镇初级中学。

1990年,学校占地面积2.67万平方米,建筑面积1.18万平方米。学校配备有理化实验室、计算机室、图书室、舞蹈室等。体育活动场地9860平方米,有篮球场、足球场、排球场和乒乓球场等。教学班24个,学生1298人。

教职工94人，专任教师81人。

2005年，教学班30个，学生1680人。教职工105人，其中专任教师91人，中级职称以上16人。

1991—2005年，有5项青少年创造发明或科学实验论文参加广西区、全国级比赛。其中，获得全国二等奖2项、三等奖1项，获得广西区级一、三等奖各1项。学校曾获得"广西壮族自治区卫生先进单位"等荣誉称号。

2005年，本乡籍人梁羽生在学校设立"信玉奖学金"。学校开展"访大师故里，读大师作品，寻大师足迹"等系列主题活动。

第四节　高中教育

一、学校设置

1990年，只有蒙山中学属完全中学，高中部有18个教学班，学生963人，教职工145人（含初中部）。

1997年，蒙山中学将初中部剥离到湄江中学，成为一所普通高中，有18个教学班，学生1047人，教职工123人。

2000年7月，蒙山县籍人李世强投资开办民办性质的蒙山县永安高中，当年招收学生56人。

2003年，蒙山镇第一中学升格为蒙山县第一中学，属完全中学，高中部面向全县招生。

2005年，有完全中学蒙山县第一中学、独立高中蒙山中学、蒙山县永安高中等3所，共有44个教学班，学生2914人，教职工214人。

二、学制、课程

（一）学制

1990—2005年，高中学制仍为三年制。

（二）课程

1990年以后，开设政治、语文、数学、英语、物理、化学、生物、历史、地理、体育、艺术、微机、劳动技能等14门课程。

2002年秋季起，根据《广西壮族自治区全日制普通高中课程计划》，增设信息技术、体育与健康等研究性学习课程。

三、教学研究

1990—2005年，高中教学研究，主要通过地市教研室、县教研室中学教研组和学校三级教研网络开展教学研究活动。高中教研员，大部分由县教研室聘任蒙山中学的学科组长和骨干教师兼任，教研活动与教师培训基地均设在蒙山中学。

1990年前后，推行上海市特级教师钱梦龙的"三为主"（学生为主体、教师为主导、训练为主线）和"分层教学"的教学思想，进行改革课堂教学结构的实验。1990年后，在教学方法上，有注入式讲解法、程序教学法、比较教学法、设疑促思启发式教学法等。

1995年后，主要推行"启发式""探究式""研究式"等教学方式。并开展7项省区、地市和县级教育科学课题研究，主要有《高中生心理健康教育研究与实验》《探索性学习》《研究性学习》《高考试题研究》《高考复习备考研究》等课题。

2000—2005年，尝试"五步教学法"。即尝试练习、小组解疑、大组答疑、演练巩固、总结评价5个基本教学环节。

四、高考

1990—2005年，蒙山县高考考点设在蒙山中学。高考成绩及万人上线率，有1999年和2001年名列梧州市前茅。

1990—2000年，高考科目为语文、数学、英语、物理、化学、政治、历史7科，总分750分。

2001—2002年，广西壮族自治区推行普通高考体制改革，实行本科、专科考试分开，即7月初为本科考试，待成绩公布后，于8月进行专科报名考试。考试科目为语文、数学、英语、综合、物理、化学、生物、政治、地理、历史；学科成绩以"标准分"形式呈现，总分900分。

2003年，高考再改革。高考时间每年定在6月7日和8日，考试科目改为"3+小综合"，"3"是公共考试科目，即语文、数学、英语，数学又分文科数学、理科数学。"小综合"，一为文科综合，由政治、地理、历史组成综合卷（简称"文综"）；二为理科综合，由物理、化学、生物组成综合卷

（简称"理综"）。考生类别也分为文科考生、理科考生，文科考生对应选考"3＋文综"，理科考生选考"3＋理综"。学科考试成绩复以传统分数形式呈现，总分750分。

高考考务组织工作，按照教育部统一要求和广西壮族自治区总体部署，在广西壮族自治区、梧州市招生考试院和县高等学校招生委员会及县教育局领导下，由县招生办公室具体组织实施。

高考学科评卷工作，由广西壮族自治区招生考试院根据有关要求，汇总广西壮族自治区集中联评。由广西壮族自治区招生考试院向全体考生公布考试成绩。

1990—2003年蒙山县高考录取情况如表59-1所示。

2005年，蒙山县被大专及以上院校录取人数690人，中专学校录取186人，职业学校录取264人。2004—2005年蒙山县高考上线情况如表59-2所示。

1990—2005年，蒙山县教育局向各行业输送人才情况如表59-3所示。

表59-1 1990—2003年蒙山县高考录取情况

单位：人

年份	重点		本科		专科		合计		录取率/%	参考人数	梧州市排名
	上线	录取	上线	录取	上线	录取	上线	录取			
1990								78	15.6	495	
1991	14		21		23		58	91	18.5	491	
1992	7		28		18		53	89	18	499	
1993	4		16		31		51	109	24.5	444	
1994	9		20		28		57	73			
1995	1	1	35	24	43	65	79	90			
1996	2	2	29	27	58	81	89	110			
1997	5	5	35	39	40	96	80	140			5
1998	18	18	24	39	37	93	79	150			5
1999	13	13	60	67	67	121	140	201	59	341	2
2000	15	14	80	117	66	176	161	307	66	443	5

续表

年份	重点		本科		专科		合计		录取率/%	参考人数	梧州市排名
	上线	录取	上线	录取	上线	录取	上线	录取			
2001	30	29	104	156	50	153	184	338	77	400	1
2002	11	10	43	69	159	240	213	319	71	434	5
2003	10	9	59	125	254	278	323	412	73	555	5

表59-2 2004—2005年蒙山县高考上线情况

单位：人

年份	学校	参考人数	一本		二本		一、二本		一、二、三本		万人上线率/%	
			人数	上线率/%	人数	上线率/%	人数	上线率/%	人数	上线率/%	一、二本	一、二、三本
2004	全县	723	42	5.8	185	25.6	227	31.4	306	42.4	11.52	11.5
	蒙山中学	662	41	6.2	184	27.8	225	34	303	45.8	11.42	11.4
2005	全县	965	55	5.7	229	23.7	284	29.43	491	50.88	13.73	
	蒙山中学	903	55	6.09	225	24.9	280	31.01	484	53.6	13.53	

注：1.照顾分指民族分、地域分、计生分、军烈属子女加分。

2.万人上线率，即是本科上线总人数与当年县总人口数的比例。

表59-3 1990—2005年蒙山县教育局向各行业输送人才情况

单位：人

年份	大专院校录取人数	中专校录取人数（含高考、中考考上）	上职业学校人数
1990	79	143	143
1991	92	159	155
1992	103	170	176
1993	90	189	196
1994	75	179	205

续表

年份	大专院校录取人数	中专校录取人数（含高考、中考考上）	上职业学校人数
1995	90	148	186
1996	110	184	138
1997	123	205	89
1998	142	276	107
1999	209	195	54
2000	161	237	126
2001	184	304	156
2002	327	308	205
2003	347	245	223
2004	539	158	247
2005	690	186	264

注：职校毕业生，在深圳、珠海、广州、惠州、中山、东莞等全国十几个城市或地区就业。

五、学校选介

（一）蒙山中学

蒙山中学创办于1924年3月。1990年，学校系完全中学，占地面积41 731.58平方米，建筑面积13 184平方米。教学班30个，学生1563人（初中600人，高中963人），教职工145人。

1990—2005年，学校通过上级拨款、社会捐资、教职工借款、银行贷款等渠道筹集资金，相继增建教工宿舍楼4幢、办公综合楼1幢、学生食堂1幢、学生公寓楼2幢。2005年，有6层教学大楼1幢；5层理化大楼1幢，内设物理、化学、生物实验室7间，音乐室、舞蹈室、画室各1间；7层图书馆大楼1幢，内设语音室1间，电脑室2间，藏书室3间，报刊阅览室1间，电子阅览室2间，教室5间，图书室藏书10多万册、电子图书10万册，学生人均藏书86册；公寓式宿舍楼2幢，2层学生食堂1幢，教学用房建筑面积21 070平方米。

1997年8月，改办完全高中，建筑面积16 984平方米。教学班18个，学生1047人，教职工123人。

2001—2005年，学校创建广西壮族自治区示范性高中，且具备其评估条件。

2005年，有教学班28个，学生2026人。高考一本上线55人，二本及以上上线280人。教职工128人，其中专任教师95人、中级职称36人、高级职称12人。

1990—2005年，学校逐渐形成"三全（全员、全面、全程）德育""二高（高素质、高效率）治学""一化（量化）管理"办学特色。毕业生计3000多人，升入高等学校本科为1000多人，其中升入国家重点大学180多人。学生获国家级等奖项300多人次。学校先后获得全国青少年文明礼仪教育示范基地和8个广西壮族自治区级先进等荣誉称号。承担国家级等课题研究近20项，教师在省级以上报刊发表论文近200篇；不定期出版校内论文专刊《书海桥》。

（二）蒙山县第一中学

蒙山县第一中学原为蒙山中学初中部，1969年，蒙山中学解散，设西河高中，1978年改为蒙山镇一中。

2003年秋，升格为直属学校，更名蒙山县第一中学，成为一所县级完全中学，当年招收高一新生。高中部教师18人，教学班4个，学生227人；初中部教师93人，教学班27个，学生1800多人。

2005年，高中部教学班17个，学生888人；初中部教学班21个，学生1416人。全校教职工115人，其中专任教师103人，中级职称41人，高级职称2人。

学校占地面积50 025平方米，建筑面积1.22万平方米。有男生公寓宿舍楼、女生公寓宿舍楼、学生食堂综合楼、教学综合楼、教师宿舍楼等。有计算机室、物理实验室、化学实验室各2间，生物实验室1间，美术和音乐功能室各3间、舞蹈功能室1间，图书室藏书16 325册；200米跑道运动场2个，250米跑道运动场1个，篮球场5个。校园作了绿化、美化、硬化和土地整理，绿化率达72%。

1990—2005年，先后获得广西壮族自治区法制宣传教育先进单位、文明庭院、素质教育一级甲等学校和梧州地市中考成绩优秀学校等荣誉称号。

第60章 职业教育、成人教育

第一节 职业教育

一、职业技术学校

蒙山县职业技术学校前身为蒙山镇五七高中,1984年,改名蒙山镇职业中学,校址由蒙山镇甘棠村古朗迁到县城古云头。1985年9月,升格并更名为蒙山县职业中学,校址迁至蒙山镇湄江街关口冲,属全日制职业中学,由蒙山县教育局直接管理,教师由教育局调配,生源从全县应、历届初三毕业生或社会青年招收,免试报名入学。

1990年,蒙山县职业中学改名蒙山县职业技术学校。校园占地面积8000平方米,建筑面积1753平方米,教学设备价值约10万元。学生150多人,教职工20人,其中专任教师15人。开设财会、电子、养殖、农学、幼师专业,课程有电子计算机、电器修理、汽车修理、摩托车修理等。学生毕业由梧州地区相关部门发给相应技术等级证书,学校不包分配工作,但与广东等地厂家企业挂钩联系学生就业。

1994—1996年,学校配合县"普九"工作,曾经附设普通初中2个班,并依其课程开课。

1995—2002年,在校生每年约210人。2002年开始,学校根据社会需求开展农民工转移就业培训,学制1年。其中,计算机班367人,电工电器班317人,针织班850人,珠绣宝石加工班1553人。

2005年,学校占地面积13 300平方米,建筑面积3930平方米,教学设备价值约98万元。有学生416人,开设有电子计算机、电器修理、汽车修理等专业。教职工26人,专任教师21人,中级职称以上6人。

同年,学校经评估验收,成为广西壮族自治区合格中等职业技术学校。

二、教师进修学校

1990年，蒙山县教师进修学校位于蒙山镇湄江街1号，占地面积3785.4平方米，建筑面积6896平方米。有教学楼、宿舍楼各1幢。教职工24人。教师进修班3个，学员206人。开设课程有语文、数学、物理、化学、历史、美术、音乐、教育学、心理学等9科。

1995年，开设教师进修班1个，学员34人。

2000年有进修班2个，学员70人。

2005年，有教师进修班1个，学员56人。招生对象是本县在职教师，学制为1年。课程有语文、数学、物理、图音、英语及师德教育等。有专任教师18人，其中中级职称以上2人。

除开办教师进修班以外，学校还开展短期培训班。1990—2005年，相继开设校长培训班、校长提高班、参与式教学培训班、教育科研培训班等100个班次，培训校长、教师共计1万多人次。

第二节　成人教育

一、学校设置

1990—1994年，全县9个乡镇均设成人文化技术中心校，83个行政村相应成立村级成人文化技术分校。1994年年底，乡镇成人文化技术中心校改为乡镇成人文化技术学校，村分校改为村成人文化技术学校。

1998—2005年，除长坪瑶族乡成人文化技术学校用乡政府会议室作为教室外，其余8个乡镇均设有专门教室。人员配备有校长1人，一般由分管副乡镇长兼任，专职教师1~2人，临时聘请专业人员上课。

（一）乡镇成人文化技术学校

均配备有电视机、影碟机、照相机各1台，桌椅板凳及图书一批。文圩镇成人文化技术学校有20亩实习基地。教室布置、资料管理较规范，有专用档案柜。经费由乡镇筹集及上级拨专项费用。2004年，文圩镇、黄村镇2所成人文化技术学校被梧州市评为"示范性成人文化技术学校"。

（二）村级成人文化技术学校

设在村委会会议室或村小学教室，由村委会主任兼任校长，临时聘请专业人员上课，经费系村筹集及上级拨专项费用。

二、技术培训

1990—1997年，全县举办各种实用技术培训班6687班次，参加培训达32.44万人次。课程有种养知识、销售流通、办实业、技术修理、公共道德等。

1998—2005年，全县举办各种实用技术培训班5742班次，参加培训27.24万人次。

第61章 "两基"工作

第一节 基本扫除青壮年文盲

乡镇、村成人文化技术学校担负扫盲和实用技术培训工作。1990年，全县有青壮年文盲、半文盲512人（其中妇女400人）。1996年年底，全县512名青壮年文盲、半文盲全部脱盲，脱盲率100%。1997年，经广西壮族自治区评估验收通过并上报国务院，蒙山县成为无文盲县。

第二节 基本普及九年义务教育

1986年4月12日，第六届全国人民代表大会第四次会议通过《中华人民共和国义务教育法》。1991年，广西壮族自治区人民政府颁布《广西壮族自治区义务教育实施办法》，于9月1日开始实施，称为普及九年义务教育，简称"普九"。

1994年，蒙山县开始实施"普九"工作。1999年，通过自治区验收。自治区人民政府考虑到蒙山县为自治区级贫困县，评估验收后未上报国务院。

2004年，国家实施"两基"（基本扫除青壮年文盲、基本普及九年义务教育）攻坚县工作，自治区人民政府把蒙山县作为第一批"两基"攻坚县。同年，对蒙山县复查验收，通过后上报国务院。蒙山县成为全国第十一批"两基"达标县。

1990—2005年，义务教育经费投入35 597.80万元，具体数据如表61-1所示。其中，用于改善办学条件4707万元，购置仪器设备114万元；配置图书37.2万册、课桌椅24 114套、学生床480套。实施专项工程建成校舍111幢，共89 376平方米，改造危房36 785平方米，危房改造率100%。

表61-1　1990—2005年蒙山县财政投入义务教育经费情况

单位：万元

年份	1990	1991	1992	1993	1994	1995	1996	1997
金额	556.50	609.40	802.50	938.10	955.80	1400.60	1446.80	1752.50
年度	1998	1999	2000	2001	2002	2003	2004	2005
金额	2673.30	2809.80	2853.80	3118.40	3814.80	4018.60	3281.20	4565.70

"普九"期间，为控制学生辍学，县、乡镇人民政府及教育主管部门采用落实责任制、实施监控制、建立救助制、实行激励制、严格执法等措施，顺利完成九年义务教育各项目标任务。小学适龄儿童入学率100%，初中阶段入学率106.30%；小学、初中辍学率分别控制在年1%和2.38%以内；15周岁完成率99.90%，17周岁完成率88.70%（表61-2）。

表61-2　2005年蒙山县"两基"评估验收标准与工作目标完成情况

项目		验收标准	达标情况
普及程度	入学率	1. 7~12周岁儿童入学率达99%以上	达100%
		2. 13~15周岁（初中阶段）少年入学率达95%以上	达100%
		3. 7~15周岁盲、哑、弱智儿童、少年入学率60%左右	达98.9%
	辍学率	1. 小学在校生年辍学率控制在1%左右	控制在0.01%左右
		2. 初中在校生年辍学率控制在3%左右	控制在2%左右
	完成率	1. 15周岁完成率98%左右	达99%以上
		2. 17周岁完成率85%以上	达88.7%以上

续表

项目		验收标准	达标情况
师资配备	教职工师生比	1. 县城小学 1/21；农村小学 1/23	达标
		2. 县城初中 1/16；农村初中 1/18	达标
	教辅工勤人员比例	小学＜9%；初中＜15%	达标
	小学、初中教师全部具有教师资格证书		达标
	小学初中校长岗位培训合格		达标
	中小学教师完成继续教育学分		达标
办学条件	学校布局合理	1. 儿童就近入学，又注重规模效益	达标
		2. 原则上每乡镇一所初中	达标
	生均校舍	1. 小学 4.18 平方米	达 7.4 平方米
		2. 初中 5.59 平方米	达 7.2 平方米
	教学仪器及功能室	按第二种或第三种配套方案配备，并通过广西壮族自治区"普实"验收	"普室"在 2003 年广西区级验收
	生均图书	1. 县城小学 15 册；农村小学 5 册	均达 20.5 册
		2. 县城初中 20 册；乡镇初中 10 册	均达 21.5 册
教育经费		1. 做到"三个增长"	达标
		2. 农村税费改革专项转移资金的 65% 用于"普九"	达标
		3. 中小学教职工工资按时足额发放，无拖欠现象	达标
		4. "两免一补"政策落实到位	达标
教育质量		1. 学生日常行为规范合格率 99% 以上，犯罪率万分之一以下	达标
		2. 按有关规定开足课程，保证课时，按时完成教学任务	达标
		3. 取消留级制度，毕业率达到 90% 左右	小学达 100%，初中达 99.7%
		4. 体育合格率达到 95% 以上	达 99.9%

续表

项目	验收标准	达标情况
学校管理	1. 规章制度健全教学秩序正常	达标
	2. 学校及周围环境无噪音、无污染	达标
	3. 校园内"五化"好，各室管理规范有序，饭堂卫生，厕所清洁	达标
扫盲成效	1. 15周岁以上非文育率人数：农村95%以上，城镇98%以上	全部达标100%
	2. 脱盲巩固率95%以上	达100%
	3. 乡镇村村建有成人文化技术学校	达标
	4. 成人教育管理机构健全，人员配备齐全	达标
	5. 有计划地对农民进行文化技术培训	达标
	6. 扫盲和成教经费落实	达标

第62章 教育设施

第一节 校舍建设

1989年,全县中小学校舍建筑面积123 812平方米,其中小学84 798平方米,中学39 014平方米。1990年,经自治区验收确定为基本无危房县。

1990—2005年,继续多渠道筹集资金,投入校舍建设,改善办学条件。教育基础建设项目,主要有国家贫困地区第一期、第二期义务教育工程,农村公共基础建设教育工程、世界银行贷款/英国政府赠款"西部地区基础教育发展项目"工程、农村寄宿制工程、水毁校舍建设工程、中小学危房改造工程、希望工程、布局结构调整工程及其他工程等,总投资6912.30万元。共建设中小学教职工宿舍26幢,建筑面积8162平方米;建设综合楼和教学楼145幢,建筑面积132 682平方米。1990—2005年蒙山县教育基础建设项目工程情况如表62-1所示。

表62-1 1990—2005年蒙山县教育基础建设项目工程情况

名称	实施时间/年份	幢数/幢	建筑面积/平方米	经费投入/万元	经费来源/万元			
					中央拨款	广西壮族自治区拨款	市县拨款	其他
一期义务教育	1998—2000	23	30 940	1494.10	403.80	403.80	403.80	282.70
二期义务教育	2001—2005	19	13 540	694.30	462.80	231.50	0	0
公共基础	2002	6	4080	204	0	170	34	0
世界银行贷款	2003—2007	9	9423	612.50	408.40	0	204.1	0
农村寄宿制	2004—2006	12	19 327	1293.30	1093.30	45	155	0
水毁校舍建设	1998—2005	6	8622	290	165	20	87	18
危房改造	1998—2005	5	3880	277	68.60	10	17.4	181

第二节　仪器设施

一、配套设施

（一）小学

1990年，仅有蒙山镇第一小学及个别乡镇村小有实验室，即共有实验室3间，面积186平方米；仪器室2间，面积30平方米；仪器柜共5个，容积6.5立方米。其中，只有蒙山镇第一小学、第二小学设有图书室、阅览室、体育室。

2003年，"实验教学普及县"工作通过广西壮族自治区验收。2005年，小学有综合实验室70间，面积3386.10平方米；仪器室72间，面积2178平方米；仪器柜429个，容积575.30立方米。各校设有图书室、阅览室、体育室、卫生室、少先队活动室等。其中，蒙山镇第一小学、第二小学、文平小学、新圩中心小学、陈塘中心小学等15所小学有微机室、电教室。仪器室中的化学药品有专柜、专人保管，并按规定配备有防火、防盗器材和供电、供（排）水、排气等设施。实验室水电到室（桌），通风性能良好，有防火、防盗设施。

（二）中学

1990年，仅蒙山中学及部分乡镇初中有实验室，即有物理、化学、生物实验室共16间，仪器药品室共50间，仪器药品柜共19个。部分学校设有图书室、阅览室、体育室。

1995年，乡镇初中增设实验室，共有物理、化学、生物实验室共30间，面积1800平方米；仪器药品室共30间，面积750平方米；仪器药品柜共100个，容积130立方米。

2001—2003年，蒙山县实施创建"实验教学普及县"（简称"普实"）工作，并于2003年11月通过自治区级评估验收。中小学"两室"（仪器室、实验室）建设、仪器图书配备、实验教学、人员管理、档案材料等五大块建设基本达到该项工作要求。中小学的实验教学开始走上制度化、规范化管理轨道。

2005年，中学有物理、化学、生物实验室35间，面积2484平方米；仪器药品室 48 间，面积 1242 平方米；仪器药品柜 499 个，容积 674 立方米。各校设有图书室、阅览室、体育室、卫生室、科技活动室、劳技室、微机室等。其中，蒙山中学、湄江中学还设有多媒体教室和语音室。仪器室中的化学药品与试剂有专柜、专人保管（双人双锁），并按规定配备有防火、防盗器材和供电、供（排）水、排气等设施。实验室水电到室（桌），通风性能良好，有防火、防盗设施。

二、仪器

（一）小学

1990 年，完全小学教学仪器配齐率县均 23%。1995 年，教学仪器配齐率 43%。1997—2005 年，完全小学教学仪器配齐率达 100%。其中，按一类配备标准达标学校 1 所，二类配备标准达标学校 12 所，三类配备标准达标学校 63 所。

（二）中学

1. 初中

1990 年，教学仪器配齐率县均 26%。1995 年，教学仪器配齐率县均 46%。1997—2005 年，教学仪器配齐率县均 98%。

2. 高中

1990—1995 年，教学仪器配齐率 81%。1997—2005 年，教学仪器配齐率 100%。

三、体育、音乐、美术、卫生、劳技器材

1990 年，县城初中和小学体育、美术卫生器材品种数量基本能满足日常教学需求。但农村初中、小学器材品种、数量都不能满足日常教学需求。

1995 年，全县中小学器材数量基本能满足日常教学需求。

1997—2005 年，全县中小学体育器材按标准配备，县城和农村中小学分别达到国家二类、三类配备标准。音乐、美术、卫生器材亦按标准配置，配齐率县均 81%。每所初中和县城小学有专职校医。劳技器材依实际选配。

四、自制教具

1990 年后，除购买教学设备外，根据授课需要，各学校发动师生自制教具。至 2005 年，全县自制教具 52 种，计 1.4 万件。

五、"义教"和"远教"项目设备

1990—2001年，县教育局实施"国家贫困地区义务教育工程""农村中小学现代远程教育工程"世界银行贷款/英国政府赠款"西部地区基础教育发展项目"等第一期工程。在该期工程中，全县教学仪器设备经费总计投入1300多万元。购置仪器设备投入700多万元，其余的投入购置图书37.20万册、课桌椅24 114套，学生床480套和卫星接收设备（含计算机）等。

2002年，实施第二期"国家贫困地区义务教育工程"和"现代远程教育试点示范项目"。国家和自治区先后配置计算机65台、DVD影碟机65台、彩电65台、卫星接收设备65套。

2002—2004年，自治区奖励配置价值20多万元教学仪器设备，9个乡镇的中心小学，均装备1套"广西乡镇现代教育资源中心工程"项目设备，包括教师用计算机9台、学生用计算机45台、计算机桌凳54套、卫星接收设备9套。

2005年，实施"农村中小学现代远程教育工程"，自治区工程项目配置设备58套，按照模式一、模式二、模式三要求配给58所农村中小学。

模式一：配备15个教学点。每所教学点建成光盘播放室、教学用房各1间，有1台34寸彩电，1台DVD影碟机和成套教学录像光盘。

模式二：配备36所完全小学。每所小学建成卫星教学收视点，有2台34寸彩电，2台DVD影碟机和1套1~6年级教学录像光盘，1台计算机和1套卫星接收设备。

模式三：配备7所初中。每所初中建成网络计算机教室，有2间以上教学用房，有1台34彩电，1台DVD影碟机，32台计算机，1套多媒体教室设备，包括投影机、投影银幕、专用计算机和中央控制器等，1套教育卫星接收设备。2005年11月，"义教"工程项目建设完成，并通过广西壮族自治区评估验收达标。

第三节 图书

一、小学

1990年，全县小学有图书11 638册。1995年，有图书61 638册。1997—

2005年，共有图书311 638册，学生人均20.50册。

二、中学

①初中，1990年，共有图书33 198册。1995年，共有图书63 198册。1997—2005年，共有图书213 198册，学生人均21.5册。

②高中，1990年，共有图书7704册。1995年，共有图书27 889册。2005年，共有图书（含电子图书）21.6万多册，学生人均74册。

第63章 教师和学生

第一节 教师

一、公办教师

1990年,有公办教师1639人。其中,小学1030人、初中452人、高中157人(含职中、教进校,下同)。中专学历1123人,占总数的68.52%;大专学历394人,占24.04%;本科84人,占5.13%。从学科配置上,主要从事语文、数学、物理、化学、英语等科教学。

1995年,有公办教师1702人,其中小学991人,初中511人,高中200人。中专学历1030人,占总数的60.52%;大专学历451人,占26.50%;本科学历88人,占5.17%。从学科配置上,除从事语文、数学、物理、化学、英语等科教学外,还配备政治、体育、音乐等科专职教师。

2000年,有公办教师1751人,其中小学1022人、初中574人、高中155人。中专学历845人,占总数的48.26%;大专学历598人,占34.15%;本科学历137人,占7.82%。从学科配置上,除从事语文、数学、物理、化学、英语等科教学外,还配备政治、体育、音乐、美术、生物、历史、信息等专职教师。

2005年,有公办教师1775人,其中小学1021人、初中540人、高中214人。中专学历653人,占总数的36.79%;大专学历795人,占44.79%;本科学历270人,占15.21%。从学科配置上,除从事语文、数学、物理、化学、英语等科教学外,还配备政治、体育、音乐、美术、生物、历史、信息等专职教师。

1990—2005年,全县公办中小学教师大专以上学历占教师总数比例逐年增长。

二、民办教师

1989年，有民办教师338人，其中小学300人、初中38人。1990年以后，不再吸收民办教师，每年通过考试、考核，择优录用转为公办教师。

1991年，有民办教师262人，1992年有211人，1993—1994年有131人，1995年有127人，1996—1997年有102人，1998年有42人，1999年有2人。至2000年，所有胜任教学工作的民办教师全部转为公办教师。

三、代课教师

1990年有代课教师32人。2000年有561人。2001年、2002年两次对代课教师进行考试、考核，择优录用部分转为公办教师，留任部分继续担任代课教师，其余322人由于不适应教学工作或达不到任职条件，予以辞退。

2004—2005年，继续从代课教师中考录公办教师，录取118人。2005年，尚有代课教师264人。

第二节　师资培训

一、学历培训

1990—2005年，中小学教师通过在职培训、进修、函授和自学考试等形式提高学历。1990年，大专学历394人（占教师总数24%），本科学历84人（占教师总数5.20%）。1995年，大专学历451人，本科学历88人。2000年，大专学历598人，本科学历137人。2005年，大专学历795人（占教师总数44.80%），本科学历270人（占教师总数15.20%），专任教师学历合格率100%。

二、全员培训

1990年以后，以教师进修学校、电教站、教研室为中小学教师培训基地。1990—2002年共培训9984人次，2003—2005年共培训2513人次（表63-1）。

表 63-1　1990—2005 年蒙山县师资全员培训情况

年份	培训班名称	形式	培训人次/人	天数/天
1990—1994	师德培训班	集中培训	1432	2
	教学管理培训班	集中培训	100	1
	新课程培训班	集中培训	1620	1
	班主任培训班	集中培训	500	1
1995—1999	师德培训班	集中培训	1602	2
	教学管理培训班	集中培训	200	2
	新课程培训班	集中培训	1539	1
	班主任培训班	集中培训	600	1
2000—2002	师德培训班	集中培训	1566	1
	教育技术培训班	集中培训	300	1
	教研培训班	集中培训	275	3
	班主任培训班	集中培训	250	2
2003—2005	师德培训班	集中培训	1721	2
	团队培训班	集中培训	90	1
	教研培训班	集中培训	600	5
	新教师培训班	集中培训	102	1

三、继续教育

1990—2005 年，中小学教师继续教育发展迅速。继续教育课题主要有政治思想与职业道德、教育科学理论、文化专业知识和专业技能等方面。并分为非学历和学历教育，非学历教育通过新任教师培训、教师岗位培训、骨干教师培训来实施；学历教育对具备合格学历的教师进行提高学历层次的培训。培训形式主要通过教师自学、业务辅导、脱产培训和教改实践进行（表 63-2）。

表63-2　1990—2005年蒙山县师资继续教育情况

年份	培训内容	人数/人	活动次数/次
1990	教材培训	235	2
	教导主任培训	70	2
	校长培训	100	1
	班主任培训	150	3
1995	信息技术培训	300	1
	小学语文教师培训	300	3
	小学数学培训	280	2
	初中教师培训	320	3
2000	信息技术培训	330	1
	小学语文教师培训	310	3
	小学数学培训	288	3
	初中教师培训	350	3
2005	小学英语培训	215	2
	艺术教师培训	70	3
	初中数学教师培训	800	1
	小学科学教师培训	80	2

多年来，教师继续教育工作，从数量型教育培训向质量型培训转变，从单一模式向二元甚至多元模式转变，从被动向主动转变，培训机构把参训教师在学习期间和教学期间的各种表现都通过成长档案记录下来，建立教师电子信息库。

四、名师培养

1990年，根据自治区教育厅制定《"21世纪园丁工程"实施方案》，中小学共49名教学第一线中青年骨干教师通过梧州市"21世纪园丁工程"领导小组鉴定审核，确定为培训对象。其中自治区级（A类）1人，市级（B类）4人，县级（C类）40人。培训内容有教学研究、名师教法探索、骨干教师"一帮一"活动、教育教学案例分析和课题研究等。至2005年，全县培养小学优秀教师每乡镇3人，中学每学科带头人2人。

五、校长培训

1990年，开始对全县中小学校长进行培训，培训内容有校长任职资格、学校管理、教育管理、教育理论学习、校园文化建设等。至2005年，共举办培训班9期，培训中小学校长385人次，具体情况如表63-3至表63-5所示。

表63-3　1990—2005年蒙山县中小学校长培训情况

年份	培训内容	人数/人
1990	校长任职资格培训	25
	学校管理	30
	在职校长提高培训	50
2000	校长任职资格培训	20
	骨干校长提高研修	30
	教育管理	70
2005	校长任职资格培训	10
	教育理论学习	80
	校园文化建设	70

表63-4　1990—2002年蒙山县师资培训情况

单位：人

	统计项目	1990年	1995年	2000年	2002年
全员培训	小学教师全员培训人数	1000	900	1001	1030
	初中教师全员培训人数	450	500	500	540
	高中教师全员培训人数	150	200	150	200
骨干培训与专项培训	省级骨干教师培训人数	5	6	7	8
	市（地）级骨干教师培训	5	8	10	12
	新课程培训人数	250	264	302	500
	教育技术能力培训人数	258	260	300	300
	班主任培训人数	255	230	330	400
	师德培训人数	200	255	322	500

续表

统计项目		1990年	1995年	2000年	2002年
学历学位提高培训	小学教师参加专科及以上学历提高培训人数	80	45	80	70
	初中教师参加专科及以上学历提高培训人数	40	52	60	60
	高中教师参加专科及以上学历提高培训人数	10	18	15	20

表63-5　2003—2005年蒙山县师资培训情况

单位：人

统计项目		2003年	2004年	2005年
全员培训	小学教师全员培训人数	1003	934	960
	初中教师全员培训人数	645	561	660
	高中教师全员培训人数	98	111	131
骨干培训与专项培训	省级骨干教师培训人数	56	78	63
	市（地）级骨干教师培训	4	15	83
	新课程培训人数	385	398	1700
	教育技术能力培训人数	85	402	432
	班主任培训人数	72	102	110
	师德培训人数	850	1100	1750
	参加远程培训的中小教师人数	10	9	160
学历学位提高培训	小学教师参加专科及以上学历提高培训人数	102	110	113
	初中教师参加专科及以上学历提高培训人数	73	75	78
经费投入	县级政府部门培训经费投入/万元	10	7	9
	广西区级政府部门培训经费投入/万元			13

注：空白处表示数据缺失。

第三节　工资待遇

一、公办教师待遇

公办教师工资、补贴、福利待遇主要由县财政按月拨付。

1990—1994年，每年津贴、补贴、福利待遇113元。

1995—2000年，每年215元。

2001—2005年，每年379元。

1990年，教职工年人均工资额2340元。1995年，教职工年人均工资额4414元。2000年，教职工年人均工资额7164元。2003年，教职工年人均工资额10 808元。2004年，教职工年人均工资额11 286.69元。2005年，教职工年人均工资额11 727.27元。

二、民办教师工资

民办教师工资，在中小学生中收取民办教师统筹解决。1990年，每月工资额80元。1995年，每月工资额100元。1999年，每月工资额增至180元。2000年，胜任教师工作的民办教师全部转为公办教师。

三、代课教师工资

代课教师工资，在中小学生中收取，代课教师统筹费中解决。1991—1999年，月工资180元。2000—2001年，月工资190元。2002—2004年，月工资220元。从2005年起，取消中小学生代课教师工资统筹，改由县财政拨款，月工资300元。

第四节　学生

一、高中

1990年，有高中学生963人。2005年，有高中学生2914人。

二、初中

1990年,有初中学生6445人。2005年,有初中学生10 115人。

三、小学

199年,有小学生19 904人。2005年,有小学生15 377人。

四、幼儿园

1990年,在园幼儿509人。2005年,在园幼儿1510人。

第八部分 藤县教育

藤县（1991年前）[1]

藤县古代的学校，除州学、县学外，还有书院、社学、义学和私塾等。最早的书院为明景泰元年（1450年）创建的三元书院，比较著名的还有解元、凤山、南麓、友仁、藤州、经古等书院。明洪武八年（1375年）社学有南山、仁寿、登俊、涧西、城南等5所。清代兴办义学，主要有藤邑、和平、太平七里义学，民间还有私塾（蒙馆、大馆）。

光绪二十八年（1902年）兴办新学。清末有中、小学堂19所，职业技术学堂1所（镡津蚕业传习所）。

民国时期，兴办平民学校，推行全民教育，1949年，全县有中学4所（完全中学1所、初中3所），学生1302人，教职工90人；小学336所，学生23 751人，教职工1377人。

1952年，全县有中学2所，小学636所，学生共41 068人，教职工1756人。1966年，普通中学5所（其中完全中学1所），学生3029人，教职工223人；农业中学53所，学生3869人，教职工107人；工读中学1所，学生277人；小学767所，学生69 211人，教职工1540人；耕读小学1161所，学生19 057人。

1985—1986学年度，学龄儿童72 984人，入学70 788人，入学率为98.07%，成为实现普及初等教育的县。

1990年，全县有小学275所，学生99 786人，教职工5004人（其中民办教师1920人，代课教师641人）；中学51所（其中完全中学6所），学生18 060人。教职工1607人（其中民办183人）。此外，还有师范、卫生、农机等职业学校各1所，职业高中2所。幼儿教育、成人教育及业余教育亦得到发展。

---

[1] 藤县志编纂委员会. 藤县志[M]. 南宁：广西人民出版社，1996：515-555.

第64章 塾堂、书院

第一节 塾堂

一、县学

藤县旧志载,县境唐、宋时为州治,州学建在城南门外学岭上。县学,宋代创建于学岭上。旧镡津县学在河东富寿坊,久已废。元至顺三年(1332年),知州文魁重建镡津县儒学于城南门外学岭东麓,元至正间年间(1341—1368年)学舍尽毁于兵。明洪武七年(1374年),州同知金文仲复于旧址重建学宫。后历经扩建、修葺。清光绪末年,县学停办,学舍先后拨归中小学堂使用。

(一)县学教学内容

县学教学内容以儒家经典著作为主,基本教材是"四书""五经"。"四书"为必读教材;"五经"为选读教材,可选读一种或其中一部分。清代后,增加《埋性大全》《资治通鉴纲目》《大学衍义》《历代名臣奏议》《文章正宗》《御纂经解》《理性》《诗》《古文辞》等书。

(二)生员学额及待遇

嘉庆志载,清代儒学生员,廪膳生20名,增广生20名,武生15名,附生名额无定数。廪膳生由公家供给膳食、膏伙费。明代,月给廪米6斗;清代,岁发廪银4两。县学生员在县儒学署领取。

县学为地方官学,官府拨给一定的办学经费。明、清两代,县学有一定数量学田,田租收入由县学管理,作为办学经费。"藤县学田原系邑绅万祥、提学路日升、知府凌嗣音、府判徐嘉会及教谕李等陆续捐置。"

二、社学

明代社学为官学。同治藤县志稿载,明代有南山、仁封、登俊、涧西、城南5所社学。清代无记载。

(一)南山社学

明洪武八年(1375年)同知金文仲主持创建,荐举冯京后裔冯士照为社师。

(二)仁寿社学

在永安门(县城西门)外申明亭故址。明永乐四年(1406年)知县周顺创建。

(三)登俊社学

在迎恩门(县城南门)外,明正统年间(1436—1499年)建。

(四)涧西社学

明隆庆五年(1571年),知县苏湖创建,邑举人胡如福掌教。

(五)城南社学①

明万历五年(1577年)知县陈雅言改城南乡贤祠为学舍,创办城南社学。

三、义学

义学为私学,又称义塾。民国藤县志稿载,县内有藤邑义学、和平义学及太平七里义学3所。

(一)藤邑义学

在迎恩门(县城南门)内,雍正十二年(1734年)知县杨世昌创建,初名崎清学舍,后改为藤邑义学。咸丰四年(1854年)毁于兵火,同治年间重建。清末废科举停办,后为学务公所、劝学所使用。原址现为人民武装部。

(二)和平义学

在和平镇和平街北面。光绪十七年(1891年)王燊成倡建,并以和平圩

---

① 嘉庆、同治志均作"南社学"。

旧均源押（当铺）的年薪积储在圩内置入铺户4间，以铺租收入为师生修仪、膏火费用。光绪末改为小学堂，原义学收入，全部拨归小学堂。

（三）太平七里义学（又称太平义学）

在太平镇上元街。光绪二十年（1894年），藤北七里民众共筹捐白银1.2万两创建。以白银3000两建成学舍1座，余款悉数购置田产，以租谷收入为逐年办学经费。光绪三十四年（1908年）改名七里高等小学堂，每年在原义学产业内拨出白银500两作为办学经费。1933年春，私立三民中学在太平镇成立。其后，七里高等小学堂改名为太平镇中心小学校，原义学产业拨归三民中学为办学经费。

四、私塾

办学人多为塾师，也有宗族富户设家馆延聘塾师的，施行启蒙教学的称"蒙馆"，启蒙后施行的教学称"大馆"。城乡设置蒙馆较多，大馆较少。

民国初期，政府提倡新学，县内陆续开办中学、小学。时乡镇仍以私塾为主。1919年6月，《广西省视学陈广才视察藤县学务报告》记载，当年全县有男塾（蒙馆）250所，女塾5所，国文专修馆（大馆）24所，男塾及专修馆生徒共3000余人，女塾共70余人。以后，逐年减少。《民国廿四年广西教育调查统计总报告》及1935年《广西年鉴》记载，当年全县私塾49所（包括蒙馆、大馆）；生徒1087人，其中男1042人，女45人。民国时期，颇受民众尊崇的塾师藤南有张凤五、卢鸣庭、黄德周、卢嘉占、苏彬、卢敬之、张德孚、罗梓寿、邓驭群等；藤北有邓慎修、韦聿新、韦碧海、石晓波、何辅能、覃甫伦、石瑞轩、钟功一、黄寿光、江养斋、江景兴、周奕庭、韦湘云等。

第二节　书院

同治时期《藤县志》记载，明景泰元年（1450年）始建三元书院，至清末改书院为学堂止，共为7间。明代书院为私学，清代为官学。

一、三元书院

三元书院院址在县城西街东面，明景泰元年佥事汤性方创建。相传院址为冯京读书处旧址，冯京乡试、礼闱、廷对皆第一，三元及第，故名三元书院。万历九年（1581年）迁永安门（县城西门）内，乾隆五十七年（1792年）重修，二年后废。

二、解元书院

解元书院在仁封乡赤水圩（今赤水乡人民政府驻地）。该处原系三界庙旧址，明嘉靖元年（1522年）提学刘节创建，嘉庆前废。

三、凤山书院

凤山书院原址为东岳庙，在迎恩门（县城南门）外养济院（原为惠民药局）西面。明嘉靖初建，万历十年（1582年）废，复为庙。

四、南麓书院

南麓书院在县学东北面，明嘉靖九年（1530年）典史孙懋（毅庵）创建，历经扩建修葺，嘉庆前废。

五、友仁书院

友仁书院在城西三元书院东面。明隆庆元年（1567年）同知摄县事何文绍创建，万历九年（1581年）废，院地复为民居。

六、藤州书院（又称藤县书院、藤邑书院）

藤州书院在城南学岭黉宫右侧。嘉庆十年（1805年），知县陈廷璠倡建，咸丰四年（1854年）毁于兵火，同治五~六年（1866~1867年）重建。光绪二十八年（1902年），改名藤州中学堂，原址现为藤城中学及藤县中学辖址的一部分。

七、经古书院

经古书院在城南门内藤邑义学内。道光二十四年（1844年）邑人苏时学倡建。咸丰四年（1854年）毁于兵火，同治四年（1865年）知县唐凤翔重建，未成。继任知县边其晋建成。光绪末年废，院产租息拨藤州中学堂。

第65章 普通教育

第一节 学前教育

一、园校

1931年,有幼稚园4所。1936年,藤城镇和太平镇中心国民基础学校各开办幼稚班1班,招收4~6岁的幼儿41人;1944年,日军入侵,两校幼稚班停办。1955年9月,藤县中学教育工会开办幼儿班1班,招收本校职工4~6岁的幼儿30余人。次年11月,创办县第一幼儿园,共招收幼儿81人,编为小班2班,中班、大班各1班。同年11月,藤县中学教工幼儿班并入第一幼儿园。是年秋,藤县第二幼儿园在太平创办,共招收幼儿75人,编为小班、中班、大班各一班。

1958年,全县兴办幼儿园816所,1042班,入园幼儿34312人,占全县幼儿的98.50%,有教养员1140人。次年,逐渐减少;1960年,存265所,入园幼儿8306人,保教人员393人。同年春,藤县第三幼儿园在江镇创办,有教员5人,保育员2人,招收幼儿108人,编为4个班。次年,国民经济困难,农村幼儿园基本停办,县二幼、三幼改为民办幼儿园。1963年,县第一幼儿园改名为"藤县县直机关幼儿园";1974年,归县直机关党委管理。"文化大革命"后期,社队幼儿园又逐步发展,至1990年,全县有幼儿园20所,44班,保教人员84人,入园幼儿1446人。另外,1984年,县城小学增办学前班,以后乡镇小学陆续办学前班。1991年藤县幼儿园情况如表65-1所示。

表65-1 1991年藤县幼儿园情况

幼儿园名称	办园时间	班数/个	幼儿数/人	教工数/人
县直机关幼儿园	1956年11月	16	528	41
县麻纺厂幼儿园	1978年6月	4	89	11

续表

幼儿园名称	办园时间	班数/个	幼儿数/人	教工数/人
县二化厂幼儿园	1981年9月	2	36	3
县糖厂幼儿园	1982年9月	2	15	2
县东胜矿幼儿园	1983年2月	1	15	1
南安镇幼儿园	1981年2月	1	25	1
埌南镇幼儿园	1981年7月	1	6	1
金鸡镇幼儿园	1975年1月	1	30	1
天平镇幼儿园	1981年3月	1	37	1
象棋镇幼儿园	1978年3月	1	20	1
新庆乡幼儿园	1982年2月	1	32	1
岭景乡幼儿园	1982年9月	1	28	1
濛江镇幼儿园	1960年春	2	94	2
太平镇第一幼儿园	1956年秋	6	270	8
和平镇幼儿园	1971年6月	2	40	2
东荣乡幼儿园	1977年6月	1	25	1
大黎镇幼儿园	1983年7月	1	28	1
宁康乡幼儿园	—	1	17	1
濛江氮肥厂幼儿园	1976年10月	1	27	2
太平镇第二幼儿园	—	1	37	1
合计		47	1399	83

二、入园制度

1936—1944年，藤城、太平开办的幼稚班，招收4~6岁儿童入园，由于人数少，大、中、小幼儿混合编班。实行走读制，家长上午、下午送接幼儿。

1955年9月，藤县中学开办教职工幼儿班，招收4~6岁儿童。实行全日制，家长早上送幼儿入园，放晚学时接回家。次年，创办县第一幼儿园，招收3~6岁幼儿，实行全日制和寄宿制。全日制，由家长早送晚接；寄宿制，家长每周星期一送入园，星期六下午接回家。1961年缺乏教室，入园幼儿改为3岁半~6岁，编为小、中、大班。4~5岁的编入中班，小于4岁、大于5岁的分别编入小班、大班。1958—1960年，县第一幼儿园全部实行寄宿制。1958年，全县农村生产队办季节性全日制托儿组、农忙办园，农闲解散。1963—1982年，仅县直机关幼儿园有寄宿制，其余为全日制。1985年，县直机关幼儿园实行全日制，取消寄宿制，家长于上午8时前送幼儿入园，下午4时30分接回，幼儿在园吃午饭。此后，全县无寄宿制幼儿园。

1984年秋季学期始，小学办学前班，学制一年，招收6岁至未满7周岁的儿童入学。

三、保健

民国时期，幼儿保健与一年级小学生相同。1956年，县第一幼儿园设保育员，负责幼儿保健，1962年后乡镇幼儿园一般配保育员。1979年，县直机关幼儿园建立传染病疫苗定期接种制度，定期接种牛痘苗、卡介苗、麻疹疫苗、乙型脑膜炎疫苗、霍乱、百日咳、破伤风混合制剂、小儿麻痹糖丸等疫苗。1983年后，幼儿入园，要经县妇幼保健站或县人民医院进行全面的体格检查，入园后每年检查一次，乡镇幼儿园还未建立传染病疫苗定期接种和幼儿定期体格检查制度。全县幼儿园，均未设有医务室和保健医师，但一般设有保健箱，有体温计、剪刀、药用纱布等简单器械和敷料，有解热止痛片及红药水、碘酒等常用内服药和外用药。

四、课程课时

1936年，幼稚班上学期8月开学，次年1月结束；下学期2月开学，7月结束。课程有音乐、故事和儿歌、游戏、社会和自然、工作、静思等。1956年，县第一幼儿园设置认识环境、体育、游戏、语言、唱歌、图画、计算等课程，不教识字。1966年，县第一、二幼儿园进行识字、汉语拼音、算术教学，形成"教学速成""知识灌输"倾向，1962年纠正。以后，逐步注意讲授简单的社会常识和自然常识，简单的数、形概念及计算方法，时间、空间、颜色等方面的初步知识，教给一些常用词汇，培养和训练幼儿具有一定的唱歌、舞蹈、绘画、朗诵、劳动等技能技巧，逐步提高幼儿观察力、注意力、记忆力、想象力和思维能力，形成良好的学习习惯，增强学习兴趣和求知欲,为他们进入小学打基础。1982年,执行《幼儿教育纲要》规定的全日制幼儿作息时间,开设体育、语言、常识、计算、音乐、美工6门课程,课时分配如表65-2所示,教学原则为寓教学于游戏之中。藤县幼儿园教育情况如表65-3所示。

学前班每天上课4节,上、下午各2节,每节30~35分钟,开设语文、数学2门课。1984年,使用自编教材;1985年秋,使用广西壮族自治区教育厅幼儿学前班教材编写组编的教材。

表65-2　1982年藤县幼儿园课时情况

科目	每周课时					
	小班		中班		大班	
	上学期	下学期	上学期	下学期	上学期	下学期
体育		1	1	1	1	1
语言	1	1	2	2	2	2
常识	1	1	2	2	2	2
计算		1	1	2	2	2
音乐	2	2	2	2	2	2
美工	2	2	2	2	3	3
合计	6	8	10	11	12	12

表65-3　1991年前藤县幼儿教育情况

年份	园数/所	班数/个	幼儿人数/人	教职工数/人	教师数/人
1956	2	7	156	14	7
1960	265		8306	393	
1965	3	12	340	25	19
1970	1	5	180	19	17
1975	301		7146	340	334
1980	9	21	775	42	

续表

年份	园数/所	班数/个	幼儿人数/人	教职工数/人	教师数/人
1985	31	61	1706	108	83
1990	20	44	1446	84	78

注：未包括学前班人数。

五、县直机关幼儿园简介

1956年11月创办，称藤县第一幼儿园，园址在藤城镇登俊街（现东风街），归属县教育科管理。园舍为一幢双列式平房，有教室4间、幼儿宿舍2间、办公室1间、膳厅1间、教工宿舍1间，建筑面积共约400平方米，有教职工7人。1959年3月，迁至地尾（现公安局）办园。1964年，改名"藤县县直机关幼儿园"。1969年1月，下放给藤城镇公社管理，改名"藤城镇幼儿园"。1974年5月，归县直机关党委管理，复名"藤县县直机关幼儿园"至今。1978年，县财政拨款7万元，兴建1幢四层楼的教工宿舍，共16个套间750平方米。1982—1984年，县财政拨款24万元建1幢五层教学大楼，有教室、幼儿休息室20间，办公室1间，每层均设卫生间，建筑面积共1357平方米。1978年，自治区在该园召开少年儿童体育工作经验交流现场会议。1987年，被评为梧州地区文明园所先进单位。1990年秋季学期，全园有16班，幼儿528人，教职工41人，其中幼儿园高级教师8人，一级教师12人，二级教师7人。全园占地2000平方米，园舍建筑面枳2925平方米，有小操场1个，450平方米；天棚操场1个，250平方米；小游泳池1个，40平方米；有混合攀登架1个，大象滑梯1个，鱼宫1个，爬网1个，转盘2个，小篮球架1付，还有球类及小三轮车、小木马、小铃鼓等各种形式的体育器械；有电视机1台、幻灯机2台、风琴15架、手风琴4架、收录机5台、电唱机1台、扩音机1台，各种教学挂图、卡片一批。目前，该园是梧州地区幼儿教育7所示范园之一。

第二节 小学教育

藤县小学堂创办始于清光绪三十一年（1905年），是年藤城镇苏俊生、何亮辅、苏希禹等士绅，借大东街苏氏宗祠开办养正小学堂，并发起募捐，在华光庙及该庙西涧冲的庙产地段建校。次年春迁新舍，更名藤城三厢小学堂。次年，士绅朱方晖、韩泽宗、钟功一等人倡议，改太平镇太平义学为七里高等小学堂，同期，王文贞、周澄波、潘效良等人在太平镇十庙冲口的三才庙开办三才小学堂；同年，蒙经在家乡岭景篁村"积光堂"旧居开办积光女子小学堂，招收女生20名；同年，藤城镇苏氏开办苏姓家族女校1所，不久，因无款解散。同年七月，藤城镇开办培淑女校，有甲、乙2班，招生100人；同年，何寿谦、何宗羲在白马开办两等小学堂；次年陈仙石在南杨村开办两等小学堂。《藤县民情》载，光绪三十三年（1907年），本县私塾98间，一律改为小学堂。《广西省学务统计》载，宣统元年（1909年），有高等小学堂2所，两等小学堂7所，初等小学堂9所，共有学生717人，元年至三年间，县立中学加办高小班，以为各区小学之示范。学校分布，城镇和平原地区较多，交通闭塞山区较少。

  1912年，学堂改名学校，学堂监督改称校长。全县小学堂分别改为初等小学校或高等小学校。初等小学略有增加。1916年，县立中学的附设高小班另在文庙开设，称为县立小学校。有4个班，学生120余人。1919年，省视学李苏同视察县学务报告称，全县有高等小学校6所，国民小学校51所。后准许集资办区小学，半年间，全县小学增加131所，共有学生7000余人。1921年，受粤桂战争影响，部分小学停办。同年，改授白话文。1924—1934年，初、高等小学改称为初、高级小学校，两级合称为完全小学。时省府规定以庙产充学款，小学校有所发展。1934年，完全小学有265所，在校学生12 996人，占全县学龄儿童62 257人的约21%。1933年，办民团干部训练队，大搞国民基础教育运动，至1936年，各乡镇设中心国民基础学校1所，各村街设国民基础学校1所。1942年，全县有乡镇中心国民基础学校31所，村街国民基础学校321所，在校学生30 205人。36年，地方财政枯竭，学校经费无着，学生渐减。1949年春，全县小学降为336所，在校学生23 751人。1930—1946年藤县小学情况如表65-4所示。

表 65-4　1930—1946 年藤县小学情况

年份	小学数/所		班数/个	教工数/人	学生数/人	毕业生数/人
1930	初级	214		593	4050	
	高级	22		29	854	
	合计	236		622	4904	
1931	初级	220		612	4447	
	高级	25		33	1029	
	合计	245		645	5476	
1933	初小	219	258	335	8380	1393
	高小	3	4	6	132	25
	完小	20	80	112	2817	705
	合计	242	342	452	11 329	2123
1934	初小	238	436	400	9854	526
	高小	3	5	6	150	22
	完小	24	99	112	3022	509
	合计	265	540	518	12 996	1057
1941	国民校	563	786	1087	25 281	1050
	中心校	70	347	586	10 159	985
	合计	633	1052	1673	35 440	2035
1942	国民校	321	811	1214	23 660	4007
	中心校	31	232	361	6545	1620
	合计	352	1043	1575	30 205	5627
1943	国民校	321	815	1223	28 577	4027
	中心校	31	245	386	6615	1719
	合计	352	1060	1609	35 192	5746
1944	国民校	321	864	1301	25 490	6175
	中心校	31	233	407	6261	1617
	合计	352	1097	1708	31 751	7792

续表

年份		小学数/所	班数/个	教工数/人	学生数/人	毕业生数/人
1945	国民校	175	338	509	8895	506
	中心校	9	25	51	588	233
	合计	184	363	560	9483	739
1946	国民校	303	678	1241	20 145	5161
	中心校	29	154	289	4512	918
	合计	332	832	1530	24 657	6079

1949年12月，县人民政府接管藤城表证中心国民基础学校，改名为藤县县立完全小学。次年春，接管20所乡镇中心校，并对乡村小学采取民办公助的办法，鼓励学校恢复发展。县文教科利用寒假时间举办小学教师座谈会，要求各小学立即复课，时有中心校有20所、村小学160所复学上课，在校学生6052人。7月暑假，举办全县小学教师讲习班，号召各小学复课。10月，中心校有28所，学生4220人；村小学190所，有13 417人复课。1952年春，全县小学636所，在校学生40 376人。乡村小学经费，一律由县人民政府拨给。1954年，全县划分为34个学区，有中心校34所，村小学639所，在校学生42 403人。1958年发展民办小学，次年全县小学733所，在校学生61 624人，其中民办小学的学生24 429人，占总数的39.6%。1961年小学调整为511所，以后又逐年发展。1964年，在江公社举办耕读小学试点，接着全县铺开。1966年，全县办耕读小学1161所，同时建立耕读小学三级辅导网。当年，小学增至767所。1969年1月，撤销中心小学，全县公办小学下放给大队办，公办教师均回原籍由当地安排工作，停发工资，生产队记给工分，参加生产队分配。8月，公办教师改由县财政拨款发给工资。同年，宣传"读小学不出村，读初中不出大队，读高中不出公社"，每个自然村均设教学点，大队小学普遍附设初中班，当年全县小学增至1263所，在校学生72 056人。同时学"朝农"，学"浦北"，开门办学，学校办小农场、小工厂，以劳代学，1976年10月后逐步纠正。1978年4月，县教育局决定藤城小学、南安赤水小学、象棋船民小学、大黎平安小学、濛江镇小学、埌南洗村小学6所学校为重点小学。同年7月，恢复中心小学名称。1980年，改以藤城中心校、江中心校为县重点小学。1988年，藤城中心小学校由县教育局管理，乡

镇中心校由乡镇和村共同管理,以乡镇为主,村小学由村管理;企业事业单位办的学校,由办学单位管理。1990年,全县有小学275所,其中中心小学46所;教学点590个;在校学生99 786人。学校分布遍及全县各边远山区。1989—1990学年度藤县中心校小学情况如表65-5所示,1990年藤县乡镇小学基本情况如表65-6所示,1991年前藤县的小学情况如表65-7所示。

表65-5　1989—1990学年度藤县中心校小学情况

乡镇	中心校	小学	合计
藤城	藤城	胜西、船民、渔民、白泥、朝阳	5
城关	潭东、平政	东胜、纯平、礼秀、四旺、三坡、中和、古达、新华、积和、丽新、民生、福善、大洞	15
津北	津北	河口、永隆、永清、安宁、谷山、保良、贤德、车塘、汶塘	10
南安	南安、沙田	汗池、龙安、塘村、金板、大罗、古佩、襧洲、古祀	10
赤水	赤水	六坊、石塘、孔良	4
埌南	埌南、冼村	双底、杨村、界田、屋勤、黎寨、马地、泗门、莫堋、新光、界洞、大涯	13
同心	真胜	同心、凤阁、大梳、沙村、平顶、陈底、深塘、力冲	9
金鸡	金鸡、旺国、镇安	陶塘、大坟、古华、兴隆、光华、新民、平山、同安、秀安、龙头、船民、同荣、思善、胜安、沙冲、新中	19
新庆	新庆、庆吐	建新、龙山、高出、同敏、均平、富荣、中心、夏荣、思亥	11
象棋	象棋、留村	龙凤、富祝、河柳、道家、同乐、罗文、甘村、中信、新芹、共胜、船民、洛塘、柏塘、双荣	16
岭景	岭景、新村	中村、南荣、大益、篁村、和好、罗算、都蒙、罗平、石村、古罗、麦地、坡塘	14
天平	天平、新马、新兴、保燕	新大、富双、龙胜、罗平、冷水、新陈、罗盖、民益、三益、满村、罗洞、思中、石炉、四新、罗万、塘冲	20
濛江	江权、洲祖、那塘、濛江	新城、覃安、新安、安和、莲垌、大德、那塘、义良、古厚、双德、勒竹、共和、古兰、旺家、党洲、兴义、建良、泗洲	22
和平	和平、新塘、石桥	双洞、龙塘、陈塘、志成、屯江、座洞、新良、官罗、木依、都坡、新平、榄莫、五七、思源、平竹	18

续表

乡镇	中心校	小学	合计
太平	太平镇、金田、七政、新雅	浮田、善庆、良洞、永平、古秀、罗社、仁安、永良、安福、东皇、媒婆洞、木崖、石夏、健安、下黎、大坡、寨嘴	21
平福	平福、沙街、民安	定安、留利、思园、莫四、中太、桃花、寻村、巷蓬、社平、仁厚、下双	14
古龙	古龙、大村	中隆、合隆、金凤、德安、泗洲、陈平、田心、长沙	10
东荣	东荣、三江、坡头	思排、杨洞、大带、护安、均常、华安、上峡、昨雅	11
大黎	大黎、理答、黎田	国安、平安、朝林、永和、祥江、东安、化洲、白祝、太兴、和安、上荣、船小、古盘、兴安、来历	18
宁康	宁康	料南、大塘、平桂、永太、孟塘、富斗、都邦、新旺	9
合计	46	224	270

注：另有东南金矿、交口电站小学未列入表中。

表 65-6　1990年藤县乡镇小学基本情况

单位：人

乡镇	学龄儿童入学情况			学生数			班数/个	1990年			教职工与学生比例			公、民办教职工比例			
	学龄儿童数	已入学人数	入学率/%	1989年	1990年	增减情况		招生数	毕业生数	结业生数	教职工数	学生数	1:学生	教职工数	民办	代课	民师比例/%
藤城	1880	1880	100	2575	2507	-68	69	371	421	7	158	2507	1:16	158	13	1	8
城关	4645	4544	97.80	5641	6142	501	195	1088	459	14	231	6142	1:26	231	81	55	35
津北	1689	1656	98.00	2000	2072	72	83	331	198	—	112	2072	1:18	112	59	3	53
南安	4724	4499	95.20	5126	5570	444	189	1346	427	—	242	5570	1:23	242	109	35	45
赤水	1249	1190	95.20	1440	1502	62	53	257	164	7	84	1502	1:18	84	43	—	51
埌南	4500	4447	98.80	4562	5020	458	173	1040	360	40	230	5020	1:22	230	95	40	41
同心	1915	1878	98.00	2315	2601	286	83	482	243	—	104	2601	1:25	104	45	25	43
新庆	3359	3292	98.00	3825	4057	232	143	778	452	12	188	4057	1:22	188	75	30	40
金鸡	5299	5032	94.90	5564	6027	463	242	1167	619	31	298	6027	1:20	298	141	55	47
象棋	4047	3992	98.60	5140	5195	55	201	758	648	19	247	5195	1:21	247	119	32	48
岭景	4054	3980	98.10	4819	4992	173	172	825	588	15	220	4992	1:23	220	102	39	46
天平	6113	6109	99.90	7171	7566	395	280	1767	795	230	353	7566	1:21	353	161	46	46
蒙江	6993	6861	99.50	7389	7983	594	272	1314	664	6	343	7983	1:23	343	152	50	44

续表

乡镇	学龄儿童入学情况			学生数			班数/个	1990年			教职工与学生比例			公、民办教职工比例			
	学龄儿童数	已入学人数	入学率/%	1989年	1990年	增减情况		招生数	毕业生数	结业生数	教职工数	学生数	1:学生	教职工数	民办	代课	民师比例/%
和平	6850	6850	100	7243	8312	1069	240	1114	603	4	307	8312	1:27	307	128	58	42
太平	9251	9068	98.00	9987	10562	575	331	1619	806	28	415	10562	1:25	415	176	60	42
平福	2226	2139	96.00	2625	2634	9	133	314	209	17	157	2634	1:17	157	83	20	53
古龙	3472	3405	98.00	3937	4225	288	134	875	500	3	196	4225	1:22	196	95	39	48
东荣	3024	2895	95.70	3271	3680	409	110	731	332	12	165	3680	1:22	165	70	16	42
大黎	3919	3797	96.80	4196	4479	283	157	920	447	17	222	4479	1:20	222	118	32	53
宁康	1787	1754	98.10	2235	2316	81	79	377	243	3	108	2316	1:21	108	52	5	48
康城中心校*	1803	1803	100	1988	2096	108	38	312	291	—	99	2096	1:21	99	3	—	—
交口电站*	82	82	100	—	97	—	6	—	—	—	10	97	1:10	10	—	—	—
东南金矿*	106	106	100	169	151	-18	6	—	—	—	15	151	1:10	15	—	—	—
合计	81987	81369	97.97	93218	99786	6471	3389	17786	9469	465	4504	99786		5004	1920	641	

* 为独立学校或单位学校，空格表示无数字。

表65-7 1991年前藤县的小学情况

单位：人

年份	学校数/所	教学点/个	班数/个	在校学生数	招生数	毕业生数	合计	教职工数		专任教师
								公办	民办	
1950	180	—	173	6051	—	—	298	—	—	—
1955	561	—	1327	38 451	—	—	1550	1486	64	1329
1960	783	—	2189	68 129	—	—	2485	1642	843	2219
1965	763	—	1828	67 345	—	—	2150	1536	614	2087
1970	981	—	—	63 280	—	—	1454	1454	—	—
1975	227	935	3415	112 871	20 815	15 267	3940	1173	2767	3913
1980	268	680	3112	92 390	17 495	14 425	3981	1520	2461	3534
1985	274	622	3415	97 202	22 993	14 057	4353	1919	2434	3568
1990	275	590	3389	99 786	17 834	9507	4357	2437	1920	4043

一、学制

清光绪三十四年（1908年），实行"壬寅学制"，小学堂分为三级修业，蒙学堂四年、小学堂三年、高等小学堂三年。以前的蒙馆、私塾修业无定制。

1912年，推行"壬子学制"，初等小学四年毕业，高等小学三年毕业。1922年实行"壬戌学制"，初级小学四年毕业，高级小学二年毕业，直至解放。

解放后，1950—1952年7月，初级小学和高级小学采用"四·二"分段制，春秋两季始业。1952年9月，藤城中心校秋季始业的2个班，试行五年一贯制；1954年2月，改为六年制。1953年9月，全县小学改春秋季始业为秋季始业。1965年秋季学期，在藤城、太平、濛江等26个中心校试行学制改革，改"四·二"六年分段制为五年一贯制。次年秋季学期，40所中心校试行五年一贯制。1969年秋季学期，全县小学改"四·二"六年分段制为五年一贯制。1983年秋季，藤城中心校当年秋入学新生改为六年一贯制。次年秋季始，全县小学入学新生改为六年制。

二、办学形式

古代学校教育，官办的州、县学，由官府拨款，解决办学经费，民间私人办的蒙学、经馆等，经费由宗族祀产或庙产拨给，或由地方士绅捐助。清光绪三十一年（1905年）开办小学堂以来，办学形式多种多样，就经费来源分，主要有官办和民办2种，分别由政府拨款、民间集资办学。至清宣统三年（1911年），除县立中学附设的高小班为官办学校外，其余的初等、高等小学堂均为民办。

民国期间，政府大力倡办教育，官办的村、街国民基础学校不断增多。民国初期，为解决办学经费不足，政府准许地方集资办区小学，有私人开办、部分热心办学的士绅筹办及宗族用祀产开办。1934年，全县办全日制基础学校375所，还办短期初级小学班，有学生2360人。

解放后，1950—1951年中心校逐步由政府接管，县财政拨款，其余乡村小学全属民办性质。1952年始，一律由县政府拨款，改为公办。同年9月，因船民运输生产流动性大，子女入学难，藤城木帆船运输合作社在藤城镇办藤城船民小学校，学生实行寄宿制。由于山区村落分散，儿童上学不便，1953年全县办民办小学38所。1958年，民办小学发展到215所。1959年，有237所。1964年，全县开办耕读小学729所，1966年春发展至1161所，至1967年下半年大部分停办，小部分并入全日制小学。耕读小学有巡回教学、隔日教学、高级初级班复式教学或全日制小学附设耕读半天等，学习时间视农事季节灵活安排，原则是农忙少学，农闲多学，兼采用早、午、晚班形式等集中学习或个别辅导，准许学生带弟弟、妹妹上学。1969年1月，全县公办小学下放到大队办，归大队管理，经费来源，实行国家拨款、群众筹集、学校勤工俭学等多种形式。1969年后，已无完全民办的小学，但仍需依靠群众筹集经费办学。另外，根据山区群众居住分散的特点，1985年后，全县办简易小学班，只开设语文和数学2门课程。同时，鼓励厂矿企业办学，先后有藤城、太平、象棋、金鸡、大黎5个水运公司及交口电站和国营共青林场、国营小娘山林场等单位办学，招收本单位的职工子女入学。

三、课程设置

清光绪三十三年（1907年），初等小学堂开设修身、国文、算术、读经讲经、史学、舆地、体操等科目；高等小学堂增设格致。

1912年，执行《普通教育暂行课程标准》，初等小学开设修身、国文、算术、游戏、体操、图画、手工、唱歌等科目；高等小学开设修身、国文、算术、中华历史、中华地理博物、理化、图画、体操、游戏、手工、英语等科目，废除清末的经科。部分学校仍沿用私塾课程，按传统习惯授课。1920年，改国文为国语。1912—1922年藤县小学课程如表65-8所示。1923年，执行《新学制课程标准纲要》，初等小学开设国语、算术、社会、自然、音乐、体育等科目；高等小学加设公民、历史、地理、卫生等科目。1936年，执行《修正小学课程标准》，初、高级小学均开设公民训练、国语、社会、自然、算术、劳动、美术、体育、音乐等科目。1936年藤县小学课程如表65-9所示。1942年，改公民训练为团体训练，初级小学设国语、算术、常识、音乐、图画、劳作等科目；高级小学增设自然、社会（公民、历史、地理）等科目。1948年，恢复公民训练，改图画为美术；初小一、二年级音乐与体育合并为唱游，美术与劳动合并为工作，直至解放前。

解放后，1950年撤销公民课，强调加强政治思想教育。1951年秋季学期，初级小学开设语文、算术、体育、图画、音乐等科目，高级小学增设自然、历史、地理等科目；1955年9月，增设手工劳动课。1955年藤县小学教学计划表如表65-10所示。1963年9月，执行《全日制小学教育计划（草案）》，初级小学开设周会、语文、算术、体育、音乐、图画、手工等科目；高级小学增加历史、地理、自然，废除手工，六年级增设生产常识课。1966年下半年，语文课选学《毛泽东语录》及《为人民服务》《纪念白求恩》《愚公移山》（称"老三篇"）等。体育改为军体，历史、地理、图画课停开。1968年秋，使用广西壮族自治区试用教材，开设语文、算术、常识、军体、音乐等科目。1973年，算术推行笔算与珠算结合。1978年秋，使用全国统编教材，算术改名数学，四、五年级增设政治课。1981年，政治课改为思想品德课。开设思想品德、语文、数学、体育、音乐、美术课，三年级起增设自然、地理、历史、劳动等课程。1984年9月，执行全国全日制六年制小学的教学计划，开设语文、数学、自然常识、农业常识、地理常识、历史常识、体育、音乐、美术、劳动等课程。1984年藤县小学教学计划表如表65-11所示。

表65-8　1912—1922年藤县小学课程

每周科目	初等小学课时				高等小学课时		
	一年级	二年级	三年级	四年级	一年级	二年级	三年级
修身	2	2	2	2	2	2	2
国文	10	12	14	14	10	8	8
算术	5	6	6	5	4	4	3
历史	—	—	—	—	3	3	3
地理	—	—	—	—	2	2	2
理科	—	—	—	—	2	2	2
手工	1	1	1	1	2①	2①	2①
图画	—	—	1	1	2①	2①	2①
唱歌	—	—	1	1	2	2	2
体操	—	—	3	3	3	3	3
农（商）业	—	—	—	—	—	2	2
裁缝	—	—	①	②	②	④	④
英语	—	—	—	—	—	3	3
合计	18	21	28①	27②	32④	35⑥	34⑥

说明：每节课为50分钟，加圆圈的数字为女生课时，女生不开设英语课。

表65-9　1936年藤县小学课程

每周科目	初级班课时			高级班课时		
	一	二	三	四	五	六
公民	2	2	2	2	2	2
卫生	2	2	2	2	2	2
国语	13	13	13	13	13	13
社会	3	3	4	4	6	6
自然	3	3	4	4	5	5
算术	4	6	6	8	7	7
劳动	3	3	3	3	3	3

续表

每周科目	初级班课时			高级班课时		
	一	二	三	四	五	六
美术	3	3	3	3	3	3
音乐	2	2	2	2	2	2
体育	4	4	5	5	5	5
修学	6	6	4	4	2	2
活动	3	3	4	4	4	4
总计	48	50	52	54	54	54

说明：①每天上课8节，每节30分钟。
②城市高级小学可加设英语。
③一、二年级的社会、自然可合并为常识，劳动可合并为工作，音乐可合并为唱游。

表 65-10　1955年藤县小学教学计划

科目	年级每周课时						学年总计		
	一	二	三	四	五	六	初级	高级	合计
语文	12	12	12	12	9	9	1632	612	2244
算术	6	6	6	7	6	5	850	374	1224
历史	—	—	—	—	2	2	—	136	136
地理	—	—	—	—	2	2	—	136	136
自然	—	—	—	—	3	3	—	170	170
体育	2	2	2	2	2	2	272	136	408
唱歌	2	2	2	1	1	1	238	68	306
图画	1	1	1	1	1	1	136	68	204
手工	1	1	1	1	1	1	136	68	204
劳动	—	—	—	—	—	—	—	—	—
合计	24	24	24	24	26	27	3264	1768	5032

注：①每学年总计34周；②每节课45分钟（课间休息10分钟）；③语文课时包括写字教学时间；每周一、二年级3课时，三、四年级2课时，五、六年级1课时；④四、五年级每周珠算1课时。

表65-11 1984年藤县小学教学计划表

年级	思想品德	语文				数学	课程及课时 自然常识	农业常识	地理常识	历史常识	体育	音乐	美术	劳动	开开课程	每周总课时	各项活动	集体教育活动机动时间
		小计	讲课	作文	写字													
一	1	11	10	—	1	6	—	—	—	—	—	2	1	—	6	23		全年两周
二	1	11	10	—	1	6	—	—	—	—	—	2	1	—	6	23		
三	1	11	8	2	1	6	2	—	—	—	2	2	1	—	7	25		
四	1	11	8	2	1	6	2	—	—	—	2	2	1	—	7	25	根据农村实际情况酌情安排	
五	1	9	6	2	1	6	2	—	2	—	2	1	1	1	9	25		
六	1	9	6	2	1	6	2	2	—	2	2	1	1	1	9	25		
上课总课时	204	2074	×	×	×	1224	204	68	68	68	408	340	204	68	×	4930		
百分比	4.1	42.1	×	×	×	24.8	4.1	1.4	1.4	1.4	8.3	6.9	4.1	1.4	×	×		

注:1984年9月执行,×表示未统计。

四、主要小学简介

（一）藤城中心小学校

藤城中心小学校前身为藤城养正小学堂，清光绪三十一年（1905年）藤城镇苏俊生、苏达轩、何亮辅等士绅倡办，苏俊生任学监。开办2个初小班，招生约70人。当年，发动城厢群众捐款，在华光庙及该庙西涧冲的庙产地段建校。次年春，迁入新校舍，改名藤城三厢小学堂。1912年，改名光华小学。1929年，开办高小班，全校6个班，学生约300人。1935年，改名藤城中心国民基础学校。1944年，改名藤城表证中心校。1949年12月，改名藤县县立完全小学校。当年，有高级小学4个班，初级小学8个班，学生242人，教职工16人。1952年，改名藤城镇中心小学校。1972年秋，改名藤城小学校。1978年秋，复名为藤城镇中心小学校，由县教育局管辖。1990年，有38个班，学生2096人；学前班6个班，378人，教职工99人（民办3人），其中小学高级教师19人，小教一级教师30人。校园面积12 000平方米，有小运动场2个，校舍建筑面积为6000平方米，钢筋水泥结构的四层楼房2幢，教学设备有计算机2台，投影仪18台，幻灯机3台，收录机3台，扩大机2台，电唱机2台，18英寸彩色电视机1台，风琴2架，手风琴2架，电子琴1架，另有一批图书、教学仪器、标本挂图等。该校1980年被定为广西壮族自治区体育传统项目学校。1985年，被梧州地区教育局、地区体委授予"体育推标"先进学校。1984年，被评为梧州地区"建设精神文明"先进集体。1983—1985年，连续三年被评为梧州地区青少年科技先进单位。1985年，被评为广西壮族自治区"家庭教育"先进单位。1983年，四年级4中队被团中央评为"红领巾读书读报活动"先进集体。1986年，四年级学生黄国强在《中国儿童报》举办的征文比赛中获甲等奖。

（二）太平中心小学校

太平中心小学校前身为七里高等小学堂。清光绪末年，太平镇绅商朱方晖（平南县人）、韩泽宗、钟功一等人发起倡办，校舍设在旧义学，清举人朱方晖充任首任校长。招生2班，学生约120人，教师2人。1933年，改名太平镇中心校。次年冬，私立三民中学建成，未能及时开办，搬入三民中学新校舍上课。1937年，三民中学收回校舍，迁至六街校上课。1942年，六街校收回校舍，迁至三才庙上课。三才庙校舍窄小，镇政府和地方热心教育的父老组织"修建太平镇中心校校舍筹备委员会",发动群众捐款,建成1幢有教室4间、教师宿舍8间的两层楼房。1950年春,县人民政府接管该校。次年,太平镇四街校(原六街校)并入。1953年,县文教局拨款,该校在园茂岭北建造新校舍。1960年秋,太平中学扩大校舍,将在镇东南大菜地的校舍与该校调换,该校由园茂岭迁大菜地。1990年,校园占地11 678平方米,校舍建筑面积4531平方米,有钢筋水泥结构二层的教学楼1幢。有27个班,学生1478人,教师53人;其中,学前班3班,193人。教学设备有电视机、幻灯机、投影机、收录机、电唱扩大机、手风琴、风琴,另有一批教学仪器、标本、挂图等,设立有教学仪器室、图书资料室。1988年,被评为广西壮族自治区"两个文明建设"先进学校。

(三)濛江中心小学校

濛江中心小学校前身为濛江区立国民学校,校址在濛江镇西北的独松岗。1927年,当地区公所和士绅组成建校筹委会。次年春,新校舍建成,经县府呈准,列为公立学校,招收高级班4班,学生约60人,周家泽任首任校长。1931年,扩建校舍;1936年,改名濛江中心小学校。1945年,濛江小学校并入。1950年春,县人民政府接管,时有8个班级,学生320人,教师25人。1952年,濛江街校并入。1974年秋,从该校分出新城大队小学。1978年,被县教育局定为县重点小学。至1985年,县教育局两次共拨款5.20万元,地方统筹捐款2万元,建钢筋水泥教学楼1幢,有10个教室、8个宿舍。校园占地3400平方米,校舍建筑面积3359平方米,有教室13间,办公室2间,仪器室1间,图书阅览室1间,会议室1间,体育室1间,卫生室1间,教师宿舍23间。1990年秋,有19个班级,学生850人,教师32人。教学设备有电视机2台、收录机2台、电唱机3台、扩音机1台、无线话筒1个、投影器11台、显微镜1台、照相机1架、手风琴1架、风琴2架,另有一些教学仪器、标本、挂图等,有图书6000多册。1985年,被评为广西壮族自治区"红花少年集体"。1983年,获教育部、共青团中央等7个单位颁发的"全国红领巾读书读报先进集体",1985—1986年,连续2年被评为梧州地区"体育推标先进学校"。

第三节 中学教育

清光绪二十八年（1902年），藤州书院改为藤州中学堂，以原书院为堂址，招生1个班，40人。1930年，筹建私立三民中学，1940年春，正式招生开学。1937年，私立复兴中学从梧州迁禤洲开办。1941年春，私立开明中学在白马开办。次年，私立培本中学在藤城开办。1944年，私立培才、万象中学分别在杨村及天厚乡（今天平）开办。至此，全县有县立中学1所，私立中学6所。1947年，县立中学一所，私立中学有开明、三民、复兴3所，全县31个班，学生1258人，教师78人，职员28人，是年毕业学生75人。1949年上半年，全县中学仍为4所，在校学生1302人，其中县立中学初中660人，高中220人；私立中学初中422人，教职员工90人。

1949年12月，县人民政府接管藤县中学，时回校学生165人，教职员31人。1950年8月，私立三民中学复课，次年，改名藤县第二初级中学，县中学改名藤县第一中学。1956年县第一中学改称藤县中学，为完全中学；原三民中学称藤县第一初级中学；在濛江、金鸡、赤水创办初中，分别称为藤县第二、第三、第四初级中学。1957年，藤城、太平创办民办中学，同年秋季招生上课。1958年，全县中学发展到42所，学生9420人。同年秋，县第一初级中学始招高中新生，办成完全中学，改名藤县太平中学。次年，整顿初中，除保留1957年前的5所公办中学、2所民办中学外，各公社新办的初中只保留10所，并改为半日制的民办中学。同年秋，原设在赤水的第四初中迁移南安。1960年，新办秀成、平福、古龙、和平、天平、象棋、埌南7所初中（公办）。同年秋，濛江中学招收高中新生1班。次年调整中学，公办中学保留1957年前的5所和1960年新办的秀成（大黎）初中，其余撤销；濛江中学撤销高中班，高中学生拨归太平中学；民办中学保留藤城、太平、濛江3所，其余撤销。1962年秋，撤销南安的第四初级中学，太平中学的高中班拨归藤县中学，只办初中。1966年夏，有藤县中学及太平、濛江、金鸡、大黎4所初级中学，共58个班，学生共3029人，其中高中9班，407人，初中49班，2638人，教职工223人。1968年，部分公社及大队开办初中。在"读初中不出大队，读高中不出公社"口号的影响下，1969年，全县除城关、白沙公社，其余17个公社兴办高中，各社还办了一些初中，大队小学普遍附设初中班。全县有独立初中 47 所，学生 14 028 人，教职工 291 人。1976 年，白沙、城关公社创办高中，全县高完中学 19 所，独立初中 28 所，小学附设初中班 209 处，中学生共 40 706 人，其中高中 6712 人。中学教职工 2153 人，其中民办教职工 970 人。1978 年，藤县中学分出藤城中学，高完中学增至 20 所。次年，调整高完中，保留藤县、藤城、太平、濛江、金鸡、埌南、大黎 7 所高完中学；初中调整为每个公社办重点校 1 所，其余由几个大队联办或分片办，逐步撤销各大队小学附设的初中班。1984 年，大黎中学改为初中，至 1988 年，全县有高完中学 6 所，初中 46 所，398 个班，学生 18 070 人。其中，高中 78 个班，3458 人；初中 320 个班，14 612 人。教职工 1218 人，其中民办 117 人，代课 98 人。1950—1990 年藤县普通中学情况如表 65-12 所示，1990 年藤县高完中基本情况如表 65-13 所示，1990 年藤县普通初级中学基本情况如表 65-14 所示。

表 65-12 1950—1990 年藤县普通中学情况

单位：人

年份	学校数/所		班数/个		在校学生数		毕业生数		招生数		教职工数		
	合计	高完中学	合计	高完中学	合计	高完中学	合计	高完中学	合计	高完中学	合计	民办	高中
1950	1	1	10	5	165	73	50	17	94	35	31	—	10
1955	2	—	22	—	1142	—	265	—	394	—	88	—	—
1960	12	3	82	13	3870	590	645	92	1810	200	269	—	30
1965	6	1	56	9	2725	391	539	77	1068	134	211	—	24
1970	51	17	—	—	20 516	2886	11 659	1250	11 659	1250	1037	376	208
1975	40	17	539	95	26 173	5091	10 131	2424	15 953	2717	1504	580	290*
1980	67	8	595	71	25 537	3452	15 045	3609	9819	1433	1938	783	461
1985	52	6	375	72	17 971	3308	4925	1140	6369	1110	1628	306	480
1990	51	6	401	78	18 060	3456	5493	1068	6056	1365	1607	183	277*

注：数字后加"*"者为专任教师数。

表 65-13 1990 年藤县高完中基本情况

学校	班数/个	学生数/人	教职工数/人	校址	创办时间	说明
藤县中学	20	900	101	藤城镇	清光绪二十八年（1902 年）	前身是藤州中学堂
藤城中学	高中 15 初中 18	667 810	142	藤城镇	1978 年	从藤县中学分出
太平高中	12	685	63	太平镇	1930 年筹建，1940 年开学上课	前身为私立三民中学
濛江高中	12	498	57	濛江镇	1956 年	前身是藤县第二初级中学
金鸡高中	10	531	62	金鸡镇	1956 年	前身是藤县第三初级中学
埌南中学	高中 6 初中 6	177 273	58	埌南镇	1968 年	前身是埌南公社高中

表 65-14 1990 年藤县普通初级中学基本情况

校名	班数/个	学生数/人	教职工数/人	校址	创办时间	说明
藤城镇初中	8	314	36	藤城镇	1982 年 9 月	
城关乡初中	8	340	34	藤城镇雷庙顶	1976 年秋	前身是城关公社高中
潭东联办初中	6	327	21	城关乡潭东村	1969 年 9 月	
平政联办初中	6	301	24	城关乡平政村	1969 年 9 月	
津北乡初中	6	270	26	津北乡白沙村	1970 年春	1976—1979 年为公社高中
安宁联办初中	3	114	11	津北乡安宁村	1968 年秋	前身是安宁小学附中
南安乡初中	9	540	36	南安镇南安村	1968 年秋	前身是南安公社高中
塘步联办初中	3	130	13	南安镇塘步村	1981 年 9 月	
赤水乡初中	6	276	21	赤水乡赤水村	1980 年 7 月	前身是赤水乡联中
杨村联办初中	3	90	10	埌南镇杨村	1980 年 9 月	
泗门联办初中	—	—	—	埌南镇泗门村	1967 年	

续表

校名	班数/个	学生数/人	教职工数/人	校址	创办时间	说明
同心乡初中	8	358	29	同心乡同心村	1967年冬	1970—1980年为公社高中
金鸡镇初中	6	390	29	金鸡镇秀安村	1979年秋	
金鸡联办初中	7	301	37	金鸡镇金鸡村	1969年8月	
旺国联办初中	7	135	12	金鸡镇旺国村	1981年	
光华联办初中	3	128	11	金鸡镇光华村	1980年9月	
新庆乡初中	12	700	46	新庆乡大路圩	1970年春	1970—1980为公社高中
象棋镇第一初中	12	620	43	象棋镇象棋村	1958年5月	前身是象棋卫星农中
象棋镇第二初中	4	180	15	象棋镇骑马滩	1976年5月	前身是象棋公社"五七"高中
新村联办初中	4	120	13	岭景乡新村	1980年9月	
天平镇初中	10	540	37	天平镇龙胜村	1969年12月	前身是天平公社高中
天平联办初中	6	283	21	天平镇天平村	1980年7月	
新马联办初中	5	241	19	天平镇新马村	1958年	前身是新马农中
新兴联办初中	4	155	17	天平镇新兴村	—	
濛江镇第一初中	11	540	51	濛江镇江权村	1978年秋	
濛江镇第二初中	7	311	29	濛江镇独松	1969年9月	前身是濛江中心校附中
濛江镇第三初中	6	269	18	濛江镇那塘村	1982年3月	
濛江镇第四初中	6	269	18	濛江镇海波村	1985年9月	
和平镇初中	10	600	41	和平镇和平圩	1958年科	前身是和平民办中学，1969—1979年为公社高中
石桥联办初中	6	200	20	和平镇石桥村	1981年秋	

续表

校名	班数/个	学生数/人	教职工数/人	校址	创办时间	说明
和平联办初中	8	349	27	和平镇和平圩	1981年3月	
新塘联办初中	3	140	11	和平镇新塘村	1966年秋	前身是新塘农中
太平镇第一初中	9	540	40	太平石子岭	1979年春	
太平镇第二初中	6	321	28	太平镇德胜街	1980年9月	
太平镇第三初中	6	316	26	太平镇旧茶场	1981年9月	
太平镇第四初中	6	354	27	太平镇新雅村	1957年	前身是太平民办中学
古龙镇初中	9	425	30	古龙镇古龙村	1958年秋	前身是红星农业中学，1968—1979年为古龙公社高中
古龙联办初中	6	300	22	古龙镇古龙村	1980年8月	
大村联办初中	3	90	11	古龙镇大村	1969年9月	
平福乡初中	10	532	40	平福乡平福村	1968年秋	
东荣乡初中	9	449	36	东荣乡东荣村	1969年2月	前身是东荣高中
大黎镇初中	12	608	50	大黎镇国安村	1958年	前身是秀成农业中学，1960年改为公办中学
宁康乡初中	6	330	25	宁康乡宁康村	1969年	前身是宁康公社高中
东南矿初中	3	70	—	平福乡桃花村	—	
私立襴洲初中	3	190	12	南安镇襴洲村	1985年	
埌南农中	4	185	18	埌南镇	1958年8月	
天平冷水农中	3	80	9	天平镇冷水村	1976年	创办时为天平"五·七"高中

注：埌南、冷水农中已办成普通中学，"—"表示数据缺失。

一、学制

清光绪二十八年（1902），藤州中学堂实行四年制。次年，改为五年制。

1913年，改为四年制，1922年11月，改为高初中各三年的"三·三"分段制，至解放初仍为"三·三"分段制。1966年"文化大革命"，改为"二·二"分段制。1974年，经梧州地区教育局批准，藤县中学初中班改为三年制。1978—1981年，高初中均恢复三年制。

二、办学形式

清光绪末期，仅有公办藤州中学堂1所，经费由经古书院租息拨给，年约五百金。1937年，陆续开办私立中学，办学经费全部由宗族祀产或地方士绅群众捐助。1944年，有私立中学6所，当年及次年，培本、培才、万象私立中学停办，1947年减为3所至解放。解放初，县人民政府接收各中学并陆续增办新的中学，全部为公办。1957年，藤城、太平始办民中，次年增至30多所。因校舍、师资、经费等不解决，1959年压缩为3所。至1966年，已无独立的民办普通中学。1985年秋，南安乡禤洲村民众自筹资金，开办南安乡禤洲民办中学。

三、课程设置

清光绪二十八年（1902年），执行"壬寅学制"。开设修身、读经、算学、词章（中国文学）、历史、地理、外国文、图画、博物、理化等科目。次年按"癸卯学制"增设法制、理财和体操科目，同年藤州中学堂增加英文、体操教习。

1913年，执行"壬子癸丑学制"，开设修身、国文、外国语、历史、地理、数学、博物、化学、法制、经济、图画、手工、乐歌、体操等科目。1924年，县初中开设社会（公民、历史、地理）、文言（国语、外国语）、算学、自然、艺术（图画、音乐、手工）、体育（生理、卫生、体育）等科目。1928年，县中学执行省教育厅规定，开设必修科目：国文训练、文言文（国语）、数学、自然、农科、社会、艺术、体育卫生；选修科目：文言（国语、外国语）、教育、数学、商业、艺术等；女生特设家事课。1933年，县初级中学设公民、国文、英语、数学、自然、历史、地理、童子军训练、卫生、体育、劳作、图画、音乐等科目。1937年，增加战时救护及防空常识等，高中设军事训练。各私立中学基本参照县中学的课程开课。1940年，执行教育部颁布重行修订的《中学课程标准》（表65-15）。1947年秋，英语改为必修课，初、高中每周6小时，至解放前。

表 65-15　1940 年藤县中学教学科目

科目	初中学时						高中学时					
	第一学年		第二学年		第三学年		第一学年		第二学年		第三学年	
	上	下	上	下	上	下	上	下	上	下	上	下
公民	1	1	1	1	1	1	1	1	1	1	1	1
体育	2	2	2	2	2	2	2	2	2	2	2	2
童子军	2	2	2	2	2	2	—	—	—	—	—	—
军训或看护	—	—	—	—	—	—	3	3	3	3	3	3
国文	6	6	5	5	5	5	5	5	4	4	4	4
外国语							5	5	5	5	6	6
算学	3	3	4	4	4	4	4	4	3	3	3	3
生物	—	—	—	—	—	—	3	3				
矿物											1	1
生理卫生	—	—	1	1	1	1						
博物	4	4										
化学	—	—	3	3					4	4		
物理	—	—	—	—	3	3	—	—	—	—	4	4
历史	2	2	2	2	2	2	2	2	2	2	2	2
地理	2	2	2	2	2	2	2	2	2	2	2	2
劳作	2	2	2	2	2	2	2	2	—	—	—	—
图画	2	2	2	2	2	2	1	1	1	1	—	—
音乐	2	2	2	2	2	2	1	1	1	1	—	—
选修课	3	3	3	3	3	3	—	—	—	—	—	—
每周总课时	31	31	31	31	31	31	31	31	28	28	28	28

1950 年 2 月，实行新民主主义教育，废止军训、公民、童军课，加设政治课，其余科目不变。同年 8 月，执行教育部《中学暂行教学计划（草案）》，开设政治、语文、数学、自然、地理、历史、化学、物理、英语、体育、音

乐、美术课。次年秋，撤销政治课，初三增中国革命常识，高一、高二增社会科学基础知识，高三增《共同纲领》。1952年3月，执行中央教育部制订的《中学教学计划》（表65-16），此计划以后略有调整。1954年，各初中停授外国语课；1956年，语文分为文学和汉语。历史改为中国历史、世界历史、世界近代史3科，政治改为《共同纲领》及《中华人民共和国宪法》2科，增设工农业基础知识课；1958年，初、高中每周增2节劳动课，汉语、文学合为语文，三角、几何、代数合为数学，政治改为社会主义教育。1960年秋，初中开始设俄语课，次年秋改为英语课；1963年秋，按年级分别开设道德品质教育、社会发展史、中国革命和建设政治经济常识、辩证唯物主义等课程，并增农业基础知识课。1969年，开设政治、军训、劳动、语文、数学、物理、化学、农业基础知识等课程。以后，物理、化学一度合为工农基础知识，不久，又分为物理和化学2科。历史、地理、英语、生物等课程停开。1977年上半年，执行县教育局《中学教学计划表》，初中开设政治、语文、数学、物理、化学、英语、农业基础知识、历史、地理、卫生常识、体育、音乐、图画、劳动课；高中开设政治、语文、数学、化学、物理、英语、农业基础知识、体育、劳动课。次年8月，初中增生物，高中增历史。高中二年级始，学生分为文科、理科班学习，按全国高考科目选修课程。1981年4月至今，执行教育部《全日制六年制重点中学教学计划（试行草案）》，各校据师资及学生情况略有调整（表65-17）。1987年，藤县中学高中一年级开设计算机课。

表65-16　1952年藤县中学教学计划

科目	初中时数						高中时数						六年总课时数
	第一学年		第二学年		第三学年		第一学年		第二学年		第三学年		
	上	下	上	下	上	下	上	下	上	下	上	下	
本国语文	8	8	7	7	6	6	6	6	6	6	6	6	1404
算术	6	6	—	—	—	—	—	—	—	—	—	—	216
代数	—	—	3	3	3	3	2	2	2	2	2	2	432
几何	—	—	2	2	2	2	2	2	2	2	—	—	—
三角	—	—	—	—	2	2	2	2	2	2	1	1	106
解析几何	—	—	—	—	—	—	—	—	—	—	3	3	108

续表

科目	初中时数						高中时数						六年总课时数
	第一学年		第二学年		第三学年		第一学年		第二学年		第三学年		
	上	下	上	下	上	下	上	下	上	下	上	下	
物理	—	—	2	2	2	2	2	2	3	3	4	4	468
化学	—	—	2	2	2	2	2	2	2	2	4	4	432
植物	3	3	—	—	—	—	—	—	—	—	—	—	108
动物	—	—	3	3	—	—	—	—	—	—	—	—	108
生理卫生	—	—	—	—	2	2	—	—	—	—	—	—	72
达尔文基础	—	—	—	—	—	—	—	—	2	2	—	—	72
地理	3	3	3	3	—	—	2	2	2	2	—	—	396
历史	3	3	3	3	—	—	3	3	3	3	3	3	648
中国革命常识	—	—	—	—	2	2	—	—	—	—	—	—	72
社会科学基础知识	—	—	—	—	—	—	2	2	2	2	—	—	144
共同纲领	—	—	—	—	—	—	—	—	—	—	1	1	36
时事政策	1	1	1	1	1	1	—	—	1	1	1	1	216
外国语	3	3	3	3	3	3	4	4	4	4	4	4	756
体育	2	2	2	2	2	2	2	2	2	2	2	2	432
音乐	1	1	1	1	1	1	—	—	—	—	—	—	108
美术	1	1	1	1	1	1	—	—	—	—	—	—	108
制图	—	—	—	—	—	—	1	1	1	1	1	1	108
每周总时数	31	31	32	32	32	32	32	32	32	32	32	32	6768

表65-17 1981年藤县中学教学计划

科目	初中课时			高中课时			学年总课时数
	一年级	二年级	三年级	一年级	二年级	三年级	
政治	2	2	2	2	2	2	384

续表

科目	初中课时			高中课时			学年总课时数
	一年级	二年级	三年级	一年级	二年级	三年级	
语文	6	6	6	5	4	4	1000
数学	5	6	6	6	5	5	1026
外语	5	5	5	5	5	4	932
物理	—	2	3	4	3	4	500
化学	—	—	3	3	3	3	372
历史	3	2	—	3	—	—	266
地理	2	2	—	—	2	—	234
生物	2	2	—	—	—	2	192
生理卫生	—	—	3	—	—	—	64
体育	2	2	2	2	2	2	384
音乐	1	1	1	—	—	—	100
美术	1	1	1	—	—	—	100
每周必修课	29	31	32	30	26	26	5554
选修课	—	—	—	—	4	4	240
劳动技术课	2周	2周	2周	4周	4周	4周	

四、主要中学简介

（一）藤县中学

藤县中学前身为藤州中学堂，清光绪二十八年（1902年）创办，校址在县城南门外学岭（今鸡谷山东麓）山麓原藤州书院旧址。县正堂石家鉴以监督名义兼理校务。学堂经费由经古堂书院在租息中拨给，年约500金。当年招生1班，40人。有教职工3人。次年，改名藤州中西学堂，仍由县正堂石家鉴兼任监督。招收正学生40人，附学生20人，合为一班上课。时聘英文兼体操教习1人，当年八月，总教习和英文教习离职，无人接管，学堂停办。光绪三十三年（1907年）春，县资送留日数人学成回县，学堂恢复，并增办师范简易科。宣统元年至三年（1909—1911年），加办高小班，为各区小学示范。1912年，学堂停办。1913年，学堂恢复，定学制为四年，改名藤州中学校。当年招生1个班，50人，附设高小4个班，120人，有教职员9人。1916年，不再附设小学班。1921年，粤军入境停办。1924年复学，改为三年制初级中学。1944年春，始招高中新生，办成完全中学；同年秋，全校高中4个班，初中10个班，在校学生817人，教职工50多人。旋因日军入境，学校迁至三堡及波塘乡屏山村上课。次年，日军投降，迁回原址。1913—1949年，初中有68个班，3500人，高中有4个班，200多人。1949年12月，县人民政府接管，改名藤县第一中学。同年秋，高中班学生拨归梧州高中，只办初中班。1956年，面向全县招收高中学生，改名藤县中学。次年，建立中共藤县中学支部。1969年，高中改为二年制，面向藤城、城关、白沙公社招生，每个年级4~6班。1978年，定为县重点中学，只办高中，学制三年，面向全县招生。1990年，共有高中20个班，学生900人，教职工101人，其中，高级教师16人，一级22人。校园占地10 000平方米，校舍建筑面积11 400多平方米。其中，有图书馆、物理、化学实验室；物理仪器950台（套），价值26 450元，化学仪器价值7200元，可供30个小组同时进行实验。有微电脑室1个，微机14台。1980—1990年，共毕业高中学生38个班，1786人；初中2个班，110人；共向大专院校输送学生1236人。1985年，被评为广西壮族自治区体育、卫生先进单位；1988年，获广西壮族自治区"文明学校"称号。

（二）私立三民中学

1929年，太平、和平、濛江三区绅耆商议在藤北筹办中学，校址未定，1930年和1931年分别在太平、江开会决定办初级中学，定名三民中学。1933年春，建校，1934年冬落成，因候省府批准开学而拖延。1939年，公推朱秀长等15人为校董，朱秀长为首任校长。呈请省府备案。次年，招生A、B、C共3班，后并为1、2班，有104人，教员9人。1941年，获准备案。经费来源，以义学原田产为基础，另有新旧文昌、培才堂、仓圣、孔圣5会私人捐集奖学的田产作永久产业，年租谷共12万斤。此外，先后2次由地方人士捐集资金购买图书、仪器及校具。开学初，捐集桂币数万元，1942年捐集国币数十万元。1943年，增办高中班，并改名私立三民中学，初高中均三年制，春秋两季招生。当年，高初中共11班，学生573人，教职员47人，为鼎盛时期。次年秋，日军入侵停课。1945年复课。时因高中学生少，分别转送藤县中学及梧州高中，只办初中班。1947年秋—1949年夏，在校学生6个班，约 200 人，教职工 21 人。自办学—1949 年春，共毕业初中学生 24 个班，246 人，无高中毕业生。1950 年县，由人民政府接管，改名藤县第二中学。

（三）私立复兴中学

私立复兴中学前身为梧州私立复兴中学，1934 年由石化龙创办，校址在梧州云盖山工人宿舍，董事长石化龙兼校长。不久后，迁至今大南码头附近办学。1937 年，石化龙领兵北上抗日，陈长任校长。日机轰炸梧州，当年年底迁至禤洲办学，以一座古庙作校舍。石化龙以私有土地换取古庙附近 30 多亩土地兴建校舍，改名藤县复兴中学。次年春，招生开学，学生 526 人，学制三年。同年，再增校舍；同年秋，学生增至 652 人，准备呈报立案。遇省府颁布整顿私立中学之办法，按规定改称补习社。学生忧虑学籍，又值广州沦陷，人心浮动，学期未终便哄散。1939 年春，以补习名义招生 55 人，同年秋，申请立案，获准招生，次年春招生 120 人，秋增至 360 余人。1941 年春，增至 560 余人，增建图书馆 1 座及消费合作社、校医室等。同年 11 月 12 日，获省政府发给钤记（校章），定该天为校庆日。这学期学生增至 800 余人，为鼎盛时期。1942 年秋始，每期有学生毕业，至 1944 年秋校舍被日军侵占停课。1945 年秋复学，学生锐减，至 1949 年底停办。1944—1949 年间，每学期在校学生只有一百多人。

（四）私立开明中学

私立开明中学前身为藤县白马何氏开明两等小学，创办于光绪三十二年（1906 年），校址在今天平镇新马村。由当地士绅何寿谦及何宗羲主持，拨白马村何氏祠田租谷 7 万斤为办学基金。1934 年，改为乡中心校，经费仍由何氏两等小学基金支给。1941 年春，由何杞发起筹办初中，何杞为董事长兼校长。原开明两等小学基金及校舍拨归中学，另购置图书、仪器及校具，呈准省府于当年春招生开学。第一学期招生 4 个班，第二学期 2 个班。次年，获中央教育部核准立案，定学制为三年。其后扩充校舍，建造图书馆，增加设备，每学期均招生 2 个班。1943 年秋，首届学生毕业。1944 年春，全校生员 500 多人，为鼎盛时期。当年拟筹办高中，日军入侵，校舍被占，学校迁至平南大坡圩上课。次年秋，日军投降，迁回原校上课。1947 年，何杞离职，何宗祺任校长。1947—1949 年，教职工 20 余人，每学期学生均为 6 个班，200 余人。1950 年停办。

(五) 藤城中学

1978年，藤城中学从藤县中学分出组建，时有高中10个班，初中26个班，学生共1800人，教职工138人，面向藤城镇招生。次年，县裁减高中，面向藤城、白沙、城关公社及南安、天平公社的部分大队招生。每年高中招生5～6个班，初中4～5个班。初中学制三年；高中学制1981年前毕业的为二年，以后的为三年。1990年，有初中18个班，学生810人；高中15个班，学生667人；教职工142人，专任教师107人，其中高级教师9人，一级教师34人。校园占地约41 000平方米，校舍总面积16 085平方米。有图书室1个，90平方米，藏书17 000余册；报刊阅览室1个，140平方米；物理、化学实验室各1间，共140平方米；仪器设备价值4万余元。1978—1990年，毕业学生中高中47个班，2728人；初中67个班，3341人。向大专院校输送学生245人，中专309人。

(六) 太平高中

太平高中前身为私立三民中学，校址在太平镇德胜街。1933年建校，1949年年底停课，1950年8月复课。同年12月，县人民政府接管。次年2月，改为县办，更名藤县第二中学。时有初中5个班，学生115人，教职工17人，校园占地20.23亩。1956年，改名藤县第一初级中学。次年，建立党支部。1958年，增办高中班，改名藤县太平中学。1960年，迁至江口村园茂岭脚原太平中心校的校址办学，原三民中学校舍作教职工宿舍。1962年，高中部学生拨归藤县中学，只办初中。1966年，学校所在地改名红卫公社，遂改名红卫中学。1968年，原三民中学校舍拨给红卫公社管委会，教职工宿舍全部迁入江口村新址。次年，改为二年制高中，改名为藤县红卫公社高级中学，由公社管辖，面向红卫公社招生。1972年，改名为藤县太平高级中学。1979年，改为县辖，改名为藤县太平高中，面向太平、古龙、平福、东荣公社及和平公社石桥片招生。次年，恢复三年学制。1990年，共有15个班，学生685人，教职工63人，其中高级教师7人，一级教师12人。校园占地30 000多平方米，另有劳动场地4400平方米。校舍总面积8700多平方米，其中教室1440平方米，图书阅览室272平方米，实验、仪器室342平方米，礼堂1213平方米，教工宿舍2135平方米，学生宿舍1931平方米，其他用房698平方米。有图书16 000余册。1951—1990年，共招收初中56个班，毕业2133人；高中103个班，毕业3872人。1961年、1962年，两届高中毕业考入大专院校

12 人，1978—1990 年考入大专院校 131 人、中专学校 180 人。

（七）濛江高中

濛江高中创办于 1956 年，校址在濛江镇江口村，初名藤县第二初中。1958 年，改名藤县濛江中学。1969 年，改名藤县濛江公社高中。1977 年，改名濛江高中。1956—1966 年，共招收初中学生 34 个班，学制三年。其间，1960 年秋，曾招收高中 1 个班，41 人，开办一学期，次年春拨归太平中学。1969 年始，改学制为二年，只招高中学生。1983 年，恢复三年制。1968 年 11 月—1969 年 12 月，曾开办卫生班，招生 90 人，卫生班结束，开办机电班 1 个班。1990 年，共有学生 12 个班，498 人，教职工 57 人，其中高级教师 2 人，一级教师 10 人。校园占地约 30 000 平方米，校舍总面积 9580 平方米，其中，教学、医疗、科研用房 1736 平方米，师生宿舍 4009 平方米，文体用房 51 平方米，其他 3784 平方米。教学仪器价值 12 000 余元。1979~1990 年，共向大专院校输送学生 50 人，中专学校输送 75 人。

（八）金鸡高中

金鸡高中创建于 1956 年秋，校址在金鸡镇北螺山，初名藤县第三初级中学。当年招生 4 班，210 人，有教职工 14 人，学制三年。1957 年，建立党支部。次年，改名藤县金鸡中学。1969 年秋，改为公社管辖，改名藤县金鸡公社高级中学，招收高中学生，学制二年。同年秋，另招收二年制卫生班 1 班。1978 年，改归县辖，改名藤县金鸡高级中学。1990 年，有高中学生 10 班，531 人，教职工 62 人，其中高级教师 1 人，一级教师 12 人。校园占地 21 000 平方米，其中操场 1200 平方米，劳动基地 4200 平方米，校舍总面积 5500 平方米，其中，教室、教研室 1400 平方米，仪器、实验室 200 平方米，师生宿舍 2370 平方米。1980—1990 年，共毕业学生 39 班，2012 人，考上大专院校 90 人，中专学校 170 人。

（九）埌南中学

埌南中学 1968 年创办，校址设在埌南公社地坡的姜村，原南民中旧址，初名埌南公社高中，由埌南公社管辖，面向埌南公社招生。当年招收高中学生 3 个班，150 人，学制二年，有教职工 16 人。1978 年 8 月，改归县辖，改名藤县南中学，面向南、同心公社及南安公社的部分大队招收高中学生，初中仅在埌南公社招生。当年有学生 8 个班，学生 350 人，教职工 35 人。1981

年，高中改为三年制。1990年，共有初中6个班，学生273人；高中6个班，学生177人。教职工58人，其中高级教师2人，一级教师11人。校园占地6700平方米，校舍总面积5428平方米，有图书室1间，实验室1间、仪器室3间。1969—1990年，共招收高中38个班，学生1550人；初中25个班，学生1250人。1981—1990年，考入高等院校33人，中专学校68人。

第66章 专业教育

清光绪三十四年（1908年），在藤州中学堂附设简易师范科1班。宣统元年（1909年），经广西巡抚批准，筹办镡津蚕业讲习所，招生60人。其余专业教育，1958年始陆续开办。当年，县农业、林业、卫生各部门分别开办县农业、林业、卫生学校，各公社开办了一些农、林业学校。1960年5月，县委开办藤县县委党校，1964年，办半工半读的藤县职业学校。1970年，办藤县工业学校。1979年，办藤城镇职业中学。其间，各公社还兴办农业中学和"五·七"中学。

第一节 党校

中共藤县县委党校于1960年5月成立，校址设在藤城镇登俊街。当年办班两期，每期30天，约80人，专职教员2人。主要是轮训社、队基层党员干部。以后，每年办班若干期不等，每期一般半月至一月。1964年，教员参加面上"四清"停止办班。1969年11月，并入藤县"五·七"干校，1974年6月恢复，校址在南安公社塘步，与县"五·七"干校合署办公，配备教职员23人。1977年2月，学校迁回藤城镇，先后在杉木冲口、东山、雷庙顶、水巷口、招牌顶等地方借用有关单位的空房办班，后在鸡谷山建成校舍。1980年6月，迁入新校舍。1985年，增招中专班，招收岑溪、昭平、蒙山及藤县的在职干部学习，学制两年，学生毕业回原单位工作。1990年，校园占地约4700平方米。校舍建筑4082.20平方米，其中教室389.70平方米，教工宿舍609.70平方米，学生宿舍等2644平方米。有图书4064册，打字机、油印机、扩大机、收录机各1台。有教职工21人，其中高级讲师1人，讲师3人，助理讲师5人。1960—1990年，共办短训班74期，9453人次，办班时间一般10~30天不等。1985—1988年共招收中专班3个班，学生113人。1988—1990年开设函授大专班3个班，学生152人。

第二节　师范

清光绪三十四年（1908年），藤州中学堂附设简易师范科1班，为本县开办师范教育肇始。宣统元年（1909年），成立师范传学所，仍设在藤州中学堂。民国时期及解放初期，师范仍附设在县中学。1959年春，创办县师范学校，校址在藤城雷庙顶。年初抽调未达初师毕业的在职小学教师50人短训一学期。9月，从初中毕业生中招收三年制中师班1个班，50人；一年制速师班2个班，100人，时有教职工16人。1960年5月，速师班2个班提前毕业分配到各小学任教。同年9月，招收三年制普通中师班1个班，并在小学毕业生中招收初师1个班、简师2个班、幼师2个班。次年元月，成立党支部。1962年，学校撤销，校具、校产拨归县中学，人员分配中小学任教。1970年恢复，称藤县师范学校，校址设在太平公社江口村。1982年，县拨款在藤城雷庙顶南麓建造校舍。1983年9月，改以培训在职小学教师为主，改名藤县教师进修学校。次年，迁入藤城新校址。1990年，校园占地约12 000平方米。建筑面积约6000平方米，其中教学楼1幢，1400平方米；教师宿舍1幢，1200平方米；学生宿舍1幢，1300平方米；后勤楼1幢，700平方米。有运动场1个，2600平方米；水泥篮球场2个、排球场1个，面积共约1000平方米。有教职工46人，其中专任教师36人，有高级讲师1人，讲师11人。1970—1988年，共招二年制中师班15个班，学生715人；二年制脱产进修班5个班，235人；小学行政训练班4个班，135人；理论辅导员1个班，81人；初中各科短训班78个班，3641人次。1978年，成立中师函授部，招生19个班，885人。1986年，办四年制卫星电视中师班，设23个教学点，招生1336人。1970—1990年藤县师范学校情况如表66-1所示。

表66-1　1970—1990年藤县师范学校情况

年份	普通班		短训班		四年制中师班				学生总数/人	普通班毕业/人	教职工/人
					函授班		卫星电视				
	班数/个	人数/人	班数/个	人数/人	班数/个	人数/人	班数/个	人数/人			
1970	—	—	4	182	—	—	—	—	182	—	5

续表

年份	普通班		短训班		四年制中师班				学生总数/人	普通班毕业/人	教职工/人
					函授班		卫星电视				
	班数/个	人数/人	班数/个	人数/人	班数/个	人数/人	班数/个	人数/人			
1975	1	45	14	808	—				853	40	18
1980	2	112	1	40					152	89	30
1985			1	30	6	63			93	—	32
1990	1	44	3	105	—		22	1492	1641	44	46

第三节 卫校

1958年11月，创办藤县卫生学校，校址设在藤城苏氏祠堂内。当年招二年制医士班及一年制护士班各1班，后迁藤城北市场一座庙堂办学，1960年迁至东风街。1976年，曾改为县"五七"大学卫生系。1979年，恢复卫生学校。1988年，校园占地1830平方米，校舍建筑面积865平方米，其中教学用房210平方米，生活用房655平方米。教职工5人，其中教师3人，行政人员2人。教学设备，有模具30多件、骨骼3付、显微镜4台、挂图10多套。1958—1990年，共办国家统一招生的中专班6个班，学生178人，其中护士5个班，学生145人，医士1个班，学生33人。另办学制二年自费医士班1个班，学生56人；一年制医士班2个班，学生98人；办各种短训班20个班，培训赤脚医生818人。

第四节 其他学校

一、藤县第一职业中学

藤县第一职业中学1985年创办，校址在城关乡潭东村。有种植、养殖2个专业，招收初中毕业生，学制三年。当年招生2个班，学生98人，教职工

14人。1990年,校园占地10 700平方米,校舍4000平方米,有物理、化学、专业课实验室及图书、阅览室各1个,图书1500册,教学挂图200多张,模型标本700多件,另有教学仪器一批,教职工23人,其中,文化课教师16人,专业课教师6人。1985—1990年,共招生12个班,学生428人。

二、藤县第二职业中学

藤县第二职业中学前身为藤城镇"五七"高中,校址在藤城镇白泥村芒冲口,1982年7月,利用原校址开办,为县辖学校,主要在初中毕业生中招收普通职业高中班,学制三年。此外,不定期办家电、裁缝等短期职业班,学制二至三年不等。当年,招三年制学生1个班,有22人,有教师5人。1990年,校园占地5053平方米,校舍面积2426平方米。供教学实习使用的有电视机7台、衣车26部、电动锁边机1台、裁缝工作台3张及一批维修家电钟表的仪器、工具,总价值1万多元。有教职工28人,在校学生150人。1982—1990年,共招二至三年制职业班14个班,共589多人,其余短训班20班,共11 100多人。1987年,被评为"梧州地区职业教育先进单位"。

三、藤县农业机械学校

藤县农业机械学校原名藤县工业学校,1970年7月开办,校址在藤城镇朝阳街原藤城工读中学(今为藤城镇农机厂址),1972年6月改名藤县农业机械学校,由县农业部门主办并供给经费。1976年1月,迁移南安公社塘步,同时并入藤县"五·七"大学,为该校农机系。1978年,"五·七"大学撤销,恢复藤县农业机械学校。1980年12月,迁回藤城镇雷庙顶雷塘冲办学。1988年,校园占地43 107平方米,校舍646平方米。有手扶拖拉机2台,农用汽车、旧车床、钻床、电焊机、电动打气机、氧焊机、投影仪、电视机、三用电唱机各1台,机械教具一批。该校主要为农村培训各种农机手和农机管理人员。1970—1990年,共培训农业机械等各种人员8430人。

四、藤县农业职业中学

藤县农业职业中学1958年创办,时称藤县农学院,校址在县良种繁殖场内。不久,改名藤县农业学校,由县农业部门主办,主要培训农村农业技术员。1962年5月停办。1970年恢复,1976年改名藤县"五·七"大学潭东分校,设农艺系。1979年,改名藤县农业技术学校,1985年,改为县教育局与农业局联合主办,改名藤县农业职业中学。1959—1984年,共培训学员1554人。

五、藤县"五·七"大学

藤县"五·七"大学1976年春成立,校本部设在南安公社塘步,由县农、林、卫生等学校组成,县农业机械学校改称农机系,县农业学校称农艺系,县林业学校称林业系,县卫生学校称卫生系,交口电站的水利电力培训班称水利电力系,各系均在原地上课,有数月、一年或二年制班。1979年春撤销,各系恢复原校名。

六、藤县林业学校

藤县林业学校1958年创办,校址在共青林场古龙场部,由县林业部门主办。1960年,迁至高达。1972年,迁至寺婆。1976年,迁至大芒界林场,改为县"五·七"大学的林业系。1979年停办。该校主要培训林业技术人员,学生由公社选送,社来社去。学制有二年制和一年制2种,以二年制为主。至1979年,共招收10个班,学生561人。1958—1990年期间藤县乡镇农业中学、五七中学基本情况如表66-2所示。

表66-2 1958—1990年藤县乡镇农业中学、五七中学基本情况

年份	校数/所	班数/个	在校学生人数/人	教职工人数/人	说明
1958	29	120	5301	—	1958—1960年为农业中学。1965年,有藤城工读中学一所;1975年为"五·七"高中;1981年为农业中学。
1960	15	—	1522	81	
1965	27	42	1728	94	
1966	53	87	3869	107	
1975	6	—	542	30	
1980	17	40	1580	—	
1981	8	21	829	95	
1985	3	9	385	—	
1990	1	—	170	11	

注:此表未包括县办的农业职业中学。

第67章 成人教育

第一节 扫盲

1919年，藤县中学学生曾举办成人识字夜学班。1923年，有通俗讲习所7所，职员7人。1933年，办民众学校25所。1939年，成立藤县成人教育年推行委员会，全县各乡镇办成人学习班。至1946年，全县成人125 692人，已受教育109 687人（民国藤县志稿卷四）。1950年，办夜学班。1952年，办工农业余文化夜校。次年，县成立扫盲指挥部，各区配备扫盲中心校长。以后，全县兴起夜校扫盲班。1956年，全县办扫盲班2604个班，参加学习99 000人，自编课本40 800册。1959年，全县组织青壮年文盲99 678人参加扫盲学习，计划当年脱盲，并进入各地自办的"红专大学"学习。1961年，经济困难，业余教育停止。1963年恢复，1966年停止，1972年恢复。1975年，夜校1676所，参加学习96 684人。1979年，经梧州地区成人教育检查团检查验收，基本脱盲，成为梧州地区第一个基本脱盲县。以后，着重抓业余小学的巩固及业余初中和成人文化技术中心，加强农村科学技术的普及教育。1978—1988年期间藤县农村成人教育情况如表67-1所示。

表67-1 1978—1988年藤县农村成人教育情况

年份	扫盲			业余小学		业余初中		科技班学员/人	成人文化技术中心校/个
	班/个	学员/人	脱盲/人	班/个	学员/人	班/个	学员/人		
1978	1110	27 824	7980	—	—	—	—	—	—
1980	—	—	—	49	738	8	168	963	—
1983	—	5462	3042	211	4936	18	379	3610	—
1985	—	661	648	391	6096	12	211	9285	—

续表

年份	扫盲			业余小学		业余初中		科技班学员/人	成人文化技术中心校/个
	班/个	学员/人	脱盲/人	班/个	学员/人	班/个	学员/人		
1988	—	—	—	143	1094	—	—	13 571	19

第二节 职工教育

1950年年初，因急需干部，县人民政府在藤县中学举办青年干部训练班。除安排或推荐职工到各类专业学校短期培训或脱产学习外，20世纪50年代，分别举办各种不同类型的职工业余文化学习班。20世纪60年代后，结合扫盲加强干部职工的文化学习。1955年春，开办藤县供销合作干校，1959年6月停办。1956年3月，开办藤县县委干部学校，1958年停办。1960年5月，开办中共藤县县委党校。1968年10月，开办藤县"五七"劳动大学，1974年4月并入县委党校。各类文化课或专业技术课，采用省（区）或全国编写的教材，由本校教师或聘请各行业学有专长者讲授，也聘请高等院校或同类专业学校教师作专题讲课。政治及政治形势教育等课，根据各个时期的特点安排。"文化大革命"以前，教育、卫生等部门还组织职工参加高等教育函授学习，"文化大革命"期间停止，1979年恢复。1982年冬，藤县成立职工教育管理委员会，下设办公室，开办职工文化补习班，对"文化大革命"期间毕业的初、高中学生补课，重新补考发证。1984年2月，藤县设立高等教育自学考试工作站，当年4月组织首次自学考试，至1988年，已有2060人次参加考试，50人获得专科毕业证。1985年，藤县设立电视教学中文、法律（2班）、工业会计、工业企业管理专业班共5个班，参加学习241人，已毕业3个班，106人毕业，9人结业。1990—1991年藤县成人学校情况如表67-2所示。

表 67-2　1990—1991 年藤县成人学校情况

学校	学校数/所	教学班/个	毕业结业生数/人 总计	毕业结业生数/人 函授业余	招生数/人 总计	招生数/人 函授业余	在校学生数/人 总计	在校学生数/人 函授业余	预计毕业结业生数/人 总计	预计毕业结业生数/人 函授业余	教职工数/人 总计	教职工数/人 函授业余	兼任教师数/人
成人技术培训学校	39	105	5508	5508	1393	1393	2109	2109	115 825	1158	122	105	117
①职工技术培训学校	4	4	511	511	43	43	191	191	1133	25	8	2	6
②农村技术培训学校	35	101	4997	4997	135	135	1918	1918	1133	1133	114	103	111
成人初等学校	110	292	6645	6645	3254	3254	3650	3650	2687	2687	244	169	562
①职业初等学校	—	11	—	—	264	264	258	258	258	258	—	—	6
②农民初等学校	110	281	10 291	10 291	3008	3008	3392	3392	2429	2429	244	169	556
技术班	52	76	4006	4006	1368	1368	1656	1656	1475	1475	77	72	142
小学班	16	38	424	424	95	95	950	950	269	269	32	22	45
扫盲班	42	167	5861	5861	690	690	786	786	685	685	135	75	369

第68章 教师队伍

第一节 来源

清代以前,掌管儒学的教谕、训导和书院的山长多为进士或举人,塾堂先生多为秀才或落榜的童生。清光绪末年,全县塾师百余人。1926年,全县教员521人,1949年有教职工1098人。中学教员多为大专院校毕业生,小学教员多为中学或高等小学毕业生。解放初期,原中小学校教师除少数外一律留用,同时在社会吸收一些知识青年到学校任教。1952年,在藤县中学附设简师班和初师培训班培养小学师资。1956年,进行在乡知识分子登记,经短期培训后吸收为教员,同时吸收部分初中毕业生任小学教师。1958年,从行政或企事业单位抽调部分干部到学校任教师,同时吸收部分初高中毕业生任小学教师。1959年,成立藤县师范学校,因师资紧缺,次年5月2个速师班100人提前毕业分配到小学任教。县师范以后招收中师班、简师班等。

解放后分配到县内的各级师范院校和其他大专院校毕业生中,有华南师范学院、华中师范学院、广西师范学院、广西大学、广西师范大学、玉林师专、八步师范大专班等毕业生到中学任教;有梧州师范学校、玉林师范学校、苍梧师范学校、岑溪师范学校、八步师范学校等毕业生到小学任教。

1990年藤县普通中小学教师学历情况如表68-1所示。

表68-1 1990年藤县普通中小学教师学历情况

单位:人

分类	大学本科毕业	大学专科毕业	大学专科肄业	中专高中毕业	高中肄业	初中初师毕业	初中初师肄业及以下	小计
初中	35	309	11	656	19	—	—	1030
高中	129	172	—	8	—			309

续表

分类	大学本科毕业	大学专科毕业	大学专科肄业	中专高中毕业	高中肄业	初中初师毕业	初中初师肄业及以下	小计
小学	—	19	—	2685	202	916	123	3945
合计	164	500	11	3349	221	916	123	5284

第二节 培训

清末,教师主要靠自学。光绪三十一年(1905年)县中学堂缺乏师资,县学务公所资送李明新、苏乐群等16人赴日本留学,民国初另有38人赴日本留学。民国时期,藤县曾举办一些讲习会,帮助教师提高业务素质。教育部颁布中等学校教员休假进修办法,期限为一年,只有藤中1名教师获得过一次进修机会。解放后,教师有在职进修、脱产培训等学习途径。在职进修,一般利用星期天、寒暑假集中学区或乡镇学习,还通过开办教师星期学校,设专职、兼职辅导员,聘请高一级学校的教师或学有专长者上辅导课或通过函授教育等,帮助教师系统学习业务,提高文化知识。脱产学习,自1952年始,有半月、一月、三月、半年、一年、二年制的培训班、进修班、中师班、大专班、本科班等,有些到外地各类学校学习。至1988年,全县共培训中小学教师5892人次。

第三节 考核

民国时期,规定中学教师必须大学专科毕业,小学教师必须中师毕业或同等学力以上的资格;中学校长必须具有二年以上教龄,小学校长必须是具有一年以上教龄及教学卓有成绩者。1935年,公布《中学规程》,规定高、初中级教师、校长的资格。1941年,进行小学教师登记,经省教育厅审查合格者发给合格证书。凡已录取的中小学教师,每年都要进行考核,有平时、学期、学年考核3种。中心校长,由县教育科主管人员根据学期、学年考核评定,填具考核表签呈县长核定;教师由校长考核评定,填具考核表报教育科主管人员审核,签呈县长核定。国民基础学校校长,由乡镇长考核评定,填具考核表报教育科主管人员审核，签呈县长核定；教师，由校长考核评定，填具考核表报乡镇长复核，转呈县教育科审核。

解放后，小学教师要求具有中师毕业水平，初中教师要求具有大专毕业水平，高中教师要求具有大学本科毕业水平。1983年，藤县成立教师考核领导小组，对中小学教师进行全面考核。1986年，对全县中、小学教师学历不达规定资格者进行教材、教法考核，全县3213人获广西壮族自治区政府《教材教法考试合格证书》，占应考核人数的98.60%。次年下半年，结合专业技术职称评聘进行全面考核，1988年6月结束。至1990年，全县聘任各级教师：中学高级55名，一级404名，二级723名，三级346名；小学高级464名，一级1554名，二级620名，三级49名；幼儿园高级9名，一级13名，二级14名，三级2名。

第四节　奖惩

民国初期，教学有显著成绩者，予以官职奖励。正式学制颁行以后，间有由省督学考核，予以传令嘉奖或提薪、升职。1931年，教育部奖规规定，从事教育确有成绩或特殊贡献者授予奖励。1940年，对有特殊成绩的小学校长（教导主任）、教学、训导等特别优良之教员、中学校长或教员连续服务10年以上者，分别给予奖金、奖状传令嘉奖或升迁等奖励。1942年，规定公私立中学业经核定合格者，在校连续服务3年以上有显著成绩的教员，按年度可得600元奖励金。对违犯刑法证据确凿者、任意旷废职务者、行为不检或有不良嗜好者、成绩不良者均予以训诫、减薪、撤职、查办等惩罚。

解放后，对教师的奖励主要有评选优秀教工、先进教育工作者、劳动模范、优秀班主任、优秀辅导员及调资、升级等精神和物质奖励。1955年春，5名中小学教师出席省级优秀教师代表大会。1960年，象棋卫星农中校长出席在北京召开的全国文教、卫生、新闻先进工作者代表大会。1981—1990年，被评为广西壮族自治区优秀（先进）教育工作者的有28人（次），优秀班主任6人（次），劳动模范1人，特级教师6人。被评为全国优秀教师的有8人，模范班主任1人，劳动模范1人，先进体育工作者1人。对犯错误的教职工根据其错误大小及悔悟程度，分别给予批评、检讨、记过、记大过、警告、严重警告、降职降薪、开除留用、开除公职等处分。

第五节　待遇

清末，农村广设私塾，塾师的酬金，没有具体规定。光绪二十八年（1902年），藤州中学堂总教习年薪200元（大洋），助教习150元（大洋），庶务员120元（大洋）。次年，藤州中西学堂总教习年薪300元（大洋），英文兼体操教习250元（大洋）。

民国初期至1925年，教职员的待遇采取专任制，以月计薪，最低20元（国币，下同），最高80元。1926—1931年，采取钟点制，每点钟4元，学校供膳食。1932年，每点钟4.50元。职员则以月计薪，最高80元，最低28元。1933年7月起，废止"按时计俸制"，采用"分级计俸制"，按月支付。1935年，中心国民基础学校（小学）薪俸分15级，最高35元，最低6元。国民基础学校分13级，最高30元，最低6元。1937年，中学校长薪俸为8级，最高110元，最低70元。专任教员13级，最高110元，最低45元。职员12级，最高60元，最低26元。雇员6级，最高24元，最低18元。1948年后，纸币贬值，教师基本工资主要以稻谷支付。高初中教师每人每月稻谷50千克。中心校校长比照乡镇长月给稻谷175千克。教职员比照乡镇公所职员月谷125千克。国民基础学校校长比照村街长月谷125千克，教职员略低一些。

解放初，中心校经费由县统筹解决，教职工月支大米60千克，中学教师略高；乡村小学教师工资则出群众自筹解决，一般月支大米50千克。1952年冬，全县教师实行"工分制"，中学教师每月约165～180分，小学教师平均为94.68分（分值每月由省政府公布，约0.22元，即0.22元/分）。1956年8月，把"工分制"改为"工资制"。小学教师最高64.50元，其次是57元、51.50元；最低为29.50元，平均每人月工资35.44元，比原工资增长34.19%。（中学数字缺失）。1963年，以政治思想表现和业务工作能力为依据，适当照顾资历和教龄，中小学教师的71.60%，得到提资，平均中学每人每月增6.29元，小学每人每月增4.72元。1977年，对相当于国家干部18级以下的教职工，按40%升级面提高工资级别。对1960年、1971年前参加工作的二级工、一级工提升工资级别。1979年，以劳动态度、技术高低、贡献大小为依据，全县60%的教职工提高工资级别。同年11月起，全县中小学实行班主任津贴制。根据班级学额及任课钟点多少，中学班主任月津贴为5元、6元、7元。

小学班主任月津贴为4元、5元、6元。1981年，先于其他行业，学校教职工普遍提高一级工资，少数教学骨干提升2级。1985年1月起，实行教龄补贴，教龄满5年不满10年者月补贴3元，满10年不满15年者月补贴5元，满15年不满20年者月补贴7元。20年以上者月补贴10元。1987年，县内各校教师首次评定职称，任职期从1985年7月1日起，职称与工资挂钩。同年10月起，各校教职工提高基本工资的10%。

第 69 章 经费设施

第一节 经费

明清，教育经费来源于祀庙产业、公款提充、学生缴纳、派捐乐捐。明崇祯《梧州府志》载，藤县儒学有学田4顷48亩，共租银35两，内除荒田2顷12亩8分2厘，实收银16两6钱2分6厘9毫，实征熟田2顷35亩1分7厘，共租银18两3钱7分3厘。雍正十二年（1734年），修仪银两系在府传经书院丈出溢田抽拨税米5石，每石折收银两6两，共银30两，除纳税银5两外，余银24两5钱，递年由县署催收支送；又随化里高段村谷24石，下马村谷20石，共44石。宣统元年（1909年），《广西省学务岁入统计表》载：藤县教育经费岁入（银元）：产业租905元、存款利息74元、公款提充4320元、学生缴纳1407元、派捐198元、乐捐1633元、杂入364元，合计8898元。

1919年6月《广西教育公报》载：藤县教育经费出自柴竹捐、铺租、书院伐例、庙产、会产、地租、社款、驳艇捐、祀租、屠猪捐、义学文昌会、牛捐、会馆、渡船捐、学租、田租、书院租、猪租、杂捐、义捐及征收学费等项，岁入（国币）23 297元。岁出：劝学所1900元、县立中学校与高等小学校共11 080元、县立女子高小与国校共1099元、各区高小国校9218元。1920年，各项税、捐、学租收入约24 000元，学费约20 000元。1934年，《藤县教育概况统计》：学费16 437元、公款14 983元、附捐473元、田地租4444元、利息6448元、其他2891元，合计45 676元。以后，国民基础学校增加，教育经费不断增加。1943年藤县各级基础学校经费情况如表69-1所示。

表 69-1　1943 年藤县各级基础学校经费情况

单位：元

学校	岁入						岁出			
	县款	乡镇款	村街款	私人捐款	基金利息	其他	薪工费	办公费	购置费	其他
中心校	129 830	5917	—	16 112	16 845	1736	119 308	17 044	22 566	11 522
国基校	19 152	—	7681	9152	29 192	1014	86 048	6523	7943	5391

1950—1952 年上半年，中心校经费由县人民政府统支，农村中小学为民办；下半年，农村中小学经费由县人民政府统一拨给（除建校费）。随着教育事业的发展，农村校舍不足，1956 年，由农业合作社组织劳力，出工出料，修缮校舍。以后，正常的教育经费由上级拨款、县财政拨款及学费收入解决。校舍维修和扩建除上级拨款和县财政拨款外，主要由群众筹集，少部分由勤工俭学收入解决。20 世纪 50 年代末至 70 年代初各公社及部分大队设民办小学或中学，教育经费主要由民众筹集，20 世纪 70 年代始，国家对民办教师工资给予补助。1952—1990 年藤县教育经费支出情况如表 69-2 所示。

表 69-2　1952—1990 年藤县教育经费支出情况

单位：元

年份	总支出	全县人均支出	年份	总支出	全县人均支出
1952	295 400	0.74	1961	933 600	2.22
1953	518 800	1.29	1962	897 200	2.07
1954	503 800	1.22	1963	890 200	1.97
1955	533 400	1.28	1964	1 038 400	2.24
1956	743 600	1.75	1965	—	—
1957	905 900	2.09	1966	1 230 310	2.48
1958	883 100	2.02	1967	1 275 900	2.42
1959	943 300	2.16	1968	1 033 200	1.96
1960	1 203 500	2.84	1969	1 061 200	1.97

续表

年份	总支出	全县人均支出	年份	总支出	全县人均支出
1970	1 075 600	1.95	1981	4 733 500	7.07
1971	1 358 500	2.40	1982	5 184 100	7.63
1972	2 164 200	3.74	1983	4 887 700	7.12
1973	1 928 700	3.26	1984	5 774 400	8.29
1974	2 278 400	3.77	1985	8 064 500	11.42
1975	2 238 700	3.65	1986	9 205 568	12.85
1976	2 439 400	3.92	1987	10 929 995	15.04
1977	2 575 300	4.07	1988	12 999 000	17.66
1978	3 034 500	4.74	1989	13 823 000	18.50
1979	3 772 900	5.83	1990	15 281 000	19.40
1980	4 443 800	6.67			

第二节 设施

一、小学

清末及民国初期，多以庙宇、祠堂或借用民房作校舍，也有少部分是地方士绅群众捐款建造的新校舍。一般为泥砖瓦木结构，部分学校有少量的图书、图片教具等。民国后期，新建校舍及教具略有增加。

解放初期，校舍建造主要靠群众献工献料，国家少量拨款支持，多建泥砖瓦木结构房屋。1957年，县财政拨出教学基建维修款126 792元。其中，小学占42 792元，共修建和扩建小学校舍158间（中心校20间，乡村小学138间）。1969年，在"学校办到贫下中农家门口"口号的影响下，公社、大队及生产队大力兴建小学及初中校舍，一般都为泥砖瓦木结构。以后，县、乡地方政府逐步加强校舍建设和维修，经费来源主要有县地方财政拨款、教育经费支持、群众集资及上级政府专项拨款。1984年，全县小学270所，在校学生92 985人，校舍总面积261 032平方米（包括生活用房48 350平方米），其中一般危房23 061平方米，严重危房33 840平方米，按国家规定城市小学生每人应有教学用房4平方米，农村3平方米计算，尚缺教学用房66 273平方米。1988年5月，县人民政府成立"藤县抢修中小学危房领导小组"，当年集资5 411 458元，修理小学危房41 601平方米，推倒严重危房52 103平方米，至1990年，新建校舍31 118平方米，回建42 599平方米。新建及回建的校舍，最低要求火砖结构，地面铺设水泥混凝土，窗户安装玻璃。教学设备，解放初期教师自制一些简单的教学卡片、挂图、标本、模型、计算器等教具。1965年，中心小学逐步配置教学仪器、教学标本和教学挂图，并设立图书室。1986年，各中心小学都购置了电视机、收录机、幻灯机、投影机、教学演示器、计算器等教学仪器，乡镇所在地的中心校，一般都建立了教学仪器室。

二、中学

清末，藤州中学堂在原藤州书院的旧房舍办学，教学设备不详。

民国期间，藤县中学逐步扩建校舍。私立的6所中学中，三民中学全部为新校舍，复兴中学及开明中学陆续扩建改建，其他学校均借用当地小学及民舍作校舍。县中学教学设备、图书、仪器均较充足，因粤桂战争散失，后逐年补充，至1947年，有图书6000余册，设有专门仪器室。三民、复兴、开明中学，有专门的图书、仪器室。三民中学创办不久，1942年地方人士捐集国币数十万元添置图书、仪器等；开明中学以原开明小学的基金扩充校舍及购置图书、仪器、校具等。

解放后，1956年，在太平、濛江、金鸡、赤水等初中兴建扩建校舍，1957—1958年，藤城、太平民中及太平、濛江中学兴建校舍，1958—1959年，各公社兴办民中，兴建校舍。1960年，开办秀成等7所初中，兴建扩建校舍。"文化大革命"期间，公社办高中，大队办初中，各社、队筹集资金，民众献工献料，兴建扩建校舍。1978年后，县直属的几所中学陆续建了一些钢筋结构的校舍。1988年5月，县人民政府成立"抢修中小学危房领导小组"，至1990年年底，共集资1556.84万元，共推倒严重危房76 964平方米，已重建61 063平方米，维修一般危房134 036平方米，另建新校舍33 952平方米，全县校舍总面积486 901平方米，钢筋混凝土结构22 165平方米，占总面积的22.30%；青砖瓦木结构221 659平方米，占总面积的45.50%；土砖瓦木结构157 037平方米，占总面积的32.20%。教学设备方面，1953年始，县一中、二中设专门图书室、阅览室、仪器室、实验室，以后各中学逐步配置。1987年5月，全县中学仪器总价值441 255元，共有仪器室61间，1745.52平方米；仪器柜332个，实验室36间，2428.71平方米，实验台凳528套。有专职实验员8人，其中县中、城中各2人，太平、濛江、金鸡、埌南中学各1人。

第70章　勤工俭学

一、农场、林场

民国时期，中学及部分小学设有手工劳作场地。1956年前，中小学每周设劳动时间安排学生从事种菜等劳动。1957年，逐步开展一些有经济效益的勤工俭学活动，创办校办农场。1959—1961年，经济困难时期，中小学校兴办农场、饲养场、种植蔬菜、油料、粮食作物，养殖家禽、家畜等，改善师生生活。1959年，藤县中学、藤县师范、太平中学、濛江中学、金鸡中学、南安中学共养猪443头、兔131只、三鸟（鸡、鸭、鹅）2630只，收获稻谷4190千克、木薯2230千克、红薯28 100千克、玉米612.50千克、花生392.50千克、蔬菜601 755.50千克。1962年，压缩劳动时间，农场减少。1970年后办场逐步增加。1976年，学校养牛共16头、猪723头，有农场7837.40亩，林场7800.20亩，果园771.10亩，收入粮食197 194千克，农副产品94 609元，其他79 550元。1980年以后，农林场逐步以茶园、果园为主，如大黎平安茶场、新庆龙山茶场、象棋骑马滩果场、平福古丽坪果场等。平安茶场1970年春始办，1972年始全校8个民师的工资（除国家补贴部分）全部由勤工俭学开支，累计现金13 750元；以后，还用勤工俭学的收入减免学生的学费、建造教室宿舍、添置校具等。

二、工厂

民国时期，部分学校有手工劳动场地。1958年，全民大炼钢铁，学校办炼铁厂、炼钢厂、玻璃厂、油料厂、化肥厂、农药厂、木器厂、烧炭厂、水泥厂等，因无技术和基础设施等，不久均停办。1980年后，部分学校以经济效益为主办厂。1983年7月，县教育局成立勤工俭学服务公司，当年办教育文具印刷厂并投产。其后，濛江初中办酱料厂，太平、金鸡高中及藤城中学办冷饮厂，濛江高中办陶器厂等。如表70-1所示为1988年藤县勤工俭学情况。

表 70-1　1988 年藤县勤工俭学情况

单位	校数/所	农基地/个	土地/亩	工厂/个	第三产业/个	劳动基地/个	校办企业人数/人	固定资产原值/元	固定资产净值/元	年末流动资金/元
普通中学	50	49	715	3	8	48	54	118 000	96 000	73 000
农业职业中学	4	4	21	—	—	4	2	2600	2000	5000
小学	270	124	1680	3	51	265	20	98 000	92 000	85 000
县勤工俭学公司直属企业	—	—	—	2	—	—	53	225 000	210 000	220 000
总计	324	177	2416	8	59	317	129	443 600	400 000	383 000

第71章 管理

第一节 行政管理

一、体制

清代管理教学的机构有儒学署、劝学所。清末，各学校设监督掌管校务。民国时期，中学由省教育厅管理，小学由县教育科（局）管理。教育行政机构设置督学员1~2人。

解放初期，高完中由省教育厅管理，初中由专区教育局（科）管理，小学由县教育科管理。1968年，中小学由县革命委员会政工组管理。1972年，由县革命委员会教育局管理。1988年，完全中学、高中、教师进修学校，县各类职业中学及藤城中心小学校由县教育局管理，其余乡镇初中，由乡镇管理，联办初中和中心小学校，由乡镇及村共同管理，以乡镇为主，村小学由村公所管理。中共藤县县委党校，由县委管理；县直机关幼儿园，由县直机关党委管理；卫生、农业、林业、农机等部门办的职业学校，由主办单位或其上级主管机关管理。1956—1966年，教育机构设置视导组，配备有视导员。1989年，恢复设置视导组，配备2人。

（一）小学

学堂设监督，掌管校务。1912年，设校长掌管校务。1936年，推行政、教、团"三位一体"制，乡镇长、民团后备大队长兼任中心国民基础小学校长。1940年，逐步恢复专任校长制。同年，乡镇中心国民基础学校设辅导主任1人，协助校长管理和辅导村街小学各项工作。中心国民基础小学及规模大的学校设教务、总务处。分别设主任，协助校长管理教务、训育等事务。解放后，设专任校长，实行校长负责制。中心小学和规模较大的完小设教导主任，协助校长管理教学和行政事务工作。个别规模大的学校还设总务主任，管理事务。1952年，全县以中心校设学区，星期日教师在学区集中，由中心校负责政治、业务辅导。1968年，撤销校长，成立革命领导小组管理学校。1968年，藤城、太平、和平三镇中心校有工人宣传队进驻管理学校。1969年1月，小学下放大队办，并由贫下中农管理委员会管理学校。1978年秋，撤销工人宣传队及贫下中农领导小组，恢复校长制；较大的学校，设教导主任，协助校长管理教学。

（二）中学

清末，学堂设监督、总教习，管理教学；设庶务员，管理后勤事务。民国时期，设校长，综理校务；初设监学，管理学生；设事务主任、事务员，管理后勤。1920年，裁监学，设训育主任，后初级中学设童军教练员。1934年，设教导、事务两处，各设主任1人，职员若干人，分别负责教学和后勤事务。1944年，设教务、训导、事务处，各设主任1人，职员若干人，分别负责教学、学生训导、后勤事务工作。1950年，设校长，管理全校工作，下设教导、总务处，各设主任1人，干事若干人，负责教务后勤工作。后增设副校长、副教导主任1~2人，协助校务、教务；各科成立教研组，设组长，领导各科教学研究工作。学校重大问题，一般通过校务会议或全体教职工会议讨论解决。1957年，各校先后成立中国共产党支部委员会，学校一切工作在党支部领导下进行，实行在党支部领导下的校长分工负责制。"文化大革命"期间，成立革命委员会，设主任、副主任管理学校工作，下设政工组、教务组、后勤组，各设组长1人，分别管理各项事务。1978年秋，撤销革命委员会，恢复党支部领导下的校长分工负责制。1985年，成立教职工代表会，逐步实行校长负责制。党支部起监督、保证作用。教职工代表会在党支部领导下监督学校的行政工作。

二、委任聘任

（一）教师聘任

民国时期，公私立中学，可由省教育厅直接委派大专院校毕业生充任，或由校长开具合格人员详细学历及简历，呈送省教育厅核准后，学校发出任职聘书，于学年开学前送达受聘人员正式聘任。小学，可由县教育部门直接委派中师毕业生充任，或由校长开具合格人员详细学历及简历，送县教育部门批准后聘用。中小学教师聘用，初聘以一年为原则，续聘则为二年，教师分代用、试用、正式3种，代用可转试用或正式；试用教学需一年以上，工作有成效、品德纯正者，经考核合格，方可转为正式教师。规定中学教员，必须大专院校毕业或具备同等学力者；小学教员，必须中等师范学校毕业或具备同等学力者。但师范毕业生不多，小学教师多以高小或初中毕业生充任。解放初期，中学教师由县政府委派，报省教育厅备案；小学教师由县教育部门任用。"文化大革命"期间，小学曾一度下放大队办，小学教师由大队委派安排。1978年以后，县直属学校教师由县教育局任用。乡镇中小学教师，乡镇间的调动，由教育局负责，乡镇内调动由乡镇教育组及乡镇政府负责。1987年，实行专业技术职务聘任制。

（二）校长委任

民国时期，县立中学校长由省教育厅核准，省政府直接任用，或由县政府遴选合格人员呈报教育厅核准省政府委任。私立中学由校董会遴选合格人员聘任，并报省教育厅备案。县立、区立小学校长，由县教育行政机关遴选合格人员呈请县政府委任，并报省教育厅备案；私立小学校长，由校董会遴选合格人员聘任，报县教育行政部门备案。解放初期，高完中与初中校长由县人民政府推荐，省教育厅委任，教导主任，由县人民政府推荐呈专员公署任命；小学校长、教导主任，由县教育部门推荐，县人民政府委任。1959年始，中学教导主任及小学校长、教导主任改由县委宣传部任命。1978年后，县直属学校校长由县教育局考核提名，呈报县人民政府任免；副校长、教导主任、总务主任由校长考核提名，呈报县教育局任免，或由县教育局征求校长意见后任免。初中、联中、中心校校长，由乡镇人民政府推荐，县教育局考核任免；副校长由校长提名或教育组考核提名，报乡镇人民政府审查后，再报县教育局任免；教导主任和总务主任，由校长考核提名，乡镇人民政府任免，报县教育局备案。村小学校长，由村公所推荐，乡镇人民政府考核任免，报县教育局备案；副校长及教导主任，由校长提名或村公所征求意见后提名，乡镇人民政府考核任免，报县教育局备案。乡镇教育组组长由乡镇人民政府考核提名，县教育局任免。

第二节 教学管理

清宣统元年（1909年），成立藤县教育会，研究全县教育事项。民国期间，教育会会员不断增加。1934年，有11个乡镇分会，全县会员873人。解放后，1952年9月始，各中小学相继建立教学研究组，总结研究提高各学科教学质量，具体探讨教学中的一些问题。1955年8月，成立县教学研究室，为教育局指导教学业务机构。1984年9月，县教学研究室增设电化教学小组，协助县教师进修学校搞中师电视教育，负责卫星电视地面接收站的建立和全县各乡镇电视教育放映网点的技术及各中小学电化教学工作的指导。1986年12月，成立县教育学会。1988年11月，成立县陶行知研究小组，指导全县教研活动。

解放后，藤县先后编印《教育通讯》《藤县教工》《藤县教育》等刊物，作为全县教学研究的参考刊物。

一、小学

（一）招生

民国时期，实行春秋两季招生，初级小学为义务教育，凡满7岁的儿童均可报名入学。不举行入学考试。高级小学，由招生学校进行考试录取。完全小学初级部毕业生，最后一学年考试合格，可直接升入高级小学部；转学，必须参加转入学校招生考试，考国语、算术2科。

解放后，1950—1953年7月仍实行春秋两季招生；1953年9月，改为秋季招生。同期，实行以学区划片招生。1950—1960年，不办高级小学的村公所（大队），学生到所在学区的中心校读书。1965年秋，实行以中心校划片招生。1969年秋，实行五、六年一贯制，无升学考试，并以大队（村公所）为单位招生。1984年，入学新生改为六年制至今。

（二）学籍

新生入学，即有学籍，转学、休学，需向学校提出申请，经学校批准或开具证明，方可转学休学。转学生需经转入的学校考试，方可编入相应的班级学习。1986年，各小学均建立学生学籍档案。

（三）考核

民国时期，有月考、期考、竞学考3种。月考，每月1次，以当月所学知识为主，任课教师命题、评卷；期考，期末进行，为评定学期成绩的主要依据；竞学考，为初小、高小学生毕业考试，初小考国语、算术，高小加历史、地理、自然、公民等科目。由县统一命题，分学区考试、评卷。成绩及格者，由县教育管理机关验发毕业证书，成绩优异者发给奖品。学生每学期都有升级和留级。各科学期总评成绩及格者准予升级，一个主科或两个非主科不及格者给予留级。主科国语或算术不及格者可以补考，补考及格者，准予升级；不及格者，予以留级。1950—1952年制度不变。1953年，改为学年升留级制。考核分期中、期末及平时3种，由学校、学区或任课教师命题。毕业考试，一般由学区或县统一命题。学生修业完一学年，各科成绩及格者准予升级，不及格者准予补考，补考及格准予升级；补考后，语文、算术仍有一科不及格或其他科目2科不及格者，予以留级。成绩特优者准予跳级升级。毕业学期考核不及格者准予结业，发给期满证书。1966年，取消升留级制。1979年后，为有利普及小学教育，规定留级生总数不得超过学生总数的5%。学年成绩不及格者，给予补考，次年学年开学时进行；补考仍不及格者，从最末一名算起，在学生总人数5%范围内补考不及格者安排留级，超出学生总人数5%范围的补考不及格者仍跟随原班级升入高一年级就读。毕业学年考核不及格者准予结业，发给期满证书。

（四）课堂教学

清末及民国初期，主要由教师在课堂讲课，强调学生朗读和强记。教学为"讲授法"。"五四"新文化运动后，部分教师试行"自学辅导法"及"分团教学法"，多数仍沿用讲授法。解放后，注意在运用讲授法的基础上加强直观教学。1953年，学习苏联凯洛夫和普希金教育理论和教学法，推行"组织教学、检查旧知、讲授新课、巩固新知、布置作业"的课堂教学法（称"五个环节"）。1960年，语文教学提倡多读、多写。1962年，强调精讲多练，抓重点、难点，加强基础知识、基本技能教学。1964年，采用启发式教学，课堂讲课强调"少而精"原则。1969年，提出"走出去""请进来"面向社会的教学方法，即搞社会调查，请贫下中农到学校讲村史、家史，上阶级斗争教育课，曾一度否定教师的主导地位，放松基础知识教学。1978年后，逐步恢复正常的教学秩序，按照"加强基础，培养能力，发展智力"的要求教学，重视培养学生分析问题的能力。目前，常用的教学方法有讲授法、讲读法、实验教学法、实习法、练习法、演示法等，有的则是多种方法结合灵活教学。

（五）思想品德教育

清代以前，基本是"忠君"和"爱国"并重。民国以后，倡导"自由、平等、博爱"。宣传"礼、义、廉、耻"及"忠孝、仁爱、信义、和平"等"四维八德"。解放后,进行"爱祖国、爱人民、爱劳动、爱科学、爱护公共财物"的"五爱"教育等。1953年,贯彻"身体好、学习好、工作好",要求学生努力做到"三好"。1957年,贯彻把学生培养成为"德育、智育、体育几方面都得到发展,成为有社会主义觉悟、有文化的劳动者"的教育方针。1981年,"五爱"教育中的"爱护公共财物"改为"爱社会主义",同时开展"讲文明、讲礼貌、讲卫生、讲秩序、讲道德"及"心灵美、语言美、行为美、环境美"和"热爱祖国、热爱社会主义、热爱中国共产党"的"五讲四美三热爱"活动。1983年,开展"面向现代化、面向世界、面向未来"及"有理想、有道德、有文化、有纪律"的"三个面向"和"四有"教育,培养学生为国家的富强和人民的富裕而艰苦奋斗的献身精神。

二、中学

(一)招生

清及民国时期,实行春秋两季招生。初中招收高小毕业生或同等学力者,高中招收初中毕业生或同等学力者,不分地域由各招生学校考试录取。各校考试时间不一,学生可同时报考2所以上学校,选择录取学校入学。解放初期,仍为春秋两季招生。1952年,由专区教育行政部门统一命题、考试和录取。时全县南北各1所中学,基本按南北划片招生。1953年,改为秋季招生,每年招生1次,暑假前举行招生考试,专区统一命题,各县组织考试和评卷,择优录取。1956年后,逐步开设民办中学,学生参加县统一考试,先公办、后民办中学录取,直至1966年。1968年,取消考试,实行群众推荐,领导审批的办法招生。1974年,实行考试与推荐结合招生。1978年,恢复考试制度,由地区命题,县组织考试和评卷,先中等专业学校及地县重点高中录取,然后由县内各片高中及各类农职中录取。乡镇初中,以乡镇为单位招生,先乡镇重点初中录取,然后各联办初中录取。

(二)学籍

新生入学,即有学籍,转学、休学,需向学校提出申请,经学校批准或开具证明,方可转学休学。转学生需经转入的学校考试,方可编入相应的班级学习。

（三）考核

有月考、段考、期考及毕业试几种。月考，每月1次；段考，每学期1~2次；期考，期末进行；毕业试，毕业学年举行。民国时期，月考和期考，由任课教师命题、评卷；毕业会考，省统一命题，由各县组织考试。此外，还有一些临时测验，由任课教师自行决定。毕业会考科目有国文、数学、英文、物理、化学。升留级为学期制。每学期期评成绩全科成绩及格者可升级，主科语文、数学、英语有2科不及格或主科一科加普通学科2科或普通学科4科不及格者予以留级；不及格学科未达到留级标准者可以补考，在下学期开学时进行。补考各科均及格者给予升级，如仍有一科不及格者予以留级。毕业考试，各科均及格者准予毕业，发给毕业证书。有一科以上不及格者准予结业，发给结业证书。解放后，一般设段考、期考，任课教师或教研组、教导处指定专人命题，送教导主任审定。有时由地、县教研室对部分年级的学科命题，地县统一考试。毕业考试由任课教师或教研组、教导处指定专人拟订，交教导处审定，考政治、语文、数学、物理、化学、英语，初期仍实行学期升留级制度，1953年，改为学年升留级制。1967—1976年间，多采用开卷考试，无留级制度。1977年，恢复考试及升留级制度，留级生比例要求控制在5%内，同时规定毕业学年不准留级。学习期满，考核合格者，准予毕业，发给毕业证书。不合格者，准予补考，补考及格，准予毕业，发给毕业证书；补考不及格者，不及格的科目，允许在下一届毕业试再补考，及格者补发毕业证书，不及格者准予期满只发给结业证书。

（四）课堂教学

清末，强调多读、强记，课堂教学基本为讲演式、注入式。民国时期，有"教员口讲，学生笔记"及以学生为本位的"自动主义"等教法，基本仍为讲演式注入法。解放初，提倡直观教学，提出变注入式为启发式。1953年，学习苏联凯洛夫教育学，运用"组织教学、复习旧知、讲授新课、巩固新知、布置作业"的课堂教学5个环节，强调教学的直观性、巩固性、量力性、积极性、系统性5项原则。1959—1961年，强调理论联系实际，政治课结合当前形势、任务及学生思想实际。理化、农机等课结合生产实际；语文课进行社会调查，写村史、家史、通讯报道、调查报告及先进人物事迹等。1962—1966年上半年，加强启发式教学，提出注意基础知识、基本技能训练及"精讲多练"等。1966年下半年后，批判以教师、课本、课堂为中心的"三中心",提倡师生步出社会,参加阶级斗争和生产斗争实践,接受贫下中农"再教育",请工人、贫下中农进学校讲家史、村史等,各科教学均抛弃原来的系统和计划。1978年以后,逐步恢复正常的教学秩序。强调"加强基础,培养能力,发展智力"。1985年,县教育局教研室电教组巡回到各中学放映电影、录像,开始运用影像辅助教学。

(五)思想政治教育

清末,教育学生以"忠君报国"为主旨,宣传忠君,尊孔、尚公、尚武、尚实,鼓励学生读经书、习纲常、法孔孟。民国初,教育宗旨为"注意道德教育,以实利教育、军国民教育辅之,更以美感教育完成其道德"。1926—1927年,县中学设三民主义课。1931年,加强"抗日救国"教育。1933年,执行广西省"教、训、军合一"的教育主张。1946年,宣传"礼、义、廉、耻"及"忠孝、仁爱、信义、和平"的"四维八德",要求学生以此为守则。解放后,对学生进行劳动观点、阶级观点、爱国主义和国际主义、时事政策和革命传统教育。1952年秋,进行爱祖国、爱劳动、爱科学、爱护公共财物和为人民服务的思想教育。20世纪60年代,进行反修、反腐蚀及学雷锋、王杰教育。以后,结合形势进行政治思想教育。1978年,对学生进行"坚持社会主义道路,坚持人民民主专政、坚持共产党的领导及坚持马克思列宁主义、毛泽东思想"的"四项基本原则"教育。1981年,加强共产主义思想教育和法制教育,同时在学校开展"讲文明、讲礼貌、讲卫生、讲秩序、讲道德"及"心灵美、语言美、行为美、环境美","热爱祖国、热爱社会主义、热爱中国共产党"的"五讲四美三热爱"活动,还开展"学雷锋、树新风"及创"三好"(身体好、学习好、工作好)活动。1983年,进行"面向现代化、面向世界、面向未来"及"有理想、有道德、有文化、有纪律"的"三个面向"和"四有"教育。1987年,增加法制基本知识和反对资产阶级自由化教育。

藤县（1991—2005 年）[①]

第 72 章　教育管理

1988 年后，藤县开展办学体制、教育结构、人事制度、教育课程等改革，实行"分级办学、分级管理"，鼓励个人和社会团体集资办学。1991 年，教育办学仍实行县、乡、村三级管理体制，同年开始普及九年义务教育。1992 年，县人民政府制定《关于多渠道筹措教育经费的暂行规定》，教育经费以财政拨款为主，实行多渠道筹集。1994 年后，开始实行校长负责制、教师定编聘任制、教育教学岗位责任制"三制"改革。1995 年开始，实行教师资格认证制。1998 年，对社会力量办学实行"积极鼓励、大力支持、正确引导、加强管理"的方针。2003 年 3 月，撤销乡镇教育辅导站，乡镇初级中学及乡镇中心校由县教育局和乡镇人民政府共同管理，以县教育局管理为主。农村小学由乡镇所在地中心校具体实施管理。

第一节　管理机构

藤县教育局成立于 1972 年 5 月。1991 年，办公地点在藤城镇登俊路 92 号。正局（科）级行政单位，内设秘书股、人事股、财务股、教学研究室、勤工俭学公司、招生办公室 6 个股室；定编 51 名，其中机关行政编制 13 名、事业编制 38 名；设局长 1 名、副局长 3 名。下设县教育学会。辖城关、白沙、南安、埌南、同心、金鸡、新庆、象棋、岭景、天平、濛江、和平、太平、平福、古龙、东荣、大黎、宁康、赤水、藤城共 20 个乡镇教育组。1997 年 3

[①] 藤县地方志编纂委员会. 藤县志（1991—2005）[M]. 北京：方志出版社，2019：601—628.

月,增设基础教育股、成人教育股、督导室,设立电教仪器站(为局直属事业单位),将教学研究室、勤工俭学公司、招生办公室改为局直属事业单位。核定机关行政编制14名,机关后勤服务人员事业编制1名。2001年3月,教学研究室更名藤县教学研究室,为藤县教育局下属的具有独立法人资格的事业单位;内设中学教研组、小教教研组、电化教学组,核定编制35名。2002年10月,县教学研究室增设教育科研组。

2002年2月,乡镇教育组改称乡镇教育辅导站。3月,教育局内设机构调整为办公室、人事股、教育股,机关行政编制减至11名,设局长1名、副局长2名。2003年3月,撤销乡镇教育辅导站,各乡镇的中心小学只保留乡镇所在地的1所。2005年,县教学研究室设中学教研组、小学教研组、教育科研组、信息技术(电化教学)组、教育理论与信息组、后勤工作组6个职能部门,有编制35名,实有人员28人。下属机构有县教育学会,有会员118人。

1991—2005年,县教育局历任局长:王厚业(1990年12月至1997年1月)、黄广源(1997年1月至2002年4月)、彭军(2002年4月至2003年9月)、蒙庆贤(2003年9月至今)。

第二节　教育体制

一、办学体制

1988年,藤县进行基础教育管理体制改革,实行"分级办学、分级管理"。国家新开办的城镇中小学校,由县人民政府负责;乡、村中小学校校舍新建、改建、扩建,主要由当地乡(镇)政府、村公所(村民委员会)负责。县教育局设立督导室,各乡镇成立教育管理委员会,村成立办学领导小组。各乡镇人民政府及教育管理委员会,制订并实施本乡镇基础教育的发展规划,对本乡镇范围内的中小学、职业中学和幼儿园的布局设点问题向上级提出建议,组织学龄儿童入学接受义务教育;制订本乡镇所属学校的招生计划。各村公所、村民委员会及村办学领导小组,依靠学校和教师,动员和组织本村群众办好学校,动员适龄儿童入学,保证普及初等教育;修建本村校舍,实现学校设施"一无两有"(即无危房,有教室、有课桌椅)。

1991年,藤县学校的建设以国家投资办学为主。社会力量办学必须经过教育行政部门批准,同时取得教育行政部门发给的"社会力量办学许可证",而且必须具备下列6个办学条件：①有坚持党的四项基本原则和学有专长的人员担任学校的领导，建立健全学校领导班子，主持办学的人员必须在当地有正式户口；②有明确的培养目标、教学计划及教材；③有适合需要的专（兼）职教师及工作人员；④有必需的教学场所和教学设备（含租借）；⑤有正当可靠的办学经费来源（含收取的学费）；⑥有切实可行的教学和行政管理制度。

1992年，县人民政府制定《关于多渠道筹措教育经费的暂行规定》，将各级财政对教育的拨款、教育费附加、社会集资、学杂费和校产收入列入教育经费范围；教育经费以财政拨款为主，实行多渠道筹集。动员全县企事业及行政单位、社会团体和群众个人，以提供资金、物资和劳务等多种形式筹措教育经费。县成立统筹教育经费管理委员会，由县长任主任、分管副县长任副主任，委员由计委、经委、建委、计生委、教育、财政、土地、工商、交通、矿业、粮食、审计、监察等部门负责人组成。各乡镇人民政府、村公所（街道委员会）成立相应机构，负责领导辖区教育经费的筹集、管理和使用。同时，将筹集教育经费纳入乡镇、村及有关部门领导工作责任制，每年进行检查评比。县统筹教育经费管理委员会统一印制"收款收据"，凡交纳教育资金的单位和个人都要发给收据。并在银行开设"统筹教育经费专户"，实行专款专用。监察、审计部门负责统筹教育经费的审查和监督工作。每年初，县、乡（镇）统筹教育经费办公室制订筹集教育经费计划和分配使用方案，分别送交县、乡（镇）统筹教育经费管理委员会主任审查批准后实施。

规定凡缴纳产品税、增值税、营业税的单位和个人，按税额2%缴纳教育费附加；开征农村教育事业费附加，按上一年度农村人均纯收入的1.5%~2.0%计征；城乡居民建房按建筑面积1%~2%征收学校维修费；社会集团购买专控产品加收2%教育费附加。实行"分工负责，集资办学"。将城镇各级各类学校的新建、改建、扩建列入城镇建设总体规划，国家新开办的城镇中小学校，所需资金由房建单位在公共设施配套建设中统筹安排，按照公共设施配套标准，由当地人民政府专项提留中小学基建投资，并与小区建设同步进行。违犯上述规定的，计划、城建主管部门不予立项，银行不予拨款。农村中小学校校舍新建、改建、扩建所需资金，主要由乡、村负责筹集。社会力量举办的学校，所需资金由办学单位或公民负责筹措。

集资主要范围：高中、初中、小学每生每学期收取15元、10元、5元教育基金；县内所有职工（包括日工）每人每年征收15~20元；机动车辆按用途及大小每辆每年征收20~60元；个体工商业户每年征收10~30元；城镇居民每人每年征收6元；调出教育系统的师范院校毕业生，实行一次性征收教育培训费。

县筹集的经费，主要用于支持县直各学校的基建维修和培训师资，配备各乡镇教育培训中心食品设备、扶持乡镇成人教育、职业技术教育、学前教育，设立各种奖励基金，开展各种竞赛。乡（镇）筹集的教育经费，40%用于初中、中心小学，60%按各村统筹比例拨给各村小学用于修建校舍，改善办学条件。

1997年，调整充实县集资改善办学领导小组成员，由县四大班子（县委、县政府、人大、政协）分管教育领导任正副组长。各乡镇成立相应机构，加强对教育附加费征收的组织领导。是年，全县通过多渠道筹集经费2475.88万元，是1991年的12.52倍。其中，各级财政拨款239.30万元，比1991年增加118.50万元；其他教育费附加及社会各界人士捐款捐物、群众献工献料等社会集资筹措经费2236.58万元，是1991年的29.05倍。新建、续建校舍面积90 706平方米，是1991年的4.70倍；改造、维修校舍45 360平方米，是1991年的2.05倍。8月起，乡镇教育组长、副组长、成人文化技术中心，乡镇初级中学、中心小学校长全部由乡镇人民政府任免。

1998年12月16日，县人民政府出台《藤县社会力量办学管理暂行规定》，对社会力量办学实行"积极鼓励、大力支持、正确引导、加强管理"的方针。规定社会力量举办教育机构，不得以营利为目的。申请举办教育机构的单位或个人，应具备国家规定的资格、能力和符合标准的设施和装备。举办实施以职业技能为主的技术等级、劳动就业职业技能培训的教育机构由县劳动局按国家规定的审批权限审批后送县教育局备案；举办实施卫生、艺术、体育、财经等专业性的非高等教育培训机构的，由县人民政府有关行政部门按国家有关规定审核同意后，报同级教育行政部门审批。举办实施文化补习、学历教育、学前教育、自学考试助学等的教育机构由县教育局按国家规定的审批权限审批。审批机关对批准设立的教育机构发给社会力量办学许可证。是年，全县有民办幼儿园20所。

2001年开始，办学资金的筹划方面主要是寻求、争取中央财政和自治区财政的资金支持，鼓励外资和县内企业主投资办教育。是年秋学期，东荣镇人与广东人在东荣镇三江村联合开办荣江中学（属私人办学），兼招小学、初中生。

2003年3月，撤销乡镇教育辅导站，乡镇初级中学及乡镇中心校由县教育局和乡镇人民政府共同管理，以县教育局管理为主。农村小学由乡镇所在地中心校具体实施管理。各乡镇的中心小学只保留乡镇所在地的1所，其他的均改为小学。是年秋学期，苍梧县人租用藤县盐务大厦作为校舍，开办城东中学（属民办初中）。2004年6月，飞鸿教育集团租借藤城镇实验中学，开办藤县飞鸿中学（属民办），兼招初中和高中班。2003—2005年，共投入资金3729.60万元，新建教学楼127幢，校舍72幢；计划建设面积97 328平方米，实际建设完成80 081.90平方米。

二、学校设置

（一）幼儿园

1991年，全县有幼儿园20所（公办1所，企事业单位及民营19所）；其中，县城5所、南安1所、埌南1所、金鸡1所、新庆1所、象棋1所、岭景1所、天平1所、濛江2所、和平1所、东荣1所、大黎1所、宁康1所、太平2所。1992年，在县城增开公办幼儿园1所。1999年开始，民办幼儿园迅速发展，至2002年，全县共计37所；其中，县城16所、新庆1所、濛江3所、金鸡3所、埌南1所、天平1所、岭景1所、太平6所、古龙1所、象棋1所、宁康1所、潭东1所、东荣1所。2005年，全县共有幼儿园37所。

（二）小学

1991年，调整县城小学布局，增大学校规模和容量。全县以乡镇政府驻地设置中心小学校1所，并在部分村公所驻地设置中心小学校。全县中心小学设置分布：藤城1所、津北1所、赤水1所、同心1所、宁康1所、城关2所、南安2所、埌南2所、金鸡3所、新庆2所、象棋2所、岭景2所、天平4所、濛江4所、和平3所、东荣3所、大黎3所、太平4所、平福3所、古龙2所，共有中心小学校46所。对农村不足30人且离校部不足3千米的分校进行撤并，每个建制村及个别厂矿企业设置有小学，已设中心校的村公所不再设小学，全县共有小学229所。每个自然村均设有教学点，全县共计590个。1993年秋，随着城镇化建设的推进，县城人口数量增加，将藤城胜西小学中胜分校改建扩建为潭津中心校。1998年，个别乡镇农村出现未经许可开办的私立小学。2000年春学期，全县共有未经许可举办的私立小学校30所，在校学生4254人。是年，6—10月，县教育局会同有关部门对这些未经当地政府、村委同意且不具备办学条件的23所农村私立小学校进行查处撤销，将在校学生分流到就近的公立小学入学就读。同时，规范对民办小学的管理，对具备办学条件的民办小学发放"办学许可证"。

2001年8月，调整县城小学布局，撤销藤城镇龙门（原称船民小学）、绣江（原渔民小学）、胜西小学及雅瑶、挂榜分校，将潭津中心校、朝阳小学收归县直管学校。2003年，调整中心小学校布局，各乡镇只保留乡镇政府驻地中心小学校，其余中心小学校改为小学。2005年，全县有中心小学校20所，小学253所，教学点456个。每个乡镇有中心小学校，每个建制村有小学，每个自然村有教学点（表72-1）。

表72-1 2005年藤县小学学校分布情况

乡镇（单位）	中心校	小学
县直		藤城中心校、潭津中心校、朝阳小学
藤州镇	藤州	白泥、平政、东胜、纯平、礼秀、四旺、三坡、新华、积和、丽新、民生、福善、大垌、中和、古达、河口、永隆、永清、安宁、谷山、保良、贤德、车塘、汶塘
塘步镇	塘步	南安、赤水、沙田、汗池、龙安、塘村、金板、大罗、古佩、古祀、襕洲、六坊、石塘、孔良
埌南镇	埌南	冼村、双底、杨村、界田、新勤、黎寨、马地、泗门、莫垠、新光、界垌、埌南、大涩
同心镇	同心	同心、凤阁、森塘、大梳、陈底、沙村、平顶、力冲
金鸡镇	金鸡	秀安、龙头、大坟、平山、陶塘、民乐、新民、沙冲、镇安、胜安、光华、同安、旺国、同荣、恳善、古华、交口、兴隆、新中
新庆镇	新庆	龙山、建新、高田、庆旺、同敏、思亥、夏荣、富荣、均平、中心
象棋镇	象棋	留村、龙凤、富祝、河柳、道家、同乐、罗文、甘村、中信、新芹、共胜、洛塘、柏塘、双荣
岭景镇	岭景	新村、中村、南荣、大益、王村、和好、罗算、都蒙、罗江、石村、古罗、麦地、坡塘
天平镇	天平	天平、新马、新兴、保燕、新大、富双、龙胜、罗平、冷水、新陈、罗盖、民益、三益、满村、罗垌、思中、石炉、回龙、罗万、塘冲

续表

乡镇（单位）	中心校	小学
濛江镇	濛江	江权、洲祖、那塘、新城、覃安、新安、安和、连垌、大德、彩塘、义良、古厚、双德、勒竹、共和、古兰、旺家、党洲
和平镇	和平	新良、木依、石桥、屯江、座垌、志成、新平、平竹、和平、陈塘、龙塘、新塘、双垌、都坡、榄莫、官罗、思源
太平镇	太平	金田、七政、新雅、浮田、善庆、育垌、永平、古秀、罗社、仁安、永良、安福、东皇、陈垌、木崖、石夏、建安、下黎、大坡、柴咀、狮山
平福乡	平福	沙街、民安、定安、留利、思元、莫泗、中太、桃花、寻村、巷蓬、社平、仁厚、下双、桃花山（私立）
古龙镇	古龙	田心、忠隆、合隆、金凤、德安、大村、泗洲、长沙、陈平
东荣镇	东荣	三江、坡头、思排、杨垌、大带、护安、均常、华安、上峡、昨雅、荣江（私立）
大黎镇	大黎	和安、上荣、花洲、理答、白祝、太兴、古盆、兴安、东安、国安、平安、朝林、黎田、祥江、永和、来历、水运、料南、大塘、平桂、永太、孟塘、富斗、都帮、新旺

（三）初中

1991年，全县每个乡镇设立有初级中学，面向全镇招生，并以乡镇名称冠命为××乡（镇）初中，较大的乡镇有联办初中（几个村合办），冠命为××乡（镇）联中。是年，全县共有初中47所，其中藤城1所、城关3所、津北2所、南安3所、赤水1所、埌南3所、同心1所、金鸡4所、新庆1所、象棋3所、天平5所、濛江4所、和平4所、太平4所、古龙3所、平福1所、东荣1所、大黎1所、宁康1所、东南金矿1所，由县教育局和乡镇人民政府共同管理；其余基本为联办初中（由村公所联办），由乡镇人民政府和村公所共管。1993年，撤销南高中，改为南镇第一初级中学。各乡镇联中更名为乡镇二中、三中、四中。撤销个别办学条件较差的联中，全县初中减至43所。1994年，在县城河东新城区兴建藤州中学（定为县重点初中），至1996年建成，面向全县招生，按"小考"（即小学升初中考试）成绩择优录取。1997年，藤城镇初中搬迁富吉村，改名藤城镇实验中学。2001年，东荣镇增设私立初中1所，兼招小学、初中生。2003年秋，在县城河东新城区增开私立城东中学。2005年，全县有初中41所，其中县城5所，乡镇36所（表72-2）。

表72-2　2005年藤县初级中学分布情况

学校所在地	校名
藤州镇	藤县第一中学、藤县第五中学、藤州中学、藤州镇一中、藤州镇二中、藤州镇三中、藤城实验中学、藤县城东中学
塘步镇	禤州初中、塘步镇第一初中、塘步镇第二初中、塘步镇第三初中
埌南镇	埌南镇第一初中、埌南镇第二初中
同心镇	同心镇初中
金鸡镇	藤县第四中学、金鸡镇初中
新庆镇	新庆镇初中
象棋镇	象棋镇初中
岭景镇	岭景镇初中
天平镇	天平镇第一初中、天平镇第二初中、天平镇第四初中、开明中学
濛江镇	藤县第三中学、濛江镇第一初中、濛江镇第二初中、濛江镇第三初中
和平镇	和平镇第一初中、和平镇第二初中
太平镇	藤县第二中学、太平镇第一初中、太平镇第二初中、太平镇第三初中、太平镇第四初中
古龙镇	古龙镇初中
东荣镇	东荣镇初中、藤县荣江学校
大黎镇	大黎镇初中
平福乡	平福乡初中
宁康乡	宁康初中

（四）高中

1991年，藤县有高中6所，其中县城2所、太平1所、濛江1所、金鸡1所、埌南1所。1993年，撤销埌南高中，改为埌南镇第一初级中学，濛江高中（县第三中学）停招高中班。1994年，金鸡高中（县第四中学）停招高中班。1999年，金鸡高中（县第四中学）恢复高中招生。2001年秋，藤州中学开设高中班。2004年，飞鸿教育集团在县城开办飞鸿中学（高完中），兼招初中和高中班。是年秋学期藤州中学停招高中班，未毕业的高中生划拨给藤县中学。同时，调整县城中学布局，藤县第一中学由高完中改为普通高中并搬迁河东新校区（今藤州镇政贤路2号），原校舍校产拨给藤县中学，所有初中学生分流藤州中学和潭东一中。年内，藤县中学被确定为"自治区示范性普通高中"立项建设学校。2005年秋，潭东镇第一中学改名藤县第五中学。全县有高中5所。

三、教师、校长聘任制

1991—1993年，全县实行教师职务任命制，中学高级教师职务由梧州地区行署任命，中学一级和小高级（含幼高）及以下教师职务由县人民政府任命。1994—2005年，实行评定与聘用专业技术职务资格分开的"双轨制"，教师职务资格的聘任由县人事部门根据岗位需要，制定聘任指标择优聘任，聘任期限为3年，期满后经学校、单位进行全面考核合格者方可续聘。其中，2000年全县具有高级职务资格172人，接受聘用172人，占100%；中级职务资格1067人，接受聘用921人，占86.32%；初级职务资格3286人，接受聘用2933人，占89.26%。

1997—2005年，凡担任普通中小学校长职务的，须通过岗位培训获得"岗位培训合格证书"。因工作需要，培训前进入岗位的，只能任代理校长，待获得"岗位培训合格证书"后再正式任命或聘任校长职务。全县中小学校长实行全部持证上岗。此后，教育行政部门、组织人事部门每学年度对在职校长进行一次考核，考核内容为德、能、勤、绩。考核合格者，可继续担任校长职务，不合格者及时进行调整。企事业单位开办的学校，由办学单位聘任。

第三节　教师

一、教师资格

1995年12月12日，国务院发布《教师资格条例》，将教师资格分为幼儿园教师资格、小学教师资格、初级中学教师资格、高级中学教师资格、中等职业学校教师资格、中等职业学校实习指导教师资格等。取得幼儿园教师资格的，应当具备幼儿师范学校毕业及其以上学历；取得小学教师资格的，应当具备中等师范学校毕业及其以上学历；取得初级中学教师资格的，应当具备高等师范专科学校或者其他大学专科毕业及其以上学历；取得高级中学教师资格和中等职业学校教师资格的，应当具备高等师范院校本科或者其他大学本科毕业及其以上学历。对不具备教师资格学历的公民申请获得教师资格，须通过国家举办的或者认可的教师资格考试。

藤县幼儿园、小学和初级中学教师资格，由县教育局审查认定；高级中学教师资格、中等职业学校教师资格、中等职业学校实习指导教师资格由县教育局审查后，报梧州市（地区）教育局或自治区教育厅认定。1996年8月25日，县教育局成立教师资格试点工作领导小组，以县教师进修学校、藤县中学、第一职业中学、城关镇第一初级中学、藤城中心小学、县第一幼儿园作为试点学校进行教师资格认定过渡。凡具有幼儿园教师职务资格，在幼儿园任教的，可申请认定幼儿园教师资格。具有小学教师职务资格，在小学任教的，可申请认定小学教师资格；不具备《中华人民共和国教师法》规定的学历和小学教师职务资格，只具备高级中学学历或中等职业学校学历的，也可申请认定小学教师资格。具有中学教师职务资格，在初级中学任教或初级职业学校担任文化课、专业课教师工作的，可申请认定初级中学教师资格。具有小学教师职务资格在初级中学任教的，可申请认定小学教师资格，待补得合格学历后再认定初级中学教师资格。具有中学教师职务资格，在高级中学任教或职业高级中学担任文化课、专业课教师工作的，可申请认定高级中学教师资格。具有中学教师职务资格，在完全中学任教的，经本人申请、所在学校考核并提出认定初级中学或者高级中学教师资格的建议，由相应的教师资格认定机关认定初级中学教师资格或高级中学教师资格。具有中等专业学校教师职务资格或者技工学校教师职务资格，在中等专业学校、技工学校担任文化课、专业课教师工作的，可申请认定中等职业学校教师资格。具有中级及其以上其他专业技术职务，在中等职业学校及普通中学职业班担任职业技术教育专业基础课、专业课教师工作的，可申请认定中等职业学校教师资格。具有其他专业技术职务资格或者中级以上工人技术等级或特殊技艺（含能工巧匠），在中等专业学校、技工学校、职业高中、初级职业学校担任实习指导教师工作的，可申请认定中等职业学校实习指导教师资格。其他专业技术人员及教育职员，必须承担过或者正在承担教育教学任务，而且必须具备教师法规定的学历，才能参加教师资格过渡。学历高于现任教学校教师资格条件要求的，在教师资格过渡中只能申请与其现任教学校层次相应的教师资格。

1998年，教师资格认定过渡工作结束，全县8623名教师中，具有幼儿园教师资格的61人、小学教师资格的6590人、初级中学教师资格的1488人、高级中学教师资格的445人、中等职业学校教师资格的39人。同年11月，对1993年12月1日后参加工作，在教师资格过渡时期未获得教师资格的教师，以及1994年1月1日后参加工作的大中专毕业生和代课教师进行认定相应的教师资格。

2000年秋季学期起，实行教师持证上岗制度，全县中小学（含幼儿园）教师，必须具有相应的教师资格才能在学校执教。2003年起，申请教师资格，还应提交相应等级的"普通话水平测试等级证书"。2005年，全县有教职工8934人，其中，具有幼儿园教师资格的72人、小学教师资格的6770人、初级中学教师资格的1608人、高级中学教师资格的445人、中等职业学校教师资格的39人。

二、教师队伍

1991年，全县中小学教职工共7992人，其中公办教师有5597人，民办教师有1453人，临时代课教师942人；教师中具备本科学历有157人、专科学历有714人、中专学历有2875人、高中以下学历有4246人。教师来源除大中专师范院校毕业生直接分配到中、小学任教外（直接任公办教师），其余新增小学、中学代课教师，由各乡镇教育组、教辅站、中心校和初中推荐，经县教育局审查同意，按实际需要在社会上公开招聘任用；民办及代课教师转为公办教师的，由县人事局、教育局共同组织考试、考核，从中选招。小学教职工编制参照国家、自治区制定的标准进行核编。全县乡镇初中平均每班配备教职工3.5人，其中专任教师2.5人；联中平均每班配教职工3.3人，其中专任教师2.3人。实有初中专任教师991人，在校学生16 134人，教师与学生比例为1∶16.28。全县高中教师以每班级配4名教师定编定员，有高中专任教师275人，在校学生3562人，教师与学生比例为1∶12.95。

1993年年底，全县共有专任教师4908人，其中特级教师5人，中学高级教师82人，中学一级教师286人，小高级（含幼高）教师621人，其他3914人。是年，县教育局委托苍梧师范等学校从初中毕业生中择优培训，毕业后安排为代课教师，至1999年，累计委培代课教师264人。

1997年，县城小学40~45名学生班级平均配教职工2.2人，其中教师1.8人；教职工与学生比例为1∶19.5，教师与学生比1∶23.5。农村小学36~45名学生班级平均配教职工1.8人，其中教师1.7人；教职工与学生比例为1∶22.5，教师与学生比1∶24；26~35名学生班级平均配教职工1.4人，其中教师1.3人；教职工与学生比例为1∶22，教师与学生比为1∶23.5。全年实有小学教职工5935人，其中专任教师3489人；有代课教师2446人。7月，全县共有教职工7690人，其中公办教师5150人，民办教师255人，代课教师2285人；教师中具有本科学历的177人，具有专科学历的1208人，具有中专学历的4596人，具有高中以下学历的1709人。其中，初中专任教师1479人，在校学生33 450人，平均每班配教师2.7人，教师与学生比例为1∶22.6。1991—1997年，全县累计接收大、中专毕业生1089人，招收民办、代课教师1342人，办理代课及民办教师转公办1287人。

1998年起，除招收师范类学校毕业生外，每年安排一批非师范类大、中专毕业生到中小学任教。2000年，全县有专任教师5112人，其中特级教师5人，具有高级职务资格172人，中级职务资格1067人，初级职务资格3286人，其他582人。

2001年10月，县编制办重新核定全县小学教职工编制数，县城小学按教职工与学生1∶21的比例、农村小学按1∶23的标准定编。新核定的全县小学教职工编制数6321名。年底，实有教职工3599人，其中专任教师3078人，有代课教师2603人。

2002年起，县、镇高中按教职工与学生比例1∶13配备，农村高中按教职工与学生比例1∶13.5配备；确实需要配备职员、教学辅助人员和工勤人员的，其所占教职工的比例一般不超过16%。当年，全县高中有专任教师208人，在校学生4739人，教师与学生比例为1∶22.78。初中教师编制执行《国务院办公厅转发中央编办、教育部、财政部关于制定中小学教职工编制标准意见的通知》（国办发〔2001〕74号）所规定：县镇［即县（市）政府所在地城区］初中教职工与学生比为1∶16，农村为1∶18。是年，全县实有初中专任教师1836人，在校学生人数43 146人，教师与学生比例为1∶23.5。此后，高中教职工编制实行总量控制、动态管理，根据在校学生情况每2年核定一次；对初中教师实行动态管理，根据学生变动及实际需要在乡镇内进行适当调整。1997—2005年，全县共接收大中专毕业生4866人，其中非师范类毕业生982人；办理民办及代课教师转公办教师1162人。

2005年年底，全县有教职工8934人，其中公办教师6705人，代课教师2229人。教师中具备本科学历的570人，专科学历3894人，中专学历3815人，高中以下学历655人；具备中学高级教师资格的98人，中学一级教师资格530人，中学二级教师资格1232人，中学三级教师资格734人；小学高级教师资格636人，小学一级教师资格1474人，小学二级教师资格1524人，小学三级教师资格216人；幼儿园高级教师资格7人，一级教师资格15人，二级教师资格4人。全县教职员工中有小学教职工4092人，其中专任教师3425人，代课教师2159人；专任教师中具有本科学历的18人，大专学历1303人，中专及高中学历2050人、高中以下学历54人。县城城区及乡镇政府所在地小学的实际教师数超编，而乡村小学实际教师数则缺编。有初中专任教师2259人，教师与学生比例为1∶27.75。全县高中有专任教师390人，教师与学生比例为1∶23。

三、教师培训

教师培训一般通过脱产进修、函授学习、集中培训、个人自学、学习观摩等形式进行学历教育和非学历培训。

（一）学历教育

主要通过脱产进修、函授、自学考试等进行。1991年，全县共设卫星电视中师班教学点23个（函授），当年招生200人，学制四年。1992年，全县有435名初中教师参加学历进修。1993年3月，梧州地区教育学院在藤县教师进修学校设辅导站，开设数学、汉语言文学、英语、政治4个专业。当年，参加进修教师230人。

1995年起，自治区开设师专函授、卫星电视师专教育、高等自学考试相沟通的"三沟通"全员培训班。在藤县、贺县八步通过自学、面授、远程等混合形式授课。1996年，凡未取得专科毕业以上学历的初中教师均参加所任课程对应的"三沟通"全员培训。是年，参训教师90人。至2004年，全县通过卫星电视中师班招生3492人，有3125人获取学历，占89.49%。全县报名参加自学考试21 204人，其中教师报考人数占80%以上。累计有6215名教师参加成人高校招生考试，其中本科1469人，专科4746人；有5745人获取学历。

（二）非学历培训

1990年开始，县内每年选派高中、完全中学校长参加自治区教委举办的高完中校长培训班学习培训。1991年，藤县教师进修校举办2期小学校长培训班，共培训小学校长85人。10月，梧州地区教育局在梧州地区教育学院举办第一期初中校长"岗位培训合格证书"培训班，藤县共选派15人参加。此后，每年举办各级校长培训班。至1998年，全县所有在职高完中正副校长、正副支书已全部接受岗位培训。至2005年，累计培训小学校长817人。培训初中校长98人，全部取得"岗位培训合格证书"。

1991年，县教育部门不定期地选派一定数量的任课教师参加全国及区、市、县举办的新教材、新课程培训班学习培训，至2005年累计培训教师11 962人次。其中，2003—2004年，县教研室与县教师进修校联合对全县中小学教师实施新课改全员培训。

1992年，对全县中小学教师实施继续教育。学习内容主要有政治思想和职业道德、教育科学理论、文化专业知识和专业技能、教育教学和教育科研能力、劳动知识与技能等。继续教育形式主要通过教师自学、业余辅导、脱产培训和教改实践进行。所需经费由教育行政部门、学校和个人各负责一部分。1999年，对中小学教师接受继续教育实行登记制度。2000年，"继续教育登记证"被列入申报教师职务资格必须提交材料之一。2004年10月，自治区对藤县普及九年义务教育评估复核验收，全县小学专任教师合格率99.60%，初中专任教师合格率98.69%。

1999年5月11日，县教育局根据自治区教育厅《关于实施中小学教师队伍建设"21世纪园丁工程"的通知》，确定县教师进修学校和县教育局教研室为藤县"21世纪园丁工程"技术支撑单位，当年确定市级（B类）培养对象8名，县级（C类）培养对象120名，共培养名师128名。2000—2005年，主要开展"义教工程"师资培训、新课改培训及教师继续教育等，有409名教师成为各学科带头人。2005年，共计完成"义教工程"师资培训1551人；新课改培训5633人，其中国家级16人、区级711人、市级678人、县级4228人；教师继续教育12 784人次。

四、教师待遇

（一）公办教师待遇

1991—2005年，全县公办教师工资进行6次调整，人均月工资由1991年的227元增加到2005年的668元，不低于国家机关工作人员的平均工资水平。除按照事业单位工资标准执行外，公办中小学教师标准工资每人每月提高职务工资的10%，享受教龄津贴5~10元；专职体育教师（含每周任8节以上体育课的兼职教师）、体育教研员、乡镇体育辅导员每年享受定额工作服装补贴。

1993年，实行特级教师津补贴制，凡获小学、幼儿园特级教师的，每月发放津补贴20元；中学、中等师范（含教师进修学校）特级教师津补贴每月按30元标准发放，且退休后继续享受。同年6月起，特级教师津补贴提高到每人每月80元。1999年1月1日起，凡荣获全国、自治区级、市级劳动模范、先进工作者的教师，每月享受奖励津贴分别为50元、30元、10元。2005年，全县享受特级教师津补贴7人，享受奖励津贴262人，其中全国先进教育工作者1人、自治区先进教育工作者5人、市先进教育工作者256人。教师除享受当地党政机关工作人员同等医疗待遇外，还享受寒暑假带薪休假。男性教师年满60周岁、教龄满30年，女性教师年满55周岁、教龄满25年退休的，退休后每月享受退休前全额工资待遇。每年教师节，均举行"优秀教师""先进教育工作者"评选表彰活动，县、乡镇及有关部门领导到学校进行慰问。

（二）民办、代课教师待遇

1991年，全县民办教师人均月工资86元，其中财政定额补助36元，乡镇统筹安排50元；代课教师人均月工资75元，全部由乡镇统筹安排。1995年，民办教师平均月工资提高至200元，代课教师平均月工资增加到150元。同年，民办、代课教师工资实行全县统筹安排。1998年，调整全县民办教师工资待遇，人均月增加工资20元。2000年，增加代课教师工资，每人平均月增资50元。2004年，代课教师平均月工资为220元。2005年，全县代课教师人均月工资295元。

第四节　经费、设施

一、经费

（一）经费来源

1991年，藤县的教育经费来源以财政拨款为主，其他渠道筹措教育经费为辅。财政对教育的拨款包括预算内教育事业费、预算内教育基本建设投资、预算内教育专项资金及其他教育经费和上级补助教育经费等。县、乡（镇）人民政府确保预算内教育经费公用部分逐年增长的比例高于县、乡（镇）财政经常性收入增长比例的2%以上，并确保生均公用经费逐年增长。上级补助的教育经费主要有抢修中小学危房补助经费、洪水救灾补助经费、扫盲专项经费、中小学布局调整及改善办学条件经费等。是年，县财政拨给教育事业费1704.60万元；通过其他渠道筹集资金76.99万元，其中单位捐资26.37万元，干部职工捐资6.40万元，城镇居民捐资0.28万元，农村人口捐资14.55万元，港澳台胞、海外侨胞捐资1.15万元，勤工俭学收入用于改善办学条件11.74万元，捐物折款5.06万元，献工折款11.44万元。

1992年，县人民政府制定《关于多渠道筹措教育经费的暂行规定》，实行分工负责，集资办学。国家新开办的城镇中小学校，所需资金由房建单位在公共设施配套建设中统筹安排，按照公共设施配套标准，由当地人民政府专项提留中小学基建投资，并与小区建设同步进行，违反上述规定的，计划、城建主管部门不予立项，银行不予拨款。社会力量举办的学校，所需资金由办学单位或公民负责筹措。农村中小学校校舍新建、改建、扩建所需资金，主要由镇（乡）、村负责筹集；县人民政府对有困难的镇（乡）、村，酌情予以帮助。是年，学杂费、校产收入及向义务教育阶段学生收取的杂费、向非义务教育阶段学生收取的学杂费，校办产业、勤工俭学和社会服务收入用于教育部分和校办厂场等企业的产品税、增值税、营业税返还教育部门用于学校改善办学条件。

1994—1998年，通过多渠道筹措教育经费1.73亿元，其中征收农村教育费附加5204.40万元，城镇教育费附加1169万元，"三税"教育费附加288万元，社会各界人士、个体工商户、私营企业主捐款4588.40万元，港澳台胞赞助809万元，勤工俭学收入用于改善办学条件2494.10万元，其他学杂费收入2763.60万元。

2000年起，藤县被列入"第二期国家贫困地区义务教育工程"（简称"义教工程"）项目县，国家、自治区每年下拨"义教工程"专款。其他渠道筹措的教育经费包括：教育费附加、社会集资、学杂费和校产收入等。是年开始，办学资金的筹划，主要渠道是寻求、争取中央财政和自治区财政的资金支持，鼓励外资和县内企业主投资办教育。至2005年，共取得中央、自治区、县财政预算外拨款2.90亿元，回建校舍56.50万平方米。

（二）经费投入

1991年，全县教育经费投入，主要以财政拨款为主。全年县财政教育事业费总投入1704.60万元。

1994—1998年，藤县财政投入教育事业费逐年增长。1998年，财政拨给教育事业经费3605万元，比1994年的2544.70万元增加1060.30万元，五年间年均增长9.10%。是1991年的2.11倍。全年教育经费支出大幅度攀升，主要为人员工资和社会福利性支出增长，用于危房改造等公用事业经费及基建经费的投入增加。是年，支付人员工资及社会福利费等4262.10万元，比1994年的2413.60万元增加1848.50万元，增长76.59%，五年间年均增长率15.28%；基本建设性投入1259.30万元，是1994年30万元的约41.98倍，五年间年均增长率54.54%。

2000年，财政教育事业费总投入3878万元，全年教育经费支出8482.50万元。其中，人员工资福利等事业费支出5222.10万元，占61.56%；公用事业经费支出1869.90万元，占22.04%；基建支出1390.50万元，占16.39%。2003年，合计投入1.60亿元。其中，人员工资福利9622.3万元，公用事业经费6385.4万元。

2005年，财政教育事业费总投入1.63亿元，是1991年的9.56倍。

二、设施

（一）校园

1991年，全县学校校园总占地面积253.26万平方米，校舍总面积53.22万平方米；其中，中小学校校园占地面积250.67万平方米，校舍面积51.89万平方米，校舍中危房面积9231平方米。全年投入197.79万元，更新改造校舍面积 2.21 万平方米，其中新建校舍 1.93 万平方米（砖混结构 1.46 万平方米，砖木结构 0.47 万平方米），改造校舍面积 2824 平方米。1992—1996 年，平均每年投入校舍建设资金 500 万元左右。1997 年，进入普及九年义务教育攻坚阶段。至 1998 年，通过多渠道筹集资金 3602.18 万元，新建、续建中小学校校舍面积 16.11 万平方米，改造维修校舍面积 8.85 万平方米。1999 年，全县中小学校校舍面积 92.80 万平方米。达到自治区"普九"项目小学生均面积 4.18 平方米、初中生均面积 5.59 平方米的标准，通过了自治区检查验收。2001—2005 年，中央和自治区共划拨"义教工程"专款 1390.10 万元，县财政拨款 4069.60 万元，进行校舍建设和改造。2004 年 10 月，自治区普及九年义务教育工作评估复核验收，全县中小学校校舍面积 101.94 万平方米，小学生均校舍建筑面积 4.74 平方米、初中生均校舍建筑面积 6.78 平方米。校舍中 D 级危房比例，小学 0.97%，初中 0.73%，通过自治区复核验收。2005 年，藤县启动"西部农村中小学寄宿制学校建设工程"项目建设，解决学校教学用房紧张问题。全县共有学校 771 所，校园占地面积 292.11 万平方米，校舍建筑面积 109.39 万平方米。其中，小学校校园占地面积 139.17 万平方米，校舍建筑面积 50.96 万平方米，小学生均校舍面积 4.20 平方米；中学校园占地面积 150.77 万平方米（含职中，下同），校舍建筑面积 55.66 万平方米。生均校舍面积 7.77 平方米。1991—2005 年藤县学校校园占地面积情况和校舍建筑面积情况如表 72-3、表 72-4 所示。

表 72-3　1991—2005 年藤县学校校园占地面积情况

单位：平方米

年份	占地面积					
	合计	幼儿园	小学	中学	职中	进修校
1991	2 532 586.50	4000	1 602 665	903 999	15 589	6333.50
1992	1 995 047.50	4068	1 396 881	572 176	15 589	6333.50
1993	1 727 098.50	4396	1 243 512	457 268	15 589	6333.50
1994	1 724 032.50	2734	1 120 317	579 059	15 589	6333.50
1995	1 966 476.50	3384	1 292 011	649 159	15 589	6333.50
1996	1 920 221.50	2535	1 293 980	601 784	15 589	6333.50

续表

年份	占地面积					
	合计	幼儿园	小学	中学	职中	进修校
1997	2 099 068.50	2545	1 293 980	781 278	14 932	6333.50
1998	2 113 935.50	5526	1 293 980	793 164	14 932	6333.50
1999	2 115 035.50	5526	1 295 080	793 164	14 932	6333.50
2000	2 040 820.50	8745	1 217 646	793 164	14 932	6333.50
2001	2 149 980.50	7271	1 275 819	845 625	14 932	6333.50
2002	2 555 285.50	12 196	1 361 057	1 160 767	14 932	6333.50
2003	2 506 133.50	16 588	1 450 783	1 017 497	14 932	6333.50
2004	2 921 942.50	14 421	1 401 895	1 484 361	14 932	6333.50
2005	2 921 077.50	15 382	1 391 675	1 492 755	14 932	6333.50

表72-4　1991—2005年藤县学校校舍建筑面积情况

单位：平方米

年份	合计	幼儿园	小学	中学	职中	进修校
1991	532 104	3180	381 563	137 288	5105	4968
1992	558 065	4586	392 339	150 446	5726	4968
1993	554 087	5139	389 765	148 489	5726	4968
1994	564 667	4311	384 953	164 465	5970	4968
1995	607 194	4474	410 841	180 941	5970	4968
1996	659 312	5030	454 129	189 215	5970	4968
1997	825 326	6487	555 806	252 395	5670	4968
1998	938 657	9240	588 912	329 467	6070	4968
1999	949 747	9540	596 098	331 943	7198	4968
2000	921 711	19 889	552 726	337 858	6270	4968
2001	779 806	14 908	481 128	272 532	6270	4968
2002	895 318	19 104	484 141	380 835	6270	4968
2003	810 853	19 580	467 777	312 258	6270	4968

续表

年份	合计	幼儿园	小学	中学	职中	进修校
2004	1 052 242	21 573	500 234	519 197	6270	4968
2005	1 093 896	22 690	509 640	550 328	6270	4968

（二）设备

1991年，全县中小学共有仪器室110间，面积2175平方米；实验室76间，面积4657平方米，专职实验员89人；电教设备有：135型幻灯机42台、幻灯片93套，各种规格投影器60台、投影片426套，各式录音机97台、录音带1501盒，磁带放像机26台、录像带716小时，电视机63台，电化教室3间，计算机室1间，微型计算机35台，16毫米电影放映机4台，电视卫星接收站1座，录、放像网点21个。是年，在藤县中学开启语音实验室，为全县学校首个语音实验室。1992年，县一中开启微机室，为全县学校首个微机室，配置计算机25台。此后逐年增加教学设备。1999年，藤县"普及九年义务教育工作"通过自治区检查团检查验收时，全县2所中小学校设有微机室，有教学微机130台；21所中小学校设有语音室；2所县直中学、1所县直小学的电教设备、音乐、美术教学器材、体育器材、图书及卫生室等设施，达到广西"普九"评估验收项目Ⅱ类标准；其余277所乡镇中心小学和村小学、40所中学达到Ⅲ类标准；2所县直中学、21所县城及乡镇驻地中心小学的理科教学设施达到Ⅱ类标准；其余40所中学、257所小学理科教学设施达到Ⅲ类标准；1所县城小学有固定劳动基地6000平方米；农村小学共有劳动基地132.16万平方米，平均每班373.33平方米；中学共有劳动基地79.87万平方米，平均每班1080平方米。2002年，开始在中小学安装远程教育卫星地面接收系统。至2004年，全县共有31所中学、109所小学进行安装。可接收4套电视节目、多套IP数据广播节目和1套语音广播。其中89所农村小学、5所农村初中实施远程教育，分别拨给每所学校2台彩电、2台DVD、光盘一批。2004年，全县高完中4所，初中35所，小学274所，共有实验室124间，总面积7624.10平方米；仪器室340间，总面积9363.80平方米；图书室181间，阅览室85间，体育器材室182间；2所完全中学、10所初中、7所小学实验教学达自治区级Ⅰ类标准；11所初中、15所小学达Ⅱ类标准；5所初中、218所小学达Ⅲ类标准。全县中小学校共有书写投影仪1830台、自动幻灯机12

台、手动幻灯机105台、照相机29台、透视幕10幅、银幕1747幅、收录机1224台、立体声收录机117台、录像机（或单放机）18台、彩色电视机343台、话筒200个、计算机4259台、影碟机267台。3所高完中、12所初中、7所小学仪器品种达自治区级Ⅰ类标准；1所高完中、18所初中、16所小学达Ⅱ类标准，5所初中、249所小学达Ⅲ类标准。中学共有图书55.05万册，生均8.80册；小学共有图书49.15万册，生均4册；4所中学、5所小学图书达自治区Ⅰ类标准，5所中学、7所小学达Ⅱ类标准，6所中学、124所小学达Ⅲ类标准。

2005年，藤县启动"西部农村中小学寄宿制学校建设工程"项目建设，新增中小学实验室用房45间，面积2145平方米。组织举办3个"英特尔未来教育项目"培训班，培训人数75人。实施2004—2005远程教育项目学校531个，其中模式三初中32所，模式二村小学131所，模式一教学点368所，投入项目设备资金800万元。"义教工程"信息技术项目学校38所，调拨"义教工程"教学仪器、图书、课桌等资金量达到72万元。2005年年末，全县中小学校实验室总面积达1.46万平方米；图书室总面积达1.25万平方米；微机室总面积达1.01万平方米；语音室总面积达3913平方米。

第五节 普及九年义务教育

一、组织实施

1991年6月，藤县依据《中华人民共和国义务教育法》开始实施普及九年义务教育工作（简称"普九"）。成立由县长任组长，分管教育的县委副书记、副县长、人大常委会副主任、政协副主席及教育局局长任副组长，县委办、政府办等部门的主要领导为成员的"普九"工作领导小组、"普九"工作评估验收领导小组、《中华人民共和国义务教育法》执法领导小组、"普九"工作督查小组等领导机构，并把"普九"工作列入各级党委、政府领导任期工作目标任务。每年利用3月、9月教育法规宣传月在全县进行"普九"工作宣传。至1998年，累计出动宣传车87辆（次），书写持久性宣传标语7600条，开辟宣传橱窗685处，印发义务教育公告1000份。组织师生15.30万人次到各乡村游行宣传。通过县有线电视台、广播及报纸等媒体进行报道宣传。宣传面覆盖全县所有乡村。1996—1999年，全县新建、扩建、回建中小学校校舍15.50万平方米，教师住宅楼42幢897套；硬化运动场地10.24万平方米，校道1.99万米；花池花坛2180个，围墙长13.78万米；装备教育教学仪器1003.74万元，购买教学微机130台、图书109万册。

2004年，自治区将藤县列为"普九"攻坚对象，县教育局、县发展计划局、县财政局联合制定《藤县"两基"攻坚工作规划（2004—2007年）》。县长与各乡镇长，乡镇长与村委主任层层签订实现"普九"责任状，村委与家长签订义务教育合同书，全面落实工作责任。对在"普九"迎检工作突击攻坚阶段中没有进展的乡镇主要领导和分管教育的领导实行诫勉。同时，明确教育局局长、校长为教育系统内部"控辍"第一责任人，把"控辍"列为考核校长政绩的重要指标，与年终考核挂钩。

2005年，坚持以"控辍"为重点，巩固提高"两基"成果，把"控辍"任务层层分解落实，加强领导，做到机构不散，措施不变，力度不减，把"控辍"工作贯穿教育工作的全过程。全县小学巩固率为99.10%，初中巩固率为97.10%；秋学期适龄儿童入学率为99.71%，适龄少年入学率为98.10%，初中巩固率为97.30%。

二、检查验收

1999年，全县小学适龄儿童入学率为99.17%，初等教育入学率为97.29%，15周岁初等教育完成率95.90%，17周岁初级中等教育完成率86.80%。全县中小学校拥有教学微机130台，语音室21间，理化生物实验室86间，体育器械室298间，卫生室68间。校园配套接近完善。是年12月，自治区"普九"验收团对藤县普及九年义务教育工作逐项进行评估验收，认为藤县普及九年义务教育的普及程度、师资配备及水平、教学经费、教育质量、办学条件等基本达到国家和自治区规定的标准要求，顺利通过了验收团的验收。此后，全县继续加强"普九"工作，巩固、提高"普九"成果。2002—2004学年，全县小学适龄儿童入学率最高99.68%，最低99.50%，达到了99%以上的标准要求；初中阶段入学率最高98.02%，最低95.99%，超过了95%以上的标准；小学辍学率最高0.64%，初中辍学率最高2.43%，分别控制在1%、3%标准以下。2004—2005学年，15周岁人口初等教育完成率98.48%，超过98%标准要求；17周岁人口初级中等教育完成率87.92%，超过85%标准；适龄残疾儿童少年入学率66.95%，在60%标准以上。2004年10月，通过自治区普及九年义务教育评估验收团的复核验收。1999—2004年藤县普及九年义务教育评估验收情况如表72-5所示。

表72-5 1999—2004年藤县普及九年义务教育评估验收情况

验收时间	学年度	人口/万人	在校小学生/人	在校初中生/人	适龄儿童/人	初等教育入学率/%	初级中等教育毛入学率/%	初等级辍学率/%	初等中等教育辍学率/%	15周岁初等教育完成率/%	17周岁初级中等教育完成率/%	文盲率/%
1999年12月	1997—1998	87.5	103 906	41 875	104 930	99.29	90.32	0.85	1.98	95.90	84.80	0
	1998—1999	87.6	107 209	43 223	108 192	99.35	92.42	0.80	2.00	95.80	85.40	0
	1999—2000	88.8	110 831	46 246	112 010	99.17	97.29	0.78	1.81	96.90	89.80	0
2004年10月	2002—2003	92.8	121 208	39 954	122 267	99.52	95.99	0.64	2.34	98.20	86.62	0
	2003—2004	93.5	119 479	47 524	120 557	99.50	96.40	0.42	1.74	98.38	87.49	0
	2004—2005	94.5	114 705	57 209	115 548	99.68	98.02	0.39	1.48	98.48	87.92	0

第六节　教学教研

一、教育科研队伍

1991年，全县有专（兼）职教研人员18人。2004年，全县中小学成立学科中心教研组。高中成立以藤县中学为中心的全县高中学科中心教研组；初中学科中心教研组由教学研究室中学教研组为核心组成；小学学科中心教研组由教学研究室小学教研组为核心组成。各乡镇一中、中心校成立乡镇学科中心教研组。各中学、乡镇中心校、村级小学（含分校）成立学科教研组，在部分学校聘任一批教研（教学）成绩突出的学科带头人、骨干教师作为兼职教研员，扩大教育科研队伍，共计聘任兼职教研员57人。涉及政治、数学、英语、物理和信息技术、化学、生物、历史、地理、语文、艺术等各学科。全县中小学开设的各课程，县教研室均配备有专（兼）职教研员；职业教育和成人教育、学前教育等均配备专（兼）职教研员。2005年，全县有专职教研人员32人，兼职教研人员38人。

二、教学科研活动

1988年始，藤县初中教学开展黎氏最优教学法研究与实践。1991年初，获成效并在全县各初中推广应用。1992年开始，在小学开展作文提早起步、语文自学能力的培养、数学教育目标管理等教研实验，进行动象发现教学法和愉快教学法的研究。1993年5月，派出高中、初中教师代表各1名参加"全区青年物理教师优质课比赛"，获梧州地区二等奖。1994年开始，在全县中小学校开展课堂教学选拔赛及各学科优质课评比活动，促进课堂教学的改革和优化。1996年5月，选派高中教师1名参加"全区优秀录像课评比活动"获梧州地区一等奖。1998年2月，选派教师代表2人参加"第二届全区青年物理教师优质课比赛"，分别获高中组广西赛区二等奖和梧州赛区一等奖。1999年7月，选派初中、高中教师代表各1名参加"梧州市青年物理教师优质课比赛"，获二等奖。2000年，选派教师代表1名参加梧州市历史优质课评比，获二等奖；参加广西中学历史优质课评比，获三等奖。2001年，选派6名教师参加"第四届广西中学物理创新教学大赛"，有4名教师获梧州市赛区二等奖，2名教师获一等奖并代表梧州市参加广西壮族自治区决赛，获自治区区二等奖。

2000年，经广西教育科学规划领导小组审查批准，确立《农村高中生学习心理与学习有效性的实验研究》课题项目，为藤县首个自治区级教育课题研究项目。责任单位为藤县中学，同年9月开始实施。2000—2005年，全县累计确立并实施教育科研项目计30个课题。其中，属国家基础教育实验中心外语教育研究中心课题1个，自治区级课题10个。属"广西教育科学规划课题"5个，其中子课题有5个；市级课题3个，其中子课题2个；县级课题18个，其中2个既为县级课题，也属市级子课题。课题项目责任单位主要有藤县教研室、藤县中学、藤州中学、藤县一中、藤县二中、塘步一中、古龙初中及藤城中心小学、太平中心校、太平第二中心校、朝阳小学、潭津中心校、天平镇实验中心小学、江中心校等。2005年，已结题9个，初步结题2个，准备结题2个，其余在研究当中。2001—2005年，通过举办教学示范课、课堂教学展示课等活动，全面提升中小学教师的教学水平。2004年12月，县教研室被自治区教育厅评为"全区教科所（教研室）建设先进单位"。

2002—2005年，鼓励全县中小学教师在教学科研活动中积极撰写教育教学论文，向各级刊物投稿，选送优质论文参加各级教育教学论文评比活动。累计选送4678篇论文参加全国、全区、全市级教育教学论文评比活动，其中获国家级一等奖6篇、二等奖46篇、三等奖71篇；获自治区级一等奖102篇、二等奖603篇、三等奖955篇；获市级一等奖453篇、二等奖1001篇、三等奖991篇。被国家级刊物采用刊登论文3篇、省级刊物采用刊登论文24篇、市级刊物刊登论文6篇。有5篇论文入编国家级专著论文集。县教研室连续4年获自治区教育厅授予"广西中小学教育教学论文评选工作优秀组织奖"。

第73章 基础教育

1991年,全县有高中6所,在校学生3562人;初中47所,在校学生16 134人;小学275所,在校学生10.42万人,适龄儿童入学率98.40%,巩固率91.60%,合格率93.10%;幼儿园20所。全县中小学教职工共7992人,具备本科学历的有157人、专科学历的有714人。是年,全县中学推广"黎氏教学法"。全县参加高考考生1802人,考取重点大学51人,本科79人,大专119人,中专98人,录取率19.26%。1995年,开展课堂教学"三为主"(即教师为主导、学生为主体、训练为主线)的教学改革试点。1997年,中考语文合格率居梧州市首位,3名高中生获全国数学、化学、英语学科竞赛一等奖、11人获二等奖。2005年,全县有高中5所,在校学生8793人;初中37所,在校学生62 684人;小学273所,在校学生12.13万人,适龄儿童入学率99.65%,巩固率99.69%,合格率98.46%;幼儿园37所,在园幼儿3869人。全县中小学有教职工8934人,具备本科学历570人,专科学历3894人;其中小学有专任教师3425人,具有本科学历的18人,大专学历1303人,教师队伍整体素质大幅提高。全县参加高考考生2210人,成绩达到录取分数线以上的1952人(含大专、本科),占考生人数的88.33%;其中本科上线1086人,上线率49%。

第一节 学前教育

一、幼儿园

(一)设置

1991年,藤县共有幼儿园20所,其中公办幼儿园1所(县第一幼儿园),社会力量办幼儿园19所。有公办保教人员56人。全县幼儿园占地面积4000平方米,建筑面积3180平方米。此后,藤县幼儿园始终以社会办学为主。

1992年，增设县第二幼儿园。1993年，社会力量办幼儿园增加到22所，开设32个班，在园幼儿1101人。1994—1998年，社会力量办幼儿园基本维持在19所。1998年，全县幼儿园占地面积增加到5526平方米，建筑面积增加到9240平方米。2000年，社会力量办幼儿园增至28所，其中藤城镇11所、濛江3所、潭东1所、金鸡5所、东荣1所、太平4所、古龙1所、象棋1所、南安1所；有教职工117人，其中专任教师66人，保健员8人；开设62个班，在园幼儿1895人，占全县在园幼儿人数的69.34%。2001年8月，撤销县第二幼儿园，在园幼儿及保教人员并入县第一幼儿园。是年，全县有幼儿园31所，其中公办1所、民办30所；有教职工180人，其中保教员158人；开设611个班，在院幼儿1.61万人。此后，社会力量办幼儿园逐年增多，2004年达到41所，其中藤城15所、新庆2所、濛江4所、潭东2所、金鸡3所、太平7所、象棋2所、岭景2所，埌南、天平、东荣、古龙4乡镇各1所。开设104个班，在园幼儿2322人，占全县在园幼儿人数的69.34%；有保教人员193人，其中专任教师116人，保健员17人。全县幼儿园占地面积1.44万平方米，建筑面积2.16万平方米。其中，社会力量办幼儿园占地面积1.23万平方米，建筑面积1.55万平方米。2005年，全县共有幼儿园37所，其中公办幼儿园1所，社会力量办幼儿园35所。在园幼儿3869人，其中公办1530人，民办2339人；有保教人员279人（专任教师207人，保健员38人），其中公办幼儿园教职工58人（专任教师47人，保健员4人），社会力量办幼儿园教职工221人（专任教师160人，保健员34人）。全县幼儿园占地面积1.54万平方米，校舍建筑面积2.27万平方米。除公办幼儿园有专属园舍外，单位办的幼儿园一般利用单位房舍做园舍，私人办的幼儿园大多利用自家房舍或租用民房做教育场所。幼儿园教学教具主要有录音机、电视机、VCD机、脚踏风琴、电子琴、小玩具和图书等，较大规模的幼儿园购置有滑梯、迷宫城、转盘等。

（二）学制与教学

1991—2005年，幼儿园一般招收3~6岁幼儿入学，并按幼儿年龄设小班（3~4岁）、中班（4~5岁）、大班（5~6岁），也有根据家长要求开设小小班（3岁以下）的。有的幼儿园因招收的幼儿较少则不分班次，进行混合编班，按幼儿入园的先后进行区别教育。幼儿园执行学年制，每学年分上、下2个学期，每学期起止时间与中小学相同，上学期一般为3月初至7月中旬，下学期一般为9月1日至次年1月中下旬左右。相当部分幼儿园在暑假期间增设暑期班。幼儿教育一般采用全日制教学形式，每天早上7：30—8：00由家长送到幼儿园，下午4：30—5：00再由家长接回家，县城内个别民办幼儿园每天派专车接送幼儿。公办幼儿园的幼儿每周来园5天，民办幼儿园幼儿每周来园6天，部分民办幼儿园根据需要开设有寄宿班，留幼儿在园寄宿。小班每周上课6~8节，每节10~15分钟；中班每周上课10~11节，每节20~25分钟；大班每周上课12节，每节25~30分钟；每天的户外活动和游戏时间不少于2小时。

1991—2001年9月，幼儿园对幼儿的教育与保健执行教育部1981年10月颁发的《幼儿园教育纲要（试行草案）》，教育内容与要求分为生活卫生习惯、体育活动、思想品德、语言、常识、计算、音乐、美术8个方面。2001年9月起，执行教育部2001年7月2日颁发的《幼儿园教育指导纲要（试行）》，将幼儿的教育内容划分为健康、语言、社会、科学、艺术5个领域。采用教材，开设语言、常识、计算、美术、音乐、体育、游戏等课程。采取寓教于乐的形式，将教学寓于游戏、娱乐活动之中。2003年起，使用自治区编写的新教材，并推广"双语"教学。

二、幼儿园简介

（一）藤县第一幼儿园

属公立幼儿园。位于县城西厚路12号。1956年11月创办，隶属县教育科管理。1963年，改由县直机关党委领导和管理，并易名为藤县县直机关幼儿园。1991年，占地面积2160.03平方米；开设幼儿班15个班，入园幼儿670人；有教职工46人。是年1月，与县武警中队结为共建文明单位，每年开展共建活动。1997年，划归县教育局管理，改称藤县第一幼儿园。开办幼儿班15个班，入园幼儿698人；有教职工53人。有教工宿舍1幢，教学大楼1幢，总建筑面积6004平方米。有音乐室、多功能活动室、科学探究室、幼儿图书（阅览）室、游泳池、幼儿篮球场、70平方米的露天舞台，有迷宫、爬山坡、海洋球、小精灵隧道、滑梯及具有钻、爬、攀、转等功能的大型玩具，有投影机2台、音响2套，每个班配置有彩色电视机、影碟机、收录机、脚踏风琴、电子琴、消毒柜、桌面玩具、图书、各种教学挂图及卡片等。1999年，获自治区先进"文明单位"称号。2000年，开设双语教学班和体操兴趣实验班，园体操队在自治区第三届幼儿基本体操比赛中获三等奖。2001年，获自治区第四届幼儿体操赛二等奖，被自治区妇联授予"巾帼建功文明示范岗"称号。2005年，有幼儿班16个班，学前班1个班，在园幼儿707人；有教职工65人，其中高级教师16人、一级教师20人、二级教师3人；教师中大学专科以上学历22人，幼师、中师学历17人。

（二）濛江镇康佳幼儿园

1998年开办。属民办幼儿园。位于藤县江镇下大街32号，占地面积275余平方米；有教学楼2幢，总建筑面积948平方米。开办幼儿班2班，招收幼儿50人；有教职工8人。置有幼儿图书（阅览）阁、保健室等；设置有70平方米的露天舞台，有多功能大型玩具，如爬山坡、海洋球、毛毛虫隧道、5环隧道、滑梯等；有投影机1台、音响3套及电钢琴等。每个班配置有彩色电视机、影碟机、收录机、电子琴、玩具、图书、各种教学挂图及卡片。2005年，招收幼儿班6个班，在园幼儿160人；有教职工13人，其中大学专科以上学历1人，幼师、中师学历3人。

三、学前班

学前班一般招收6~7岁儿童入学。1991年，藤县除县第一幼儿园附设学前班外，其余的学前班均附设在各小学校。全县有学前班115个班，就读人数3964人。幼儿每天到校时间与所在的小学（幼儿园）学生（幼儿）到校时间相同，上午和下午则比小学生提前一节课时间放学。每周总课时22节，每节课30~35分钟。开设有语文、数学等课程。一般利用所在小学（幼儿园）的教学设备进行教学，不再单独购置教学设备。学前班教师无另外定额和编制，由各校根据具体情况在本校教师中调剂安排或自行聘请代课教师解决。2005年，全县有学前班593个班，学生14 025人。1991—2005年藤县学前班数、学生人数情况如表73-1所示。

表73-1　1991—2005年藤县学前班数、学生人数情况

年份	班数/个	人数/人
1991	115	3964
1992	87	3135

续表

年份	班数/个	人数/人
1993	326	9978
1994	276	9355
1995	444	14 707
1996	472	14 764
1997	513	17 163
1998	497	17 578
1999	499	17 986
2000	398	14 381
2001	482	11 332
2002	541	13 882
2003	524	15 750
2004	569	15 723
2005	593	14 025

第二节　小学教育

一、学生、学制

1991年，全县小学在校学生10.42万人，适龄儿童入学率98.40%，巩固率91.60%，合格率93.10%。此后，随着人口增长，小学入学人数逐年增加。1997年，在校学生11.33万人。2001年，在校学生13.86万人。2005年，全县小学在校学生12.13万人，适龄儿童入学率99.65%，巩固率99.69%，合格率98.46%。

1991—2005年，全县小学沿用六年制学制。1991—2005年藤县小学教育情况如表73-2所示。

表 73-2　1991—2005 年藤县小学教育情况

年份	学校数/所	教学点/个	招生数/人	在校生/人	毕业生/人	教职工/人		代课教师/人
						合计	专任教师	
1991	275	595	17 215	104 243	11 268	4331	3887	942
1992	275	573	19 382	105 583	12 188	4299	9610	1104
1993	276	572	21 881	108 358	12 518	4245	3553	1244
1994	277	566	21 828	113 447	12 184	4141	3480	1533
1995	277	565	21 115	114 318	13 200	4118	3482	1765
1996	278	565	22 597	117 592	13 237	4088	3486	2044
1997	278	549	24 509	113 289	13 382	4077	3489	2446
1998	279	549	13 306	111 039	17 614	4088	3582	1569
1999	279	578	21 201	117 946	17 725	3676	3186	2155
2000	280	572	19 477	119 879	18 175	3774	3266	2336
2001	275	496	19 678	138 582	21 676	3599	3078	2603
2002	275	478	20 281	139 966	24 059	3989	3426	2588
2003	274	467	20 132	134 580	23 867	3890	3268	2576
2004	274	465	20 172	127 634	24 999	3965	3345	2370
2005	273	456	19 385	121 330	24 698	4092	3425	2159

二、课程设置

1991—1995 年春学期，执行国家教委制定的课程计划，主要学科采用六年制全国统编教材。开设有思想品德、语文、数学、社会、自然、体育、音乐、美术、劳动等学科。1994 年起，体育、法制、健康教育等学科使用广西壮族自治区教材。1995 年秋，实行每周 5 天工作制后，把体育学科调整为体育与健康，同时增加外语、综合实践活动 2 个科目。当年，潭津中心校率先在四、五年级开设英语课。1997 年秋，开始使用活动课本。1999 年，小学四至六年级增设社会课，取消历史、地理课程。2001 年秋，各乡镇中心校从三年级起全面普及英语教学，开设英语课程，使用新型英语课本。同年，部分中心校开设信息技术课。2002年1月起，执行《广西九年义务教育课程计划》，开设思想品德与生活、思想品德与社会、语文、数学、外语、科学、体育与健康、艺术（音乐、美术）、综合实践活动（包括探究性学习、信息技术、综合学习与实践）、地方与学校课程。2003年，改用新标准英语课本授课。2004年秋，小学一年级改用义务教育课程标准实验教科书，语文使用人民教育出版社出版的教材，数学使用北京师范大学出版社出版的教材。至2005年保持不变。

三、教学

1991年，县内小学教育以德、智、体全面发展为方针，以德育为领先，主要进行以"五爱"为基本内容的社会公德教育和一般的政治常识教育。1992年前，每周上课6天。之后至1995年春学期采用每周五日半制教学。1995年秋学期起，执行双休日制度，改为每周上课5天。1999年，实施中共中央 国务院做出的《关于深化教育改革全面推进素质教育的决定》，改变传统的单一授课教学方式，在教学过程中，强调学生的主体性地位，课堂教学注重师生的参与性和互动性，以培养学生积极主动的学习态度及创新精神和实践能力为重点，使学生在获得基础知识与基本技能过程的同时成为学会学习和形成正确价值观的过程。同年，各中心校向政法机关聘请法制副校长定期或不定期到学校上法制教育课。至2005年保持不变。

对学生的评价，分综合性发展评价（包括道德品质、公民素养、学习能力、交流与合作能力、运动与健康、审美与表现等）和学业评价，综合性发展评价采取定性描述形式述评。1991—1999年，学业评价以考试成绩评定。1999年后，采取考试和考查方式综合评定，分A、B、C、D、E五级制，A表示优秀，B表示良好，C表示中等，D表示及格，E表示不及格。

1991—2005年，全县小学推行国家体育锻炼标准，每年达标率在97%以上。县教育局与县文体局联合举办12届"萌芽杯"儿童篮球赛、田径赛。2002年，组织全县小学生参加第七届全国中小学生绘画、书法比赛，上送参赛作品186件，其中大部分为小学生作品。

四、学校选介

(一)藤城中心小学校

藤城中心小学校属公办完全小学校。创办于清光绪三十一年(1905年)。1991年,落成于藤城镇登俊路26号,校园占地面积1.23万平方米,校舍建筑面积1.01万平方米,有教学班41班(含学前班),在校学生2265人。有教职工103人,其中专任教师100人;拥有大专毕业以上学历教师3人,中师(中专)毕业81人;教师中获取小学高级教师职称19人,小学一级教师职称28人,小学二级教师职称53人。1997年,被评定为广西壮族自治区属举重传统项目学校;被自治区教委、体委、卫生厅授予"自治区贯彻体育卫生工作两个《条例》优秀学校"称号;被自治区体委授予"体育传统项目学校"称号。1998年,陈健锋老师被评为全国传统项目先进工作者;胡在权老师被评为全区优秀教师。1999年,组织五、六年级学生参加自治区数学竞赛,5人获一等奖、20人获二等奖、12人获三等奖。此后组织学生参加全国、自治区举办的各种比赛中多次获奖。自治区第六届中小学生书画作品比赛中7人获一等奖,17人获三等奖。2002年,邓小玲老师被评为全区优秀教师。2004年,学校被广西壮族自治区教育厅等部门授予"全区中小学(中等职业学校)德育工作先进集体""2004年广西青少年学生科技活动优秀组织奖""广西教育科学'十五'规划课题《小学语文"听音想象作文"教学研究》实验先进单位""广西教育科学'十五'规划课题《小学数学"听算训练与检测"教学研究》实验先进单位"等称号。2002—2004年,学校举重队在广西区属传统项目举重比赛中获5枚金牌、6枚银牌;向区体校和区体工队共输送人才5人。2005年,学校被广西壮族自治区教委、区体委、区卫生厅联合授予"自治区贯彻体育卫生两个《条例》优秀学校";教师李海燕被评为全国优秀少先队辅导员。

2005年,学校占地面积1.23万平方米,校舍建筑面积1.13万平方米。有音乐舞蹈室、美术室、仪器室、实验室、劳技室、图书室、阅览室、语音室、电脑网络教室、多媒体大教室、阶梯室等;计算机40多台;藏书2万多册;150米环形跑道的田径场1个,篮球场3个,羽毛球场1个。有教学班48班(包括学前班),在校学生2976人。教职工131人,其中专任教师127人;拥有大专毕业以上学历教师84人,中师(中专)毕业43人。教师中获取小学高级教师职称64人,小学一级教师职称44人,小学二级教师职称19人。

（二）潭津中心校

潭津中心校1993年秋创办，为县直小学。位于县城河东区天乐一街83号。校园占地面积38 000平方米，有教学楼4幢，教室54间，总建筑面积7920平方米。开办1—6年级教学班12班，招收学生586人；有教职工31人，其中专任教师30人。拥有中师（中专）毕业27人。教师中取得小学高级教师职称6人，小学一级教师职称9人，小学二级教师职称15人。设置有图书室、阅览室、电脑室、电教室、舞蹈室、劳技室、书画室等，各类教学仪器按Ⅰ类标准配备齐全；有4000多平方米的内操场1个，21 000平方米的体育运动场1个，如图73-2所示为潭津中心校第一届运动会。2005年秋学期，有教学班31个，在校学生1769人；教师88人，其中有小学高级教师38人，小学一级教师35人。教师中大学本科学历2人，大学专科学历45人。1998—2005年，获"自治区贯彻体育卫生两个《条例》优秀学校""自治区群众体育先进学校""全国读书活动先进学校""'十五'规划课题《小学语文"听音想象作文"教学研究》实验优秀单位"称号。

（三）藤城朝阳小学

藤城朝阳小学1982年8月创办，隶属藤城镇管辖。位于藤城镇西厚路118号，校园占地面积2378.95平方米。初称藤城朝阳小学，1991年9月，升格改称藤城镇朝阳中心小学校。有教学楼2幢，教室26间，总建筑面积6200平方米。有教学班21个班，在校学生1423人；学前班3个班，162人。教职工52人，其中专任教师50人；拥有中师（中专）毕业29人。教师中获取小学高级教师职称12人，小学一级教师职称23人，小学二级教师职称15人。2003年4月，复名藤城镇朝阳小学。2004年4月归属县直小学，隶属藤县教育局管理。

1992年，被评为"自治区文明学校"；校少先队获"全国红旗大队"称号。2001年，被评为"自治区贯彻体育卫生两个《条例》优秀学校"。2005年，被评为全区"爱科学月"活动先进集体。

（四）藤州镇潭东中心校

藤州镇潭东中心校创办于1919年。1991年，位于县城南面潭东村。校园占地面积5180平方米，校舍建筑面积6430平方米。有教学班23班，在校学生1346人。有教职工36人，其中专任教师36人；拥有中师（中专）毕业26人。教师中获取小学高级教师职称4人，小学一级教师职称的11人，小学二级教师职称的21人。2003年，改称潭东镇中心校。2005年，改称藤州镇潭东中心校。当年末，校园占地面积5180平方米，建筑面积6430平方米。有1000平方米的内操场，篮球场2个，有多媒体大教室、仪器室、实验室、电教室、会议室、广播室、总务室、图书阅览室、体育室、微机室、卫生室、劳技室各1个；计算机38台，图书12 501册。教学班33班（包括学前班），在校学生1587人。共有教职工69人，其中专任教师66人；拥有大专毕业以上学历教师42人，中师(专)毕业21人。教师中获取小学高级教师职称16人，小学一级教师49人，小学二级教师4人。1997年，被自治区教委、体委、卫生厅授予"贯彻体育卫生两个《条例》优秀学校"称号。1998年、1999年连续获自治区读书活动组织奖。

（五）濛江镇江权小学

濛江镇江权小学清宣统二年（1910年）创办。1991年，位于江镇江权村，校园占地面积4500平方米，建筑面积1300平方米。有教学班16班，在校学生780人。有教职工34人，其中专任教师34人；拥有中师（中专）毕业8人。2005年，校园占地面积5933.3平方米，建筑面积1600平方米。有多媒体教室、电教室、少先队室等。配置有计算机10多台，藏书1万多册。有篮球场2个，校园展演舞台1个；教室24间。有教学班12班，在校学生480人。教师23人，其中小学高级教师12人，小学一级教师11人。教师中本科学历14人，大专学历7人，中师学历2人。

第三节　初中教育

一、学生、学制

1991年，全县各初中学校招生以就近划片招生为原则（考上县重点中学的除外），如学生到服务范围外的初中就读，则视为择校生，须交择校费；外来务工和经商者的子女以及投靠亲戚的外地学生在藤县借读的须缴交借读费。是年，全年初中招生6176人，全县在校学生16 134人。1995年，全年初中招生8865人，全县在校学生22 241人，巩固率94.56%。1998年，取消小学升初中入学考试，学生划片就近入学。是年，全县招生16 980人，入学率92.42%；在校学生共45 761人，是1991年的2.84倍。2000年，全年初中招生16 242人，全县在校学生43 140人，巩固率95.76%。2004年秋，取消择校费、借读费，外地学生享受本地学生同等待遇，学生招收仍以划片招生为原则就近安排入读。2005年，全县初中招生22 608人，占适龄人口的98.70%。在校学生62 684人，是1991年的3.89倍，巩固率98.80%。

1991—2005年，全县初中沿用三年制学制。

二、教学

1991年，全县初中采用全国统编教材教学，一年级开设政治、语文、数学、英语、历史、地理、生物、体育、音乐、劳动、图画共11门课程，二年级在一年级课程上增加物理课程，三年级取消历史、地理，增开化学、生理卫生课程。同年，全县初中推广"黎氏教学法"，建立各学科教研网络，以各乡镇第一中学为核心建立各学科教研组。1992年，组织初中学生参加广西壮族自治区中学生英语竞赛，56人获奖励。1993年，推广"目标教学法"，开展作文优质课评比活动。1995年，全县中学实施"目标教学"管理，在城关一中、象棋一中落实试验班级，开展课堂教学"三为主"（即教师为主导、学生为主体、训练为主线）的教学改革试点。次年，在全县铺开。1998年，全县中学实施"单元目标教学"实验。同年秋学期开始，全县初中实施《广西壮族自治区调整九年义务教育教学内容及教学要求方案》，教材统一使用人民教育出版社出版的九年义务教育教材。2001年，教育部课程改革，课程结构整体是九年一贯制的九年义务教育课程，适量增加健康、国情与国防教育、信息技术及综合实践活动等课程。在抓好基础知识教学的同时，贯彻党的教育方针，全面推进素质教育，培养学生创新精神，注重学生各种能力的提高。2004年秋学期起，使用九年一贯制义务教育课程，以新课程标准代替教学大纲。思想政治使用广东教育出版社出版的义务教育课程标准实验课本，音乐、美术使用湖南文艺出版社出版课本，其他课程教材使用人民教育出版社出版的新课程标准教材。至2005年保持不变。1991—2005年藤县初中学生情况如表73-3所示。

表73-3 1991—2005年藤县初中学生情况

年度	校内外学龄人口总数/人		在校学龄人口总数/人		在校学生数/人				招生数/人	毕业生数/人	巩固率/%	合格率/%	入学率/%
		女		女	女	一年级	二年级	三年级					
1991	—	—	—	—	—	—	—	—	6176	4515	—	—	—
1992	34 822	15 893	13 477	5203	5848	6538	5574	4022	7529	4947	95.10	94.50	56.50
1993	34 655	15 716	16 824	6573	5907	6208	5520	4363	7521	4719	89.41	97.00	58.55
1994	32 184	14 127	18 043	7225	7130	7576	5843	4960	8178	4960	93.40	97.60	56.10
1995	37 648	16 090	20 259	8128	7225	8261	6791	5258	8865	5063	94.56	98.56	53.81
1996	36 933	16 505	21 671	8758	8864	9082	7210	5949	9490	5818	94.68	98.68	58.68
1997	49 120	22 338	31 531	13 882	9210	9523	7272	5770	13 535	5593	95.13	97.50	90.32
1998	47 097	21 802	43 047	18 629	14 670	13 671	10 845	8934	16 980	8874	95.26	97.89	92.42
1999	47 661	21 125	39 310	16 031	16 981	16 981	15 300	13 481	14 985	13 250	95.38	98.87	97.29
2000	50 804	23 012	43 302	19 626	16 535	15 508	13 142	11 887	16 242	11 522	95.76	98.95	95.99
2001	54 650	25 516	43 140	16 439	20 065	16 242	14 525	12 373	17 066	12 371	96.87	99.91	96.40
2002	49 036	23 297	36 983	19 475	16 652	17 089	11 444	8441	18 970	8515	97.66	99.65	95.70
2003	60 357	29 255	41 751	27 348	20 069	18 970	14 232	9947	23 191	11 632	98.26	99.78	96.40
2004	56 848	27 222	58 184	26 685	25 958	21 807	17 927	15 108	22 614	15 071	98.56	99.81	98.02
2005	64 260	30 803	55 727	—	26 870	22 614	19 002	14 480	22 608	14 514	98.80	100.00	98.70
2005			62 684	30 064	30 064	22 608	21 801	18 275					

三、中考

1991—2005年，中考工作由县教育局组织实施，每年成立以教育局局长为组长，各相关股室长为成员的中考工作领导小组，统筹协调中考工作的有关事宜。县招生办具体负责组织实施中考的各项工作。在中考开考之前，各初中针对中考各自对毕业班进行3次以上模拟考试，为中考做充分准备。考试由自治区统一命题，全县各乡镇设考点参加全区统一考试。1991年，中考考试科目有：政治、语文、数学、英语、物理、化学、历史。1993年开始，加考体育科目，体育科目总分按30%计入中考分数。2002年，取消政治科目，物理、化学两科实行合卷考试。2003年，恢复政治科目并实行开卷考试。2004年，将政治与历史两科合卷考试。2005年，中考考试科目有：语文、数学、英语、物理、化学、政治、历史，其中政治与历史同堂分卷。录取方法按照德、智、体、美、劳全面进行考核，以文化成绩考核为主，按考生填报的志愿，从高分到低分择优录取。

1994—1996年，连续3年中师、中专上线人数居梧州地区各县前列。1997年，中考语文合格率居梧州市首位。

四、学校选介

（一）藤州中学

藤州中学位于县城河东新城区，1996年秋创建，校园占地面积98 678平方米。有教学实验综合楼1幢，图书楼1幢，学生公寓楼3幢，学生食堂楼1幢，教师宿舍楼1幢，总建筑面积24 350平方米。有教学班9个，在校学生546人。有教职工52人，其中专任教师46人；拥有大学本科学历教师7人，大学专科学历教师38人，中师（中专）毕业1人。教师中获取高级教师职称3人，中级教师职称的11人，初级教师职称的32人。设有物理实验室2个、化学实验室2个、语音室2个、生物实验室1个、微机室2个，有计算机40台，藏书24 122册。有篮球场4个、排球场2个、羽毛球场4个、足球场1个、400米椭圆形跑道田径运动场1个。学校面向全县招生，以招收初中生为主，2001年秋增招高中生。同年，被自治区教育厅、体育局、卫生厅评为"贯彻体育卫生两个《条例》优秀学校"。2004年秋停招高中生。2005年，有教学班28班，在校学生人数2301人，教职工100人，其中专任教师98人。教师中大学本科学历41人，大学专科学历57人；中学高级教师14人，中学一级教师 37 人。

（二）藤县第三中学

藤县第三中学位于濛江镇濛江圩，由县教育局直接管辖。1956 年创办，前身为濛江高中。1992 年改名藤县第三中学。有教学班 12 个，在校学生 583 人；教职工 59 人，其中专任教师 50 人；拥有大学本科学历教师 13 人，大学专科学历教师 28 人，中师（中专）毕业 6 人；中学高级教师 2 人，中学一级教师 9 人。校园占地面积 37 333 平方米，建有教学综合大楼、教师公寓楼、学生公寓楼、科教楼、学生食堂及大型体育运动场等设施，校舍建筑面积 14 612 平方米。1993 年前，以招收高中生为主，1993 年秋起只招收初中生。2005 年，有教学班 20 个，在校学生 1553 人；教职工 67 人（含工勤人员 4 人），其中专任教师 63 人，全部具备大专以上学历；中学高级教师 6 人，中学一级教师 14 人。1996 年后，中考成绩一直保持全县前列，2004 年，考入县重点高中的有 43 人。

（三）藤县第四中学

藤县第四中学位于金鸡镇政府驻地螺山，是一所完全中学。1956 年秋创办，称藤县第三初级中学。1979 年秋，改名藤县金鸡高中并划归县教育局直管。1992 年秋，易名藤县第四中学。有教学班 14 班，在校学生 636 人。教职工 58 人，其中专任教师 45 人；拥有大学本科学历 11 人，大专毕业学历 29 人，中师（中专）毕业 5 人。有中学高级教师 1 人，中学一级教师 10 人。校园占地面积 60 000 平方米，建有教学楼、科教综合楼、学生公寓楼、教师宿舍楼、学生食堂等，总建筑面积 18 000 平方米。设有物理、化学实验室，多媒体教室，电脑室等，购置电脑 130 台，建立了校园远程教育网络，校园宽带网，校园通信系统和语言教学广播系统，有藏书 17 280 册。2005 年，有教学班 24 个，在校学生 1500 人，其中高中班 12 班，学生 600 人；教职工 80 人，其中专任教师 70 人，教师中研究生 2 人，大学本科学历 15 人，专科学历 58 人；具备高级教师职称 4 人，中学一级教师 12 人。

（四）藤县第五中学

1978 年创办，前身为城关高中。1991 年，校园占地面积 16 412.70 平方米，校舍建筑面积 2680 平方米。有教学班 13 班，在校学生 819 人。有教职工 31 人，其中专任教师 28 人；拥有大专毕业学历 15 人，中师（中专）毕业

9 人；中学一级教师 12 人。1998 年，改名潭东一中。2004 年 4 月列入县直接管辖，并将县教师进修学校和县农机校的校园及校舍划归潭东一中。2005 年 8 月，改称藤县第五中学。校园位于县城西城区雷庙顶南麓，占地面积 29 905 平方米，有教学楼 3 幢，科教综合楼 1 幢，学生公寓楼 2 幢，教师宿舍楼 1 幢，学生食堂楼 1 幢，总建筑面积 12 000 平方米。设有物理实验室、化学实验室、仪器室、微机室、图书室等，配备计算机 45 台，藏书 25 000 册。有 300 米椭圆形跑道田径场 1 个，篮球场 2 个，排球场 2 个，足球场 1 个。2005 年，有教学班 39 个，在校学生 2756 人。有专任教师 145 人；大学本科学历 22 人，大学专科学历 120 人；中学高级教师 6 人，中学一级教师 48 人。2002 年，被自治区教育厅、体育厅、卫生厅评为"贯彻体育卫生工作两个《条例》优秀学校"。

第四节　高中教育

一、学生、学制

1991 年，全县高中在校学生 3562 人。1993 年，全县高中在校学生 2733 人。1998 年，全县高中在校学生 2629 人。2005 年，全县高中在校学生 8973 人。

1991—2005 年，全县高中沿用三年制学制。

二、课程设置

1991 年，开设的课程有政治、语文、数学、英语、物理、化学、生物、历史、地理、体育、劳动、信息技术课、综合实践活动课等。同年秋学期开始，将思想政治课由每周 2 课时改为每周 3 课时，其中 1 课时用于时事政策教育。1992 年秋学期开始，将人口教育列为高中必修内容；并在高一年级开设世界史，高二年级开设中国近代史、现代史。1993 年，高一年级使用已修改部分内容要点的思想政治课本。1998 年秋，高中政治学科使用新教材。2000 年秋学期，使用语文新大纲、新教材。2001 年，使用教育部印发的全日制普通高中课程计划。2002 年秋学期，将高中一年级开设的《世界近现代史》调到高中二年级，《中国近现代史》调到高中一年级。2003 年开始，使用江西人民出版社出版的选修教材《中国文化史》和《世界文化史》。2005年，全县高中开设的课程有：政治、语文、英语、数学、信息技术、物理、化学、生物、历史、地理、体育、劳动、综合实践活动课等。

三、教学

1991年，全县各高中开始推广黎氏教学法，把预习、自学引入课堂，倡导学生自学质疑。同年，执行自治区中学德育工作规范，把德育工作放在学校工作之首位，并实行校长全面负责学校德育工作的模式。1993年，遵循以教师为主导，学生为主体和教学相长的教学原则。1997年，组织高中生参加全国、自治区、梧州市中学生数学、化学、英语学科竞赛，3人获全国一等奖、11人获全国二等奖。1999年开始，执行中共中央、国务院《关于深化教育改革全面推进素质教育的决定》，严格执行课程计划，控制学生作业量，高中生每天作业量不超过2小时。为保证学生文化科学素质结构合理，普通高中文理分科教学时间不早于高三上学期。各校举办有组织的、自愿参加的旨在发展学生个性、提高学生各方面素质的兴趣小组活动，开展研究性学习活动，教学手段逐步重视多媒体综合电化教学。2003年10月开始，各高中聘请1名政法机关人员任法制副校长，每月给学生上1次法制课。至2005年不变。

四、考试

（一）会考

1992年开始，全县各高中实行会考制度，具体考试科目：高一年级考地理、生物及生物实验操作；高二年级考思想政治、物理、化学、历史及物理、化学实验操作；高三年级考语文、数学、外语、劳动技术。会考原始成绩用百分制，报告成绩用等级制，分优秀、良好、及格、不及格4个等次。会考、补考均由自治区统一命题，统一考试时间，制定参考答案和评分标准。2000年，实行高中会考制度改革，会考科目改为：思想政治、英语、语文、物理、化学、生物、地理、历史9科；考查科目改为：物理、化学、生物的实验操作及劳动技术；体育成绩由学校根据学生平时的学习锻炼及体育达标情况综合评定。具体会考科目安排：高一年级考地理、生物及生物实验操作；高二年级考思想政治、物理、化学、历史及物理、化学实验操作；高三年级考语文、数学、外语、劳动技术。至 2005 年不变。

（二）高考

1991—2005 年，藤县普通高考由县委、县人民政府直接领导，自治区招生考试院具体指导，县招生考试委员会办公室负责组织实施。历年考场设在藤县中学和县第一中学。每年考试前强化考务和招生考试工作人员的教育与管理，严肃考风考纪，做到无差错，无个人责任事故发生。1991—2001 年，藤县高考执行自治区统一高考规定，采用"3+2"模式（"3"指所有考生必考的语文、数学、外语学科，"2"分别指理科的物理、化学学科和文科的政治、历史学科），分文科、理科开考。考试时间在每年 7 月 7 日—9 日这 3 天进行。2002 年，实行"3+X"科目设置模式和一年两次考试（"3"指所有考生必考的语文、数学、外语学科；"X"为选考科目），分别指本科的 12 个科目组（物理+化学、物理+生物、化学+生物、政治+历史、政治+地理、历史+地理、物理+综合、化学+综合、生物+综合、政治+综合、历史+综合、地理+综合科目）和专科的 7 个科目（物理、化学、生物、政治、历史、地理、综合科目）。本科最多可报考一个科目组再加一个科目，并能两两组成科目组；专科最多可报考 2 个同类科目。当年实行本、专科考试分离，取消文、理分科。本科在 7 月 7—10 日这 4 天开考，专科在 9 月 1 日—4 日进行。本、专科 2 次考试的成绩不得交叉使用。2003 年后，普通高考仍然采用"3+X"科目设置模式。本科考试与 2002 年相同，专科只能选考 1 科。本、专科考试时间相连，并在每年的 6 月 7—10 日这 4 天进行。至 2005 年保持不变。

1991 年，全县高考考生人数 1802 人，考取重点大学 51 人，本科 79 人，大专 119 人，中专 98 人，录取率 19.25%。1996 年，全县高考考生人数 1045 人，考取重点大学 33 人，本科 142 人，大专 178 人，中专 91 人。2001 年，全县高考考生人数 1199 人，考取重点大学 104 人，本科 268 人，大专 132 人。2005 年，全县高考考生 2210 人，成绩达到录取分数线以上的 1952 人（含大专、本科），占考生人数的 88%；其中本科上线 1086 人，上线率 49.10%，为历年高考中最高年份。藤县中学有 1055 名学生参考，上录取线的有 1047 人（含大专、本科），上线率 99.24%，其中本科上线 708 人，上线率 67.10%，创历史最高。

五、学校选介

（一）藤县中学

藤县中学位于县城鸡谷山东麓，创建于清光绪二十八年（1902年）。校园占地面积46 620平方米，校舍建筑面积11 340平方米。有教学班20班，在校学生1530人。有教职工109人，其中专任教师92人；拥有大学本科学历教师41人，大专毕业学历教师36人；高级教师15人，中学一级教师11人。2001年，藤县中学向自治区申请建设区级示范性普通高中获得批准并立项，计划2005年建设完成。通过学校产业创收、社会多渠道筹措和贷款、县财政拨款等共投入资金156万元，进行软硬件设施改造。年末，拥有教学楼2幢、实验楼1幢、科教办公楼1幢、食堂综合楼1幢、教师公寓楼4幢、学生宿舍楼2幢；小花园2个，校园绿化面积2500平方米；有250米、300米环形跑道运动场各1个、篮球场7个、排球场4个、羽毛球场6个、乒乓球台6625张；卫生室1个；书库2个，藏书共5万多册；学生阅览室2个，座位200个；教师阅览室1个，座位40个；学校会议室1个，座位150个；行政会议室1个，座位50个；有多媒体学生计算机教室2个，配置电脑80台；多媒体电子教室1个，座位120个；语音室1个，座位72个；每个教室配有投影仪；有教师电子办公室1个，配置有计算机10台、扫描仪1台、数码相机1部、打印机2台；有小型电台设备1套，可同时播放三套语音节目；有放映机1台及VCD、放像机、放大器、调音台、音响等；有文印室1间，配有胶印机1套、一体化印刷机1台、复印机2台。2002—2004年，累计投入资金1621万元改善办学条件，新建成学生公寓楼2幢并投入使用。2002年，藤县中学被国家基础教育实验中心外语教育研究中心吸收为英语实验学校。2003年，该校19名学生代表广西赴北京参加"首届全国中学生物理、化学竞赛"，获二等奖的2人，获三等奖的6人，获优秀奖的12人。藤县中学获全国优秀组织奖和伯乐奖，被"首届全国青少年物理化学大赛广西区"组织委员会授予"首届全国青少年物理化学大赛指定辅导培训学校"。同年，该校生物、化学、物理实验室经自治区检查确认为国家一类配备标准。2004年暑假，县一中搬迁至城河东区，藤县中学接收其校舍及体育场地，校园面积由2001年的53 360平方米扩大至94 024平方米，校舍建筑面积由19 430平方米扩大到40 710平方米。2005年，有教学班52个，在校学生3895人；教职工168人，其中专任教师152人；拥有研究生学历教师2人，大学本科学历教师 139 人，大学专科学历教师 11 人；中学高级教师职称 30 人，中学一级教师 58 人，21 世纪"园丁工程"培养对象 12 人，研究生课程班学员 25 人，梧州市学科带头人 4 人，县优秀科技人才 4 人。1991—2005 年高考，大专以上上线人数共 7097 人，其中重点大学上线人数 1112 人，考上清华大学和北京大学共 7 人。2005 年，全校有 1055 名学生参考，上录取线的有 1047 人（含大专、本科），上线率 99.40%，其中本科上线 708 人，上线率 67.40%，创历史最高。

（二）藤县第一中学

1978 年 8 月藤县第一中学从藤县中学分出，成立藤城中学。校址在县城河西区，与藤县中学紧邻。1991 年，校园占地面积 40 668 平方米，校舍建筑面积 21 070 平方米。有教学班 41 个，在校学生 2240 人；教职工 121 人，其中专任教师 99 人；拥有大学本科学历教师 41 人，大专毕业学历教师 54 人；高级教师 9 人，中学一级教师 34 人。1992 年 8 月，易名藤县第一中学。2003 年 11 月，获广西普通高中一级学校。2004 年 9 月，搬迁河东新城区政贤路 2 号。2005 年，校园占地面积 84 667 平方米，校舍建筑面积 43 752 平方米；有教学楼 1 幢、实验楼 1 幢、办公图书综合楼 1 幢、学生公寓 6 幢、学生食堂 1 幢、教职工宿舍 3 幢；有足球场、篮球场、排球场、田径场等设施。有教学班 48 个，在校学生 3505 人；教职工 161 人，专任教师 150 人，教师中大学本科学历 137 人，专科学历 18 人；有特级教师 2 人，中学高级教师 18 人，中学一级教师 43 人。

1996 年高考，学生申佑获广西历史学科单科状元，被北京师范大学录取。2004 年高考，学生吴炳旦获藤县文科总分第一名，被中国人民大学录取。2000—2004 年，连续 5 年被评为市"高考优秀学校"。2005 年高考，全校大专以上上线人数 386 人。

1994 年，学生秦雅获全国首届"宋庆龄基金会"奖金。1998 年，学生秦艳萍的作品参加青少年科技大赛，分别获广西一等奖、全国二等奖和高士其科普大奖；学校获"广西贯彻体卫工作两个条例优秀学校"、广西首批"科技教育示范学校"。2000 年，获全国"长江小小科学家"提名奖。2005 年 4 月，组织学生参加广西青少年科技创新大赛，获一等奖 1 个、二等奖 1 个、三等奖 2 个。

(三) 藤县第二中学

藤县第二中学 1929 年创办，时称藤县三民中学。1979 年，改名藤县太平高中并划归县教育局直管。1991 年，校址位于太平镇德胜街尾圆茂岭脚。校园占地面积 51 506.80 平方米，校舍建筑面积 3780 平方米。有教学班 24 个，在校学生 2000 多人；教职工 65 人，其中专任教师 60 人；拥有大学本科学历教师 16 人，大专毕业学历教师 34 人；高级教师 7 人，中学一级教师 12 人。是年，教师黄素柱获"全国千名优秀体育教师"称号。1992 年秋，改名藤县第二中学。2004 年，通过自治区评估确定为普通高级中学二级学校。2005 年，学校占地面积 72 000 平方米，有教学楼 3 幢，学生公寓楼 1 幢，教师宿舍楼 2 幢；设有物理、化学、生物实验室及多媒体教室，购买计算机 68 台，建立有校园远程教育网络；开办教学班 30 个，在校学生 2113 人；有教职工 102 人，其中大学本科学历 49 人，大学专科学历 45 人；教师中获中学高级教师 7 人，中学一级教师 20 人。1991—2005 年高考，大专以上上线人数共 175 人。

第五节 特殊教育

1991 年 11 月，藤城中心校开设特殊教育班，招收县城范围内的残疾儿童 8 人。乡镇的残疾儿童采取就近入学，跟班学习。特殊教育班的学制采取全日制八年教学。开设语文、数学、常识、美术、音乐、体育活动等课程，有专职特教教师 2 人。使用普通小学课本教学，每学年使用一册。1998 年起，使用特殊教育班教材。2000 年秋，招聘大学特殊教育专业毕业生任教师。2005 年，特教班在校学生 11 人，随班就读残疾学生 298 人，学龄残疾儿童入学率 70.2%。

第74章 职业教育、成人教育

第一节 职业教育

1991年，全县有中等职业技术学校3所，职业高中1所，有教职工95人。开设有医疗、教育教学、驾驶、修理、养殖、种植、电子电器等专业，在校学生690人。1994年起，职业高中开始办义务教育初中班，职高生逐年减少，至2004年停招职高生。2005年，全县有中等职业技术学校3所，有教职工40人，在校生543人，师生比约为1∶14。

一、藤县卫生学校

藤县卫生学校设在县卫生局综合办公大楼内，属卫生系统事业单位。1991年，有教室1间，办公室2间，教职工7人。1991—1993年，每年开办二年制自费医士班1班，招收学生48人左右。1994年起，改为三年制。开设的课程有：解剖学、生理学、生物化学、病理学和内科、外科、儿科、妇产科、预防医学等学科。主要招收热爱卫生事业且具有初中以上文化程度的社会青年，学生毕业后面向社会自由择业。1994—1996年，开办三年制自费医士班（中西医结合）1班，招收学生50人。1997—1999年，开办三年制自费医士班（村医提高班）1班，招收学生50人。2000年，增加教室1间。2000—2002年，开办三年制自费医士班2班，招收学生110人。2003—2005年，开办三年制自费护理班2班，招收学生120人。2005年，有编制6人，实有人员5人，其中专任教师4人；教师中大专以上学历3人，中专学历1人；有中级以上职称4人。

二、藤县农业机械学校

1991年，藤县农业机械学校校址设在县城雷庙顶雷塘冲；校园占地面积4200平方米，校舍建筑面积580平方米。有教学班11个，在校学生210人；

教职工 11 人，其中专任教师 10 人；拥有大专毕业学历教师 1 人；中级教师 1 人。1993 年，受梧州地区农机局、教育局批准为成人中等职业学校。主要任务为农村培训拖拉机驾驶员、农用汽车司机、农机修理工、农机管理人员、农机技术员、农机具的使用操作人员及林、牧、副、渔业和乡（镇）村企业机械的使用、维修人员，并负责有关农机技术的咨询。培训内容分理论知识和实践操作 2 个部分，理论知识包括机械常识、构造原理、交通规则、道路行驶注意事项等。1991—1998 年，每年培训学员在 230～260 人。其中，1992—1994 年，共培训电焊工 450 人；开办车床班 1 期，培训 30 人；农用运输车班 1 期，培训 13 人；电动机维修班 1 期，培训 13 人，培训推土机手 10 人。1996—1997 年，以培训多功能农用拖拉机手为主。1999—2004 年，共培训学员 1045 人。2004 年春，归属县农业机械化管理中心，为县政府全额拨款事业单位，办公地点设在县农业机械化管理中心内。校舍划归潭东一中。县政府在藤县西江桥底（龙母庙附近）拨给 3000 平方米土地作为农机教练场。2005 年，有教职工 9 人，其中大专学历 1 人、中专学历 8 人；有工程师 4 人，助理工程师 3 人。教职工工资由县财政全额拨给，享受农林水一线人员待遇。有教练用车 3 辆，其中农用拖拉机 1 辆，手扶拖拉机 2 辆。全年开办农用拖拉机培训班 11 期，培训人员 220 人；手扶拖拉机培训班 2 期，培训机手 50 人。

三、藤县第一职业高中

藤县第一职业高中创办于 1985 年，称藤县农业职业中学，由县教育局与县农业局联合主办。1990 年 7 月，改称藤县第一职业中学，并由教育局主管，县农业局协管。校址在城关乡潭东村南梧二级公路旁，占地面积 1 万平方米，校舍建筑面积 2100 平方米。1991 年—2004 年 4 月，改为县农业局主管，县教育局协管。有教学班 4～10 个，在校学生 200～600 人；教职工 32 人，其中专任教师 22 人；拥有大学本科学历教师 2 人，大学专科学历教师 20 人；中级教师 3 人。2004 年年底，恢复为教育局主管，农业局协管。自 20 世纪 90 年代开始，学校面向全县招收应届初中毕业生，开设有养殖、种植、电子电器等专业，学制三年，经考核成绩合格，发给自治区、市、县教育行政部门验印的毕业证。1991—1993 年，为职高在校生鼎盛时期，学生最多的年份在校学生人数达 600 人。1994 年，始办义务教育初中班，开办 2 个班，招生 107 人。次年，以初中义务教育为主。2004 年，有教学班 9 个班，在校学生 412 人，全部为初中生。2005 年，有教学班 6 个班，在校学生 260 人；教职工 46 人，其中专任教师 37 人；拥有大学本科学历教师 20 人，大专毕业学历教师 17 人；高级教师 1 人，中级教师 10 人。

四、藤县教师进修学校

藤县教师进修学校位于县城雷庙顶。1991 年，校园占地面积 6333.50 平方米。有教师 45 人。开办卫星电视中师班，中师自考辅导班，招收县内中小学校学历不达标的公办、民办、代课教师共 232 人，通过集中面授和业余自学等方式学习 3 年，修完规定课程，经考试、考核合格者，发给由自治区教育厅验印的中等师范毕业证。并开设小学教师岗前培训班、学科教师培训班、骨干教师培训班及小学校长、教导主任培训班。1992 年 8 月，学校获国家教委授予"全国成人中等专业教育先进学校"。1993 年始，举办普通中师委培班，学制 3 年，招收初中应届毕业生，设置政治、语文、数学、物理、化学、生物、历史、地理、心理学、小学教育学、体育、音乐、美术等课程。同年，教师蓝瑞庭获国家教委、人事部授予的"全国优秀教师"称号。1994 年，获自治区党委、政府命名为"文明单位"。1996 年，与梧州地区教育学院联合开办初中教师"三沟通"（即与函授、卫星电视教育、自学考试相沟通）专科学历全员培训班，招收学员 90 人。1999 年秋，与梧州市电大合作，开办电大注册视听生（小教大专）班，招收小学在职的，未取得大专学历的教师共 720 人。2000 年开始，停办中师委培班。1991—2000 年，通过卫星电视中师班共计培训学员 2497 人，招收中师委培生 333 人。2001 年，卫星电视中师班停止招生。2004 年，与广西师范大学教科院联合开办"义教工程"小学教育大专班，招收学员 129 人。2005 年，与广西师范大学成人教育学院合办小学教育大专班、中文函授本科、专科班，招收成人高考上线在职教师 120 人，其中本科生 60 人、专科生 60 人。年末，校园占地面积 6333.50 平方米，校舍建筑面积 4968 平方米。有教室 9 个，实验室 2 个，图书室 1 个，仪器室 2 个，微机室 1 间，小礼堂 1 个，学员宿舍 500 平方米。有计算机 1 台、幻灯投影机 2 台、DVD 功能机及其他音响设施一批，装备卫星电视接收天线一座，有图书 8000 多册，各种教学参考资料、报刊 30 多种。有专任教师 26 人，其中高级讲师 1 人，讲师 15 人。

第二节 成人教育

一、农民业余教育

（一）扫除青壮年文盲

1997年，藤县"扫盲"工作通过国家验收。此后，继续开展扫盲扫尾工作和脱盲后的巩固提高，县教育部门联合科技、劳动、司法等部门，组织脱盲学员参加提高班、普法学习班及各类实用技术培训班学习，至2000年，巩固率为100%。

（二）农村实用技术培训

2004年，县教育局与县劳动和社会保障局依托职业学校、技工学校、社会电脑培训中心及各乡镇成人文化技术学校等，联合组织开展较大规模的农民工培训。培训共分三大类，一为定向培训；二是对初、高中应届毕业生进行全员培训；三是职业技能培训。培训内容有职业指导、就业法规、企业员工安全知识、基本职业技能培训等，开设家政服务、餐饮、客房、建筑、制造、宝石加工、针织技术等课程。教学上使用自编印的《外出务工安全知识》《职业指导》《客房服务》《电工常识》《建筑施工常识》《家政服务》《机构常识》《餐饮服务》等教材。是年，共培训学员35 774人；其中，定向培训24 890人，新生劳动力培训8150人，职业技能培训2734人。

二、成人教育

（一）高等教育自学考试

1984年4月，藤县首次组织自学考试。1991年，自学考试由县招生办公室组织报名和考试。开考的专业有：汉语言文学、会计、护士、政治学、医药、法学等。1991—2000年，每年上半年和下半年各开考1次。2001年，每年开考3次，在1月、4月、10月开考。2002—2005年，每年开考4次，在1月、4月、7月、10月举行。2005年，开考的专业有：行政管理、经济管理、小学教育、学前教育等。

1991—2005年，累计参加考试24 271人次，参考最多的年份为2002年，有4930人参考。获得毕业证书1126人，其中本科237人、专科889人。

（二）成人高校招生考试

1991年，县教育局招生办公室负责办理成人高校招生考试业务。招生学校主要有广西大学、广西医科大学、广西师范大学等。考生对象大多为在职工作人员。1996年起，实行全国统一招生考试，一般在每年10月中旬或下旬进行。试题来源于教育部，评卷由自治区招生考试院负责，录取工作则由有关招生学校负责。成人高校教育分脱产学习和在职函授教育2类，被录取的考生由所录取的学校实施教育，学习完毕经考试合格者由负责教育的院校发给国家承认学历的毕业证书。1991—2005年，累计参加考试6909人，最高为2004年1169人参考。